教育评估文库

U0585502

教育评估
标准汇编

上海市教育评估院　组织编写

主　编　张伟江

副主编　金同康　郭朝红

高等教育出版社
HIGHER EDUCATION PRESS

内容提要

教育评估标准、指标对实施教育评估的主客体双方都具有重要的作用。对实施教育评估的主体——评估工作的领导者、组织者来说，它是实施评估的依据和准绳。对实施评估的客体——被评者来说，它具有指导和导向的作用。本汇编收集了20世纪90年代以来，特别是近几年来，教育部、上海市以及北京、江苏、广东等兄弟省市颁布的各类教育评估标准、指标，是目前我国公开出版的涉及面较广的一本教育评估标准、指标。对各类教育评估机构、各类学校及教育机构从事教育评估具有重要的参考作用。

图书在版编目(CIP)数据

教育评估标准汇编/张伟江主编. —北京：高等教育出版社,2009.9

（教育评估文库/上海市教育评估院组织编写）

ISBN 978 - 7 - 04 - 025220 - 0

Ⅰ. 教… Ⅱ. 张… Ⅲ. 教育评估 - 标准 - 汇编 - 中国 Ⅳ. G449 - 65

中国版本图书馆 CIP 数据核字(2009)第 158286 号

| 策划编辑 | 孔全会 杨晓娟 | 责任编辑 | 王友富 | 封面设计 | 王 雎 |
| 版式设计 | 范晓红 | 责任校对 | 俞声佳 | 责任印制 | 韩 刚 |

出版发行	高等教育出版社	购书热线	010 - 58581118
社 址	北京市西城区德外大街 4 号	咨询电话	400 - 810 - 0598
邮政编码	100120	网 址	http://www.hep.edu.cn
总 机	010 - 58581000		http://www.hep.com.cn
		网上订购	http://www.landraco.com
			http://www.landraco.com.cn
经 销	蓝色畅想图书发行有限公司	畅想教育	http://www.widedu.com
印 刷	中原出版传媒投资控股集团		
	北京汇林印务有限公司		
开 本	787 × 1092 1/16	版 次	2009 年 9 月第 1 版
印 张	43.25	印 次	2009 年 9 月第 1 次印刷
字 数	840 000	定 价	82.00 元

本书如有缺页、倒页、脱页等质量问题,请到所购图书销售部门联系调换。

版权所有 侵权必究

物料号 25220 - 00

《教育评估文库》编委会

主　任:张伟江

委　员:张民选　江彦桥　陈效民

　　　　李亚东　金同康　陈玉琨

《教育评估标准汇编》编写组

组　　长：张伟江

副组长：金同康　郭朝红

成　　员：王　欣　叶令仪　查正和　汪建华　胡　莹

收集和整理人员名单：

胡　莹	林江涌	范露露	孟　洁	杨　雪	叶令仪
严　芳	黄丹凤	查正和	顾秀芳	李　钰	杨长亮
郭朝红	方　乐	俎媛媛	杨　琼	汪建华	钱　莹
谭向明	陈滔宏	王　欣	胡恺真		

建立科学的教育评估理论
——《教育评估文库》总序

在人类发展的长河中,教育出现之际,教育的评估也就伴之而生。其评估不外乎由家庭、社会、政府或是由受教者、育人者、专家学者作为,或是对学生、教师、设施、课程等的微观性评估,或是对教育过程、教育内容、教育效果、教育策略等的宏观性评估。其范围之广与教育步步相应。就评估本身而言,又涉及评估标准、评估人员、评估方法、评估技术、评估结果、评估自身估计等诸多内容,并涉及了许多学科和技术。但评估不外乎是运用各种合理的手段对教育的各方面进行评估,以发现优良之举,找出不足之处,继而以公布排名、分级或评估分析报告的形式让公众知晓,以供选学之用;让教育方得知,以改进教学;让政府了解,以供决策之依据。

教育的重要性决定了人们对教育评估的关注度。目前,世界上许多国家都有专门的评估机构,国际上还成立了国际高等教育质量保障组织联盟(INQAAHE),亚太地区也成立了教育质量保障组织联盟(APQN),每年召开会议研讨教育评估的开展。

教育管理结构科学化决定了世界上大部分国家和地区教育管理和服务的"1+3"形式,即政府教育主管部门加上教育科学研究、教育评估和教育考核。我国许多省市自 20 世纪 90 年代中期开始就形成了这样的科学框架,并发挥了很好的作用。

教育本身的开放性和当今国际交流的发展要求每个国家和地区的教育要参与到相应的国际活动中去,并提出有水平的建议,共同提高教育水平。教育评估也是如此。

上海市教育评估院成立于 2000 年,前身是成立于 1996 年的上海市高等教育评估事务所。现在,上海市教育评估院已发展为拥有基础教育评估所、职成教评估所、高等教育评估所、医学教育评估所和综合教育事务评估所共五大评估所的从事各级各类教育评估的专门机构。为适应教育评估的发展与提升,上海市教育评估院除了参与评估、参与国内外交流外,还意在教育评估的理论和应用研究上建立更系统的内涵,于是决定出版《教育评估文库》。

《教育评估文库》是教育评估理论和应用研究成果的汇集,它包含了教育评估的基础内容,如《中国教育评估史》等一系列著作;也包括了涉及教育评估应用技术的汇编,如"教育评估标准"、"教育评估规程"等;还包括教育评估的专业理论,如"跨境教育认证"等;并涉及了评估本身评价的《教育评估的可靠性研究》等著作;当然也可包含对境外著作的翻译。总之,它涉及了教育评估的基础理论、专业基础、专业科学、应用技术等多个方面。我们的期望是一册又一册地出版,不断丰富文库。

　　《教育评估文库》将是众多学者的知识贡献,我们非常热忱地欢迎各方学人参与文库建设,共同托起教育评估的辉煌。

　　教育犹如奔腾不息之江,前浪不止,后浪又涌;教育又如连绵的山脉,一峰才登,又见高山。作为一名教育人,为此事业而奉献,无限欣慰;为此而建树,无限光荣。人们将永远感谢为教育而为的人,当然也包括为教育评估而为的人。以此为序,愿教育评估成功!

张伟江

上海市教育评估院　院长

2009 年 3 月

前　　言

　　评估标准是开展教育评估活动、判断被评估的教育内容优劣的重要准则,其核心表现形式就是人们熟知的评估指标体系。自20世纪80年代中期以来,我国教育评估实践活动日益丰富与发展,在多年的教育评估实践中,国家和地方开发了多种多样的教育评估标准与指标体系,积累了许多宝贵的经验。上海市教育评估院在多年教育评估的基础上,已形成了比较完善的、适用于上海市的各级各类教育评估标准和指标体系。为了加强对国内教育评估标准的全面了解,促进各省市之间的学习和交流,我们对近年来国内各级各类教育评估标准和指标体系进行了梳理,形成了这本《教育评估标准汇编》。

　　《教育评估标准汇编》主要收集、整理了近年来教育部、上海市以及国内其他省市一级的教育评估标准及指标体系。评估标准的范围涉及学前教育、中等教育和高等教育等多个领域。为了便于读者对教育评估标准的准确理解,书中对部分评估标准增加了说明及评价方案介绍。

　　《教育评估标准汇编》是上海市教育评估院工作人员集体智慧的结晶和共同的劳动成果。参与本评估标准汇编的工作人员有20多人,其中郭朝红、胡莹、林江湧、孟洁、范露露、杨雪负责高等教育评估标准的收集工作;叶令仪、严芳、杨琼、黄丹凤负责基础教育评估标准的收集工作;查正和、顾秀芳、李钰、杨长亮负责中等职业教育评估标准的收集工作;王欣、胡恺真负责培训类评估标准的收集工作;汪建华、钱莹、谭向明、陈滔宏、方乐、俎媛媛等负责其他部分的收集工作。《教育评估标准汇编》编写组多次召开会议,就汇编工作中的重大问题和各阶段的工作进行讨论并作出决定。

　　在教育评估标准汇编过程中,我们得到了江苏、广东、辽宁、香港特别行政区等多个省、直辖市、自治区和地区的教育行政部门、教育评估机构以及科研院所的帮助和支持。上海市教育评估院江彦桥常务副院长、陈效民副院长、李亚东副院长为《教育评估标准汇编》也提出了很多宝贵意见。金同康、郭朝红在统稿、修改、编排方面做了大量的工作。在此,我代表编写组向所有参与和支持这项工作的同志表示衷心的感谢。本《教育评估标准汇编》在我国还是初步尝试,收集的标准还不够系统、全面,希望教育评估界的同仁和所有对教育评估感兴趣的人员提出宝贵意见,也希望这部《教育评估标准汇编》能在今后的教育评估工作中发挥积极的作用。

张伟江

上海市教育评估院　院长

2009 年 4 月

目 录

高 等 教 育

基 础 教 育

中等职业教育

其　他

高等教育

教育部颁布的评估标准和指标

全国优秀博士学位论文初选通讯评议专家评价指标(社会科学类)

论文编号：_____ 论文题目：_____ 作者姓名：_____ 送审单位：_____

一级指标	二级指标	评价要素	评分（百分制）	总体评价（在相应栏打"√"）	
选题与综述(0.2)	论文选题的理论意义和现实意义(0.6)	选题为学科前沿，具有开创性，具有较大理论意义和较大的现实意义；研究方向明确。	S1		
	对本学科及相关领域的综述与总结(0.4)	综合、全面地反映该学科及相关领域的发展状况，归纳、总结正确。	S2	特别优秀	
论文成果的创新性与效益(0.6)	论文在理论或方法上的创新性(0.6)	填补人文、社会科学理论研究空白，在本学科领域达到或接近国际先进水平或国内领先水平；运用新视角、新方法进行探索、研究，有独到见解，并在相应领域取得突破性成果。	S3		
	论文成果的效益(0.4)	在校期间在国际及国内重要刊物发表与论文有关的若干篇文章及出版专著，获较高奖励；论文成果具有较大社会效益，对文化事业的发展、精神文明建设具有较大促进作用；论文成果具有较大实用价值，为政府宏观决策提出有战略价值的政策性建议。	S4	优秀	
论文体现的理论基础、专门知识及科学研究能力(0.2)	论文体现的理论基础与专门知识(0.4)	论文体现本学科及相关领域坚实宽广的理论基础与系统深入的专门知识。	S5	良好	
	论文体现作者独立从事科学研究的能力(0.4)	分析方法科学，引证资料丰富、准确，论文研究的难度大，研究深入，体现出作者具有很强的独立从事科学研究的能力。	S6		
	写作能力(0.2)	论文材料翔实，结构严谨，推理严密，逻辑性强；文字表达准确、流畅；学风严谨。	S7	一般	

您对论文内容的熟悉程度(在相应栏打"√"):非常熟悉( )比较熟悉( )不太熟悉
( )

专家姓名:＿＿＿＿＿＿＿工作单位:＿＿＿＿＿＿＿＿＿专业:＿＿＿＿＿＿＿＿＿

技术职务:＿＿＿＿＿＿＿联系电话:＿＿＿＿＿(办)＿＿＿＿＿(宅)＿＿＿＿＿(手机)

综合评价意见

请您对该论文的创新性及其他指标提出明确的评价,如:

1. 该论文选题是否为学科前沿,具有开创性;

2. 简要列出该论文创新性的要点(如在观点、方法等方面),创新成果获奖情况及社会效益;

3. 作者发表与博士学位论文有关的最高水平的学术论文属何等级(国际先进、国际同等或国内领先);

4. 该论文主要不足之处。

来源:教育部学位与研究生教育发展研究中心。

全国优秀博士学位论文初选通讯评议专家评价指标(自然科学类)

论文编号:＿＿＿＿＿ 论文题目:＿＿＿＿＿＿＿ 作者姓名:＿＿＿＿＿ 送审单位:＿＿＿＿＿

一级指标	二级指标	评 价 要 素	评分(百分制)	总体评价(在相应栏打"√")	
选题与综述(0.2)	论文选题的理论意义或实用价值(0.6)	选题为学科前沿,具有开创性,对国民经济、科学技术发展具有较大的理论意义或实用价值,研究方向明确。	S1	特别优秀	
	对本学科及相关领域的综述与总结(0.4)	综合全面反映该学科及相关领域的发展和最新成果,归纳总结正确。	S2		
论文成果的创新性(0.6)	论文在理论或方法上的创新性(0.6)	探索了有价值的现象、新规律,提出了新命题、新方法;纠正了前人在重要问题的提法或结论上的错误,从而对该领域科学研究起了重要的作用;创造性解决自然科学或工程技术中的关键问题。	S3		
	创造性成果及效益(0.4)	在校期间在国际及国内重要刊物上发表与论文有关的若干篇文章,被国际著名检索 SCI、EI、ISTP 收录;出版专著,获得较高奖励;论文成果创造了较大的经济效益。	S4	优秀	
论文体现的理论基础、专门知识及科学研究能力(0.2)	论文体现的理论基础与专门知识(0.4)	论文体现本学科及相关领域坚实宽广的理论基础与系统深入的专门知识。	S5	良好	
	论文体现作者独立从事科学研究的能力(0.4)	具有很强的独立从事科学研究工作的能力;采用先进技术、设备、方法、信息,进行论文研究工作;论文研究的难度较大、工作量饱满。	S6	一般	
	写作与总结提炼能力(0.2)	论文语言表达准确、层次分明、图表规范、学风严谨;善于总结提炼。	S7		

您对论文内容的熟悉程度(在相应栏打"√"):非常熟悉(　　)比较熟悉(　　)不太熟悉
(　　)

专家姓名:＿＿＿＿＿＿工作单位:＿＿＿＿＿＿＿＿＿专业:＿＿＿＿＿＿＿＿＿

技术职务:＿＿＿＿＿＿　联系电话:＿＿＿＿(办)＿＿＿＿(宅)＿＿＿＿(手机)

综合评价意见

请您对该论文的创新性及其他指标提出明确的定量或定性评价,如:

1. 论文选题是否具有开创性,属国际先进或国内领先;

2. 简要列出该论文创新性成果的要点(如在方法、性能、指标、数据等方面),成果获奖等级及成果的经济效益;

3. 作者发表与博士学位论文有关的最高水平的学术论文属何等级(国际先进、国际同等或国内领先);

4. 该论文主要不足之处。

来源:教育部学位与研究生教育发展研究中心。

教育部高等学校重点学科评选的内容与标准

1. 重点学科是根据国民经济建设和社会发展对培养高级专门人才的需求、科技发展趋势和国家财力的可能,在高等学校择优确定并安排重点建设的学科。重点学科应为总体水平处于国内同类学科前列,并有一定国际影响的博士点。

2. 重点学科评选的口径,主要以现行《授予博士、硕士学位和培养研究生的学科、专业目录》中的二级学科为依据划分。

3. 重点学科评选的主要内容包括学科方向、学术队伍、人才培养、科学研究、条件建设和学术交流。

4. 重点学科应具备的基本条件是:

(1) 学科方向对推动学科发展、科技进步,促进我国经济、社会、文化发展和国防建设具有重要意义;

(2) 有在本学科学术造诣高、有一定国际影响或国内公认的学术带头人,有结构合理的高水平学术梯队;

(3) 培养博士生的数量和质量位于国内同类博士点前列;

(4) 已形成有较大影响的学术特色,取得一定数量较高水平的研究成果,对经济建设和社会发展做出重大贡献;目前承担着具有重要理论和现实意义的研究项目;

(5) 教学、科研条件居国内同类学科先进水平,具有较强的与相关学科相互支撑的能力和获取国内外信息资料的先进手段;

(6) 学术气氛浓厚,国际国内学术交流活跃。

来源:《教育部关于开展高等学校重点学科评选工作的通知》(教研函〔2001〕1号)。

全国第十次学位授权审核博士学位授权一级学科点基本条件

一、学科覆盖面

在一级学科范围内,已有博士和硕士学位授予权覆盖的学科面较宽。学科覆盖面能满足按宽口径培养研究生的需要。

二、学术队伍

学术队伍知识结构、年龄结构以及专业技术职务结构均较合理,有一定数量的具有博士学位的专业人员,各层次人员配备齐全,且团结合作,学术思想端正、活跃。有本单位一定数量的博士研究生指导教师,分别为该一级学科内各学科专业主要研究领域的学术带头人,能持续不断地进行高水平的教学和研究工作。

三、科学研究

整体学术水平、科研能力在国内同一学科中处于先进行列,在一些研究方向上达到或接近国际先进水平。近 5 年来科研成绩显著,为国家经济建设、社会发展和科学技术进步做出重要贡献。目前承担较多国家、省部的重要项目或其他有重要价值、学术水平高的项目,科研经费充足。

四、教学与人才培养

能够开出高水平的博士、硕士研究生所需要的系列课程及专题讲座。有丰富的培养博士、硕士研究生的成功经验。在该一级学科内已授予数量较多且质量较高的博士、硕士学位,毕业的博士、硕士研究生受到社会的普遍好评。在学博士、硕士研究生有一定的规模。

五、工作条件

有比较先进的教学、实验仪器设备,较充足的国内国外图书资料,能满足规模培养博士、硕士研究生的需要。

六、管理工作

研究生考核管理制度健全,管理人员落实。

来源:《关于进行第十次博士、硕士学位授权审核工作的通知》(教育部学位〔2005〕14 号)。

全国第十次学位授权审核博士学位授权学科、专业点基本条件

一、学术队伍

有一支知识结构、年龄结构以及专业技术职务结构均较合理,且团结协作,学术思想端正、活跃的学术队伍,能持续不断地进行高水平的教学和研究工作,其整体学术水平在国内同类学科中处于前列;学术队伍中有若干名 60 岁以下的教授(或相当专业技术职务者),并有一定数量的具有博士学位的专业人员;学科、专业点的几个主要研究方向均有学术造诣较深、在国内同行中有一定影响、治学严谨、为人正派的学术带头人和结构合理的学术梯队。

学术带头人中的教授(或相当专业技术职务者)至少有 1 位具备了指导博士研究生的水平和能力。

二、科学研究

有较宽的学科研究领域和较好的科研基础,有 3 个以上相对稳定的主要研究方向,其特色突出,优势明显。

科研工作做到理论联系实际,面向我国经济建设和社会发展以及学科发展的需要。学术水平较高,贡献较大,在国内同一学科中居于先进行列,并在国际同行中有一定影响;近 5 年来科研成绩显著,有较多的高水平的学术专著、论文,或取得较多的重要的科技成果,获得国家级、省部级奖励。工程技术和实践性强的学科、专业,其科研工作应对经济发展和社会进步做出直接贡献。

目前承担较多国家、省部的重要项目或其他有重要价值、学术水平较高的项目,有比较充足的科研经费。

三、教学与人才培养

一般应已获得硕士学位授予权,有比较丰富的培养研究生的成功经验,培养质量比较好。能够开设高水平的研究生课程(包括必修课和选修课),课程设置合理,能够指导博士研究生的课程学习和掌握本学科领域国内外的最新成果。

四、工作条件

有培养研究生的实验室和比较先进的仪器设备,具有及时获取开展研究工作所需信息的技术和设备,有必要的国内外图书资料,能满足培养博士研究生的

需要。

五、相关学科条件

学科、专业点所在一级学科或与其紧密相关的其他学科领域,有较好的学科基础和较强的学术力量,已有硕士学位授权覆盖的学科面较宽。具备按宽口径培养研究生的学科条件。

六、管理工作

研究生考核管理制度健全,管理人员落实。

来源:《关于进行第十次博士、硕士学位授权审核工作的通知》(教育部学位〔2005〕14 号)。

全国第十次学位授权审核硕士学位授权一级学科点基本条件

一、学科覆盖面

在本一级学科范围内,应至少已有 1 个二级学科硕士点(不分设二级学科的一级学科除外)。

二、学术队伍

学术队伍的知识结构、年龄结构以及专业技术职务结构均较合理,有一定数量的具有硕士、博士学位的专业人员,各层次人员配备齐全,且团结合作,学术思想端正。有本单位一定数量的硕士研究生指导教师,分别为该一级学科内各学科专业主要研究领域的学术带头人,能持续不断地开展较高水平的教学和研究工作。

三、科学研究

整体学术水平、科研能力在本地区同学科中处于先进行列,在一些研究方向上达到或接近国内先进水平。近 5 年来科技工作活跃,为区域经济建设、社会发展和科学技术推广应用做出重要贡献。目前承担较多省部级科研项目或其他有重要应用和学术价值的项目,科研经费充足。

四、教学与人才培养

能够开出高水平的硕士研究生所需要的系列课程及专题讲座。有丰富的培养硕士研究生的成功经验。在该一级学科内已授予数量较多且质量较高的硕士学位,毕业的硕士研究生受到社会的普遍好评。在学硕士研究生有一定的规模。

五、工作条件

有比较先进的教学、实验仪器设备,具有及时获取开展研究工作所需信息的技术和设备,较充足的国内外图书资料,能满足规模培养硕士研究生的需要。

六、管理工作

研究生考核管理制度健全,管理人员落实。

来源:《关于进行第十次博士、硕士学位授权审核工作的通知》(教育部学位〔2005〕14 号)。

全国第十次学位授权审核硕士学位授权学科、专业点基本条件

一、学术队伍

有一支知识结构和年龄结构均较合理,各层次人员配备比较齐全,且团结协作,学术思想端正、活跃的学术队伍,其中至少有本单位 4 名以上具备指导硕士研究生水平和能力的教授、副教授(或相当专业技术职务者),科研人员应有科研工作经验,近 5 年来在本学科领域取得一定的科研成绩,有较高水平的专著或论文,或有较重要的工程技术成果,获得较高等级的奖励。现正在从事科研工作或重要的工程技术工作。

二、科学研究

有一定的科研基础,有 2 个以上相对稳定、特色明显的研究方向。

科研工作做到理论联系实际,面向我国经济建设和社会发展以及学科发展的需要。近 5 年来科研成绩突出,有一定数量的较高水平的学术专著、论文,或取得一定数量的技术成果,获得国家级、省部级奖励。工程技术和实践性强的学科、专业,其科研工作应对经济发展和社会进步做出直接贡献。

目前承担有一定数量的国家、省部的重要项目或其他有重要学术或应用价值的项目,有比较充足的科研经费。

三、教学与人才培养

本单位在相应学科领域有比较丰富的培养本科生的成功经验,教学质量较高。能够为硕士研究生开出较高水平的各类必修课和选修课,课程设置合理。讲授或指导硕士研究生学习课程的教师,应主要由副教授以上人员(或相当专业技术职务者)担任。

四、工作条件

能提供研究生完成硕士学位论文所必备的实验设备和图书资料,实践性强的学科有相应的培养研究生实践能力的条件和基地。

五、管理工作

有良好的育人环境,重视学位授权点的学科建设,不断改进和加强研究生的培

养工作。

研究生考核管理制度健全,管理人员落实。

来源:《关于进行第十次博士、硕士学位授权审核工作的通知》(教育部学位
〔2005〕14 号)。

学位中心 2008 年学科评估指标体系

一级指标	二级指标		末级指标	备注
A 学术队伍		A11	专职教师及研究人员总数	
		A12	具有博士学位人员占专职教师及研究人员比例	
		A13	中国科学院、工程院院士数	
		A14	长江学者、国家杰出青年基金获得者数	
		A15	百千万人才工程一二层次入选者、教育部跨世纪人才、新世纪人才数	
B 科学研究	B1 科研基础	B11	国家重点学科、国家重点实验室、国防科技重点实验室、国家工程技术研究中心、国家工程研究中心、教育部人文社科基地数	
		B12	省部级重点学科、省部级重点实验室、省级人文社科基地数	
	B2 获奖专利	B21	获国家三大奖、教育部高校人文社科优秀成果奖数	
		B22	获省级三大奖及"最高奖"、省级哲学(人文)社科优秀成果奖数	
		B23	获中华医学科技奖、中华中医药科技奖数	仅对"医学类"
		B24	获发明专利数	仅对"工学、农学、医学类"
	B3 论文专著	B31	CSCD 或 CSSCI 收录论文数	
		B32	人均 CSCD 或 CSSCI 收录论文数	
		B33	SCI、SSCI、AHCI、EI 及 MEDLINE 收录论文数	
		B34	人均 SCI、SSCI、AHCI、EI 及 MEDLINE 收录论文数	
		B35	出版学术专著数	
	B4 科研项目	B41	境内国家级科研项目经费	
		B42	境外合作科研项目经费	
		B43	境内国家级及境外合作科研项目数	
		B44	人均科研经费	

一级指标	二级指标		末 级 指 标	备注
C 人才培养	C1 奖励情况	C11	获国家优秀教学成果奖数	
		C12	获全国优秀博士学位论文数	
	C2 学生情况	C21	授予博士学位数	
		C22	授予硕士学位数	
		C23	目前在校攻读博士、硕士学位的留学生数	
D 学术声誉		D	学术声誉	

注:1. 关于末级指标中具体项目折算系数的说明:如 B11 栏中国家重点实验室、国家工程研究中心等之间的级别差异,B33 栏中 SCI、SSCI、AHCI、EI、MEDLINE 收录等之间的档次差异,将按系数进行折算;

2. 折算系数及各指标项的实际权重在学术声誉调查时由专家确定;

3. 指标体系分为人文社科、理学、工学、农学、医学、管理学六类,指标项的区别见备注栏。

来源:教育部学位与研究生教育发展中心〔2008〕20 号。

中国高校试办公共管理硕士(MPA)专业学位教育评估方案(试行)

一、前言

为规范和推动 MPA 教育的发展,保证 MPA 培养质量,提高 MPA 的社会声誉与影响,国务院学位委员会办公室和全国公共管理硕士(MPA)专业学位教育指导委员会制定《中国高校试办公共管理硕士(MPA)专业学位教育评估方案》,本着以评促建的指导思想,对试办 MPA 专业学位的高校进行合格评估。

1. 评估对象:国务院学位办批准首批试办 MPA 专业学位教育的 24 所高校。

2. 评估内容:试点高校被批准试办以来的 MPA 教育情况。

3. 评估组织:国务院学位委员会办公室,全国公共管理硕士(MPA)专业学位教育指导委员会。

4. 评估实施:教育部学位与研究生教育发展中心。

5. 评估专家组:全国公共管理硕士(MPA)专业学位教育指导委员会推荐专家,国务院学位委员会办公室和教育部学位与研究生教育发展中心聘任并组织评估专家组。

6. 评估性质:合格评估。

7. 评估方式:由试点高校提出申请,并进行自我预评估,自评报告作为考评的辅助资料;评估专家组进行现场考评,专家独立打分。

8. 评估指标:设 6 项一级指标,25 项二级指标,二级指标权重均为 4%。

9. 二级指标评分标准:每项二级指标按优秀、合格、不合格分三类予以评定;有量化指标的满分为 100 分,即:

A 类:优秀(有量化指标的评分≥85 分);

B 类:合格(有量化指标的评分≥70 分);

C 类:不合格(有量化指标的评分在 70 分以下)。

10. 合格标准:二级指标优秀达到 20 项,总体评估即为优秀;二级指标合格以上达到 20 项,总体评估即为合格;二级指标不合格达到 6 或 6 项以上,总体评估即为不合格。

11. 评估结论:评估专家组最终为评估对象提供评估报告,并提供书面意见和建议。

12. 评估要求:接受评估的高校提供的有关数据及情况必须真实、准确,如有不实,相关指标即为不合格。

二、评估指标体系和评分标准

一级指标	二级指标权重均为4%	评 分 标 准
教学设施(权重为16%)	1. 案例教学条件	A类:具有6间以上较高标准的专用案例教室和案例讨论室;有案例制作与实验室; B类:具有不少于6间的较高标准专用案例教室和案例讨论室; C类:案例教室和案例讨论室不足6间,使用可用于案例教学和讨论的专用教室或普通教室。
	2. 多媒体教学条件	A类:70%以上的MPA核心课程有多媒体教学课件,并使用多媒体教学设施教学; B类:50%~69%的MPA核心课程有多媒体教学课件,并使用多媒体教学设施教学; C类:不足50%的MPA核心课程有多媒体教学课件,并使用多媒体教学设施教学。
	3. 图书资料	A类:MPA研究生有条件使用网络或光盘信息检索系统,有足够数量的MPA专业图书资料和阅览室可供MPA研究生使用,有相应学科的图书馆和资料室; B类:有足够数量的MPA专业图书资料和阅览室可供MPA研究生使用; C类:可供MPA研究生使用的MPA专业图书资料不足,没有阅览室。
	4. 网络和计算机	A类:为所有MPA研究生提供了使用校园网以及使用计算机的条件; B类:为所有MPA研究生提供了使用校园网或使用计算机的条件; C类:只为部分MPA研究生提供上述条件或部分条件。

一级指标	二级指标权重均为4%	评 分 标 准
师资队伍（权重为20%）	5. 教师数量	A类:近3年内,全部MPA核心课程以及方向必修课程都有2名以上教师授课,其中75%以上为硕士生导师; B类:近3年内,至少7门MPA核心课程和70%方向必修课程有2名以上教师授课,其中60%以上为硕士生导师; C类:未达到上述要求。
	6. 教师结构	A类:近3年内,所有MPA专业课程的专职教师都具有副高以上职称或博士学位,其中具有博士学位的教师占50%以上; B类:近3年内,所有MPA专业课程的专职教师中具有副高以上职称或博士学位的比例不低于80%,其中具有博士学位的教师占30%以上; C类:近3年内,所有MPA专业课程的专职教师中具有副高级职称或博士学位的比例不足80%。
	7. 教学经验	A类:MPA核心课程教师有较高质量或较丰富的科研成果;2次以上讲授该课程者所占比例在80%以上,其中教授占教师总数的50%以上; B类:MPA核心课程教师有一定的科研成果;2次以上讲授该课程者所占比例在60%以上,其中教授占教师总数的40%以上; C类:MPA核心课程教师科研成果较少;2次讲授该课程者所占比例不足60%,其中教授占教师总数不及40%。
	8. 社会实践经验	A类:MPA专职教师中参加政府部门或非政府公共机构管理、咨询或项目研究者所占比例在60%以上,具有明确的社会兼职或曾挂职锻炼者占20%以上; B类:MPA专职教师中参加政府部门或非政府公共机构管理、咨询或项目研究者所占比例在50%以上; C类:MPA核心课程教师中有参加政府部门或非政府公共机构管理、咨询或项目研究者所占比例不足50%。

一级指标	二级指标权重均为4%	评 分 标 准
师资队伍（权重为20%）	9. 师资培训	A类:近3年内,MPA核心课程教师平均每人每年参加2次以上进修培训、校际课程研讨或出国学术活动;每学期定期组织MPA核心课程和方向必修课程教师开展教学研究活动,并有活动记录; B类:近3年内,MPA核心课程教师平均每人每年参加1次以上进修培训、校际课程研讨或出国学术活动;每年定期组织MPA核心课程或方向必修课程教师开展教学研究活动,并有活动记录; C类:近3年内,MPA核心课程教师平均每人参加进修培训、校际课程研讨或出国学术活动不足1次;没有或很少组织MPA核心课程或方向必修课程教师开展教学研究活动。
教学管理（权重为16%）	10. 教学管理机构与人员	A类:有专门的MPA教学管理机构,负责MPA研究生的日常管理与服务,配备专职的MPA教学秘书和案例制作与教学的技术人员,岗位责任和规章制度齐备,有完整的会议记录或解决问题的报告; B类:有专门的MPA教学管理机构,负责MPA研究生的日常管理与服务,配备专职的MPA教学秘书,岗位责任和规章制度齐备; C类:没有专门的MPA教学管理机构,没有专职MPA教学秘书,工作记录和相关文件不齐全。
	11. 教学服务与激励	A类:为MPA教师的教学科研活动提供了必要的财力支持（如计算机、教学软件、资料购置与复印等）,对案例建设和教学创新给予了有效的激励; B类:为MPA教师的教学科研活动提供了必要的财力支持（如计算机、教学软件、资料购置与复印的等）; C类:没有或很少为MPA教师的教学活动提供支持条件。
	12. 教学管理制度	A类:MPA教学管理制度（任课教师责任、研究生考勤、考试、论文选题与指导、论文答辩、教学质量评估等）完备,实施手段有效,管理有序,教学文件和档案保存完好; B类:MPA教学管理制度基本完备并得到全面执行,管理有序,教学文件和档案保存较为完好; C类:MPA教学管理制度不完备,或完备但未被全面执行及执行中有漏洞,教学文件和档案保存不全。

一级指标	二级指标权 重均为4%	评 分 标 准
教学 管理 （权重 为16%）	13. 教学大纲	A 类：MPA 核心课程和必修课程教学大纲编写规范，并及时发给研究生； B 类：MPA 核心课程或 70% 以上 MPA 核心课程和必修课程教学大纲编写规范，并及时发给研究生； C 类：MPA 核心课程和必修课程教学大纲不完备，未达上述要求，编写不规范，未及时发给研究生。
教学 实施 （权重 为20%）	14. 教材建设	A 类：专家、MPA 研究生共同为选用教材评分为优，即≥85分； B 类：专家、MPA 研究生共同为选用教材评分为合格，即≥70分； C 类：专家、MPA 研究生共同为选用教材评分为不合格，即不足 70 分。
	15. 案例教学	A 类：最近一届 MPA 研究生在全部专业课程学习中使用案例数≥40 个，核心课程学习中使用案例数≥25 个，并均已正式书面发给学生，筹建案例数≥10 个，有文字材料证明； B 类：最近一届 MPA 研究生在核心课程学习中使用案例数≥20 个，并均已正式书面发给学生，筹建案例数≥10 个，有文字材料证明； C 类：未达到上述要求。
	16. 双语教学	A 类：近 3 年来，有 1 门以上课程使用外语教材，外语教学，效果较好； B 类：近 3 年来，曾开过关于公共管理的外语讲座，或组织 MPA 研究生参加过相关的国际研讨会，效果较好； C 类：没有上述课程或活动。
	17. 专题讲座 及实践	A 类：近 3 年来，每年聘请校内外专家及公共管理部门资深专家为 MPA 研究生举办各种专题讲座、报告 ≥10 次，组织 MPA 研究生参加各类实践活动的次数≥1 次，质量高，效果好； B 类：近 3 年来，每年聘请校内外专家及公共管理部门资深专家为 MPA 研究生开设各种专题讲座、报告或组织 MPA 研究生参加各类实践活动不少于 10 次； C 类：近 3 年来，每年为 MPA 研究生举办专题讲座、报告或组织 MPA 研究生参加各类实践活动不足 10 次。

一级指标	二级指标权重均为4%	评 分 标 准
教学实施（权重为20%）	18. 在校研读时间	A类：修满规定的学分；已毕业的MPA研究生80%以上的课程学分是在本校学习；85%以上的课程由本校选派本校教师，或虽不是本校教师，但却是本领域有影响的教师任课； B类：修满规定的学分；已毕业的MPA研究生80%以上的人70%以上的课程学分是在本校学习；70%以上的课程由本校选派本校教师，或虽不是本校教师，但却是本领域有影响的教师任课； C类：未达到上述要求。
教学效果与学位论文（权重为16%）	19. 招生数量及录取分数	A类：近3年本校录取人数均低于本校报名人数，录取总分平均分排序未因列试办院校中、后位而被限定或削减招生指标； B类：近3年本校录取人数均低于报名人数，但有一次录取总分平均分排序列试办院校中、后位而被限定或削减招生指标；或近3年本校录取人数有1年低于报名人数，但没有录取总分平均分排序列试办院校中、后位而被限定招生指标； C类：近3年本校录取人数高于本校报名人数，录取总分平均分排序列试办院校中、后位而被限定招生指标，两项总累计达2次或以上。
	20. 教学效果	A类：近3年MPA核心课程评价总平均为优，即得分≥85分； B类：近3年MPA核心课程评价总平均为合格，即得分≥70分； C类：近3年MPA核心课程评价总平均为不合格，即得分不足70分。
	21. 论文导师及指导	A类：有一定代表性的资深公共管理者参加导师组；指导论文写作的专职导师，有较丰富的公共管理及相关专业背景；导师组及专职导师指导过程规范、严谨、有效； B类：论文由导师组集体指导，指导论文写作的专职导师有相应的公共管理及相关专业背景，导师组及专职导师指导较为规范； C类：未达到上述要求。
	22. 论文综合质量	A类：近3年85%以上被抽查学位论文是实践性较强的公共管理类题目，论文格式规范，内容充实，理论联系实际，有一定的应用价值或学术水平； B类：近3年70%以上被抽查学位论文是实践性较强的公共管理类题目，论文格式规范，内容充实，理论联系实际，有一定的应用价值或学术水平； C类：未达到上述要求。

一级指标	二级指标权重均为4%	评 分 标 准
办学特色及其他（权重为12%）	23. 专业与课程特色	A类:开设4个以上专业培养方向,课程设置合理,优势明显,特色鲜明,有3倍以上的选修课可供MPA研究生任选; B类:开设3个以上专业培养方向,课程设置合理,特色鲜明,有2倍以上的选修课可供MPA研究生任选; C类:未达到上述要求。
	24. 政府合作关系	A类:与政府密切合作,相互参与程度高,包括MPA招生、培养、公共管理论坛、咨询,相关的科研合作等,专家评估得分≥85分; B类:与政府合作较为密切,相互参与积极,专家评估得分≥70分; C类:与政府合作一般或基本没有合作,专家评估得分不足70分。
	25. 国际及境外交流	A类:与国际及境外同行密切联系,拥有较多合作项目,包括合作教育、培训、学术交流、出版文字等,专家评估得分≥85分; B类:与国际及境外同行密切联系,拥有合作项目,专家评估得分≥70分; C类:与国际境外同行联系一般,具体合作项目较少,专家评估得分不足70分。

三、评估指标及评分说明

1. 案例教学条件:"较高标准的专用案例教室和案例讨论室"是指能够保证使用不少于6间(1大、2中、3小;"大"指60座位以上,"中"指20~60座位,"小"指10~20座位)的较高标准(有多媒体电子投影设备)专用案例教室和案例讨论室;有为MPA研究生设立的案例制作与实验室。

2. 多媒体教学条件:多媒体教学课件包括自行编制、出版社免费提供和外购的课件。

3. 图书资料:"足够数量的MPA专业图书资料和阅览室可供MPA研究生使用"指学院(中心)的资料室或学校的图书馆拥有能满足MPA教学需要、反映学科最新发展的相关图书、报刊、资料,且为MPA研究生提供了与其他研究生一样的从校图书馆借阅图书,在阅览室阅读图书的条件(教学设施允许校内共享,但应保证

MPA 专业学位教学的使用)。

4. 网络和计算机:"使用校园网"是指在技术上和制度上允许 MPA 研究生使用校园网;"使用计算机的条件"是指学校(院)拥有能满足 MPA 教学需要的上机条件,并允许 MPA 研究生在课外使用其计算机室(中心)的计算机。

5. 教师数量:"全部 MPA 核心课程以及方向必修课程都有 2 名以上教师授课"指近 3 年内每门上述课程至少有 2 名或 2 名以上不同的教师为研究生授课。

6. 教师结构:"MPA 专业课程"指除公共外语以外的所有课程。"所有 MPA 专业课程的专职教师"中具有副高以上职称或博士学位的比例指以课堂为单位计算,由具有副高以上职称或博士学位教师授课的课堂数占总课堂数的比例。3 年中教师职称或学位若发生变动,以授课结束时的实际职称或学位为准。

7. 教学经验:"2 次以上讲授该课程者所占比例"指近 3 年为 MPA 研究生讲授核心课程的教师中,有 2 次或 2 次以上授课经验教师所占的比例。

8. 社会实践经验:"MPA 专职教师"指近 3 年为 MPA 研究生授课的教师。每一位有社会实践经验的教师须列出所参加管理咨询或项目研究的单位、部门的名称、实施的具体时间和本人在项目中承担的工作。

9. 师资培训:MPA 核心课程教师平均每人每年参加各种师资培训和学术活动的次数,等于 3 年内 MPA 核心课程教师参加上述活动的人次数除以 3 年内承担 MPA 核心课程教学任务的教师总人数。

10. 教学管理机构与人员:"岗位责任和规章制度"指教学管理机构自身的工作规范。

11. 教学服务与激励:"教学服务"指为 MPA 教师的教学活动提供了必要的教学支持条件,包括计算机、教学软件、参考书和资料购置与复印。"教学激励"指承认教师的案例建设和教学创新成果,如教学研究成果的发表等,并给予物质或精神鼓励。

12. 教学管理制度:"教学管理制度"指参照全日制硕士教学管理,为保证 MPA 培养质量制定的,已形成正式书面文件并向教师和研究生公布的管理制度(如任课教师责任、研究生考勤、考试、论文选题与指导、论文答辩、教学质量评估等制度)。"制度完备"指教学管理制度覆盖了 MPA 培养的全过程。"实施手段"指监督制度执行的方法。

13. 教学大纲:"MPA 核心课程和必修课程"指近 3 年内各届各班的 MPA 核心课程和必修课程。编写规范的大纲一般要包括:课程名称、课程简介(课程描述和目标)、授课计划(内容、案例、习题、时间)、评价标准等。发放给研究生可以通过书面印刷或网上下载。已经编写、但没有发放给研究生的教学大纲不予计算。编写和印发教学大纲的比例以课堂为单位计算,即达到要求的课堂数占总课堂数的比例。

14. 教材建设:专家、研究生共同评分是指对 MPA 研究生使用的所有教材进行评分,其中专家数量与研究生数量相当,但是专家评分所占权重为60%,MPA研究生占40%,评分满分为100分。

15. 案例教学:即为说明原理而设立的事实或情节,并同时具有对该对象的评论或阐述。其中,"最近一届MPA研究生"指已经完成MPA课程学习、正在做学位论文的研究生;"使用案例数"指所有MPA专业课程或核心课程使用的案例数总和;"筹建案例数"是指已经明确、详细列出筹建预算、建设方案、建设进度的案例。

16. 双语教学:"使用外语教材,外语教学"的课程指除外语课程外的任何MPA专业课程。

17. 专题讲座及实践:"专题讲座、报告"指为MPA研究生或主要为MPA研究生开设或举行的各种讲座和报告。"组织MPA研究生参加各类实践活动"指组织研究生参加调研、实习、咨询、现场教学等。"每年聘请校内外专家及公共管理部门资深专家为MPA研究生举办各种专题讲座、报告"或"组织MPA研究生参加各类实践活动"的次数指近3年的平均次数。

18. 在校研读时间:"已毕业的MPA研究生"是指包括异地研究生在内的所有MPA研究生;"已毕业"具体指哪几届,由评估专家组统一确定;"在本校学习"是指由MPA教育试办权的招生院校。

19. 招生数量及录取分数:依据全国MPA教指委的统计资料。

20. 教学效果:"核心课程评价"是指MPA研究生的课后评价,经同一评估专家组核实并作校际调整。研究生对课程教学效果的评价满分为100分。近3年MPA核心课程评价总平均得分指近3年各班MPA研究生各门MPA核心课程的总平均得分。

21. 论文导师及指导:考察MPA论文导师的构成,要求有资深公共管理者参加导师组。导师组集体指导包括论文开题、论文撰写、论文评阅、论文答辩的全过程或其中的环节;专职导师指导论文写作的过程包括审定写作提纲、审定初稿、定稿等。同时考察专职导师与实际部门兼职导师水平。

22. 论文综合质量:即同一评估专家组以随机抽样的方式,在评估检查现场,抽查20%的学位论文所得到的评估结论。其"格式规范"一般要求采取通用的行文格式,诸如备有摘要、关键词、目录、正文、参考文献等,文字通畅,引证规范。

23. 专业与课程特色:由各校自荐最能体现该校MPA教育特色的专业方向和课程设置,以及与此配套的教材案例建设、教学方法、MPA选修课等。

24. 政府合作关系:该项指标的得分根据MPA培养单位与政府相关部门的合作程度由评估专家组打分,培养单位应提供合作的相关证明材料。

25. 国际及境外交流:该项指标得分根据MPA培养单位国际及境外有关学校、机构和学者或官员的合作程度由评估专家组打分,培养单位应提供合作的相关证明材料,包括国际及港、澳、台公共管理论坛或会议、合办的MPA教育、公务员培训、学术交流或访问、项目咨询与合作、出版有关文字或译著等。

四、评估所需教学资料、文件和表格

1. 评价所需教学资料和文件

（1）MPA 教学管理制度书面文件；

（2）MPA 研究生培养方案；

（3）MPA 核心课程的教学大纲；

（4）MPA 核心课程使用的教材、多媒体课件；

（5）最近一届 MPA 研究生在课程学习中实际使用的书面案例；

（6）近 3 年每学期的 MPA 课程表；

（7）近 3 年 MPA 核心课程的试卷和答卷；

（8）近 3 年 MPA 核心课程的作业题；

（9）近 3 年 MPA 研究生考勤表；

（10）近 3 年 MPA 研究生课程成绩登记表（教师签名的原始成绩登记表）；

（11）近 3 年 MPA 研究生对核心课程的评价表；

（12）近 3 届 MPA 毕业生的学位论文。

2. 评估所需的汇总表格

（1）MPA 专业课程任课教师情况汇总表；

（2）MPA 专业课程教学情况汇总表；

（3）最近一届 MPA 专业课程使用案例情况汇总表；

（4）近三年为 MPA 研究生举办专题讲座或报告情况汇总表；

（5）近三年组织 MPA 研究生参加实践活动情况汇总表；

（6）近三年 MPA 核心课程研究生评估情况汇总表；

（7）MPA 专业学位教学管理、服务及设施情况汇总表；

（8）近三年 MPA 研究生学位论文撰写情况汇总表；

（9）近三年 MPA 研究生论文指导教师情况汇总表；

（10）近三年 MPA 研究生在校研读时间汇总表；

（11）MPA 办学特色及创新成果情况汇总表。

3. 其他资料

最能体现 MPA 教育效果的优秀 MPA 研究生或毕业生的有关材料。

4. 本校 MPA 教育的总结报告

针对评估内容介绍本校 MPA 教育招生、师资队伍状况、教学设施状况、师资培训与激励、案例与教材建设、教学服务与管理、研究生服务与管理、教学改革与创新、办学特色以及存在的问题等。

来源：国务院学位委员会办公室、全国 MPA 教育指导委员会。

中国高校试办公共管理硕士(MPA)专业学位合格评估方案

一、说明

我国高校从 2001 年 5 月起正式启动试办公共管理硕士(MPA)专业学位教育,三年多来,各个试办高校在课程设置、教学方法、学位论文以及质量保证方面进行了探索;同时,越来越多的高校积极要求试办 MPA 专业学位。为进一步规范和推动 MPA 教育的发展,坚持正确的办学方向,保证 MPA 培养质量,以评促建,提高 MPA 的办学声誉与社会影响,国务院学位委员会办公室决定对试办 MPA 专业学位高校进行合格评估。

本方案是根据有关规定,结合 MPA 专业学位特点,在全国 MPA 专业学位教育指导委员会 2002 年 9 月下发的《MPA 教学基本要求》文件基础上,通过征求意见、专家反复研究讨论而形成的。有关说明如下:

1. 评估对象:国务院学位办批准同意首批试办 MPA 专业学位教育的 24 所高校。

2. 评估内容:试点高校被批准试办以来的 MPA 教育情况。

3. 评估单位:国务院学位委员会办公室。

4. 承办单位:全国 MPA 专业学位教育指导委员会。

5. 评估性质:合格评估。

6. 评估方式:由试点高校提出申请,评估小组进行现场考评,专家独立打分。

7. 评估小组组成:由全国 MPA 教育指导委员会推荐专家,国务院学位委员会办公室组织评估小组。

8. 评估指标:设 6 个一级指标,26 个二级指标。(见表1)

9. 单项指标评分标准:每个二级指标满分为 100 分,其中教学管理中的四个二级指标权重为 3%,其余未作特殊说明的指标权重均为 4%,按优良程度不同分四类予以评分。

A 类:90—100 分; B 类:75—89; C 类:60—74; D 类:60 分以下。

10. 合格标准:加权总分≥75 分,且得分大于 75 分的单项指标个数≥15 个。

11. 接受评估的高校提供的有关数据及情况必须真实、准确,如发现不实之处,相关项目按最低分计算。

试办 MPA 合格评估指标体系

1. 教学设施
  - (1) 案例教学设施
  - (2) 多媒体教学条件
  - (3) 图书资料
  - (4) 网络和计算机

2. 师资队伍
  - (5) 教师数量
  - (6) 教师结构
  - (7) 教学经验
  - (8) 实践经验
  - (9) 师资培训

3. 教学管理
  - (10) 教学管理机构与人员
  - (11) 教学服务与激励
  - (12) 教学管理制度
  - (13) 研究生管理与服务
  - (14) 培养计划与教学大纲

4. 教学实施
  - (15) 教材建设(教材数量,教材质量)
  - (16) 案例教学
  - (17) 外语教学
  - (18) 专题讲座及实践
  - (19) MPA 研究生在校学习时间

5. 教学效果与学位论文
  - (20) 教学质量与效果
  - (21) 论文选题与实用价值
  - (22) 论文综合质量
  - (23) 论文导师

6. 办学特色及其他
  - (24) 办学特色
  - (25) 创新成果
  - (26) 与政府的合作

二、评估指标、指标权重和评分标准

一级指标	二级指标(除特殊说明外,均为4%)	评分标准
教学设施(16%)	1. 案例教学室	A 类:具有足够数量的较高标准专用案例教室和案例讨论室; B 类:具有一定数量的较高标准专用案例教室; C 类:具有可用于案例讨论的专用教室; D 类:使用普通教室进行案例教学。

一级指标	二级指标(除特殊说明外,均为4%)	评 分 标 准
教学设施(16%)	2. 多媒体教学条件	A 类:80%以上的 MPA 核心课程有多媒体教学课件,并使用多媒体教学设施教学; B 类:50%~80%的 MPA 核心课程有多媒体教学课件,并使用多媒体教学设施教学; C 类:25%~49%的 MPA 核心课程有多媒体教学课件,并使用多媒体教学设施教学; D 类:24%以下的 MPA 核心课程有多媒体教学课件,并使用多媒体教学设施教学。
	3. 图书资料	A 类:全部 MPA 研究生有条件使用网络或光盘信息检索系统,有足够数量的 MPA 专业图书资料可供 MPA 研究生使用; B 类:有足够数量的 MPA 专业图书资料可供 MPA 研究生使用; C 类:有一定数量 MPA 专业图书资料可供 MPA 研究生使用; D 类:MPA 专业图书资料较少或 MPA 研究生没有条件使用有关图书资料。
	4. 网络和计算机	A 类:有 MPA 课程实验条件并为所有 MPA 研究生提供了使用校园网的条件; B 类:为所有 MPA 研究生提供了使用校园网的条件; C 类:为所有 MPA 研究生提供了使用计算机的条件; D 类:MPA 研究生没有条件使用计算机。
师资队伍(20%)	5. 教师数量	A 类:近 3 年内,每门 MPA 核心课程至少有 2 名教师授课; B 类:近 3 年内,至少 7 门 MPA 核心课程有 2 名或 2 名以上教师授课; C 类:近 3 年内,至少 5 门 MPA 核心课程有 2 名或 2 名以上教师授课; D 类:近 3 年内,不足 5 门 MPA 核心课程有 2 名或 2 名以上教师授课。
	6. 教师结构	A 类:近 3 年内,所有 MPA 专业课程的授课教师中具有副高以上职称或博士学位的比例≥80%; B 类:近 3 年内,所有 MPA 专业课程的授课教师中具有副高级职称或博士学位的比例为 65%~79%; C 类:近 3 年内,所有 MPA 专业课程的授课教师中具有副高级职称或博士学位的比例为 50%~64%; D 类:近 3 年内,所有 MPA 专业课程的授课教师中具有副高级职称或博士学位的比例不足 50%。

一级指标	二级指标(除特殊说明外,均为4%)	评 分 标 准
师资队伍(20%)	7. 教学经验	A 类:MPA 核心课程教师中有不少于 2 次讲授该课程经验者所占比例在 90% 以上; B 类:MPA 核心课程教师中有不少于 2 次讲授该课程经验者所占比例在 80% ~89%; C 类:MPA 核心课程教师中有不少于 2 次讲授该课程经验者所占比例在 70% ~79%; D 类:MPA 核心课程教师中有不少于 2 次讲授该课程经验者所占比例不足 70%。
	8. 实践经验	A 类:MPA 核心课程教师中有参加政府部门或非政府公共机构管理、咨询或项目研究经历者所占比例在 60% 以上; B 类:MPA 核心课程教师中有参加政府部门或非政府公共机构管理、咨询或项目研究经历者所占比例在 45% ~59%; C 类:MPA 核心课程教师中有参加政府部门或非政府公共机构管理、咨询或项目研究经历者所占比例在 30% ~45%; D 类:MPA 核心课程教师中有参加政府部门或非政府公共机构管理、咨询或项目研究经历者所占比例在 30% 以下。
	9. 师资培训	A 类:近 3 年内,MPA 核心课程教师平均每人参加 1 次以上进修、培训或校际课程研讨活动,每学期定期组织 MPA 核心课程教师开展教学研究活动; B 类:近 3 年内,MPA 核心课程教师平均每人参加 1/2 次以上进修、培训或校际课程研讨活动,每学期定期组织 MPA 核心课程教师开展教学研究活动; C 类:近 3 年内,MPA 核心课程教师平均每人参加 1/3 次以上进修、培训或校际课程研讨活动,每学期定期组织 MPA 核心课程教师开展教学研究活动; D 类:近 3 年内,MPA 核心课程教师平均每人参加进修、培训或校际课程研讨活动不足 1/3 次,没有或很少组织 MPA 核心课程教师开展教学研究活动。

一级 指标	二级指标(除特殊 说明外,均为4%)	评 分 标 准
教学 管理 (16%)	10. 教学管理 机构与人员(3%)	A:有专门的 MPA 教学管理机构(如 MPA 教育中心),配备 专职的 MPA 教学秘书和案例制作与教学的技术人员,负责 MPA 研究生的日常管理与服务; B:有专门的 MPA 教学管理机构(如 MPA 教育中心),配备 专职的 MPA 教学秘书,负责 MPA 研究生的日常管理与服务; C:有专门的 MPA 教学管理机构(如 MPA 教育中心),配备 有兼职的 MPA 教学秘书,负责 MPA 研究生的日常管理与 服务; D:没有专门的 MPA 教学管理机构,没有专职与兼职 MPA 教 学秘书。
	11. 教学服务 与激励(3%)	A 类:为 MPA 教师的教学活动提供了必要的支持条件(计算 机、教学软件、资料购置与复印),对案例建设和教学创新给予 了有效的激励; B 类:为 MPA 教师的教学活动提供了必要的支持条件(计算 机、教学软件、资料购置与复印); C 类:为 MPA 教师的教学活动提供了一些支持条件(资料购 置与复印); D 类:没有或很少为 MPA 教师的教学活动提供支持条件。
	12. 教学管理 制度(3%)	A 类:MPA 教学管理制度(任课教师责任、研究生考勤、考 试、论文选题与指导、论文答辩、教学质量评估等)完备,实施 手段有效,教学管理制度被全面严格执行; B 类:MPA 教学管理制度基本完备并得到全面执行; C 类:MPA 教学管理制度基本完备,但未被全面执行或执行 中有漏洞; D 类:大部分 MPA 教学管理制度未建立或未被实际执行。
	13. 研究生管 理与服务(3%)	A 类:有专人负责 MPA 研究生管理与服务,与研究生定期沟 通并及时解决问题,且研究生反映良好。积极组织 MPA 研究 生参加各种有利于提高研究生综合能力的实践活动; B 类:有专人负责 MPA 研究生管理与服务,与研究生定期沟 通并能解决一些问题,且研究生反映较好; C 类:没有专人负责 MPA 研究生管理与服务,与研究生不定 期沟通,研究生反映一般; D 类:没有人负责 MPA 研究生管理与服务,研究生意见较大。

一级指标	二级指标(除特殊说明外,均为4%)	评 分 标 准
教学管理(16%)	14. 培养计划与教学大纲	A 类:全部 MPA 专业课程教学大纲编写规范,并及时发给研究生; B 类:80% 以上 MPA 专业课程教学大纲编写规范,并及时发给研究生; C 类:70% 以上 MPA 专业课程教学大纲编写规范,并及时发给研究生; D 类:没有达到上述要求。
教学实施(20%)	15. 教材建设	15.1 教材数量(分值为2分) A 类:自编教材数量占 40% 以上; B 类:自编教材数量占 30% 以上; C 类:自编教材数量占 20% 以上; D 类:自编教材数量不足 20%。 15.2 教材质量(分值为2分) A 类:专家、研究生共同为自编教材评分达到 80 分以上; B 类:专家、研究生共同为自编教材评分达到 70 分以上; C 类:专家、研究生共同为自编教材评分达到 60 分以上; D 类:专家、研究生共同为自编教材评分不足 60 分。
	16. 案例教学	A 类:最近一届 MPA 研究生在全部专业课程学习中使用案例数≥25 个,核心课程学习中使用案例数≥15 个,筹建案例数≥10 个,教学效果良好; B 类:最近一届 MPA 研究生在核心课程学习中使用案例数≥10 个,筹建案例数 6~9 个; C 类:最近一届 MPA 研究生在核心课程学习中使用案例数≥6 个,筹建案例数 3~5 个; D 类:最近一届 MPA 研究生在核心课程学习中使用案例数 <5 个,筹建案例数 < 3 个。
	17. 外语教学	A 类:最近一届研究生有 2 门或 2 门以上课程使用英文教材、英语授课; B 类:最近一届研究生有 1 门课程使用英文教材、英文教学,另有 1 门课程使用英文教材、中文教学; C 类:最近一届研究生 2 门课程使用英文教材、中文教学; D 类:最近一届研究生 1 门或没有课程使用英文教材。

一级指标	二级指标(除特殊说明外,均为4%)	评分标准
教学实施(20%)	18. 专题讲座及实践	A类:近3年来,每年聘请校外专家及公共管理部门资深专家为MPA研究生举办各种专题报告或组织MPA研究生参加各类实践活动的次数≥10次,且效果良好; B类:近3年来,每年聘请校外专家及公共管理部门资深专家为MPA研究生开设各种专题讲座、报告或组织MPA研究生参加各类实践活动6~9次; C类:近3年来,每年为MPA研究生举办各种专题报告或组织MPA研究生参加各类实践3~5次; D类:近3年来,每年为MPA研究生举办专题报告或组织MPA研究生参加各类实践活动不足2次。
	19. MPA研究生在校学习时间	A类:三年在校学习时间六个月以上; B类:三年在校学习时间五~六个月; C类:三年在校学习时间四~五个月; D类:三年在校学习时间不足四个月。
教学效果与学位论文(16%)	20. 教学质量与效果	A类:近3年MPA研究生核心课程评价总平均得分≥85分; B类:近3年MPA研究生核心课程评价总平均得分70~84分; C类:近3年MPA研究生核心课程评价总平均得分60~69分; D类:近3年MPA研究生核心课程评价总平均得分不足60分。
	21. 论文选题与实用价值	A类:近3年全部被抽查学位论文选题为公共管理的现实问题、热点问题,针对性强,论文实用价值高,思路新颖; B类:近3年90%以上被抽查学位论文选题为公共管理的现实问题、热点问题,针对性强,论文实用价值高,思路新颖; C类:近3年80%~89%以上被抽查学位论文选题为公共管理的现实问题、热点问题,针对性强,论文实用价值高,思路新颖; D类:达不到以上标准者。

一级指标	二级指标(除特殊说明外,均为4%)	评 分 标 准
教学效果与学位论文(16%)	22. 论文综合质量	A类:近3年全部被抽查MPA学位论文能够充分运用公共管理的理论和方法,格式规范,内容充实,研究方法先进可行,文字精练,引证规范; B类:近3年90%以上的被抽查学位论文能够充分运用公共管理的理论和方法,格式规范,内容充实,研究方法先进可行,文字精练,引证规范; C类:近3年80%以上的被抽查学位论文能够充分运用公共管理的理论和方法,格式规范,内容充实,研究方法先进可行,文字精练,引证规范; D类:达不到以上标准者。
	23. 论文导师	A类:近3年90%以上的研究生论文指导教师由高校与实践导师两方面构成; B类:近3年80%~90%的研究生论文指导教师由高校与实践导师两方面构成; C类:近3年70%~79%的研究生论文指导教师由高校与实践导师两方面构成; D类:近3年69%以下的研究生论文指导教师由高校与实践导师两方面构成。
办学特色及其他(12%)	24. 办学特色	A类:特色鲜明(包括专业或课程特色、教学法、案例和教材建设、MPA素质教育、国际合作等); B类:特色比较鲜明; C类:有一定特色; D类:没有或很少有特色。
	25. 创新成果	A类:MPA教学具有较显著的创新性(包括专业或课程改革创新、教学法、案例和教材建设、MPA素质教育等); B类:MPA教学具有一定程度的创新性; C类:MPA教学具有创新性但不明显; D类:MPA教学没有创新性。
	26. 与政府的合作	A类:与政府密切合作,相互参与程度高,包括培训、咨询、科研合作等; B类:与政府合作较为密切,相互参与积极; C类:与政府合作一般; D类:基本与政府没有合作。

三、评估指标说明

1. **案例教学设施**：高标准案例教室是指具有不少于 6 间（1 大、2 中、3 小；"大"指 60 座位以上，"中"指 20～60 座位，"小"指 10～20 座位）的较高标准（有多媒体电子投影设备）专用案例教室和案例讨论室，有专为 MPA 研究生设立的案例制作与实验室。

2. **多媒体教学条件**：多媒体教学课件包括自行编制、出版社免费提供和外购的课件。

3. **图书资料**：足够数量的图书指学院（中心）的资料室或学校的图书馆拥有能满足 MPA 教学需要、反映学科最新发展的相关图书、报刊、资料，且为 MPA 研究生提供了与其他研究生一样的从校图书馆借阅图书，在阅览室阅读图书的条件。（即教学设施允许校内共享，但应保证 MPA 专业学位教学的使用）

4. **网络和计算机**："MPA 课程实验条件"是指供 MPA 研究生在课程教学中使用的各类专业课程实验设备和实验室。"使用校园网的条件"是指在技术上和制度上允许 MPA 研究生使用校园网；学校（院）拥有能满足 MPA 教学需要的上机条件，并允许 MPA 研究生在课外使用其计算机室（中心）的计算机。

5. **教师数量**：每门核心课程至少有 2 名教师为 MPA 授课指近 3 年内每门核心课程至少有 2 名或 2 名以上不同的教师为研究生授课。

6. **教师结构**："MPA 专业课程"指除公共外语以外的所有课程。所有 MPA 专业课程的授课教师中具有副高职称以上或博士学位的比例指以课堂为单位计算，由具有副高职称以上或博士学位教师授课的课堂数占课堂数的比例。3 年中教师职称或学位若发生变动，以授课结束时的实际职称或学位为准。

7. **教学经验**："MPA 核心课程教师中有不少于 2 次讲授该课程经验者所占比例"指近 3 年为 MPA 研究生讲授核心课程的教师中，有 2 次或 2 次以上授课经验教师所占的比例。

8. **实践经验**："MPA 核心课程教师中有参加政府部门或非政府公共机构管理、咨询或项目研究经历者所占比例"指近 3 年为 MPA 研究生讲授核心课程的教师中，有参加政府部门或非政府公共机构管理、咨询或项目研究经历的教师所占的比例。对每一个有实践经验的教师，须列出至少一个所参加项目管理、咨询或研究的单位、部门的名称、实施的具体时间和教师在项目中承担的工作。

9. **师资培训**：MPA 核心课程教师平均每人参加各种师资培训的次数等于 3 年内 MPA 核心课程教师参加各种师资培训的人次数除以 3 年内承担 MPA 核心课程教学任务的教师总人数。定期组织教学研究活动指围绕 MPA 教育定期开展的教学研究活动。

10. **教学管理机构与人员**包括 MPA 教学管理机构、专职的 MPA 教学秘书、案例制作与教学的技术人员等。

11. 教学服务与激励:教学服务指为 MPA 教师的教学活动提供了必要的教学支持条件包括计算机、教学软件、参考书和资料购置与复印。教学激励指承认教师的案例建设和教学创新成果,如教学研究成果的发表,并给予物质或精神鼓励。

12. 教学管理制度:"教学管理制度"指为保证 MPA 培养质量制定的,已形成正式书面文件并向教师和研究生公布的管理制度(如任课教师责任、研究生考勤、考试、论文选题与指导、论文答辩、教学质量评估等制度)。"实施手段"指监督制度执行的方法。"制度完备"指教学管理制度覆盖了 MPA 培养的全过程。

13. 研究生管理与服务:"专人负责 MPA 研究生管理与服务"指的是有健全的 MPA 研究生管理机构,包括设立专职管理人员和班主任。与研究生定期沟通并及时解决问题,指召开各种座谈会和帮助研究生解决在校期间学习、生活中的困难。

14. 教学大纲:"全部 MPA 专业课程"指近 3 年内各届各班的 MPA 专业课程。编写规范的大纲一般要包括:课程名称、课程简介(课程描述和目标)、授课计划(内容、案例、习题、时间)、评价标准等。发放给研究生可以通过书面印刷或网上下载。已经编写、但没有发放给研究生的教学大纲不予计算。给研究生大纲的课程比例以课堂为单位计算,即发了大纲的课堂数占总课堂数的比例。

15. 教材建设:专家、研究生共同评分是指对 MPA 研究生使用的所有自编教材进行评分,其中专家数量与研究生数量相当,但是专家评分所占权重为 60%,MPA 研究生占 40%。"教材数量"和"教材质量"所占分值一样。

16. 案例教学:"最近一届 MPA 研究生"指已经完成 MPA 课程学习、正在做毕业论文的研究生,"使用案例"指所有 MPA 专业课程使用的案例数总和,"筹建案例"是指已经明确、详细列出筹建预算、建设方案、建设进度的案例。

17. 外语教学:"最近一届研究生"指已经完成 MPA 课程学习、正在做毕业论文的研究生。"使用外语授课或外文教材的课程"指除外语课程外的任何 MPA 专业课程。

18. 专题讲座及实践:"专题报告"指为 MPA 研究生或主要为 MPA 研究生开设或举行的各种报告和讲座。"组织 MPA 研究生参加各类实践活动"指组织研究生参加调研、实习、企业咨询、现场教学等。"每年聘请校外专家及公共管理部门资深专家为 MPA 研究生举办各种专题报告或组织 MPA 研究生参加各类实践活动的次数"指近 3 年的平均次数。

19. MPA 研究生在校学习时间:是指包括异地学员在内的所有 MPA 研究生在学校上课、学习的时间。

20. 教学质量与效果:研究生对课程教学效果的评价满分为 100 分。"近 3 年 MPA 研究生核心课程评价总平均得分"指近 3 年各班 MPA 研究生各门 MPA 核心课程的总平均得分。

21. 论文选题与实用价值:抽查 20% 的毕业论文,抽查方式为随机抽样。论文选题一般应是公共管理的现实问题、热点问题,针对性强,论文实用价值高,思路新颖。

22. 论文综合质量:抽查 20% 的毕业论文,抽查方式为随机抽样。标准格式一般是:论文摘要、关键词、目录、正文、参考文献。内容和质量由评估小组现场评定。论文能够充分运用公共管理的理论和方法,格式规范,内容充实,研究方法先进可行,文字精练,引证规范。

23. 论文导师:考察研究生论文指导教师构成,以及高校导师与实践导师的经验、水平。

24. 办学特色:由各校自荐最能体现该校 MPA 教育特色的项目,包括专业或课程特色、教学法、案例和教材建设、MPA 素质教育等各个方面。

25. 创新成果:由各校自荐最能体现该校 MPA 创新成果的项目,包括专业或课程改革创新、教学法、案例和教材建设、MPA 素质教育等。

26. 与政府的合作:该项指标的得分根据 MPA 培养单位与政府相关部门的合作程度由评估专家组打分,培养单位应提供合作的相关证明材料,包括政府政策文件、咨询报告、干部培训、合作科研项目等。

四、评价所需教学资料、文件和表格

1. 评价所需教学资料和文件
(1) MPA 教学管理制度书面文件;
(2) 目前的 MPA 研究生培养方案;
(3) 目前 MPA 核心课程的教学大纲;
(4) 目前 MPA 核心课程使用的教材、多媒体课件;
(5) 目前各门 MPA 核心课程实际使用的书面案例(指要求撰写案例分析报告的案例),每个案例提供一份研究生撰写的案例分析报告;
(6) 近 2 年每学期的 MPA 课程表;
(7) 近 2 年 MPA 核心课程的试卷和答卷;
(8) 近 2 年 MPA 核心课程的作业题;
(9) 近 2 年 MPA 研究生考勤表;
(10) 近 2 年 MPA 研究生课程成绩登记表(教师签名的原始成绩登记表);
(11) 近 2 年 MPA 研究生的学籍总表;
(12) 近 3 年 MPA 研究生对教师的评价表;
(13) 近 2 届 MPA 毕业生的毕业论文(随机抽查 20~30 份)。

2. 所需的汇总表格
(1) MPA 专业课程任课教师情况汇总表;

（2）MPA 专业课程教学情况汇总表；

（3）最近一届 MPA 专业课程使用案例情况汇总表；

（4）近三年为 MPA 研究生举办专题讲座或报告情况汇总表；

（5）近三年组织 MPA 研究生参加实践活动情况汇总表；

（6）近三年 MPA 核心课程研究生评估情况汇总表；

（7）MPA 专业学位教学管理、服务及设施情况汇总表；

（8）近三年 MPA 研究生中公务员比例汇总表；

（9）近三年 MPA 研究生学位论文撰写情况汇总表；

（10）近三年 MPA 研究生论文指导教师情况汇总表；

（11）近三年异地 MPA 研究生在校学习时间汇总表；

（12）MPA 办学特色及创新成果情况汇总表。

（以上汇总表格见本方案所附样表）。

3. 其他资料

所推荐的最能体现 MPA 教育效果的优秀研究生或毕业生的有关材料。

4. 本校 MPA 教育的总结报告

针对评估内容介绍本校 MPA 教育的招生、师资队伍状况、教学设施状况、师资培训与激励、案例与教材建设、教学服务与管理、研究生服务与管理、教学改革与创新、办学特色以及存在的问题等。

拟订说明：

本方案是受全国公共管理硕士专业学位指导委员会秘书处委托，由西安交通大学研究生院与公共政策与管理学院有关人员草拟而成的。中国学位与研究生教育评估委员会副主任、全国公共管理专业学位指导委员会委员、全国材料学科教学指导委员会委员、西安交通大学研究生院常务副院长宋晓平教授牵头并直接参与了方案的拟订，西安交通大学公共政策与管理学院副院长、MPA 中心副主任吴建南副教授参与了方案的拟订与研讨，高等教育管理硕士研究生梅红、行政管理硕士研究生刘安、孔晓勇、李贵宁参与了指标的设计、文字的修订等工作。

评估材料汇总表目录

来源:国务院学位委员会办公室、全国 MPA 教育指导委员会。

普通高等学校本科教学工作水平评估方案(试行)

一、普通高等学校本科教学工作水平评估指标体系

一级指标	二级指标
1. 办学指导思想	1.1　学校定位 **1.2　办学思路**
2. 师资队伍	**2.1　师资队伍数量与结构** 2.2　主讲教师
3. 教学条件与利用	**3.1　教学基本设施** **3.2　教学经费**
4. 专业建设与教学改革	**4.1　专业** **4.2　课程** **4.3　实践教学**
5. 教学管理	5.1　管理队伍 **5.2　质量控制**
6. 学风	6.1　教师风范 6.2　学习风气
7. 教学效果	**7.1　基本理论与基本技能** **7.2　毕业论文或毕业设计** **7.3　思想道德修养** 7.4　体育 7.5　社会声誉 7.6　就业
特色项目	

二、普通高等学校本科教学工作水平评估指标和等级标准

一级指标	二级指标	主要观测点	参考权重	等级标准		备注
				A	C	
办学指导思想	1.1 学校定位	●学校的定位与规划[注1]	1.0	定位准确，学校发展规划科学合理，并有效实施	定位基本准确，有学校发展规划，并付诸实施	[注1]学校规划包括学校事业发展规划、学科专业建设规划、师资队伍建设规划和校园建设规划。
	1.2 办学思路	●教育思想观念	0.5	具有先进的教育思想观念，办学思路明确，质量意识强	注重先进教育思想观念的学习与研究，办学思路清晰，有质量意识	
		●教学中心地位	0.5	一贯重视本科教学，能正确处理教学与学校其他工作的关系	重视本科教学，基本能正确处理教学与学校其他工作的关系，第一责任人责任明确	

一级指标	二级指标	主要观测点	参考权重	等级标准 A	等级标准 C	备注
师资队伍	2.1 师资队伍数量与结构	● 生师比[注2]	0.3	1. 比附表中合格规定值至少要高 2. 满足人才培养需要	符合附表中合格的规定	[注2] 生师比的计算方法参见附表说明，其中专任教师是指具有教师资格、专门从事教学工作的人员。
		● 整体结构状态[注3]与发展趋势	0.4	结构合理，发展趋势好	结构基本合理	[注3] 分析师资结构中的师资指学校在编的具有教师专业技术职务的人员。
		● 专任教师中具有硕士学位、博士学位的比例	0.3	≥50%	30%~40%	
	2.2 主讲教师	● 主讲教师资格	0.3	符合岗位资格[注4]的教师≥95%	符合岗位资格的教师达85%~90%	[注4] 符合岗位资格是指：主讲教师具有讲师及以上职务或具有硕士及以上学位、通过岗前培训并取得合格证的教师。
		● 教授、副教授上课情况	0.3	教授、副教授近三年内均为本科生授课	55岁（含）以下教授、副教授每学年95%以上为本科生授课	
		● 教学水平	0.4	教学水平高，科研促进教学成效明显	教学过程规范，能保证教学质量	

一级指标	二级指标	主要观测点	参考权重	等级标准 A	等级标准 C	备 注
教学条件与利用	3.1 教学基本设施	●校舍状况	0.2	各类功能的教室齐备，很好地满足教学需要；其他相关校舍满足人才培养的需要	生均教学行政用房面积、百名学生配教学用计算机台数、百名学生配多媒体教室和语音室座位数(个)达到附表的合格规定，教室、实验室、实习场所以及其他相关校属用房面积基本满足人才培养的需要	[注5]教学科研仪器设备是指单价高于800元的仪器设备。
		●实验室、实习基地状况	0.2	各类功能的教学实验配备完善，设备先进，利用率高，在本科人才培养中能发挥好作用；校内外实习基地的实践教学能满足教学要求	实验室、实习场所的配置能满足教学基本要求；生均教学科研仪器设备[注5]值及新增教学科研仪器设备所占比例达到附表中的合格规定	[注6]生均图书和生均年进书量(册)包括校图书馆和院系资料室的图书。
		●图书馆状况	0.2	管理手段先进，图书馆使用效果好	生均图书和生均年进书量(册)[注6]达到附表要求	
		●校园网建设状况	0.2	建设水平高，运行良好，在本科教学中发挥了重要作用	在本科教学中发挥了作用	[注7]有专项训练场地和设施指：有符合特点的专项训练场地和体育设施。
		●运动场及体育设施	0.2	运动场及体育设施(含室内体育场所)满足人才培养需要；有专项训练场地和设施[注7]	有室内体育场所，生均运动场面积≥3平方米，设施基本齐全	

一级指标	二级指标	主要观测点	参考权重	等级标准 A	等级标准 C	备注
教学条件与利用	3.2 教学经费	● 四项经费[注8]占学费收入的比例	0.6	≥25%，较好地满足人才培养需要	20%～23%，基本满足人才培养需要	[注8]四项经费包括本专科业务费、教学差旅费、体育维持费、教学仪器设备维修费。
		● 生均四项经费增长情况	0.4	持续增长	持平	
专业建设与教学改革	4.1 专业	● 专业结构与布局	0.5	专业总体布局与结构合理，有与重点学科相匹配的、有一定影响的优势专业；新办专业的设置满足社会需要，具有学科基础，教学条件好，教学质量有保证，学生满意	专业总体布局与结构基本合理；新办专业[注9]设置适应社会需要，教学条件和教学质量基本符合要求	[注9]新办专业是指毕业生不足3届的专业。
		● 培养方案	0.5	培养方案符合培养目标的要求，体现德、智、体、美全面发展，有利于人文素质和科学素质提高，有利于创新精神和实践能力的培养；执行情况好	培养方案基本反映培养目标的要求，执行情况较好	

一级指标	二级指标	主要观测点	参考权重	等级标准 A	等级标准 C	备 注
专业建设与教学改革	4.2 课程建设与教学改革	● 教学内容与课程体系改革	0.3	总体思路清晰,具体计划和配套措施有力,执行良好,改革成效显著,有一定数量的获省部级(含)以上成果奖励(包括教学成果奖、精品课课程等)[注10]	有思路,计划和措施,有一定成效	[注10]省部级(含)以上成果奖是指近两次评奖中获奖的成果。
		● 教材建设与选用	0.3	有科学的教材选用和评估制度,教材选用严格,执行有力,使用效果好;针对本校的优势专业的优势教材编写的视科,有重点支持特色教材编写的规划和措施,成效好,有一定数量的获省部级(含)以上奖励的教材	有科学的教材选用和评估制度,主干课程教材选用同行公认的优秀教材,并注意选用近三年出版的新教材(特别是理工类、财经政法和农林类专业)	[注11]多媒体授课是指利用多媒体技术授课。多媒体技术是指处理文字、声音、图像、图形、动画等信息综合利用计算机的技术。
		● 教学方法与手段改革	0.3	积极改革教学方法与手段;必修课采用多媒体授课效果显著[注11]的课时不低于15%,有一定数量自行研制开发的多媒体课件,教学效果好	注意改革教学方法与手段,多媒体教学技术有一定使用面	[注12]用双语授课课程指采用了外文教材并且用外语授课时数达到该课程课时的50%及以上的课程(外语课除外);双语授课课比例是指开设双语教学的课程占开设专业开课课程总门数的比例。
		● 双语教学	0.1	有实施双语教学的激励措施和政策,适宜实施双语教学的专业特别是生物技术、信息技术、金融、法律等双语授课课程比例[注12]≥10%,教学效果较好;积极实施双语教学	重视并积极实施双语授课课程达到一定比例,双语教学	

一级指标	二级指标	主要观测点	参考权重	等级标准 A	等级标准 C	备 注
专业建设与教学改革	4.3 实践教学	● 实习和实训	0.4	时间有保证、措施完善、效果好	时间有保证、措施得力、效果较好	[注13]设计性实验是指给定实验目的要求和实验条件，由学生自行设计实验方案并加以实现的实验；综合性实验是指实验内容涉及本课程的综合知识或与本课程相关课程知识的实验。
		● 实践教学内容与体系 [注13]	0.3	注意内容更新，体系设计科学合理，符合培养目标要求，创造条件使学生较早参加科研和创新活动，效果好	基本符合培养目标的要求，实验开出率达到教学大纲要求的90%	
		● 综合性、设计性实验 [注13]	0.2	有综合性、设计性实验的课程占有实验课程总数的比例≥80%，效果好	有综合性、设计性实验的课程占有实验课程总数的比例达50%～60%，效果较好	[注14]实验室开放包括开放的范围、时间、内容等，其中开放的范围包括科研(专业)实验室。
		● 实验室开放	0.1	实验室开放[注14]时间长，开放范围及覆盖面广，效果好	有开放性实验室，有一定效果	
教学管理	5.1 管理队伍 [注15]	● 结构与素质	0.6	结构合理，队伍稳定，素质识强，服务意识强	结构基本合理，素质较高	[注15]教学管理队伍包括学校分管教学的校长、教务处等专职教学管理人员、院(系、部)分管教学的院长(主任)、教学秘书等管理人员。
		● 教学管理及其改革的研究与实践成果 [注16]	0.4	研究与实践成果显著，研究成果对教学改革起到促进作用	鼓励教育研究，有一定数量的研究教育实践成果	[注16]研究与实践成果是指教学管理调研或咨询报告、论文、专著等。

一级指标	二级指标	主要观测点	参考权重	等级标准 A	等级标准 C	备注
教学管理	5.2 质量控制	● 教学规章制度的建设与执行	0.3	管理制度健全，执行严格，效果显著	管理制度基本健全，执行较为严格，效果明显	[注17]教学质量监控体系包括目标的确定、各主要教学环节的建立、信息的收集整理与分析（统计与测量）、评估，信息反馈、调控等环节。
		● 各主要教学环节的质量标准	0.3	质量标准完善，合理，体现学校的水平和地位，执行严格	质量标准基本建立，执行严格	
		● 教学质量监控	0.4	教学质量监控体系[注17]科学，完善，运行有效，成效显著（特别是对毕业论文或毕业设计的质量有得力的监控措施执行情况良好）	教学质量监控体系初步形成的质量（对毕业论文或毕业设计措施），执行情况较好	
学风	6.1 教师风范	● 教师的师德修养和敬业精神	1.0	学校重视师德师风建设，教师严格履行岗位责任，从严执教，教书育人	教师履行岗位责任，从严执教，教书育人	
	6.2 学习风气	● 学生遵守校纪校规的情况	0.3	自觉遵守校纪校规，考风优良	能遵守校纪校规，考风良好	
		● 学风建设和调动学生积极性的措施与效果	0.3	措施得力，效果好	有措施，效果较好	
		● 课外科技文化活动	0.4	校园课外科技文化活动丰富活跃，多数学生积极参与，效果好	有一定的参加人数和活动效果	

一级指标	二级指标	主要观测点	参考权重	等级标准		备注
				A	C	
	7.1 基本理论与基本技能	● 学生基本理论与基本技能的实际水平	0.7	水平高	合格	
		● 学生的创新精神与实践能力	0.3	学生的创新精神与实践能力强,有较多的创新的研究实践成果和省部级(含)以上奖励	学生有一定的创新精神与实践能力,有一定的研究实践成果和省部级(含)以上奖励	
教学效果	7.2 毕业论文或毕业设计	● 选题的性质、难度、分量、综合训练等情况	0.5	结合实际,全面反映培养目标要求	结合实际,基本符合培养目标要求	
		● 论文或设计质量	0.5	质量好	论文或设计规范,质量合格	
	7.3 思想道德修养	● 学生思想道德素养与文化、心理素质	1.0	措施完善、有效,学生思想道德、文化素质好,心理健康	措施得力,学生思想道德、文化素质较好,心理健康	

续表

一级指标	二级指标	主要观测点	参考权重	等级标准		备注
				A	C	
教学效果	7.4 体育	●体育	1.0	大学生体质健康标准合格率≥97%；群众性体育和竞技体育开展得好	大学生体质健康标准合格率达95%～96%；重视群众性体育，学生养成良好的健身习惯	
	7.5 社会声誉	●生源	0.6	生源好	生源较好	
		●社会评价	0.4	社会评价好	社会评价较好	
	7.6 就业	●就业情况	1.0	应届毕业生的年底就业率≥80%，就业工作措施得力，效果好	应届毕业生的年底就业率达60%～70%，就业工作措施有，效果较好	

特色项目

[注18]特色是指在长期办学过程中积淀形成的、本校特有的，优于其他学校的独特优质风貌。特色应当对优化人才培养过程、提高教学质量作用大，效果显著。特色有一定的稳定性并应在社会上有一定影响，得到公认。特色可体现在不同方面：如治学方略、办学方针、提办学观念、办学思路、科学先进的教学管理制度、运行机制；教育模式、人才特点；课程体系、教学方法以及解决教改中的重点难点问题等方面。

47

三、普通高等学校本科教学工作水平评估结论及其标准

（一）评估结论分为优秀、良好、合格、不合格四种，标准如下：

优秀：$A \geqslant 15$，$C \leqslant 3$，（其中重要项目 $A \geqslant 9$，$C \leqslant 1$），$D = 0$，特色鲜明。

良好：$A + B \geqslant 15$，（其中重要项目 $A + B \geqslant 9$，$D = 0$），$D \leqslant 1$；有特色项目。

合格：$D \leqslant 3$，（其中重要项目 $D \leqslant 1$）。

（二）本方案二级指标共 19 项。其中重要指标（黑体字）11 项，一般指标 8 项。二级指标的评估等级分为 A、B、C、D 四级，评估标准给出 A、C 两级，介于 A、C 级之间的为 B 级，低于 C 级的为 D 级。

四、普通高等学校本科教学工作水平评估方案有关说明

（一）普通高等学校本科教学工作水平评估以《中华人民共和国高等教育法》为依据，贯彻"以评促改、以评促建、以评促管、评建结合、重在建设"的原则。通过水平评估进一步加强国家对高等学校教学工作的宏观管理与指导，促使各级教育主管部门重视和支持高等学校的教学工作，促进学校自觉地贯彻执行国家的教育方针，按照教育规律进一步明确办学指导思想、改善办学条件、加强教学基本建设、强化教学管理、深化教学改革、全面提高教学质量和办学效益。

（二）评估方案努力体现国家的教育方针及对高等学校教学工作和人才培养的基本要求，反映各类高等学校教学工作的基本规律及现阶段高等教育教学改革的走势与发展方向，特别强调"三个符合度"，鼓励学校从实际出发，办出特色。

（三）本方案适用于各类普通高等本科院校。根据分类指导原则，本方案的部分指标和标准对医药等科类高等学校有特殊要求的将另做补充说明。

来源：教育部办公厅关于印发《普通高等学校本科教学工作水平评估方案（试行）》的通知（教高厅〔2004〕21 号）。

高职高专院校人才培养工作水平评估方案(试行)

（一）高职高专院校人才培养工作水平评估方案有关说明

1. 高职高专院校人才培养工作水平评估方案以《中华人民共和国高等教育法》、《中华人民共和国职业教育法》、《国务院关于大力推进职业教育改革与发展的决定》和《教育部关于加强高职高专教育人才培养工作的意见》为依据,坚持"以评促建、以评促改、以评促管、评建结合、重在建设"的原则。通过水平评估,进一步加强国家对高职高专院校人才培养工作的宏观管理与指导,促使学校主管部门重视和支持高职高专院校的人才培养工作,促进学校自觉地按照教育规律不断明确办学指导思想、坚持教育创新、深化教学改革、改善办学条件、加强教学基本建设、强化教学管理、全面提高教育质量和办学效益。

2. 评估方案遵循党和国家的教育方针以及新时期对高职高专院校人才培养工作的要求,力求体现高职高专教育的特有规律,反映现阶段我国高职高专教育改革的基本经验与发展趋势,并鼓励学校从实际出发办出特色。

3. 本方案吸收了本科院校长期开展教学工作评估所积累的丰富经验,借鉴了《普通高等学校本科教学工作水平评估方案(试行)》的基本精神,在指标体系的设计上,力求简洁明晰、突出重点,既反映高等教育的共同规律,又体现高等职业教育的特色。

4. 本方案适用于独立设置的高等职业院校、高等专科学校和成人高等学校。评估结论分为优秀、良好、合格、不合格四种。凡举办高职高专教育不满10年的高职高专院校,必须先按本方案的合格标准接受人才培养工作合格评估(一般在学校有一届毕业生时即可向主管部门提出申请),但评估结论可视评估的实际结果而定。凡通过合格评估两年后的学校,或举办高职高专教育满10年的独立设置高职高专院校以及曾获得原国家教委授予"全国成人高等教育评估优秀学校"称号(学校名单见原国家教委教成〔1997〕7号文)的成人高校(视为已通过合格评估),可申请本方案中优、良标准的评估。

（二）高职高专院校人才培养工作水平评估指标体系

一级指标	二级指标	评估等级			
		A （优秀）	B （良好）	C （合格）	D （不合格）
1. 办学指导思想	1.1 学校定位与办学思路 **1.2 产学研结合**				
2. 师资队伍建设	**2.1 结构** 2.2 质量与建设				
3. 教学条件与利用	3.1 教学基础设施 **3.2 实践教学条件** 3.3 教学经费				
4. 教学建设与改革	**4.1 专业** **4.2 课程** **4.3 职业能力训练** 4.4 素质教育				
5. 教学管理	5.1 管理队伍 **5.2 质量控制**				
6. 教学效果	6.1 知识能力素质 6.2 就业与社会声誉				
特色或创新项目					

说明：上表15项二级指标中为黑体字的是重要指标，共8项。

（三）高职高专院校人才培养工作水平评估指标等级标准及内涵

一级指标	二级指标	主要观测点	参考权重	等级标准		说明
				C（合格）	A（优秀）	
1. 办学指导思想	1.1 学校定位与办学思路	学校定位与发展规划	0.4	学校办学指导思想、发展目标、人才培养模式、办学形式、服务面向等方面定位准确，规划适应经济与社会发展需求，措施落实。	学校定位准确，能主动服务经济和社会发展，能按照应用性人才的要求，培养高等技术应用性人才，学校特色、专业特色鲜明。建设规划较好地适应地方或行业发展的需求，并能逐年落实。	1. 学校应根据社会需要和自身的条件，找准自己的位置，明确学校的发展目标，类型、层次，办学形式、服务面向等方面的定位。 2. 办学思路要遵循高职高专教育规律，正确处理新形势下规模与质量、发展与投入，改革与建设，工作上有所创新。 3. 教学经费比重处于领先地位并有稳定来源，非教学各项政策向教学服务，规定教学、教师的中心地位。
		教育思想观念	0.3	注重高职高专教育思想观念的学习与研究，树立以就业为导向的教育观念；遵循高职高专教育规律，对规模与质量，改革与建设等关系处理得当，办学思路符合实际。	有高职高专教育研究机构和专职人员，并有一定研究成果。积极培养改革人才应用技术能力为主线设计教学方案，形成了以服务为宗旨，以就业为导向的教育思想观念。	
		教学中心地位	0.3	重视教学工作，基本能正确处理教学工作与其他工作的关系，教学工作的中心地位基本落实。	突出了教学工作的中心地位，各项政策规定向教学、教师倾斜力度大。	

一级指标	二级指标	主要观测点	参考权重	等级标准		说明
				C（合格）	A（优秀）	
1. 办学指导思想	1.2 产学研结合	产学研结合	1	产学研结合的理念、机制和途径在办学中得到体现，例如在人才培养模式、实习基地建设、实习组织及科技成果转化、面向社会开展技术培训等方面有实质成效。	形成了以社会需求为导向，学校主动为行业企业服务、行业企业积极参与的校企合作办学的体制、机制，成效显著。在技术研究、开发、推广、服务中有明显成果或效益。	1. 计算学生数与教师数之比时，学生数按各类全日制学生人数计算；教师数计算范围除专任教师外，还包括校内"双肩挑"的教学行政及返聘的兼职教师和校外聘请的兼职教师及按每学期120学时进行折算。
2. 师资队伍建设		学生与教师比例	0.2	生师比基本达到《普通高等学校基本办学条件指标》合格标准。	①学生：教师≤16:1（艺术、体育院校除外）；②50%的专任教师同学时≤12。	2. 青年教师40周岁以下的教师。计算其学历结构时：良好、合格标准可包含在读研究生，优秀则必须是已经取得研究生学历或学位者方可计入。
	2.1 结构	专任教师结构	0.6	①青年教师中研究生学历或硕士及以上学位比例达到15%；②高级职称比例达到20%；③专业基础课和专业课中双师素质教师比例达到50%。	①青年教师中研究生学历或硕士及以上学位比例达到35%；②高级职称（不含高级讲师）比例达30%以上，且在各专业中的结构分布合理，大多数专业有高级职称的专业带头人；③专业基础课和专业课中双师素质教师比例达70%以上。	3. 双师素质教师是指具有讲师（或以上）教师职称，又具备下列条件之一的专任教师：（1）有本专业实际工作的中级（或以上）技术职称证书及有专业资格或专业技能考评员资格者；

一级指标	二级指标	主要观测点	参考权重	等级标准		说　明
				C（合格）	A（优秀）	
2.师资队伍建设	2.1 结构	兼职教师数量与结构	0.2	①兼职教师队伍的专业结构与学校专业设置相适应；②兼职教师数占与专业课合计数之比达到10%。	①兼职教师一般具有中级以上职称，其中高级职称占30%以上，专业结构与学校专业设置相适应；②兼职指导教师数占与专业课合计数之比达20%以上；③兼职教师的教学效果好。	（2）近五年中有两年以上（可累计计算）在企业第一线本专业实际工作经历，或参加教育部组织的教师专业技能培训获得合格证书，能全面指导学生专业实训活动； （3）近五年主持（或主要参与）两项应用技术研究，成果已被企业使用，效益良好； （4）近五年主持（或主要参与）两项校内实践教学设施建设或提升技术水平的设计安装工作，使用效果良好，在省内同类院校中居中上级水平。 　4.兼职教师是指学校正式聘任的、已独立承担某一门专业课教学或实践教学任务的校外企业及社会中实践经验丰富的名师及高级技术人员或高技能师及能工巧匠。 　5.专任教师结构的三个观测点的权重系数依次为0.1、0.2、0.3。
	2.2 质量与建设	质量	0.5	重视提高教师质量和师德师风建设，教师积极参与教学改革，不断提高教学水平，有适应教学的科研能力与成果。	教师为人师表，从严治教，教学改革意识和质量意识强，教学水平普遍较高，学生满意率高。有省级以上优秀教学成果或地市级以上鉴定的科技成果。	

一级指标	二级指标	主要观测点	参考权重	等级标准 C(合格)	等级标准 A(优秀)	说明
2. 师资队伍建设	2.2 质量与建设	建设与发展	0.5	建立了提高教师质量的机制与政策,制定了适应学校发展建设规划及相关的措施。	有较高水平的专业带头人,教学科研成果在同类院校或相关行业有一定影响,并形成与教学科研骨干队伍和梯队结构;建立了有利于提高教师质量的机制与政策,效果显著;师资队伍建设规划行之有效,措施得力。	
3. 教学条件与利用	3.1 教学基础设施	教学行政用房	0.2	教学行政用房符合教育部有关规定。	教学行政用房符合教育部有关规定,生均建筑面积与学校的发展规模相适应。	1. 有关规定指教育部教发[2004]2号文件发布的《普通高等学校基本办学条件指标(试行)》。 2. 教学行政用房包括教学及辅助用房和行政办公用房。 3. 教学仪器设备是指单价在800元以上合同期的租赁仪器设备(合格的租赁仪器设备,用不含大函大的自然规模计算;计算生均仪器设备值时,用不含大函大的自然规模计算。 4. 图书馆藏合格标准:理工医类为15万册,文史财经类16万册;优秀标准:理工农医类为25万册,文史财经管类30万册。 5. 教学仪器设备状况与三个观测点的权重系数依为0.3、0.1、0.1。
		教学仪器设备	0.5	①生均教学仪器设备值:理工农医类≥4 000元,文史财经管类≥3 000元;②百名学生配用计算机8台;③百名学生配多媒体教室和语音室座位7个。	①生均仪器设备值:理工农医类≥5 000元,文史财经管类≥4 000元;②教学设备利用率高;③能广泛应用现代教学技术和手段。	
		图书馆及校园网	0.2	图书馆生均面积,馆藏册数基本达到教育部有关规定的合格标准。	生均面积,馆藏册数,开放时间达到有关规定,有现代化的管理手段;图书流通率较高,图书馆适应专业发展的要求,馆藏适应专业发展逐年增加;校园网信息畅通。	

一级指标	二级指标	主要观测点	参考权重	等级标准 C（合格）	等级标准 A（优秀）	说　明
3.教学条件与利用	3.1 基础设施	体育运动设施	0.1	运动场与体育设施能满足体育课和课外活动要求。	有风雨操场和400米跑道标准田径运动场,体育设施齐备。	
	3.2 实践教学条件	校内实训条件	0.5	各专业都具有必需的实验实训条件。	多数专业都建立了真实(或仿真)职业氛围,设备先进、软硬件配套的实训基地,在同类学校中居先进水平。	
		校外实训基地	0.3	多数专业都建立了稳定的校外实训基地。	多数专业都建有运行良好并有保障机制的校外实训基地,实习、实训效果好。	
		职业技能鉴定	0.2	建有培训点。	学校重点专业设有国家职业技能鉴定站。	
	3.3 教学经费	经费保证情况	0.5	学校举办者足额拨付经费,保证达到本省制定的生均培养标准。学校有一定的能力。	学校举办者及时足额拨付经费,保证达到本省制定的生均培养标准,并另有专项资金支持。学校自筹经费的能力较强,能基本满足事业发展的需要。	教学经费省近三年年度事业费决算表中列支的教学仪器设备购置费、图书资料购置费、实习费、资料讲义费等(含实验费、实习费、资料讲义费等)、教学差旅费、体育维持费、教学设备维修费、教学改革经费、课时补贴费等各年度值按在校生的自然人数分别计算。
		学费用于教学经费的比例	0.5	学费收入用于教学经费的比例达到20%。	学费收入用于教学经费的比例达30%以上。	

一级指标	二级指标	主要观测点	参考权重	等级标准 C（合格）	等级标准 A（优秀）	说明
4. 教学建设与改革	4.1 专业	专业设置	0.3	专业设置要有行业、社会背景人才需求调查预测，适应经济、社会发展需要和人才市场需求。	主动适应经济、社会发展需要，能以人才市场需求变化为导向适时调整专业结构。	
		教学计划	0.4	培养目标定位基本准确，毕业生质量标准基本建立；人才培养模式能反映就业以就业为导向的要求；执行情况尚可。	培养目标定位准确，毕业质量标准明确，人才培养模式较好地体现了以培养技术应用能力为主线的要求，特色鲜明；实践教学占有较大比重，能有效地培养学生的职业综合能力；执行情况良好。	
	4.2 课程	专业教学改革试点工作	0.3	有校级（或以上）教学改革试点专业，改革有进展。	有省级（或以上）教学改革试点专业，并取得阶段性成果。	
		教学内容与课程体系改革	0.5	教学文件基本齐全，多数专业的课程体系和教学内容有改革思路，有措施，能够反映当前社会技术水平和职业岗位资格要求，有初步成效。	能以应用为主旨和特征构建教学内容和课程体系，改革有总体思路，具体计划和配套措施，能够反映当前社会技术先进水平和职业岗位资格要求，有创新平和特色，并有显著成果。	

続表 (续表)

一级指标	二级指标	主要观测点	参考权重	等级标准		说 明
				C（合格）	A（优秀）	
4. 教学建设与改革	4.2 课程	教材建设	0.2	能优先选用省部级以上获奖的高职高专教材和能够反映先进技术发展水平，并能够满足高等职业教育培养目标的自编教材，有较高水平的自编教材，选用近三年出版的高职高专教材面达到30%。	重视自身教材建设，能优先选用省部级以上获奖的高职高专教材和能够反映先进技术发展水平，特色鲜明，并能够满足高等职业教育培养目标的自编教材，有一定数量较高水平的自编特色教材，选用近三年出版的高职高专教材面≥60%。	
		教学方法与手段改革	0.3	注重改革教学方法，积极推广多媒体教学。	积极推进教学方法手段的改革，能有效地培养学生的技术应用能力；广泛应用多媒体教学，效果明显。	
	4.3 职业能力训练	实践训练体系	0.6	①实践训练计划、训练大纲等教学文件齐全，训练内容基本符合培养目标要求，能保证实够的实训时间，学生实习实训效果较好。②必修实践实训开出率达到80%，符合要求的指导教师比例达到70%。	①建立了与理论教学体系相辅相成的科学的实践教学体系，能满足对职业能力培养标准的实际要求，并能根据技术发展的实际予以更新，实训时间累计一般不少于半年。②必修实践实训开出率达到100%，全部由符合要求的指导教师上课，每个专业均有综合性实践训练课。	实践训练体系两个观测点的权重系数依次为0.3、0.3。

续表

一级指标	二级指标	主要观测点	参考权重	等级标准 C（合格）	等级标准 A（优秀）	说　明
4.教学建设与改革	4.3 职业能力训练	职业能力考核	0.4	重视职业技能和能力考核，社会已开展职业资格考试的专业，多数学生能参加考试，通过率达70%以上。	各专业均建立了与专业培养目标相匹配的职业技能考核鉴定制度，或与社会职业资格证书制度接轨，社会已开展职业资格考试的专业，学生全部参加考试，通过率达90%以上。	
	4.4 素质教育	全面推进素质教育的工作状态和效果	1	能以职业素质教育为导向；注意"两课"的建设并有较好的效果；成效较明显，注重职业道德教育，能组织地开展课内外科技、文化活动和社会实践活动；能开展心理咨询指导工作，关心学生的心理健康。	能以职业素质教育为核心，全面推进素质教育，有创新，措施得力，效果显著；"两课"教学改革力度大，针对性强，效果好；职业道德教育量成效显著，能开设一定数量的人文素质教育必修课，选修课或讲座；有计划地开展内容丰富、形式多样的科技、文化活动和社会实践活动，文化活动和社会实践活动；有心理咨询指导机构并积极开展心理咨询指导工作，成效明显。	

一级指标	二级指标	主要观测点	参考权重	等级标准 C(合格)	等级标准 A(优秀)	说 明
5. 教学管理	5.1 管理队伍	教学管理、学生管理情况	1	①管理机构健全,人员的数量、素质基本能满足需要,工作能正常健康运行,能开展教育管理研究; ②组建了学生的专门机构,有符合工作要求的专职人员。	①管理机构健全,结构合理,有改革创新意识和教育管理研究成果,管理工作在国内同类院校中居于先进水平; ②学生就业服务与指导工作经常化、制度化,效果显著。	1. 管理队伍包括校领导、教务处、学生处、就业指导中心等管理人员,系(院、部)主任、教研室主任和专职学生工作人员等。 2. 管理队伍两个观测点的权重系数依次为0.5、0.5。
	5.2 质量控制	教学规章制度的建设与执行	0.3	管理规章制度健全,并能认真执行。	管理规章制度健全,严谨,执行严格,积极采用现代管理技术。	1. 教学质量监控体系目标包括各主要教学环节质量标准的确定、教学信息的收集(统计与监测量)以及评估(反馈和调整等环节。 2. 教学质量监控两个观测点的权重系数依次为0.2、0.2。
		各主要教学环节的质量标准	0.3	初步建立了质量标准和相关工作人员的工作规范,并能认真执行。	各主要教学环节都建立了明确具体的质量标准和相关人员的工作规范,且实施规范。	
		教学质量监控与质量调查	0.4	①初步建立了教学质量监控体系,能开展教学督导、学生评教、教师评学等活动,并取得初步成效。 ②建立了社会需求调查、毕业生跟踪调研制度,并已开展工作。	①建立了较完善的教学质量监控体系,并切实开展教学督导、学生评教、教师评学等质量监督、评估活动,成效显著,促进教学质量不断提高; ②坚持每年进行一次社会需求调查,毕业生素质调查;能通过对所获信息进行系统分析,促进培养方案的优化。	

一级指标	二级指标	主要观测点	参考权重	等级标准		说　明
				C（合格）	A（优秀）	
6. 教学效果	6.1 知识能力素质	职业能力	0.6	①学生职业能力或专业基本技能合格率达到70%以上（不含校级）有获校级奖的科技文化作品；②学生收集处理信息能力、自学能力、语言文字等协调能力尚可；③近三届应用能力参加高等学校英语应用能力考试累积通过率达到50%，或有证据说明多数学生外语应用能力达到相应职业岗位的基本要求。	①学生职业能力或专业基本技能合格率达到90%以上（不含一定数量的获校级（不含校级）奖的科技文化作品；②评价结果良好；③近三届应用能力参加高等学校英语应用能力考试累积通过率达到70%，或有证据说明多数学生外语应用能力较强。	1. 学生职业能力或专业基本技能通过对学生的现场考核和检查实践作业等进行分析、评价。 2. 学生文字、语言应用信息能力，自学能力、语言文字、外语应用能力等通过专题研讨会等评价。 3. 英语累积通过率是指学生通过全部学生数与应届全部学生数的比率。 4. 根据学校积累提供的近三年有关资料和采取座谈、个别访谈，评价学生对所学的必备知识以及职业能力的掌握程度。 5. 根据学校提供的近三年素质教育总结及相关资料及观察学生的行为表现，判断学生基本素质状况。 6. 职业能力三个观测点的权重系数依次为0.3、0.2、0.1。 7. 基本素质两个观测点的权重系数依次为0.1、0.1。
		必备知识	0.2	大多数学生能够掌握必备的理论和专业知识。学校对毕业实践环节有明确规定，大多数学生对毕业实践教学符合要求。	大多数学生能较好地掌握必备的理论知识，能够理论联系实际。学校非常重视毕业实践环节的工作，学生毕业实践质量较高。	
		基本素质	0.2	①学生能遵纪守法，履行公民基本道德规范，职业道德修养状况较好，考风考纪良好；②学校能经常性地开展群众性文体科技活动，认真实施《大学生体质健康标准》，多数学生身心健康。	①校园形成了良好的文明氛围，大多数学生具有良好的伦理道德、社会公德和职业道德修养，考风考纪好；②学校能积极广泛地开展多种文体科技活动，认真实施《大学生体质健康标准》，学生普遍身心健康。	

一级指标	二级指标	主要观测点	参考权重	等级标准		说　明
				C（合格）	A（优秀）	
6. 教学效果	6.2 就业与社会声誉	录取新生报到率及毕业生就业率	0.7	①近三年录取新生平均报到率达到70%；②近三年毕业生当年年底平均就业率达到70%。	①近三年录取新生平均报到率≥85%；②近三年毕业生当年年底平均就业率≥90%。	1. 毕业生就业率包括签约率、上岗待签约率、自主创业率、升学、出国率。 2. 录取新生报到率及毕业生就业率两个观测点的权重系数依次为0.1、0.6。
		社会对毕业生的综合评价	0.3	近三年用人单位对毕业生综合评价的称职率达到60%；对学校综合评价有一定的社会声誉。	近三年用人单位对毕业生综合评价的称职率达到80%；直辖市或自治区内处于较高水平。	

特色是长期办学过程中积淀形成的，本校特有的，优于其他学校的独特优质风貌。特色应当对优化人才培养过程、提高教学质量作用大，效果显著。特色有一定的稳定性并应在社会上有一定的治学方略、办学观念、办学思路、实践环节等；（2）体现在教育上的特色——教育模式，特色专业、人才特色等；（3）体现在总体上的治学体系——课程体系、教学方法、实践环节等；（4）体现在教学管理上的特色——科学先进的教学管理制度，运行机制等。

创新主要是指在办学过程中，针对人才培养各方面的重点、难点问题，以及根据高职高专教育人才培养规律和趋势所作的前瞻性的研究和实践，并在人才培养的实际应用中得到应用，产生明显的效果。

61

（四）高职高专院校人才培养工作水平评估结论标准

本方案二级指标共 15 项,其中重要指标(黑体字)8 项。评估标准给出 A、C 两级,介于 A、C 之间的为 B 级,低于 C 级的为 D 级。评估结论分为优秀、良好、合格、不合格四种,其标准如下:

1. 优秀

同时满足:

(1) 全部评估指标中, A≥12, C≤2, D = 0;

(2) 重要指标中, A≥7, C≤1;

(3) 有特色或创新项目。

近两年毕业生就业率达不到本省(自治区、直辖市)高职高专院校就业率排列前 1/3 者不能评为优秀。

2. 良好

同时满足:

(1) 全部评估指标中, A + B≥12,其中 A≥6, D≤1;

(2) 重要指标中, A + B≥7,其中 A≥4, D = 0。

或不满足优秀条件,而 C = 0, D = 0。

近两年毕业生就业率达不到本省(自治区、直辖市)高职高专院校就业率平均水平的不能评为良好。

3. 合格

同时满足:

(1) 全部评估指标中, D≤3;

(2) 重要指标中, D≤1。

4. 不合格

未达到合格标准的。

来源:《关于全面开展高职高专院校人才培养工作水平评估的通知》(教高厅〔2004〕16 号)。

国家精品课程评审指标(本科,2008)

1. 评审指标说明

(1)本评审指标根据《教育部财政部关于实施高等学校本科教学质量与教学改革工程的意见》(教高〔2007〕1号)、《教育部关于进一步深化本科教学改革全面提高教学质量的若干意见》(教高〔2007〕2号)和《教育部关于启动高等学校教学质量与教学改革工程精品课程建设工作的通知》(教高〔2003〕1号)精神制定。

(2)精品课程是指具有特色和一流教学水平的优秀课程。精品课程建设要根据人才培养目标,体现现代教育思想,符合科学性、先进性和教育教学的普遍规律,具有鲜明特色,并能恰当运用现代教育技术与方法,教学效果显著,具有示范和辐射推广作用。

(3)精品课程的评审要体现教育教学改革的方向,引导教师创新,并正确处理以下几个关系:① 在教学内容方面,要处理好经典与现代的关系。② 在教学方法与手段方面,以先进的教育理念指导教学方法的改革;灵活运用多种教学方法,调动学生学习积极性,促进学生学习能力发展;协调传统教学手段和现代教育技术的应用,并做好与课程的整合。③ 坚持理论教学与实践教学并重,重视在实践教学中培养学生的实践能力和创新能力。

(4)本方案采取定量评价与定性评价相结合的方法,以提高评价结果的可靠性与可比性。评审指标分为综合评审与特色、政策支持及辐射共享两部分,采用百分制,其中综合评审占80%,特色、政策支持及辐射共享占20%。

(5)总分计算:$M = \sum K_i M_i$,其中 K_i 为评分等级系数,A、B、C、D、E 的系数分别为1.0、0.8、0.6、0.4、0.2,M_i 是各二级指标的分值。

2. 评审指标及内涵

一级指标	二级指标	主要观测点	评审标准	分值(M_i)	评分等级(K_i)				
					A	B	C	D	E
					1.0	0.8	0.6	0.4	0.2
教学队伍 20分	1-1 课程负责人与主讲教师	教师风范、学术水平与教学水平	课程负责人或主讲教师师德好,学术造诣高,教学能力强,教学经验丰富,教学特色鲜明。	8分					

一级指标	二级指标	主要观测点	评审标准	分值(M_i)	评分等级(K_i)				
					A	B	C	D	E
					1.0	0.8	0.6	0.4	0.2
教学队伍 20分	1-2 教学队伍结构及整体素质	知识结构、年龄结构、人员配置与青年教师培养	教学团队中的教师责任感强、团结协作精神好;有合理的知识结构和年龄结构,并根据课程需要配备辅导教师;青年教师的培养计划科学合理,并取得实际效果;鼓励有企业背景的教师参与教学团队。	4分					
	1-3 教学改革与研究	教研活动与教学成果	教学思想活跃,教学改革有创意;教研活动推动了教学改革,取得了明显成效,有省部级以上教学成果或教改项目;发表了高质量的教研论文。	8分					
教学内容 24分	2-1 课程内容[1]	课程内容设计	课程内容设计要根据人才培养目标,体现现代教育思想,符合科学性、先进性和教育教学的规律。	12分					
			理论课程内容经典与现代的关系处理得当,具有基础性、研究性、前沿性,能及时把学科最新发展成果和教改教研成果引入教学。						
			实验课程内容(含独立设置的实验课)的技术性、综合性和探索性的关系处理得当,能有效培养学生的实践能力和创新能力。						
	2-2 教学内容组织	教学内容组织与安排	理论联系实际,课内课外结合,融知识传授、能力培养、素质教育于一体;鼓励开展相关实习、社会调查及其他实践活动,成效显著。	12分					

64

一级指标	二级指标	主要观测点	评审标准	分值（M_i）	评分等级（K_i）				
					A	B	C	D	E
					1.0	0.8	0.6	0.4	0.2
教学条件 20分	3-1 教材及相关资料	教材及相关资料建设	选用优秀教材（含国家优秀教材、国外高水平原版教材或高水平的自编教材）；课件、案例、习题等相关资料丰富，并为学生的研究性学习和自主学习提供了有效的文献资料；实验教材配套齐全，能满足教学需要。	10分					
	3-2 实践教学条件	实践教学环境的先进性与开放性	实践教学条件能满足教学要求；能进行开放式教学，效果明显（理工类课程能开出高水平的选作实验）。						
	3-3 网络教学环境	网络教学资源和硬件环境	建有教学资源丰富、功能比较齐全、运行良好的课程网站，并能有效共享。	10分					
教学方法与手段 18分	4-1 教学设计	教学理念与教学设计	重视探究性学习、研究性学习，体现以学生为主体的教育理念；能根据课程内容和学生特点，对教学方法和教学评价进行设计。	8分					
	4-2 教学方法	多种教学方法的使用及其效果	重视教学方法改革，能灵活运用多种恰当的教学方法，有效调动学生学习积极性，促进学生学习能力发展。	10分					
	4-3 教学手段	信息技术的应用	恰当充分地使用现代教育技术手段开展教学活动，并在激发学生学习兴趣和提高教学效果方面取得实效。						

一级指标	二级指标	主要观测点	评审标准	分值（M_i）	评分等级（K_i）				
					A	B	C	D	E
					1.0	0.8	0.6	0.4	0.2
教学效果 18 分	5-1 同行及校内督导组评价	校外专家及校内督导组评价与声誉	证明材料真实可信，评价优秀；有良好声誉。	4分					
	5-2 学生评教	学生评价意见	学生评价原始材料真实可靠，结果优良。	6分					
	5-3 录像资料评价	课堂实录	讲课有感染力，能吸引学生的注意力；能启迪学生的思考、联想及创新思维。	8分					
特色、政策支持及辐射共享	专家依据《2008 年度"国家精品课程"申报表》所报特色及创新点打分。			40分					
	所在学校支持鼓励精品课程建设的政策措施得力。			30分					
	辐射共享措施有力，未来建设计划可行。			30分					

[1] 根据课程类型，在"课程内容设计"中参照相应要求进行打分。

来源：教育部。

国家精品课程评审指标(高职,2008)

1. 评审说明

(1) 本评审指标根据《教育部关于全面提高高等职业教育教学质量的若干意见》(教高〔2006〕16号)和《教育部关于启动高等学校教学质量与教学改革工程精品课程建设工作的通知》(教高〔2003〕1号)精神制定。

(2) 精品课程评审的依据是《精品课程申报表》、课程整体设计介绍录像、课程教学录像和网络课程教学资源。

(3) 本评审指标采用百分制记分。其中,一级指标一至六项占总分的90%,"特色及政策支持"项占总分的10%。评价等级分为五档,系数分别为1.0、0.8、0.6、0.4、0.2。

2. 评审指标及内涵

一级指标	二级指标	主要观测点	评审标准	分值	评价等级				
					A	B	C	D	E
					1.0	0.8	0.6	0.4	0.2
一、课程设置 10分	1-1 课程定位	性质与作用	专业课程体系符合高技能人才培养目标和专业相关技术领域职业岗位(群)的任职要求;本课程对学生职业能力培养和职业素养养成起主要支撑或明显促进作用,且与前、后续课程衔接得当。	4					
	1-2 课程设计	理念与思路	以职业能力培养为重点,与行业企业合作进行基于工作过程的课程开发与设计,充分体现职业性、实践性和开放性的要求。	6					

一级指标	二级指标	主要观测点	评审标准	分值	评价等级				
					A	B	C	D	E
					1.0	0.8	0.6	0.4	0.2
二、教学内容 25分	2-1 内容选取	针对性和适用性	根据行业企业发展需要和完成职业岗位实际工作任务所需要的知识、能力、素质要求,选取教学内容,并为学生可持续发展奠定良好的基础。	10					
	2-2 内容组织	组织与安排	遵循学生职业能力培养的基本规律,以真实工作任务及其工作过程为依据整合、序化教学内容,科学设计学习性工作任务,教、学、做结合,理论与实践一体化,实训、实习等教学环节设计合理。	10					
	2-3 表现形式	教材及相关资料	选用先进、适用教材,与行业企业合作编写工学结合特色教材,课件、案例、习题、实训实习项目、学习指南等教学相关资料齐全,符合课程设计要求,满足网络课程教学需要。	5					
三、教学方法与手段 25分	3-1 教学设计	教学模式	重视学生在校学习与实际工作的一致性,有针对性地采取工学交替、任务驱动、项目导向、课堂与实习地点一体化等行动导向的教学模式。	8					
	3-2 教学方法	教学方法的运用	根据课程内容和学生特点,灵活运用案例分析、分组讨论、角色扮演、启发引导等教学方法,引导学生积极思考、乐于实践,提高教、学效果。	6					

一级指标	二级指标	主要观测点	评审标准	分值	评价等级				
					A	B	C	D	E
					1.0	0.8	0.6	0.4	0.2
三、教学方法与手段 25分	3－3 教学手段	信息技术的应用	运用现代教育技术和虚拟现实技术,建立虚拟社会、虚拟企业、虚拟车间、虚拟项目等仿真教学环境,优化教学过程,提高教学质量和效率,取得实效。	6					
	3－4 网络教学环境	网络教学资源和硬件环境	网络教学资源丰富,架构合理,硬件环境能够支撑网络课程的正常运行,并能有效共享。	5					
四、教学队伍 20分	4－1 主讲教师	师德、能力与水平	师德高尚、治学严谨;执教能力强,教学效果好,参与和承担教育研究或教学改革项目,成果显著;与企业联系密切,参与校企合作或相关专业技术服务项目,成效明显,并在行业企业有一定影响。	10					
	4－2 教学队伍结构	"双师"结构、专兼职比例	专任教师中"双师"素质教师和有企业经历的教师比例、专业教师中来自行业企业的兼职教师比例符合课程性质和教学实施的要求;行业企业兼职教师承担有适当比例的课程教学任务,特别是主要的实践教学任务。	10					
五、实践条件 10分	5－1 校内实训条件	设备与环境	实训基地由行业企业与学校共同参与建设,能够满足课程生产性实训或仿真实训的需要,设备、设施利用率高。	6					
	5－2 校外实习环境	建设与利用	与校内实训基地统筹规划,布点合理,功能明确,为课程的实践教学提供真实的工程环境,能够满足学生了解企业实际、体验企业文化的需要。	4					

一级指标	二级指标	主要观测点	评审标准	分值	评价等级				
					A	B	C	D	E
					1.0	0.8	0.6	0.4	0.2
六、教学效果 10分	6-1 教学评价	专家、督导及学生评价	校外专家、行业企业专家、校内督导及学生评价结果优良。	5					
	6-2 社会评价	社会认可度	学生实际动手能力强,实训、实习产品能够体现应用价值;课程对应或相关的职业资格证书或专业技能水平证书获取率高,相应技能竞赛获奖率高。	5					
特色及政策支持			特色与创新	50					
			学校对精品课程建设的政策支持与措施	50					

来源:教育部。

上海市制定的评估标准和指标

上海市博士硕士学位论文"双盲"评议指标

论文编号		论文所属院校		专业名称	
论文题目					

请对下列指标作出评价(打√):

A——优(100—90),B——良(89—75),C——中(74—60),D——差(59—50),E——劣(49—0)

评价指标	评 价 要 素	等级				
		A	B	C	D	E
选题	选题对国民经济、科技发展具有理论意义或实用价值,具有新意和开创性					
创新性	在理论或方法上运用新视角、新方法进行探索研究,有独到的见解					
学术性	论文的学术意义,研究难度,工作量					
应用性	论文成果的社会效益或者经济效益,潜在的应用价值					
准确性	资料引证、作者论证、文字、图表的准确和规范					

总评分(百分制):				
您对论文熟悉的程度(打√):				
很熟悉	部分很熟悉	基本熟悉	一般	
专家签名:		职称:		现从事学科领域:
工作单位:				身份证号:
联系电话:		手机:		e-mail:

来源:上海市学位委员会办公室。

上海市专业学位论文"双盲"评议指标

论文编号		论文所属院校		专业名称				
论文题目								
请对下列指标作出评价(打√:A——优,B——良,C——中,D——差,E——劣)								
专家赋分参考分值:A:100—90 B:89—75 C:74—60 D:59—50 E:49—0								

评价指标	评价要素	等级				
		A	B	C	D	E
选题	选题对国民经济、科技发展具有实用价值					
创新性	在方法上运用新视角、新方法进行探索研究,有新的见解					
可行性	结论的可行性,研究难度,工作量					
应用性	论文成果的社会效益或者经济效益,应用价值					
准确性	资料引证、作者论证、文字、图表的准确和规范					

总评分(百分制):				
您对论文熟悉的程度(打√):很熟悉 部分很熟悉 基本熟悉 一般				
您是否指导专业学位论文(打√):指导 不指导 曾指导过				
专家签名:	职称:		现从事学科领域:	
工作单位:			身份证号:	
联系电话:	手机:		e-mail:	

来源:上海市学位委员会办公室。

上海市研究生培养过程质量检查评价指标体系

一级指标	二级指标	检查内容说明	最基本要素（合格）	权重 %
管理制度	信息管理系统	建有系统，有按管理过程设置的管理人员权限，师生能上网查询或修改个人信息	建有系统	5
	管理规章和文件	印有规章和文件汇编，更新周期，文件查询的便利程度	有规章和文件汇编	5
	管理队伍	管理机构的建制、人员数量、岗位分工的合理性，采取校院（系）两级管理，管理人员的培训、管理人员的相关研究情况	岗位分工	5
培养过程	培养方案	修订周期，各专业学分基本要求与培养规格和社会需求的结合程度，学生个性化程度	各专业基本要求明确	10
	公共课程	考核要求，教学安排情况，教学特色和以学生为本的管理制度	达到基本要求，教学安排合理	5
	学位课程	跨学科课程数量，学科前沿课程情况，教学形式（安排）情况	符合培养基本要求	5
	创新能力培养环节	项目内容，基本要求，安排与特色	有内容要求	10
	科学（社会）实践	基本要求，导师责权，学术讨论（SEMINA）情况，参加课题研究情况	有科学实践环节	10
学位论文工作	开题	时间，程序，评价体系	有开题过程	5
	中期考核	基本要求，补救办法，淘汰分流制度情况	有中期考核过程	5

一级指标	二级指标	检查内容说明	最基本要素（合格）	权重 %
学位论文工作	论文中期检查	基本要求,检查办法和措施	有论文中期检查过程	5
	答辩	程序合理性,论文外审,答辩委员会的组成要求	有答辩过程	10
	学位审核与授予	授予学位的基本要求,程序和处理申诉渠道(不授予学位的处理程序)	有审核过程	10
质量检查制度	个人档案管理	专人管理,查询权限和程序,试卷等材料保留管理,档案保存年限	有档案管理人员	5
	教育教学反馈	有合理、畅通的反映问题的渠道,经常做教学情况问卷,有学生对教师进行评分的制度	开展质量检查工作	5
备注		各二级指标得分按 10 分制规格化得分为复评分×权重		

来源:《上海市学位委员会办公室关于开展 2007 年上海市研究生培养过程质量检查工作的通知》(沪学位办〔2007〕7 号)。

部属高校上海市重点学科(第二期)评选指标体系

一级指标	二级指标	指标内涵	分值
基础 (50分)	研究方向与地位	学科主要研究方向的优势与特色,学科在国内同类学科中所处的地位。	
	学科队伍	学科带头人的学术地位以及在同行中的认可度,学科梯队中两院院士、长江学者、国家杰出青年基金获得者和其他优秀人才的拥有情况,学科梯队的职称、学历、年龄结构情况以及梯队成员与研究方向的关联程度。	
	人才培养	研究生的培养质量(含学位论文的获奖情况及社会认可情况)。	
	科学研究	三年内新承担的科研项目及经费情况,发表论文、出版专著、提交研究报告、申请专利及成果转化情况,科研成果获奖情况。	
	基地建设	拥有与学科紧密相关的国家或省部级重点(开放)实验室、工程(研究)中心、人文社会科学重点研究(或培养)基地情况。	
规划 (25分)	建设目标与任务	学科建设总体规划目标的清晰度、合理性及可行性。	
	建设措施与 运行机制	学科的建设措施、计划进度的合理性及可行性; 学科带头人的组织协调能力、在资源配置和组建科研团队等方面发挥的作用; 学校在学科建设中提供的政策、资源支持等情况。	
需求 (25分)	结合度	本学科的研究方向与国家特别是上海社会、经济、文化等发展需求结合的紧密程度。	
	支撑度	本学科在国家特别是在上海社会、经济、文化发展过程中可能发挥的支撑性作用。	

来源:上海市教育评估院《关于部属高校上海市重点学科(第二期)评选工作的通知》(沪教评院〔2007〕09号)。

上海市重点学科(第二期)"培育学科"评价指标体系

学校：_____ 学科：_____

评估指标	参 考 要 素	评 分		
学科现有基础	学科特色(含人才队伍、科学研究、研究基地等)，与社会经济发展的结合度	A (21—25分)	B (16—20分)	C (15分以下)
学科建设规划(25分)	目标及建设措施是否合理(含人才队伍、科学研究、研究基地等建设，对社会经济发展的作用，以及运行与管理机制)	A (21—25分)	B (16—20分)	C (15分以下)
学科带头人	在国内外的影响力	A (9—10分)	B (7—8分)	C (6分以下)
	管理协调能力及对学科发展的作用	A (13—15分)	B (10—12分)	C (9分以下)
学校支持情况	能否保证其在学校优先发展的地位，相关政策能否促进该学科的发展	A (21—25分)	B (16—20分)	C (15分以下)
总分				

评议及建议：

专家签名：

上海市教委制定(2005年5月)。

上海市重点学科(第二期)"特色学科"评价指标体系

学校:..   学科:..

评估指标	参考要素	评　分		
学科现有基础	在本市同类学科中的地位(含人才队伍、科学研究、研究基地等),与社会经济发展的结合度	A (21—25分)	B (16—20分)	C (15分以下)
学科建设规划(25分)	目标及建设措施是否合理(含人才队伍、科学研究、研究基地等建设,对社会经济发展的作用,以及运行与管理机制)	A (21—25分)	B (16—20分)	C (15分以下)
学科带头人	在国内外的影响力	A (9—10分)	B (7—8分)	C (6分以下)
	管理协调能力及对学科发展的作用	A (13—15分)	B (10—12分)	C (9分以下)
学校支持情况	能否保证其在学校优先发展的地位,相关政策能否促进该学科的发展	A (21—25分)	B (16—20分)	C (15分以下)
总分				

评议及建议:

专家签名:

上海市教委制定(2005年5月)。

上海市重点学科(第二期)"优势学科"评价指标体系

学校:_____   学科:_____

评估指标	参考要素	评　　分		
学科现有基础	在国内同类学科中的地位(含人才队伍、科学研究、研究基地等)	A (21—25分)	B (16—20分)	C (15分以下)
学科建设规划(25分)	目标及建设措施是否合理(含人才队伍、科学研究、研究基地以及运行与管理机制)	A (21—25分)	B (16—20分)	C (15分以下)
学科带头人	在国内外的影响力	A (9—10分)	B (7—8分)	C (6分以下)
	管理协调能力及对学科发展的作用	A (13—15分)	B (10—12分)	C (9分以下)
学校支持情况	能否保证其在学校优先发展的地位,相关政策能否促进该学科的发展	A (21—25分)	B (16—20分)	C (15分以下)
总分				

评议及建议:

专家签名:

上海市教委制定(2005年5月)。

上海市重点学科(第二期)建设验收评估指标体系

一级指标	二级指标	主要参考要素
学科建设规划 (20分)	基地建设	与建设规划比较,目标任务的完成情况。
	人才队伍	
	科学研究	
学科水平和 潜力(50分)	学科地位	1. 学科优势; 2. 承担项目情况; 3. 标志性学术成果; 4. 学科成员整体贡献。
	学科活力	1. 梯队结构; 2. 对外交流与合作; 3. 对社会、经济发展的贡献; 4. 学科增长点的培育及发展。
学科建设管理 (20分)	主体作用	1. 学校对学科的投入; 2. 相关政策及落实情况。
	经费管理	经费筹措与到位; 经费使用; 开放经费。
	日常管理	1. 设备共享 2. 档案管理 3. 信息收集与上报。
	制度建设	1. 制度设立与完善; 2. 运行机制创新。
学科带头人 (10分)	引领作用	对学科发展方向的把握; 对学科建设的贡献。
	管理能力	凝聚力与协调能力; 管理方法完善与创新。
评分		

上海市教育评估院与上海市教委科技处联合制定(2008年)。

上海市重点学科（文科类）建设评估指标体系①

2004 年 5 月

一级指标	二级指标	主要评估要素	评估准则②	评分	参考依据
一、学科建设规划（60 分）	1.1 基地建设（15 分）	根据《基地建设规划目标完成情况对照表》进行评估。	根据该学科的《建设规划书》进行评估。按照二级指标分项进行评分。		参见表二
	1.2 队伍建设（20 分）	根据《队伍建设规划目标完成情况对照表》进行评估。			参见表二
	1.3 科学研究（25 分）	根据《科学研究规划目标完成情况对照表》进行评估。			参见表二

一级指标	二级指标	三级指标	主要评估要素	评估准则	评分	参考依据
二、学科建设管理（30分）	2.1 经费管理（15分）	2.1.1 经费配套（5分）	学校配套经费落实情况。	根据专项经费检查的情况，按照三级指标分项进行评分。		参见表三
		2.1.2 经费自筹（5分）	学科自筹经费的情况。			参见表三
		2.1.3 经费使用（5分）	1. 市教委下达经费使用的合理性； 2. 开放经费的建立和使用。			参见表三
	2.2 常规管理（15分）	2.2.1 日常管理（5分）	1. 学科档案管理的规范化； 2. 图书资料、仪器设备和研究成果的标注； 3. 信息收集与上报、学校组织的年度考核。	以制度完善、管理规范、基地利用率高为基准进行评估，按照三级指标进行分项评分。		参见表十三
		2.2.2 资源利用（5分）	1. 资料信息中心的开放及使用情况； 2. 研究基地的开放情况。			参见表九
		2.2.3 制度建设（5分）	1. 落实学科带头人在人、财、物方面的统筹权和责任； 2. 学校制定的管理措施及落实情况。			参见表十三

81

一级指标	二级指标	三级指标	主要评估要素	评估准则	评分	参考依据
三、学科水平和潜力（60分）	3.1 学科优势（36分）	3.1.1 人才优势（10分）	1. 学科队伍的整体水平及总体状况； 2. 学科带头人和主要方向学术带头人的重要发展及取得的主要业绩； 3. 学科成员中杰出中青年人才的学术水平③； 4. 研究生培养质量。	以国内比较，国际同行认可可为基准进行评估，按照三级指标分项进行评分。		参见表一、表四、表七、表八
		3.1.2 科研平台（8分）	1. 资料信息中心的建设情况； 2. 研究基地的建设情况。			参见表一、表九
		3.1.3 竞争能力（8分）	1. 承接各级各类重大项目的能力； 2. 多渠道筹资的能力。			参见表五、表十
		3.1.4 重要成果（10分）	1. 在主要研究方向上取得的重大突破； 2. 代表学科最高水平的学术成果。			参见表五、表十

82

一级指标	二级指标	三级指标	主要评估要素	评估准则	评分	参考依据
三、学科水平和潜力(60分)	3.2 学科活力(24分)	3.2.1 学科影响(8分)	1. 在国内同类学科中的地位; 2. 对社会、经济、文化发展的贡献; 3. 主办国际学术会议及在重要国际学术会议上被特邀作主报告情况。	以国内比较、国际参照和同行认可为基准进行评估,按照三级指标分项进行评分。		参见表五、表十一
		3.2.2 发展方向(8分)	1. 研究内容与学科主要研究方向的契合度; 2. 对学科前沿的把握情况; 3. 学科发展的新生长点。			参见表十二、表十四
		3.2.3 机制创新(8分)	1. 建立流动、开放和竞争的用人机制情况; 2. 学术氛围。			参见表十三
四、特别加分(15分)			获教育部"高等学校重点学科"情况			参见表一

注:① 指标体系由四部分组成:第一部分是"学科建设规划",占60分;第二部分是"学科",占60分;第三部分是"学科水平和潜力",占30分;第四部分是特别加分,占15分。四部分评估的满分为165(150+15)分。在评估实测时,依据这四部分的指标对被评学科作出评估打分,然后计算四部分的总分,最后依据总分评定等级。高于125分(含125分)的属评估验收合格,其中146分至165分为"优";125分至145分(含145分)为"良"。

② "评估准则":评分时的分值精确到0.5分,如8.5分。

③ "杰出中青年人才"是指:在三年建设期内,学科成员中来获国家和部市级中青年突出贡献专家、教育部跨世纪人才基金获得者等。

来源:《上海市教育委员会关于对上海市重点学科建设进行评估、验收的通知》(沪教委科〔2004〕27号)。

上海市重点学科（自然科学类）建设评估指标体系①

2004 年 5 月

一级指标	二级指标	主要评估要素	评估准则②	评分	参考依据
一、学科建设规划（60 分）	1.1 基地建设（15 分）	根据《基地建设规划目标完成情况对照表》进行评估。	根据该学科的《建设规划书》进行评估。按照二级指标分项进行评分。		参见表二
	1.2 队伍建设（20 分）	根据《队伍建设规划目标完成情况对照表》进行评估。			参见表二
	1.3 科学研究（25 分）	根据《科学研究规划目标完成情况对照表》进行评估。			参见表二

一级指标	二级指标	三级指标	主要评估要素	评估准则	评分	参考依据
二、学科建设管理（30分）	2.1 经费管理（15分）	2.1.1 经费配套（5分）	学校配套经费落实情况。	根据专项经费检查的情况，按照三级指标分项进行评分。		参见表三
		2.1.2 经费自筹（5分）	学科自筹经费的情况。			参见表三
		2.1.3 经费使用（5分）	1. 开放经费使用的合理性； 2. 开放经费的建立和使用。			参见表三
	2.2 常规管理（15分）	2.2.1 日常管理（5分）	1. 学科档案管理的规范化； 2. 仪器设备和研究成果的标注； 3. 信息收集与上报、学校组织的年度考核。	以制度完善、管理规范，基地利用率高为准进行评估，按照三级指标分项进行评分。		参见表十三
		2.2.2 资源利用（5分）	1. 学科研究基地的开放情况； 2. 主要学科仪器设备的使用的情况。			参见表九
		2.2.3 制度建设（5分）	1. 落实学科带头人在人、财、物方面的统筹权和责任。 2. 学校制定的管理措施及落实情况。			参见表十三

续表

一级指标	二级指标	三级指标	主要评估要素	评估准则	评分	参考依据
三、学科水平和潜力（60分）	3.1 学科优势（36分）	3.1.1 人才优势（10分）	1. 学科队伍的整体水平及总体状况； 2. 学科带头人和主要方向学术带头人的重要发展及取得的主要业绩； 3. 学科成员中杰出中青年人才的学术水平①； 4. 研究生培养质量。	以国内比较、国际评估和同行认可为基准进行评估，按照三级指标分项进行评分。		参见表一、表四、表七、表八
		3.1.2 科研平台（8分）	1. 技术装备与学科研究的相关性及其贡献； 2. 研究基地建设的水平①。			参见表九
		3.1.3 竞争能力（8分）	1. 承接各级各类重大项目的能力； 2. 多渠道筹资的能力。			参见表五、表十
		3.1.4 重要成果（10分）	1. 在主要研究方向上取得的重大突破； 2. 代表学科最高水平的学术成果。			参见表五、表十

86

一级指标	二级指标	三级指标	主要评估要素	评估准则	评分	参考依据
三、学科水平和潜力（60分）	3.2 学科活力（24分）	3.2.1 学科影响（8分）	1. 在国内同类学科中的地位； 2. 对社会和经济发展的贡献； 3. 主办国际学术会议及在大型国际学术会议上被邀作主报告情况。	以国内比较、国际参照和同行认可为基准进行评估，按照三级指标分项进行评分。		参见表五、表十一
		3.2.2 发展方向（8分）	1. 研究内容与学科主要研究方向的契合度； 2. 对学科前沿的把握情况； 3. 学科发展主要的新生长点。			参见表十二、表十四
		3.2.3 机制创新（8分）	1. 建立流动、开放和竞争的用人机制情况； 2. 学术氛围。			参见表十三
四、特别加分（15分）			获教育部"高等学校重点学科建设管理"等。			参见表一

注：①指标体系由四部分组成：第一部分是"学科建设规划"，占60分；第二部分是"学科建设管理"，占60分；第三部分是"学科水平和潜力"，占30分；第四部分为特别加分，占60分。依据这四部分对该学科获部教育评估评出评估分，占15分。四部分评估时，依据这四部分对被评估学科分别作出评估打分，然后计算四部分的总分，最后依据总分评定等级。高于125分（含125分）的属评估验收合格，其中146分至165分为"优"；125分至145分（含145分）为"良"。

②"评估准则"：评分时分值精确到0.5分，如8.5分。

③"杰出中青年人才"是指：在三年建设期内，学院内荣获国家杰出青年科学基金获得者、国家和部市级中荣获国家杰出青年科学基金获得者、教育部跨世纪人才、入选中科院"百人计划"及教育部"百千万人才工程"等。

④"研究基地"是指，国家及省、部委级（直辖市）、部委级重点实验室、工程（技术）研究中心等。

来源：《上海市教育委员会关于对上海市重点学科建设进行评估、验收的通知》（沪教委科〔2004〕27号）。

上海普通高校本科新专业检查评价标准

学校：

专业：

一级指标	二级指标	内　涵	合　格　标　准	评价等级			
				A	B	C	D
Ⅰ-1.专业办学指导思想	Ⅱ-1.专业定位与建设规划	1. 专业培养目标和服务面向； 2. 与学校办学定位和专业结构布局的关系； 3. 专业建设规划及实施方案。	1. 专业定位明确，培养目标和服务面向能适应社会的实际需求； 2. 符合学校办学定位和专业结构布局； 3. 专业建设有规划、有措施。				
	*Ⅱ-2.专业培养方案	1. 制定专业培养方案的基本原则； 2. 课程体系结构和分学时分配。	1. 制定专业培养方案的思路清晰，专业培养方案总体上符合教育部公布的专业基本要求或教指委建议的专业规范； 2. 课程体系结构（包括实践环节）和学分学时分配比较合理。				

88

一级指标	二级指标	内 涵	合 格 标 准	评价等级			
				A	B	C	D
I－2. 师资队伍	*Ⅱ－3. 主讲教师的数量与结构	1. 专业教师的职称、学历、年龄结构; 2. 专业基础课和专业课的主讲教师情况。	1. 专业教师的职称、学历、年龄结构相对合理,发展趋势好,有专业带头人; 2. 专业基础课和专业课的主讲教师条件符合基本要求。				
	*Ⅱ－4. 教学水平	1. 主要教学环节的效果; 2. 开展教学改革和建设的水平。	1. 主要教学环节的效果(包括教学准备、课堂教学、实验教学、课外辅导、作业批改和成绩考核等主要环节)得到学生和同行的基本肯定; 2. 专业教师在新专业建设过程中,积极介入该专业在本市的教学协作活动,开展教学研究和教学改革,取得了初步成绩。				
	Ⅱ－5. 教师风范	1. 师德修养; 2. 敬业精神。	1. 专业教师能按照师德规范,教书育人,为人师表; 2. 多数专业教师对教学工作认真负责,能从严执教,积极参与新专业建设。				

续表

一级指标	二级指标	内 涵	合 格 标 准	评价等级 A	B	C	D
Ⅰ－3. 基本教学条件及利用	＊Ⅱ－6. 课程	1. 教学大纲、教案等基本教学文件； 2. 课程建设规划、实施方案及进展； 3. 专业选修课、双语课开设情况。	1. 教学大纲、教案（包括课堂教学和实验教学）等基本教学文件齐全； 2. 课程建设有规划、有措施、有投入、有成效； 3. 教学计划中所列的专业选修课绝大多数都已开设，有双语课开设。				
	Ⅱ－7. 教材	1. 专业教材的选用情况； 2. 专业教材建设规划及实施效果。	1. 教材选用合理、使用效果好； 2. 有支持特色教材建设的规划、措施和效果。				
	＊Ⅱ－8. 实验实习条件及利用	1. 专业实验室开设情况； 2. 专业实验室现有条件、建设规划及进展； 3. 校外实习基地和利用情况。	1. 专业实验开出率基本达到规定要求，文档资料齐全； 2. 专业实验室建设有规划、有措施，有投入，有成效；场地、设备和实验指导教师数量基本达标； 3. 有校外实习基地，每年带前去实习。				
	Ⅱ－9. 图书资料	1. 专业图书资料的配置； 2. 图书馆阅览室提供的服务。	1. 专业图书和期刊（包括电子资料）基本能满足日常教学需要； 2. 图书馆阅览室有便于利用的条件和服务。				
	Ⅱ－10. 教学经费	1. 专业日常教学经费； 2. 新专业建设专项经费。	1. 专业日常教学建设经费得到保证； 2. 对新专业建设提供专项经费，保证新专业建设规划顺利实施。				

一级指标	二级指标	内　涵	合　格　标　准	评价等级			
				A	B	C	D
I－4. 教学管理	II－11. 规章 制度	1. 规章制度及实行状况； 2. 师生知晓程度。	1. 教学文件和管理制度基本健全，管理部门执行认真； 2. 规章制度的主要内容实施前预先告知，易于查阅，大多数师生知晓。				
	* II－12. 质量 控制	教学质量的检查、评价、反馈、改进机制。	学校对新专业教学质量定期进行检查，评价并及时向所在院系反馈对反馈结果有分析和改进措施。				
	II－13. 学风	1. 学生遵守校纪校规、出勤及完成作业情况； 2. 早晚自学和图书馆阅览室学习人数。	1. 多数学生遵守校纪校规，认真学习，出勤率、迟到率、作业完成情况都控制在正常状态； 2. 早晚自学已形成风气，图书馆阅览室学习气氛浓。				
I－5. 教学效果	* II－14. 基本素养	1. 专业知识、实践能力和创新精神； 2. 反映学生基本素养的其他表现（思想、文化、心理和社会责任等方面）。	1. 学生专业主干课程和实验教学的考核成绩分布正常，积极参与实践活动和各类竞赛，并取得成果； 2. 具有一定数量反映当代大学素养的事例。				

一级指标	二级指标	内涵	合格标准	评价等级			
				A	B	C	D
I－5. 教学效果	II－15. 学生参与文化科技活动的机会	1. 与所学专业相关的第二课堂活动; 2. 其他课外文化科技活动和公益活动。	1. 所在院系组织了一定数量与所学专业相关的第二课堂活动; 2. 其他各类课外文化科技活动和公益活动丰富活跃,学生能积极参与。				
专家组签字							
日期							

说明:1. 本评价表打"*"的为核心指标,共设核心指标7项。

2. 学校在自查中,若有1项核心指标或3项非核心指标查结论为"整改",则总的结论为"限期整改"。

上海市教育委员会制定。

92

上海市高等教育自学考试助学单位
专项检查评价指标体系(试行)

1. 办学资质
- 1–1 办学单位的资质
- 1–2 自考助学资质的核准备案
- 1–3 教学点的办学资质和"联合办学"
- 1–4 办学地点及办学点的备案
- 1–5 院校长和专职管理人员任职的资格

2. 办学条件
- 2–1 校舍资源(办学场地、教室)面积和全日制办学的学生食宿
- 2–2 校舍资源的产权明晰和合法租赁手续
- 2–3 校舍资源的达标状况(校舍和学生宿舍的安全许可)
- 2–4 后勤保障和食品卫生许可
- 2–5 教学设施装备和全日制办学的图书馆、阅览室和活动设施等
- 2–6 师资条件

3. 办学行为
- 3–1 招生简章和广告宣传的内容和备案(含学校网和网络广告)
- 3–2 招生方式
- 3–3 办学过程和学校管理
- 3–4 教学组织与安排
- 3–5 规范收费和财务管理

4. 质量与特色
- 4–1 历年考试合格率
- 4–2 就读学生稳定率
- 4–3 学生按期毕业率、本科学生学位获取率
- 4–4 办学特色与社会声誉

上海市高等教育自学考试助学单位专项检查评价指标（试行）

一级指标	二级指标	主要观察点	评价标准	需提供实证资料	分值（M_i）	评价等级（K_i）		
						A	B	C
						1.0	0.6	0.2
1. 办学资质（40分）	1-1 办学单位的资质	（1）教育资质 （2）高等学历教育资质	办学单位具有高等非高等学历教育资质。	（1）办学许可证、民非法人证，或其他事业单位法人证。 （2）事业单位法人证，或其他批准文件。 （3）其他证照。	15分			
	1-2 自考助学资质的核准备案	（1）登记备案 （2）助学内容	（1）及时履行申报备案； （2）实际助学内容和办学形式与备案一致。	（1）初始登记备案申报表。 （2）年度登记备案申报表。	5分			
	1-3 教学点的办学资质和"联合办学"	（1）教学点类型和规范手续 （2）办学条件是否达标 （3）"联合办学"合法性	（1）教学点设置合法、规范； （2）办学条件安全、达标。	（1）租赁办学的教学点，提供合法规范的租赁手续、校含安全和达标证明。 （2）联合办学的教学点，提供"联合办学协议"和合作对方的资质证明。	10分			

续表

一级指标	二级指标	主要观察点	评价标准	需提供实证资料	分值(M_i)	评价等级(K_i) A 1.0	B 0.6	C 0.2
1. 办学资质 (40分)	1-4 办学地点和办学点的备案	(1) 办学地 (2) 办学点备案登记	(1) 办学地址和办学点及时履行申报; (2) 实际办学内容和形式与备案登记相一致。	办学点已向管理部门申报备案和相关资料。(多个办学点，逐项申报)	5分			
	1-5 院校长和专职管理人员的任职资格	(1) 校长任职资格 (2) 专职教育教学管理人员资格	(1) 院校长副院校长主持工作的专职管理工作相应高校经历; (2) 专职教学管理人员资格具有相应的管理工作经历。	(1) 院校长和主持工作的专职副院校长从事高校相应领导岗位经历证明。(2) 专职教学管理人员资格从事高校管理工作经历证明。	5分			
2. 办学条件 (45分)	2-1 校舍资源(办学场地、教室)面积和全日制办学的学生食宿	(1) 场地、校舍和教室 (2) 全日制学生食宿	(1) 与办学规模相适应; (2) 全日制办学应具备相应办学条件和设施设备; (3) 寄宿制办学应具备相应场地、教室和活动空间。	(1) 场地面积、教室面积。(2) 食堂及宿舍面积。("业余、全日制、寄宿制"分类，按不同要求分别打分。下同)	10分			

续表

一级指标	二级指标	主要观察点	评价标准	需提供实证资料	分值（M_i）	评价等级（K_i）		
						A 1.0	B 0.6	C 0.2
2.办学条件（45分）	2-2 校舍资源的产权明晰和合法租赁手续	（1）校舍资源的产权归属；（2）校舍资源的租赁手续	（1）校舍资源产权明晰；（2）租赁手续完备、齐全、规范，且在有效租赁期内。	（1）自有校舍的"产权证"。（2）规范合法的《租赁协议》，并附"产权证"和产权人授权的委托书。	10分			
	2-3 校舍资源的达标状况（校舍和学生宿舍的安全许可）	（1）校舍、教室和学生宿舍的达标情况；（2）教室和学生宿舍的消防安全许可	（1）校舍资源满足要求；（2）寄宿制和全日制办学的校舍或学生宿舍达标，有安全许可。	（1）校舍的安全许可。（2）寄宿或全日制办学的校舍或学生宿舍的达标证明和安全许可证。	10分			
	2-4 后勤保障和食品卫生许可	（1）后勤保障设施和后勤服务；（2）食堂卫生许可证	（1）后勤设置保障，后勤服务满足要求；（2）提供就餐的具有食品卫生许可证。	（1）后勤保障设施、后勤服务提供情况；（2）食堂食品卫生许可证。	5分			

一级指标	二级指标	主要观察点	评价标准	需提供实证资料	分值 (M_i)	评价等级 (K_i) A 1.0	B 0.6	C 0.2
2. 办学条件 (45分)	2－5 教学设施装备和全日制办学的图书馆,阅览室和活动设施等	(1) 教学设施及装备 (2) 寄宿制和全日制办学生课外活动设施	(1) 具备必需的教学设置及装备; (2) 寄宿制和全日制办学应具有相应的体育活动设施,及供学生阅读的书籍与报刊。	(1) 教学设置及装备。 (2) 教学仪器、实验设备。 (3) 体育活动设施。 (4) 阅览室、书籍、报刊。	5分			
	2－6 师资条件	(1) 聘用教师手续、资格 (2) 师资的数量与质量	(1) 教师队伍相对稳定、配置合理、聘任规范; (2) 具有相应的任课师资和符合任课质量的要求。	(1) 任课教师名单(包括姓名、出生年月、职称、任教课程、助学任教年月、兼职和退休和返聘教师的任职单位等)。 (2) 任职教师聘用合同。	5分			
3. 办学行为 (40分)	3－1 招生简章和广告内容和备案(含学校网和网络广告)	(1) 招生简章和广告宣传 (2) 备案登记	(1) 履行招生简章广告备案手续和程序; (2) 招生简章、广告真实,明传的内容合法,无虚假和误导信息。	(1) 2007年和2008年招生简章和广告样本。 (2) 学校自建网站的宣传。 (3) 由社会专业网络机构帮助发布的网络招生简章和广告宣传。	10分			

一级指标	二级指标	主要观察点	评价标准	需要提供实证资料	分值（M_i）	评价等级（K_i）		
						A	B	C
						1.0	0.6	0.2
3. 办学行为（40分）	3-2 招生方式	(1) 招生方式（招生人员，招生制度，委托招生） (2) 手续规范性	(1) 合法、规范； (2) 无违规招生行为。	(1) 学校招生人员名单和工作责任书（包括招生、聘用学生）或聘用协议。 (2) 招收外省市学生的联合招生（或委托招生）协议，或聘用招生人员协议。	10分			
	3-3 办学过程和学校管理	(1) 助学过程管理 (2) 学校管理	(1) 规章制度健全、执行到位； (2) 机构设置合理，管理规范； (3) 管理人员配备满足要求。	(1) 学校管理制度。 (2) 学校机构设置。 (3) 管理人员名册，工作岗位。	5分			
	3-4 教学组织与安排	(1) 教学组织过程 (2) 教学服务 (3) 学生管理	(1) 教学组织过程合理； (2) 提供良好的教学服务； (3) 学生管理严格、符合教育规律。	(1) 自2006年9月起助学课表。 (2) 教学服务记录（日志）。 (3) 学生管理记录（手册）。	10分			

98

续表

一级指标	二级指标	主要观察点	评价标准	需提供实证资料	分值 (M_i)	评价等级 (K_i)		
						A 1.0	B 0.6	C 0.2
3.办学行为(40分)	3－5 规范收费和财务管理	(1)自考助学收费项目备案手续 (2)按标准收费和开具发票情况 (3)财务管理和资金流向	(1)先备案,按备案标准收费; (2)开具正规发票; (3)财务管理规范,无办学经费流失。	(1)向物价部门履行备案手续的材料。 (2)收费公示表。 (3)收费发票存根。 (4)近两年财务管理资料。	5分			
4.质量与特色(25分)	4－1 历年考试合格率	近一次自考合格率	各门课程学员的合格率,与全市平均合格率比较(超过、达到、低于)。且无考试违纪现象。	(1)2007年下半年和2008年上半年各门课程的考试成绩汇总表。 (2)学校对考试成绩的合格率统计表。	8分			
	4－2 就读学员稳定率	近三年学员稳定情况	学员稳定率(超过、达到、低于)全市平均稳定率。	(1)当时招生人数。 (2)目前就读人数。	5分			
	4－3 学生按期毕业率、本科学生学位获取率	(1)按期毕业率 (2)本科学生学士学位获取率	(1)按期毕业人数和比率与全市平均数比较; (2)本科毕业生中获取学士学位比率与全市平均数比较。	(1)2007年下半年和2008年上半年各学校助学专业毕业生人数名册(按期、延期)。 (2)本科毕业生获取学士学位的学生人数和名册。	4分			

一级指标	二级指标	主要观察点	评价标准	需提供实证资料	分值（M_i）	评价等级（K_i）		
						A	B	C
						1.0	0.6	0.2
4.质量与特色（25分）	4-4 办学社会特色和声誉	（1）办学优势（专业或课程）及表现形式 （2）办学特色项目，表现形式及社会认同度 （3）办学所取得的荣誉和获奖情况	学校提供，专家认定。	相关资料，获奖证书。	8分			

评价指标和评价结论及标准说明：

1. 本指标体系共设有4项一级指标，其中二级指标有20项，总称为综合评价指标。

2. 评价指标采用百分制计分。综合评价总分（值）为150分。计算方法：
$M = \sum K_i M_i$，其中K_i为评价等级系数，A、B、C的系数分别为1.0、0.6、0.3，M_i是各二级指标的分值。

3. 评价标准：
a. 综合评价总分≥90分，为评价结果为"评优单位"。其中评分等级为"A"的二级指标必须≥15个；且评分等级为"C"＝0个。在评为"合格单位"中，择优产生"推荐单位"。
b. 综合评价总分≥50分，且<90分，评价结果为"限期整改单位"。其中评分等级为"A"的二级指标必须≥10个，且评分等级为"C"≤5个。
c. 综合评价总分<50分（或综评价结果为"限期整改单位"，且短期内难以整改）的，将酌评为"不合格单位"。

来源：《上海市教育委员会关于对本市高等教育自学考试助学单位开展专项检查的通知》（沪教委终〔2008〕17号）。

其他省市（含港澳台地区）制定的评估标准和指标

台湾大学系所评鉴五大评鉴项目的 "基本"效标与"加分"效标

	第一项：目标、特色与自我改善
基本	1. 系所教职员与学生对教育目标的认知为何？
	2. 系所教育目标反映在教学与学习之活动为何？
	3. 系所自我评鉴机制之组织与运作为何？
	4. 系所自我改善之机制与成效为何？
加分	5. 系所设立宗旨及教育目标与校务发展计划之相符程度为何？
	6. 系所与相关系所相较下之办学特色为何？
	第二项：课程设计与教师教学
基本	1. 系所规划课程架构之理念（例如，符合学生核心能力培养，以满足市场需求和社会发展的情形）为何？系所课程架构和内容与设立宗旨及教育目标间之关系为何？
	2. 系所负责课程规划设计之机制为何？定期开会及决议执行情形为何？
	3. 系所根据师生对课程意见回馈，检讨修正课程规划与实施情形为何？
	4. 专兼任教师之数量与素质是否满足教学和学生学习需求程度？
	5. 系所是否确保学生充分了解学科之教学目标与内容？
	6. 系所提供教师教学专业成长管道与机会，以及奖励教师卓越教学表现的情形为何？
加分	7. 系所提供学生有关修课辅导的方式为何？
	8. 系所空间与设备，是否满足教师教学与研究所需？
	9. 教师教学科目是否与个人学术研究领域相结合，以及教学工作负担是否合理？
	10. 教师根据学生教学意见反映，进行教学改进与提升教学质量的程度为何？

	第三项:学生学习与学生事务
基本	1. 系所开课是否满足学生需求,达成有效学习之目标?
	2. 系所教师运用多元教学和提供学生学习作业与教学评量情形如何?
	3. 系所管理与维护图书仪器、信息科技实验室、与专科教室设备的办法和执行情形如何? 是否有专门人力提供教学等相关支持服务?
	4. 系所提供学生学习辅导、生活辅导和生涯辅导等措施及执行成效如何?
	5. 导师制及系所教师提供学生特定晤谈时间(office hour)之执行成效如何?
	6. 系所学生校内获得奖助学金、工读等情形如何?
	7. 系所辅导学生会运作,并建立学生意见反映与回馈之机制为何?
	8. 研究生与论文指导教授互动情形如何? (*研究所适用)
加分	9. 系所图书仪器、信息科技、实验室或专科教室设备如何? 数量与质量能否符合学生学习之需求?
	10. 系所学生参与校内外及国际竞赛之成绩表现情形为何?
	11. 系所提供学生各种相关课外学习活动为何?
	12. 学生在校内是否充分获得奖助学金工读之机会?
	13. 系所是否提供国际学生进修管道并给予辅导?
	14. 系所是否鼓励学生参与国际学习活动?
	15. 系所学生通过外语检定测验之情形?
	第四项:研究与专业表现
基本	1. 教师研究与专业表现成果之数量与质量为何?
	2. 系所师生参与国内和国际学术或创新活动之情形如何?
	3. 教师申请和获得之研究计划奖(补)助情形与成效如何?
	4. 教师提供社会服务之成效如何?
	5. 教师指导研究生的情形(含人数、方式及成果)为何? (*研究所适用)
	6. 系所硕博士生之数量与质量如何? (*研究所适用)
加分	7. 教师参与整合型计划之成果如何?
	8. 教师研究与专业表现与社会、经济、文化与科技发展需求之相关性如何?
	9. 研究生的研究与专业表现之成果或出版状况为何? (*研究所适用)

第五项:毕业生表现（★尚未有毕业生系所,此项目免评）	
基本	1. 毕业生专业能力符合系所教育目标之程度为何?
	2. 毕业生在升学与就业之表现为何?
	3. 系所建立有效联系管道,追踪毕业生表现为何?
加分	4. 毕业生在校所学与毕业后就业是否高度关联?
	5. 系所搜集并参考毕业生与相关机构或人员意见,作为系所持续质量改善之做法为何?

来源:杨莹:《台湾大学系所评鉴》,《中国高等教育评估》2008 年第 3 期。

香港教育局资历级别通用指标

　　"资历架构"是一个分为七级的体系,由香港教育局引入,用以统整及认可学术及职业资历,各级别均遵照由教育局编订的《资历级别通用指标》而划分。这些指标以成效为本,说明了同一级别资历的共通性;因此,不同的资历均可循这些指标位列于适当的级别内。"资历架构"涵盖主流教育、职业教育及持续进修界别,以及在职人士从"过往资历认可"机制所获取的资历。

　　"资历架构"以香港学术及职业资历评审局(评审局)订定的"四阶段质素保证程序"为基础,以确保进修课程的质素,从而令公众对通过评审的营办者所颁授的资历更有信心。

　　"资历名册"为"资历架构"的公众接口,它登记了所有在资历架构下通过了质素保证程序的资历。进修课程必须通过质素保证程序,并符合以下基本要求,方可登记在资历名册上:1. 课程应颁授学历(即资历),作为完成该课程的正式证明; 2. 课程供香港学员报读;3. 课程须包括正式的成绩评核,让学员通过有关评核来证明已达到课程内特定的学习成效;4. 课程须符合《资历级别通用指标》所订立的级别要求。

资历级别通用指标

级别	知识及智力技能	过程	应用能力、自主性及问责性	沟通能力、运用信息科技及运算能力
1	- 能够牢记所学,并能借着其他人的构思显示出对少数范畴的初步理解	- 主要在严谨有规律情况之下工作 - 在严谨界定及高度有规律情况之下工作	- 在清楚指导下,能够执行常规性及性质重复的工作	- 需要在协助下运用极简单的技能,例如:
	- 能够运用基本技能	- 执行重复及可预计的工序	- 在严谨监督下执行受指导的工作	- 就简单直接的主题,参与部分讨论
	- 能够接收及传递数据	- 执行清楚界定的工作	- 完全需要依赖外界人士监督其工作成果及质素	- 能够阅读主题简单的文件,并能指出重点及意思所在
	- 在督导或推动之下,能够运用基本工具及材料	- 履行有相当局限的职责范围		- 在熟悉、惯常的情况下,能够就简单的书面及口头沟通,并能对这些交流作出回应
	- 能够将应用学习得来的响应应用于解决问题上			- 执行有限范畴的简单工作,从而处理数据及取得数据
	- 在熟悉的私人及/或日常环境下工作			- 能够运用范围有限的、十分简单而熟悉的数字性及图像性数据

级别	知识及智力技能	过程	应用能力、自主性及问责性	沟通能力、运用信息科技及运算能力
1	－在推动之下,须顾及部分可确定的工作后果			－利用整数及简单小数来进行运算,并能达到一定水平的准确性 －需要在一些协助下运用技能,例如:
2	－能够根据对所选领域的基本理解,应用有关的知识	－能够从多个情况下,选择不同的工作程序加以执行,当中可能涉及非常规的情况	－能够在可预计及有规律的情况下执行一系列不同工作	
	－能够对一些评估合作出比较,并诠释现有数据	－需要与其他人协调以达成共同目标	－在具有某程度的自主性下,按指导进行工作	－就确定的主题,主动参与讨论
	－运用基本工具及材料,透过练习程序来解决问题		－需要在一定时限内达到某些工作成果	－能够从文件中指出有关重点及意思,并能把有关重点及意思在其他情况下复述出来
	－在熟悉的私人及/或日常环境下工作		－对本身的工作成果的质量负责,须接受外界人士核查其工作质素	－在熟悉/惯常的情况下,能够就指定范畴进行沟通作出回应
	－须顾及可确定的工作后果			－执行清楚界定范畴的工作,从而处理数据及取得数据
				－在惯常的情况下,能够运用范围有限而熟悉的数字性及图像性数据

级别	知识及智力技能	过程	应用能力、自主性及问责性	沟通能力、运用信息科技及运算能力
2	—能够将知识及技能应用于一系列不同的工作中，显示出能够理解相关的理论	—能够在各种不同的情况下，包括不熟悉及一些不熟悉的情况，运用已知的技术或常学习技巧	—能够在各种可预计及有规律的情况下，执行有关工作，当中可能涉及一些需要负上某程度个人别责任的非常规性工作	—利用百分比及图像数据来进行运算，并能达到一定水平的准确性 —能够运用广泛的惯常及熟练技能，例如：
3	—能够独立地取得、组织及评估某一门科目或学科的有关资料，并作出经缜密分析后的判断 —对清楚界定但有时是不熟悉或未能预计的问题作出各种响应 —对熟悉的事物作出概括及推论	—能够从既定的程序中作出重要的选择 —向有关对象作出陈述	—在指导/评估下，进行自我订立工作进程的工作 —对本身工作成果的量和质负责 —对他人的工作成果的量和质有清楚界定而有限的责任	—在熟悉的情况下，能够进行详细的书面及口头沟通，并能对这些交流作出响应，同时亦能在编写篇幅较长的文件时，运用适当的结构及风格 —能够选取及运用标准的应用软件，以取得、处理及整合数据 —在日常的情况下，能够运用各种不同的数字性及图像数据，但当中可能涉及一些非惯常的元素

级别	知识及智力技能	过程	应用能力、自主性及问责性	沟通能力、运用信息科技及运算能力
4	－ 能够通过建立一个缜密的方式,吸收广泛的知识,并专精于某些精于某些知识领域 － 能够呈报及评估数据,并利用有关数据计划及制定研究策略 － 能够在大致熟悉的情况下处理界定的事项,但亦能够扩展至处理一些不熟悉的问题 － 运用一系列专门技巧及方法以作出各种回应	－ 在各种不同及特定的环境下工作,当中涉及一些创意及非常规性的工作 － 在规划、筛选或呈报数据、方法或运用等各方面,能够运用适当的判断 － 执行日常的探讨工作,并将有关研究探讨的论题发展至专业水平的课题	－ 能够执行需要熟练技巧的工作,当中需要一些审酌的处理及判断能力,并需要执行监督职责 － 订立自己的工作进程及进行指导性工作 － 在一般性指引或职能内工作 － 对本身的工作成果的质和量负责 － 符合特定的质素标准 － 对他人的工作成果的量和质负责	－ 能够运用与某一门科目/学科有关的一系列惯常使用的技能及一些先进技能,例如: － 在熟悉的及一些新的情况下均能运用一系列技巧与对象沟通 － 能够融会贯通有关科目的文件,有组织及有系统地传达复杂的构想 － 能够运用各种信息科技应用软件以支持工作及提高工作效益 － 有规划地取得及运用数据,选择恰当的方法及数据以证明有关成果及选择的合理性 － 在工作中进行多阶段运算

级别	知识及智力技能	过程	应用能力、自主性及问责性	沟通能力、运用信息科技及运算能力
5	－能够通过分析抽象数据及概念,从而产生构思	－能够在一系列不同技术性、专业性或管理职能上,运用辨析及具创意的技巧	－执行涉及规划,设计及技术性工作,并承担一些管理职责	－能够运用一系列惯常使用的技能及一些先进及专门技能,以支持某一门科目/学科的既有运作,例如:
	－能够掌握各种不同的专门技术,具创意性及/或概念性的技能	－与产品、服务,运作或流程有关的规划,设计、技术及/或管理等职能,有效运用适当的判断能力	－在广泛的规限准则下,担负责任及具问责性同责任,以达至个人及/或小组工作成效	－能够向各种不同的对象,就该科目/学科的标准主题,作出正式或非正式的表述
	－能够指出及分析日常及抽象的专业问题及事项,并能作出以理据为基础的回应		－在合格的高级从业员的指导下工作	－能够就复杂的题目参与小组讨论;能够制造机会让其他人作出贡献
	－能够分析,重新组织及评估各种不同的数据		－在其他人的协助下(如需要时),处理专业操守事项	－能够运用各种信息科技应用软件以支持工作及提高工作效益
	－能够批判性地分析、评估及/或整合构思,概念、数据及事项			－能够诠释、运用及评估数字性及图像性数据,以达到目的/目标
	－能够运用各种不同资源协助作出判断			

级别	知识及智力技能	过程	应用能力、自主性及问责性	沟通能力、运用信息科技及运算能力
6	－能够批判性地检讨、整合及扩展一套有系统及连贯的知识	－能够在一系列不同情况下，转换及应用辨析及具创意的技巧	－将知识及技能应用于不同种类的专业工作之中	－能利用合适的方法，与各类不同对象沟通，包括同级职员、高级职员及专家等
	－能够在某一个研究领域内，采用高度专门的技术或学术技巧	－与产品、服务、运作或流程（包括寻找资源及评估）有关的复杂规划、设计、技术及／或管理等职能方面，有效运用适当的判断能力	－能够行使重要的自主权，以决定及达至个人及／或小组的成果	－能够运用各种计算机软件支持及改善工作效益，能够指出改进现有软件的地方，从而提高有关软件的效益，或指定使用新的软件
	－能够从一系列数据来源，批判性地评估新的资料、概念及处理应用，展示出创新的响应	－进行研究及／或高级技术或专业活动	－对有关决策负责，包括运用监督职权	－能够对各种不同数字及图像性数据作出评估，并能在工作的不同阶段利用计算协助工作进行

级别	知识及智力技能	过程	应用能力、自主性及问责性	沟通能力、运用信息科技及运算能力
6	- 能够批判性地检讨、整合及扩展一门科目/学科的知识,技巧运用及思考方式 - 在缺乏完整或连贯的数据/数据的情况下,能够处理极复杂的事项,并作出有根据的判断	- 设计及应用合适的研究方法	- 能够显示出领导才能及/或就变革及发展等方面作出贡献	
7	- 显示出能够以批判性的角度研究一门科目或学科,包括能够理解该门科目或学科主要的理论及概念,并作出评价,同时明了该门科目或学科与其他学科之间的概括相关关系 - 能够提出独特的创见,将之概念化,并转化为复杂抽象的构思及数据	- 显示出能够掌握研究及运用方略,并能作出具批判性的讨论 - 培养对于新环境下所出现的问题及事项,作出具创见的响应	- 将知识及技能应用于不同种类的复杂及专业工作之中,其中包括崭新及前所未有的情况 - 在处理及解决问题时,能显示出领导才能及原创性	- 因应各种背景情况及目的,能够策略性地运用沟通技巧,与不同对象沟通 - 能够按发表学术著作的标准及/或作出批判性讨论的标准来进行沟通

级别	知识及智力技能	过程	应用能力、自主性及问责性	沟通能力、运用信息科技及运算能力
7	－ 在缺乏完整或一致的数据/数据的情况下，能够处理极复杂及/或崭新的事项，并作出有根据的判断		－ 对有关决策负责	－ 能够时常留意，检讨及反思本身的工作及技能的发展，并能在新的要求的要求之下作出改变及适应
	－ 对某一专门研究领域或更广泛的跨学科关系，作出重大而具原创性的贡献		－ 高度自主，对本身的工作负有全部责任，对他人的工作亦负有重大责任	－ 能够运用各种计算机软件，指出改善工作效益的软件要求，并能预计未来对这方面的要求
			－ 能够处理复杂的操守及专业事项	－ 能够批判性地评估数字性及图像性的数据，并能广泛采用有关数据

香港教育局编订。

香港学术及职业资历评审局四阶段质素保证程序

在"资历架构"下,香港学术及职业资历评审局负责的质素保证工作分为四个阶段,即"初步评估"、"课程甄审"、"学科范围评审"及"定期复审",用以评估营办者及甄审其进修课程。营办者如希望所开办的课程获得甄审资格,必须成功通过"初步评估"及其后的"课程甄审"。有关程序简列如下:

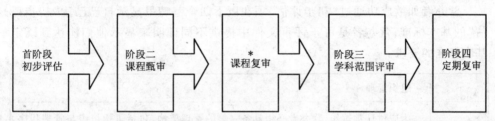

* 必须至少在相关的学科范围内通过两次课程复审

首阶段:"初步评估"。评审局为营办者进行首次评审,评估营办者是否有能力有效管理,并为其发展、教学、评估以及进修课程和教育服务的质素保证工作提供资源。营办者必须先获有效的"初步评估"资格,方可向评审局申请甄审其进修课程。"初步评估"资格将与资历级别挂钩。在资历级别第一至三级范围内,营办者如获得某一级别的"初步评估"资格,可以开办属于该资历级别及较低级别的进修课程。

阶段二:"课程甄审"。就课程计划、管理、课程、上课安排、评核方法及学习成效等方面,全面评审营办者,确保他们在各方面均切合所颁授的资历。进修课程如成功通过甄审,其营办者亦完成资历名册当局所订之程序及缴交有关费用,该课程的资历便可登记在资历名册上。

*"课程复审"为已获课程甄审资格的课程再次进行评审,旨在确保有关课程的策划、管理、结构、教学安排、成绩评核方法及学习成效与当初通过甄审时一样适切,以及查考课程在营办了一段时间后有否进步。如有关进修课程成功通过"课程复审",其营办者亦完成资历名册当局所订之程序及缴交有关费用,该课程的资历便仍可在有效期内登记在资历名册上。"课程复审"之评审程序与"课程甄审"一致。

阶段三:若营办者通过了"课程甄审",而又在该学科范围内有足够的确认往绩,并在相关的学科范围内通过至少两次课程复审,便可在同一学科范围申请"学科范围评审"。成功通过"学科范围评审"的营办者可获"学科范围评审"资格,在有效期内于指定学科范围及"资历级别"的范围内发展及开办新课程,及将其课程所颁授的资历登记在资历名册上,而无须事先就个别课程申请甄审。

阶段四:"定期复审"。对已获"学科范围评审"资格的营办者作定期的复审。有关工作将会定期重复进行,具体时间和频密程度将视乎"学科范围评审"的有效期而定。

香港学术及职业资历评审局评审文件撰写指引

首阶段:"初步评估"

营办者如欲成功通过"初步评估"须在以下四个范畴里显示自己已达"初步评估"的基本标准;营办者是可于评审文件中提供不同证明来显示他们能达到既定基本标准的要求。

a.	组织管理
	为应付日常运作,营办者必须具备完善的管理架构,包括机构组织与管理程序及质素保证的安排。
	营办者可透过以下方式以作证明:
a)	其合法地位,使命、宗旨与目标均切合所开办的进修课程;
b)	具备与其使命、宗旨和目标相关的教育、质素保证及资源分配政策,而有关政策亦切合其规模与学科范畴;
c)	订立有效制度以监管政策的实施和进修课程的运作表现;
d)	确保拟开办之进修课程(包括所属的学科范畴和"资历级别")已符合政府有关法例的规定。
	相关证明文件可以是:
	合法经营/办学的证明文件,如商业、公司、协会或法定团体之登记证明。
	如营办者拟申请颁授属资历级别第五级或以上的学位资历,须提供已在《专上学院条例》(320章)的注册证明。
	使命宣言与办学目标。
	现有的组织架构图,包括架构内容、员工姓名、职位及职能统属关系。
	管理层职权范围、成员及现任管理成员之名单。
	教育、质素保证与资源分配政策。

b.	人事体制及教职员培训
	营办者必须聘用足够的教学和辅助员工。他们必须具备应有的才能、资历和经验,令课程有效运作。
	营办者可透过以下方式以作证明:
a)	聘用具备应有学术、职业或专业资历,且胜任教职的员工;
b)	聘用足够及称职的辅助员工以支持教学及相关服务;
c)	设有公平及公开的人力资源制度,包括聘任、考绩、晋升与终止聘用等政策。
	相关证明文件可以是:
	员工手册。
	各课程预期的师生比例。
	人才培训制度与规划的证明。

c.	财务及资源
	营办者举办课程,必须具备良好的财政状况及足够的资源基础。
	营办者可透过以下方式以作证明:
a)	设有稳健的财政措施和具备足够财政资源,确保入读进修课程的学员将获得资源上的支持,直至他们完成课程;
b)	设有合适的教学设施,如研讨室、工作坊、实验室及因应拟采用之教学模式而设的其他教学设施。
	相关证明文件可以是:
	通过核数的账户、税单、财政预算及银行记录等。
	办公及教学设施的描述。
	获准使用场地和设施的证明文件,确保符合政府有关法例的规定。

d.	质素保证(包括课程发展及管理)
	营办者必须(i)在发展其进修课程时,考虑社会、雇员及雇主的需要,并符合"资历架构"下《资历级别通用指标》的要求;并(ii)持续监察及检讨其所有进修课程,以保证课程能与时并进及适切;而其学习成果、教与学活动和成绩评核方法亦相应有效。
	营办者可透过以下方式以作证明其课程发展与批核之程序能够:
a)	准确辨识市场需求及预期学员来源;
b)	咨询及搜集相关专业及行业团体、小区组织、学生组织及学术界的意见;
c)	确保学习成效订在合适的"资历级别",并符合既定标准;
d)	配备有效的制度以定期监察及评估所有进修课程的运作;

e)	确保对学员的成绩评核皆适切、可靠及有效;
f)	能辨识不足之处,并采取行动作出改善。
	相关证明文件可以是:
	发展及批核进修课程的书面描述或程序。
	负责课程发展、监察和评估的相关校外委员会或咨询组织之成员名单及职权范围。
	负责课程发展、监察和评估的相关校内委员会或咨询组织之成员名单。
	载有为质素保证及持续改进而设的制度及程序的资料文件。
	各课程发展期间,曾获咨询的相关团体与个别人士的详细资料。

阶段二:"课程甄审"

营办者如欲成功通过"课程甄审"须在以下十个范畴里显示自己已达"课程甄审"的基本标准;营办者是可于评审文件中提供不同证明来显示他们能达到既定基本标准的要求

a.	课程财务及资源
	营办者举办课程,必须具备良好的财政状况及足够的资源基础。
	营办者可透过以下方式以作证明:
a)	拥有健全的财务政策和守则,以及足够的财政资源来开办及拓展进修课程;
b)	设有合适的教学设施,如研讨室、工作坊、实验室及因应拟采用之教学模式而设的其他教学设施;
c)	设有充足的设施、学习资源、设备、图书馆资源及信息科技等器材,以支持有效和自主的学习;
d)	设有课程所需的专门设施及设备。
	相关证明文件可以是:
	进修课程初开办时及每年的入支记录。
	办公室及教学设施的描述。
	专门设施及设备的详细资料。
	与课程相关的图书馆资源,包括种类与数目。

b.	课程人事体制及教职员培训
	营办者必须聘用足够的教学和辅助员工。他们必须具备应有的才能、资历和经验,以管理、策划、推行及监察课程进度等。营办者须订立完善的教职员培训计划和活动,不断更新教员和辅助员工的相关知识,以确保课程质素。
	营办者可透过以下方式以作证明:
a)	聘用具备应有学术、职业或专业资历,且胜任教职的员工;
b)	聘请足够与称职的辅助员工以支持教学工作,提供相关服务;
c)	设有公平和公开的人力资源制度及政策,如聘任、考绩、晋升与终止聘用等政策;
d)	设有合适的活动,以助职员导入工作环境,及在与他们有关的进修课程的教学或服务范围内得以发展;
e)	教员能采用专业的教学方法,包括以清晰及组织良好的教学计划授课,给予学员适当的辅导及回馈,并监察学员学习情况。
	相关证明文件可以是:
	员工手册。
	所有教员的履历,包括学术和/或专业资历与工作经验。
	各进修课程所预期的师生比例。
	人才培训政策与规划的证明。

c.	课程目标及学习成效
	学习成效应能透过成绩评核反映其课程是否达到既定目的。此外,成绩评核方法应能显示学习成效符合《资历级别通用指标》,以及其他相关文件。
	营办者可透过以下方式以作证明:
a)	已有清楚而又能符合学习目标的学习成效;
b)	已有足够的进展性评估去发展预定的学习成效;
c)	已有足够的总结性评估去准确地评估学员的成绩;
d)	营办者应根据《资历级别通用指标》,提出理据支持该课程属于拟定的资历级别之原因。
	相关证明文件可以是:
	学习成效如何与《资历级别通用指标》及其他相关文件作出对照。
	成绩评核的样本(进展性评估及总结性评估)。
	学员习作的样本。

d.	课程内容和结构
	进修课程必须有连贯、完整及合适的内容及结构,以协助学员达到订定的学习成效及应有水平。此外,课程的学习成效、教与学活动及成绩评核必须连贯及互相配合,以便提升学员的学习进度和符合所属"资历级别"的要求。
	营办者应扼要申报有关课程的细则,从而反映课程的均衡性及连贯性,包括:
a)	拟办进修课程的名称;
b)	拟颁发的资历名称;
c)	进修课程的开办理念及对课程的需求;
d)	学员毕业时在教育或职业方面所能达到的课程目标;
e)	进修课程的修读期;
f)	核心科目及任何选修科目/单元及任何先修或兼修科目/单元(如适用);
g)	各科目/单元的学习成效(必须是清晰及有客观标准可据的评核);
h)	修读模式(全日制或兼读制);
i)	教学方法;
j)	出席率要求;
k)	在各种不同教学方法下所拟定的每班或每组人数。
	相关证明文件可以是:
	课程文件。
	教材及学习活动样本。
	成绩评核材料及相关活动样本。
	推荐书目名单(如有)。

e.	收生条件及学员甄选程序
	营办者必须设定清晰的最低收生要求,并确保学员及教职员得知有关资料。此外,还须通过适当的程序甄选学员,确保学员入学前已具备需要的知识与技能,并能够参与课程内的学习活动。
	营办者可透过以下方式以作证明:
a)	进修课程设有合适的收生要求;
b)	进修课程设有合适甄选及取录学员的程序;
c)	为有意或已入读之学员提供清晰、准确及适时的课程资料,包括入学注册手续、学费金额、学费退还政策、上课时间表、评核安排、学员权责及支持服务;
d)	课程宣传资料及推广手法均符合商业操守,并无夸张失实。
	相关证明文件可以是:
	载有课程收生要求与程序的小册子、指南或网页资料。
	学员甄选及收生程序。
	招生、新生概况及毕业率资料。

f.	教与学	
	教与学活动的设计必须配合教学内容,并促使学员达致预期的学习成效。营办者亦应采用多元化教学法,以鼓励学员积极投入学习。	
	营办者可透过以下方式以作证明:	
a)	采用一系列合适的教学方法、教材与活动;	
b)	所采用的教学方法能达致所订的学习成效;	
c)	使参与学员学习活动(例如提供职前实习)的雇主或团体,能积极地参与其事及充分了解其责任。	
	相关证明文件可以是:	
	教与学方法、学习与成绩评核活动的编排、授课模式(如讲课、导修课、实验课、应用课及工作实习等)和各学习模式所占时数的详细资料。	
	教材样本。	
	推荐书目名单。	
	为参与教学活动的雇主或团体制定的有关指引(如有)。	

g.	职场实习和学员支持服务	
	营办者必须为学员提供清晰和准确的资料,以及可靠的职场实习机会及支持服务,使学员能在最有利的环境下完成课程。	
	营办者可透过以下方式以作证明:	
a)	为学员提供支持服务,包括迎新活动、学习技巧培训、学业支持、实习支持(如有)、财务安排咨询及辅导服务;	
b)	监察学习进度未如理想的学员,包括为他们提供适当的辅导及回馈意见,并进行全面的督导及跟进工作;	
c)	设有一套公平及一致的政策与程序,以处理学业与纪律问题的投诉,包括有关学业进度、成绩评核申诉、学术诚信等问题;	
d)	有机制去计划学员参加职场实习,并在过程中监察学员的进度。	
	相关证明文件可以是:	
	载有课程资料、学员支持服务及与学员相关政策的学员手册、小册子或网页资料。	
	为学习进度未如理想的学员而定的监察程序,以及曾提供适当辅导的证明。	
	关于学业、纪律及投诉政策的文件。	
	营办者与提供职场实习的机构/公司所签订的协议书或合约。	
	学员及导师的职场实习手册。	
	职场实习的成绩评核准则。	

h.		成绩评核
		课程的成绩评核须配合学员,使他们能有效及循序渐进地学习,从而达致既定的学习成效与标准。此外,所采用的评核方法和技巧必须适切、可靠、公平以及能充分反映与课程相应"资历级别"的学习成效。
		营办者可透过以下方式以作证明:
	a)	评核方法及准则能适当地判断个别科目/单元的学习成效,以达致既定的能力标准;
	b)	评核能测试学员在课程各阶段所掌握的知识与技能,有助其逐渐达致既定的成效;
	c)	设定清晰及合理的等级评核准则,以评核不同程度的学生;
	d)	抽查各成绩评核的样本,以确保评核的准则一致。
		相关证明文件可以是:
		每一科目/单元的评核方法及准则。
		"活动为本"成绩评核时所用的评核准则及指引。
		查核或调适评核之制度及完成课程后可参与的校外考试(如适用)。
		评定成绩等级的政策及程序(如用等级评核)。
		评核材料的样本。

i.		质素保证(包括课程发展及管理)
		营办者必须(ⅰ) 在发展其进修课程时,考虑社会、雇员及雇主的需要,并符合"资历架构"下《资历级别通用指标》的要求;并(ⅱ) 持续监察及检讨其所有进修课程,以保证课程能与时并进及适切;而其学习成果、教与学活动和成绩评核方法亦相应有效。
		营办者可证明其课程发展、批核及管理之程序能够:
	a)	准确辨识市场需求及预期学员来源;
	b)	咨询及搜集相关专业及行业团体、小区组织、学生组织及学术界的意见;
	c)	确保学习成效订于合适的"资历级别",并符合既定标准;
	d)	配备足够的资源与人手,以支持其进修课程;
	e)	确保课程的内容和结构连贯一致,并配合该课程所设定的目标;
	f)	确保学员充分理解课程内容和掌握有关知识及相关的应用技能,最终达致课程的既定学习成效;

g)	在课程内容和设计上,兼顾职业与专业的最新发展,以及学术界的现况,同时融入最新的教学技巧;
h)	配备有效的制度以定期监察及评估所有进修课程的运作;
i)	确保对学员的成绩评核皆适切、可靠及有效;
j)	能辨识不足之处,并采取行动作出改善。
	相关证明文件可以是:
	发展及批核进修课程的书面描述或程序。
	拟开办的进修课程的详细资料,包括预期收生人数及收生周期。
	负责课程发展的相关委员会或咨询组织之成员名单及职权范围。
	各课程发展期间,曾获咨询的相关团体与个别人士的详细资料。
	校内、校外相关组织或团体支持进修计划开办的文件。
	课程评估委员会成员名单及职权范围。
	校外考试委员、顾问及雇主之咨询报告。

j.	学员记录及资料管理
	营办者必须设有完善的行政及管理制度与程序,以确保所有记录及资料均属完整、不易外泄、准确及能定时更新。
	营办者可透过以下方式以作证明:
a)	设有有效的制度和程序以搜集和保存资料,以确保所有资料在妥善及保密的情况下存档。有关资料包括学员入学注册记录、缴费证明、学员进度与成绩记录、所颁授的资历、进修课程、员工资历、聘任记录及其他需要存档的资料。
b)	设有制度以核对学员入学资料和员工资历与工作经验。
c)	聘任称职的员工以负责行政及管理档案系统的工作。
	相关证明文件可以是:
	办公室行政指引及保存记录时应遵循之程序。
	入学登记表格、成绩报告表或证书样本。
	收生、学员评核、已颁授的资历、员工履历及其已核实的资历等实际记录档案。
	主要行政人员的覆历及职责说明。

香港学术及职业资历评审局制定。

121

重庆市硕士学位授权点定期评估单位自评指标体系

一级指标	二级指标	合 格 标 准	权重
学术队伍	学术带头人	至少有本单位4名以上（1946年以后出生）具备指导硕士研究生水平和能力的教授、副教授（或相应专业技术职务），其中至少1名为正高职人员。	0.3
	研究方向	具有2个以上相对稳定的研究方向，且特色明显。	
	学术梯队	知识和年龄结构均较合理，各层次人员配备较齐全，团结协作，学术思想端正、活跃。	
科学研究	在研科研项目及经费	目前承担一定数量的国家、省部级重要的科研项目或其他比较重要的硕士项目，经费较充足，能满足科研与研究生培养需要。	0.25
	科研成果	科研成果较显著并获得国家级、省部级奖励。出版、发表了一定数量较高水平的学术专著、论文，或取得一定的工程技术成果，对经济建设和社会发展有重要贡献。	
教学与人才培养	招生及学位授予	近5年招收了一定数量的硕士研究生，授予一定数量的硕士学位。师生比较合理。	0.25
	课程设置及教学	学位课程设置科学合理，能为研究生开设各类必修课和选修课，教学质量较高。编著或出版一定质量较高的研究生教材或教学参考资料。	
	学位论文	学位论文质量符合《中华人民共和国学位条例》及其实施细则的要求。	
工作条件		能提供培养硕士研究生所需的图书资料、网络信息终端，实验设备和其他物质条件。	0.15
管理工作		管理机构健全，管理、人员落实；管理、规章制度完善，执行良好。学校重视学位授权点和学科建设，不断改进和加强学位与研究生工作，积极创造良好的育人环境。	0.05

来源：重庆市学位委员会办公室。

122

中国研究生教育评价指标体系

一级指标	二级指标	三级指标
办学资源	学位点	硕士点数
		博士点数
	研究基地	国家自然重点研究基地
		国家社科重点研究基地
	科研项目	国家自然基金项目数
		国家社科基金项目数
	科研经费	国家自然基金经费数
		国家社科基金经费数
	杰出科研队伍	国家创新研究群体（团队）
		杰出人才
		两院院士人数
		博士生导师数
教学与科研产出	研究人才培养	硕士/博士毕业生数
	专科	专科授权数
	论文	SCI、SSCI、A&HCI 收录论文
		EI、ISTP、ISSHP 收录论文
		CSTPC、CSSCI 收录论文
质量与学术影响	科研获奖	国家科技奖、教育部社科奖
	研究生获奖	全国百篇优秀博士论文
	论文质量	Science、Nature、ESI 高被引论文
		SCI、SSCI、A&HCI 被引次数
		CSTPC、CSSCI 被引次数

来源：武汉大学中国科学评价研究中心。

广东省高等学校名牌专业评估方案

一、专业建设标准

名牌专业是指专业特色鲜明、人才培养质量高、毕业生就业率高、社会声誉好的专业。它应符合下列标准要求:

1. 师资队伍结构合理,数量充足,水平高;
2. 有良好的办学条件和先进的教学手段;
3. 教学过程规范,专业改革力度大,教学改革成果显著;
4. 学术水平高,学生创新能力强,教学质量高;
5. 专业特色鲜明,生源质量高、毕业生就业率高,社会声誉好。

二、评估指标体系(带"＊"者为名牌专业核心指标)

一级指标	二级指标	
1. 师资队伍	1－1	高资历教师＊
	1－2	教师数量与结构
	1－3	队伍建设与综合素质
2. 教学条件	2－1	实验装备与教学＊
	2－2	实习场所
	2－3	多媒体资源库建设
3. 教学管理与改革	3－1	教学管理
	3－2	课程与教材建设＊
	3－3	教学改革与研究
4. 水平与质量	4－1	教学成果＊
	4－2	科研水平
	4－3	人才培养质量＊
	4－4	学生创新能力
5. 效益与特色	5－1	专业吸引力
	5－2	毕业生就业＊
	5－3	社会评价
	5－4	专业地位与特色

三、名牌专业评估指标内涵与评估等级标准

一级指标	二级指标	指标内涵	标准 A	标准 C	说　　明
1. 师资队伍	1-1 高资历教师*#	• 本专业拥有高资历教师情况,包括院士、国务院学位委员会委员(含学科评议组委员),或者教学科评议组成员(含学位委员会委员),教育部特聘教授、博士生导师等	• 有院士或学位委员会委员(含学科评议组委员),或成员(含学科评议组成员),或特聘教授,或3位博士生导师	• 有3位教授	(1) 师资队伍中的教师界定为编制在该专业所在院(系)内,近两年承担本专业教学任务(理论课、实验课、毕业论文或毕业设计、教学与生产实习),不含基础课、公共课教师。 (2) 学位委员会委员及教学指导委员会届成员,以文件为准。 (3) 兼职和客座院士、教授均不计算。 (4) IT专业及音乐、体育、美术类专业有1位以上博士生导师或5位教授为A。
	1-2 教师数量与结构	• 数量 • 职称结构 • 青年教师学历层次 • 为本科生授课教师中,副教授以上承担教学的情况	• 教师数量充裕,能很好地满足教学科研需要 • 职称结构合理(副教授以上的比例≥50%) • 45岁以下教师中,硕士以上比例≥80%,博士比例≥30% • 为本科生授课教师中,副教授以上所占比例≥60%	• 教师数量基本满足教学科研需要 • 职称结构基本合理(副教授以上教师占教师总数比例≥30%) • 45岁以下教师中,硕士比例≥40%,博士比例≥20% • 副教授以上所占比例≥40%	(1) 副教授以上教师占教师总数的比例R:50%>R≥40%为B,40%>R≥30%为C,R<30%为D。(有关比例范围取A,C最低值的均值为B级范围最低值,<C即为D级范围,下同。) (2) 博士、硕士指已获得博士、硕士学位的教师(不含课程进修班和在读研究生)。博士对IT专业、硕士指IT专业,博士比例降低10个百分点。对于音乐、体育、美术类专业硕士比例降低20个百分点,博士比例降低10个百分点。 (3) 所授课程指讲授该专业课及专业基础课。

一级指标	二级指标	指标内涵	标准		说　明
			A	C	
1. 师资队伍	1－3 队伍建设与综合素质	·重点教师培养情况	·队伍建设规划合理，措施得力，效果显著，有省、部级以上重点培养教师	·措施较有力，取得一定效果，有校级重点培养教师	(1) 省、部级指省"千百十"工程之"百"，及中央部委的重点教师；B级标准为"有"千百十"工程中"千"的教师；校级重点教师指处于有利于培养期内的教学骨干为主，以文件为准。
		·思想道德素质及表现	·思想政治整体素质高，敬业精神好，教书育人，有省、部级以上先进教师≥2人	·整体素质一般，精神状态尚好，有校级先进教师2人	(2) 先进教师（优秀教师）指受到省级以上表彰的教师（含南粤教书育人优秀教师及南粤教坛新秀）；B级标准为拥有省、部级先进教师1人；以文件为准。
		·外语水平	·教师整体外语水平高，有2门以上课用英语授课或省级双语授课	·有一定英语水平，有1门课程的部分内容用英语授课	(3) 外语水平 B 级标准为有 1 门课用英语授课或省级双语授课。
2. 教学条件	2－1 实验装备与教学**	·专业基础课、专业课实验教学配备及实验开出率	·专业基础课、专业课实验教学设备大达到单人操作，实验开出率为100%，而且所开实验很好地满足本专业人才培养的需要	·基本满足教学，开出率≥90%，所开实验基本满足本专业人才培养的需要	(1) 设计性实验、综合性实验应开实验数的比例。
		·设备先进性	·拥有本学科专业高新仪器设备，满足教学需要。	·设备比较先进，基本满足教学要求	(2) 实验室开放的实验室占总实验室的比例，开放的实验室开放的时间同所占的时间的比例。

126

一级指标	二级指标	指标内涵	标 准 A	标 准 C	说 明
2. 教学条件	2-1 实验装备与教学*	·设计性及综合性实验开出情况 ·实验室开放程度	·设计性、综合性实验开出数占总实验数的比例≥30% ·正常实验课之外,实验室对学生开放个数为100%,开放时间为50%。	·设计性、综合性实验占总实验数≥10% ·实验室对学生开放个数为80%,开放时间为30%。	
	2-2 实习场所	·校外基地建设及教学、生产实习情况	·有3个固定的校外实习基地并能满足教学需要	·有1个固定的校外实习基地并能基本满足实习需要	实习基地指稳定的校外基地,已签订协议书并以学校名义挂牌。
	2-3 多媒体资源库建设	·CAI课件研制与应用 ·资源库开发与应用	·CAI课件研制能力强,应用状况达到50%,覆盖面、自行研制的、在省教育技术(电教)评奖中获奖的CAI课件≥1个 ·建立了网上运行的软件库、多媒体资源库[课件库]、素材库、试题库≥1个	·CAI课件研制能力较强,应用状况较好,覆盖面达到30%,开发、使用的CAI课件≥2个并普遍运用 ·建立了软件库[课件库]、素材库或试题库之中的1个(不要求网上运行)	(1) CAI课件的B级标准的覆盖面达到40%,在省教育技术(电教)评奖中获奖数为1个或CAI课件>3个。 (2) 多媒体资源库范围指以专业或专业基础课的教学内容为素材建立的。

127

一级指标	二级指标	指标内涵	标 准		说 明
			A	C	
	3-1 教学管理	·教学文件	·齐全、完善，适应素质教育的要求，执行情况好	·基本齐全、完善，能较好地执行	(1) 教学文件指教学计划、教学大纲、教学进度表、实验大纲、实验指导书等。
		·教学计划的执行	·能得到严格执行，调整合理、规范	·能较好地执行	(2) 执行计划查看计划调整的审批手续。
3. 教学管理与改革	3-2 课程教材建设**	·课程建设水平	·必修课课程建设水平高，并拥有省级重点课程≥1门	·课程建设水平较高，并拥有1门校级重点课程	课程建设中重点课程指过去已评出的专业基础课及专业课，B级标准为拥有2门校级重点课程。
		·教材建设	·教材建设成效显著，4年内主编公开出版教材≥3本	·教材建设有一定成效、主编或副主编公开出版教材1本	
		·教材选用	·专业必修课程选用国优、省优、部优，面向21世纪教材或选用近3年出版的新教材≥75%，选用外语原版教材≥3种(音乐、体育、美术专业选用外语原版教材≥1种)	·选用国优、省优、部优，面向21世纪教材或选用近3年出版的新教材≥55%，选用外语原版教材1种(音乐、体育、美术专业选用外语原版教材或素材的部分内容)	

一级指标	二级指标	指标内涵	标 准 A	标 准 C	说 明
3. 教学管理与改革	3-3 教学改革与研究	·专业改革与建设	·专业定位准确、合理；专业发展规划科学，专业改革力度大，与经济社会发展密切结合，建设成效显著；注重国际交流与合作，并有明显效果	·有专业定位与发展规划，改革有一定力度，效果较为显著；已开展国际交流与合作，有一定成效	（1）教学研究 B 级标准为主持校级并参加省部级教研项目。 （2）公开发表指发表在有公开刊号的刊物（含增刊）上。
		·人才培养方案	·将教学改革成果固化在教学计划中，形成了包括知识、能力、素质相结合的创新型人才培养方案	·不断完善教学计划，人才培养方案基本科学、合理，比较先进	
		·教学研究	·教师积极开展教学研究，效果明显。主持省部级教学研究项目成效≥1项，并取得明显成效	·主持校级或参加省、部级教学研究项目并在实践中取得一定成效	
		·教学研究论文	·近四年平均每位教师公开发表教学研究论文≥1.5篇，其中四年内在国家部委主办发表论文总数核心刊物发表论文总数≥2篇	·近四年平均每位教师公开发表教学研究论文0.5篇	

一级指标	二级指标	指标内涵	标　准		说　明
			A	C	
4. 水平与质量	4-1 教学成果**	·教学改革成效	·在专业教学改革中教师积极更新观念,广泛参与改革,取得明显效果	·在专业教学改革中教师能注意更新观念,参与改革取得一定效果	教学成果奖指根据国务院颁布的《教学成果奖励条例》和省政府颁布的《教学成果奖励条例》评出的教学成果奖评奖,获国家级成果奖全体成员均可计算,省级一等奖要求第二主持人或第一副主持,省级二等奖以上主编,省级成果要求第一主持人。两届可计算。指最近
		·教学成果获奖	·获省、部级教学成果奖或教材省级以上奖≥1项	·获校级成果奖二等奖以上1项	
	4-2 科研水平	·科研项目	·近四年获得省部级以上科研项目≥4项,并有较充裕的科研经费	·近四年获得厅、局级以上科研项目4项	(1) 科研项目指本专业教师主持的项目,第二主持可评为B。 (2) 科研成果奖指本专业教师主持的项目所计算,国家级奖全体成员均可计算,省部级一等奖前3名,二等奖前2名可计算。 (3) 理科专著每6万字(文科为10万字)计1篇论文(编著、译著折半计算)。 (4) 美术类专业的作品获得部级展览获奖,优秀工程获奖,音乐类等同科研项目获奖,发表作品或参加部级演出等同论文。
		·科研成果奖	·近四年获省部级以上科研成果奖≥1项	·近四年获省厅(局)级以上科研成果奖≥1项	
		·发表或出版论文(专著)情况	·近两年平均每位教师发表或出版论著≥5篇(其中,在国家权威刊物上发表论文总数≥3篇)	·每位教师3篇(其中,在国家权威刊物上发表论文总数≥1篇)	

一级指标	二级指标	指标内涵	标准 A	标准 C	说　明
4. 水平与质量	4－3 人才培养质量*#	·思想品德	·学生整体思想素质高，学风端正	·学生整体思想素质较高，学风较好	（1）统考通过率均为累积通过率，非英语专业省英语四级通过率，英语专业为八级通过率，其他语种语种规定的通过率；考察最近两届高职高专、高专毕业生。实用英语通过率，考察最近两届毕业生。
		·外语水平	外语统考通过率≥90%（音乐、体育、美术类≥60%）	外语统考通过率≥60%（音乐、体育、美术类≥40%）	（2）毕业论文（设计）
		·毕业论文（设计）	·选题科学、合理，结合社会经济实际，符合培养目标要求，能达到综合训练的目的；方法与技术路线正确；答辩规范，评	·选题基本符合实际，较科学，规范、合理	（3）IT专业及音乐、体育、美术类专业A级标准为考研≥10%，C级标准为5%。
		·考研比例	·两年平均考研录取率≥20%	·两年平均考研录取率10%	（4）主干课程质量包括教学大纲、授课计划、授课质量、课程设计（课程论文）、试卷分析、学生反映等。
		·主干课程质量	·主干课程教学科学，教学大纲科学，内容更新及时，达到课时省、内容新、质量高，效果更好要求	·主干课程教学大纲较科学，注意更新内容，质量较高，效果较好	
	4－4 学生创新能力	学生公开发表的论文、作品	公开发表文章（论文、作品），文科每百名学生≥6篇（项），理科5篇（项）	文科每百名学生≥4篇（项），理科3篇（项）	（1）公开发表文章指目前在校3、4年级学生以第一作者名义发表文章或学生的专业性发表作品，不含校报发表文章，其中在公开出版的论文集中发表的论文不超过一半。

一级指标	二级指标	指标内涵	标 准 A	标 准 C	说 明
4. 水平与质量	4-4 学生创新能力	· 创业实践和创新活动 · 参加各类教学和科技竞赛活动获奖	· 较好地开展创业实践(小发明、小创造、小专利)活动,并取得较好效果 · 参加各类教学和科技竞赛活动获省级以上奖励≥1项	· 能组织开展创业实践,并取得一定成效 · 获得校级奖励3项	(2) 各类活动奖指四年内所获奖项。 (3) 音乐类专业学生参加国家、国际性演出或体育类比赛(省、国际)或美术类专业学生公开发表的作品及设计竞赛取得名次可等同为公开发表的创新性文章。
5. 效益与特色	5-1 专业吸引力	· 生源质量	· 实际录取平均分录取分数线40分 · 生源质量在学校各专业排名中处于20%以内	· 实际录取平均分高于分高于分数线10分 · 生源质量在学校各专业中处于40%以内	平均分及生源质量均指近两年平均数。
	5-2 毕业生就业	· 本专业毕业生一次就业率	· 本专业毕业生一次就业率≥90%	· 一次就业率≥70%	出国人数从基数中剔除,考取研究生数、自主创业计入就业人数,就业率率指年内就业率。

一级指标	二级指标	指标内涵	标准		说　明
			A	C	
5. 效益与特色	5-3 社会评价	·社会用人部门对毕业生思想品德、敬业精神、工作态度、专业知识、工作能力、创新能力的综合评价	·用人单位对毕业生质量综合满意率≥90%	·用人单位对毕业生质量综合反映满意率比较满意和比较满意率≥60%	参考调查表指标，由学校组织对近三届毕业生进行调查，回收率不低于毕业生总数的30%。
	5-4 专业地位与特色	·社会知名度与影响力 ·学术地位与水平 ·社会贡献 ·其他特色	·在省内外有很大知名度与影响力，培养出较多的知名科学家、企业家、社会活动家 ·拥有国家级重点实验室或国家人才培养基地 ·与当地社会经济紧密结合，对社会贡献大 ·在同类院校中，在专业改革与建设中有明显优势与特色	·在省内外有一定名度与影响力，培养了知名的科学家、企业家、社会活动家 ·有硕士研究生点 ·与当地社会经济紧密结合，对社会贡献较大 ·在同类院校中，在专业改革与建设中有一定优势与特色	(1) 学术地位与水平中，B级标准为拥有省部级重点学科、重点实验室或博士点。 (2) 优势与特色包括人才培养模式、课程体系、教学方法、教学手段、人才培养质量、教学管理、社会服务等方面。

四、评估结果及其他说明

1. 本指标体系只给出 A、C 两级标准,介于 A、C 之间为 B 级,达不到 C 级为 D 级。

2. 对二级指标评判,有 2 个观测点的必须 2 个达到 A 方可评为 A;3 个观测点的必须 2A、1B 方可评为 A;4 个观测点的必须 3A、1B 方可评为 A;5 个观测点的必须 3A、2B 方可评为 A。凡有 D 者最高只能评为 C。

3. 同时满足下列条件为名牌专业的必要条件(非充分条件):

(1) 17 项二级指标中,D 级为零项;

(2) 17 项二级指标中,A 级不少于 13 项,C 级不大于 3 项;

(3) 6 项二级核心指标中,A 级不少于 4 项;其余为 B 级。

4. 本评估方案中的有关数据,除评估方案中有特殊说明的外,均指按文件规定申报日期为止的前 4 年(本次评估指 2000 年 1 月至 2003 年 12 月)的数据。

来源:《广东省高等学校名牌专业评估方案》(粤教高〔2003〕90 号)。

辽宁省普通高校本科试办专业建设指标体系

指标	指标内涵	等级标准		评估等级			
		A	C	A	B	C	D
I 专业的社会需求 15分	1. 专业设置适应社会需求,在人才培养模式和专业建设有明显特色	深刻分析社会对该专业人才具有的知识、能力和素质的要求。产学研(或学研)结合,以社会需求为导向,其培养方案、课程体系均有明显特色。	对社会需求分析不够深刻,人才培养模式的特色不明显,培养方案、课程体系体现不出特色。				
II 师资队伍 24分	2. 数量满足教学需要,知识结构合理,专业学术带头人作用明显	专业教师中≤20%的人年均教学(研、本、专、成人)工作量≥500(兼行政职务的教师≥400)学时。知识结构合理,教学团队带头人近三年来在教学一线达到专业平均教学工作量的80%,且教学水平高;承担省(及以上)级科研项目,学术水平高。	专业教师中≤30%的人年均教学(研、本、专、成人)工作量≥500(兼行政职务的教师≥400)学时。知识结构基本合理,教学团队带头人近三年来在教学第一线达到专业平均教学工作量的80%,且教学水平高;有校级科研项目。				
	3. 整体科研水平高,具备承担各级纵向课题的能力,成果显著	参加省(部)及以上级别的科研课题研究,具备承担各级科研课题的能力,教师队伍80%的人有较丰富的专业实践。能够较好地把科研与教学结合起来。	整体科研水平一般。具备承担校级及其以上科研课题的能力。教师队伍中50%的人有较丰富的实践经验。				

指标	指标内涵	等级 标 准		评估等级			
		A	C	A	B	C	D
Ⅲ教学基本建设 36分	4. 教学计划体现培养目标,教学内容、课程体系改革思路清晰,教学方法、手段改革效果好	教学计划体现培养目标的要求。教学内容课程体系和教学方法手段改革思路正确,反映出先进的教育教学理念,改革效果明显,有利于培养学生创新精神和实践能力。有校级教改立项。	教学计划能基本上体现培养目标。但尚存在一处较明显的缺欠。已进行教学内容方法手段改革、效果一般,尚无校教改立项。				
	5. 加强实验、实习等实践环节	列入教学计划的各实践教学环节累计学分(学时)不少于总学分(时)的15%(人文社科类)或25%(理工农医类)。重视实验内容和实验模式改革和创新;重视校外实践教学基地建设,加强实践教学的措施有力,且效果明显。	15%(人文社科类)或25%(理工农医类)。实验内容和实验模式改革的效果不甚明显,校外实践教学基地建设刚起步。				
	6. 新专业经费投入措施有力、落实到位	新专业的经费投入有计划、有实施、有检查,落实到位。能够满足新专业建设的需要。生均四项教学经费1 800元/年(校平均)。	新专业的经费投入有计划、尚有小部分未到位(≤30%)。专业实验尚有未开出的。生均四项教学经费1 500元/年(校平均)。				
Ⅳ教学管理和教学效果 25分	7. 建立并认真落实教学规章制度和教学质量监督制度	有健全的教学规章制度,教学质量监督保障措施得力,执行效果好。保证正常教学秩序和教学质量。学生积极参加科研创新活动。	有健全的教学规章制度				

136

指标	指标内涵	等级 标 准		评估等级			
		A	C	A	B	C	D
Ⅳ 教学管理和教学效果 25分	8. 实施启发式教学、注重因材施教,坚持知识、能力和素质协调发展	采取有效措施确实实施启发式教学和因材施教效果好。考试试题有助于学生巩固知识,发展能力和提高素质。考试总结认真(根据专业实际情况,选择公共基础课及专业主干课共4门,进行检查)	启发式教学和因材施教方面虽有文件规定,但落实不够,效果不明显。试题的内容覆盖面不足60%,试题在引导学生发展科学思维和提高素质方面尚有明显不足。				

来源:《辽宁省教育厅办公室关于开展 2008 年度辽宁省普通高等学校本科试办专业评估的通知》(辽教办发〔2008〕136 号)。

辽宁省普通高校成人教育教学工作水平评估指标体系

一级指标	二级指标	观测点	检查要点	分值	评分标准		备注
					优　秀	合　格	
一、办学指导思想 13	1. 领导重视思想	学校领导重视程度。	(1) 听取学校自评报告； (2) 查阅校领导分工、学校发展规划、年度工作计划要点。	2	(1) 主管校长分管； (2) 列入学校年度工作计划 2～1.8	(1) 主管校长分管； (2) 列入学校年度工作计划与发展规划。1.4～1.2	
	2. 班子建设	① 管理机构； ② 主要负责人的学历、职称和经验。	(1) 查阅成人高等教育机构设置和管理人员名册； (2) 核实主要负责人和管理人员的学历、职称、经验。	1	(1) 机构健全，分工合理、职责分明； (2) 主要负责人具有本科以上学历和高级职称； (3) 院长、教学副院长从事高教管理 5 年以上。1～0.9	(1) 机构健全，分工较合理，职责分明； (2) 主要负责人具有本科以上学历或高级职称； (3) 主要负责人具有一定的高教管理经验 0.7～0.6	

一级指标	二级指标	观测点	检查要点	分值	评分标准		备注
					优秀	合格	
一、办学指导思想 13	3. 办学思路 ★	①培养目标；②学院发展的方向及相应举措。	听取学院领导汇报办学思路及相关举措，查阅相关材料。	4	(1) 人才培养规格、类型与定位准确；(2) 发展方向与规划适应经济与社会发展的需求，措施落实；(3) 能正确处理办学规模与质量，发展与投入、改革与建设的关系。4~3.6	(1) 人才培养规格、类型与定位较准确；(2) 发展方向与规划适应经济与社会发展的需求。2.8~2.4	
	4. 评估与学院建设	①自我评估的整改情况；②自我评估制度和实施情况。	(1) 自我评估的措施；(2) 自我评估的机构、制度，工作记录和促进学院建设情况。	2	(1) 措施有力，成效显著；(2) 自我评估有制度，活动有记录；(3) 自我评估有改进措施。2~1.8	(1) 措施得当，成效明显；(2) 自我评估有制度，活动有机构，有记录。1.4~1.2	
	5. 依法办学 ★	办学规范程度。	(1) 查阅招生、教学、毕业及建站等相关材料；(2) 查阅相关审批备案手续。	4	(1) 按成人教育有关规办学（招生、教学、毕业）；(2) 建立教学点有备案；(3) 收费有审批，标准公开，符合合国家相关规定。4~3.6	(1) 基本按成人教育有关法规办学；(2) 教学点手续较完备；(3) 收费有审批。2.8~2.4	

一级指标	二级指标	观测点	检查要点	分值	评分标准		备注
					优　秀	合　格	
二、教学条件与利用 19	6. 基本设施 ★	①教学、行政用房；②计算机；③校园网；④图书等。	查阅资料，现场考察。	9	(1)有满足成人教育的教学用房和行政用房；(2)计算机满足教学需要；(3)校园网满足教学和行政需求；(4)图书资料满足需要。9~8.1	(1)有满足成人教育的教学用房和行政用房；(2)计算机满足教学需要；(3)教学和行政采用计算机管理；(4)图书资料基本满足需要。6.3~5.4	
	7. 教学经费	①教学经费保障与使用；②经费管理与使用；③学费收入。	(1)查阅成人教育经费使用情况；(2)查阅学费收取情况；(3)与教学管理者座谈，计算相关数据。	4	(1)经费较充裕，办学规模大，学费收入多，有助于可持续发展；(2)经费支出安排合理，教学教研、设备与维护有充足保证；(3)学费收缴及时。4~3.6	(1)有稳定经费来源；(2)学校拨款专款专用。2.8~2.4	

一级指标	二级指标	观测点	检查要点	分值	评分标准 优秀	合格	备注
二、教学条件与利用 19	8. 师资队伍★	① 专兼任教师及素质; ② 教师聘任与考核; ③ 教师队伍的稳定性; ④ 教师的教学能力。	(1) 查阅近三年来任课教师基本情况统计表; (2) 查阅任课教师的学历、职称是否符合要求; (3) 核实任课教师相对稳定程度; (4) 通过座谈、听课，了解教师的业务水平和教学能力。	6	(1) 教师聘任规范，教学有考核; (2) 任课教师中，副高级以上职称占50%以上; (3) 任课教师相对稳定。6~5.4	(1) 教师聘任规范，教学有考核; (2) 任课教师中，副高级以上职称占30%以上。4.2~3.6	
三、专业建设与课程设置 18	9. 专业规模与课程设置	① 专业数量; ② 学生规模。	(1) 查阅学校的统计报表; (2) 核实各层次、各类在校生的自然人数。	2	(1) 专业10个以上; (2) 学生数在2 400人以上; (3) 具有多层次、多类型办学功能。2~1.8	(1) 专业3个以上; (2) 学历教育学生数在300人以上。1.4~1.2	

续表

一级指标	二级指标	观测点	检查要点	分值	评分标准 优秀	评分标准 合格	备注
三、专业建设与课程设置 18	10. 专业教学计划制定★	①专业教学计划制订程序与周期；②教学计划的完整性。	(1)查阅专业教学计划制订程序；(2)分析课程结构；(3)教学计划的完整性和可操作性。	5	(1)专业教学计划制订有程序，规范；(2)课程结构符合培养规格；(3)教学计划整体完整，指导性强。5~4.5	(1)专业教学计划制订比较规范；(2)课程结构符合培养规格；(3)教学计划整体完整。3.5~3	
	11. 课程设置与课程体系★	①教学大纲；②课程体系；③素质与能力培养安排。	(1)查阅各专业教学大纲；(2)查阅课程体系；(3)查阅实践环节安排。	5	(1)每门课程都有完整规范的教学大纲；(2)课程体系的衔接关系清晰；(3)突出成人特点；(4)实践环节安排合理。5~4.5	(1)每门课程都有教学大纲；(2)课程体系较为完整；(3)突出成人特点。3.5~3.0	
	12. 教材建设	①教材选用；②自编教材。	(1)查阅教材目录，了解与教学计划及课程大纲的相符性；(2)自编教材、讲义、辅导材料是否具有成人特色。	3	(1)教材选用符合教学计划和课程大纲；(2)自编教材、讲义等材料具有成人特色。3~2.7	(1)教材选用基本符合教学计划和课程大纲；(2)有自编教材、辅导材料。2.1~1.8	

一级指标	二级指标	观测点	检查要点	分值	评分标准		备注
					优 秀	合 格	
三、专业建设与课程设置 18	13. 新开专业	①专业基础；②程序规范。	查阅新开专业资料。	3	(1) 新开专业以学校较好的专业基础为依托；(2) 新专业设置程序规范。3~2.7	新专业设置程序较规范。2.1~1.8	
四、教学管理与质量控制 27	14. 管理队伍	①教学管理队伍的素质、业务能力；②职责与分工；③计划与总结；④教学管理研究。	(1) 查阅管理人员名册，了解职责与分工；(2) 核实主要负责人和管理人员的学历、职称；(3) 通过座谈，了解管理人员的政治素质和业务水平；(4) 研究成果。	3	(1) 教学管理人员素质高，高教管理经验丰富，分工与职责明确；(2) 业务能力强，工作规范，有计划总结；(3) 教学管理研究有成果。3~2.7	(1) 教学管理人员有专科以上学历或中级职称，并经过岗位培训；(2) 分工与职责明确；(3) 熟悉成人教育的方针、政策、法规和管理工作。2.1~1.8	

一级指标	二级指标	观测点	检查要点	分值	评分标准		备注
					优　秀	合　格	
	15. 管理制度	① 教学管理制度； ② 教学管理制度执行。	（1）查阅有关成人教育的各项规章制度； （2）重点抽查规章制度的执行情况。	5	（1）各类教育的规章制度完备，要求严格、切实可行； （2）执行情况良好。5～4.5	（1）各类教育的规章制度完备； （2）执行情况尚好。3.5～3	
四、教学管理与质量控制　27	16. 教学管理★	① 教学计划； ② 教学档案； ③ 教学会议； ④ 教学大纲； ⑤ 教师教学； ⑥ 实践环节； ⑦ 考核考务管理； ⑧ 微机化管理。	（1）查阅各专业教学计划、教学大纲，了解计划执行情况； （2）查阅教师教案、备课笔记，了解教学环节和作业收发、批阅情况； （3）毕业设计（论文）的计划安排； （4）有关考核的规章制度与执行情况； （5）教学方法教学手段改革与创新。	9	（1）教学活动按教学计划执行落实、教学大纲齐全、规范； （2）教师教学认真，教学环节掌控得当，受学生好评； （3）毕业设计（论文）安排符合教学计划，实施良好； （4）考核与教学计划和教学大纲一致，命题程序齐备； （5）有改进教学方法的措施。9～8.1	（1）教学活动按教学计划执行落实，有教学大纲； （2）教师教学、作业批改认真； （3）毕业设计（论文）安排符合教学计划； （4）考核与教学计划和教学大纲一致。6.3～5.4	

一级指标	二级指标	观测点	分值	评分标准 优秀	评分标准 合格	备注
四 教学管理与质量控制 27	17. 质量控制★	①教学计划进程; ②教学督导与检查; ③实践环节与质量监控; ④教学质量监控。	10	(1) 教学执行计划变动理由充分,程序完备; (2) 有教学督导检查机构,计划、总结齐全,反馈及时; (3) 实践环节有质量控制严密; (4) 有学生评教措施; (5) 质量控制制度完善,质量分析资料齐全。10~9	(1) 教学执行计划变动理由充分; (2) 有专人定期进行教学质量检查和分析; (3) 实践环节有质量控制; (4) 有学生评教措施。7~6	
		检查要点: (1) 查阅教学执行计划; (2) 教学督导检查机构; (3) 毕业设计(论文)的质量控制环节; (4) 查阅对成人教育教学环节的检查,监控的规章制度,执行记录及教学质量分析资料。				
五 学生管理 11	18. 学生管理★	①学籍管理与档案管理; ②学生管理队伍; ③学生管理制度; ④学生班级组织。	7	(1) 学籍管理能力较强; (2) 档案资料齐全、管理规范; (3) 学生管理制度齐全,执行有力; (4) 学生奖惩制度执行良好; (5) 学生管理队伍素质高,能力强; (6) 学生机构组织健全。7~6.3	(1) 能用计算机管理学籍; (2) 档案管理齐全; (3) 有较齐备的学生管理制度; (4) 学生管理队伍认真负责。4.9~4.2	
		检查要点: (1) 学籍计算机管理; (2) 学生档案管理; (3) 学生管理制度及实施; (4) 班主任(辅导员)的配备及履行职责情况; (5) 班级组织及活动情况。				

一级指标	二级指标	观测点	检查要点	分值	评分标准 优　秀	评分标准 合　格	备注
五、学生管理 11	19.思想政治工作	①思政课师资配备；②校风、考风、学风；③思想政治工作队伍与制度；④校园文化。	(1)查阅有关成人教育思想政治工作的资料；(2)深入课堂、宿舍、考场，对校风、学风、考风和校园文化实地考察了解；(3)查阅思政课师资配备情况。	4	(1)思政课师资配备符合要求；(2)思想政治工作开展较好，工作较好；(3)在思想政治教育、学风建设、考风考纪等方面成绩显著；(4)有良好的学习氛围。4～3.6	(1)思政课师资配备符合要求；(2)思想政治工作开展较好，工作较好；(3)在学风建设、考风考纪等方面措施得力；(4)有良好的学习氛围。2.8～2.4	
六、教育教学效果 12	20.学生评价	①在校生调查；②毕业生调查。	查阅学校回收的在校生问卷调查表，并分别核实在校生、毕业生对学校教育教学工作的满意度（在校生回收有效问卷应不少于100份，毕业生回收有效问卷应不少于80份）。	4	(1)在校生满意和比较满意的在90%以上（含90%）；(2)毕业生满意和比较满意的在90%以上（含90%）。4～3.6	(1)在校生满意和比较满意的在60%～80%（含90%）；(2)毕业生满意和比较满意的在60%～80%（含90%）。2.8～2.4	

146

一级指标	二级指标	观测点	检查要点	分值	评分标准		备注
					优 秀	合 格	
六、教育教学效果 12	21. 社会评价	用人单位调查。	查阅学校回收的用人单位回收的调查表,并核实用人单位对学校毕业生的评价(回收有效问卷应不少于30份)。	2	合格率95%以上(含95%),其中优秀率在20%以上(含20%)。2~1.8	合格率80%以上(含80%)。1.4~1.2	
	22. 教学效果	①听课、试卷分析; ②毕业设计(论文)分析。	通过听课查阅试卷、查阅毕业设计(论文)了解教学效果。	6	(1)课堂教学效果好,试卷评阅规范,成绩分布合理; (2)毕业设计(论文)质量有保障,水平高。6~5.4	(1)课堂教学符合要求,试卷评阅较规范,成绩分布较合理; (2)毕业设计(论文)质量符合要求,水平较高。4.2~3.6	
七、函授教育管理 10	23. 函授教育机构与管理人员	①函授站机构设置; ②管理人员配置; ③职责与分工; ④办公条件。	(1)查阅相关资料,实地考察; (2)座谈会。	5	(1)有函授教育管理机构,负责人具有大学本科学历和高级职称,熟悉成人教育管理工作; (2)教学管理人员具有大专以上学历,业务熟练; (3)分工与职责明确; (4)有满足工作需要的办公条件和现代化设备。5~4.5	(1)有函授教育管理机构,负责人具有大学本科学历或高级职称; (2)教学管理人员具有大专以上学历; (3)分工与职责明确; (4)有满足工作需要的办公条件。3.5~3	

一级指标	二级指标	观测点	检查要点	分值	评分标准		备注
					优秀	合格	
七、函授站管理 10	24.函授站辅导站管理	①函授站； ②职责与管理制度； ③管理和监督； ④辅导教师。	(1) 查阅函授站布局； (2) 检查函授站协议及备案情况； (3) 查阅主办学校与函授站的职责、管理制度； (4) 查阅辅导教师的聘任。	5	(1) 函授站布局合理、数量适宜； (2) 有正规的合作协议，按要求在省级教育主管部门备案； (3) 主办学校与函授站的职责明确，定期实施管理和监督，定期开展函授站工作检查、评估，定期召开函授站工作会议； (4) 辅导教师的聘任制度健全、手续完备。5～4.5	(1) 函授站布局比较合理、数量适宜； (2) 有规范的合作协议，按省级教育主管部门备案； (3) 主办学校与函授站的职责明确，管理制度健全； (4) 主办学校对函授站实施管理和监督，定期召开函授站工作会议； (5) 辅导教师的聘任手续完备。3.5～3	

一级指标	二级指标	观测点	检查要点	分值	评分标准		备注
					优　秀	合　格	
八、特色项目 5	25	特色名称。	特色项目观测点，检查内容与方法。	5	特色是指在长期办学过程中积淀形成的、本校特有的、优于其他学校的独特优质风貌。特色应当对优化人才培养过程，提高教学质量作用大，效果显著，得到社会公认。特色有一定的稳定性并应在社会上有一定影响，得公认。特色可体现在不同方面，如治学方略、办学思路、办学观念、办学特点、课程体系、科学先进的教学管理制度、运行机制、教育模式、人才培养、教学方法以及解决教改中的重点问题等方面。		

来源：《辽宁省教育厅关于开展成人高校教学工作水平评估工作的通知》（辽教办〔2007〕054号）。

江苏省五年制高职专业建设水平评估指标体系

一 级 指 标	二 级 指 标	评估等级		
		A	C	D
1. 建设目标与思路	1.1 专业建设目标			
	1.2 专业建设思路			
2. 基础能力建设	2.1 师资队伍建设			
	2.2 实训基地建设			
	2.3 专业文化建设			
	2.4 教学经费			
3. 课程改革与教学管理	3.1 专业人才培养方案			
	3.2 课程内容与教学改革			
	3.3 职业能力与素质教育			
	3.4 管理组织与制度			
	3.5 质量控制			
4. 质量与效益	4.1 知识能力素质			
	4.2 就业创业与社会声誉			
	4.3 社会服务			
5. 特色与创新项目				

说明:1. 评估指标共 14 项。

2. 评估指标确定了 A 和 C 两个等级,A 为优秀,C 为合格,低于 C 为不合格 D。

3. 评估结果分优秀、合格、不合格三种,标准如下:

(1) 优秀:应当满足,$A \geqslant 11$,$C \leqslant 3$,$D = 0$,且有特色和创新项目。

(2) 合格:应当满足,$C \geqslant 13$,$D \leqslant 1$。

(3) 不合格:未达到合格标准的。

江苏省五年制高职专业建设水平评估指标等级标准

一级指标	二级指标	等级标准	
		A	C
1. 建设目标与思路	1.1 专业建设目标	(1) 专业设置紧贴地方经济社会发展的需求，与学校发展定位一致，并坚持每年开展市场调研，紧紧围绕行业企业面向职业岗位（群）的变化，不断丰富专业内涵，拓展专业面向，努力提升适应人才市场变化的能力。 (2) 专业建设规划目标明确，定位准确，特色鲜明，措施得力，并逐年落实。	(1) 专业设置适应了地方经济社会发展需要，能定期开展市场调研，围绕行业企业对应职业岗位（群）的变化，进行专业改造，努力适应人才市场的变化。 (2) 专业建设规划目标比较明确，定位基本准确，并有具体的实施计划和措施。
	1.2 专业建设思路	(1) 专业建设思路明确，经常开展教育思想观念学习与研究，树立了高职教育的人才观、质量观和教学观，形成了以服务为宗旨、以就业为导向并具有五年制高职教育特色的专业建设理念。 (2) 产学研结合成效显著，形成了以行业企业积极参与、校企合作办学的体制和机制，教学、科研与生产结合密切，在技术研究、开发、推广、服务开发应用中有明显成果或效益。	(1) 专业建设思路比较明确，注意学习和研究高等职业教育理念，积极探索五年制高职教学规律。 (2) 产学研结合体现观，机制和途径在专业建设中基本得到体现，并在人才培养、师资培养、实训基地建设、科技成果推广、面向社会培训等方面取得一定成效。
2. 基础能力建设	2.1 师资队伍建设	(1) 教师数量与结构：①学生：专业教师不低于27：1；②行业企业的外聘教师不低于专任专业教师的20％，一般应具有中级以上职称，其中高级职称占30％以上；③专任专业教师均为本科及以上学历，其中40岁以下教师具有研究生学历、硕士及以上学位（不含在读）的比例≥25％；④专任专业教师中，高级职称比例≥30％，其中，副教授不少于	(1) 教师数量与结构：①学生：专业教师≤30：1；②行业企业的外聘教师不低于专任专业教师的10％；③专任专业教师均为本科及以上学历，其中40岁以下教师具有研究生学历或硕士以上学位（可含在读）的比例≥10％；④专任专业教师中，高级职称比例≥20％；⑤"双师型"教师比例≥50％；每名专任

一级指标	二级指标	等级标准 A	等级标准 C
	2.1 师资队伍建设	2人；⑤"双师型"教师比例≥60%；每名专任教师都有紧密合作企业，每两年要有2个月到企业或生产一线实践。⑥专业负责人具有副教授及以上职称，对专业剖析有较高深度，并有较多教学研究及技术创新与改造的成果。 (2)教师为人师表，从严治教，教学改革与创新意识强，教学水平普遍较高，学生满意度达80%以上。教师积极参与教研及科研，并有市级以上教研和科研获奖成果。 (3)专业教师队伍建设规划切合实际，措施得力，并建立了有利于提高教师质量的机制与政策。	2人；⑤"双师型"教师每两年要有2个月到企业或生产一线实践；⑥专业负责人具有高级职称，专业对口，双师素质，对专业剖析有一定见解。 (2)重视提高教师质量和师德师风建设，教师积极参与教学改革，不断提高教学水平，教师能基本胜任本专业的教学需要。 (3)有适应专业发展的教师队伍建设规划及相关政策措施。
2. 基础能力建设	2.2 实训基地建设	(1)生均教学仪器设备值：理工农医类≥5000元，其他类≥4000元。其中，近三年教学仪器设备生均投入理工农医类≥2500元，其他类≥2000元。 (2)主干专业课程校内实训基地的实验实习设备先进，具有真实（仿真）的职业氛围和产学研一体化的功能，能满足学生职业技能、能力训练需要，实验、实习开出率达100%，自开率95%以上，教学仪器设备利用率高。 (3)具有稳定的能满足全体学生顶岗实训要求的校外实习基地（多于5个），有计划，有协议，结构、素质、数量，责任感实习指导人员实习实训要求。	(1)生均教学仪器设备值：理工农医类≥4000元，其他类≥3000元。其中，近三年教学仪器设备生均投入理工农医类≥2000元，其他类≥1500元。 (2)校内实训基地有一定数量的先进教学设施，基本具有真实（仿真）的职业氛围。实验、实习训练制度健全，能满足学生技能、能力训练需要。实验、实习开出率85%以上，自开率90%，执行率较好，教学仪器设备利用率较高。 (3)具有相对稳定的能基本满足学生顶岗实训要求的校外实习基地（不少于2个），有计划，有协议，有合作教育组织。

一级指标	二级指标	等 级 标 准	
		A	C
2. 基础能力建设	2.3 专业文化建设	（1）有本专业发展历史、行业企业精神、安全生产、环境保护、产品介绍等完整的专业环境布置，教学与实验实训场所具有浓郁的企业文化氛围。（2）重视职业生涯教育和专业学风建设，有活动安排，学生课内外学习的主动性、积极性高，遵守校规、校纪好。（3）专业图书数量充足，并有计划地逐年增加，图书流通率较高。	（1）有本专业发展历史、行业企业精神、安全生产、环境保护、产品介绍等专业环境布置，教学与实验实训场所具有企业文化的氛围。（2）比较重视职业生涯教育和专业学风建设，学生遵守校规、校纪较好。（3）专业图书基本能够满足学生的学习需要。
	2.4 教学经费	具有稳定的经费投入渠道和保障机制，教学经费逐年增长，能满足专业发展的需要，近两年学费收入用于教学费用的比例不低于40%。	具有较为稳定的经费投入渠道和保障机制，教学经费能基本满足专业发展的需要，近两年学费收入用于教学经费的比例不低于30%。
3. 课程改革与教学管理	3.1 专业人才培养方案	（1）人才培养方案有相关行业企业专家参与、社会调研深入，突出了职业能力培养主线，职业分析思路清晰，方案论证充分、审批程序严密。（2）人才培养方案突出职业素质和职业能力培养体系，教学进程安排科学合理，体现了五年一贯制高职教育的特色。（3）课程改革力度较大，经过整合或新开发的课程在5门以上，学生实际选修课程占总学分15%以上（其中人文素质课程占一半以上）。	（1）人才培养方案有相关行业企业人员参与，经过社会调研、论证和审批。（2）人才培养方案有职业分析和教学分析，教学进程安排比较合理，基本体现了五年一贯制高职教育的特色。（3）课程改革符合以就业为导向的要求，学生实际选修课程占总学分10%以上（其中人文素质课程占一半以上）。

153

一级指标	二级指标	等 级 标 准	
		A	C
3. 课程改革与教学管理	3.2 课程内容与教学改革	(1) 专业课程标准齐全规范，主干专业课程的标准经过教育和行业、企业专家论证。 (2) 优先选用省部级以上规划教材，专业课使用近三年出版高职教材的比例≥80%；有本专业教师主编、参编公开出版教材或自编校本教材。 (3) 教学方法、手段和考核改革力度大，突出了学生主体地位，重视因材施教，教学质量评价制度比较完善，教学效果好。	(1) 主干专业课程标准基本齐全规范。 (2) 能选用省部级以上的规划教材，专业课选用近三年出版高职教材面≥50%。 (3) 注重教学方法、手段和考核方法的改革，建立了教学质量评价制度，教学效果比较好。
	3.3 职业能力与素质教育	(1) 实践教学与生产过程相结合，实训时间充足，实训辅成相的实践教学体系。能工巧匠型人员、教、学、做结合，产学研结合，实效性好。 (2) 任课教师能结合教学内容有目的、有计划地进行素质教育，"两课""教师贯彻"三个代表"重要思想，突出职业道德教育，重视职业课程相互融合，有组织开展内容丰富、形式多样的课外活动和社会实践活动，成效明显。 (3) 重视学生职业生涯规划，积极开展心理咨询指导活动，就业指导贯穿于专业教学全过程，促进了学生择业观念转变，就业门路宽广。	(1) 实践教学方案、训练标准等教学文件比较齐全，实训时间比较充足，学生动手、顶岗实践体验、实效性较好。 (2) 任课教师能结合教学内容有目的地进行素质教育，"两课""教师贯彻"三个代表"重要思想，科学发展观的实效性较好；比较重视职业教育和诚信教育，文化素质教育与专业课程有机结合，并有计划地组织地开展课外活动和社会实践活动，重视体育、心理健康教育。 (3) 重视就业指导工作，学生择业观念有所转变，有效增加了就业门路。

一级指标	二级指标	等级标准 A	等级标准 C
3. 课程改革与教学管理	3.4 管理组织与制度	(1) 教学管理组织体系健全，管理人员队伍的数量结构合理，服务意识和创新精神强，工作绩效好，并严格执行。(2) 教学管理制度健全、规范，并严格执行。	(1) 教学管理机构健全，管理人员的数量、素质基本能满足教学管理工作的需要，各项教学工作正常运行。(2) 教学管理制度比较健全，执行良好。
	3.5 质量控制	(1) 建立了较完整的教学质量监控体系，并切实开展教学督导、领导听课、学生评教、教师评学等活动，成效显著。(2) 坚持每年开展社会人才需求调研、毕业生跟踪调查和新生素质调查，信息分析系统全面深入。	(1) 初步建立了教学质量监控体系，能开展教学督导、领导听课、学生评教、教师评学等活动，并取得初步成效。(2) 建立了社会人才需求调研制度、新生素质调研制度。
4. 质量与效益	4.1 知识能力与素质	(1) 学生知识掌握与应用程度达到了培养目标的要求，高度重视毕业实践环节，学生毕业实践质量较高。(2) 学生职业能力达到培养目标要求。可开考专业以上，其毕业生取得中级工及以上职业资格证书的在98%以上，其中有70%的学生获得高级工证书。学生具有较强的计算机和外语能力，语言文字表达能力、自学能力、收集与处理信息能力、团结协作能力、社会活动能力。(3) 学生遵纪守法，自觉践行公民基本道德规范和职业道德规范；认真实施《大学生体质健康标准》，绝大多数学生身心健康。	(1) 大多数学生知识掌握与应用程度达到培养目标的基本要求，重视毕业实践环节，学生毕业实践符合要求。(2) 学生职业能力达到培养目标基本要求。可开考专业生取得中级工及以上证书的在90%以上，其中有50%的学生获得高级工证书。学生具有一定的计算机外语能力、专业技术应用能力、自学能力、收集与处理信息能力、语言文字表达能力、社会活动能力。(3) 学生遵纪守法，履行公民基本道德规范和职业道德规范，认真实施《学生质体健康标准》，大多数学生身心健康。

一级指标	二级指标	等级标准	
		A	C
4. 质量与效益	4.2 就业创业与社会声誉	积极开展就业指导和创业教育，有校内创业典型。近两年本专业毕业生就业率≥95%，毕业生就业质量较高，社会声誉好。	注重就业指导与创业教育。近两年本专业毕业生就业率≥85%，毕业生有一定的社会声誉。
	4.3 社会服务	(1) 本专业近两年面向社会开展各类培训，年培训在300人次以上。 (2) 为兄弟学校开展教学服务，共享优质资源，成效显著。	本专业近两年面向社会开展各类培训，年培训在100人次以上。
5. 特色或创新项目	(1) 特色的含义： ① 特色是本专业特有的，与其他同类学校相比具有独特优势。 ② 特色对优化人才培养过程，提高教学质量作用很大，效果显著。 ③ 特色应在社会上有一定影响并得到公认。 ④ 特色可能体现在不同层面： a. 体现在教育上的特色——教育模式、人才特色等； b. 体现在教学上的特色——课程体系、教学方法、实践环节等。 (2) 创新主要是指在专业建设过程中，针对人才培养各方面的重点、难点问题以及五年制高职教育人才培养规律所作的前瞻性的研究和实践，并在人才培养的实际中得到应用，产生了明显的效果。		

来源：《江苏省教育厅关于印发江苏省五年制高职专业建设水平评估指标体系的通知》（苏教职〔2008〕12号）。

基础教育

上海市制定的评估标准和指标

上海市中小学行为规范示范校评估指标

一级 指标	指 标 内 涵
规划与 目标(10)	1. 学校制定中长期的行为规范教育发展规划,符合行为规范教育最新精神和要求。 2. 行为规范的教育与训练规划能根据学校特点和区域实际情况。 3. 行为规范教育培养目标科学合理,符合学生身心成长规律,受到师生和家长的普遍认同。 4. 行为规范教育培养目标循序渐进,体现分阶段、分层次的原则。 5. 学校依法办学,严格执行政策、法规,无不良记录。
组织 保障(6)	1. 建立校长负责的领导管理体制,组织机构健全,人员和经费有保障。 2. 建立校内外行为规范养成教育和训练的质量监测、反馈与评价的长效机制,切实有效。
环境 构建(9)	1. 教室环境安全、舒适、美观,师生、生生关系健康和谐,班级氛围好,班级文化建设成效显著。 2. 注重校园硬环境与软环境建设,校园环境整洁宜人,广播、校刊、宣传栏、校园网、校训牌、纪念碑、校史馆等宣传载体的作用充分发挥。 3. 校风学风教风好,营造出安全文明的育人氛围。
课程与 科研(8)	1. 开展与行为规范教育相关的德育课程开发,并形成校本课程,有特色、有实效。 2. 开展与行为规范教育相关的课题研究,教师参与率高,研究成果有实效,有推广价值。
整体 推进(8)	1. 注重与家庭、社区的合作,实现资源共享,同创共建,形成三位一体的行为规范教育网络。 2. 有多种与家长、社区沟通的渠道,创设社区、家长参与、监督学校行为规范教育的途径,搭建家校互动的信息平台。

一级指标	指 标 内 涵
学生自主管理(25)	1. 学生会、团队组织和学生社团等学生组织依据学校发展规划设计行为规范的自我教育内容。 2. 学生组织制定了较完善的自主管理措施,成为行为规范教育的有效组织者与管理者。 3. 各年级设置相应的行为规范自我教育与训练目标,自主管理日常值勤和行为规范检查。 4. 各类主题活动和社会实践活动中,学生自主管理和自我参与度高。 5. 学生自主参与社区文明创建活动和社会捐助、公益活动。
师德建设(18)	1. 教师以身作则,注重教学规范和言行举止,对学生有示范和榜样作用。 2. 教师行为规范的目标明确,师德考评制度完善,执行"师德一票否决制"和师德自我评估制度。 3. 实现全员育人,教师组织并参与指导学生社会实践活动,重视学习习惯培养等行为规范教育。
示范项目(8)	1. 在行为规范教育和训练的实践过程中形成具有校本特色的示范项目。 2. 示范项目实施过程科学有效,具有推广价值。
辐射作用(8)	1. 风采展示网页内容丰富、主题鲜明、形式新颖,并能及时更新,动态反映学校行为规范教育的发展。 2. 参加区级或市级的与行为规范教育相关的展示活动,成效显著。 3. 积极开展示范校结对行动,与其他学校建立学习交流与合作互助的紧密关系,在行为规范教育方面互相促进,共同发展。 4. 在全国、全市或全区范围内,成为文明创建的标兵,社会影响力较高。

上海市教育评估院制定。

上海市民办中小学校依法办学专项评估指标

评估指标	评 估 要 点	等第
一、办学条件	*1. 校舍独立使用。 2. 学校用地面积达到相应 90 标准。 3. 学校建筑面积达到相应 90 标准。 4. 活动场地达到相应 90 标准。 5. 专用室数量达到相应 90 标准。 6. 专用室装备达到相应 94 标准。	
二、师资队伍	1. 校长专职,具有同级同类公办中小学校长的任职资格。 2. 教师资格,同同级同类公办中小学。 3. 教师数量能满足教学需要,专职教师达到 70% 以上。 4. 有教师培训、进修制度和计划,完成培训要求。	
三、课程教学	1. 贯彻国家教育方针,实施素质教育,促进全体学生的素质得到全面发展。 2. 严格执行课程计划,开足开齐各类课程,保证学生体育锻炼与艺术活动的时间,社会实践活动的参与率达 100%。 3. 认真执行课程标准,教学规范,使用经教育行政部门核准的教材。 4. 重视教学质量管理,具有健全的学校教研制度,课程和教学档案齐全。 5. 严格控制作业的数量与难度,不得随意加重学生的课业负担,没有大面积补课,保障学生身心健康发展。	
四、学校管理	1. 学校建立董事会,人员组成结构符合规定,董事会成员、结构变更报审批机关备案。 2. 有董事会章程,董事会按章程正常活动,行使学校决策职能。 3. 按照规定明确校长职责和权力范围,校长职能有效行使。 4. 学校制定《学校章程》并向师生和家长公示,接受师生和家长监督。	

评估指标	评 估 要 点	等第
五、招生管理	＊1. 民办学校的招生简章和广告,在发布前向审批机关备案,发布的招生简章和广告与审批机关备案的材料相一致。 ＊2. 义务教育阶段学校自主招生办法须经所在区县教育行政部门核准备案,并向社会公示后实施。 3. 义务教育阶段民办学校不举办重点班、实验班。 ＊4. 民办小学的招生不要求报名者提供学科化考试(测试)成绩或竞赛证书,以及用幼儿园推荐"学科学习特长生"的办法招收新生。民办初中招生不进行任何与入学挂钩的选拔测试和面试;不要求报名者提供学科竞赛成绩。 5. 向外区招生的义务教育阶段民办学校具备符合国家规定标准的学生宿舍和相应的住宿条件,经核准后实施。 ＊6. 民办初中没有招收无小学学籍材料的学生。高中阶段民办学校按照高中阶段招生的规定进行,严格按照经教育行政部门核准的招生计划和招生范围招生;没有招收录取无中考成绩和无报考材料的考生;没有招收外省市学生。 7. 义务教育阶段民办学校班额数控制在 40 人以内,高中阶段民办学校的班级学额控制在 48 人以内。	
六、收费管理	＊1. 向社会、学生及其家长公示收费项目、收费标准、收费依据、收费范围,以及是否取得合理回报等。 2. 学校收费标准按学校实际办学成本,经区(县)教育、物价部门核准。 ＊3. 学校不以任何名义收取任何形式的与入学挂钩的赞助费、建设费、建校费、择校费等。 ＊4. 学校不以重点班、提高班、实验班、特色班等名义招生收费,学校不以补课名义向学生收取费用。 5. 学校为学生提供代办的项目,有完善的代办程序和细化操作措施。	

上海市教育评估院制定。

上海市托幼园所办学等级标准(试行)

一、基础部分(共85分)

项目		标准内容	总分
婴幼儿发展水平 20分		1. 身体发育良好,体重、身高超 p50≥50%。 2. 喜欢运动,动作发展良好。 3. 情绪愉快,适应集体生活,活泼、积极参加各类活动。 4. 不怕陌生,对人大方、有礼貌,与同伴友好相处。 5. 乐意接受日常清洁事项,行为习惯良好。 6. 喜欢摆弄、观察、提问、探索。 7. 能开口说话,用自己喜欢的方式表达想法,有一定的语言表达能力。 8. 喜欢自我服务,能做力所能及的事。	20
办园所条件 12分	设施设备	1. 户外活动场地的人均面积不低于1.5平方米。 2. 绿化(含垂直绿化)面积不低于用地面积的25%。 3. 分班活动室人均面积不低于1.2平方米,通风,采光条件好,有符合卫生要求的卧床设施。 4. 每两班应配有一间盥洗室,设施规范,适合儿童的年龄特点。 5. 幼儿园(所)有独立的保健室、观察室,按要求有必要设施及非处方药品。 6. 配备大型运动器具、专用室,设有嬉水池、沙池(或沙箱)、动物饲养角和种植角,便于幼儿活动与操作。 7. 每班配置安全卫生、数量充足、丰富多样、适合年龄特点的玩具、图书、材料及必要的电化教育设备。 8. 有独立的厨房,布局合理,设立专门的熟食间,配置必要的食品储存和加工设备。	6
	人员配置	1. 园(所)长、教师、保育员、保健员、财会人员及营养员均符合有关法规规定的任职资格。 2. 工作人员配置及师生比符合《上海市全日制幼儿园行政人员和职工编制配备标准》,托儿所根据上海市的有关规定。 3. 班级学额符合上海市的有关规定,不超额。	6

162

项目		标 准 内 容	总分
园所务工作 12分	园所务管理	1. 有发展规划、园(所)务计划及阶段、部门配套实施措施,对计划的实施定期检查和总结及调整。 2. 各项工作有制度,各级人员岗位职责明确,有考核、有检查。 3. 体现全面管理的思想,严格依法办园(所)。 4. 定期召开教代会(民管会),园(所)内主要工作全体员工了解并参与。 5. 园(所)长掌握财务和经费使用情况,遵守财务制度,物品保管规范。 6. 档案资料规范,能发挥作用。	7
保教工作 23分	家教社区	1. 根据家长需要,提供有效的服务项目。 2. 开展多种形式的家园(所)联系,有针对性指导家庭教育,有效果。 3. 利用社区资源,并为社区提供服务。 4. 发挥家委会参与管理的作用,定期听取家长意见。 5. 家长满意率高。	5
	业务管理	1. 园(所)长了解计划与观察记录的情况,定期深入一线,参与研究与指导,帮助保教人员提高。 2. 注重教研组的建设,定期有质量地开展研究活动。	5
	组织实施	1. 合理安排一日生活,保证户外活动、体育活动、自由活动等时间。 2. 设置的课程有利于婴幼儿的和谐发展。 3. 围绕培养目标,制订切合实际的保教计划。 4. 各项活动体现保教结合的原则。 5. 以游戏为主要活动形式,鼓励幼儿自主活动。 6. 重视创设与教育相适应的良好环境,并能发挥作用。 7. 坚持正面教育,师生关系融洽。 8. 教师的教育能力强,教育活动效果好。	18
卫生保健工作 18分	保健管理	1. 园(所)长了解保健计划实施情况,定期参与研究与指导。 2. 对保教人员及婴幼儿开展多种形式、内容丰富的健康与安全教育。 3. 保健资料齐全,有专题调研等课题。	3
	健康检查	1. 婴幼儿入园(所)体检率达100%,定期检查率达95%。新进工作人员体检及定期检查率达100%。 2. 落实晨检和全日观察制度,发现异常及时处理。	2

项目		标 准 内 容	总分
卫生保健工作 18 分	消毒隔离	1. 预防性消毒工作符合常规要求,药液配置方法正确。 2. 发生传染病后严格执行消毒隔离。 3. 食具及环境物品表面细菌检测符合消毒卫生标准。	3
	安全防病	1. 传染病报告及时、正确,肠道传染病年发病率低于 2%,无续发爆发。 2. 杜绝责任事故,一般事故年发生率低于 0.5%,报告及时、正确。 3. 体弱儿、肥胖儿管理符合常规要求;贫血、佝偻病、营养不良、生长迟缓矫治率 100%;肥胖、视力不良、龋齿的发生率低。 4. 重视视力、口腔等五官保健工作。	5
	营养工作	1. 严格执行食品验收制度。 2. 师生伙食严格分开管理,幼儿膳点费盈亏控制在 2% 以内。 3. 工作人员操作符合卫生要求,生熟分开。 4. 合理安排婴幼儿食谱,烹饪符合年龄特点,色香味好。 5. 定期进行营养摄入量分析,符合平衡膳食标准。	5

二、发展性评估要点(共 15 分)

(一)在队伍建设方面成效显著

1. 建立员工自主发展的机制,全体成员学历水准和专业技术水平逐年提高。

2. 市、区、园(所)骨干教师比例明显上升,能总结出富有特色的经验和提炼出有推广价值的工作规律。

3. 体现教育理念领先的有效教改实践,得到同行认可,发挥辐射作用。

(二)教、科研工作有实效,促进园(所)的整体发展

1. 有切合园(所)情的科研课题,对推动保教工作有实际价值。

2. 从人、财、物各方面有保证课题进展的有效措施。

3. 课题成果得到推广与运用。

(三)重视课程建设,创建办学特色

1. 贯彻《纲要》与《课程指南》的精神,体现教育方案的科学性、均衡性、可操作性。

2. 切合园(所)情,具有特色,对婴幼儿发展有实效。

3. 课程符合各年龄阶段的不同特点,适合婴幼儿多元发展的需要。

(四)富有创新的管理改革经验

1. 体现以人为本的管理理念,并有对应的策略。

2. 探索适应时代特征、上海学前教育发展特色的管理体制、机制、模式以及管理策略的改革,有实效。

3. 有提高管理效益方面的经验。

(五)创建良好的校园文化

1. 建设文明、美观、童趣、富有教育性的文化氛围。

2. 崇尚师德,建立以爱为核心的情感态度。

3. 凝聚力强,营造民主合作、和谐、互动的群体环境。

上海市教育评估院制定。

上海市示范性特殊教育学校评估标准

一级指标	二级指标	评估要素
一、改革与发展	1.1 自主发展	办学理念先进,以学生为本,因材施教,重视缺陷补偿,开发学生潜能。
		依法办学,认真执行国家的有关法律法规,全面贯彻国家的教育方针。
		办学目标清晰,发展规划明确、可行。
		积极投入教育改革,重视教育科学研究,卓有成效。
		创建良好的校园文化,体现积极向上的精神风貌。
	1.2 整体推进	开展多种形式的家校一体化教育,家长能有效地参与学校管理和教育活动。
		充分利用社会资源,提高学生参与社会生活的能力。
		建立与其他学校交流合作的机制,互相学习,共同发展。
二、教育教学	2.1 教学实施	有效实施国家规定的课程,研发切合学生实际的校本课程或课程实施方案。教育目标切合残障学生特点。
		采用各种有效手段,对学生实施有针对性的教学,教学效果好、质量高。
		注重教学研究,有计划地开展专题教研活动,成效显著。
		重视对学生综合素质的评价,实施个别化教育。
	2.2 学生培养	建立长效机制,能根据学生特点有效地开展德育工作。
		积极开展体育锻炼和各类康复训练,促进学生身心健康发展。
		培养学生艺术、科技等兴趣,增强劳动技能与职业技术教育。
三、办学条件	3.1 人员与机构	领导班子具有良好的政治素养与管理能力,结构合理、凝聚力强。
		有健全的组织机构,民主、高效的运行机制,完善的质量保证体系。
		教师队伍学历层次高、专业能力强,拥有市、区级骨干教师。
	3.2 硬件设施	生均场地、建筑面积、校舍建筑面积达到规定标准。
		有满足教育教学的各类基本设施设备及康复设施,且利用率高。
		建有校园网,能有效利用各种现代教学技术与设备实施教育教学。
		保证足够的办学经费,建立帮困助学工作机制。
四、特色和创新		1. 理念先进,具有典型示范价值。
		2. 成果成熟,在全市范围内已产生重要影响。
		3. 可适性强,辐射推广的意义重大。

上海市教育评估院制定。

上海市示范性幼儿园评估标准

一级指标	二级指标	评 估 要 素
一、办园思想与发展规划	1.1 办园思想	办学目标明确,切合本园实际,体现办学个性。
		办学理念先进,体现正确的教育价值取向。
		办学思想及理念被全体员工了解、明晰及认同,成为全园共同发展的愿景。
	1.2 发展规划	发展规划的衔接体现传承基础上的发展与超越。
		当前发展规划的目标清晰,措施具体可行,有落实的切实保障。
		发展规划的实施中有定期检查,能及时调整,且实效明显。
二、依法办园与科学管理	2.1 依法办园	严格执行国家及本市的教育法律法规和有关政策、规章及制度等。
		园所领导廉洁奉公、遵纪守法,在依法治园方面发挥表率作用。
		能自觉维护幼儿园、幼儿及教职员工的合法权益。
		园内各类人员均符合有关法规规定的任职资格,工作人员配置及师生比符合《上海市全日制幼儿园行政人员和职工编制配备标准》,班级幼儿不超学额。
	2.2 科学管理	组织机构健全,园内管理的层级与网络的设置与办园规模相匹配。确保高效运行。
		领导班子团结,结构合理、凝聚力强。
		园所领导重视对人及保教过程的协调管理,推进幼儿园的可持续发展。
		规章制度有创新与发展,员工考核与评价机制科学合理,能产生激励作用。
		决策民主,有质量监控体系。
		各类设施设备能满足教育教学需求及特色发展要求,利用率高。

167

一级指标	二级指标	评 估 要 素
三、教育环境与设备经费	3.1 教育环境	充分挖掘潜能,创设满足幼儿活动需求、适合幼儿年龄特点的、安全的、积极的、支持性的环境。
		合理利用环境资源,有效地促进幼儿与环境间的互动。
		努力营造民主、和谐、进取的人文环境,积极宏扬园所文化。
		创设良好的保育环境,在保健管理、健康检查、消毒隔离、安全防病及营养等方面有研究,产生实效,能促进幼儿健康成长。
	3.2 设施经费	重视和充分运用现代化教育手段和设备实施教育教学,利用信息技术平台与网络提高工作实效。
		合理安排与规范使用办学经费,注意开源节流,重视并提高园所经费和设施设备投入的使用效益。
四、队伍建设与家园互动	4.1 队伍建设	制订各层次教师专业发展计划,目标明确、措施到位,有定期督查与总结。
		建立多种形式的教师培训机制,帮助教师搭建平台、提供机会,有效促进教师的专业化成长。
		重视骨干教师的选拔、培养、使用及激励,不断形成与扩大骨干教师的队伍。
	4.2 家园互动	整合幼儿园、家庭、社区资源,为幼儿生活、学习拓展空间,在共建文明社区中发挥教育机构的优势作用。
		努力构建互动、和谐的家园伙伴关系,积极宣传正确的教育理念,开展多种形式实效明显的家教指导工作。
		建立家庭、社区参与幼儿园管理的有效机制,形成教育合力,推动幼儿园发展。
五、教育科研与特色发展	5.1 教育科研	能聚焦幼儿园教育改革和发展进程中的热点、难点问题进行科学研究,对推进幼儿园保教质量的提升和员工的发展产生积极作用。
		教育科研的目标明确,步骤清晰,全园教工参与面广,研究工作有一定的成效。

一级指标	二级指标	评 估 要 素
五、教育科研与特色发展	5.2 特色发展	保教工作有创新并逐步形成较为鲜明的与当前学前教育改革精神相吻合、符合幼儿发展需求的办园特色。
		办园特色能被全体员工、家长、教育同行等认可,总结出具有推广价值的有效经验,并产生积极的影响。
六、课程教学与幼儿发展	6.1 课程教学	贯彻国家及本市的课程方案、标准,课程设置体现科学性、均衡性、可操作性。
		创设良好的课程环境,注重活动过程的体验和经验获得,注重幼儿的个体差异及因材施教,促进师生的和谐互动。
		集体教育活动设计目的清晰、内容整合、形式手段适合教育的需要,并关注幼儿经验的提升。
		针对教学过程中的问题,系统、有质量地开展教研活动。班级计划、记录、总结等案头工作有实效。
	6.2 幼儿发展	身体素质良好,爱玩会玩,动作协调。能情绪愉快、有兴趣地参与各类活动。
		行为习惯良好,对人有礼貌,能与同伴友好相处,会交往与合作。
		有探究问题的愿望,喜欢动手操作,有初步的解决问题的能力。
		乐于表现表达,有一定的语言、艺术等表现表达能力,专注、倾听等习惯良好。
七、示范效应	7.1 示范效应	幼儿园整体办学水平较高、较平衡,在本地区或本区域内能较好地发挥示范辐射及指导作用,引领同行共同发展。
		社区、家长及同行对幼儿园的保教质量和办学水平认可度高,在市或本地区产生良好的社会声誉。

上海市教育评估院制定。

上海市语言文字规范化示范校认定标准

一级 指标	二级指标	评价要素	评定 等级	评定 方法
A 组织 管理	A1　学校语言文字工作管理有力,机构健全,人员落实	A1.1　分管领导有较高的语言文字政策水平和依法管理能力 A1.2　学校语言文字工作纳入日常化轨道,机构网络高效运转		听取校领导汇报,查阅自评报告,查阅有关档案资料,参考区县评审意见。
	A2　学校语言文字工作制度健全,措施得力	A2.1　按照国家、上海和所在本区县语言文字工作目标要求部署和开展工作 A2.2　学校语言文字工作制度健全、形成体系,程序规范		
	A3　将语言文字规范化要求纳入学校管理常规	A3.1　将语言文字规范化要求纳入学校综合管理内容 A3.2　将教学用语用字规范纳入教学管理常规 A3.3　将语言文字规范意识和应用能力纳入师资管理要求 A3.4　将语言文字规范意识和应用能力纳入学生管理要求		
B 教育 教学	B1　将语言文字规范化教育纳入德育内容	B1.1　纳入学校培养目标 B1.2　校园内有良好的语言文字规范化宣传、育人环境 B1.3　渗透到德育和社会实践活动中		访谈教导主任、语文教师等有关人员,查阅自评报告、有关档案资料,巡视
	B2　充分发挥语文课的主渠道作用,	B2.1　语文教学中切实加强对学生听说读写能力的教学和培训		

一级指标	二级指标	评价要素	评定等级	评定方法
B 教育教学	加强对学生语言文字应用能力的培养	B2.2 学校开设关于语言文字应用能力的专门课程① B2.3 将语言文字应用能力纳入学生技能训练的基本内容		校园,浏览学校网站,参考区县评审意见。
	B3 将语言文字规范教育渗透进各科教学	B3.1 将语言文字应用能力纳入学生素质教育体系 B3.2 日常各科教学有机渗透语言文字规范化教育 B3.3 学校教学管理中正确处理好语文教学与其他各科教学的关系		
C 校园用语用字环境	C1 用语规范	C1.1 教学用语规范 C1.2 宣传用语规范 C1.3 集体活动用语规范 C1.4 学校工作用语规范		巡视校园,参考区县评审意见。
	C2 用字规范	C2.1 教学用字规范 C2.2 各类标牌用字规范 C2.3 宣传用字规范		
D 师生语言文字规范意识和能力	D1 教师具有较强的规范意识和能力	D1.1 干部、教师了解国家语言文字法律法规、方针政策、规范标准,具有规范运用汉字和汉语拼音的能力 D1.2 教师和行政人员普通话水平达到规定等级		参考测查结果、区县评审意见,查阅有关档案资料。
	D2 学生规范意识和能力	D2.1 学生了解国家语言文字法律法规、方针政策、规范标准,能正确辨别、书写规范汉字,并能熟练使用汉语拼音 D2.2 学生能说比较标准的普通话		

---

① 小学和初中必须开设口语交际课,若未开设则此项一级指标评定不得高于 5 分。

171

一级指标	二级指标	评价要素	评定等级	评定方法
E 教科研工作	E1 积极开展课题研究工作			查阅有关档案资料。
	E2 积极探索加强学校语言文字工作的途径和方法			
F 其他加分项（10分）	F1 学校语言文字工作特色明显			查阅自评报告、有关档案资料。
	F2 语言文字工作方面获奖			
加权总分	计算方法见说明3			

评分说明：

1. 专家组组长负责统筹安排和总体协调，管理专家负责一级指标 A、E、F 的评定，语言文字专家负责一级指标 B、C、D 的评定，各位专家共同采集信息，经充分讨论后为每所学校评定等级，提供一份专家评分表、认定意见表。

2. 对一级指标 ABCDE 分别进行九等级评分，最优的评为"9"，依次递减，最差的评为"1"，评定分数精确到 0.1 分。一级指标 F 为特色加分，总分 10 分，经过各校比较后，视情况给予加分，评分精确到 1 分。

3. 等级评定的分数将通过加权计算出总分（专家评定分数乘以权重后相加得出总分），权重设定如下：

一级指标	评定范围	评定最高分	权重	加权最高分
A	1~9 分	9	2	18
B	1~9 分	9	4	36
C	1~9 分	9	1	9
D	1~9 分	9	2	18
E	1~9 分	9	1	9
F	1~10 分	10	1	10
加 权 总 分				100

上海市教育评估院制定。

上海市"直接从境外招收外国学生学校"评估指标

一级指标	二级指标	指标内涵及评估标准	判断 A	B	C	D	评定方法
办学思想	依法办学	学校为经过教育行政部门正式批准的全日制中小学,有丰富的办学经验					【查阅】学校发展规划、教代会等会议记录
	目标理念	学校提出明确的办学目标和理念,定位准确,受到教师员工的认可					【访谈】就办学规划、招收外国学生的相关政策和外国学生教育管理方案访谈校长、有关负责人
	办学规划	学校制定科学的办学规划,制定过程规范民主,在工作中得到贯彻落实					
		学校明确招收外国学生的目标和宗旨,熟悉相关政策,能针对外国学生的教育和管理制定科学、合理的方案,并得到贯彻落实					【座谈】教师
常规管理	组织结构	建立与学校发展规划和办学目标相适应的组织机构,依法运作,并规范、有序、高效					【查阅】学校组织结构图、各项规章制度、有关的应急预案以及《外国学生手册》
		学校指定部门和管理人员负责外国学生事务,尊重外国学生的宗教、民族特点和生活习惯					
	规章制度	具有健全的规章制度,包括招生管理、学籍管理、校园管理、宿舍管理、签证管理和安保制度等					【访谈】就规章制度的实施情况,对学生的相关法律和《外国学生手册》教育情况访谈相关负责人
		组织外国学生学习相关法律,编写《外国学生手册》,引导学生遵守行为准则,形成良好的行为习惯					
		学校有应对各种教育教学、安全防范、饮食卫生等突发事件的应急预案,明确相关负责人					

一级指标	二级指标	指标内涵及评估标准	判 断				评定方法
			A	B	C	D	
常规管理	管理团队	管理团队结构合理,分工和谐,具有较好的管理能力和较高的威信					【座谈】教师和学生
		涉外管理人员具有跨文化交流的能力,熟悉涉外法规,人员相对稳定					
	管理效能	管理层级明确,岗位职责到位,管理网络运行规范					
		管理作风民主,各种奖惩措施运用有效					
	国际交流	有对外交流的固定项目或计划,定期落实国际交流项目					
课程教学	课程计划	严格执行市颁课程计划,课程设置科学合理					【查阅】教学计划、课程表、汉语补习计划、教科研活动记录等【访谈】就教学计划、教学评价、教科研情况以及外国学生汉语补习访谈教务负责人【座谈】教师、学生和家长【观察】课堂教学情况
		有完整的教学大纲,教学目标明确,教学活动进度安排合理					
	课堂教学	将课程教学改革落实到课堂教学中,注重发挥学生的主动性,气氛热烈,教学效果好					
		根据外国学生的需要安排汉语补习,并制定有针对性的教学方案					
	教、科研	形成健全的教、科研制度,教师有较强的科研能力,能将科研成果应用到日常的教育教学中去,成效显著					
	监控机制	形成教学质量反馈机制,发现问题,及时整改,确保教学质量					
		学校能针对不同学生的需要制定补缺补差措施,富有成效					

一级指标	二级指标	指标内涵及评估标准	判断				评定方法
			A	B	C	D	
教师队伍	师资条件	教师的学历、职称结构,各级骨干教师的比例					【查阅】有关教师的资料、培训和进修情况 【座谈】就对职业的满意度,对学校发展愿景的信心、教育观、培训和进修情况等访谈教师 【观察】教师的工作状态
		为外国学生配备相应的教学人员,从事教学的教师中、高级职务必须占一定比例。					
		专职对外汉语教师应取得国家对外汉语教学教师资格证书,兼职对外汉语教师在语言、文学、外语等方面应达到专职对外汉语教师的水平					
	工作状态	教师群体对职业满意度较高,对学校的发展愿景充满信心					
		教师形成正确的教育观,积极追求自身的专业发展,提升教育教学水平					
		教师对外国学生的不同需求有充分的认识,并形成相应的教育和教学策略					
	培训进修	形成健全的教师培训和进修制度;全体教师参与其中,并进行相应的考核;对教学产生积极影响					
		针对外国学生管理和教育教学的需要,对教师进行相应的培训,且富有成效					
硬件建设	教育设施	学校具备较高质量的专业教室、图书馆、计算机等设施设备,满足学生日常教育和教学的需要					【查阅】教育教学设施和安全设施的管理制度,日常管理、维护记录
	安全设施	学校配有数量充足、性能良好的警报器、灭火器以及其他安全防范设施					
	使用与管理	学校制定有关办学设施的购置、使用、保管和维修等的相关制度,并得到贯彻执行					
		学校的办学设施得到妥善管理,正常运转,达到有关健康与安全标准,能确保师生的健康,安全与舒适					

一级 指标	二级 指标	指标内涵及评估标准	判 断				评定方法
			A	B	C	D	
学生服务	校园环境	有独立完整的校园,占地面积符合相关规定;校园布局合理,环境美观、整洁;周边环境无不良影响					【查阅】校舍建筑平面图、校园文化活动和社会实践活动记录、涉外后勤人员和安保人员的教育和培训记录 【访谈】就校园文化环境、人际关系、后勤服务和安保情况访谈相关负责人 【座谈】教师、学生和家长 【观察】校园文化环境、人际关系
		开展各种健康有益的校园文化活动和社会实践活动,促进学生的全面发展					
		培育积极的校园文化,干群、师生人际关系和谐					
	后勤服务	学校根据外国学生的需求,提供符合标准的餐厅、医务室和宿舍					
		配备素质较好的后勤服务人员和安全保卫人员,对所有的涉外人员进行外事教育和必要的培训					
		学校建立有学生或学生家长表达意愿的渠道,保障信息的畅通,并能给予及时反馈					

上海市教育评估院制定。

176

上海市"以委托管理推进农村义务教育学校内涵发展"项目初态评估指标

一级 指标	二级 指标	评 估 要 点	主要观测点和 信息采集方法
办学 思想	目标 理念	1. 理念、目标的明确提出 2. 办学目标定位的准确性 3. 群众知晓、认可程度	【参阅】学校发展规划 【访谈】就学校发展规划及其制定、实施和认可情况,访谈校长、相关负责人和教师 【观察】规划的实施情况 【问卷】见《教师问卷》
	学校 规划	1. 规划的适切性 2. 制定程序的民主性 3. 工作中贯彻情况	
管理 现状	管理 理念	1. 依法治校的理念和行为 2. 学校管理中教职工参与程度	【参阅】学校工作计划(含工会、教代会)、规章制度、有关工作方案以及民主测评反馈情况 【访谈】就管理的规范性、民主性和效率,对相关负责人和教师进行访谈 【观察】依法治校的理念、民主化管理 【问卷】见《教师问卷》
	管理 团队	1. 校长的事业心、能力与岗位匹配程度 2. 班子结构 3. 分工合作 4. 中层设置的合理性 5. 群众的信任度	
	管理 效能	1. 校长负责制执行情况 2. 规章制度的建立和可操作性 3. 管理层级、岗位职责 4. 管理网络运行规范程度 5. 各种奖惩实施情况	
课程 教学	课程 计划	1. 严格执行市颁课程计划 2. 学生一周学习活动的安排 3. 按年度、分类建设课程教学的各种档案情况 4. 课堂教学质量(效率)情况	【参阅】有关教学计划、课程表、教材等课程教学的各种档案,听课记录 【访谈】就课堂教学质量、领导班子对于课堂教学的关注、教学质量反馈机制,对教师进行访谈

一级指标	二级指标	评 估 要 点	主要观测点和信息采集方法
课程教学	监控机制	1. 领导班子经常深入课堂,关注学校课堂教学的实际情况 2. 教学质量监控机制的建立与实施 3. 关注所有学生,有效的补缺补差措施	【观察】课堂教学质量、关注所有学生、补缺补差措施 【问卷】见《教师问卷》、《学生问卷》、《家长问卷》
教师队伍	队伍结构	1. 教师学历结构、职称结构 2. 骨干教师、把关教师比例 3. 有无不胜任教师,比例及原因	【参阅】教师队伍结构的相关数据,教研组、备课组活动的计划和活动记录,教、科研成果,作业 【访谈】就职业满意度、对学校愿景的信息、对管理的满意度、对学生的评价、教育观和对专业化发展的要求和相互听课等情况对教师进行访谈 【问卷】见《教师问卷》、《学生问卷》、《家长问卷》
	精神状态	1. 教师群体对职业满意度 2. 教师群体对学校愿景的信心,对管理的满意度 3. 教师对本校学生的评价 4. 教师的教育观、对专业化发展的要求	
	工作状况	1. 教研、备课制度 2. 教研组、备课组活动的有效性 3. 教师自发互相听课,课后反思的情况 4. 作业量控制,作业批阅和课后辅导情况 5. 学校、教师的教科研情况(科研管理、骨干培养与作用发挥、教师参与面、成效) 6. 管理的学生水平	
学生情况	行为规范	1. 学生行为规范现状 2. 行为习惯差与学习后进生比例 3. 学风及学习习惯,明显的后进班数及比例 4. 学生案发率	【参阅】学生评价记录、学生行为准则以及学生奖惩记录、有关学生学业状况和身心发展的各项数据、学生作业

178

一级指标	二级指标	评 估 要 点	主要观测点和信息采集方法
学生情况	学业状况	1. 课堂教学中的状态 2. 作业质量、作业态度 3. 学科优良率、及格率、极差率 4. 近三年的按时毕、结业率、义务教育巩固率、留级率、 5. 近三年学生体质健康标准测试结果、近视新发病率、学生常见传染病控制情况和学生团体和个人多类获奖情况	【访谈】就学习目的、立志、责任、感恩等教育的效果以及学生的作业态度对师生进行访谈。 【观察】学生基本礼仪规范、课堂听课情况 【问卷】见《教师问卷》、《家长问卷》
文化建设	德育工作	1. 德育常规工作 2. 年级组、班主任队伍建设力度 3. 学习目的、立志、责任、感恩等教育的效果 4. 社会实践活动有效性	【参阅】年级组、班主任队伍建设的培训、考核、激励措施;社会实践和校园文化活动的档案 【访谈】就德育常规工作的规范性、社会实践活动和校园文化活动、人际关系等对相关负责人和师生进行访谈 【观察】德育工作、学生的主动性、人际关系、校园环境 【问卷】见《教师问卷》、《学生问卷》、《家长问卷》
	校园文化	1. 校园文化活动的开展情况(教育性、针对性、多样性) 2. 学生参与面与主动性 3. 校内人际(干群、师生)关系 4. 校园(班级)环境布置	
社校关系	互动机制	1. 学校与家庭教育的一致性 2. 相应组织、机制 3. 家访率、家长满意率	【参阅】相关的家校合作计划、规章制度、活动记录以及对口生源入学情况等档案 【访谈】就家校关系、社校关系、对学校的满意率对家长和社区进行访谈。 【问卷】见《学生问卷》、《家长问卷》
	社会评价	1. 近年学校对口生源流失率情况 2. 社区与学校的关系 3. 社区对学校的总体评价(满意率)	

一级指标	二级指标	评 估 要 点	主要观测点和信息采集方法
教育行政业务部门评价	基（普）教科		
	德育室		
	教研室		
	督导室		

上海市教育评估院制定。

其他省市制定的评估标准和指标

辽宁省中小学德育工作示范县(市)、区评估标准(试行)

　　根据中央和国家有关教育法律、法规和文件精神,为提高区域性中小学德育工作的实效,特制定本标准。

　　1. 辽宁省教育委员会评估表彰的省级中小学德育工作示范县(市)、区,是指全面贯彻教育方针,模范执行教育法律、法规和有关政策,全面实施素质教育,在德育工作的领导管理体制、制度、队伍建设、经费投入、优化环境等方面措施得力,工作成效显著的县(市)、区。

　　2. 县(市)、区建立中小学德育工作领导小组,有 3～5 年工作规划和年度工作计划,每年例会 2 次以上研究德育工作。

　　3. 有专门机构、专职人员负责中小学德育工作。县(市)、区教育行政部门设专职德育工作人员 2～4 人;教研部门配齐政治(思想品德)学科教研员并设德育研究室,配专职研究人员 2 人以上。高级中学和 12 班型以上的初中设德育处,配专职主任 1 人,干事 2 人;12 班型以下初中在教导处设专管德育工作的主任 1 人,干事 1 人。中学设团委,配专职团委书记一人。城市小学,乡镇中心小学配专职德育主任 1 人;配专职大队辅导员 1 人。

　　4. 县(市)、区行政、教研部门对城乡中小学德育工作每学期检查一次。深入调查研究,每年调研学校的所数不少于所辖中小学校(乡镇中心小学以上)总数的1/3。

　　5. 建立培训制度,德育骨干队伍的培训有计划,定期进行政治、业务培训,切实提高队伍素质。每三年将德育骨干队伍轮训一次。

　　6. 全体教职工模范遵守职业道德规范,做到教书育人,管理育人,服务育人,引导学生德智体全面发展。全县(市)、区教职工连续三年以上无违法犯罪现象。

　　7. 建立德育工作总结表彰制度,注重培养和树立典型。每年召开一次中小学德育工作会议或经验交流会议,总结推广先进经验,定期表彰德育工作先进集体和个人。

　　8. 选拔优秀教育工作者担任班主任、政治(思想品德)课教师和团队干部。对中小学德育工作成绩突出的教师在职称评定、职务晋升等待遇方面,有适当的倾斜政策。

　　9. 严格执行《课程计划》,开齐、开足、开好政治(思想品德)课,充分发挥学科教学主渠道进行德育的作用;建立学科教学与德育相结合的考核制度,督促检查措施得力。

10. 认真贯彻《国旗法》,严格执行升降国旗制度。

11. 认真贯彻执行中(小)学生日常行为规范和礼仪规范,学生行为规范合格率在 98% 以上。中小学生犯罪率控制在 0.003% 以下。

12. 经市级教育行政部门认定,全县(市)、区有 50% 以上中小学校达到省级德育工作示范学校的标准。

13. 德育工作档案系统全面,管理规范;德育方面的书刊及电化教育音像资料占学校书刊资料总量的 1/5 以上;设德育展室(展板)或荣誉室的中学和城镇小学(农村乡镇中心小学)占中小学校总数的 90% 以上。

14. 建立县(市)、区级德育基地,挂统一的标志牌。完善县区内外德育基地参观(实践)制度,充分发挥德育基地作用。

15. 县(市)、区建立社区教育委员会,每学期开会一次以上,各中小学有家长委员会,举办家长学校。

16. 县(市)、区教委设立德育专项经费,直接用于德育工作的表彰、会议、队伍培训及有关活动的经费,原则上每年不少于 10 万元。

17. 重视德育理论与实践研究,承担市级以上德育科研课题,典型学校及成果受到市级以上(含市级)奖励和推广。本县(市)、区中小学德育科研有规划。

18. 全县(市)、区三年内无重大恶性事故;德育工作成绩显著,在市级以上(含市级)教育行政部门召开的会议上介绍经验,或为市以上德育现场会提供现场经验。在精神文明建设和中小学德育工作中,获得市级以上(含市级)党委、政府或教育行政部门的表彰。

来源:辽宁省教育委员会:《辽宁省中小学德育工作示范县(市)、区评估标准(试行)》,《普教研究》1997 年第 3 期。

江苏省普通高中星级评估指标体系(三星级)

序号	评估指标	评 估 标 准
I	办学条件	1. 独立设置的高中,或高中班级占一半以上的农村完全中学;高中规模不少于 30 个班,每班学生不超过 54 人。 2. 生均校园面积不少于 23 m^2,生均校舍建筑面积(不含学生宿舍)不少于 13 m^2。 3. 有闭路电视和广播系统;有覆盖主要教育教学和管理活动场所的校园网,达"校校通"工程第二层次要求;供学生使用的电脑数量不少于 1 台/10 人。 4. 教室有"三机一幕"或更先进的设备;有足够的理、化、生实验室,能按课程标准开出全部实验,学生分组实验 2 人一组;音乐室、美术室、语音室等各类专用教室的教具设施齐全。 5. 图书馆、阅览室开架借阅;生均藏书量及期刊种类达二级馆要求,年生均购书不少于 1 册;有较丰富齐全的、与现行教材配套的音像资料;阅览室座位不少于学生数的 1/12。 6. 生均学生宿舍建筑面积不少于 4.5 m^2,卫生设施齐全方便;食堂整洁卫生,厨房面积达标,设施良好,饭厅座位一般不少于学生人数的 70%。 7. 有 300 米以上(农村 400 米)跑道的田径运动场和 4 片以上篮球场,体育设施齐全,器材充足;有卫生室和齐全的常用医疗器械及药品。 8. 校园布局合理,环境整洁,有足够的绿化用地和景点,建筑美观大方。
II	队伍建设	9. 校长长期从事教育工作,对教育工作和学校管理有研究,能吸收先进的办学思想,运用于学校工作,具改革创新精神;领导班子及干部队伍结构合理,团结协作,熟悉教育,工作负责,师生员工评议良好。 10. 专任教师学历达标率在 85% 以上,具有中、高级技术职务的教师占 50%以上;图书馆、医务室、实验室均有中级及以上职称的专业人员。 11. 有一批功底扎实的骨干教师。有半数以上的教师兼教一门以上的选修课程;60% 以上的教师具有高中循环教学经历;大多数学科有县(市)级学科带头人;有一批县(市)级骨干教师;部分科目的师资较强,在县市范围内享有盛誉,能对外开设示范课、观摩课,具开发课程的能力;对大多数教师教学,学生比较满意。 12. 基本建立校本培训制度。有面向全体教师的培训培养规划,有中心突出、形式多样的培训活动,有积极的、符合学校实际的保障措施;每年用于教师学习、培训的经费占学校教师工资总额 6% 以上;培训效果好,经培训大多数教师适应课程改革要求。

序号	评估指标	评 估 标 准
Ⅲ	管理水平	13. 办学目标明确,发展规划论证充分,切实可行;近期规划实施较好。 14. 各部门职责明确,工作主动,运转顺畅;各项规章制度、岗位规范健全,校务公开,监督周全,常规管理到位。 15. 积极开展人事、分配、后勤等方面的管理改革,进展情况良好;初步建立适应课程改革要求的管理模式,运行正常。 16. 重视优良校风、教风、学风的建设,宣传发动到位,建设措施得力,积累丰富经验,取得明显效果。 17. 各项教育资源利用率较高,计算机成为管理的重要手段。
Ⅳ	素质教育	18. 认真贯彻各项德育工作规定,德育工作机构、队伍、制度健全,基地落实,基本形成了学校、家庭、社会三结合教育体系;积极开展教育活动,活动内容丰富,形式多样,有针对性,效果较好。 19. 有积极的课程发展规划和基本的课程开发、更新制度;严格执行国家及地方课程方案,开齐开足必修课程;充分利用校内外课程资源,积极开拓校本课程,学生选择比较充分;努力提高课程质量,有一批受学生欢迎的高质量课程。 20. 积极进行教育教学方式的改革。大力倡导先进的教育思想,推行讨论式、启发式等教学方式,充分运用已有的信息技术条件,创设教育环境,提高教学效果;涌现一批先进教师和典型经验。 21. 重视评价制度的改革。围绕教师、学生、课程等评价,开展研究,积极实施,工作有总结。 22. 基本建立以校为本的教学研究制度。工作有机构有规划,有积极的措施激励教师围绕教育教学实践开展研究;研究活动丰富多样,定期举办教学研讨和经验交流活动,应用和推广教学研究成果;教师参与面广,每年半数以上教师有研究成果,30%以上教师的论文在市级以上刊物上发表;有体现教改方向的市级及以上课题或实验项目。
Ⅴ	办学绩效	23. 学生身心健康,全面发展。综合考试和高考成绩高于一般;文体、公益活动参与面广,出现一批有专长的骨干,部分学生在各级各类学科竞赛、艺术体育比赛等活动中成绩良好。 24. 重视特色建设,初步形成了某一方面的优势。 25. 学生、家长、往届毕业生、教育同行及社会各界对学校反映较好;学校生源稳定,每年能完成招生计划。

来源:《江苏省教育厅关于印发〈江苏省普通高中星级评估方案〉的通知》(苏教高〔2003〕1号)。

江苏省普通高中星级评估指标体系(四星级)

序号	评估指标	评估标准
I	办学条件	1. 独立设置的高中;规模一般在 36 个班以上,每班学生不超过 50 人。 2. 校园校舍充分满足当前师生学习、生活的需要,并有一定的发展余地;新建学校一般不少于 100 亩。 3. 各类设备设施齐全,配置先进,对学校个性发展形成支撑;达"校校通"工程第三层次要求;生均教学、办公设备固定资产不低于 3 000 元。 4. 校园布局合理,环境优美;有独特的设计,有和谐、健康、积极向上的氛围,有很高的文化品位。
II	队伍建设	5. 校长具有先进的办学理念,主持过省及以上重大课题的研究或改革项目的实施,在省辖市范围内有较大影响。 6. 领导班子及干部队伍整体素质好,团结协作,有前瞻的观念,服务的意识,实干的精神,在师生员工中有较高威信。 7. 专任教师学历达标率100%;有一定数量的教师具有硕士学位或研究生学历;具中、高级技术职务的教师占 60% 以上;图书馆、校医室、实验室工作人员多数具中级以上职称。 8. 优秀教师群体已基本形成。大多数教师兼教一门及以上的选修课程;70% 以上的教师具有高中循环教学的经历;有一定比例的教师能熟练掌握一门外语,胜任双语教学;有一定数量的教师在省教育教学比赛中获奖;各主要学科有特级教师、省级有突出贡献的中青年专家;大部分科目的师资在县市范围内享有盛誉,能对外开设示范课、观摩课,具开发课程的能力;对绝大多数教师的教学,学生比较满意。 9. 教师培训、培养力度大,形式多样。优秀教师传、帮、带形成制度;赴外校挂职锻炼、出国进修渠道畅通;"派出去"、"请进来"活动丰富;个人提高与组织培训结合较好;每年都有专题培训;每年用于教师学习、培训的经费占学校教师工资总额的 8% 以上;培训效益显著。
III	管理水平	10. 根据学校实际和社会发展的需要,经充分论证,形成了明确的办学目标和发展规划;发展规划涵盖全面,重点突出,措施扎实,具先进性,示范性;近期规划实施情况好。

序号	评估指标	评　估　标　准
Ⅲ	管理水平	11. 各项规章制度、岗位职责健全,并在实践中不断完善;制度规范符合改革的要求,有学校特色,为师生员工普遍认可,执行情况较好;基本实现管理手段现代化。 12. 大力推进体制改革和制度创新,探索网络环境下的管理改革,基本建立适应课程改革要求的管理模式,在省辖市范围发挥了示范作用。 13. 经过多年的创建,已形成为广大师生和社会广泛认同的优良校风、教风、学风;"三风"建设促进了工作,提高了管理水平,收到了良好效果。 14. 学校校务公开,管理民主。各部门职能作用充分发挥,师生参与性强,教职工权益、利益得到尊重与保障,形成了团结奋进的良好局面;建立与社会沟通合作的机制,主动听取学生、家长的意见,接受社会各方面的监督,规范办学行为。 15. 校内校外教育资源得到有效利用;图书馆、实验室、信息中心等各类设施充分开放,为师生研究、学习提供指导与服务。
Ⅳ	素质教育	16. 德育工作制度化、系列化,针对性强,有特色;重视德育工作在各项工作中的渗透和学生主体作用的发挥,效果明显。 17. 有符合课程改革要求,切合学校实际的课程发展规划;有比较完善的课程开发、更新的制度与机制;有丰富的课程资源和校本课程,学生选择空间大;全面执行国家及地方课程,高质量实施各类课程,有一批深受学生欢迎、能为兄弟学校提供示范的优质课程。 18. 大力推进教与学方式的改革。努力创设民主、平等、和谐、互动的教学环境,全面关注学生的发展,引导学生质疑、调查、探究,在实践中学习,形成高效、富有个性的学习策略。各类探索蔚为风气,绝大多数教师有心得,能示范;积极推进信息技术与学科课程的整合,探索网络环境下教学改革,有丰富的成果与经验。 19. 根据素质教育的要求,积极探索评价制度的改革,初步形成了较为可行的课程评价、学生评价、教师评价等体系,推进教育教学改革。 20. 教科研工作扎实,发动面广。教研组、年级组有自己的规划,各教师有自己的目标;学校每年组织骨干力量,围绕实践中的重大问题开展研究,并有所突破;大多数教师每年有研究成果;有多项由本校教师主持或参与的省级以上课题;有一批高水平的论文在省级以上刊物上公开发表;积极进行教改实验,多项实验项目取得阶段性成果,并在省辖市以上范围推广。 21. 积极主办或参与国内外教育交流;通过互派教师、学生等多种方式,加强与国外学校的联系,扩大学校开放度。

序号	评估指标	评 估 标 准
V	办学绩效	22. 学生全面发展,各方面素质较好。综合考试优秀率、合格率高,近三年每年有80%左右的毕业生能够升入本科院校,一批毕业生为全国一流高校录取;有一定的创新精神和实践能力,各类小发明小创造成果丰硕,较多学生在市及以上各类竞赛中获奖。 23. 在先进办学理念指导下,经多年追求、积淀,形成学校特有的传统优势和办学特色,并成为学校声誉的重要标志。 24. 学校是所在区域实施素质教育的典范,教科研的基地,教育教学改革的先行者,其经验在省辖市区域范围内推广。 25. 充分发挥学校优势,服务社区,多渠道为兄弟学校提供支持;学生、家长、往届毕业生、同行及高等学校对学校评价好。

来源:《江苏省教育厅关于印发〈江苏省普通高中星级评估方案〉的通知》(苏教高〔2003〕1号)。

江苏省普通高中星级评估指标体系(五星级)

序号	评估指标	评 估 标 准
I	办学条件	1. 独立设置的高中,规模适度,每班学生不超过46人。 2. 校园宽敞,校舍充足。 3. 设备设施一流,拥有数字化校园的应用系统,生均教学、办公设备固定资产不低于4 000元。 4. 校园布局合理,环境优美别致,体现了学校办学理念和特色;有标志性建筑物和精心设计的景点,形成了特有的校园文化。
II	队伍建设	5. 校长办学理念先进,有硕士或博士学位,或具特级教师称号;教科研成绩显著,出版过专著。 6. 学校领导班子和干部队伍结构合理,团结合作,有较高的道德修养和理论修养,有改革创新的意识和能力,精通业务,踏实肯干,师生员工评价好。 7. 具有硕士学位或研究生学历的教师占该校教师总数的20%以上;其他专任教师均达到本科学历;具高、中级技术职务的教师占70%以上;有一定数量的博士和外籍教师。 8. 名师荟萃,整体水平高。绝大多数教师能开设一门以上的选修课;有半数以上的教师在市级及以上范围开设学术讲座;有部分的教师在省教育教学比赛中获奖;有相当比例的教师能够熟练掌握一门外语,胜任双语教学;有10名左右的特级教师、省级有突出贡献的中青年专家;各学科的师资力量均较强,具有很强的课程开发能力。 9. 教师培训、培养思路开阔,有特色。教师自我提高的意识强,学校有若干行之有效的措施保障教师提高;学习型学校基本建立,并积累丰富的经验;每年用于教师学习、培训的经费占学校教师工资总额的10%以上。
III	管理水平	10. 在充分把握教育规律和国内外教育发展趋势的基础上,确定学校办学目标,制定发展规划。发展规划观念新,思路新,有创新精神,符合学校实际,体现学校特色;有若干突破性、首创性措施,体现教育未来发展方向;规划实施好。 11. 管理规范,有完善的规章制度和岗位职责,制度规范体现了先进的管理思想,融合了学校特色,为教职工普遍认可并自觉遵守。 12. 大力推进管理机制和制度的创新,在探索建立适应信息化、课程改革要求的管理模式方面,取得了很好成效。

序号	评估指标	评 估 标 准
Ⅲ	管理水平	13. 经多年创建,形成了有深刻内涵与鲜明特色的校风、教风、学风。"三风"体现了学校精神,贯穿于各项工作,使学校管理与师生员工的自觉行为有机融合,效果显著。 14. 学校管理民主,工作透明度高,师生参与性强,形成了教职工自我教育、自我提高的机制;学校办学民主,自觉接受社会监督,建立了家长参与学校重大决策和监督学校工作的制度。 15. 教职工的工作条件、生活待遇不断提高,极大地调动教职工积极性,学校朝气蓬勃,融洽奋进;各项工作有声有色,不断涌现新的经验;办学效益高,社区各种教育资源为学校充分利用,学校自身各类教育资源得到了有效利用。
Ⅳ	素质教育	16. 创造性地贯彻党和国家有关德育工作规定,工作有特色;德育与各项工作有机融合,做到教书育人、管理育人和服务育人;以学生为主体开展活动,效果好。 17. 有符合课程改革要求、体现学校办学理念的课程发展规划,有保障课程开发与不断更新的制度与机制;形成了符合素质教育要求、有学校特色的课程体系,学生有充分的选择自由;创造性地执行国家及地方课程方案,高质量地实施各类课程,有一大批深受学生欢迎、能为兄弟学校示范的精品课程;学校开发的校本课程、编写的教材受省内外学校欢迎。 18. 大力优化教与学过程。积极构建旨在培养创新精神和实践能力的教学方式和学习方式,有较成熟的经验和理论总结,在省内外有较大影响;学生每天自学时间达 3 小时以上,每学期能参加 4 次以上课外学术讲座,部分科学类课程实行双语教学;现代信息技术在教学过程中应用普遍,基本实现教学内容的呈现方式、学生学习方式、教师教学方式、师生互动方式的变革。 19. 根据素质教育要求,积极改革评价制度。立足学生、教师及教育的发展,形成了科学的课程评价、学生评价、教师评价和教育教学质量监控等体系;重视社会、家长的评价,建立定期邀请家长随堂听课的制度;有效地促进了教育教学的改革。 20. 教科研参与面广,全体教师及管理人员都自觉参与教科研,学术气氛浓厚;教科研水平高,能抓住实践中的重大问题组织攻关,成果具较高的理论价值和实践意义;学校平均每年承担省部级重点课题 1 项以上,一般课题 3 项以上,大多数教师和学校管理人员每年每人平均公开发表论文不少于 1 篇,相当多的成果已成为学校改革与实践的具体行为。 21. 积极举办或参加各类学术交流活动,大力开展国际合作与交流,在与国外学校互派师生、联合办学、合作科研等方面有突破。

序号	评估指标	评 估 标 准
V	办学绩效	22. 学生全面发展,素质优秀。有强烈的学习愿望与兴趣,有较强的创新精神、实践能力、终身学习和适应社会生活的能力;学校综合考试优秀率、合格率高;每年绝大多数毕业生为全国一流高校录取;每年都有成批学生在国内外的重大比赛中获奖,或有令人瞩目的发明创造,或有重大影响的先进事迹。 23. 学校有鲜明特色,在国内外有较大影响和较高知名度;毕业生声誉好,为社会所公认,有一批业绩突出的杰出人物。 24. 不断创新,有独特的办学思想、办学理念,为教育理论界关注;在长期办学实践中探索形成的办学模式、管理模式、培养模式等成为典范,被广泛学习运用。 25. 积极支持兄弟学校建设与发展,参与社区建设,在促进教育均衡发展和区域教育现代化建设中作出了突出贡献。

来源:《江苏省教育厅关于印发〈江苏省普通高中星级评估方案〉的通知》(苏教高〔2003〕1 号)。

陕西省中小学(城市)信息化评估标准(试行)

一、组织管理

序号	内容	要　求	实　施　要　点
1-1	组织机构	学校成立教育技术中心(可并入教导处)或成立电教处(单列),由1名校长分管并配备一定数量专、兼职教师。	专职教育技术教师数量(业务工作量不少于满工作量2/3的为专职教师):50个教学班以上的不少于5人,30至49个教学班的不少于4人,10至29个教学班的不少于3人,9个教学班以下的不少于1人。
1-2	发展规划与计划	结合本校实际制定教育技术发展规划和年度(学期)计划,工作目标、任务、措施和实施步骤明确。	发展规划与计划符合学校实际,落实较好,有阶段和年度(学期)实施情况总结。
1-3	管理制度	1. 各种管理制度健全; 2. 机构职责、成员分工明确,并实行岗位责任制; 3. 教育技术工作列入学校教学考核、评奖范围; 4. 学校教育技术人员工作量考核及职称评定与学科教师考核及职称评定同等对待。	1. 有电教器材保管、使用、借还、保养、维修、损坏赔偿等制度,并执行良好;有校园网管理制度,并执行良好;有微机室、多功能电教室、语言实验室使用情况记录;电教设备和教材(软件)明细账清楚,账、卡、物相符; 2. 机构职责、成员分工张挂上墙,并执行良好; 3. 学校有将教育技术工作列入教学考核、评奖的政策。
1-4	培训制度	1. 建立教师参加信息技术、业务技能、新课程改革等内容的校本培训制度,建立相关制度保障培训经费; 2. 积极选派教师参加各级教育主管部门组织的各种教育技术培训、观摩、研讨活动。	1. 应用技能培训与课程改革结合起来; 2. 集中培训与考核结合起来; 3. 学科培训与课堂教学结合起来。

二、环境建设

序号	内容	要　求	实　施　要　点
2-1	普通教室	1. 按学校实际教学班数配备； 2. DVD 光盘播放机一台，彩色电视机 1 台； 3. 多媒体计算机 1 台（带 DVD 光驱），投影机 1 台，视频展示台 1 台，投影屏幕 1 幅； 4. 接入校园网。	满足教学要求
2-2	多媒体计算机网络教室	1. 宽带接入互联网； 2. 每个微机室保证学生上课时一人一机； 3. 中学每 12 个班配备 1 座教室，小学按三年级以上（含三年级）班数计每 12 个班配备 1 座教室。	满足教学要求
2-3	多功能电教室	1. 多媒体计算机 1 台，投影机 1 台，视频展示台 1 台，DVD 光盘播放机一台，音响设备 1 套，大屏幕 1 幅，有中央控制系统； 2. 接入校园网； 3. 根据学校实际情况确定设置个数（1 个以上）。	满足教学要求
2-4	闭路电视系统	1. 演播室：36 米^{2}以上、演播系统（含摄像机、监视器、调音台、灯光设备、无线话筒等）1 套； 2. 编辑室：有后期编辑系统； 3. 卫星地面接收系统 1 套（可接入有线电视系统）； 4. 接通各普通教室、专用教室和实验室。	满足教学要求

序号	内容	要 求	实 施 要 点
2-5	校园网	校园网建设应坚持适用、好用、够用的原则,具备先进性、实用性、可靠性、安全性和经济性的特性。	1. 采用国际通用 TCP/IP 协议,宽带接入互联网,到达桌面带宽不低于 10 M。 2. 使用全省统一推荐的网络交换平台、资源管理平台和教育教学管理平台,并就近点对点接入市教育信息中心,与陕西教育网联通;学校建有网站或主页。 3. 网管中心根据需要配备有关服务器及管理员终端、扫描仪、刻录机、数码相机、不间断电源等。 4. 建立学校管理系统,各行政办公室、学科教研组、普通教室及专用教室均设有应用终端。
2-6	教学软件制作室(电子备课室、电子阅览室)	计算机数量不低于教师数 1/6,且配有 3 种以上制作软件工具和音视频素材采集设备。	1. 满足教学要求。 2. 教学软件制作室、电子备课室和电子阅览室可以合并使用。

三、资源建设

序号	内容	要 求	实 施 要 点
3-1	录像带、VCD、DVD 光盘	语文、数学、外语每学科不少于 120 小时,其他学科每科不少于 60 小时。	1. 所有教学软件必须是《陕西省中小学电教教材目录》中推荐的品种,严禁未经审定的软件进入学校,逐步建立起能满足教育、教学及改革发展需要的教育教学资源库。 2. 电教教材(软件)档案齐全、账目清晰、管理规范。 3. 有教师使用软件资源进行学科教学的档案材料。 4. 有本校教师开发的课件及应用情况档案。
3-2	软件开发	具备能满足教学需要的工具软件,教师应适当自制课件课例。	
3-3	数字化素材库	200 G 以上。	

四、队伍建设

序号	内容	要　求	实施要点
4–1	管理人员	1. 知识与技能：了解教育思想、观念和教育技术的发展趋势，了解教育技术的基本概念和应用范畴，了解教育技术的基本理论，掌握绩效技术、知识管理和课程开发的基本知识，掌握资源管理、过程管理和项目管理的方法。 　2. 应用与研究：能够根据地区特点和实际教育状况，宏观调配学习资源，规划和设计教育系统；能组织与协调各种资源，保证教育技术应用计划的贯彻和执行；能组织与协调各种资源，促进学校信息化学习环境的创建；能组织与协调各种资源，支持信息化的教学活动。	1. 校级管理人员每学年参加省、市级以上现代教育技术培训不少于2次。 　2. 学校应订阅现代教育技术和信息技术相关报纸杂志。 　3. 学校有激励教师参与实验课题研究、现代教育技术成果评比活动的措施。
4–2	教学人员	1. 知识与技能：了解教育技术基本概念，理解教育技术的主要理论基础，掌握教育技术理论的基本内容，了解基本的教育技术研究方法，掌握信息检索、加工与利用的方法，能够收集、甄别、整合、应用与学科相关的教学资源以优化教学环境，掌握常见教学媒体选择与开发的方法。 　2. 应用与研究：能够正确地描述教学目标、分析教学内容，并能够根据学生特点和教学条件设计有效的教学活动；能结合学科教学进行教育技术应用的研究；能结合中小学生思想道德实际，进行德育信息化应用研究；能针对学科教学中教育技术应用的效果进行研究；能充分利用信息技术学习业务知识，发展自身的业务能力。	1. 参加各级教育技术培训每学年不少于4次。 　2. 本校45岁以下教师参加信息技术培训并获得等级证书的人数不低于学校教师总数的80%。 　3. 能够在教学中开展信息技术与课程整合的实践活动。

194

序号	内容	要　　求	实 施 要 点
4－3	教育技术专(兼)职人员	1. 知识与技能:了解教育思想、观念和教育技术的发展趋势,了解教育技术的基本概念和应用范畴,掌握现代教学媒体特别是计算机与网络通信的原理与应用,掌握信息检索、加工与利用的方法,了解教学系统设计与开发的方法,掌握教学媒体的设计、开发、维护、管理方法,掌握学习资源维护与管理的方法,掌握对教学媒体、学习资源的评价方法。 2. 应用与研究:能够设计与开发本校的信息化学习环境;能够收集、整理已有学习资源并设计与开发符合教学需要的学习资源;能够为教学人员的教学和科研工作提供技术支持与服务;能够为管理人员的管理和评估工作提供技术支持与服务;能够对学习资源与学习环境的使用进行有效的管理与维护;能够参与制定本校教师教育技术培训方案。	1. 充分利用"天地网"和光盘资源,开展灵活多样的课堂教学活动,促进教与学方法的改革。 2. 能够开展校本培训活动,组织教师学习理解新课程理论,提高教师应用教育技术的水平。 3. 能够运用教学设计及相关教学理论,选择、整合、运用光盘及卫星数字资源,开展多种形式的教学活动。 4. 能够解决处理设备使用过程中出现的故障和问题,做好设备的日常维护工作。

五、应用情况

序号	内容	要　　求	实 施 要 点
5－1	设备设施使用情况	普通教室电教设备能在教学中普遍使用,微机教室、多功能电教室、语言实验室利用率较高,闭路电视系统、校园网能够在教育教学中充分发挥作用。	1. 每个教室有每周电教设备分学科使用情况记录。 2. 有多功能电教室、微机教室、语言实验室每周使用时数统计资料。 3. 有校园网在教育教学中使用情况记录。 4. 有数字卫星多媒体接收系统资源接收记录。

序号	内容	要　　求	实 施 要 点
5－2	设备设施使用率	应用教育技术在推进素质教育,提高学校整体水平,培养全面发展人才过程中作用明显。	1．运用现代教育技术开展教学的学科覆盖率达100%以上。 2．运用现代教育技术开展教学的教师占教师总数的90%以上。 3．运用现代教育技术开展教学的课时覆盖率达50%以上。 4．每周组织学生观看爱国主义教育和思想道德教育电影电视片或开展其他德育活动的次数不少于1次。
5－3	应用研究	有市级以上的研究课题,并开展信息技术与课程整合研究工作。	1．有相关实验研究成果。 2．有10%以上的骨干教师懂得教育科研的基础理论和方法,具有一定的教育教学理论水平,有40%的教师参与过课题研究。

陕西省教育厅制定。

江苏省县(市、区)教育现代化建设主要指标

一、学前教育毛入园率(在园人数与4—6岁年龄组人口数之比)达90%以上。

二、九年义务教育巩固率达99%以上。

三、初中毕业生升学率达95%以上。

四、19周岁人口高等教育入学率(19周岁人口进入各类高等教育机构学习的比例)达50%以上。

五、每个乡镇(街道)具有适应需要的社区教育资源并得到充分利用,基本满足群众多样化学习需求。从业人员年培训率达50%以上。

六、困难群体享有平等接受教育的权利。经济困难家庭子女义务教育资助体系健全;盲聋哑及智障儿童少年义务教育入学率达95%,外来务工农民的子女义务教育入学率达99%。

七、幼儿园均建成省标准幼儿园,其中60%建成"江苏省优质幼儿园"。

八、小学初中(含民办)的办学条件均达到省标准化建设要求,初步建立教育思想先进、管理水平较高、办学质量优良的义务教育体系。

九、普通高中、中等职业学校均达到省优标准。

十、素质教育全面实施。政府及有关部门按教育规律和实施素质教育相关规定管理学校;各学校认真贯彻国家教育方针,面向全体学生,促进学生全面发展;基本形成学校、家庭、社会相结合的思想道德教育体系。

十一、在岗教师全部具有相应的教师资格,教师综合素质普遍较高。小学教师具有专科及以上学历的比例达70%,初中教师具有本科及以上学历的比例达60%,高中教师具有研究生学历的比例达5%,中等职业学校的"双师型"教师比例达50%以上。

十二、教育信息化建设全面达标。教育城域网与辖区内大部分学校实现光纤连通,网上资源丰富、利用率高;中心小学、初级和高级中学校校建有校园网络、教学辅助系统和教育管理系统。

十三、教育经费纳入财政保障范围。政府教育财政拨款的增长比例高于财政经常性收入的增长比例;学生生均公用经费逐步增长,义务教育阶段学生生均公用经费达到省定标准;教师的平均工资水平不低于当地公务员的平均工资水平。

十四、义务教育阶段学校布局合理,城乡学校的教育经费、办学条件和师资力量基本均衡。

十五、办学行为规范。教育法律法规普遍得到贯彻落实,办学许可、教育教学管理、招生收费等行为符合规定。

十六、学校安全保障体系完备。政府建立定期对校舍进行安全检查、维修的制度。校园周边环境无污染,无不健康、不安定因素。有健全的安全、卫生管理制度和应急机制。

来源:《江苏省政府办公厅关于转发省教育厅〈江苏省县(市、区)教育现代化建设主要指标〉的通知》(苏政办发〔2007〕59号)。

吉林省中小学语言文字规范化示范校评估标准

评估项目	评估要素	评估标准	分值	评估依据
A 管理工作 30分	A1 认识定位	A1.1. 学校各级领导对国家通用语言文字认识正确,形成共识,树立国家意识、法律意识和现代意识,并能做学法、知法、执法的模范,1分	3	查自评报告、领导讲话,对国家语言文字工作法律、法规、方针、政策的知晓率,抽查学校领导和广大师生对国家语言文字规范、标准的认知程度和应用能力
		A1.2. 正确认识学校是规范用语用字的重点领域,教育对全社会语言文字规范化的示范、基础作用,把培养具有良好语言文字素质的合格人才作为自身的职责,1分		
		A1.3. 学校应明确语言文字工作在素质教育中的地位和作用,并纳入人才培养的全过程,1分		
	A2 组织机构	A2.1. 有领导主管语言文字工作,1分	5	查阅文件及相关资料,听汇报
		A2.2. 有工作机构落实语言文字工作,1分		
		A2.3. 有专兼职工作人员负责语言文字工作,1分		
		A2.4. 有工作网络运行语言文字工作,1分		
		A2.5. 有工作计划并能够认真组织实施,1分		
	A3 管理措施	A3.1. 将语言文字规范化要求纳入学校精神文明建设和校园文化建设的内容,有明确规定,有推进措施,2分	8	查阅文件及相关资料,听汇报
		A3.2. 将普及普通话和用字规范化列入素质教育和学校管理的内容,2分		
		A3.3. 对普及普通话和用字规范化工作有检查和改进措施,2分		
		A3.4. 开设相关课程或组织相关教育活动,1分		
		A3.5. 将语言文字规范化纳入教师基本功训练内容,1分		

评估项目	评估要素	评估标准	分值	评估依据
A 管理工作 30 分	A4 制度建设	A4.1. 把语言文字规范化纳入教师业务考核内容,1分	5	查阅文件及相关资料,听汇报、开座谈会
		A4.2. 把语言文字规范程度作为教师的评优条件,1分		
		A4.3. 把语言文字达标作为录用教师的资格条件并已实施,1分		
		A4.4. 把语言文字规范程度纳入学生行为规范,1分		
		A4.5. 把语言文字规范程度作为学生的评优条件,1分		
	A5 宣传工作	A5.1. 校内醒目位置有长期性宣传标语牌,并与校园文化融为一体,2分	7	检查校园环境
		A5.2. 坚持开展推广普通话宣传周活动且内容丰富多彩,面向社会开展语言文字规范化宣传工作,在学校网站上有关于语言文字规范的专门栏目,3分		查阅文件及资料,听汇报
		A5.3. 宣传效果好,全体师生员工了解《国家通用语言文字法》和《吉林省国家通用语言文字条例》的基本内容,2分		抽查
	A6 档案管理	A6.1. 有关语言文字工作的文件、计划和总结及语言文字规范化政策、标准和知识等,各类资料齐全,1分	2	查阅档案资料
		A6.2. 档案管理妥善,1分		
B 普及普通话 35 分	B1 教学语言	B1.1. 教师均明确在教学活动中应该使用普通话,1分	6	听课
		B1.2. 教师在教学活动中均使用普通话,5分;课上有一个教师或学生使用方言扣0.5分		

评估项目	评估要素	评估标准	分值	评估依据
B 普及普通话 35分	B2 校园语言	B2.1. 学校集体活动、会议等场合使用普通话,2分	7	开座谈会,实地了解情况
		B2.2. 校园内教师与教师之间交流使用普通话,1分		
		B2.3. 校园内教师与学生之间交流使用普通话,1分		
		B2.4. 校园内学生与学生之间交流使用普通话,1分		
		B2.5. 学校声像媒体、电话总机以及校报(刊)、墙报、板报、告示及校园一切文字材料用语规范,2分		
	B3 教师普通话培训测试情况和水平	B3.1. 政策规定范围内的教师100%参加普通话培训和测试,6分;培训或测试率每降5个百分点扣1分	12	查阅培训计划、教师普通话测试成绩表
		B3.2. 政策规定范围内的教师100%测试达标,6分;测试达标率每降5个百分点扣1分		
	B4 学生普通话水平	B4.1.95%的学生普通话水平达到课程标准对听、说、读的要求,5分;达标率每降5个百分点扣1分	5	抽查
	B5 管理人员普通话水平	B5.1. 学校领导和行政职员的普通话水平90%达标,5分;达标率每降5个百分点扣1分	5	查阅普通话水平测试成绩表
C 规范用字 35分	C1 校园用字	C1.1. 名称牌、标志牌、标语用字规范,5分;每出现一个异体字、二简字、错别字扣0.2分	12	实地考查
		C1.2. 校刊、板报、橱窗及各种宣传栏用字规范,5分;每出现一个不规范字扣0.2分		
		C1.3. 指示牌、电子屏幕用字规范,2分;每出现一个不规范字扣0.2分		

评估项目	评估要素	评估标准	分值	评估依据
C 规范用字 35分	C2 公文、印章用字	C2.1. 公文、印章用字规范,6分;公文中每出现一个不规范字扣0.1分;印章中出现一个不规范字扣1分,出现一个字形不规范的扣0.5分	6	实地查看
	C3 教学用字	C3.1. 教师教案用字规范,2分;每出现一个不规范字扣0.1分	13	抽查
		C3.2. 试卷用字规范,2分;每出现一个不规范字扣0.1分		抽查
		C3.3. 多媒体、幻灯、投影等用字规范,2分;每出现一个不规范字扣0.1分		听课或查看幻灯片
		C3.4. 教师板书用字规范,4分;除教学需要外,有书写繁体字、异体字、二简字、错别字一例扣0.1分		听课了解
		C3.5. 教师批改作业、书写评语用字规范,3分;每出现一个不规范字扣0.1分		抽查
	C4 学生用字能力	C4.1. 90%的学生能够正确分辨其识字范围内的规范汉字,2分;每降5个百分点扣1分	4	抽查
		C4.2. 90%的学生能够正确书写其识字范围内的规范字,字形、笔顺规范,2分;每降5个百分点扣1分		抽查

来源:吉林省教育厅《关于印发〈吉林省语言文字规范化示范校创建活动方案〉的通知》(吉语委办字〔2007〕2号)。

"广东省绿色学校"评估标准(幼儿园)

(2008 年 7 月修订)

项目指标		评 估 标 准	信息来源	自评分
A 组织管理(20 分)	A1 创建思路 (3 分)	1. 符合国家环境教育思想,思路清晰,目标明确(1 分) 2. 倡导生态文明,可持续发展思想贯穿于学校管理、教育、教学和建设之中(1 分) 3. 把环境教育作为素质教育的组成部分(1 分)	1. 学习《幼儿园教育大纲》的情况 2. 学校的创建思路及中长期创绿规划	
	A2 领导重视 (4 分)	1. 有创建绿色学校领导小组,成员组成涵盖教师、家长委员会代表及学校各部门,有分工和职责,定期召开领导小组会议和面向全体教职员工的环境教育会议,工作形成制度(3 分)★ 2. 学校环境教育专项经费(含环境改造、教育培训、教研开发、教育活动等)的投入、使用状况,包括中长期投入计划(1 分)	1. 创建绿色学校领导小组成立文件、人员组成、职责和分工 2. 领导小组会议记录及活动情况 3. 专项经费使用情况	
	A3 创建计划 (6 分)	1. 学校在创建年内的创建计划及总结(2 分)★ 2. 各学科和部门创建计划及总结,包括学期和学年工作计划及总结(2 分) 3. 环境教育在学校工作计划及总结中占的比例(2 分)	1. 学校对环境教育现状的调查、评估 2. 学校及各部门的年度创建计划及总结 3. 学校及各部门、各学科每学期的工作计划、总结	
	A4 师资建设 (3 分)	1. 选派领导和具体负责创建工作的人员参加各级主管部门主办的创建培训班(2 分)★ 2. 能够及时将培训内容进行传达,在校内对全体教师进行创建动员,定期邀请有关专家对教师进行专题培训(1 分)	1. 领导、教师参加培训的情况 2. 学校开展培训的情况 3. 查阅培训证书及训后总结	

项目指标		评估标准	信息来源	自评分
A 组织管理（20分）	A5 档案管理 （4分）	档案管理制度健全，对学校创建工作资料及时归档，结构完整，分类准确，原始资料齐全，对学校创绿以来的重要工作和实践都有记录（4分）★	1. 学校档案及目录 2. 学校创绿大事记 3. 创建部门领导访问学校记录、相关照片 4. 查阅辅证、原始材料是否齐全、可信	
B 教育过程（30分）	B1 宣传活动 （6分）	1. 有定期的环境宣传教育活动，有形式多样的宣传教育手段（2分） 2. 有固定的环境宣传栏，定期更换宣传内容（2分） 3. 在各大环境纪念日开展环境主题宣传活动（2分）	1. 巡视校园 2. 查阅活动方案、记录、总结和相关照片	
	B2 课堂教育 （8分）	1. 各班教学和工作计划体现环境教育的内容（2分） 2. 有开展环境保护教育专题的活动内容（2分） 3. 结合幼儿年龄特点，在各种教育活动中，能结合可能渗透的主题和内容，有效、正确地进行环境教育的渗透，在学中玩、玩中学（4分）★	1. 教学计划 2. 教学教案 3. 活动记录 4. 教师座谈	
	B3 教研活动 （5分）	1. 定期开展有关教研活动，有专题性教研活动安排（2分） 2. 教师有一定数量和质量的教研方面论文（2分） 3. 有校本课程或教材的开发和应用（1分）	1. 教研活动记录 2. 教师论文 3. 校本课程或教材的开发、应用情况	
	B4 课外实践 （5分）	1. 组织师生参加各级环境保护活动（1分） 2. 引导孩子发现环境美，能够正确对待身边发生的破坏环境行为，并有一定的效果（1分） 3. 引导孩子自觉向家长和周围群众宣传环保知识（1分） 4. 参加社区环境保护宣传活动，与社区和周边单位开展共建（1分） 5. 进行一定程度的安全卫生的环保小制作（1分）	1. 与教师、家长、社区有关人员座谈 2. 查阅存档资料（包括活动记录、社会调查、反馈表、活动照片等） 3. 部分优秀作品展示	

项目指标		评 估 标 准	信息来源	自评分
B 教育过程(30分)	B5 行为教育 (6分)	将环境教育与幼儿日常行为教育结合,向幼儿传授实用的环保基本常识和行为规范,引导幼儿在学习生活中力所能及地保护环境(6分)	1. 与教师、家长座谈 2. 查看资料 3. 巡视校园	
C 校园环境(20分)	C1 环境管理 (6分)	1. 能够将环境管理的理念融入校园各项工作中(3分)★ 2. 定期对校园进行环境效应分析,针对问题制定具体措施改善(3分)	1. 查看校园环境管理报告 2. 巡视校园	
	C2 绿化美化 (3分)	1. 可绿化地均能得到绿化(1分) 2. 树木、草地、花丛有保护措施,没有故意损害花草树木的现象(1分) 3. 花草树木、校园景观均能发挥育人功效(1分)	1. 巡视校园 2. 查看资料 3. 座谈	
	C3 基地建设 (4分)	充分发挥园内劳动基地、生物角、活动室、游戏室等设施功能,成为环境教育的活动基地(4分)	1. 巡视校园 2. 查看活动记录	
	C4 环境状况 (4分)	1. 校园净化,课室整洁,校园道路平整,渠道排水畅通,无卫生死角,厕所干净无臭味(0.5分)★ 2. 用餐、饮水符合卫生标准(1分)★ 3. 使用安全、低污染的环保产品(1分) 4. 学校自身产生的污染能得到有效控制,垃圾能分类统一处理(0.5分) 5. 影响师生健康的突出环境问题,得到及时妥善的解决(1分)	1. 巡视校园 2. 查阅资料 3. 问卷调查 4. 座谈	
	C5 校园布局 (3分)	1. 教学区、活动区布局合理(1分) 2. 校园环境幽雅,环境宣传氛围浓厚(1分) 3. 校园建筑内部美观大方、创设环境文化(1分)	1. 巡视校园 2. 查阅资料 3. 座谈	

项目指标		评 估 标 准	信息来源	自评分
D 教育效果(30分)	D1 环境意识(9分)	1. 全园师生环境意识高(4分) 2. 发挥辐射示范效应,带动家庭、周边人群环境意识的提高(5分)★	1. 师生、家庭、周边人群意识调查报告 2. 活动记录 3. 座谈	
	D2 习惯养成(8分)	1. 幼儿日常环保习惯养成良好(3分) 2. 幼儿对环保生活的基本常识有一定了解(2分) 3. 在生活、学习中自觉履行环保行为(3分)	1. 座谈 2. 家庭反馈 3. 幼儿成长记录	
	D3 环境效应(8分)	1. 学校节水、节电、节能、节约其他资源有成效(6分)★ 2. 学校创建工作、社会环境效应受认可(2分)	1. 学校节水、节电、节能、节约其他资源报告 2. 相关票据证明复印件 3. 新闻宣传报道	
	D4 获奖情况(5分)	1. 学校、老师在有效评定年限内(四年)环境教育领域的各级获奖情况(3分) 2. 教师在有效评定年限内(四年)环境教育教学教研领域的各级获奖情况(2分)	查阅获奖记录单、证书、获奖作品	
E 特色加分(20分)	特色条件	1. 应有一段时间,且有长期持续开展的计划,成为学校办学活动的一部分 2. 取得显著成效 3. 在社会上有一定知名度 4. 得到同行或专家的认可	1. 听汇报 2. 查阅资料 3. 参观特色展示	

来源:广东省环保局、省委宣传部、省教育厅联合颁布《关于开展创建第六批"广东省绿色学校"活动的通知》(粤环〔2008〕76 号)。

206

"广东省绿色学校"评估标准(小学)

(2008 年 7 月修订)

项目指标		评 估 标 准	资 料 来 源	自评分
A 指导思想(5分)	A1 创建思路 (3分)	1. 符合国家环境教育思想,思路清晰,目标明确(1分) 2. 倡导生态文明,可持续发展思想贯穿于学校管理、教育、教学和建设之中(1分) 3. 把环境教育作为素质教育的组成部分(1分)	1. 学习《中小学环境教育实施指南》的情况 2. 学校的创建思路及中长期创绿规划	
	A2 领导重视 (2分)	1. 有创建绿色学校领导小组,校长任组长,成员组成涵盖师生、家长委员会代表及学校各部门,职责分明,工作形成制度(1.5分)★ 2. 学校环境教育专项经费(含环境改造、教育培训、教研开发、教育活动等)的投入、使用状况,包括中长期投入计划(0.5分)	1. 创建绿色学校领导小组成立文件、人员组成、职责和分工 2. 领导小组会议记录及活动情况 3. 环境教育专项经费使用情况	
B 组织落实(20分)	B1 团队建设 (3分)	重视师生参与创建的队伍建设,包括少先队、环保兴趣小组、志愿者队伍等(3分)	机构组成、活动计划、会议记录	
	B2 创建计划 (6分)	1. 学校在创建年内的创建计划及总结(2分)★ 2. 各学科和部门创建计划及总结,包括学期和学年工作计划及总结(2分) 3. 环境教育在学校工作计划及总结中占的比例(2分)	1. 学校对环境教育现状的调查、评估 2. 学校及各部门的年度创建计划及总结 3. 学校及各部门、各学科每学期的工作计划、总结	

项目指标		评 估 标 准	资料来源	自评分
B 组织落实(20分)	B3 机制建设 (3分)	1. 将环境教育纳入学校德育工作计划中,把环保行为与学生行为规范结合起来,在学校日常思想教育活动中(升旗、班会、校会、少先队活动等)渗透环境教育(2分) 2. 创建落实机制健全,包括投入、激励和改进机制(1分)	1. 学校相关文件 2. 经费的来源、投入以及效果评价 3. 学校德育工作计划 4. 学校日常思想教育活动记录及相关资料、图片佐证	
	B4 师资建设 (3分)	1. 选派领导和具体负责创建工作人员参加各级主管部门主办的创建培训班(2分)★ 2. 及时将培训内容进行传达,在校内对全体师生进行创建动员,定期对师生进行专题培训(1分)	1. 领导、教师参加培训的情况 2. 学校开展培训的情况 3. 查阅培训证书及训后总结	
	B5 创建档案 (5分)	档案管理制度健全,创建工作资料全面完整,分类准确,原始资料齐全,对学校创建以来的重要工作和实践都有记录(5分)★	1. 学校创建大事记 2. 创建档案及目录 3. 创建主管单位领导访问记录 4. 查阅辅证、原始资料是否齐全、可信	
C 环境教学(18分)	C1 课堂渗透 (6分)	1. 各学科在课堂有机渗透环境教育,并在各年级中施行(4分)★ 2. 相关学科在学期、学年考试中有一定比例的环境教育内容(2分)	1. 各科教师在教学中实施环境教育的教案 2. 各学科试卷	
	C2 教育资源 (4分)	1. 注重环境教育校本课程建设,并取得良好成效(2分) 2. 有整合各学科的全校环境教育计划,并有适合这一计划的教育途径和教学方法(2分)	1. 校本教材开发的情况资料 2. 学校环境教育教学计划、学科评估资料 3. 师生座谈会	

项目指标		评估标准	资料来源	自评分
C 环境教学(18分)	C3 综合实践 (8分)	1. 按照《指南》要求定期开设环境教育课程、环境教育讲座,或邀请环境教育专家讲课(2分)★ 2. 综合实践教育活动必须包含一定数量的环境教育主题活动(2分)★ 3. 开展环保科技小制作、小发明等活动,学生环境主题的探究性学习效果好(2分) 4. 综合实践教研组和其他学科组定期开展环境教育专题教研活动(1分) 5. 教师有一定数量和质量的教研方面的论文发表(1分)	1. 课程表、讲座记录、活动记录,选修课教案及开展情况 2. 环保科技制作和小发明作品资料和照片,探究性学习成果 3. 教研活动记录 4. 教师论文和其他教研成果资料	
D 社会实践(14分)	D1 主题活动 (4分)	1. 有计划地开展环保纪念日活动(2分) 2. 少先队和志愿者环保活动有序开展(2分)	1. 活动方案、活动记录、照片 2. 与有关师生座谈	
	D2 环境监督 (6分)	1. 师生参与学校环境监督活动(2分) 2. 学生在学校和家里积极开展环保宣传和实践活动(2分)★ 3. 师生关注社会环境问题,能够尽己所能参与环境监督(2分)	1. 活动计划、开展的情况、成效及总结 2. 实例及效果	
	D3 共创共建 (4分)	1. 与所在社区或有关单位建立共建关系,定期开展环境教育(2分) 2. 与社区、单位一起开展绿色创建,师生走进社区参加环保活动(2分)	活动情况资料及照片	
E 环境文化(10分)	E1 校园建设 (3分)	1. 学校功能区划分合理,主要设施充分考虑环保和师生身心健康的需要(1分) 2. 校园清洁卫生,绿化美化符合生态要求,树木花草得到有效保护并能发挥环境教育功能(1分) 3. 园地齐全,生物园、地理园等教学场所符合要求,并在教学中发挥良好作用(1分)	1. 巡视校园,查看规划材料 2. 查看监测记录、活动报告、学习心得	

项目指标		评 估 标 准	资料来源	自评分
E 环境文化 (10分)	E2 文化活动 (7分)	1. 开展环保科普宣传教育活动,有固定的环境教育宣传栏,有形式多样的宣传教育手段,定期更换宣传内容(2分) 2. 设立环保读书角,订阅《环境》杂志等环保类书报刊(2分)★ 3. 开展环境保护主题的读书、征文、书画等活动,倡导科学、文明的绿色生活方式(3分)	1. 巡视校园 2. 查看有关资料	
F 环境管理 (15分)	F1 管理制度 (3分)	1. 将环境管理理念融入学校各项工作,建立健全符合学校实际的环境管理规章制度(1分)★ 2. 建立健全环保节能制度(1分) 3. 开展无烟、无毒及环境安全教育,并有相关措施(1分)	查看有关制度的资料和执行情况	
	F2 资源节约 与回收 (5分)	1. 实行垃圾分类与资源回收(1分) 2. 有资源能源节约设施,且运行良好(1分) 3. 在校园内外倡导绿色出行、推行上下学环保接送理念(1分) 4. 开展各种"资源节约型、环境友好型"校园建设活动(2分)	1. 查看节能、节水、节电、节纸等设施 2. 查看学校环境管理报告 3. 活动资料	
	F3 污染减排 与控制 (3分)	1. 采取措施减少污染的产生,影响师生健康的突出环境问题得到及时有效妥善处理(1分) 2. 学校污染控制达到有关要求(1分) 3. 较好地处理了全部有毒、有害物质(1分)	1. 有健全完善的对有毒、有害物质处理的措施及管理制度 2. 检查各种污染处理设施,查看学校食堂、厕所、垃圾处理站、教室、医务室等场所 3. 检查污染物排放及处理证明 4. 检查对环境污染问题的处理情况	

项目指标		评 估 标 准	资 料 来 源	自评分
F 环境管理（15分）	F4 食品与饮用水等安全（4分）	1. 学校销售的各种食品及食堂饭菜安全可靠（1分）★ 2. 有安全可靠的饮水系统，并运行良好（1分）★ 3. 学校开展应付各种突发事件（包括环境突发事件）应急安全教育，有相应的应急预案（2分）	1. 学生饮用水供应情况说明 2. 学校食堂、小卖部等保障措施（卫生证、健康证） 3. 开展应急教育的情况，环境、卫生安全应急预案 4. 巡视校园	
G 创建成效（18分）	G1 师生参与（3分）	师生全员参与绿色学校创建活动，参与程度高，对创建工作有普遍的了解，能够及时得到创建的动态信息。（3分）	师生座谈、活动记录等	
	G2 环境意识及行为（5分）	1. 全校师生环境意识强，在生活、学习和工作中自觉履行环保行为（3分） 2. 学校创建辐射效应发挥好，对家庭、社区和其他人员带动明显（2分）	1. 师生、家庭、周边人群对师生的评价 2. 调查报告、活动记录等	
	G3 环境效应（6分）	1. 学校节水、节电、节能、节纸以及节约其他能源方面成效显著（3分）★ 2. 学校创建工作及其效果得到社会认可（3分）	1. 学校节能、节水等统计及措施效果报告、相关票据证明复印件 2. 新闻报道或其他社会认可材料（报刊、网站、广播电视等）	
	G4 获奖情况（4分）	1. 学生在有效评定年限内（四年）在环境教育中各级获奖情况（2分） 2. 教师在有效评定年限内（四年）在环境教育教研中各级奖励情况（2分）	查阅获奖记录单、获奖证书	
H 特色加分（20分）	特色条件	1. 应有一段时间，且有长期持续开展的计划，成为学校办学活动的一部分 2. 取得显著成效 3. 在社会上有一定知名度 4. 得到同行或专家的认可	1. 听汇报 2. 查阅资料 3. 参观特色展示	

来源：广东省环保局、省委宣传部、省教育厅联合颁布《关于开展创建第六批"广东省绿色学校"活动的通知》（粤环〔2008〕76号）。

"广东省绿色学校"评估标准(中学)

(2008 年 7 月修订)

项目指标		评 估 标 准	资料来源	自评分
A 指导思想(5分)	A1 创建思路 (3分)	1. 符合国家环境教育思想,思路清晰,目标明确(1分) 2. 倡导生态文明,可持续发展思想贯穿于学校的管理、教育、教学和建设之中(1分) 3. 把环境教育作为素质教育的组成部分(1分)	1. 学习《中小学环境教育实施指南》的情况 2. 学校的创建思路及中长期创绿规划	
	A2 领导重视 (2分)	1. 有创建绿色学校领导小组,校长任组长,成员组成涵盖师生、家长委员会代表及学校各部门,职责分明,工作形成制度(1.5分)★ 2. 学校环境教育专项经费(含环境改造、教育培训、教研开发、教育活动等费用)的投入、使用状况,包括中长期投入计划(0.5分)	1. 创建绿色学校领导小组成立文件、人员组成、职责和分工 2. 领导小组会议记录及活动情况 3. 环境教育专项经费使用情况	
B 组织落实(15分)	B1 团队建设 (2分)	重视师生参与创建的队伍建设,包括少先队、共青团、环保兴趣小组、社团组织、志愿者队伍等(2分)	机构组成、活动计划、会议记录	
	B2 创建计划 (3分)	1. 学校在创建年内的创建计划及总结(1分)★ 2. 各学科和部门创建计划及总结,包括学期和学年工作计划及总结(1分) 3. 环境教育在学校工作计划及总结中占的比例(1分)	1. 学校对环境教育现状的调查、评估 2. 学校及各部门的年度创建计划及总结 3. 学校及各部门、各学科每学期的工作计划、总结	

212

项目指标		评 估 标 准	资料来源	自评分
B 组织落实（15分）	B3 机制建设（2分）	1. 将环境教育纳入学校德育工作计划中,结合重大思想教育活动渗透环境教育,把环保行为与学生行为规范结合起来(1分) 2. 创建落实机制健全,包括投入、激励和改进机制(1分)	1. 学校相关文件 2. 经费的来源、投入以及效果评价 3. 学校德育工作计划 4. 学校制定的环保行为规范及相关思想教育活动记录	
	B4 师资建设（3分）	1. 重视对环境教育学科带头人的培养,选派领导、教师参加各级主管部门主办的创建培训班(2分)★ 2. 学校对全体师生进行创建动员和培训(1分)	1. 领导、教师参加培训的情况 2. 学校开展培训的情况 3. 查阅培训证书及训后总结	
	B5 创建档案（5分）	档案管理制度健全,创建工作资料全面完整,分类准确,原始资料齐全,对学校创建以来的重要工作和实践都有记录(5分)★	1. 学校创建大事记 2. 创建档案及目录 3. 创建主管单位领导访问记录 4. 查阅辅证、原始资料是否齐全、可信	
C 环境教学（20分）	C1 课堂渗透（6分）	1. 各学科在课堂有机渗透环境教育,并在各年级中施行(4分)★ 2. 相关学科在学期、学年考试中有一定比例的环境教育内容(2分)	1. 各科教师在教学中实施环境教育的教案 2. 各学科试卷	
	C2 教育资源（4分）	1. 注重环境教育校本课程建设,并取得良好成绩(2分) 2. 有整合各学科的全校环境教育计划,并有适合这一计划的教育途径和教学方法(1分) 3. 在探究/研究性学习教学中环境教育内容应达到30%以上(1分)	1. 校本教材开发的情况资料 2. 学校环境教育教学计划、学科评估资料 3. 探究/研究性学习教学情况和成果 4. 师生座谈会	

项目指标		评 估 标 准	资料来源	自评分
C 环境教学(20分)	C3 综合实践 （10分）	1. 按照《指南》要求定期开设环境教育课程、环境教育讲座，或邀请环境教育专家讲课（2分）★ 2. 综合实践活动和研究性学习必须包含一定数量的环境教育主题（2分）★ 3. 学校开展环境教育选修课或开展环保小制作、小发明等活动，学生环境主题的探究性和研究性学习效果好（3分） 4. 综合实践教研组和其他学科组定期开展环境教育专题教研活动（1.5分） 5. 教师有一定数量和质量的教研方面的论文发表（1.5分）	1. 选修课教案及开展情况 2. 讲座记录、活动记录 3. 环保科技制作和小发明作品资料和照片，探究性/研究性学习成果 4. 教研活动记录 5. 教师论文和其他教研成果	
D 社会实践(15分)	D1 主题活动 （4分）	1. 有计划地开展环保纪念日活动（1分） 2. 开展经常性环境教育活动（1分） 3. 环保社团和志愿者活动有序开展（2分）	1. 活动方案、活动记录、照片 2. 与有关师生座谈	
	D2 环境监督 （7分）	1. 师生参与学校环境监督活动（2分） 2. 学生在学校和家里积极开展环保宣传和实践活动（2分）★ 3. 师生关注社会环境问题，能够尽己所能参与环境监督（3分）	1. 活动计划、开展的情况、成效及总结 2. 实例及效果	
	D3 共创共建 （4分）	1. 与所在社区或有关单位建立共建关系，定期开展环境教育（2分） 2. 与社区、单位一起开展绿色创建，师生走进社区参加环保活动（2分）	活动情况资料及照片	

214

项目指标		评 估 标 准	资料来源	自评分
E 环境文化 (10分)	E1 校园建设 (3分)	1. 学校功能区划分合理,主要设施充分考虑了环保和师生身心健康的需要(1分) 2. 校园清洁卫生,绿化美化符合生态要求,树木花草得到有效保护并能发挥环境教育功能(1分) 3. 园地齐全,生物园、地理园等教学场所符合要求,并在教学中发挥良好作用(1分)	1. 巡视校园,查看规划材料 2. 查看监测记录、活动报告、学习心得	
	E2 文化活动 (7分)	1. 开展环保科普宣传教育活动,有固定的环境教育宣传栏,有形式多样的宣传教育手段,定期更换宣传内容(2分) 2. 设立环保读书角,订阅《环境》杂志等环保类书报刊(2分)★ 3. 开展环境保护主题的读书、征文、书画、文艺创作等文化活动,倡导科学、文明的绿色生活方式(3分)	1. 巡视校园 2. 查看有关资料	
F 环境管理 (15分)	F1 管理制度 (3分)	1. 将环境管理理念融入学校各项工作,建立健全符合学校实际的环境管理规章制度(1分)★ 2. 建立健全环保节能制度(1分) 3. 建立学校无烟、无毒及环境安全制度,并有相关措施和教育活动开展(1分)	查看有关制度的资料和执行情况	
	F2 资源节约与回收 (5分)	1. 实行垃圾分类与资源回收(1分) 2. 有资源能源节约设施,且运行良好(1分) 3. 在校园内外倡导绿色出行理念(1分) 4. 开展各种"资源节约型、环境友好型"校园建设活动(2分)	1. 查看节能、节水、节电、节纸等设施 2. 查看学校环境管理报告 3. 活动资料	

项目指标	评 估 标 准	资料来源	自评分
F 环境管理(15分) F3 污染减排 与控制 (3分)	1. 采取措施减少污染的产生,影响师生健康的突出环境问题得到及时有效妥善处理(1分) 2. 学校污染控制达到有关要求(1分) 3. 较好地处理了全部有毒、有害物质(1分)	1. 有健全完善的对有毒、有害物质处理的措施及管理制度 2. 检查各种污染处理设施,查看学校食堂、厕所、实验室、垃圾处理站、教室、医务室等场所 3. 检查污染物排放及处理证明 4. 检查对环境污染问题的处理情况	
F4 食品与 饮用水 等安全 (4分)	1. 学校销售的各种食品及食堂饭菜安全可靠(1分)★ 2. 有安全可靠的饮水系统,并运行良好(1分)★ 3. 学校开展应付各种突发事件(包括环境突发事件)应急安全教育,有相应的应急预案(2分)	1. 学生饮用水供应情况说明 2. 学校食堂、小卖部等保障措施(卫生证、健康证) 3. 开展应急教育的情况,环境、卫生安全应急预案 4. 巡视校园	
G 创建成效(20分) G1 师生参与 (3分)	师生全员参与绿色学校创建活动,参与程度高,对创建工作有普遍的了解,能够及时得到创建的动态信息(3分)	师生座谈、活动记录等	
G2 环境意识 及行为 (6分)	1. 全校师生环境意识强,在生活、学习和工作中自觉履行环保行为(3分) 2. 学校创建辐射效应发挥好,对家庭、社区和其他人员带动明显(3分)	师生、家庭、周边人群对师生的评价、调查报告、活动记录等	
G3 环境效应 (7分)	1. 学校节水、节电、节能、节纸以及节约其他能源方面成效显著(4分)★ 2. 学校创建工作及其效果得到社会认可(3分)	1. 学校节能、节水等统计及措施效果报告、相关票据证明复印件 2. 新闻报道或其他社会认可材料(报刊、网站、广播电视等)	

项目指标		评 估 标 准	资料来源	自评分
G 创建成效(20分)	G4 获奖情况 (4分)	1. 学生在有效评定年限内(四年)在环境教育中各级获奖情况(2分) 2. 教师在有效评定年限内(四年)在环境教育教研中各级奖励情况(2分)	查阅获奖记录单、获奖证书	
H 特色加分(20分)	特色条件	1. 应有一段时间,且有长期持续开展的计划,成为学校办学活动的一部分 2. 取得显著成效 3. 在社会上有一定知名度 4. 得到同行或专家的认可	1. 听汇报 2. 查阅资料 3. 参观特色展示	

来源:广东省环保局、省委宣传部、省教育厅联合颁布《关于开展创建第六批"广东省绿色学校"活动的通知》(粤环〔2008〕76号)。

湖北省农村中小学现代远程教育工程建设和应用检查评价标准(学校级)

一级指标	二级指标	评价标准
学校管理(A)	管理机构与职能(A1)	成立学校远程教育工作领导小组,校长是第一责任人。(A11)
		督促和检查学校年级组或教研组,制订各学科基于远程教育的具体教学计划,落实基于远程教育的教研活动。(A12)
	发展规划与经费保障(A2)	制定本校现代远程教育的3~5年的发展规划,包括目标、规模、器材设施、教学教育应用、教师培训、经费投入等,保障学校远程教育的运行和持续发展。(A21)
		根据省财政厅、省教育厅下发的鄂教财发〔2007〕157号文件要求,足额预算保障远程教育工作需要的经费。(A22)
	规章制度(A3)	制定保障远程教育应用的规章制度,包括场地设备使用登记制度、资源下载使用登记制度、光盘使用登记制度、专用教室课程表安排制度等,并做到严格执行和检查。(A31)
	档案建设(A4)	档案建设规范、齐全、方便检查。包括工程建设、固定资产登记、工程验收、资源接收、资源使用、光盘管理、技术支持、教师培训、教学研究、专用教室使用等方面的档案建设。(A41)
	工程宣传(A5)	学校围墙上有永久性宣传远程教育工程的标语口号。(A51)
	学校自查(A6)	学校定期进行自评和自查,并留下自查记录,提出改进意见。(A61)
工程建设(B)	专用教室(B1)	学校有1~2间远程教育专用教室,配齐专用课桌椅,管理制度上墙,模式三学校还要有一间专用计算机教室。(B11)
	避雷设备(B2)	有符合要求的避雷设施,且避雷设施安装合格。(B21)
	防盗防潮(B3)	有专门的防盗防潮措施。(B31)

一级指标	二级指标	评 价 标 准
工程 建设 （B）	防火措施 （B4）	专用教室配备专用灭火器,灭火器在有效期内。（B41）
	工程验收 （B5）	认真实施工程验收,保证配备设备全部安装到位,运行正常。（B51）
队伍 建设 （C）	项目 管理员 （C1）	学校配备 2 名专职(或兼职)项目管理员(按 A、B 岗位配置),确保 A 管理员因故不能到岗时,B 管理员能及时上岗,保证学校远程教育设备能够全日运行。项目管理员工作计算工作量。（C11）
		项目管理员负责远程教育设备管理、设备维护、资源管理,课程安排,教师信息技能培训,负责防尘、防潮、防火、防盗、防雷击等工作。项目管理员要对所承担任务做翔实记录,所有记录每月交给教导主任签字存档。（C12）
		学校有项目管理员管理办法,明确具体的工作任务,对任务的完成情况进行检查和考核。要将项目管理员的工作职责、工作效绩与本校教师信息技能和教育教学应用水平挂钩。（C13）
		项目管理员要根据资源情况和教师需要,每周安排远程教育教室课表,提前通知教师做好上课准备。（C14）
	教师培训 （C2）	农村中小学 100% 以上的教师做到"能用",即会计算机的简单操作,会播放"空中课堂"和教学光盘,会使用远程教育资源进行备课和上课。农村教学点 100% 教师能熟练掌握光盘播放并组织教学。（C21）
		农村小学 60% 以上的教师、乡(镇)中心小学和农村初中 80% 以上的教师做到"会用"。即会制作电子教案、会组织和整合远程教育资源开展教学和教研活动、会修改或开发简单教学课件。（C22）
		制定切实可行的培训计划和考核措施,利用远程教育资源和手段对学校领导和全体教师进行校本培训,每学期每人接受培训的时间不少于 10 课时。（C23）
		充分利用卫星播放的教师发展资源和培训教程,有针对性地组织教师观看,学习先进的教学方法与理念,学习新课程的知识,开展信息技术培训。各项目学校每学期集中学习与培训不少于 4 次。（C24）

一级指标	二级指标	评价标准
资源管理（D）	资源下载（D1）	有两套设备的项目学校,要完整接收中国教育卫星宽带网和湖北教育网台的资源;只有一套设备的项目学校要完整接收中国教育卫星宽带网资源和有选择性地接收湖北教育网台的资源。因设备和停电等原因造成资源缺失,应及时补齐。（D11）
	资源共享（D2）	对下载的资源及时进行归类、整理、编目、分发、建档、存储和共享,定期转录为光盘保存,并通过其他方式搜集或自行开发相关资源。学校建立教育教学资源库,每一学科教师建立计算机个人文件夹。（D21）
	资源发布（D3）	每周定期公布资源目录,将资源分类提供给教师使用。乡（镇）中心学校及时把下载、搜集和整理的教育教学资源刻录成光盘,提供给本校管理的各教学点使用。（D31）
应用要求（E）	应用基本要求（E1）	农村中小学每周应用远程教育资源和设备进行各种形式的教育教学活动模式一不少于 10 课时,模式二和模式三少于 20 课时。每年级的课程覆盖率不低于 60%。（E11）
		确保本校每个学生每周至少能够接受 1~2 课时的远程教育课程教学。（E12）
		农村中小学每年级运用远程教育资源开展教学活动的教师不少于 80%。（E13）
	教学应用（E2）	根据教育教学进度,组织教师针对教学需要,认真查阅和分析远程教育资源,结合教学内容和教学过程,选择资源用于教学。（E21）
		每位教师有开展远程教育的教学计划,有运用远程教育资源的电子教案（或文本教案）,有实施远程教学的课后反思。（E22）
		没有配备合格的专职英语教师的农村学校,要依托空中英语,开设英语课程,并能保证教学质量。（E23）
		每周组织学生观看一场电影或其他文艺节目。（E24）
	教研应用（E3）	运用示范课例和优秀教案等远程教育资源,组织教师开展多种形式的校本教学研究,各学科组基于远程教育资源的教研活动每月不少于 1 次。乡（镇）中心学校建立远程教育教学联片教研制度,通过湖北教育信息网（地网）或其他网络平台,组织教师参与远程教学、教研活动。每月不少于 1 次,学科教研覆盖面不低于 80%。（E31）
	为农服务（E4）	项目学校每月至少开展 1 次为农服务的教育培训和文化共享活动,面向当地农村开展实用技术培训和党员干部教育等,构建信息交流平台,为当地经济和社会发展服务。（E41）

来源:《湖北省关于开展农村中小学现代远程教育工程建设和应用工作检查评估的通知》(鄂教基〔2007〕19 号)。

浙江省"平安校园"评估标准

一、组织领导体系(120分)

评估项目	权重	评估内容	评分标准	评分方法	得分
学校领导层安全工作责任	70	1. 学校负责安全工作的第一责任人明确、落实。 2. 有创建平安校园领导班子,并配备法制副校长或法制辅导员。 3. 有创建平安校园的当年目标、计划。 4. 定期研究分析校园师生安全问题。	1. 人员明确得10分。 2. 有创建领导班子和配备法制副校长(法制辅导员)得10分。 3. 有当年创建目标、计划得20分(无,得0分)。创建目标计划重点不突出、针对性不强扣10分。 4. 安全会议、活动(校园平安情况排查分析研究部署)每月不少于1次得30分。有会议、活动,无记录扣10分。	1. 查看学校文件。 2. 查看学校文件。 3. 查看资料。 4. 查看会议、工作记录。	
各部门安全工作责任	30	层层签订安全工作责任书。	落实得30分。不完全落实扣10分,没签不得分。	查看责任书。	
安全保卫人员	20	安全保卫人员落实。	有安全保卫人员得20分。无安全保卫人员不得分。	查看资料和实地考察。	

二、制度建设(170分)

评估项目	权重	评估内容	评分标准	评分方法	得分
治安制度	20	有门卫、巡逻、实验室、重点部位、场所、学生生活区安全保卫制度。	有制度得20分。制度不全扣10分，	查看制度。	
教学安全制度	30	有教学、实验、社会实践、学生外出活动安全制度。	有制度得30分。制度不全扣10分。	查看制度。	
消防制度	20	教学区、学生公寓和重点部位(实验室、油库、变电所、炊事房等)有消防制度。	有制度得20分。制度不全不得分。	查看制度。	
卫生制度	20	有卫生防疫制度。	有环境、食堂卫生制度(包括卫生保洁制度、从业人员卫生规范、食品采购制度)、疫病防治制度得20分。制度不全扣10分。	查看制度。	
交通安全制度	20	有校园交通安全制度。	有车辆通行和停放制度得20分。制度不全扣10分。	查看制度。	
校园应急机制建设	30	1. 有处置突发事件预案。 2. 建立快速反应组织。	1. 有预案得10分。 2. 建立快速反应组织得20分。	1. 查看资料。 2. 实地考察和查看资料。	
安全保卫工作经费保障	30	安全保卫经费落实。	有安全保卫专项工作经费得30分。	查看学校资金安排。	

三、安全和法制教育(120分)

评估项目	权重	评值内容	评分标准	评分方法	得分
安全和法制教育	40	1. 开展安全教育。 2. 开展法制教育,发挥法制副校长(或法制辅导员)作用。	1. 开学和期末各进行1次面向全校学生的安全教育得20分者,少1次扣10分。 2. 开学和期末各进行1次面向全校学生的法制教育得20分,少1次扣10分。	1. 查看资料或访问学生。 2. 查看资料或访问学生。	
安全和法制宣传	40	开展安全和法制宣传。	每学期组织1次有主题的安全和法制宣传活动,平时在校园都能看到安全和法制宣传内容得40分。少1项扣20分	查看资料,实地考察。	
安全和法制教育涉及面	40	人人知晓本学期学校组织的安全法制教育。	每个学生都知晓得40分。有1个学生不知不得分。	抽样访问5个学生。	

四、常规管理工作(160分)

评估项目	权重	评估内容	评分标准	评分方法	得分
治安管理	70	1. 每周排查校园治安隐患。 2. 校园治安情况每天有台账,校园或学生发生的治安事件有台账、有分析。 3. 校门、重点部位值班和巡逻正常。	1. 有排查、台账得10分。有排查,无台账扣5分。 2. 有台账,校园或学生发生的治安事件有清楚的原因分析得10分。无台账扣5分;无原因分析扣5分。 3. 正常得10分。不正常不得分。	1. 查看记录。 2. 查看记录。 3. 实地考察。	

评估项目	权重	评估内容	评分标准	评分方法	得分
治安管理	70	4. 学生宿舍管理规范，学生守纪情况良好。 5. 外来人员管理规范。 6. 有与公安配合的联防机制。	4. 管理规范、秩序良好得20分。 5. 外来人员管理制度齐全，保安措施落实得10分。 6. 有与公安配合的联系办法，使校园涉法问题能得到及时处置得10分。无联系渠道或无办法不得分。	4. 查看资料和实地考察。 5. 查看资料和实地考察。 6. 听介绍。	
消防管理	40	1. 消防设施健全、正常。 2. 组织学生消防演练。 3. 定期开展安全检查。 4. 教学区和学生宿舍无违章用火、用电现象。	1. 健全、正常得10分。不全或超过安全使用期不得分。 2. 一学年内组织学生参加演练不少于1次得5分。未演练不得分。 3. 一学年内不少于4次（消防）安全检查得5分。少于4次不得分。 4. 无此现象得20分。违规不得分。	1. 实地考察。 2. 查看资料或询问学生。 3. 查看资料。 4. 实地考察。	
卫生管理	40	1. 校园整洁干净。 2. 学校有应急救治和疾病预防措施。 3. 有心理健康咨询员。	1. 校园整洁，道路干净、通畅，楼道无堆积物，公共设施配套完好得10分。不达标扣5分。 2. 有措施得20分。无措施扣10~20分。 3. 有人员得10分。	1. 实地考察。 2. 实地考察。 3. 实地考察。	
交通安全管理	10	校园车辆停放及通行规范。	车辆停放整齐,且通行规范得10分。车辆摆放杂乱无章扣5分；自行车带人、机动车辆不按照规定或超速行驶扣5分。	实地考察。	

五、预警机制(80分)

评估项目	权重	评估内容	评分标准	评分方法	得分
人防预警	80	1. 安全信息员队伍。 2. 有处置突发事件组织、人员。 3. 报送安全稳定信息及时。	1. 有安全信息员队伍得20分。 2. 有得30分。不健全扣10分。 3. 及时报送得30分。迟报扣10分;不报不得分。	1. 询问或查看资料。 2. 询问或查看资料。 3. 有关部门提供资料。	

六、处置能力(100分)

评估项目	权重	评估内容	评分标准	评分方法	得分
处置学生打群架、斗殴等学生群体性事件	20	工作人员的经历与经验。	工作人员数量足够,并具有一定经验得20分。人手缺乏扣10分,经验不足扣5分。	查看预案有关内容和通过座谈了解。	
处置学生伤亡或重大灾害性事件	20	工作人员的经历与经验。	工作人员数量足够,并具有一定经验得20分。人手缺乏扣10分,经验不足扣5分。	查看预案有关内容和通过座谈了解。	
处置周边事件	20	工作人员的经历与经验。	工作人员数量足够,并具有一定经验得20分。人手缺乏扣10分,经验不足扣5分。	查看预案有关内容和通过座谈了解。	
快速反应	40	处置突发事件迅速。	处置突发事件迅速得40分。	通过座谈了解。	

七、实际成效(250分)

评估项目	权重	评估内容	评分标准	评分方法	得分
重大事件情况	175	1. 一学年内无群体性事件或学生打群架、斗殴事件。	1. 未发生群体性事件和学生打架斗殴事件得50分。发生1起群体性事件扣30分,处置不善再扣20分。发生1起学生打架斗殴事件(以公安介入处理为准)扣20分。	1. 查看学校和公安部门提供的资料。	
		2. 一学年内无重大火灾或爆炸事件。	2. 未发生得40分。发生1次一般性火灾扣30分;处置不善再扣10分。	2. 查看学校和消防部门提供的资料。	
		3. 一学年内无食物中毒事件。	3. 未发生得25分。发生1次3人以上中毒事件扣10分;处置不善再扣10分。	3. 查看学校和当地卫生部门提供的资料。	
		4. 一学年内无一次性学生3人以上非正常死亡安全事故。	4. 未发生得40分。	4. 查看学校和当地安全部门提供的资料。	
		5. 一学年内无在校学生意外死亡事件。	5. 学生0死亡得20分。比上年下降得10分,与上年持平得5分,比上年上升不得分。	5. 查看资料。	
学生违法犯罪情况	30	一学年内无学生违法犯罪。	零违法犯罪(以公安、司法部门立案为准,包括拘留)得30分。与上年持平得20分,每比上年上升1个千分点、扣10分。	查看资料。	

评估项目	权重	评估内容	评分标准	评分方法	得分
其他影响校园稳定事件	30	1. 一学年内校园无校园骚乱事件或"法轮功"邪教、非法宗教等活动。 2. 无上访事件。	1. 校园平安,公安部门无有关记录得20分。发生1次扣10分。 2. 一学年内无上访情况得10分。每发生一起扣5分。	1. 查看资料。 2. 上级部门反映。	
学生评价	15	学生对校园稳定的评价。	95%以上学生认为在校学习、生活有安全感得15分。每下降5%扣10分。	抽样50个学生或1个班学生问卷调查。	

来源:《浙江省"平安校园"创建活动实施意见(试行)》(2005年)。

江苏省小学"绿色学校"评估标准

学校名称：

项目指标		信息来源	评估标准及分值	自评分	评估分	备注
A 组织 管理 (21分)	A1 列入 重要 议事 日程 (12分)	文档、计划、总结	1. 学校领导和教师对"绿色学校"的理念有正确认识(2分) 2. 成立"绿色学校"创建工作领导小组，建立相应的全校性的工作运行和管理机制(3分) 3. 学校总体发展规划及年度计划中，纳入创建"绿色学校"的工作目标(2分) 4. 有专项的绿色学校创建工作年度(学期)计划及部门、年级实施方案和具体措施(3分) 5. 平时有检查督促措施，期终有总结(实施报告)(2分)			
	A2 环境 教育 培训和 教研 (3分)	培训、教研及课题计划、证书及有关资料	6. 校长或中层干部分批参加省或省级以上的环保培训学习(1分) 7. 分批组织环境教育骨干教师参加省、市级环保培训(1分) 8. 每学期举办校内教师环保讲座和教研活动(1分)			
	A3 档案、 资料的 管理和 使用 (4分)	查阅资料、有关管理制度、规章	9. 文档种类齐全，包括有关文件、教育教学、总务和环境管理的规章制度、计划、方案、措施、总结；教育教学和管理过程的有关痕迹：教案、论文、教材、图片、声像资料、会议记录、获奖证书等(2分) 10. 分类整理、目录明晰、保存良好、便于查阅、专人负责(1分)			

项目指标		信息来源	评估标准及分值	自评分	评估分	备注
A 组织 管理 (21分)	A4 信息 交流 (2分)	查阅交流记录及有关资料、访问社区	11. 建立与当地环保主管部门、社会新闻媒介、网络交流信息的渠道(1分)			
			12. 与学校所在社区建立固定的环保信息交流渠道并保持经常性的联系(1分)			
B 学科 渗透 (20分)	B1 计划 和措施 (6分)	教学计划、各课组活动计划、记录	13. 教务处、年级组、备课组有明确的各学科环境教育渗透实施计划和具体要求(6分)			
	B2 教学 实施 (14分)	教案、作业、试卷、走访学生	14. 环境教育内容、方法适当,与学科教学内容有机结合(5分)			
			15. 教师备课活动有记录、教学有教案,有对教育效果的检测手段(6分)			
			16. 学生积极参与、反映良好(3分)			
C 综合 实践 活动与 学校 课程 (20分)	C1 综合 实践 活动 课程 (8分)	查阅学校课程计划、实施方案,与学生座谈	17. 每学期学校和班级有专项的环境教育课程计划和实施方案,确保师生广泛参与,课时有保证(2分)			
			18. 环境教育内容和方法适当,注重对学生的环境情感、态度、价值观、知识和能力的引导和培养(3分)			
			19. 能够和教学、团队活动有机结合,形式多样、内容丰富,体现师生的广泛参与,和各学科、各部门的合作(3分)			
	C2 地方与 学校 课程 (选修 课程) (12分)	查阅课程计划、实施方案、教案、有关活动记录和相关资料	20. 建立有地方环境特点和学校特色的环境教育和绿色学校信息交流渠道(2分)			
			21. 因地制宜地做好环境教育资源的利用和开发,如校本环境课程和教学材料的开发、使用适宜的正式出版的学习材料、建立校外活动基地、收集相关的资料(图片、声像资料)(3分)			
			22. 组织班级学生动手搜集环保信息,参加学校和社区的环保宣传、环境调查、监督活动(4分)			
			23. 有环境教育教学、活动的学校课程计划、实施方案和实施记录(3分)			

229

项目指标		信息来源	评估标准及分值	自评分	评估分	备注
D 校园 环境 管理 (19分)	D1 校园 生态 (5分)	巡视校园	24. 可绿化的地方尽可能得到绿化,无折枝毁木迹象,花草树木无病虫害,高大乔木上要安置一定数量的人工鸟巢,花木上有植物介绍标牌(2分) 25. 校园内的水塘、池沼水不劣于四类水质(2分) 26. 空气清新,无焚烧树叶、垃圾现象(1分)			近年来未发生重大人身伤害事故
	D2 卫生 安全 状况 (6分)	巡视校园、教室、食堂、宿舍、厕所、实验室等	27. 办公、学习、生活场所整洁,采光良好,厕所干净,无卫生死角(2分) 28. 食堂、饮水系统、小卖部符合卫生安全标准(2分) 29. 校内公共活动场所无造成师生人身伤害的事故隐患(2分)			
	D3 污染 控制、 节约 资源 能源、 资源 再利用 (8分)	观察校园、实验室、食堂、生活区、运行记录、学生行为	30. 实行垃圾分类投放及处置,对有毒有害废物(实验室、医务室、文印室、食堂、小卖部、废液、废物)妥善处置,采取垃圾减量的措施,并对可利用的废物采取资源化处理(重复使用或送废品收购站)(5分) 31. 建立有效的全校性节水、节电、节约纸张的管理目标,有计划和运行措施(3分) 32. 学校自身产生的污染(噪声、烟尘、固体废弃物)能得到有效控制,每发现一处污染现象扣2分,逐项累计扣除 33. 校办企业、学校设施及施工现场不产生对校园和周边环境有害的污染源,此条不达标,即一票否决			

项目指标		信息来源	评估标准及分值	自评分	评估分	备注
E 教育积效 (20分)	E1 环境意识 (4分)	师生问卷测试、校园观察、走访社区	34. 师生对可持续发展基本理论、环境科学基础知识有初步的了解、对创建"绿色学校"的目的、意义有正确的认识和理解(2分) 35. 师生在环境教育、创建"绿色学校"活动中全员参与、互相合作(1分) 36. 关注校园、社区、社会、全球的环境问题(1分)			
	E2 环保行为 (10分)	巡视校园、师生生活区、座谈会、走访社区家庭	37. 学校积极倡导并厉行绿色生活方式、消费方式,不使用对环境污染严重、对师生身体健康有害的产品,不采用或尽量少采用消耗资源、能源高而效率低的产品和消费方式(3分) 38. 师生自觉节约资源、能源(水、电、纸张、粮食等),不损害花草树木,不伤害、不食用应该受保护的野生动物(2分) 39. 教师不在教室或办公室、阅览室等学生集中的场所吸烟(1分) 40. 学生具有维护环境卫生和整洁的良好习惯,了解垃圾分类处置的方法并自觉实行(2分) 41. 师生在做好自身安全、卫生保护的前提下,积极参与学校、校区、社会的环保公益活动(2分)			
	E3 教育成果 (6分)	查阅有关文件、获奖证书、报刊	42. 学校、教师在市级以上刊物和市级以上会议(培训班)及知名度较高的网络上发表的环境教育的论文、经验、总结、教案每学年不得少于3篇(2分) 43. 学校或教师受县(市、区)以上环保、环境教育、绿化、卫生等部门表彰的不少于3次(人)(2分) 44. 师生参加环境类的征文、教案、论文、科技制作、文艺会演、书画比赛等活动获县以上奖励不少于5人次(2分)			

项目指标		信息来源	评估标准及分值	自评分	评估分	备注
F 附加分		查阅获奖证书或相关刊物	45．学校在评定年限内获市级以上环境教育先进单位(3分) 46．学校在评定年限内有教师获地、市级以上环境教育先进个人(2分) 47．教师论文、教案在评定年限内获全国环境教育奖项或在国家级专业刊物发表(3分)，获省级环境教育奖项或在省级专业刊物发表(2分) 48．学生在全国各类环境活动中获奖(3分)，在全省各类环境活动中获奖(2分)，在全市各类环境活动中获奖(1分)			
合计得分						

江苏省教育厅、江苏省环保厅制定。

江苏省优质幼儿园评估标准

指标	评 估 标 准
一、保教队伍	1. 正、副园长具备学前教育专业大专以上学历,符合《幼儿园园长任职资格》要求和园长"岗位能力要求"。
	2. 保教人员配备保证两教一保,满足工作需要。
	3. 专任教师均具备幼儿教师资格,50%以上达大专学历。
	4. 保健教师具有中等卫生学校及以上学历,保育员受过幼儿保育专业培训。
	5. 注重园本教研和学历提高,制定并实施教师专业发展规划;幼儿园保教人员业务档案健全。
	6. 教师具有较强的教科研意识,人人参加教科研活动,教科研活动效益高。
	7. 实行园长负责制、教师聘用制、岗位责任制,教职工具有良好的职业道德、保教技能和团队精神。
二、办园条件	1. 幼儿人均用地、建筑、绿化面积分别达到 15 m²、9 m²、2 m²;户外幼儿活动场地生均 6 m² 以上。
	2. 各班活动室、寝室、卫生间、储藏室配套,专用活动室面积能满足幼儿活动需求。
	3. 有草坪、沙池,有足够的软地,有饲养场(角)、种植园地(角);各类场地的比例、布局合理、安全卫生,使用率较高。
	4. 有满足幼儿开展各类体育活动需要的大型玩具和体育运动器械、器具;有保证幼儿在阴雨天活动的场地或设备。
	5. 班班有符合幼儿身高、配套的桌椅,有开放式玩具橱、图书架、钢琴、电视机等;有良好的照明、通风、消防、防寒、降温设备。
	6. 玩具数量足够,能满足幼儿一日活动需要;有必要的教具,有摄像、摄影、投影等现代化教学设备。
	7. 幼儿图书(不含课程用书)生均 10 册以上,教工图书(含各类教育、教学参考书)人均 20 本以上,订有 5 种以上省级学前教育报刊。
	8. 幼儿园有稳定的经费来源和基本满足日常保教需要的流动资金。

指标	评估标准
三、安全卫生	1. 严格健康检查、卫生消毒及隔离、预防疾病、卫生保健登记、统计等制度,认真做好入园检查、定期体检、晨检及全日健康观察;各类账册、资料、档案齐全、规范。
	2. 幼儿园有保健室和常用设备、器械、药品;班班有齐备的生活用品及消毒设备;各类设施、设备安全、卫生,方便幼儿使用,使用率高。
	3. 厨房设施齐全,适应全园教师、幼儿用餐需要,符合卫生部门要求。
	4. 安全工作责任到人,检查制度健全;密切关注幼儿的安全,及时消除事故隐患;安全工作档案健全。
	5. 园内各种建筑、设施设备均有安全防护措施,教育活动所提供的场地、材料、教玩具等均能确保安全,无事故隐患。
	6. 有计划地对幼儿进行安全教育;帮助幼儿掌握必要的自我防护知识和方法,提高幼儿自我保护的意识与能力。
四、保教水平	1. 保教工作有特色,游戏活动能充分满足幼儿游戏的意愿,体育活动张弛有度,强度密度合理,学习活动有序、有层次,有利于启发幼儿思维。
	2. 生活作息安排符合幼儿身心特点、季节特点,两餐间隔时间不少于 3 小时半,幼儿户外活动(常态下)时间两小时以上,户外体育活动时间 1 小时以上,游戏时间 3 小时以上。
	3. 活动目标明确具体,符合幼儿的年龄特点和班级实际水平,有层次、可操作;合理利用本地区自然、社会、文化等教育资源和幼儿生活中的教育因素。
	4. 幼儿走、跑、跳、投、钻、攀爬等基本动作正确、协调;能熟练、规范使用常用的学习、劳动工具及各种材料,具有与年龄相适应的操作技能;具有基本的生活自理技能。
	5. 能听懂和理解简单的语意,愿意与他人交谈,并能清楚地表达自己的意愿;喜欢阅读,能初步理解图画、符号的意思,有良好的阅读习惯;能初步感受自然、生活和艺术中的美。
	6. 有良好的进餐、睡眠、如厕、盥洗和保持个人整洁的卫生习惯;坐、行、读、写姿势正确;活动中有规则意识和任务意识,活动后能及时整理物品。
	7. 日常生活中愉悦、轻松、满足,情绪稳定;喜欢和信任教师、保育员,接纳和亲近同伴;喜欢参加群体活动,在活动中懂得与他人相处的方法和礼仪,乐意与同伴合作。

指标	评 估 标 准
五、管理绩效	1. 认真贯彻《幼儿园管理条例》、《幼儿园工作规程》和《幼儿园教育指导纲要(试行)》,形成明确的办园宗旨和鲜明的办园特色。
	2. 严格按照幼儿教育规律办园,无超班额现象,无小学化教学倾向,无早期定向培养现象,无体罚和变相体罚幼儿的现象。
	3. 严格执行《托儿所、幼儿园卫生、保健制度》,措施到位,近三年未发生重大饮食卫生和园内安全等责任事故。
	4. 保教工作体现体智德美全面发展的要求,幼儿发展水平良好;定期对幼儿进行发展水平测评,幼儿个体发展档案健全。
	5. 教科研理论与实践相结合,人员、经费有保障。
	6. 幼儿园与社会、家庭密切联系的有效机制初步建立,形成有利于幼儿成长的良好环境,社会和家长对幼儿园保教质量满意。
	7. 严格执行《江苏省幼儿园收费管理暂行办法》,财务实行预决算制度,专款专用;各类账目清楚规范,保教工作正常支出有保障。

来源:《江苏省教育厅关于印发〈江苏省优质幼儿园评估实施方案〉和〈江苏省优质幼儿园评估标准〉的通知》(苏教基〔2007〕14 号)。

天津市义务教育学校现代化建设标准(2008—2012年)

一、办学条件

(一)教育经费

1. 依据国家和本市规定,全面落实教师待遇。

2. 生均公用经费达到市颁标准,并逐年有所增长。

3. 规范收费行为,无违规收费现象。

4. 财务制度健全,预算管理规范,账目清楚,提高经费使用效益,收支合理,勤俭节约。

(二)校舍场地

5. 校舍场地符合市教委《关于推进义务教育学校建设达标的意见》(津教委〔2008〕46号)的有关要求;布局合理,使用方便。

6. 运动场地铺设塑胶地面(或人工草皮)、塑胶跑道。(注1)

7. 校舍场地定期维护、整修,常年保持良好状况。

8. 校舍场地有安全警示标志,并设无障碍设施。

(三)教学装备

9. 各科教学仪器、设备达到《天津市中小学教学仪器配备标准》(津教委基〔2007〕7号)的有关要求。课外活动器材能满足学生需要。

10. 教室和专用教室的设施齐备、安全,达到《天津市义务教育学校实验室及功能教室设施装备管理规范》(津教委〔2008〕45号)的有关要求。

11. 严格仪器、设备、设施及各类耗材的管理,并及时保养、维修、更新、补充,仪器、设备完好率应达到95%,保证安全使用。

12. 充分使用专用教室,广泛进行课程熏陶。开放陈设,展示与教学相关的标本、仪器、设备,方便学生参观。演示和分组实验开出率均达到100%。

13. 小学和初中生均图书分别达到30本和40本,并定期补充、更新。图书馆、阅览室每天向学生开放,借阅覆盖率为100%,借阅周转率不断提高。

14. 严格教科书循环使用管理,保证有效使用。

(四)信息技术

15. 小学和初中每百名学生计算机拥有量分别为10台和12台。计算机教室、多媒体设备配置和校园网资源库建设符合《天津市义务教育学校信息化建设规范》(津教委〔2008〕44号)的有关要求。

16. 实行电子校务,各项工作全部纳入信息化管理。

17. 电子备课设备、设施能满足教师教学需要。

18. 95%的教师可以自主开发和使用课件。促进信息技术与素质教育的有效整合。

19. 严格信息技术和设备管理,及时补充更新,提高使用效益。

（五）生活设施

20. 各类生活设施符合市教育《关于推进义务教育学校建设达标的意见》的有关要求,方便舒适。

21. 免费提供充足饮水。

22. 设置满足师生需要的水冲厕所,保证清洁无味。（注2）

23. 安排就餐的学校须提供良好的就餐条件,学校食堂应达到食品卫生信誉度B级以上。

24. 具备集中式供热设施,保证冬季取暖。

25. 卫生室能提供校内初步卫生保健服务。

（六）校园环境

26. 按照办学思想进行整体规划,布局合理,风格协调,实现净化、美化、绿化。

27. 突出学校文化特点,体现教育功能。

28. 门前整洁有序、通畅安全,独立围墙透景见绿。

二、学校管理

（七）办学思想

29. 坚持科学发展,确立推进素质教育、具有时代特点、体现创新精神的办学理念,并能得到普遍认同。规划、目标符合实际,利于操作。

30. 坚持依法办学,体现公平性、公益性、普惠性。班额符合本市有关规定,不办重点班或变相的重点班。

31. 构建和谐校园,建设学校文化。

32. 关注弱势群体,保证残疾学生、家庭困难学生和外来务工人员子女完成学业。

（八）班子建设

33. 结构合理,符合任职要求。

34. 坚持正确的政治方向,思想解放,干事创业,遵纪守法,作风民主,廉洁自律,公道正派。

35. 具备较高的专业素养、理论水平、管理能力。视野开阔,善于学习,勤于反思,具备一定的研究能力。

36. 具有较强的团队意识、协调能力,充分发挥整体效能。

37. 具有较强的服务意识,得到师生、家长和社会的广泛认可。

（九）运行机制

38. 实行校长负责制，具有现代学校规范、民主、开放的管理特点。

39. 校长履行法定代表人职责，保证学校决策的民主化、科学化。

40. 党组织发挥政治核心作用，保证和监督方针政策的贯彻落实和各项工作的顺利实施。

41. 确立教职工代表大会民主管理和民主监督的地位，积极调动广大教职工参与决策、管理和监督。

42. 采取多种形式，争取学生、家长、社区及社会有关方面支持、参与和监督学校工作。

43. 内部机构健全，职责明确，工作协调。

44. 规章制度完善，实行包括财务公开在内的校务公开，定期发布工作信息。

（十）教育科研

45. 有阶段性的教育科研课题、规划，发动广大干部、教师紧密结合学校教育教学的实际，选择和确定科研课题。

46. 规范课题研究过程，深入分析，积极实践，注重积累，升华认识，推动学校工作不断创新。

47. 定期举办教育科研总结和交流活动，科研成果得到应用和推广。

（十一）交流合作

48. 积极参与均衡发展合作学区的各项活动，共享教育资源，促进共同发展。

49. 推动学校与社区合作，学校资源定期向社区居民开放，并充分利用社区教育资源进行教育教学改革，共同建设学习型社区。

50. 积极与本市及国内其他地区的学校开展教育交流活动，有条件的学校应加强与境外学校的教育交流。建立学校网站，开展多种形式的教育合作。

51. 建立城乡学校合作机制，发挥各自优势，促进均衡发展，支持新农村建设。

（十二）办学特色

52. 认真总结和发展独特性、创新性的教育教学成果，并在本区县产生较大影响。

53. 发挥办学优势，不断提升整体水平和社会声誉，逐步形成有自身特色和优势的办学传统。

三、教师队伍

（十三）队伍结构

54. 人员配置符合编制要求，各科教师和专业人员满足教学需要，有健全的工作规范和业务档案。

55. 全员具备任职资格，小学和初中专任教师专科和本科及以上学历达标率均为90%。（注3）

56. 专业技术职务结构合理,具备中、高级专业技术职务教师所占比例达到或接近本区县平均水平。

57. 具有一支人数不少于教师总数30%且相对稳定、年龄梯次合理的骨干教师队伍,有区级以上学科带头人,并能发挥示范引领作用。

58. 按本市有关要求,积极推进教师流动。

（十四）教师素质

59. 具有良好的职业道德,有社会责任感和奉献精神,自觉抵制有偿家教,赢得学生的爱戴和家长的信赖。

60. 有先进的教育理念,积极投入课程改革,关注学生个体差异,引导学生全面发展。能完成教育教学任务,能指导课外活动。

61. 具备系统、扎实的专业知识,掌握信息技术,有较强的实施素质教育能力。

62. 不断更新知识结构,注意总结,勤于反思,具有一定研究能力,并取得一定的研究成果。

63. 说普通话,写规范字。

（十五）教师教育

64. 按本市有关规定,制定全员继续教育和教师提升学历的计划和措施,并取得良好的效果。

65. 重视教师政治、业务及有关理论的学习,为教师提供机会参加各层次的培训、研讨和交流活动,提升教师素质,开拓教师视野。

66. 建立学科带头人和青年教师的培养、使用、考核等方面的激励机制,并保证经费投入。

67. 教师有较强的自我发展意识,有明确的自我发展目标和计划。

四、素质教育

（十六）课程管理

68. 树立新课程理念,落实国家课程和地方课程,开发校本课程。

69. 严格执行课程计划,不随意增减课程和课时。

70. 落实文体活动和社会实践,保证活动课程的课时和质量。

71. 按照本市有关规定,制定并落实减轻学生课业负担过重的具体措施。

72. 制定并实施有利于学生树立自信、挖掘潜能、促进发展的综合评价制度。

（十七）德育工作

73. 贯彻中央和本市关于加强未成年人思想道德建设和德育工作的有关要求,把德育放在首位,增强德育工作的针对性、实效性和主动性。

74. 德育工作队伍健全、制度完善,班主任工作得到有效落实。

75. 创新德育工作方式,坚持教书育人、管理育人、服务育人,寓德育于学校各项工作之中。不同年级、不同时期均有相应的教育目标和活动安排,使学生通过体验逐步形成良好的行为习惯和道德品质。

76．加强校风、班风建设，注重学生自我管理、自我教育。

77．加强网络德育，指导学生文明上网，自觉抵制不良信息。建立德育网站，充分运用网络进行思想道德教育。

78．开展心理健康教育，关注个别学生的心理辅导和行为矫正，预防犯罪。

79．密切与学生家庭的联系，加强与社区的合作，充分发挥社会教育资源的作用，形成学校、家庭、社会紧密配合的工作网络。

（十八）教学工作

80．校长、主管教学的副校长和教务主任经常深入并指导课堂教学和教研活动，每年听课分别不少于60节、80节、120节（兼课减半），并做好教育教学笔记。

81．制定并实施严谨规范的教学管理制度，提高教学常规管理水平。

82．开展教学方式和方法的改革，注重常态的课堂教学效果，以及学生学习收效。提高校本研修质量，应用和推广先进的经验和成果。

83．科学评价教师的教学工作和学生的学习状况，落实课程标准，提高教学质量。

（十九）体育卫生

84．认真贯彻国家和本市有关规定，落实体育课和体育活动课，课外体育活动时间每天不少于1小时，每年至少举办1次校级运动会。开展阳光体育活动，发展学校传统体育项目。

85．认真贯彻国家和本市有关规定，开展健康教育，实施健康监测，搞好常见病与传染性疾病的群防群控，做好预防近视眼教育工作。

（二十）艺术教育

86．开齐艺术课程，开展形式多样的艺术教育活动。

87．有多种艺术兴趣小组或文艺社团组织，每年举办1次校园艺术节，并积极参与各级艺术展演。

（二十一）劳动教育

88．开齐劳动课程，充分利用校外劳动教育基地，进行相应的劳动和劳动技术教育。

89．积极指导学生家长在家庭中对学生进行劳动教育。

（二十二）课外活动

90．每周都有丰富多彩的课外兴趣活动，学生参与率达到100%。学生个性特长得到充分的培养和展示。

91．广泛开展读书活动，提高学生阅读能力和科学、人文素养。

（二十三）社会实践

92．努力开发社会教育资源，建立固定的社会实践基地。

93．加强社会实践活动，确保小学和初中每学年课外社会实践活动累计分别不少于 10 天和 20 天。

（二十四）教育质量

94．小学、初中学生巩固率分别为 100% 和 99%。小学、初中毕业生合格率分别为 100% 和 98%。

95．学生有良好的行为习惯、道德品质，有社会责任感和社会交往能力，有积极向上的精神风貌。

96．学生有学习愿望、学习兴趣、较好的学习方法和一定的学习能力。具备独立思考的能力和初步的创新能力、实践能力。

97．学生体质健康达标率为 98%。掌握两项体育运动技能，具有一项艺术爱好。

98．学生有良好的卫生习惯、生活习惯，自觉维护公共卫生。

99．学生有较好的劳动习惯，初中学生掌握初步的劳动技术。

100．家长对学校教育的满意度达 85% 以上，社区对学校教育的满意度达80% 以上。

注 1：农村学校场地须符合规范要求，但可缓做塑胶跑道和人工草皮。

注 2：2007 年以前建的农村学校厕所根据建设部、原国家计委、原国家教委1996 年联合发布的《农村普通中小学校建设标准（试行）》（建标〔1996〕640 号）进行改造。

注 3：农村小学、初中专任教师的学历要求，可按区县计划推进，暂缓达标。

来源：天津市教委《关于实施〈天津市义务教育学校现代化建设标准（2008—2012 年）〉的意见》（2008 年 8 月）。

中等职业教育

教育部颁布的评估标准和指标

国家级重点中等职业学校条件

一、省(部)级重点以上学校

二、办学方向明确,质量效益好

1. 办学指导思想明确。主动为经济结构调整和技术进步服务,为促进就业和再就业服务,为农业、农村和农民服务,为推进西部大开发服务;面向社会,面向市场,以就业需求为导向设置和调整专业,培养目标定位适当。

2. 办学规模大。在搞好职业学校学历教育的同时,加强职业培训,初步形成学历教育与职业培训并举的办学格局。全日制学历教育在校生人数达 2 000 人以上,年培训人数达 1 000 人以上。

3. 毕(结)业生质量好。就业率达 90% 以上,同时获得毕业证书和职业资格证书的比例达 80% 以上,能够适应产业结构调整、技术进步和岗位变化的要求,成才典型多,受用人单位欢迎。

4. 骨干示范作用好。办学特色鲜明、质量和效益高,具有起骨干示范性作用的专业,注重改革创新,注重总结和提供学校在办学、教育教学、学校管理等方面创造和积累的经验,对同类学校有借鉴和示范作用,推动了地区职业教育发展,学校有良好的声誉,社会形象好。

三、基本办学条件良好

1. 校园占地面积(不含教职工宿舍等非教学用房),城市学校一般不少于 4.0 万平方米,农村学校一般不少于 6.7 万平方米。

2. 校园建筑面积(不含教职工宿舍等非教学用房),城市学校一般不少于 3.0 万平方米,农村学校一般不少于 2.5 万平方米。

3. 专兼职教师比例合理。专任教师 80 人以上,其中具有本科以上学历教师占 85% 以上,高级职务教师占 20% 以上,"双师型"教师和研究生以上学历教师占有一定比例。

4. 有满足各专业实验、实训需要的教学设备、场地,实验自开率、实习开出率达 95% 以上,有稳定的校外实习、实训基地。

5. 积极开展信息化建设。建有校园网,有能满足办学需要广泛获取和处理信息资源的软硬件设施,能够利用信息技术开展教育教学和管理活动;图书馆藏书6万册以上(含电子图书)。

6. 有较完善的体育、卫生设施与设备。体育场环行跑道,城市学校一般不少于200米,农村学校一般不少于400米。

7. 受到当地政府和学校主管部门的重视和支持;改革和发展的外部环境好;能多渠道筹集资金,保证学校有稳定经费来源,满足办学需要。

四、管理规范,注重改革创新

1. 重视办学模式创新。办学形式长短结合、灵活多样;通过学校董事会、办学指导委员会等形式,建立了学校与行业、企业紧密联系的办学机制,实行产教结合;建立了学校与劳动力市场密切联系的机制;积极开展与国(境)内、外职业教育机构的合作;已开始实施学分制等弹性学习制度。

2. 重视队伍建设。学校领导班子素质高、观念新、有开拓创新精神;干部队伍作风好;坚持对教师进行继续教育和培训,建立了专业课教师定期参加生产实践的制度,开展有学校特色的校本培训,使教师素质得到持续提升。

3. 重视德育工作创新。德育课改革力度大,教学质量高;坚持对学生进行爱国主义教育、职业道德和行为规范教育、心理健康教育、法制教育;加强校园文化建设,形成了良好的学风和校风;对学生进行职业指导和创业教育,积极为毕业生提供就业服务。

4. 重视教学改革和创新。认真搞好专业建设,经常进行调研,适时开发新专业,不断改造老专业,建有具有特色的、水平较高的骨干示范性专业;坚持进行课程体系和教学内容改革,不断开发新课程,及时在课程中加入反映新知识、新技术、新工艺和新方法的内容,编选具有职业教育特色的校本教材;教材管理规范、严格;促进现代教育技术手段的运用,加强计算机辅助教学,开展远程教育教学,共享优质教育资源;努力探索教与学的质量考核方法改革,采用体现职业教育要求的多种考核方法。

5. 重视管理工作改革和创新。学校及各部门规章制度规范、健全并认真执行;积极进行人事制度、内部管理体制、后勤社会化等改革,形成了完善的管理机构和与市场经济体制相适应的运行机制;管理手段现代化;教学管理规范、严格并有所创新;注重教科研工作,设立或承担并完成了一定数量的各级课题;有切实有效的教学督导机制。

来源:教育部职业教育与成人教育司。

国家级重点中等职业学校评估指标体系总表

一级指标	二级指标	三级指标	
1 办学方向与质量效益	1-1 办学方向	1-1-1	指导思想与办学思路
		1-1-2	培养目标与就业导向
	1-2 办学规模	1-2-1	学历教育人数
		1-2-2	培训教育人数
	1-3 毕业生质量	1-3-1	就业率与稳定率
		1-3-2	"双证书"率与专业对口率
	1-4 示范作用	1-4-1	骨干作用与教研成果
		1-4-2	示范专业与紧缺人才培养
		1-4-3	学校荣誉与社会声誉
2 基础条件与合理利用	2-1 校园	2-1-1	占地面积与校园布局
		2-1-2	建筑面积与合理利用
	2-2 专任教师	2-2-1	教师数与师生比
		2-2-2	学历与职称
		2-2-3	实践能力与信息化水平
	2-3 实验、实训	2-3-1	校内设备及开出率
		2-3-2	校外实习(实训)基地及利用
	2-4 信息化建设	2-4-1	网络建设与利用
		2-4-2	教学用计算机
		2-4-3	多媒体教室
		2-4-4	图书资料与借阅使用
	2-5 体育、卫生	2-5-1	体育设施及体育工作
		2-5-2	卫生设施及饮食安全
	2-6 经费	2-6-1	经费来源与使用

一级指标	二级指标	三级指标
3 规范管理与改革创新	3-1 办学模式	3-1-1 校企联合办学
		3-1-2 城乡联合办学
		3-1-3 产教结合
		3-1-4 弹性学制与学分制
	3-2 办学机制	3-2-1 内部激励机制
		3-2-2 与国外合作办学
	3-3 队伍建设	3-3-1 管理队伍建设
		3-3-2 师资队伍建设
	3-4 德育工作	3-4-1 德育工作与德育课
		3-4-2 校园文化与安全教育
		3-4-3 职业指导与就业服务
	3-5 教学改革	3-5-1 专业建设
		3-5-2 课程体系及内容改革
		3-5-3 教学方法改革
		3-5-4 教材选用与管理
		3-5-5 教学质量监控

三级条目编号、名称	1-1-1 指导思想与办学思路
内涵及标准	A. 办学指导思想明确、端正，主动做好"四个服务"；办学思路清晰，体现"三个转变"、落实"两个工程"，近期、远期发展规划目标明确、可行。 C. 办学指导思想较明确、端正，能积极做好"四个服务"；办学思路较清晰，有近期发展规划。
说明	四个服务：为经济结构调整和技术进步服务，为促进就业和再就业服务，为农业、农村、农民服务，为推进西部大开发服务。 三个转变：要转变办学思想、办学模式和办学机制。 两个工程：实训基地建设和师资队伍建设。
必备材料	学校近期、远期发展规划，近三年学校工作总结，有关办学的论文。
操作建议	复评时结合学校各项工作总体评价。

三级条目编号、名称	1－1－2　培养目标与就业导向
内涵及标准	A. 培养目标定位准确,岗位指向明确,描述具体,措施落实;认真贯彻"以服务为宗旨,以就业为导向"的方针,正确处理毕业生就业与升学的关系。 C. 培养目标定位准确,岗位指向较明确,描述欠具体;较好地贯彻"以服务为宗旨,以就业为导向"的方针。
说明	查主干专业。各主干专业应紧紧围绕培养高素质的劳动者(技能型人才)确定培养目标,针对的岗位群要明确,文字描述要具体。"以服务为宗旨,以就业为导向"要体现在培养目标、教学计划、教学内容、教学方法、职业指导以及处理好毕业生就业与升学的关系等方面。毕业生升入非对口高职,不计入就业率(艺术、体育专业除外)。
必备材料	各主干专业教学计划、近三年的课程表、毕业生就业情况一览表(包括姓名、性别、专业、毕业时间、就业时间、第一就业单位及岗位、何时变更何单位何项工作)。
操作建议	复评时要结合毕业生的其他条目评价。

三级条目编号、名称	1－2－1　学历教育人数
内涵及标准	学历教育在校生数,三年年平均: A. 达 3 200 人(艺综:1 000 人;艺单:600 人;体:540 人)。 C. 达 2 000 人(艺综:700 人;艺单:400 人;体:360 人)。
说明	查最近三年的在读人数,其公式是: 学历教育在校生人数 ＝(2004 年人数 ＋2005 年人数 ＋2006 年人数)÷3 学历教育,指各级、各类职业教育、成人教育,普通高等教育、普通高中教育、综合高中教育人数不计在内。 括号内:艺,指艺术类学校;体,指体育类学校。下同。艺综,指综合性艺术学校;艺单,指单科艺术学校,包括高等艺术学院的附中。下同。
必备材料	有关教学计划、新生录取名单、在校生花名册。
操作建议	如果报表时已完成 2006 年招生任务的,最好用 2004—2006 年人数;未完成 2006 年招生任务的,仍用 2003—2005 年数。各省(市、区)内一定要统一要求。

248

三级条目编号、名称	1-2-2 培训教育人数
内涵及标准	培训教育人数,三年年平均: A. 达 2 000 人(艺:200 人;体:200 人)。 C. 达 1 000 人(艺:100 人;体:100 人)。
说明	查最近三年的在读人数。全天上课连续满 2 周的,按在册人数计,即按 1:1 计。培训时间不足 2 周或每天上课不足 6 学时的,按下列公式折算: 折算人数 = 在册人数 × 总学时 ÷6。 每年培训人数 =(2003 年培训人数 +2004 年培训人数 +2005 年培训人数)÷3
必备材料	有关招生简章、招生报表、培训计划、课程表、学员花名册。
操作建议	复评时抽查培训场地、同部分学员见面。

三级条目编号、名称	1-3-1 就业率与稳定率
内涵及标准	主干专业毕业生中: A. 当年就业率达 90%,就业稳定率不少于 70%。 C. 当年就业率达 70%,就业稳定率不少于 50%。
说明	毕业生就业率:查近三年的年平均率。就业,不论是学校推荐还是自谋职业,凡是有相对稳定的工作岗位和经济收入的即为就业。中职学校毕业生升入对口高职院校(或专业)的可计入就业率,升入非对口高职的,不计入就业率(艺术、体育专业除外)。 当年就业率 = 主干专业各班毕业生就业人数 ÷ 主干专业各班毕业生总数。 平均就业率 =(2003 年就业率 +2004 年就业率 +2005 年就业率)÷3 就业稳定率:只查前两年(不查评估当年)毕业生在第一就业岗位稳定情况,换岗位但没离开该单位,按稳定计。 一年就业稳定率 = 稳定学生数 ÷ 已就业人数 平均就业稳定率 =(2004 年稳定率 +2005 年稳定率)÷2
必备材料	毕业生就业情况一览表(见 1-1-2)、有关说明、证明。
操作建议	复评时随机抽 1~2 个专业或班级详查。

三级条目编号、名称	1-3-2 "双证书"率与专业对口率
内涵及标准	近三年主干专业毕业生中： A. "双证书"率达95%，专业对口率达60%。 C. "双证书"率达80%，专业对口率达50%。
说明	"双证书"率：毕业生毕业时取得与所学专业相关、社会或行业认可的某项专业技术（或技能）证书者按有职业资格证书统计。一人取得多个技能证书，也按一个人统计。通用的计算机等级证书、外语等级证书不计在内。 专业对口率：查毕业生毕业后两年内专业对口情况，中间换过单位但专业未换者仍按"对口"统计。只查2003、2004年两届。 一年专业对口率＝专业对口数÷已就业人数 平均专业对口率＝（2003届对口率＋2004届对口率）÷2
必备材料	毕业生就业情况一览表（见1-1-2）、有关说明、证明。
操作建议	复评时随机抽1~2个专业详查。

三级条目编号、名称	1-4-1 骨干作用与教研成果
内涵及标准	近三年： A. 在全国、全省骨干作用突出，教（科）研成果多。 C. 在当地骨干作用突出，教（科）研成果较多。
说明	学校骨干作用可从两方面看。一是在职教类学会、专业研究会、课程组中承担的职务、任务，二是在会议或媒体上推介本校经验（广告类文章、资料不属于经验介绍）。 教（科）研成果：本校专任教师、职工的专著、著作、译著、教材、科研成果、有水平的论文等。
必备材料	有关任职证书、文件、成果原件。
操作建议	

三级条目编号、名称	1－4－2　示范专业与紧缺人才培养
内涵及标准	近三年内： A. 有全国、省级示范专业,或是省级以上紧缺人才培训基地。 C. 有市级示范专业,或是市级以上紧缺人才培训基地。
说明	示范专业:指教育行政部门正式行文命名的。 紧缺人才培训基地:指由政府或教育行政部门命名的。
必备材料	有关文件、证书。
操作建议	复评时对"紧缺人才培训"工作要实地检查。

三级条目编号、名称	1－4－3　学校荣誉与社会声誉
内涵及标准	近三年内： A. 学校声誉好:获得过省级以上表彰,每年招生报名人数达招生计划数的2倍。 C. 学校声誉好:获得过市级表彰,每年招生报名人数超过招生计划数。
说明	表彰:主要统计政府及有关部、委、厅、局的综合性表彰,奖励。单项表彰、奖励(例如论文评选、演讲比赛、文艺比赛、体育比赛、卫生先进、绿化先进等)不计在内。单位、个人有一项即可。 重点学校、示范学校、示范专业、示范培训基地等不计入表彰、获奖内。
必备材料	有关文件、证书、奖牌、奖章,招生报名登记表及录取新生简明登记表。
操作建议	复评时对"表彰"证书要核对颁证单位。

三级条目编号、名称	2-1-1　占地面积与校园布局
内涵及标准	A. 学校占地面积达 67 000 米²（农：93 000 米²；艺：47 000 米²；体：60 000 米²）。布局结构合理、利用率高。 　　C. 学校占地面积达 40 000 米²（农：67 000 米²；艺：20 000 米²；体：33 000 米²）。布局结构不太合理，但利用率高。
说明	学校占地面积不包括教工宿舍区等非教学用区域。括号内"农"，指农村学校，即校址位于县级市、县及以下级别政府所在地的学校。下同。 　　一校两址，合并计算。租用已满 3 年的，可以计算在内，但本身的占地不得少于20 000 米²。 　　校园布局：各类房舍、场地、绿地的布局情况，安全情况。
必备材料	土地证、租赁合同、新征地批文、平面图。
操作建议	复评时对一校两址、租用土地的要实地核查。

三级条目编号、名称	2-1-2　建筑面积与合理利用
内涵及标准	A. 建筑面积达 50 000 米²（农：45 000 米²；艺：40 000 米²；体：40 000 米²）。各类用房搭配比例恰当，利用率高。 　　C. 建筑面积达 30 000 米²（农：25 000 米²；艺：20 000 米²；体：20 000 米²）。各类用房搭配尚可，利用率一般。
说明	建筑面积，不包括教工宿舍等非教学用房。一校两址，合并计算。租用已满 3 年，可以计算在内，但本身建筑面积不得少于 10 000 米²。 　　各类用房搭配：指理论教学、实践教学、实验、图书、活动、就餐、办公、宿舍等用房搭配是否合理。
必备材料	建筑物权属证、校园平面图、各类用房建筑面积统计表。
操作建议	同 2-1-1

三级条目编号、名称	2-2-1 教师数与师生比
内涵及标准	A. 专任教师 120 人(艺:95 人;体:75 人)。师生比在 1:18～1:20(艺:1:7～1:9;体:1:7～1:9)之间。 C. 专任教师 80 人(艺:70;体:50)。师生比在 1:15～1:17 或在 1:21～1:23 之间(艺:1:6,或 1:10 左右;体:1:6 或 1:10 左右)。
说明	专任教师:指属于学校编制的,专职从事理论教学和实践教学的人员(含体育学校的教练员),包括专业科长、教育研究室主任、教研组长,不包括校长、书记、教务科长等主要从事行政管理的兼课人员,也不包括校外的兼职教师。人事制度改革后,正式聘用已 2 年以上的从事专任教师工作的非本校在编人员按专任教师统计。一般情况下,实习指导教师应控制在专任教师数的 15% 以内。既是理论课教师又是实习指导教师的按一头统计。 师生比:指专任教师与学历在校生之比。 专门音乐学校师生比一般控制在 1:5 左右。
必备材料	有关人事档案、合同、专任教师花名册(按基础课教师、专业课教师、实习指导教师顺序统计,每人包括:姓名、性别、年龄、学历、毕业学校、专业、来校时间、职称、任课名称、制作课件水平、有无实践证书等)。
操作建议	判断师生比要根据专业特点、班次多少、学校位置等具体分析。

三级条目编号、名称	2-2-2 学历与职称
内涵及标准	A. 理论课教师均达本科(农、艺、体:均达专科,本科占 90% 以上),且有研究生;实习指导教师均达专科。理论课教师高级职称达 30%。 C. 理论课教师均达专科,本科占 90% 以上(农、艺、体:80% 以上);实习指导教师均达中职以上。理论课教师高级职称达 20%。
说明	理论课教师:这里指基础课教师和专业课教师。既从事理论教学又从事实习指导的教师只按一头统计。 教师学历以国家承认其学历的院校所颁发的毕业证书为准。研究生未取得学位者不计。 专任教师具有其他系列高级职称也计在内。双职称只计 1 次。有资格未聘的不计在内。
必备材料	有关毕业证、学位证、职称证、聘书、专任教师花名册(见 2-2-1)。
操作建议	复评时对艺术、体育等特殊专业教师的学历、职称要作具体分析。

三级条目编号、名称	2-2-3　实践能力与信息化水平
内涵及标准	A. 专业理论课教师中具有"双师型"的达 60% 以上。专任教师中独立制作、运用课件的达 60% 以上。 　C. 专业理论课教师中具有"双师型"的达 40% 以上。专任教师中独立制作、运用课件的达 40% 以上。
说明	教师有和自己所授课程相关的职业资格证、职称证或技能证,按双师型教师统计。
必备材料	有关证书、证明、专任教师花名册(见 2-2-1)。
操作建议	复评时要随机抽查。

三级条目编号、名称	2-3-1　校内设备及开出率
内涵及标准	A. 本校实验、实习(实训)设备、设施先进程度高,工位足,各主干专业开出率均达100%(农:98%)。 　C. 本校实验、实习(实训)设备、设施较先进,各主干专业开出率均达 95%(农:90%)。
说明	实验、实习(实训)共用的设备按一头统计。 　开出率:实验指自开率;实习(实训)指开出率,即校内、校外开出合并计算。均以教学大纲(或实验、实习大纲)规定的个数计算,设什么专业就要有相应的设备。 　实验开出率 = 校内开出个数 ÷ 应开个数 　实习(实训)开出率 = (校内开出个数 + 校外开出个数) ÷ 应开个数
必备材料	有关教学计划、教学大纲、实验指导书、实习(实训)大纲、设备账册、设备使用记录。
操作建议	复评时实地查看。专业性质决定不做实验或实习(实训)校内无法进行的,不查看校内设备。

三级条目编号、名称	2-3-2　校外实习(实训)基地及利用
内涵及标准	校外实习(实训)基地: A. 设立早,有长期协议,联系密切,设备充足,利用效果很好。 C. 无长期协议,但每年均能安排实习(实训)。
说　明	
必备材料	学校实习(实训)基地建设规划、双方协议,近三年校外实习(实训)计划、总结、统计资料。
操作建议	复评时视情况抽查。

三级条目编号、名称	2-4-1　网络建设与利用
内涵及标准	A. 重视网络建设和利用,校园网覆盖学校各部门,并实现与国家管理系统网络沟通。在学校发展中起很大作用。 C. 校园网虽然覆盖学校各部门但未与国家管理系统网络沟通,或虽未覆盖学校部门,但已与国家管理系统网络沟通。
说　明	
必备材料	网络系统配置清单,有关账册、规章制度、使用记录。
操作建议	复评时实地查看。

三级条目编号、名称	2－4－2　教学用计算机
内涵及标准	学校教学用计算机： A. 达 500 台(艺、体、农：300 台)。 C. 达 300 台(艺、体、农：200 台)。
说明	教学用计算机：包括计算机房、多媒体教室、阅览室、专业科、教育研究室、教研组内的计算机及行政管理部门用的计算机。 本校若有计算机类专业，按每班增加 5 台提高标准。 若学历在校生生均计算机不足 0.20 台，降一级标准评定。
必备材料	有关账册、计算机辅助教学的计划和成果。
操作建议	复评时实地查看，结合设备数量、档次、使用情况具体分析。

三级条目编号、名称	2－4－3　多媒体教室
内涵及标准	学校多媒体教室： A. 有 4 个(农、艺、体：3 个)，正常使用。 C. 有 2 个(农、艺、体：1 个)，正常使用。
说明	多媒体教室应配有齐全的专用教学设施、设备。
必备材料	多媒体教室设备清单、有关账册、使用记录。
操作建议	复评时实地查看。

三级条目编号、名称	2-4-4 图书资料与借阅使用
内涵及标准	A. 图书馆藏书达 10 万册（农、艺、体：达 6 万册）；报刊达 150 种（农：80 种；艺：100 种；体：80 种）。充分满足需要，借阅率高，为学校提供文献信息多。管理规范，有电子阅览室，现代化管理程度高。 C. 图书馆藏书 6 万册（农、艺、体：达 4 万册）；报刊 100 种（农：60 种；艺：80 种；体：60 种）。基本满足使用，借阅率高，管理有序。
说明	图书馆藏书：包括印刷图书和电子图书，其中印刷图书为主体。印刷图书指满足借阅条件（登录、编目、上架、能检索）的图书及满足借阅条件的报刊合订本。学生用教材除样本外不计在内。内容更新很快的专业正式印刷的专业小册子按 1:1 计算在内。电子读物按所含册数、部数统计。图书馆应设有可阅读电子读物的电子阅览室及设备。
必备材料	图书账册、借阅记录。
操作建议	复评时实地查看，对建校不满 10 年的可适当降低要求。

三级条目编号、名称	2-5-1 体育设施及体育工作
内涵及标准	A. 体育教师配备合理，体育场地充足，有 400 米环形跑道（艺：300 米），各类体育设施、器材齐全，体育活动开展好。 C. 体育教师配备较合理，有 200 米环形跑道（艺：100 米直道），体育设施、器材较齐全，体育活动开展较好。
说明	环形跑道：要基本符合常规要求，一般不少于 4 道。非体育类学校有 300 米塑胶跑道按 A 档计。 体育学校有田径馆、房、廊（长 110 米，宽 10 米），非田径专业的跑道不少于 200 米，即为 C 档。
必备材料	学校平面图（见 2-1-2）、体育器材账册、运动会秩序册、各种体育活动记录。
操作建议	复评时实地查看，参考《学校体育工作条例》评价。

三级条目编号、名称	2－5－2　卫生设施及饮食安全
内涵及标准	A．学校教学、生活、运动设施符合卫生要求,有卫生机构及专职人员,食堂条件好,学校长期无食物中毒事故。 　C．学校教学、生活、运动设施基本符合卫生要求,有卫生机构及专职人员,食堂条件较好,学校近三年内无食物中毒事故。
说明	
必备材料	学校卫生保健人员名单、设备明细表、食堂卫生制度及检查记录。
操作建议	复评时实地查看,注意教室、宿舍及活动场所的通风、采光、保暖、安全、防火情况,结合《学校卫生工作条例》具体评价。

三级条目编号、名称	2－6－1　经费来源与使用
内涵及标准	A．上级主管部门重视、支持,学校改革发展的外部环境好;经费来源渠道多,稳中有升,能充分满足学校办学和发展的需要;学校建设发展快,教学条件好。 　C．上级主管部门重视支持;学校经费来源渠道较稳定,基本满足办学需要;学校办学条件近几年有所改善。
说明	要有专项经费以外的学校近五年经费增长率统计。
必备材料	学校近三年分年度经费来源汇总表(包括财政拨款、专项经费、学费收入、引入外资、社会捐赠等),学校近五年改善办学条件分类汇总表(包括时间、项目、金额、使用情况等),有关账册、协议、文件。
操作建议	复评时要结合学校发展规划具体分析。

三级条目编号、名称	3-1-1　校企联合办学
内涵及标准	A. 学校和行业、企业（用人单位）联合办学早，有协议，有"订单式"培养，有从该单位长期聘用（相对稳定）的有实践经验的教师。 C. 学校和行业、企业（用人单位）联合办学较早，有协议，有从该单位长期聘用的有实践经验的教师。
说明	行业、企业：指和学校培养目标相关的一线生产、经营、设计、管理、服务、演出等能接受毕业生的单位。 联合办学：指双方共建、双赢，可采用董事会、连锁式、集团式等形式，对方参与学校决策，为学校提供实践场所或是校外实训基地，提供一定数量的兼职教师，接纳一定数量的毕业生，委托学校"订单式"培养或培训。
必备材料	近三年的有关协议、方案、聘书、培养名单等。
操作建议	复评时随机抽查一处。

三级条目编号、名称	3-1-2　城乡联合办学
内涵及标准	A. 学校积极与农村（或城市）、西部（或东部）联合办学，行动早，效果好。 C. 学校已有与农村（或城市）、西部（或东部）联合办学的协议或方案。
说明	城乡联合或东西部联合有一方面即可。联合，可互派学生（采用 1+2、2+1、1+1+1等形式均可）、互派教师、重点支援。
必备材料	有关协议、工作记录、学生花名册等。
操作建议	复评时要根据学校专业性质、所处位置具体分析。

三级条目编号、名称	3-1-3 产教结合
内涵及标准	A. 学校重视产教结合,认识正确,主干专业都有对应的产教结合机构,成效显著。 C. 部分专业实行产教结合,有成效。
说明	产教结合:一般指校内的。机构:包括领导机构和实施机构。 产教结合成效:可根据学校主干专业教学与科研(生产)结合的情况,专业教师技术支持的情况,产教结合实施机构的技术人员、管理人员参与教学的情况,吸引社会上先进技术、技能的情况,为社会创造财富的情况,特别是学生德、智、体、美受益的情况综合分析、评价。
必备材料	近三年的有关文件、证件、规章制度、人员名单、工作总结。
操作建议	虽然主干专业对应产教结合机构少,但某一专业产教结合很有特色,成效特别显著,可按 A 档处理。

三级条目编号、名称	3-1-4 弹性学制与学分制
内涵及标准	A. 学校重视弹性学制的研究,在硬件、软件上准备充分,并已开始探索;推行学分制已有 3 年,且成效显著。 C. 已开始推行学分制,有成效。
说明	实行弹性学制、学分制的准备主要有:更新观念、相应的教学文件、有关制度、教学资源补充、课程调整等。 学分制:指在学历教育中使用,实行完全学分制或学年学分制均可。
必备材料	近三年的有关调研、论证、规划、方案、总结。
操作建议	

三级条目编号、名称	3－2－1　内部激励机制
内涵及标准	校内人事制度、分配制度改革： A．起步早，成效好。 C．刚起步，有成效。
说明	人事制度改革：包括校长负责制、目标责任制、全员聘任制、工资制度、考评制度等一系列配套改革。
必备材料	有关方案、名单、工作记录、考核记录,近一年工资、奖金发放记录。
操作建议	

三级条目编号、名称	3－2－2　与国外合作办学
内涵及标准	A．与国外合作办学多年,有协议,有较多教师或学生交流。 　C．有互访和成功运用国外经验。
说明	
必备材料	有关协议、记录、名单、总结。
操作建议	

三级条目编号、名称	3－3－1　管理队伍建设
内涵及标准	A. 校长、教学副校长具有本科以上学历、高级职称,且在任现职前有 3 年以上从事教育、教学的经历;学校领导班子在群众中威望高;中层队伍人员精干、结构合理。 C. 校长、教学副校长有本科以上学历、高级职称,学校领导班子在群众中威信较高,中层队伍结构合理。
说明	从事教育、教学的经历:包括在学校或在政府机关的教育管理岗位上的经历。 管理队伍建设:包括积极参加全国、全省有关校长、中层干部的培训。
必备材料	现任校领导、中层干部一览表(职务、姓名、性别、年龄、学历、毕业学校、专业、参加工作时间、职称、任现职时间、任现职前职务及时间),学历证书,有关事迹证明。
操作建议	复评时要结合学校校园文化、校风校纪、毕业生质量等综合评价。

三级条目编号、名称	3－3－2　师资队伍建设
内涵及标准	A. 重视师资队伍建设,积极开展以骨干教师为重点的全员培训,有长远规划、年度安排,有措施和经费保证,教师素质提高快,专业带头人水平高。 C. 较重视师资队伍建设,有年度安排,有一定措施和成效。
说明	师资队伍建设:学校要重视教师观念的转变,重视提高教师的职业道德、学历、实践能力、教学水平、现代教育技术应用能力、综合素质。要开展有校本特色的培训。
必备材料	近三年有关规划、规定、名单、主干专业带头人简介。
操作建议	复评时要注意有无市级以上教育行政部门或省级以上职教类学会命名的"名师"。

262

三级条目编号、名称	3-4-1　德育工作与德育课
内涵及标准	A. 重视德育工作和德育课教学,注意改革工作方法和教学方法,成效显著。 C. 德育工作和德育课教学有改进。
说明	德育课教学要突出针对性、时效性,要坚持对学生进行爱国主义教育、职业道德和行为规范教育、心理健康教育和法制教育。
必备材料	近三年有关文件、教案、音像资料。
操作建议	复评时对3-4-1、3-4-2、3-4-3综合考察,评价时各有侧重。

三级条目编号、名称	3-4-2　校园文化与安全教育
内涵及标准	A. 重视校园文化建设和安全教育工作;学校环境美,育人气氛浓;第二课堂内容丰富,形式多样;大型文体活动安排得当;校风校纪好,学生无犯罪记录,学校无安全事故。 C. 育人环境尚好;有第二课堂及文体活动;校风校纪较好;学生无犯罪记录,学校无大的安全事故。
说明	
必备材料	近三年的有关制度、方案活动安排表、表彰及处分决定、典型事例材料。
操作建议	同3-4-1。

263

三级条目编号、名称	3－4－3　职业指导与就业服务
内涵及标准	A. 重视职业指导和就业服务,有机构,有制度,有规划,全员参与,为学生就业服务效果显著。 C. 职业指导和就业服务有机构,有一定计划,但效果一般。
说明	职业指导:要明确任务、主要内容、主要途径。 就业服务:要加强教育、扩展渠道、实施帮助。
必备材料	近三年的有关计划、机构、教材、总结、音像资料。
操作建议	同3－4－1。

三级条目编号、名称	3－5－1　专业建设
内涵及标准	近三年: A. 各专业都进行过调查、论证,其中有1/2以上专业进行过2次调查、论证,对教学计划进行慎重的滚动修改,在建新专业和改造老专业上成效显著。 C. 对部分专业进行调查、论证,并对教学计划进行了调整,在建新专业和改造老专业上成效一般。
说明	中职学校要适应经济结构调整、技术进步和劳动力市场变化,及时调整专业设置,积极发展面向新兴产业、制造业和现代服务业的专业,增强专业适应性,骨干专业特色突出。要重视紧缺人才培训和相关的师资队伍建设、实训基地建设。 专业建设要体现:长线和短线结合,以短补长;主干与辐射贯通,滚动发展;学历与培训互补,多元结合;宽口径与窄口径并存,以宽为主。
必备材料	有关调查报告、论证报告、教学计划、新建专业申请报告。
操作建议	复评时要结合3－5－2综合分析。

264

三级条目编号、名称	3-5-2 课程体系及内容改革
内涵及标准	近三年: A. 重视课程体系和课程内容改革,不断研讨,采用课程综合化、构建教学模块等方式,多数专业建立了新的适应市场经济和技术进步的课程体系;教学内容改革成效显著。 C. 较重视课程体系、教学内容改革,有实践,有一定成效。
说明	课程改革要体现现代职业教育课程的能力观、基础观、过程关,体现现代职业教育课程的研究性、综合性、分层性、开放性、开发性、灵活性等发展趋势,要有校本课程。
必备材料	有关调研报告、主干专业课程体系和教学内容改革的资料。
操作建议	复评时要结合 3-5-1 综合分析。

三级条目编号、名称	3-5-3 教学方法改革
内涵及标准	近三年内: A. 不断进行教学方法、考核方法改革研讨,有措施,对提高教学质量效果显著。 C. 进行了一定的教学方法、考核方法改革,成效一般。
说明	这里指的教学方法包括课堂(含实践)教学、教学手段、考核方法三方面。 教学方法改革,要体现由教师中心向学生中心转变,由重共性向重个性转变,由重理论向重实践转变,由重教室向重现场转变。考核方法改革要体现由选拔考试向达标考试转变,由考记住什么向考会做什么转变,由重结果向重过程转变。
必备材料	有关文件、活动记录、经验总结、教学录像、近两年主要的教研活动记录。
操作建议	复评时结合 3-5-2 综合分析。

三级条目编号、名称	3-5-4　教材选用与管理
内涵及标准	A. 重视教材选用与编写,有机构,有制度;主要使用国家规划教材;有校本教材。 C. 制定并执行教材选用规章制度,使用经国家或地方审定通过的教材。
说明	教材管理规范、严格,推荐选用高质量教材,供应渠道正规、及时,保证教育教学规格和质量。不用盗版教材。
必备材料	近三年教材预订单存底、各专业各班教材分发清单。
操作建议	

三级条目编号、名称	3-5-5　教学质量监控
内涵及标准	A. 观念新,方案好,措施得力,手段先进,注意总结、推广本校经验成效显著。 C. 有监控,效果一般。
说明	教学质量监控:教学管理制度健全,有专门机构;工作规范;质量监控对促进教学改革作用大。
必备材料	有关方案、记录、总结。
操作建议	

　　说明:本"指标体系"以教育部职业教育与成人教育司 2003 年修订印发的《国家级重点中等职业学校条件》为依据,按照导向性、整体性、客观性、可测性和简易性原则,选取最能反映中等职业学校办学水平和特色的主要项目编制而成。设有 3 个一级指标,15 个二级指标,39 个三级指标,既有基础条件的要求,又有改革创新和质量效益方面的内容,是一个比较完整的指标体系。

　　在 39 个三级指标中,定量指标 16 个(权重 41%),定性指标和定量定性结合的指标 23 个(权重 59%)。每个三级指标设 A、C 两档(若一档中有两个或两个以上条件时,均须达到;若用"或"字的,只要一方面达到即可),不设分值。A 档为较高要求,C 档为合格要求,不达 C 档为不合格。

教育部职业教育与成人教育司颁发(2006 年)。

上海市制定的评估标准和指标

国家级重点中等职业学校评估指标体系(上海操作要求)

1-1-1 指导思想与办学思路

内涵:"办学指导思想"的材料应根据各校的特点进行定性描述,要求文字简练、条理清楚、重点突出、特色鲜明。"示范作用"和"成效"应在各类总结中充分反映,并与1-4-1、1-4-2、1-4-3指标相呼应。

此指标的实际工作反映在后续许多指标中,应前后对应,如用"××工作见×-×-×指标"等。

说明:"四个服务",可根据本校实际有侧重地反映。

材料:"有关文件"指学校发展规划、年度计划、工作总结,教学改革、精神文明建设等方面的计划、总结,在各种会议或报纸杂志上交流、发表的有关"办学指导思想"的论文、经验总结、经验介绍及被介绍的文章(非广告性文章)。"调研报告"指学校办学、专业设置、专业改造的调研报告。"协议"指各类联合办学、培训的协议。

1-1-2 培养目标与就业导向

内涵:"培养目标"主要反映在学校专业教学实施方案(实施性教学计划)的说明部分中,学校应按《上海市中等职业学校教学管理规程》要求,全面梳理教学文件。"就业和升学关系",各校可根据本校的实际状况,作总结性文字表述。

材料:"各主干专业的教学计划",即"百所重点建设"各校所确定的骨干专业的本年度的教学计划和近三学年的学期教学进程表、授课计划、总课程表和教室日志。

1-2-1 学历教育人数

说明:"学历教育"指发放中等学历证书(含普通中专、职业高中、综合高中、"3+3"中高职模式班(前三年)和成人高中)在校学生人数。如虽在学校就学,但所发证书为非本校的学历证书的学生不统计在资料内。

1-3-1 "双证书"比例

内涵:"职业资格证书",有关行业已实行职业资格证、上岗证、从业证等的,则以获得相关证书统计;如暂未实行相关证书制度的,则以获得相关专业的技能等级证书统计;如上述二类证书皆无可能获得者,则以计算机的技能和外语等级证书代之,但必须说明缘由。

材料:"有关颁发证书的批件、统计资料",是为证实材料的真实性和有效性之用。因此,须有发证单位的证明文件,或有盖有效证章的证书。

1-3-2 就业

内涵:"近三年的毕业生中有做出突出贡献的典型"改为1993年后本校毕业,在近三年内有突出贡献者:包括被评为各级各类劳模、先进个人;或担任中层以上行政职务、中级以上专业技术职务及党、团组织中担任职务者,或在技能大赛中获等第奖者等突出典型。

1-4-1 骨干示范作用

内涵:"全省"指上海市(含市教委)、中央各部委(局)及全国性行业、协会等。"当地"即指本市各区、县、局(集团公司)、市级行业、协会等。"作用突出"指在各种组织中担任的各种职务(非一般会员);在各种报纸、杂志上发表的论文、经验总结和大会交流经验的材料;取得的教科研成果,编写的教材;各种会议上、报纸杂志上被介绍和报道的材料(非广告性材料)等。

材料:"有关任职证书"可包括聘书、证书以及有关组织的组成名单等。

1-4-2 示范专业建设

内涵:"国家级示范专业"指教育部职教司(全国)批准命名的示范专业。"省市级示范专业"指上海市教委批准的重点专业。"显著成效"可用命名时间较早、特征显著,师资和设施水平高,教学质量好(双证书获得率高、就业率高)、示范作用好、社会声誉高等予以表述。

1-4-3 学校荣誉

内涵:"省级先进"指上海市(含市教委)表彰的各类先进。"市级先进"指本市区、县、局(集团公司)、行业协会表彰的各类先进。

2-1-1 占地面积

说明:"一校两址",根据本市实际情况调整为"一校三址",其中主体应在30亩以上;中心城区学校占地面积达到33 350平方米(50亩)以上,可定为合格,达到C档;学校占地总面积中包括租赁土地面积的,即使达到B档、A档的标准,也最多定为C档。

材料:"土地证、合同"包括土地使用证、上级领导单位划拨的批文和并入学校的批文、长期租赁协议等。

2 - 1 - 2　建筑面积

说明:在建项目应"三落实"(项目、经费和时间落实),并有主管单位的专题报告。

材料:增加"租用建筑面积合同"。

2 - 2 - 2　专任教师学历结构

说明:体育、艺术类学校的基础(文化)课任课教师的学历要求为:小学、初中为专科及以上学历;高中、中职为本科学历;其达标率分别为100%。

2 - 2 - 3　专任教师职称结构

内涵:"双师型"指专业基础课和专业课专任教师中同时具有非教师系列的初级以上专业技术职务或中级以上技能等级证书或有5年以上专业技术工作经历的教师。

2 - 3 - 1　实验、实习(实训)设备及开出率

内涵:"工位足"指能满足按规定的组合数和分班安排等,符合人人都能动手的要求。

材料:应附学期教学进程表,实验室、实训室、实习工场的有关记录。

2 - 3 - 2　校外实习(实训)基地

内涵:"效果"、"安排"指能按教学计划的规定和教学大纲的要求进行实习(实训):有实习(实训)计划书和指导书、有指导人员或带教人员、有实习(实训)报告、有考核与评价。

"长期协议"指签订三年以上实习(实训)协议。

2 - 4 - 4　课堂教学信息化水平

内涵:"熟练使用"界定为:经过培训、考核合格,在课堂教学中能使用计算机多媒体或网络资源,并有效果。

2 - 4 - 5　图书资料

内涵:具体数字标准作如下调整(其他表述按原意):

A. 图书馆藏书达10万册(含电子读物),有50台以上计算机,能通过因特网共享社会图书资源。

B. 图书馆藏书达8万册(含电子读物),有50台以上计算机,能通过因特网共享社会图书资源。

C. 图书馆藏书达 6 万册(含电子读物),有 50 台以上计算机,能通过因特网共享社会图书资源。

2-5-2　环形跑道

内涵:各等第内增加有供雨天上体育课的室内运动场地;非体育类学校有 200 米塑胶跑道的按 B 档计,有 300 米塑胶跑道按 A 档计。

说明:"一校多址"时,其主体一处须有 200 米以上跑道,其他校址要有满足学生上体育课和活动的运动场地;在建项目应"三落实"(项目、经费和时间落实),并有主管单位的专题报告。

材料:租用土地内的运动场地与租用土地要求相同。

2-6-1　经费来源与使用

内涵:C 等中,"学校办学条件改善不大"改为"学校办学条件通过本市百所重点建设验收评估"。

材料:"近三年有关文件"指经费预算计划书和经费使用核算总结等。

3-1-2　联合办学

内涵:"联合办学"界定为:(1) 与行业、企业联合办学;(2) 有董事会或行业指导委员会以及其他相类似的联合指导机构;(3) 与国内其他省、市、地区、学校联合办学,相互招生办班,相互人员、物质来往、支援,相互交流经验等;(4) 与本市各学校联合办学、相互支援、交流等,其中包括校外办学点办学;(5) 与国外和我国港、澳、台地区联合办学、交流、学习等。

3-1-3　产教结合

内涵:"产教结合"指既包含学校自办和与其他部门联办,自己(经营)管理的与有关专业相结合,为教学服务的产业;还包含投资企业参股、协议合作(未投资)共建与有关专业相结合,为教学服务的产业。

3-1-4　弹性学制

内涵:"弹性学制",由于目前学分制尚在小范围内试行,将"推行学分制成效描述"作以下改动:

将 A 等中的"推行学分制早且成效显著",改为"已试行学分制且有一定成效"。

将 B 等中的"推行学分制成效较好"改为"已试行学分制",实施办法符合有关文件要求。

将 C 等中的"已开始推行学分制,有成效"改为"探索学分制试点,已制订学分制试行方案和配套管理制度"。

3－2－1　领导班子建设

内涵:"领导成员的学历、职称要求"略作修改:

A. 不变。

B. 其他领导班子成员均本科以上学历或中级以上职称。

C. 校长、教务副校长具有本科以上学历或高级职称;其他班子成员均为本科以上学历或中级以上职称。

3－3－1　德育课教学

内涵:增加德育课应按教育部的规定设课并选用教材的内容。

材料:"有关文件"包括教学计划、德育课的设置和课程目标、内容的描述,教学方法改革的方案,典型案例以及质量分析等。

3－3－2　校园文化建设

内涵:"校园文化建设"应包含学校德育工作及精神文明建设的全貌及其综合效果。单位获奖具体掌握:

A. 学校获上海市文明单位。

B. 学校获区(县)级文明单位,学校获上海市级单项奖。

C. 学校获区(县)级单项奖。

3－4－3　教学方法改革

内涵:"教学方法、考核方法改革"应包含理论教学和实践教学两方面的教学方法和考核方法的改革与探索。"教学质量效果"应侧重于现代化教学手段的运用和现代育人理念的运用。

材料:要求附市区教学改革交流评优活动总结资料和获得的各类奖励。

3－4－4　教材选用与管理

内涵:"国家规划教材"应包括上海市 10181 工程所编写、推荐的教材和中央各部、委、局组织编写推荐的专业教材。评价时应侧重于教材选用的科学性、教材管理的规范性和教材采购与供应的时效性。

3－5－1　制度建设与运行机制

内涵:"监督机制"指纪检组织和职代会等监督机制。

上海市教育委员会制定。

上海市百所中等职业学校重点建设的基本标准

为了重点建设一批高质量、高标准的中等职业学校,大力推进职业教育的结构调整,尽快建成面向 21 世纪的一流的现代职业教育,根据教育部的有关规定和市教委《关于实施上海市百所中等职业学校重点建设工程的意见》,特制定上海市百所中等职业学校重点建设的基本标准如下:

一、办学规模

1. 在校学历教育学生数达到 1 300 人。各种层次,类型的培训数量每学年达到 1 000 人次。

二、办学条件

2. 学校占地面积达到 30 亩以上。

3. 校园布局合理、设施齐全。校容校貌具有现代气息,注重环境育人。校园美化有特色,绿化覆盖率达到 20% 左右。

4. 学校总建筑面积达 2 万平方米以上。标准教室数量足够,拥有能满足需要的教学、实验、实训、实习、图书馆、办公、学生文体活动、宿舍、食堂等设施,实验、实习设备资产原值达 800 万元以上人民币。拥有 200 米以上环形跑道体育场。

5. 图书馆藏书量达 5 万册。图书馆实行计算机管理。学生教师阅览室、资料室座位数应达 200 座以上。拥有 50 座以上电子阅览室。

三、信息化与现代化建设

6. 教育管理和教学手段的现代化和信息化建设达到较高水平。按照本市中等职业技术学校校园网建设标准建设学校校园网。学校配备较先进的校内闭路电视系统、摄、录、编系统、多媒体课件制作系统。

7. 拥有先进的多媒体语音教室,座位数达到 2 个班学生每人一座同时使用的要求。骨干专业配备 1 个以上专业教室和 1 个合班多媒体教室。供学生学习用计算机数量按在校生人数 6:1 配备,其配置数量和质量要满足不同专业要求和符合社会经济发展的先进水平。

四、专业与实践教学

8. 专业(工种)设置主动适应社会经济发展要求。常设专业一般为 4 个,其中骨干专业不少于 2 个。

9. 按照教学大纲要求,普通文化课实验自开率达 100%,专业基础课及专业课实验自开率达 90% 以上。配备供 1 个班学生独立操作的实验仪器、设备、标本、模型等。

10. 专业实训场所、校内实习基地配置符合专业教学要求,其设备数量按 1 个班学生每生一工位配备。

11. 具有稳定的校外专业实习基地和实践活动场所,其配置符合现有企事业单位实际运作水平。

五、教师队伍

12. 应有一支符合《中华人民共和国教师法》所要求的专兼职相结合的教师队伍。以专任教师的数量计算,师生比达 1:16 左右。专任教师学历达标率 100%,其中有一定比例的教师达到研究生学历。专任教师高级职称率在 15% 以上,中级职称率在 60% 以上。职称分布合理,每一专业至少有一名高级职称教师;每一骨干专业至少有两名高级职称教师;每门课程至少有一名中级及以上职称教师。专业基础课和专业课的教师应至少有 1/3 以上具有非教师系列的专业技术职称或专业技能等级证书或有一定的从事专业技术管理的经历。

13. 应有一支符合专业要求的实验、实训、实习指导教师队伍,学历应在中专及以上,中级以上专业技术职称或专业技能等级占 80%。骨干专业中应至少有一名具有高级专业技术职称或专业技能等级的指导教师。

六、教育教学管理

14. 须有符合要求、素质结构合理、精干高效的领导班子。校长、教学副校长的学历应在本科以上,并具有高级职称。其他领导成员的学历和职称应为本科和中级及以上职称。校长、教学副校长应在学校或教育行政部门工作 5 年及以上,或经过校长岗位培训。

15. 教学管理规范。教学文件及资料齐全、规范,并有相应的管理制度。有职能部门进行教学质量监控反馈,定期进行教学质量分析。有严格的教师及管理干部考核制度。

16. 应有健全的思想政治工作、教学、行政等管理机构,并配备好一支政治素质好、业务能力强的部门负责人队伍。

七、教育经费及其他

17. 按照《中华人民共和国职业教育法》保证教育经费增长,形成多渠道筹措经费的机制。

18. 现代化标志性中等职业技术学校、国家级重点中等职业学校、市级重点中等职业学校的建设标准按现有规定执行。

来源:上海市教育委员会、上海市劳动和社会保障局《关于印发〈关于实施上海市百所中等职业学校重点建设工程的意见〉的通知》(沪教委职〔2001〕14号)。

上海市百所中等职业学校重点建设验收评估指标体系

说明：

1. 本《指标体系》的制订,以沪教委职〔2001〕14 号文附件 2《关于上海市百所中等职业学校重点建设的基本标准》(简称基本标准)为依据,各项内容要求归纳为 10 个一级指标和 31 个二级指标,构成一个完整的《上海市百所重点建设中等职业学校验收评估指标体系》(见附件一),并以 B(百)为标题,予以二级编号。

2. 二级指标为实际对照验收评估的指标。内容包括:"内涵与标准"、"资料要求"和"说明"等三个方面。说明中又包括对内涵的界定、外延的限度、时限的规定、标准依据的文件、名称的解释等内容。

3. 本指标体系二级指标的内涵标准分为必备内涵、次必备内涵和其他内涵,具体验收评估评价方法见附件二。

4. 开展验收评估工作时,采用学校自评和专家组复评的办法。自评和复评均须严格按照指标规定的要求,准确地测量,客观、公正地验收评估。

5. 评估时,对每一指标的内涵不进行量化,仅根据标准判定为合格(达到或超过标准)、不合格(未达标准)两种结论。每一指标根据"评估验收评价方法"的规定,对照所有内涵的结论,综合判定为合格、基本合格、不合格三种结论。

6. 评估验收结束后,对学校每一项不合格指标,复评组均给出书面"不合格单"。单中指明不合格内容、与标准差距及整改要求。对基本合格指标,复评组则口头通知学校存在的问题和改进的要求,复评组作口头通知的记录。

7. 每一学校的评估验收结论,由复评组根据 31 个指标的合格、基本合格和不合格的状况,综合作出通过、限期整改、不通过三种结论,并给学校以书面通知。限期整改后,经再次复核,仍未达标者,则定为不通过;达标者,定为通过,并再次给予书面通知。

8. 经专家组验收评估后,撰写专家组验收评估意见,由我院综合平衡后出具评估报告,作为教育行政管理部门认定百所中等职业学校重点建设的依据。

上海市教育评估院 2002 年 12 月

上海市百所中等职业学校重点建设验收评估评价方法:

一、序号前有"★"标志的,为二级指标的必备内涵。凡有"★"标志的内涵不合格,整个二级指标即视为不合格。

二、序号前有"▲"标志的,为二级指标的次必备内涵。

1. 二级指标内有 2 个"▲"标志,其中 1 个内涵不合格为基本合格,2 个内涵不合格,整个二级指标即视为不合格。

2. 二级指标内有 3 个"▲"标志,其中 1 个或 2 个内涵不合格为基本合格,3 个内涵不合格,整个二级指标即视为不合格。

3. 二级指标内有 4 个"▲"标志,其中 1 个到 2 个内涵不合格为基本合格,3 个以上内涵不合格,整个二级指标即视为不合格。

三、序号前有"●"标志的,为二级指标的升等参考内涵。具备升等条件的,本二级指标可上升一等。

附件一

上海市百所中等职业学校重点建设验收评估指标体系

一级指标编号	一级指标名称	二级指标编号	二级指标名称
B-1	办学规模	B-1-1	办学规模
		B-1-2	专业设置
B-2	基础设施	B-2-1	占地面积
		B-2-2	校舍面积
		B-2-3	体育运动场地
		B-2-4	图书馆设施设备
B-3	电化教学管理设施	B-3-1	电子阅览室
		B-3-2	多媒体教学设施设备
		B-3-3	闭路电视系统
		B-3-4	校园网
B-4	实践教学设施	B-4-1	实验设施设备
		B-4-2	实训与实习设施设备
		B-4-3	计算机
B-5	师资队伍	B-5-1	教师数量
		B-5-2	专任理论教师学历与教科研能力
		B-5-3	专任理论教师专业技术职务
		B-5-4	专任实践指导教师队伍
B-6	领导班子	B-6-1	领导班子结构与能力
		B-6-2	领导班子学历与专业技术职务
		B-6-3	校长及教务副校长工作经历

一级指标编号	一级指标名称	二级指标编号	二级指标名称
B-7	行政管理	B-7-1	规划计划与实施
		B-7-2	规章制度与实施
		B-7-3	内设机构与中层干部
B-8	教学管理	B-8-1	教学管理制度与质量监控
		B-8-2	教学文件
		B-8-3	教师考核与奖惩
		B-8-4	师资队伍建设
B-9	思想政治工作	B-9-1	思想政治工作管理制度
		B-9-2	学生政工队伍
		B-9-3	教职工政工队伍
B-10	学校经费	B-10-1	学校经费

注:学校所提供的资料除特殊需要外,均为近一年(两个学期)的材料。

附件二

上海市百所中等职业学校重点建设验收评估指标(二级)

指标编号	B-1-1	指标名称	办学规模
内涵与标准	★1. 学历教育在校生人数≥1 300人。 2. 非学历教育年职业技能培训人数≥1 000人次。		
资料要求	1. 本学期学历教育学生人数统计表,并附学生分班名册。 2. 上一年度非学历教育全年职业技能培训人数及培训学时数统计表,并附培训班分班名册。 3. 学校其他在册学生人数(办学点学生等)统计表。		
说明	1. 学历教育在校学生包括能获得初、中等职业学校毕业证书的学生。 2. 学历教育在校学生必须具有本校校内学籍的学生。分校、分部产权属学校本部的,其学历教育在校学生数可计入,否则不能计入。 3. 校外办学点在册学生不计入学历教育在校学生人数中,若校外办学点在册学生,在学校本部学习者(含上述分校、分部),可计入学历教育在校学生数。		

指标编号	B-1-2	指标名称	专业设置
内涵与标准	▲1. 常设专业≥4个。 ▲2. 其中骨干专业≥2个。		
资料要求	1. 学校专业统计表及各专业概括说明。 2. 市教委、区县教育局或劳动行政部门的专业审批文件。 3. 市教委重点专业批文。 4. 上学年各专业毕业生就业率统计表。		
说明	1. 专业名称应符合部颁或市颁专业设置目录的规定,专业设置应符合审批程序。 2. 骨干专业指符合行业或区县经济发展要求,已有三届及以上毕业生,师资及专业设施精良,毕业生供需相当的专业,或为市教委批准的重点专业,或重点项目装备的专业,或开设职业技能的鉴定站(点)。		

指标编号	B-2-1	指标名称	占地面积
内涵与标准	★1. 学校占地总面积≥30亩。 2. 绿化覆盖率≥20%,或获得区、县级以上"绿化先进单位"称号。		
资料要求	1. 校本部、分校、分部占地平面图,绿化占地平面图(可合为一图),并附统计表。 2. 土地使用证。 3. 获区、县级及以上"绿化先进单位"的证书。		
说明	1. 分校、分部的产权必须为学校本部所有,其土地方可计入。 2. 家属宿舍、与教学、实习无直接关系的三产土地应另列表统计,不计入学校占地面积。 3. 已归学校使用,但暂无土地使用证的土地,可附其他产权归属的证明。 4. 绿化覆盖面包括屋顶绿化面积和垂直绿化面积。		

278

指标编号	B-2-2	指标名称	校舍面积
内涵与标准	★1. 学校校舍总建筑面积≥2万平方米。 2. 教学、实验、实训、实习、活动、生活等校舍设施齐全。		
资料要求	1. 校本部、各分校(分部)建筑分布图。 2. 各类建筑分幢统计表及教室、实验、实训、实习、活动、生活、办公用房等统计表。 3. 各类建筑产权证。		
说明	1. 分校(分部)的建筑产权证必须为校本部所有,无学校本部所有产权证的建筑不能计入校舍面积。 2. 学校建造或已归学校所有的建筑如暂无产权证,可附建筑建造审批文件、资金证明或其他产权归属的证明。 3. 家属宿舍及与教学、实习等无直接关系的三产建筑不计入校舍建筑面积。 4. 危房、简棚等不计入建筑面积。		

指标编号	B-2-3	指标名称	体育运动场地
内涵与标准	★1. 有200米以上环形跑道的体育场。 2. 有供雨天上体育课的室内体育场所。		
资料要求	1. 室内、外体育活动场地平面图(可与学校土地建筑平面图合为一图)及土地使用证(可与学校土地使用证合为一证)。 2. 室内外体育场地统计表。		
说明	各分校(分部)的运动场地是否计入,按占地、建筑条款中说明执行。		

指标编号	B-2-4	指标名称	图书馆设施设备
内涵与标准	★1. 图书馆藏书总数≥5万册。 ★2. 学生、教师阅览室、资料室座位数≥200座。 3. 图书馆计算机管理功能齐全。		
资料要求	1. 图书、座位数统计表及与学校专业相关书籍的百分率统计表。 2. 图书总账。 3. 计算机管理说明与功能图表。		
说明	1. 藏书以上架数量统计,未上架图书另行统计,不计入总量。报废书籍不计。期刊、报纸以装订成册的可计数。专业文献册数应占总藏书量的65%以上。 2. 阅览室、资料室每座使用面积不低于1.5平方米。		

指标编号	B－3－1	指标名称	电子阅览室
内涵与标准	★1. 有50座以上电子阅览室。 2. 可联因特网。 3. 与学校专业匹配的电子读物≥300张		
资料要求	1. 电子阅览室面积、电脑及其他设备统计表及功能说明。 2. 电子阅览室平面图。		
说明	1. 电子阅览室设施设备齐全。 2. 电子读物(正版)。		

指标编号	B－3－2	指标名称	多媒体教学设施设备
内涵与标准	★1. 有多媒体语音室2个以上。 ★2. 每个骨干专业有一个专业教室或一个合班多媒体教室。 3. 有制作多媒体课件的设施设备,并能自行制作。		
资料要求	1. 多媒体教学设施间数、面积数、座位数和设备统计表。 2. 多媒体课件统计表。 3. 各种设施使用状况说明。		
说明	1. 每个多媒体语音室座位数应能同时容纳两个班学生上课。 2. 专业教室或多媒体教室应配有专用的专业教学、实训设施设备(挂图、模型、教具、操作设备、工具等)。		

指标编号	B－3－3	指标名称	闭路电视系统
内涵与标准	★1. 有闭路电视系统,每一教室配备一台电视机。 2. 有摄录编设备。 3. 有演播室。		
资料要求	闭路电视系统设备统计表及情况说明。		
说明			

指标编号	B-3-4	指标名称	校园网
内涵与标准	★1. 有符合建设标准的校园网。 2. 软件配置能满足教学、管理、信息收集、交流等各功能要求。		
资料要求	1. 网络系统配置表。 2. 软件系统功能说明,统计图表。		
说明	校园网设置标准参照 2000 年上海市教育委员会颁发的《上海市中等职业学校校园网建设标准》。		

指标编号	B-4-1	指标名称	实验室设施设备
内涵与标准	★1. 普通文化课实验自开率达 100%。 ★2. 专业基础课,专业课实验自开率≥90%。 3. 各实验室设备数量应能满足一个班学生按实验要求的组合数同时实验的要求。 4. 实验室设备资产原值与实训、实习设备资产原值合计≥800 万元。		
资料要求	1. 各课程应开、自开实验项目的数量统计表,分普通文化课、专业基础课和专业课二类应开、自开实验数量统计和计算。 2. 各课程设备数量、实验组合数及先进性统计说明表。 3. 实验设备资产原值统计表及累计值。		
说明	1. 自开实验项目为学校自有的设备开出的实验。 2. 参加公共实训基地开出的实验项目,可视为自开项目。 3. 设备、仪器的资产价值为配置时的账册上的原价。如为外币则以现汇价折合人民币统计。		

指标编号	B－4－2	指标名称	实训与实习设施设备

指标与内涵	★1. 常设专业（骨干）按专业教学计划 100％ 配置校内专业实训室或专业实习工场，满足培养目标规定的专业技能训练和实习要求。 2. 实训室、实习工场设备设施能满足每生一工位要求。 ★3. 校外实习基地稳定，能按教学计划满足所有学生实习的要求。 4. 应有适应实习教学要求的模拟仿真装置或模拟仿真设施。

资料要求	1. 分专业的实训、实习应开项目和实开项目统计表。 2. 上学年度学生实训、实习报告。 3. 各实训、实习项目的设备统计表及说明。 4. 校外实习基地统计表及合约、计划书等。

说明	1. 实训、实习项目可分开统计，也可混合统计。 2. 应开项目需按专业教学计划列出，实开项目指以学校自有设备在校内开出的项目。 3. 实训、实习项目可分班次，亦可分组交叉组合开出，但应满足每生一工位要求。 4. 在公共实训、实习基地开出的实训、实习项目，可视为学校自有设备开出的项目。 5. 稳定的校外实习基地应为三年以上实习的基地，同时能满足学生实习要求。

指标编号	B－4－3	指标名称	计算机

内涵与标准	★1. 学历教育在校学生数与学生学习用计算机总量之比应能满足教学需要，学生学习用计算机总量不低于 200 台（四个机房），超过标准规模的学校，其计算机总量原则上按 8∶1 增加。 2. 计算机配置适应学生不同专业学习要求。

资料要求	1. 按计算机机房编号的计算机型号、数量、购置日期及其他设备统计表。 2. 计算机使用情况统计表（使用率）。

说明	非学生学习用的管理计算机不计入此条总量。

指标编号	B-5-1	指标名称	教师数量
内涵与标准	★1. 专任教师数与学历教育在校生数之比达 1∶16 左右,专任教师总量不低于 80 人(含专任理论教师和专任实习指导教师)。 2. 行政人员兼课合理。 3. 外聘兼职教师数量合理。		
资料要求	1. 专任教师情况表及统计数。 2. 专任教师聘任书、授课任务书和资格证书。 3. 行政人员兼课情况表及授课任务书。 4. 外聘教师情况表及聘书。		
说明	1. 专任教师指在聘任期内专职在学校任教的教师,非专任的聘用教师即为兼任教师。 2. 兼课教师以总时数除以 8 课时计数参照评价。		

指标编号	B-5-2	指标名称	专任理论教师学历与教科研能力
内涵与标准	★1. 任课教师本科及以上学历达标率为 100%。 2. 专任教师中有 3% 左右具有研究生学历或学位。 3. 专任教师有 1/3 以上人数有论文、研究报告、经验总结和教材等发表。 4. 专任教师非学历进修符合规定要求。		
资料要求	1. 任课教师学历和其他情况统计表。 2. 专任教师学历证书复印件。 3. 专任教师发表的各类文献统计表、实物或复印件。 4. 专任教师非学历进修资料和有关证明。		
说明	1. 专任教师中具大专学历,现已 50 岁以上,且为骨干教师(具有中、高级职称,教学经验丰富,任课量较大,或任特殊课程)评估时可酌情评价。 2. 学历应为教育部承认的本科学历。 3. 著作、教材、论文、研究报告等应为历年正式出版或在正规刊物上发表者方为有效,经验总结等在区县(局)交流或发表,校内自编教材应经审核并使用。		

指标编号	B-5-3	指标名称	专任理论教师专业技术职务

内涵与标准	★1. 在职任课教师各类高级专业技术职务人数占教师总数15%以上。 ★2. 在职任课教师各类中级专业技术职务人数占教师总数的60%以上。 3. 专任教师专业技术职务分布合理:(1)每一专业应有相关专业高级1名。(2)每一骨干专业应有相关专业高级2名。(3)每一课程应有相关专业中级1名。 ●4. 专业基础课和专业课专任教师中同时具有非教师系列的中级以上专业技术职务或中级以上技能等级证书或有五年以上专业技术工作经历的数量占有关教师总量的1/3。 5. 外聘教师一般应有中级以上专业技术职务
资料要求	1. 专任教师高级、中级专业技术职务和专业基础课、专业课教师中具有非教师系列的专业技术职务或中级技能证书人数统计表。 2. 各种专业技术职务或中级技能等级证书复印件。 3. 各种专业技术职务或技能等级证书按专业、课程分布统计表。
说明	一位专任教师兼任两门以上课程时,以其中一门课程统计分布状况。

指标编号	B-5-4	指标名称	专任实践指导教师队伍

内涵与标准	1. 各实验室、实训、实习场所均有专、兼职实践指导教师。 ★2. 实践指导教师(50岁以下)大专及以上学历的≥40%。 ★3. 实践指导教师有中级及以上专业技术职务或中高级职业资格证书≥80%。 4. 骨干专业中应有1名及以上实践指导教师有高级技术职务或高级职业资格证书。 5. 实践指导教师与实习学生的比例适当。
资料要求	1. 按实验室、实训、实习场所分别统计的实践指导教师情况表及统计表。 2. 学历证书、专业技术职务证书或技能等级证书复印件。
说明	1. 实践指导教师指在各实验室、实训、实习场所负责指导学生操作的教师。在各实践场所中工作但不担负指导学生操作任务的人员不计入实践指导教师内。 2. 专任教师中既任课又负责指导实践操作者,可作专任教师计,也可作兼任实习指导教师计,但不能重复计算。

指标编号	B-6-1	指标名称	领导班子结构与能力
内涵与标准	▲1. 班子精干高效,素质结构合理,团结协作。 ▲2. 熟悉了解经济和社会发展对人才需求情况,主动适应,按需办学,有成熟的办学理念。 ▲3. 班子成员系师范院校毕业或所学专业对应本校设置专业或任教专业学科。 ▲4. 班子成员有教育教学或行政管理方面著作论文、经验总结等发表。		
资料要求	1. 领导班子成员基本情况表,上级单位对班子主要领导的考核或评价。 2. 社会需求调查报告,专业设置分析报告,毕业生跟踪调查,用人单位反馈意见,毕业生去向情况。 3. 著作、论文、经验总结。		
说明	1. 领导班子指现任校级正、副校长,校级党组织正、副书记。 2. 著作、论文等应正式出版或在正规刊物上发表,经验总结等在区县(局)以上交流或发表方为有效。		

指标编号	B-6-2	指标名称	领导班子学历与专业技术职务
内涵与标准	★1. 校长、教学副校长的学历应在本科及以上或具有高级专业技术职务。 ★2. 其他领导成员的学历和职务应为本科或中级及以上专业技术职务。		
资料要求	1. 领导班子成员基本情况表。 2. 班子成员的学历、专业技术职务证件复印件。		
说明	专业技术职务类别不限。		

指标编号	B-6-3	指标名称	校长及教务副校长工作经历
内涵与标准	▲校长、▲教务副校长应在学校或教育管理部门工作 5 年及以上,或经过校长岗位培训。		
资料要求	1. 领导班子基本情况表。 2. 校长、教务副校长工作经历表复印件。 3. 校长、教务副校长岗位培训证件复印件。		
说明			

指标编号	B-7-1	指标名称	规划计划与实施
内涵与标准	★1. 有适应社会与经济发展要求的学校发展规划和教学改革方案。 ▲2. 有与规划相配套的实施性计划。 ▲3. 有学年或学期的工作计划和总结。 ▲4. 规划、计划实施良好。		
资料要求	1. 学校发展规划,教学改革方案、目标实施计划,目标实施结果。 2. 学校的学年工作计划和总结。		
说明	1. 学校发展规划指 2002 年在规划期内的发展规划;若原有学校发展规划的规划期已到期,则还要有新的发展规划。 2. 学校发展规划和教学改革方案及实施性计划等须有一定的质量并经主管局审定。		

指标编号	B-7-2	指标名称	规章制度与实施
内涵与标准	▲1. 实行校长负责制、教师全员聘任制、教育管理人员公开选拔、竞争上岗和职务聘任制等。 ▲2. 管理机制及各项规章制度齐全、完善,执行严格,考核落实。 ●3. 有重大管理机制改革,且有成效。		
资料要求	1. 管理机制的文件,执行情况及案例。 2. 规章制度汇编文件,执行情况及案例。 3. 重大管理机制改革及成效方面的资料。		
说明	管理机制的文件中若某一项由于上级单位尚未推行的,应具备上级单位的说明意见。		

指标编号	B-7-3	指标名称	内设机构与中层干部
内涵与标准	▲1. 机构设置和中层干部配置精干高效,中层干部的业务能力、工作实绩评价良好。 ▲2. 中层干部的学历、专业技术职务基本为本科和中级以上,其中教务、专业(教研室)科长(主任)的学历和专业技术职务必须为本科或中级以上专业技术职务。		
资料要求	1. 机构设置情况表和中层干部基本情况表。 2. 校领导对中层干部考核意见。 3. 中层干部的学历和专业技术职务统计资料及证件复印件。		
说明			

指标编号	B-8-1	指标名称	教学管理制度与质量监控

内涵与标准	▲1. 教学管理和服务制度、实施、分析、反馈、纠正等体系完善,记录完整,执行落实,并具有现代教育管理、服务的理念。 ▲2. 教学质量的目标、检查、分析、反馈等监控体系完善,各种记录完整,能保证教学目标的实现。 　3. 教学质量抽查:文化基础课(统考成绩)和专业基础课考试合格,职业资格证书获得率较高。

资料要求	1. 各类教学管理基本制度文献、实施记录资料等,现代教育管理、服务理念的文献及执行情况。 　2. 教学质量的目标、检查、分析、反馈的资料与记录。 　3. 参照 2002 年市教委颁发的上海市中等职业学校教学管理规程。

说明	教学质量检查、分析、反馈的资料年限为检查时的上一学年。

指标编号	B-8-2	指标名称	教学文件

内涵与标准	★1. 各专业实施性教学计划、课程标准(教学大纲)、学期教学进程表、课程表学期授课计划、教案、教材等完整,执行严格。 ★2. 专业实训、实习大纲齐全,执行严格。 　3. 教学文件修订,审批制度完整,执行严格。 　4. 各种教学资料齐全、规范,管理好,能发挥作用。

资料要求	1. 各类教学文件及执行情况说明。 　2. 专业实训、实习文件及执行情况记录。 　3. 教学文件的制订、审批制度及执行情况说明。 　4. 各类教学资料及管理、使用情况说明。

说明	1. 骨干专业的教学文件必须齐全、规范,应可作为一般专业的示范文件。 　2. 新设专业的教学文件,除教学计划外,可视教学的进展,要求各文件的齐全度达到:教到哪里,具备到哪里。

指标编号	B-8-3	指标名称	教师考核与奖惩
内涵与标准	▲1. 有完善的教师考评和奖惩办法,实施严格。 ▲2. 师资考核、业务档案齐全、规范。 ▲3. 有外聘兼任教师考核制度,执行严格。		
资料要求 说明	1. 教师考评标准、考评制度、考评体系、聘任标准、聘任制度等。 2. 教师考评资料,聘用资料。 3. 教师档案。 4. 外聘兼任教师考核制度和考核资料。		

指标编号	B-8-4	指标名称	师资队伍建设
内涵与标准	▲1. 师资队伍建设有目标、规划、措施、检查、考核和总结。 ▲2. 专业教师队伍有相关专业实践锻炼的目标、规划、措施、检查、考核和总结。 ▲3. 师资状况逐年改善。		
资料要求	1. 师资队伍建设的目标规划,实施计划。 2. 师资队伍建设或师资培养计划的检查、总结。 3. 师资队伍状况逐年改善的说明。		
说明			

指标编号	B-9-1	指标名称	思想政治工作管理制度
内涵与标准	▲1. 师生思想政治工作领导机构和职能部门健全,人员配备齐全。 ▲2. 师生思想政治工作管理制度、工作规划、计划齐全。 ▲3. 有定期研究、总结。		
资料要求	1. 思想政治工作组织系统表及网络图。 2. 各类领导机构和职能部门的组织成员名册及基本情况表。 3. 各类领导机构和职能部门的管理制度、工作计划、执行情况。 4. 创造研究、特色等方面材料。		
说明	学校的思想政治工作,素质教育有创造,有特色者,本二级指标可上升一等。		

288

指标编号	B-9-2	指标名称	学生政工队伍
内涵与标准	▲1. 学生思想政治工作职能部门、班主任、思想政治课教师队伍健全。 ▲2. 计划、总结、检查、考核有实效。		
资料要求	1. 各类职能部门、班主任、思想政治课教师的队伍基本情况表。 2. 各类计划、总结、检查、考核资料及典型案例。		
说明			

指标编号	B-9-3	指标名称	教职工政工队伍
内涵与标准	▲1. 教职工思想政治工作的管理机构和队伍健全,有工作计划和工作总结。 ▲2. 党组织、行政、工会、教代会齐抓共管,各司其职。 ▲3. 教职工凝聚力强,教职工民主管理好。		
资料要求	1. 教职工思想政治工作管理系统表及队伍配置名册,有工作计划和工作总结。 2. 调动教职工积极性,增强凝聚力方面的资料及典型案例。 3. 学校民主管理方面的制度和资料及典型案例。		
说明			

指标编号	B-10-1	指标名称	学校经费
内涵与标准	★1. 能保证正常的办学经费,并逐年增长。 ▲2. 学校已形成多渠道筹措经费的机制。 ▲3. 学校学费收入主要用于办学和改善学校办学条件。		
资料要求	1. 三年来办学单位拨款经费统计资料。 2. 三年来办学单位拨款以外的学校各项经费渠道、筹措经费金额及直接用于办学经费的统计资料。 3. 三年来学校的年度财务报表。		
说明	经费中不含基建经费及专项拨款的设备购置费,此二项经费应单列并说明来源。		

来源:《上海市教育委员会、上海市劳动和社会保障局关于开展上海市百所中等职业学校重点建设验收评估的通知》(沪教委职成〔2003〕12号)。

上海市中等职业教育课程教材改革
特色实验学校遴选评估指标体系

一级指标	二级指标 （观测点）	内 涵 说 明
一、 课改 理念	1.1 课改思路	1.1.1 学校课改有战略意识、前瞻意识,在全国或上海市中等职业教育领域有一定的影响; 1.1.2 学校课程教材改革师生全员参与、全程实施、整体推进、重点突破。
	1.2 课改规划	1.2.1 学校制定了课程教材改革的规划、实施方案、运作机制和激励机制,目标定位符合实际。
二、 课改 行动	2.1 培养模式	2.1.1 与企业共同开发和制定体现工学结合、半工半读培养模式的校企一体化的教学方案,在加快实现以学校和课堂为中心向工学结合、半工半读人才培养模式的转变上有成效; 2.1.2 有校企合作协议,在互惠互利基础上,建立了课程建设合作机制。
	2.2 专业建设	2.2.1 按照课改理念修订和完善学校中、长期专业建设规划,专业培养目标和专门化方向的确定符合行业要求和发展趋势; 2.2.2 学校有全国示范性专业或上海市重点专业,重视专业调整与建设,形成以重点专业为特色的专业体系。
	2.3 专业教学标准实施	2.3.1 学校开设的与市教委已公布的专业教学标准对应的专业,能按专业教学标准组织教学; 2.3.2 对未列入市教委开发的专业教学标准之外的专业,能自行按任务引领型课改理念、程序和方法自行开发教学标准,并组织教学。
	2.4 校本课程建设	2.4.1 根据学校和专业实际,积极进行校本课程及教材开发,设计合理,使用率高,专业特色明显,教学效果好; 2.4.2 积极选用文化课、专业课新教材,并根据学生实际情况进行教学内容和形式的调整与实践。

一级 指标	二级指标 （观测点）	内 涵 说 明
二、 课改 行动	2.5 师资 队伍建设	2.5.1 建有骨干教师和"双师型"师资队伍培养制度和激励机制，有规划、有措施、有成效； 2.5.2 各专业初步形成以专业学科带头人领衔的教学水平高、实践能力强、专兼职结合的教师队伍。
	2.6 实训 基地建设	2.6.1 学校建有上海市职业教育开放实训中心，实训设施设备具有前瞻性、先进性和开放性； 2.6.2 开放实训中心建设与课程教材改革相结合，积极开发实训教学体系、实训课程（项目）和实训教材，努力探索灵活开放的实训教学模式。
	2.7 学分 制改革	2.7.1 实行学分制教学管理制度，在学分制课题研究、教学组织、学生管理、校际协作方面有新的突破。
	2.8 教法 改革	2.8.1 课改促进了学校教学法改革和创新，文化基础课积极实施分层教学，专业课程实施理论与实践一体化教学，有效培养学生的创新精神和实践能力。
	2.9 课程 评价	2.9.1 探索以实践能力考核为主的多元评价方式； 2.9.2 将行业、企业对毕业生的评价意见纳入评价体系。
三、 课改 成果	3.1 "行动计划"相关成果	3.1.1 主动承接"行动计划"的相关任务，并取得显著成果。（注1）
	3.2 其他 课改任务成果	3.2.1 积极承接市级或以上的其他课改任务，并取得显著成果。（注2）
	3.3 实施 成果	3.3.1 全面推进现代教学手段的使用，教师在上海市中等职业学校教学法改革交流评比中成绩优良； 3.3.2 学生在全国技能大赛或全市"星光计划"技能竞赛中成绩优良； 3.3.3 积极参加上海市中等职业学校首届校本教材展示交流评比活动，成果丰富。 3.3.4 学生培养质量较好，就业率高。

一级指标	二级指标（观测点）	内 涵 说 明
三、课改成果	3.4 科研成果	3.4.1 自2004年以来,每年有一定数量的高质量的教育教学研究论文在市级以上核心刊物上发表; 3.4.2 自2004年以来,每年承接市级及市级以上研究课题,并达到预期研究目标。
四、课改特色		(简要描述学校课程教材改革的突出特点)

注1:"行动计划"主要任务指:语文等6门文化基础学科课程标准的制定及相关示范性教材的编写,专业教学新标准的研究与制定,20门网络课程的编写,19个课程教材改革的应用和理论研究项目,市教委已公布的专业教学标准配套教材的编写等。

注2:市级或以上的其他课改任务指:课程教材改革的课题研究、课程开发、教材编写等。

上海市教育委员会制定。

上海市中小学行为规范示范校(含中职学校)评估指标

一级指标	二级指标	三级指标	评定标准			
			很好	好	一般	需努力
A1：学校建设与管理	B1：学校规划与机制	C1：行为规范培养目标符合《中国"小公民"道德建设计划》,体现诚信意识、公共秩序、爱护环境、文明礼貌等四方面基本突破。				
		C2：教育规划能根据学校特点和区域实际情况,体现分阶段、分层次实施原则。				
		C3：注重家庭、社区与学校的合作,注重相关德育课程的建设,全员育人措施落实。				
		C4：切合实际的有效的健全的校内外行为规范教育质量监控、反馈与评价机制。				
		C5：学生自主管理机制健全,学生自我教育效果较好。				
	B2：校内外道德环境建设	C6：注重校内外硬环境建设与管理。				
		C7：积极开展校内外软环境建设,人文氛围浓厚。				
	B3：学生行为习惯培养过程	C8：学生会、团队组织和社团的教育作用。重视学生主体体验,注重社会实践。				
		C9：各年级有相应的教育训练与指导措施,有自我监控和自我评价机制。				
	B4：课题研究	C10：养成教育的专题研究成果及应用推广效果。				

一级指标	二级指标	三级指标	评定标准			
			很好	好	一般	需努力
A1：学校建设与管理	B5：教师师德建设	C11：师德、师责、师效。师生关系和谐，平等与互相尊重，师生共同参与。				
		C12：教师群体形象建设，风气、舆论导向，教师自我提高的意识和能力。				
		C13：制订配套的师德培养计划和奖惩措施。				
	B6：个别化教育	C14：个别化教育（定期家访或社会巡访等）。				
		C15：过程管理。				
A2：实施效果	B7：学生在校内的规范水平	C16：参照中国"小公民"道德建设标准。				
	B8：学生在家中的规范水平	C17：结合中国传统美德，考查学生孝敬父母，参与家务劳动，主动与父母沟通等情况。				
	B9：周边影响与评价	C18：附近街道、居委、警署或公共服务机构（对口社会实践基地和公交、电影院等公共场所等）的评价。				
A3：特色	B10：特色或奖励	C19：在建设示范校中有教育特色，在操作上有创新。				
		C20：示范校建设体现出时代性、创新性、先进性，在全市或区域范围有示范辐射作用。并有与之相关的奖励。				

评价方法：1. 查阅材料　2. 领导、教师、学生访谈　3. 巡视校园　4. 学生自评　5. 家长座谈　6. 情景测试　7. 调查问卷

上海市教育委员会制定。

294

上海市中等职业学校重点专业(工种)评估指标体系

M1	专业建设规划	M1-1	专业设置与目标培养
		M1-2	学生质量
M2	经费保证	M2-1	重点装备经费使用
M3	专业师资力量	M3-1	学科带头人
		M3-2	专业课教师配备
		M3-3	师资培训
M4	教学管理	M4-1	教学文件
		M4-2	实训教学
M5	教学改革	M5-1	专业改革和课程建设
		M5-2	教学方法和手段的改革

说明:1. 评估查阅资料年限为当年的前三年。

2. 评估计分方法:

(1) 以 A、B、C、D、E 依次表示优、良、中、及格、差等。

每等分值:A:符合内涵要求(90～100)[95];

B:基本符合内涵要求(76～89)[83];

C:一般不符合内涵要求,尚需改进(60～75)[68];

D:一般不符合内涵要求,限期整改(30～59)[45];

E:严重不符合内涵要求(0～29)[15]。

(2) 分别按评等标准定性定等取中值分,再综合平均计条目分。

条目编号及名称	M1-1 专业设置与目标培养
内涵及标准	X1:专业设置和改造,要适应社会需求和产业结构调整。 X2:从职业能力分析入手,更新教学内容,增强专业复合度,以扩大学生就业面。 X3:培养目标对人才素质教育规划设计全面、合理、可操作,突出示范性、适应性、系统性和超前性。
说明	1. 学校提供专业建设规划和实施方法报告。 2. 学校提供对专业人才层次与覆盖职业岗位群的调研论证资料。

条目编号及名称	M1－2　学生质量
内涵及标准	X1:1.学生优秀率(K11):本专业学生获得市、区、校级优秀学生称号的比例。 $$K11 = 优秀学生数/本专业学生总人数 \times 100\%$$ 2.违法率(K12):无违法、犯罪(以受拘留及以上处罪人数定性估计) X2:生源和就业率: 招生完成率:$K21 = 实招人数/计划招生数 \times 100\%$ 就业率:$K22 = 当年就业人数/当年毕业人数 \times 100\%$ $X2 = 1/2 \times (K21 + K22)$ X3:技能证书获得率: X4:体锻达标率: X5:毕业生质量跟踪。 分别按评等标准定性定等取中值分,再综合平均计条目分。
说明	1.听取学校德育工作汇报,召开座谈会,了解德育实况。 2.查阅近三年招生资料。 3.查阅近三年本专业学生参加职业技能鉴定考核和专业技术证书、等级证书取证情况,以及竞赛成绩证书。 4.查阅本专业学生体锻成绩统计表。

条目编号及名称	M2－1　重点装备经费使用
内涵及标准	X1:合理使用重点装备经费。 X2:正常的专业办学经费有保证。 X3:经费使用计划与专业发展规模相适应。 X4:自筹经费投入、使用情况良好。 A:合理使用重点装备经费,正常的专业办学经费有保证,经费使用计划与专业发展规模相适应。 B:合理使用重点装备经费,正常的专业办学经费有保证,经费使用计划与专业规模基本相适应。 C:合理使用重点装备经费,经费能维持办学的最低需要。 D:正常的专业办学经费无保证。 $$X = 1/4 \times (X1 + X2 + X3 + X4)$$
说明	1.学校提供重点装备项目评审表和配套经费落实使用情况,以及自筹资金使用情况。 2.查阅项目购置仪器设备清单(含学校历年来在本专业经费投入情况)。

条目编号及名称	M3-1　学科带头人
内涵及标准	X1:学科带头人应具有高级技术职称。 X2:有较高的专业能力和组织管理水平(具备双师型资质,是教学法评比的优秀者,教科研成果显著)。 X3:有开拓创新精神,专业发展计划方向明确(注重引进新技术新工艺新教材,主动适应市场需求)。 对内涵按10、8、6、4进行评分,取条目分为平均值:$X = 1/3 \times (X1 + X2 + X3)$ $A:X \geqslant 9; B:8.5 \leqslant X < 9; C:8 \leqslant X < 8.5; D:X < 8$。
说明	1. 学校提供学科带头人任职和专业技术职务证明资料。 2. 召开专业教师座谈会进行调查了解。 3. 对新兴专业酌请评议,或"不作单列说明"。

条目编号及名称	M3-2　专业课教师配备
内涵及标准	X1:应有专任专业课教师数(N)。 N = 专业学生总数/专业课程数 ×0.5 专业课教师配备完备率:X1 = K1 = 实有专业课教师数/ N ×100% X2:双师型教师比例:X2 = K2 = 实有双师型教师数/ N ×100% X3:职称结构 K31 = 中级职称教师数/N,K32 = 高级职称教师数/N X3 = (K31 + K32 ×1.5) ×100% X4:教师实践年限:X4 = K4 = 专业课教师从事实践工作的年限总数 N 条目分 X = 1/4 ×(X1 + X2 + X3 + X4)
说明	1. 专业课教师包括本专业理论教师和实践教师(不含公共基础课教师)。 2. 提供专业教师职务资格和双师型教师证明材料。

条目编号及名称	M3-3　师资培训
内涵及标准	X1:有师资引进、师资培训规划,有措施有落实。 X2:有检查,有每年考核制度,师资档案齐全。 X3:教育理论学习。 X4:知识更新。 X5:重视对中青年教师实践能力的培养。
说明	1. 查阅"540t"、"240t"培训资料。

条目编号及名称	M4-1　教学文件
内涵及标准	X1:实施性教学计划　　　　X2:教学大纲 X3:学期授课计划　　　　　X4:教案 X5:实训、实验计划　　　　X6:实习计划或大纲 X7:实习、实验指导书　　　X8:毕业设计任务书或毕业论文答辩 查:1. 质量和执行情况。 　2. 测评方法:(1) 对内涵 X1-3,X5-8:完整度以定量标准插入计分,执行情况的定性标准定等取中值。 (2) 对 X4:X4 = 每堂课教案完整度 ×0.7 + 教案检查状况 ×0.3 条目分 X = 1/8 × (X1 + X2 + X3 + X4 + X5 + X6 + X7 + X8)
说明	1. 查贯彻教育部专业指导性教学计划的情况或贯彻行业规范专业指导性教学计划的情况。 2. 实验、实习指导书应包括普通课、专业基础课和专业课列出的实验、实习指导书。

条目编号及名称	M4-2　实训教学
内涵及标准	X1:本专业实验、实训的开出率。 X2:校内实训设备的完备率。 X3:实习计划的执行情况。 X4:校外实训:(1) 学校与企业签有实训合同,双方责任明确; (2) 校外实习基地有专人负责; (3) 能确保实习实训按计划进行。 X5:逐步形成实习教学、社会服务(技术服务)和生产实践相结合的体系,能较好地承担生产、实习任务。 分别按评等标准定量/定性定等取中值分,再综合平均计条目分。
说明	1. 提供实验实训记录和设备保养记录。 2. 提供校外实训材料和承担生产、实习任务情况。

条目编号及名称	M5-1　专业改革和课程建设
内涵及标准	X1:专业改革应适应经济建设、专业岗位不断变化的要求;专业能力与通用能力并重,教学内容理论与实践紧密结合,有新知识、新技术、新工艺和新方法体现。学校应有专、兼职人员,组织教育研究和信息交流工作。 X2:课程设置应注重创新精神和实践能力培养,课程体系结构完整、科学,突出适应性、示范性和现代化。在调查研究、论证的基础上,提出教材建设方案,以利于发挥专业特色。 X3:积极开拓,有计划、分步骤开发编写符合专业培养目标要求的新教材。 内涵 X1:A:及时引进新知识、新技术、新工艺和新方法,课程标准适应培养目标;B:全部课程标准或大纲、教材配套完整,有少量特色教材、讲义,

条目编号及名称	M5－1　专业改革和课程建设
内涵及标准	缺乏教学内容改革深度;C:课程大纲、教材建设较完整,质量不高,指导性差;D:课程大纲、教材建设不完整,不适应培养目标要求。 内涵 X2:A:课程设置有创新,课程体系完整,突出适应性、示范性、现代化;B:课程设置有创新,课程体系尚完整,基本突出适应性、示范性和现代化;C:课程设置有知识能力要求,课程体系尚完整,课程模式较传统;D:课程设置传统陈旧,无创意,课程模式传统。 内涵 X3:A:教材开发有计划,有步骤,有落实,符合专业培养目标;B:教材开发有计划,有步骤,欠落实;C:教材(讲义)供应无保证,编写人员不落实;D:无教材开发计划。 条目分 X = 1/3 × (X1 + X2 + X3)
说明	学校提供专业教学计划(课程设置方案)、教学大纲(或课程标准)、课改方案、教学成果获奖资料、教改论文、特色教材(含统编教材、讲义及开发的其他媒体软件教学资料)等。

条目编号及名称	M5－2　教学方法和手段的改革
内涵及标准	X1:探索以学生为主体、能力为本位的教学模式和教学方法改革,在生产(工作)现场或模拟仿真的教学环境中或在专业教室内开展专业教学。 X2:运用现代信息技术、手段和教育信息资源,开发现代化教学软件,使用以计算机辅助的教学手段,利用现代化教育网络提高教学质量。 X3:创建以学生为主体的教学方法,启发学生积极思维、自主学习,调动学生学习的自觉性。 内涵 X1:A:推行现场和模拟仿真的专业教学效果好;B:教学方法改革不够普遍,现场和模拟仿真的专业教学和实践训练只在少数课程上体现;C:教学方法基本无改革,教学和实训只停留在演示、验证;D:教学方法无改革。 内涵 X2:A:教学手段改革效果好,利用了现代化教育网络;B:教学手段改革不够普遍;C:教学手段基本无改革;D:教学手段传统、无改革体现。 内涵 X3:A:启发式教学效果好,学生学习自觉性明显增强,教与学有呼应,教学气氛活跃;B:启发式教学不够普遍,学生学习自觉性不强;C:教学手段还习惯于以教师为主体的教法;D:教学方法无改革,习惯于注入式教学。 条目分 X = 1/3 × (X1 + X2 + X3)
说明	听取汇报,查阅课程改革方案、总结等相关资料(学校应就教学方法、手段、改革情况进行分析总结,提供改革的方案、总结、教案、论文、改革成果与获奖资料、自制教具、课件、网络学习资料、现场教学文字资料,音像资料、模拟实训教学场所等)。

上海市教育委员会制定。

上海市中等职业学校第二批重点专业评估指标体系

一 级 指 标	权重系数	二 级 指 标
M1 学生培养质量(30)	9	M1－1 专业知识与技能
	9	M1－2 思想品德与体能
	12	M1－3 就业情况
M2 专业建设与管理(35)	8	M2－1 专业建设与实施
	8	M2－2 专业培养目标
	6	M2－3 教学文件
	6	M2－4 教学与实践性环节
	7	M2－5 教学质量管理
M3 专业条件保障(35)	6	M3－1 学科带头人
	10	M3－2 专业师资队伍建设
	9	M3－3 教学设备与信息资源
	10	M3－4 装备资金与日常经费

说明:1.采用按分值测评记分和相对评估相结合的方法,通过测评排序、综合平衡、好中选优,将同类学校、同类专业中的骨干专业遴选为市重点专业。

2.申报评估时学校所提供的材料均为本专业信息资料,评估查阅资料年限为当年的前三年。

3.特色加分为10分。

4.总分 = ∑评分×权重系数。A:90～100;B:76～89;C:60～75。

条目编号及名称	M1－1　专业知识与技能

内涵及标准	X1：专业知识测试合格率、优良率高。 专业知识测试成绩合格率：$K1-1=\dfrac{成绩合格人数}{专业毕业总数}\times100\%$ 专业知识测试成绩优良率：$K1-2=\dfrac{成绩优良人数}{专业毕业总数}\times100\%$ X2：外语和计算机等级考试获证率高。 外语等级考试获证率：$K2-1=\dfrac{获证人数}{应获证总数}\times100\%$ 计算机等级考试获证率：$K2-2=\dfrac{获证人数}{应获证总数}\times100\%$ X3：技能等级证书或职业资格证书获证率高。 技能证书获证率：$K3-1=\dfrac{获证人数}{专业毕业总数}\times100\%$ 职业资格证书获证率：$K3-2=\dfrac{获证的人数}{应获证总数}\times100\%$ X4：在全国、本市以及行业或区（县）竞赛中获奖多。
资料要求	1．提供专业课考试课程的学生成绩统计表（必须为教考分离的考试成绩）。 2．提供学生外语和计算机获证情况统计表。 3．提供学生与专业相关的技能证书及职业资格证书获取情况统计表。 4．提供各类技能获奖情况。

条目编号及名称	M1－2　思想品德与体能

内涵及标准	X1：学生有良好的思想品德、行为规范和学习风气，校风校纪好，无重大事故，无违法、犯罪情况。 入党率：$K1=\dfrac{入党人数}{专业毕业生总数}\times100\%$ 入团率：$K1=\dfrac{入团人数}{专业毕业生总数}\times100\%$ 优秀率：$K1=\dfrac{优秀学生}{专业毕业生总数}\times100\%$ X2：体质健康测试达标率高，体能良好。 体质健康测试达标率：$K1=\dfrac{毕业生达标人数}{专业毕业生总数}\times100\%$ 体质健康测试优良率：$K2=\dfrac{毕业生体锻优良人数}{专业毕业生总数}\times100\%$
资料要求	1．提供学生思想品德、行为规范等要求和思想品德评定、行为规范测评资料和典型事例，以及学生违法犯罪的统计资料及处理情况材料。 2．提供学生体育锻炼达标等情况。 3．专家进行校风校纪测评。

条目编号及名称	M1－3　就业情况
内涵及标准	X1：一次就业率高。 前三年毕业生一次就业率：$K1 = \dfrac{就业人数}{毕业生总数} \times 100\%$ X2：一年后就业巩固率高。 前一年毕业生就业一年后就业巩固率：$= K2 \dfrac{一年后仍就业人数}{原专业就业总数} \times 100\%$ X3：升学率合适。 前三年毕业生升学率：$K3 = \dfrac{就学人数}{专业毕业生总数} \times 100\%$
资料要求	1. 提供就业及升学情况分析和名册(附表)。 2. 提供毕业生一年后就业情况调查分析和名册(附表)。 3. 提供毕业生就业典型材料。 4. 提示： K2 中原就业人数即 K1 中就业人数； K2 中一年后仍就业人数，必须在 K1 中就业的毕业生中调查统计。

条目编号及名称	M2－1　专业建设与实施
内涵及标准	X1：有长远发展和近期建设规划，规划目标明确，适应社会和经济发展的需要，并具有系统性、合理性和超前性。 X2：有与发展规划相配套的实施性计划，要求内容具体、翔实、可操作，实际建设成效显著。 X3：本申报专业具有鲜明的特色。
资料要求	1. 提供专业建设规划和实施性计划及年度工作计划、总结等。 2. 提供专业建设成效材料。 3. 提供申报的重点专业的特色分析材料。

条目编号及名称	M2－2　专业培养目标
内涵及标准	X1：有专业指导机构和人员，工作职责和操作程序明确，有相关行业专业的专家参与。 X2：贯彻教育方针，专业人才规格定位准确，专业岗位覆盖面广，培养要求明确，知识能力结构合理，措施具体、可行。 X3：能结合经济和社会发展，及时调整课程结构和更新教学内容，积极进行教学方法的改革。
资料要求	1. 提供专业指导机构和人员组成名单，以及有关工作职责和操作程序资料。 2. 提供专业需求调研的材料和专家论证材料。 3. 提供岗位要求、知识能力结构、课程设置、教学内容及教学方法等方面改革的材料。

条目编号及名称	M2-3　教学文件

内涵及标准	X1:实施性教学计划完整、规范,与培养目标、专业设置要求相一致,课程设置与教学环节合理。 X2:各类教学文件完备、执行严格。有明确、规范的教学大纲;有完整的学期授课计划,有富有新意和特色的教案,有符合专业培养目标要求的教材,有规范明确的实验、实训计划,有实习指导书及实习实施方案。
资料要求	1. 提供教学计划、教学大纲、学期授课计划、教案等教学文件。 2. 提供课程改革方案、特色教材(教材、讲义及开发的其他多媒体软件教学资料)等。 3. 提供实验和实训计划、实习指导书及实习实施方案。 4. 提供专业教学计划执行情况资料。

条目编号及名称	M2-4　教学与实践性环节

内涵及标准	X1:专业理论教学适应专业发展要求,严格执行教学计划,课时足,按教学大纲授课,充分运用现代化教学手段。 X2:实验、实训、实习安排合理,严格执行教学计划和按实验、实习、实训指导书操作,时间和内容符合要求,指导力量强,对学生要求严格,使大多数学生能较好地独立操作。 1. 实验、实习、实训开出率达到100%; 2. 设施设备确保实验、实习、实训教学要求; 3. 校外实习要求: (1)学校与企业签有实习协议,双方责任明确; (2)校外实习基地有专人负责; (3)能确保实习按计划完成。 X3:实验、实习、实训教学,社会服务(技术服务)和生产实践相结合,能较好地承担生产和实习任务。
资料要求	1. 提供有关专业理论教学开课情况资料。 2. 提供校内实验、实习和实训教学实施计划及记录,设备一览表及设备使用、保修记录。 3. 提供校外实习基地的材料,承担实习和生产任务的情况(包括计划、协议、合同、指导人员安排、实习记录、评价等资料)。

条目编号及名称	M2-5　教学质量管理
内涵及标准	X1:教学质量管理制度齐全,管理规范,有创新,积极开发校园网功能,实现现代化管理。 X2:教学质量监控运行机制科学有序,质量监控严密,定期进行质量检查和分析,及时反馈,有改进措施,效果明显(包括各类教学文件制订、审批、检查、听课、评价、考核,考试、考查、出卷、改卷、质量分析和技能证书考核,成绩统计、课堂及各类教学活动记录、日常课堂检查、学籍管理和学生成绩等方面的资料)。
资料要求	提供专业教学质量监控的有关制度、运行情况等材料。

条目编号及名称	M3-1　学科带头人
内涵及标准	X1:有本专业学科带头人,并具有本科以上学历和本专业高级专业技术职务。 X2:学科带头人有较高的专业能力和组织管理水平(具备"双师型"素质,教科研成果显著)。 X3:学科带头人有开拓创新精神,专业发展方向明确,有引领专业发展的能力。
资料要求	1. 提供学科带头人情况表和任职及专业技术职务证明资料。 2. 提供学科带头人专业和管理能力的有关材料。 3. 提供学科带头人所编著的专业教材、有关论文专著等材料。

条目编号及名称	M3-2　专业师资队伍建设
内涵及标准	X1:师资结构: 1. 专任专业教师具有大学本科学历,并有一定比例的研究生或研究生课程班结业生,"双师型"教师所占比例高。 本科以上学历百分率:$K1-1:=\dfrac{本科及以上专任专业教师数}{专任专业教师总数}\times100\%$ "双师型"百分率:$K1-2:=\dfrac{"双师型"专任专业教师数}{专任专业教师总数}\times100\%$ 2. 专任专业教师具有中级以上专业技术职务或中级技术等级资格。 高级职务百分率:$K2-1:=\dfrac{高级职务专任专业教师数}{专任专业教师总数}\times100\%$ 中级职务百分率:$K2-2:=\dfrac{中级职务专任专业教师数}{专任专业教师总数}\times100\%$ 3. 专业课兼职教师具有较高的专业水平。 4. 专任实践指导教师具有大专学历或中级以上技术等级资格。 大专以上学历百分率:$K4-1:=\dfrac{大专以上学历专任实践指导教师数}{专任实践指导教师总数}\times100\%$

条目编号及名称	M3－2　专业师资队伍建设
内涵及标准	中级以上职务百分率：$K4-1=\dfrac{\text{中级以上职务专任实践指导教师数}}{\text{专任实践指导教师总数}}\times100\%$ X2：师资水平： 1．教育观念新，创新意识强，教学方法和手段先进，教学改革力度大，课堂教学水平高，教科研能力强。 2．实践能力强，定期参加生产实践活动或技术开发、推广工作。 3．能根据专业发展需要参加进修和培训，用新知识、新工艺、新成果充实调整教学内容。
资料要求	1．提供专任专业教师、专任实践指导教师学历、专业技术职务、技术等级资格和"双师型"（中级以上专业技术职务或中级以上技术等级资格或5年以上专业技术工作经历）等证书。 2．提供专兼职专业教师考核及学生问卷材料，专业教师参加生产实践、产品研发、技术推广的记录和证明材料。 3．提供专任专业师资队伍建设规划，继续教育计划及进修状况等材料。 4．提供兼职专业教师的情况表及聘任制度程序。 5．提供专任专业教师编著的教材、发表的论文、研究文章等。

条目编号及名称	M3－3　教学设备与信息资源
内涵及标准	X1：教学设施设备配置合理、先进，能满足实验、实训教学需要，且处领先地位。 1．专业实验实训设备齐全率：$K1-1=\dfrac{\text{利用校内设备开出专业实验实训项目}}{\text{大纲规定实验实训项目}}\times100\%$。 2．教学设备先进性 $K1-2$ 的界定：指达到或超过行业中实际使用的设备水平。 X2：仿真模拟教学设施、多媒体电化教学、专业教室齐备，能使用专业多媒体电子课件，制作水平较高。 X3：信息资源：1．建立了具备教学、管理和信息交流等功能的校园网，并与互联网联网。 2．专业教学音像电子资料较丰富。 3．有符合规格的电子阅览室。 4．本专业书籍比例高。 生均图书册数 $K3-1=\dfrac{\text{校图书总数}}{\text{校学生总数}}\times100\%$ 专业书籍比例 $K3-2=\dfrac{\text{专业图书总数／专业学生总数}}{\text{生均图书数 }K1}\times100\%$
资料要求	1．提供专业实验、实训设备，计算机目录及统计资料。 2．提供专业书籍和音像资料目录。 3．提供仿真模拟教学设施设备、多媒体电化教学设施设备、专业教室设施设备目录。 4．提供专业多媒体电子课件目录。

305

条目编号及名称	M3－4　装备资金与日常经费
内涵及标准	X1：装备资金有保障,设备更新能满足实验、实训教学的需要。 年专业实验、实习和实训设施设备年投资数： X2：实验、实习和实训所需日常经费有安排、有落实,确保实践教学的需要。 年实验、实训、实习经费数：
资料要求	1. 提供设备资金使用和安排情况及统计表。 2. 提供日常经费使用和安排情况表。

来源:《上海市教育委员会关于评估和认定本市中等职业学校重点专业(工种)的实施意见》(沪教委职〔2001〕45 号)。

上海市职业教育开放实训中心建设验收评估指标体系(暂行)

本套指标体系制定的依据是《上海市中等职业学校基础实验室达标和公共实训中心建设计划(2004—2007)》(沪教委职成〔2004〕23号)和《上海市中等职业学校公共实训中心建设的实施办法》(沪教委职成〔2004〕30号)两份文件;分为必备要求、发展性要求和导向性要求三类,"指标内涵"前带"★"的,共19个,为必备要求,带"▲"的,共8项,为发展性要求,带"●"的,共3项,为导向性要求;考虑到职业教育开放实训中心刚建成,19个必备要求必须已经全部达到,发展性要求与导向性要求应积极争取达到。

一级指标	二级指标	指标内涵	实地评估材料要求
一、功能与定位	1. 开放性	★(1)有面向社会、面向市场,集职业教育、职业培训、职业技能鉴定为一体的开放实训中心的运作机制,能积极吸引社会各方人员前来培训、履行向社会开放的职责,使每年的社会培训人次不低于学历教育人次,即学历教育与非学历培训人次达到1∶1的要求。	实训中心的运作机制、已运行的记录及统计表
		▲(2)有开展四项培训服务(在职人员、职教师资、就业和再就业以及农村劳动力转移)和实施五项职业教育工程(国家技能性人才培养工程、国家农村劳动力转移培训工程、农村实用人才培训工程、成人继续教育和就业培训工程、外来务工人员培训工程)的实施方案,并取得一定成效。	开展四项服务和五项职教工程的实施方案、培训原始记录
		▲(3)设有相关专业(工种)的职业技能鉴定站(所)或职业资格证书考核点。	市劳动和社会保障局相关文件证明
	2. 先进性	▲(4)实训装备的技术含量、技术水平与企业当前的主流生产技术同步,部分具有超前性。	实地察看
		▲(5)实训装备能满足并兼顾专业教学、技能培训和职业技能鉴定的需求,以实用为基础,具有可扩展性。	实地察看

一级指标	二级指标	指 标 内 涵	实地评估材料要求
二、布局和环境	3. 基本要求	★（6）建筑面积不小于 2 000 平方米。	建设图纸、主管单位批文等
		★（7）实训工位数能满足教学和培训要求，一般不低于 200 个。	各实训室工位统计表，实地察看
	4. 实训环境	★（8）实训场所布局科学、合理，充满现代气息，凸现职教特色，体现人性化要求。	布局图、环境设计方案，实地察看
		▲（9）创设与生产（业务）相匹配的实训（或仿真）环境，营造良好的育人氛围。	实地察看
	5. 安全设施	★（10）防火、防盗、防爆、防破坏等基本安全设施设备符合有关规定，并配备必要的视频监控系统；废气、废液、废渣和粉尘的处理、噪音对周边的影响等应符合环保要求。	公安、环保部门出具的消防及环保合格证，实地察看
		★（11）有满足专业要求的通风、照明、控温、控湿等设施设备，水、电、气等管道布局合理、规范、安全、便于检修。	实地察看
三、实训教学体系	6. 构建依据	▲（12）实训教学体系、实训课程和项目的开发，以完整的工作任务分析、工作过程分析、职业能力分析为依据，有明确的技能培训目标和要求。	实训课程、实训项目开发依据的有关资料
	7. 教学文件	★（13）实训课程、实训项目、实训教学大纲和标准等教学文件齐全，能体现职业技能鉴定的要求，能满足不同层次和类别人员职业教育和培训的需要。	全套教学文件、各类培训的原始记录
	8. 质量保障	▲（14）建立了实训教学质量保障体系，积极改革传统的实验、实习、实训模式，推进教学模式和课堂教学的创新。	实训教学质量保障体系文件、能反映教学模式和方法创新的教案及课件、教改活动记录
		★（15）建有科学、合理、规范的职业技能测试和考核规定与标准，注重对实训过程的考核和综合能力的测评。	考核方法和规定的有关文件、考核原始记录

一级指标	二级指标	指 标 内 涵	实地评估材料要求
四、实训师资队伍	9. 队伍结构	★（16）实训指导教师原则上不少于10人，一般应具有中级以上专业技术职称，其中专职教师占70%以上，专职教师中有50%以上符合"双师型"要求。	专职实训指导教师名册、专业技术职称和职业资格证书复印件
		★（17）聘请具有该专业行业背景和丰富实践经验的专家或专业技术人员（含离退休人员）担任兼职实训指导教师，兼职实训指导教师队伍相对稳定。	兼职实训指导教师名册、专业技术职称和职业资格证书复印件
	10. 队伍建设	★（18）制订了切实可行的"实训中心"师资队伍建设三年规划。	实训师资队伍建设三年规划
五、管理和规划	11. 组织领导	★（19）有校级领导分管，并配备熟悉中等职业教育、具备高级专业技术职称、具有较强组织管理和协调能力的专人担任实训中心负责人。	分管校领导、实训中心主任个人相关资料、有关证书复印件
	12. 规章制度	★（20）设备、材料、安全、成本、环保等管理制度齐全。	实训中心各类规章制度
		★（21）实训教学指导人员有明确的分工与岗位职责。	专职实训指导教师岗位职责及其分工表
	13. 发展规划	★（22）有符合本校和本实训中心实际的实训中心三年发展规划。	实训中心三年发展规划
六、经费筹措和使用	14. 经费筹措	★（23）主管单位提供不低于市投入经费1:1的配套经费。	主管单位经费拨款单或有关票据复印件
		▲（24）能积极争取行业和企业界的支持，获得的捐赠经费或设施设备折算的资金占总经费一定比例。	与支持企业的相关协议、设备折算资金的依据材料
	15. 经费使用	★（25）经费做到单列账户、专款专用。	单列的实训中心账户复印件

一级指标	二级指标	指 标 内 涵	实地评估材料要求
六、经费筹措和使用	15. 经费使用	★（26）设备采购按照市有关文件规定规范操作。	设备采购计划、指标文件、采购合同、实际采购清单及相关票据
		★（27）建设进度按计划完成，有项目决算报告。	建设进度计划、项目决算报告
七、建设特色	16. 教育科研	●（28）能参与研究开发、生产及新技术的推广应用。	原始记录、相关协议、成果鉴定书
	17. 国际交流	●（29）能借鉴发达国家职教模式，积极探索引进国际公认的职业资格认证。	有关协议等证明资料
	18. 产学结合	●（30）实训与生产结合，探索"校企结合"、"以产补学"、"以产养学"的新机制。	相关新机制的有关材料、实地察看

备注:实地评估时,请将材料按照 18 个二级指标逐项列卷,卷标用阿拉伯数字 1、2、3……18,依次编为"卷 1、卷 2、卷 3……卷 18",装入档案盒。

上海市教育委员会制定。

310

上海市中等职业学校图书馆等级评估指标体系(修订)

一级指标	二级指标	三级指标及其标准内涵	权重系数	评 估 等 级			基本要求和说明	资料提供或操作要求
				A(优)	B(良)	C(合格)		
一、办馆条件 0.4	管理体制	组织结构 1. 实行校长领导下的馆长负责制	0.02	图书馆属学校中层机构,馆长为中层正职。	图书馆属学校中层机构,馆长为中层副职。	校长直接领导下的组级建制,馆长相当于教研组长的待遇。		提供馆长任命文件和聘书。
		计划总结 2. 图书馆工作列入学校议事日程	0.02	学校对图书馆工作有明确的目标要求。	学校对图书馆工作有较明确的目标要求。	学校对图书馆工作有目标要求。		提供学校年度工作计划、校长办公会议记录和总结。
		人员管理 3. 业务培训、考核、评聘	0.02	业务培训层次高、面广、效果好,考核效果好、评聘手续完备。	业务培训层次较高、面较广,效果较好,考核效果较好,评聘手续较完备。	完成全员(岗位)培训任务,能定期进行考核、评聘。	基本要求:全员(岗位)培训。	提供各类培训证书(5年),提供考核和评聘资料。

311

一级指标	二级指标	三级指标及其标准内涵	权重系数	评估等级 A（优）	评估等级 B（良）	评估等级 C（合格）	基本要求和说明	资料提供或操作要求
	人员数量	4. 专职工作人员配置	0.02	8人（有住读生9人）以上。	6人（有住读生7人）。	4人（有住读生5人）。	学生1 300人，藏书 5 万册配备 4 名（有住读生增加 1 名）专职工作人员为基数。	提供图书馆工作人员名单。
一、办馆条件 0.4	人员素质	5. 馆长专业或学术技术职务或学历要求	0.02	馆长具有馆员及以上专业技术职务或大学本科学历，非图书馆学专业者已经过图书馆专业岗位培训。	馆长具有馆员及以上专业技术职务或大学本科学历，非图书馆学专业者正在进行图书馆岗位专业培训。	馆长具有大专学历，正在进修大学本科学历，非图书馆学专业者正在进行图书馆专业岗位培训。		提供馆长学历、专业技术职务、岗位培训证书及复印件及正在修进行学历和业务进修培训的资料。

一级指标	二级指标	三级指标及其标准内涵	权重系数	评估等级			基本要求和说明	资料提供或操作要求
				A(优)	B(良)	C(合格)		
一、办馆条件 0.4	人员素质（人员）	6.专职工作人员的文化程度要求和年龄结构	0.02	达到基本要求,大专占70%以上。年龄结构合理。	达到基本要求,大专占60%以上。年龄结构较合理。	达到基本要求,大专占50%以上。年龄结构一般。	基本要求:专职工作人员的文化程度应是高中、中专以上,其中大专占50%。新进人员(评估年度)必须具有大专学历;非图书馆专业者必须经图书馆专业岗位培训。	提供专职工作人员基本情况统计表、学历、专业技术职务和岗位培训证书复印件。
	经费（文献购置）	7.年文献购置经费(专款专用)	0.04	13万元以上。	10万元以上。	7万元以上。	基本要求:文献(图书、报刊、电子读物、数据库)年购置费7万元以上,其中纸质图书、报刊购置费5万元以上。	提供年文献购置费统计表。

313

续表

一级指标	二级指标	三级指标及其标准内涵	权重系数	评估等级 A(优)	评估等级 B(良)	评估等级 C(合格)	基本要求和说明	资料提供或操作要求
二、办馆条件 0.4	文献结构	8. 藏书量（含期刊合订本）	0.02	7万册以上。	6万册以上。	5万册以上。	基本要求：学生1300人，藏书5万册以上。	提供最近一批新书个别登录账。
		9. 专业书（除文学类）比例	0.01	70%以上。	65%以上。	60%以上。	基本要求：专业书占藏书量60%以上。	提供典藏分类统计表（总括登录账）。
		10. 新书比例	0.01	25%以上。	20%以上。	15%以上。	基本要求：近5年内购新书占藏书量15%以上。	提供购新书账册（5年）。
		11. 报刊订阅种数	0.01	260种以上。	230种以上。	200种以上。		提供订阅报刊目录。
		12. 电子文献	0.02	学校重点或骨干专业的电子文献齐全。	学校重点或骨干专业的电子文献较齐全。	学校重点或骨干专业有一定数量的电子文献。		提供说明购买数据库的协议和合同。

一级指标	二级指标	三级指标及其标准内涵	权重系数	评 估 等 级			基本要求和说明	资料提供或操作要求
				A（优）	B（良）	C（合格）		
二、办馆条件 0.4	馆舍面积	13. 馆舍总建筑面积	0.02	独立馆舍（楼、层）1 800 平方米以上。	独立馆舍（楼、层）1 650 平方米以上。	馆舍总建筑面积 1 500 平方米以上。	基本要求：馆舍建筑总面积 1 500 平方米以上。	提供图书馆平面图和各室面积统计情况。
	馆舍环境	14. 环境、采光、通风、安全要求	0.01	环境安静、幽雅，采光照度适宜，通风条件好，有六防措施，执行良好。	环境安静，采光照度适宜，通风条件较好，有六防措施，执行较好。	环境安静，采光及照度适宜，通风条件好，有六防措施，执行一般。	六防：防寒、防暑降温、防火、防潮、防蛀、防盗。	实地查看。
	阅览座位	15. 学生、教师阅览室座位数、每座使用面积	0.04	250 座以上，每座使用面积不低于 1.5 平方米。	225 座以上，每座使用面积不低于 1.5 平方米。	200 座以上，每座使用面积不低于 1.5 平方米。	基本要求：学生（1 300 名）、教师阅览室、资料室电子阅览室）应达 200 座以上，每座使用面积不低于 1.5 平方米。	实地查看。

一级指标	二级指标	三级指标及其标准内涵	权重系数	评估等级			基本要求和说明	资料提供或操作要求
				A（优）	B（良）	C（合格）		
二、办馆条件 0.4	现代化设施 管理系统	16. 使用图书馆集成管理系统	0.02	全面使用集成管理系统。	使用集成管理系统的主要模块。	使用集成管理系统的采购、编目、流通模块。	使用有采购、编目、典藏、期刊、流通、检索等模块的网络版使用软件（凡使用包括上述所有模块的管理系统为满分）。	实地查看。
		17. 工作用电脑要求	0.02	10台以上。	8台以上。	6台以上。	基本要求：（1）6台以上。（2）要有备份设备。	提供设备账册，实地查看。
	电子阅览	18. 电子阅览室配置	0.02	100座以上，并对全校师生开放，有必要的管理设施。校重点或有特色专业有专业文献数据库。	100座以上。	50座以上。	基本要求：生1300座以上各配备50座以上，校区均有电子阅览对读者开放，不符合要求者本条目降一档。	提供设备账，并实地查看。
		19. 联网要求	0.02	联校园网、互联网。	互互联网。	联校园网。		提供联网协议。

续表

一级指标	二级指标	三级指标及其标准内涵	权重系数	评估等级 A(优)	评估等级 B(良)	评估等级 C(合格)	基本要求和说明	资料提供或操作要求
一、办馆条件 0.4	现代设施	20. 提供文献复制服务 现代服务设备	0.02	提供复印、打印和存储服务。	提供复印、打印服务。	提供复印或打印服务		实地查看使用记录。

一级指标	二级指标	三级指标及其标准内涵	权重系数	评估等级 A(优)	评估等级 B(良)	评估等级 C(合格)	基本要求和说明	资料提供或操作要求
二、服务质量 0.4	基本服务	1. 提供书刊资料服务的主要阅览室开馆时间 借阅时间	0.04	走读 50 小时,有住读生 60 小时。	走读 45 小时,有住读生 55 小时。	走读 40 小时,有住读生 50 小时。	基本要求:走读 40 小时,有住读生 50 小时。	提供图书馆各室开放时间一览表,必要时个别访谈。
		2. 年师生平均外借册数 外借流通	0.04	10 册。	8 册。	6 册。		提供年流通册数统计表。
		3. 年师生平均阅览人次 内阅人次	0.04	30 人次。	25 人次。	20 人次。	不含电子阅览室。	提供年阅览人次一览表。
		4. 全开架服务 借阅方式	0.02	全开架服务。			全开架得满分,不全开架不得分。	提供典藏统计表,并实地查看。

317

一级指标	二级指标	三级指标及其标准内涵	权重系数	评估等级 A(优)	评估等级 B(良)	评估等级 C(合格)	基本要求和说明	资料提供或操作要求
二、服务质量 0.4	基本服务	5. 电子阅览室利用情况（电子阅览室开放时间利用服务）	0.04	走读 50 小时,有住读生 60 小时;设备使用率高。	走读 45 小时,有住读生 55 小时;设备使用率较高。	走读 40 小时,有住读生 50 小时;设备使用率一般。	基本要求:走读 40 小时,有住读生 50 小时。	提供电子阅览室开放时间和阅览室使用者使用情况统计表。
		6. 读书活动、阅读辅导（阅读辅导）	0.03	连续组织读书活动,主动开展各项阅读辅导工作,成绩显著。	能组织读书活动,能开展各项阅读辅导工作,成绩较显著。	能组织读书活动或开展各项阅读辅导工作,成绩一般。		提供各项活动计划,记录成效反馈资料。
	教育职能	7. 新生入学教育（《如何利用图书馆》教育）	0.02	有内容,有教案,开展面广,成绩显著。	有内容,多数班级开展,成绩较显著。	少部分班级开展,成效一般。		
		8. 列入教学计划情况（《文献检索与利用》教学）	0.03	列入教学计划的必修课。	列入教学计划的选修课。	开设《文献利用》讲座或其他教学形式。		提供教案和计划,授课计划和教案。

318

一级指标	二级指标	三级指标及其标准内涵	权重系数	评估等级			基本要求和说明	资料提供或操作要求
				A(优)	B(良)	C(合格)		
二 服务质量 0.4	情报职能	文献采编 9. 采购文献、编制新书目，推荐优秀读物	0.03	规范、合理地采购文献，及时、连续(季度)推荐优秀读物。	较规范、合理地采购文献，及时地编制新书目，能推荐优秀读物。	较合理地采购文献，及时编制新书目。		提供采购文献途径和方法，编制新书目和推荐优秀读物情况资料。
		专题服务 10. 收集、整理为教育、科研服务的专题资料及二次文献利用	0.02	主动、定期收集，传播及时，效果好。	定期收集，传播较及时，效果较好。	不定期服务，效果一般。		提供专题资料和二次文献利用记录。
	社会贡献	科研成果 11. 论文或工作经验交流与获奖	0.02	市级以上协作活动中获一、二等奖。	有论文或工作经验在市、区级活动中交流。	有论文或工作经验在校内交流。		提供论文、工作经验交流资料和获奖证书。
		协作活动 12. 开展馆际协作，参加协会活动，承担协会任务	0.02	积极参加协作活动;主动承担协会，任务完成出色。	较积极参加协作活动，能承担协会任务。	能参加协作活动。		提供协会活动资料和承担协会任务资料。

一级指标	二级指标	三级指标及其标准内涵	权重系数	评估等级			基本要求和说明	资料提供或操作要求
				A(优)	B(良)	C(合格)		
二、服务质量 0.4	读者评价	13. 师生对图书馆工作的反映	0.05	满意。	较好。	尚可。		学生问卷调查，教师个别访谈。

一级指标	二级指标	三级指标及其标准内涵	权重系数	评估等级			基本要求和说明	资料提供或操作要求
				A(优)	B(良)	C(合格)		
三、科学管理 0.2	常规管理	规章制度 1. 各项规章制度建立	0.02	制度健全，执行好。	制度较健全，执行较好。	有制度，执行一般。		提供各项制度，并实地查看。
		岗位职责 2. 工作人员岗位要求	0.02	有明确的岗位职责，履行职责良好。	有较明确的岗位职责，履行职责较好。	有岗位职责，履行职责一般。		提供岗位职责，并实地查看。
		计划总结 3. 学年学期的图书馆工作计划、总结	0.02	有学年学期的工作计划、总结，实施良好。	有学年学期的工作计划、总结，实施较好。	有一学年的工作计划，实施、总结，实施一般。		提供图书馆工作计划和总结。

一级指标	二级指标	三级指标及其标准内涵	权重系数	评 估 等 级			基本要求和说明	资料提供或操作要求
				A（优）	B（良）	C（合格）		
	图书分类	4. 按《中国图书馆分类法》（最新版本）进行分类和排架	0.01	分类规范、排架整齐。	分类规范、排架较整齐。	分类规范、排架一般。	各校区文献（自并校之日起）由校总部集中统一管理（采购、分类、编目、典藏等），分散流通服务，不符合要求者本条目降一档。	抽查。
三、科学管理 0.2	文献管理	5. 按《中国文献编目规则》著录	0.01	著录规范	书刊著录			抽查。
		6. 目录设置方式	0.01	利用电脑供读者检索。	公务目录和读者目录齐全。	公务目录和读者目录较齐全。	应设公务目录和读者目录分类目录和书名目录），用电脑检索者可不设卡片目录。（读者目录供读者	抽查。
目录管理								

一级指标	二级指标	三级指标及其标准内涵		权重系数	评估等级			基本要求和说明	资料提供或操作要求
					A（优）	B（良）	C（合格）		
三 科学管理 0.2	文献管理	期刊管理	7. 期刊管理和"核心期刊"保存	0.01	期刊上架及时，核心期刊保存好。	期刊上架较及时，核心期刊保存较好。	期刊上架一般，核心期刊保存一般。	学校"核心期刊"装订、编目、登录、流通（有电子版专业期刊可不另装订）。	提供账册。
		文献账册	8. 个别登录账、总括登录账注销账册	0.02	全部账册登录规范、清晰。	全部账册登录较规范。	全部账册登录基本规范。		提供个别登录账、总括登录账注销账。
	现代化管理	管理系统应用	9. 应用于采购、编目、典藏、流通、期刊、检索、统计、打印等	0.05	应用于全部项目，操作熟练。	应用于采购、典藏、流通、编目，操作较熟练。	应用于采购、编目、典藏、流通，操作一般。	各校区都必须用与总部同一管理系统，至少用于图书流通，未用于流通者本条目降一档。	随机查看。
		图书馆主页	10. 校网站建设和教育资源开发、制作维护并更新本馆主页	0.03	积极参与校网网站建设和教育资源开发、制作本馆主页，内容很丰富。	较积极参与校网站建设和教育资源开发、制作本馆主页，内容较丰富。	能参与校网站建设和教育资源开发、制作本馆主页，内容一般。		实地查看。

一级指标	指标内涵	资料提供或操作要求
四、特色 加分 0.1	1. 创建本校专业特色的文献保障体系	提供相关资料。
	2. 利用图书馆教育教学成效显著，并渗透到学校教学和课程改革中	提供相关资料。
	3. 论文在省、市级以上公开刊物发表	提供论文原件。
	4. 专职工作人员中有高级专业技术职务	提供高级专业技术职务证书。
	5. 图书馆获市、区级先进集体或先进个人	提供荣誉证书。
	6. 使用两种以上数据库	实地查看。
	7. 年文献购置费 15 万元以上	提供年文献购置费统计表。
	8. 开展各种创新和社会服务活动	提供相关资料。
	9. 其他	提供相关资料。

备注：1. 评估年限一般为近两年，个别条目为近五年。

2. 总分 = ∑ 目（复）评分 × 权重系数。

A 级（优）：90～100 分；B 级（良）：76～89 分；

C 级（合格）：60～75 分；D 级（不合格）：59 分以下（C 级达不到或基本要求达不到的条目均视为 D 级）。

3. 多校区学校办馆条件和流通、内网等数据可合并计算，其他校区个别条目不符合要求者降一档（见基本要求和说明）。

4. 学生数以全校在册总人数为准（含在校外实习人数），评估时已考虑外出实习生因素。

上海市教育委员会制定。

上海市社区教育推荐实验项目评估指标体系(试行稿)

一级指标	二级指标	三级指标	分值	得分
项目设计 (10分)	实验目标	目标设计有前瞻性	2	
		目标设计有创新	2	
	选题	是社区发展中的关键问题	1	
		是社区教育工作的主要内容	1	
		体现社区教育发展的规律和方向	1	
	方案设计	格式规范	1	
		研究思路科学合理	1	
		可操作性强	1	
项目管理 (15分)	管理和 运作机制	项目领导小组管理有力	2.5	
		形成了比较完善的各项规章制度	2.5	
		形成了比较完善的项目运作机制	2.5	
	队伍建设	建立专职人员为主的项目实施和研究团队	2.5	
		对项目团队进行了系统培训	2.5	
		建立了专家指导小组	2.5	
实验过程 (30分)	主要步骤	按照实施方案优质高效实施	5	
		实验过程中能有效控制和调整	5	
		实施步骤科学合理	5	
	方法运用	变量设计和研究假设科学	5	
		研究方法使用完全合理	5	
		实验过程的记录客观翔实	5	
实验成果 (30分)	实验研究 报告质量	实验研究报告格式规范	5	
		系统阐述实施过程和实验结果	5	
		研究结论科学,论据充分	5	
	实验成果 的价值	实验成果应用范围广	5	
		实验成果的特色或创新明显	5	
		实验成果具有较高可重复性和推广性	5	

一级指标	二级指标	三 级 指 标	分值	得分
社会评价和 实际效果 （15 分）	社会评价	社区居民的参与率和满意度很高	4	
		上级管理部门高度认可	2	
	实际效果	使社区教育实际工作有突破性进展	3	
		解决了社区居民学习的重要问题	3	
		建立了相应的长效机制	3	

上海市教育委员会制定。

上海市中等职业学校新设目录内专业、
目录外专门化教学质量检查评估指标体系

（仅供实地评估参考）

一级指标	二级指标	指标内涵	实地评估专家需查阅材料
1. 专业定位	1-1 培养目标	新设专业（专门化）调研充分、以就业为导向的培养目标定位准确；目录外专门化名称合理，针对性较强，符合学校发展规划、地区经济发展和市场需求，得到行业专家肯定。	备案时的专业调研报告和专家论证意见、学校发展规划。
	1-2 专业建设	建立有成效的专业指导委员会和与专业相适应的培养模式；有专业建设规划，并按规划认真实施专业教学；开设当年招生数在两个班以内。	专业指导委员会成员名单、校企合作协议、专业建设规划、专业内涵调整建议和落实情况、近三学年的专业建设计划。
2. 教学管理	2-1 教学文件	教学实施方案和课程标准以能力为本位，体现任务引领要求；教学实施过程教学文件和资料齐全、规范；教材选用合理，并积极开发校本课程。	教学实施方案、教学大纲、授课计划、学期课程表、教材清单、校本教材和实习指导书等。
	2-2 质量控制	教学管理制度齐全，有教学质量检查、反馈和控制机制。	教学管理制度、教师听课记录、教研组教学质量分析、教学督导组对教学的指导等。
3. 师资条件	3-1 专业带头人	培养或引进专业带头人，具有本科以上学历和高级专业技术职务，有较高的业务能力。	专业带头人基本情况表、证明其专业和管理能力的材料。

一级指标	二级指标	指 标 内 涵	实地评估专家需查阅材料
3. 师资条件	3-2　基本情况	一般有两名以上具有高级职务的专业骨干教师；师资队伍结构合理，专业教师中"双师型"教师占一定比例。	在职、外聘教师基本情况表（姓名、年龄、性别、学历、职称、教龄、职业资格）及相应职称和职业资格证书复印件。
4. 实训（实验）条件	4-1　经费投入	学校投入经费用于本专业实训（实验）室建设，使用规范，满足专业需求。	经费投入统计表、设备资金使用情况表。
	4-2　设施设备	专业实训（实验）设施较先进，实训（实验）环境好，工位数能满足学生技能培训的要求。	专业实训（实验）设施设备清单、实地勘察实训（实验）场所。

上海市教育评估院制定。

上海市社会力量办学(非学历教育)教学管理示范院校
评估指标体系及内涵要求

一级指标	二级指标	三级指标	权重
1. 教学管理 (30)	1-1　常规管理(15)	1-1-1　教学目标与计划	5
		1-1-2　教学管理制度与手段	5
		1-1-3　教学档案管理	5
	1-2　教学过程管理(15)	1-2-1　课堂教学管理	5
		1-2-2　教学质量监控	5
		1-2-3　教学改革与科研	5
2. 师资队伍建设 (30)	2-1　教学管理队伍(15)	2-1-1　管理机构与分管领导	7
		2-1-2　教学管理人员	8
	2-2　教师管理(15)	2-2-1　教师结构	7
		2-2-2　教师聘任与考核	8
3. 教学质量与效益 (40)	3-1　教学质量(20)	3-1-1　学员成绩与考证	10
		3-1-2　办学规模与效益	10
	3-2　教学成果(20)	3-2-1　荣誉与典型个案	10
		3-2-2　社会反响	10
教学特色(10)			

　　说明:1. 采用分值测评记分和相对评估相结合的方法,通过测评排序、综合平衡、好中选优,将一批在教学管理起示范作用的院校遴选为示范院校,将一批在教学管理方面有特色的院校遴选为特色院校。

　　2. 申报评估查阅资料年限为 2003 年 1 月至 2004 年 12 月。

　　3. 总分 = ∑评分×分值。A:90~100 分;B:76~89 分;C:60~75 分。

　　4. 三级指标自评分为百分制。

三级条目编号及名称	1-1-1 教学目标与计划
内涵及标准	1. 能根据市场需要设计自开课程(专业)的教学目标,且做到培养目标明确,教学计划具体、可行。 2. 能根据总的教学目标,制订相应的教学实施性计划,并严格执行。
资料要求	1. 提供自开课程(专业)专家论证、课程(专业)设置可行性分析报告和有关资料。 2. 提供实施性教学计划。

三级条目编号及名称	1-1-2 教学管理制度与手段
内涵及标准	1. 教学工作计划切实可行,教学工作总结完整全面。 2. 教学管理制度规范健全,有创新,及时更新,并严格执行。 3. 教学管理手段先进、设备齐全。 4. 教学管理人员能熟练运用计算机进行教务、学籍等管理。
资料要求	1. 提供教学工作计划和总结。 2. 提供教学管理规章制度汇编文件和执行情况等。 3. 提供计算机、网络系统和教学设备配置情况。 4. 提供教学管理软件配置情况。 提供教学管理人员计算机水平证书。

三级条目编号及名称	1-1-3 教学档案管理
内涵及标准	1. 校历、教学进程表、教师任课一览表、总课程表、分班课表和教师课表编制完整、合理。 2. 教务例会、教师与学生座谈会能定期召开,质量较高,并有记录。班级教学日志记录完整、规范。 3. 学籍管理制度严格、规范。 4. 教学文件、教务工作、学籍管理和教师业务等档案管理规范、完整。
资料要求	1. 提供校历、教学进程表、教师任课一览表、总课程表、分班课表和教师课表等。 2. 提供教务例会、师生座谈会记录和班级教学日志。 3. 提供学籍管理有关资料。 4. 提供各类教学文件、教务工作档案、学籍管理档案和教师业务档案等。

三级条目编号及名称	1-2-1　课堂教学管理
内涵及标准	1. 教师教学观念新,能根据教学大纲认真备课,精心编写教案、内容翔实,并反映教学的全过程。 2. 课堂教学效果良好,手段先进,适应性强。能按照教学要求,落实作业、实习和实验。
资料要求	1. 专家听课时抽查教师教案和学生作业。 2. 专家实地评估时对学员进行调查问卷。 3. 提供实验、实习教学计划和记录。

三级条目编号及名称	1-2-2　教学质量监控
内涵及标准	1. 教学质量监控机构健全,并有专门领导负责。 2. 教学质量监控制度健全,措施严密。 3. 认真开展教学质量评估与检查及质量分析,并将教学质量评估与检查的结果及时反馈,进行分类指导,努力改进教学,提高教学质量。
资料要求	1. 提供学校教学质量监控机制和领导名单。 2. 提供质量监控的有关制度等。 3. 提供教学质量评估检查的相关资料。

三级条目编号及名称	1-2-3　教学改革与教科研
内涵及标准	1. 能根据学员实际和社会需要,引进新知识、新技术、新工艺和新方法,调整课程(专业)内容,改进教学方法,提高课堂教学的艺术性和趣味性,提高学员学习的积极性和专业知识的实用性。 2. 能贴近社会和市场,既有相对稳定的课程(专业),又能适应市场举办各类中短期培训班。 3. 能根据学员需要和市场需求编写校本教材(公开出版)或引进适用的教材。 4. 教研活动落实,能针对非学历教育的特点和问题,开展课题研究,并取得较好的成果。 5. 教科研活动经费和科研经费落实。
资料要求	1. 提供教学内容与方法改革的材料。 2. 提供所开课程(专业)的有关材料。 3. 提供自编的校本教材和引进的教材。 4. 提供教研活动记录和教科研成果。 5. 提供教科研经费落实情况。

三级条目编号及名称	2-1-1 管理机构与分管领导
内涵及标准	1. 管理机构健全,部门职责明确。 2. 分管教学工作的领导明确,教学管理工作落实。
资料要求	1. 提供内设机构名单和部门职责。 2. 分管教学领导简介,工作成效介绍。
三级条目编号及名称	2-1-2 教学管理人员
内涵及标准	1. 教育教学管理人员配置结构合理,专兼职比例恰当。 2. 教育教学管理人员岗位职责明确,考核工作落实。班主任(教辅人员)管理制度健全,为教学服务成效显著。
资料要求	1. 提供教育教学管理人员名册。 2. 提供教育教学管理人员岗位职责和考核情况以及能够反映班主任(教辅人员)工作成效的材料。
三级条目编号及名称	2-2-1 教师结构
内涵及标准	1. 专任教师结构合理,学历、职称和教师资格证书等资料齐全。 2. 专任教师专兼职比例恰当。 3. 各课程(专业)有相对稳定的骨干教师和专职教师。
资料要求	1. 提供专任教师学历、专业技术职务和教师资格证书复印件。 2. 提供专职教师和兼职教师的名单。 3. 提供各课程(专业)骨干教师和专职教师名单。
三级条目编号及名称	2-2-2 教师聘任与考核
内涵及标准	1. 教师聘任制度完整规范,执行严格,成效明显。 2. 教师考核制度落实,考核方法科学,考核结果客观,并及时向教师反馈考核结果。
资料要求	1. 提供教师聘任制度的具体内容和实施成效。 2. 提供教师考核制度和考核情况资料。

三级条目编号及名称	3 - 1 - 1　学员成绩与考证
内涵及标准	1. 学员统考成绩优良率高。 2. 学员各类考证合格率高。
资料要求	1. 提供近两年学员统考成绩。 2. 提供近两年学员各类考证情况。
三级条目编号及名称	3 - 1 - 2　办学规模与效益
内涵及标准	1. 办学规模较大,学员人数较多(学校:人数×学时数/240≥500,学院:人数×学时数/240≥1 200),教学设施设备先进、齐全。 2. 办学效益良好,经费使用合理。
资料要求	1. 提供近两年学员人数统计表。 2. 提供教学设施设备汇总表。 3. 提供办学经费合理使用情况。
三级条目编号及名称	3 - 2 - 1　荣誉与典型个案
内涵及标准	1. 曾受到各级政府部门的表彰,获得多项荣誉称号。 2. 教师、学员等曾受到各级政府部门的各类表彰。 3. 近两年中教师和学员典型个案。
资料要求	1. 提供有关文件、证书、奖牌和奖章。 2. 提供近两年学员典型个案及毕业学员跟踪材料。
三级条目编号及名称	3 - 2 - 2　社会反响
内涵及标准	1. 教风学风良好,培训质量高,在社会上享有较高声誉。 2. 能从学员需要出发,通过培训,切实提高学员的知识和技能水平。 3. 能为区域经济发展服务,受到用人单位和社区的好评,并在同类院校中发挥示范作用。
资料要求	1. 提供学员学习成绩汇总表。 2. 提供能够反映学校教学成效的材料。

上海市教育评估院制定。

上海市社区教育实验项目验收评估指标体系

一级指标	二级指标	分值	得分
1. 关联性	1.1　与社区教育相关	5分	
	1.2　与本地区实际与特色相关	5分	
	1.3　与政府关注的领域和社区教育发展中的重点、难点、热点问题相关	10分（附加分）	
2. 科学性	2.1　有理论阐述	5分	
	2.2　有实践探索	10分	
	2.3　数据翔实,结构严谨,分析科学	5分	
3. 创新性	在一定实验范围内有创新性,或者结合本地区特色有创新性	20分	
4. 实效性	对当地社区教育的健康发展有推动作用	20分	
5. 推广性	5.1　形成一定实验成果(规章制度等)	10分	
	5.2　对本市(或全国)其他社区教育有引领、辐射和示范作用,有推广价值	10分	
6. 保障性	6.1　实验项目保障机制落实	5分	
	6.2　实验工作队伍建设扎实	5分	

注:本指标体系分值为110分,其中"1.3"为附加分,重点推荐实验项目评估分数为85分。

上海市教育评估院制定。

其他省市制定的评估标准和指标

北京市普通中等专业学校综合评估指标体系(试行)

说　明

中等专业学校是我国培养中等技术人才和管理人才的重要基地。为了贯彻落实《职业教育法》,稳定中专教育,发挥中专学校在北京市中等职业技术教育中的骨干作用,促进中专学校在计划经济向市场经济转变,粗放型经济向集约型经济转变过程中,主动适应 21 世纪首都的经济建设和社会发展的需要,促进中专学校深化教育、教学改革,全面提高办学质量和效益,特制定本指标体系(试行)。

一、本指标体系面向通过办学条件合格评估的中专学校,对学校建设和改革具有导向作用,鼓励学校在科学、规范管理的前提下,改革创新,办出特色。

二、本指标体系共设 8 个一级指标,下设 37 个二级指标,同时设有奖励条件,形成完整的综合评估指标体系。二级指标为基本评估条目,有指标名称、内涵、标准、评等标准、测评方法、统计口径、计算方法等内容要求。指标体系的权重亦为二级权重体系,每一指标的权重和权重分值标明在评估指标体系表中。

三、本指标体系采用定量、定性相结合的评价方法。定量指标采用百分制,分值取整数。定性指标采用 4 等(A——优、B——良、C——合格、D——不合格)评价,二者对照关系如下:

定等制	A	B	C	D
百分制	100 ~ 90	90 ~ 76	76 ~ 60	< 60

评价定性指标时可用各等中值分(95、83、68、30)计分,也允许直接评成百分制分值。

四、本指标体系中二级指标评分计算方法有定量、定性、定量定性结合、群测等四类。

1. 定量指标　有各自的定量计分评等标准。首先计算出指标的客观量,用其客观量与评等标准对照定等,再按线性插入法计算指标百分值。

334

$$X = X_上 - \frac{X_上 - X_下}{K_下 - K_下}(K_上 - K_{客观量})$$

2. 定性指标 按各自性状描述要求定等,再以该等的中值分代入计指标分值。

3. 定性定量相结合指标 条目中既有定性标准内涵,又有定量标准内涵,计算时分别按上述两种方法得出分值,再用算术平均或加权计出指标分值,对应定等。

4. 群测法 群众定性测评方法为:按每一测定内涵统计其各等的数量。

$$每一内涵的分值 = \frac{\sum 各等个数 \times 各等的中值分}{所有测评等的数量}$$

然后,以各内涵的分值进行算术平均,或用加权平均计算各自分值。

五、鉴于中专学校专业门类多,行业差异大,学校在实施本指标体系时,应坚持统一性与灵活性相结合的原则,可参照有关法规规定对某些内涵进行调整和补充。

附件:
北京市普通中等专业学校综合评估指标体系表1
北京市普通中等专业学校综合评估指标体系表2
北京市普通中等专业学校综合评估指标体系表3
北京市普通中等专业学校综合评估指标体系表4
北京市普通中等专业学校综合评估指标体系表5
北京市普通中等专业学校综合评估指标体系表6

北京市普通中等专业学校综合评估指标体系表1

一级指标	二级指标	
Z1 学校领导 0.08(8)	Z1－1 领导结构	0.30 (2.4)
	Z1－2 领导素质	0.70 (5.6)
Z2 教师队伍 0.12(12)	Z2－1 师资队伍结构	0.15 (1.8)
	Z2－2 专业实践状况	0.15 (1.8)

一级指标	二级指标	
Z2 教师队伍 0.12(12)	Z2－3 骨干教师状况	0.10 (1.2)
	Z2－4 师资培养计划与效果	0.15 (1.8)
	Z2－5 教学水平	0.45 (5.4)
Z3 教学设施 0.10(10)	Z3－1 设备齐全率	0.60 (6.0)
	Z3－2 设备先进性	0.20 (2.0)
	Z3－3 设备利用率	0.20 (2.0)
Z4 思想素质教育 0.12(12)	Z4－1 课程建设及教学	0.30 (3.6)
	Z4－2 行为规范	0.30 (3.6)
	Z4－3 职业理想和道德教育	0.30 (3.6)
	Z4－4 心理健康教育	0.10 (1.2)
Z5 管理水平 0.14(14)	Z5－1 教学常规管理	0.15 (2.1)
	Z5－2 教研组工作	0.10 (1.4)

一级指标	二级指标	
	Z5-3 班主任工作	0.08 (1.12)
	Z5-4 规章制度	0.08 (1.12)
	Z5-5 现代化管理手段	0.20 (2.8)
Z5 管理水平 0.14(14)	Z5-6 实验管理(工、卫、农)	0.08 (1.12)
	Z5-7 实习管理	0.08 (1.12)
	Z5-8 校外实习基地建设	0.08 (1.12)
	Z5-9 课程设计及综合实践管理	0.08 (1.12)
	Z5-10 《学校体育工作条例》执行情况	0.07 (0.98)
	Z6-1 专业建设	0.20 (4.0)
Z6 专业、课程建设与改革 0.20(20)	Z6-2 课程结构优化	0.30 (6.0)
	Z6-3 课程大纲、教材建设	0.20 (4.0)
	Z6-4 教学方法、手段改革	0.30 (6.0)

一级指标	二级指标	
Z7 办学质量、效益 0.20(20)	Z7-1 学校规模	0.15 (3.0)
	Z7-2 人员效率	0.1 (2.0)
	Z7-3 毕业环节质量	0.15 (3.0)
	Z7-4 各项水平测试成绩	0.15 (3.0)
	Z7-5 多种证书取得	0.15 (3.0)
	Z7-6 毕业生质量评价	0.10 (2.0)
	Z7-7 教学成果与技术成果	0.10 (2.0)
	Z7-8 体质与健康	0.10 (2.0)
Z8 教育、教学研究与督导工作 0.04(4)	Z8-1 机构	0.20 (0.8)
	Z8-2 效果	0.80 (3.2)

奖 励 条 件

项　目	加 分 范 围
名校长、名教师、名学生"三名"建设	≤3分
办学模式	≤5分

指标条目编号及名称	Z1 – 1　领导结构
内涵及标准	1. 领导人数:以现有在校学生数(普通中专)和学校规划规模学生数为依据。 　640 人以下为 3 人,641 ~ 1 280 人为 4 人,1 281 人以上为 5 人。 2. 学校工作年限:以校领导参加各级各类学校工作的平均年数评等计分。 3. 学历、专业、职称:校长、教务副校长需大本及以上学历或讲师以上职称 (y1),其他领导为大专以上(y2),校长、教务副校长应有本专业人才或师范人才。
测量评等 标准	内涵 1:A. 达到或低于在校学生数所规定领导人数,且年龄成梯队结构。 　　　　B. 大于在校生数所规定的领导人数,低于规划规模学生数所规定人数。 　　　　C. 大于在校学生数所规定的领导人数,达到规划规模学生数所规 　　　　　定人数。 　　　　D. 大于在校学生数所规定的领导人数,也大于规划规模学生数 　　　　　所规定人数。 内涵 2:A:15 年 ≤ K ≤ 20 年 　　　　B:12 年 ≤ K < 15 年 　　　　C:8 年 ≤ K < 12 年 　　　　D:0 ≤ K < 8 年 内涵 3:K1 校长、教务副校长组: 　　　　　大本和高讲——A,大本和讲师——B,大专——C,中专——D 　　　　K2 其他领导成员组: 　　　　　大本或讲师——A,大专——B,中专——C,高中——D
评价计分 标准	内涵 1:定等取中值分 X1 内涵 2:插入法计算 X2 内涵 3:定等取中值分 X3 最后三内涵综合平均计条目分。 X = (X1 + X2 + X3) ÷ 3
说明	内涵 1:定等取中值分。领导班子指普通中专的专职党委正副书记、正副 校长。在校学生数,以评估当年度在校生为准。领导年龄不符合梯队结构, 以 A 等下限计条目分。35 岁以下校领导不占职数。 　内涵 2: $$K = \frac{\text{教师从事教学工作教龄总和}}{\text{专任教师总数}}\text{以 K 值定等用插入法计算}$$ 　内涵 3:K1、K2 两组个体测评,取中值分,再以两组分值加权计算为 X3 = 0.6y1 + 0.4y2,如校长、教务副校长无一人为学校所设专业的专业人才或师 范人才,则以 X3 所属等级的下限计内涵分。

北京市普通中等专业学校综合评估指标体系表2

指标条目编号及名称	Z1-2　领导素质
内涵及标准	内涵八项及标准列于表4
测量评等标准	A. 好　全面符合要求 B. 较好　较全面符合要求 C. 一般　一般符合要求 D. 较差　有明显不团结现象,影响工作 具体操作,按表4评定。
评价计分标准	对每一内涵逐项评等取中值分,再综合平均计条目分。
说明	1. 测评表中,1、2、3、4、5、8内涵对领导班子集体评价,6、7内涵评价每个个体后,再综合成内涵分。 2. 由上级主管部门进行测评,参评人员包括中层干部、教师和其他教职工人数的各1/3,总数不少于全体教职工的1/3,党员不超过1/3,人数不少于30人。 3. 可参考上年度主管部门对领导班子的考评结果。

指标条目编号及名称	Z2-1　师资队伍结构
内涵及标准	1. 教龄:教师平均具有6年以上教龄为合格。 2. 学历:本科及以上学历教师数占专任教师总数的比例K≥85%为合格。 3. 职称:中、高级职称教师占专任教师总数比例K1≥10%,K2≥35%为合格。
测量评等标准	内涵1:A:15年≤K<20年,B:10年≤K<15年,C:6年≤K<10年,D:0年≤K<6年 内涵2:A:98%≤K<100%,B:90%≤K<98%,C:85%≤K<90%,D:0≤K<85% 内涵3:A:高职率25%≥K1≥20%,中职率50%≥K2≥45% B:高职率15%≤K1<20%,中职率40%≤K2<45% C:高职率10%≤K1<15%,中职率35%≤K2<40% D:高职率0≤K1<10%,中职率0≤K2<35%
评价计分标准	每一内涵分别用插入法计算,再综合平均计条目分。
说明	内涵1:教龄包括各级各类学校的教龄, $K = \dfrac{教师从事教学工作教龄总和}{专任教师总数}$ 以K定等用插入法计算X1分值。 内涵2:$K = \dfrac{本科及以上学历教师数 \times 100\%}{专任教师总数}$ 教师中有5%以上硕士以上学位、双学士学位,则以X2所属等级上限计分。艺术体育类学校教师可以大专起点计算。 内涵3:以K1、K2、计算y1、y2分值,综合平均计算X3分值。

340

指标条目编号及名称	Z2－2　专业实践状况
内涵及标准	1. 专业及专基课有一年专业实践的教师率 K1≥30% 为合格，有三年以上专业实践教师占一定比例（K2）。 2. 专业及专基课教师有教师职称之外的专业技术证书所占百分率 K≥30% 为合格。 3. 兼职教师具有中级及以上职称的比例 K≥60% 为合格。
测量评等标准	内涵1：一年实践教师率 A:60%≥K1>50%，B:40%≤K1<50%，C:30%≤K1<40%，D:0≤K1<30% 三年以上实践教师率 A:15%≥K2>10%，B:5%≤K2<10%，C:0≤K2<5%，D:K2=0 内涵2：A:50%≤K≤60%，B:40%≤K<50%，C:30%≤K<40%，D:0≤K<30% 内涵3：A:80%≤K≤100%，B:70%≤K<80%，C:60%≤K<70%，D:0≤K<60%
评价计分标准	每一内涵，分别用插入法计算，再综合平均计条目分。
说明	内涵1：专业实践年限，指除带学生实验实习以外，在校内外从事一切科研生产实践的时间。时间小于一月忽略不计，一月以上可累计计算。 内涵3：兼职教师指专任教师编制外，经学校聘任承担授课任务的教师，兼职教师的职称确定，以资格证书为准。

指标条目编号及名称	Z2－3　骨干教师状况
内涵及标准	1. 中、青年教师参加市级教育行政部门组织的评优课参选、当选状况。 2. 专业（学科）带头人、骨干教师占全体教师的比例。
测量评等标准	内涵1： A. 中青年教师评优课当选 2 人。 B. 当选 1 人。 C. 无当选，但参选占中青年教师比例≥3%。 D. 没参加评优课。 内涵2： A. 25%≤K<30%　B. 20%≤K<25 C. 15%≤K<20%　D. 0≤K<15%
评价计分标准	内涵1：定等取中值分。 内涵2：定等用插入法计算，再综合平均计条目分。
说明	内涵2：1. 学校参照京教师〔1997〕014 号文规定的标准要求制定校内标准，评定专业带头人、骨干教师。有科学严格的评选程序，有符合要求的说明材料。 2. 考核学校所设连续招生三年以上的专业，其中任一专业无骨干教师，降等计上限分。

341

指标条目编号及名称	Z2－4　师资培养计划与效果
内涵及标准	1. 学校有师资培养计划,有措施,有检查,有实效。 2. 建立激励机制,有评优活动。
测量评等标准	内涵1: A. 有培养计划,符合要求(含实践能力),目标明确,措施落实,有检查,有实效。 B. 有计划,措施基本落实,检查不够及时,有一定成效。 C. 有计划,措施不够有力,检查不够,成效一般。 D. 无计划,工作不落实,效果差。 内涵2: A. 评优选优经常化、规范化,形成骨干教师队伍,有激励机制。 B. 评优活动基本能坚持,但不够规范。 C. 评优活动经常化不够,也不够规范,有随意性。 D. 评优基本没开展,领导对骨干教师状况心中无数,处于自流状态。
评价计分标准	分别定等取中值分,再综合平均计条目分。
说明	本条目查两年。

指标条目编号及名称	Z2－5　教学水平
内涵及标准	1. 理论课教学水平指对课堂教学内容和教学方法的九项测评,列于表9、10中。 2. 专基和专业课教师实践教学水平指对教师自己动手能力和指导实验实习等能力测评,列于表11中。
测量评等标准	A. 完全符合内涵要求。 B. 较好符合内涵要求。 C. 一般符合内涵要求。 D. 较差。
评价计分标准	内涵1:个体评定后按群体综合计分,分三组测评,分值依权重,综合计算。 内涵2:按两个测评点,定等取中值分,先个体后群体综合计算。 最后两内涵综合计条目分。
说明	1. 内涵1:随机抽样1/3教师,不少于30名教师,其中高讲占15%,讲师50%,助讲35%。 由同行教师、教研组长为甲组,听课用表9测评计算 y1 分值。 由教务科长、督导室主任、教学副校长为乙组,听课用表9测评计算 y2 分值。 由学生为丙组(每位教师由授课班5名学生),用表10测评计算 y3 分值。 加权计算 X1 分值。X1 = 0.4y1 + 0.4y2 + 0.2y3 2. 内涵2:由教研组长、专业科主任、教务科长、督导室主任、教学副校长共同对全体专基和专业课教师用表11测评。

指标条目编号及名称	Z3－1　设备齐全率
内涵及标准	实验、实习设备齐全率(K1、K2)均以大于70%为合格标准,计算机以小于20生/台为合格标准。
测量评等标准	实验设备齐全率 K1　　实习设备齐全率 K2　　计算机设备齐全率 K3 A:100% > K1≥95%　100% > K2≥95%　10≤K3 < 12 B:95% > K1≥85%　95% > K2≥85%　12≤K3 < 15 C:85% > K1≥70%　85% > K2≥70%　15≤K3 < 20 D:70% > K1≥60%　70% > K2≥60%　20≤K3 < 25
评价计分标准	插入法分别计算 X1、X2 和 X3,加权计条目分 X。 $X = 0.6 X1 + 0.2 X2 + 0.2 X3$
说明	(1) 教学设施指各类实验、实习、训练场地的教学仪器设备。 (2) 实验、实习设备齐全率按大纲要求,实验按自开项目计算,一般以每次满足半个班以上为标准。实习按工种计算,不能满足动手的降等。 (3) K1、K2 按专业分别计算综合平均。 (4) 计算机齐全率。 $$K_3 = \frac{全校在校生数}{全校教学计算机台数}$$ (5) 已损坏、不能使用的设备不计入。

指标条目编号及名称	Z3－2　设备先进性
内涵及标准	以具有先进性设备为合格标准
测量评等标准	A:一定数量。 B:少量。 C:有。 D:没有。
评价计分标准	定性评等取中值分。
说明	(1) 按各校所开主干专业分别定性定等、综合平均。 (2) 先进性的界定:非指和不一定指高新技术装备;能适应行业中间层次人才使用需求,达到或超过行业中实际使用的设备水平。 (3) 非学生使用的设备不计入。

指标条目编号及名称	Z3-3　设备利用率		
内涵及标准	实验设备利用率达到30%,实习设备利用率达到40%为合格标准。		
测量评等标准	(1) 实验设备利用率 A：>50% B：>40% C：>30% D：<30%	(2) 实习设备利用率 >80% >60% >40% <40%	
评价计分标准	以实验室(含机房)和实习场所为单位进行定等取中值计分,综合平均计内涵(1)、(2)分值,再综合平均计条目分。		
说明	1. 实验室(含机房)以四节实验课相当于一天进行计算。 $$实验设备利用率 = \frac{学年内开放实验室总学时数}{4 \times 5 \times 学年教学周数} \times 100\%$$ 2. 实习场所以实周数×1.2计利用时间。 $$实习设备利用率 = \frac{学年实习总周数 \times 1.2}{学年教学周数} \times 100\%$$ 实习场所以工种统计。 3. 学年教学周数按32周计。		

北京市普通中等专业学校综合评估指标体系表3

指标条目编号及名称	Z4-1　课程建设及教学
内涵及标准	(1) 思想政治课、心理健康课、美育类课程设置齐全、落实,有教学大纲,教材。 (2) 教学方法有改革,效果好。 (3) 教学能与社会实践相结合。
测量评等标准	A:(1) 列入教学计划的思想政治、心理健康教育、美育类课程有教学大纲和教材。 (2) 教学方法有较大改革,效果显著。 (3) 教学与社会实践结合得好。 B:(1) 有大纲、有教材。 (2) 有较大改革,有一定效果。 (3) 教学与社会实践结合较好。 C:(1) 有大纲、有教材。 (2) 有改革,效果一般。 (3) 教学与社会实践没有结合。 D:达不到C等标准。
评价计分标准	内涵(1)、(2)、(3)分别定性定等取中值分 X1、X2、X3。 综合平均计条目分 X = (X1 + X2 + X3) ÷ 3
说明	按内涵要求准备有关资料。

指标条目编号及名称	Z4-2　行为规范		
内涵及标准	(1) 对学生行为规范有明确要求,有检查制度。 (2) 教师为人师表,职工文明上岗,"三育人"有实效。 (3) 校风、校纪、校园环境建设好。		
测量评等标准	A:(1) 对学生行为规范有明确、宽严适度的要求。有检查制度,执行严格。 (2) 全校教师能为人师表,职工文明上岗、礼貌待人。"三育人"有要求,有措施,有实效。 (3) 校风、校纪、校园环境优良、有特色。 B:(1) 有明确要求,宽严适度,检查稍欠严格。 (2) 全校教师为人师表、职工能文明上岗、礼貌待人。"三育人"有要求,有措施,效果一般。 (3) 校风、校纪、校园环境良好。 C:(1) 有要求,检查稍欠严格。 (2) 教师能为人师表,职工文明上岗。 (3) 校风、校纪、校园环境一般。 D:(1) 无行为规范要求,无经常性检查。 (2) "三育人"不落实,职工文明行为较差。 (3) 校风、校纪存在问题较多。		
评价计分标准	按内涵分别定性定等取中值分,再综合平均计条目分。 计算方法同 Z4-1。		
说明	同 Z4-1。		

指标条目编号及名称	Z4-3　职业理想和道德教育		
内涵及标准	(1) 对学生进行热爱专业和职业教育,职业理想、道德教育经常化,效果好。 (2) 对学生进行创业教育,有实效。 (3) 思想品德考核制度齐全、落实。		
测量评等标准	A:(1) 有计划地对学生进行热爱专业和职业教育,职业理想和道德教育纳入学校和班级活动,收到良好效果。 (2) 有创业教育、效果良好。 (3) 思想品德考核制度齐全、落实,有特色。 B:(1) 有活动,有效果。 (2) 有创业教育,有效果。 (3) 制度齐全,落实尚可。 C:(1) 有活动,有一定效果。 (2) 有创业教育,效果一般。 (3) 制度齐全,执行不够严格。 D:(1) 有活动,效果不显著。 (2) 无创业教育。 (3) 制度齐全,执行不严格。		
评价计分标准	按内涵分别定性定等取中值分。综合平均计条目分。 计算方法同 Z4-1。		
说明	同 Z4-1。		

指标条目编号及名称	Z4－4　心理健康教育
内涵及标准	由有心理咨询业务知识的人员负责开展心理健康宣传、教育和咨询工作，效果好。
测量评等标准	A：由有心理咨询业务知识的人员负责开展心理健康宣传、教育和咨询工作，有明显效果，有特色。 B：由有心理咨询业务知识的人员负责开展心理健康宣传、教育和咨询工作，但效果一般。 C：学校开展了心理健康教育和咨询工作，效果不明显。 D：达不到 C 等标准。
评价计分标准	定性定等取中值分。 计算方法同 Z4－1。
说明	同 Z4－1。

北京市普通中等专业学校综合评估指标体系表4

指标条目编号及名称	Z5－1　教学常规管理
内涵及标准	1. 学籍、考试、考查、排课、调课等管理、检查制度齐全、落实。 2. 各类教学管理严格，课时安排合理，教学秩序稳定。 3. 定期进行教学质量分析，有听课制度，执行严肃，及时反馈情况，不断提高教学质量。 4. 各种教学资料齐全、规范、管理好，能发挥作用。 5. 学期或学年的教材与讲义齐全（K5）；供应及时，管理情况好；文印工作打印及时，质量好，服务态度好。
测量评等标准	A：好。 B：较好。 C：一般。 D：较差。 （K5）A：$K5 = 100\%$ 　　　B：$97\% \leqslant K5 < 100\%$ 　　　C：$93\% \leqslant K5 < 97\%$ 　　　D：$90\% \leqslant K5 < 93\%$
评价计分标准	内涵 1－5 按要求逐一定性评等，取中值。内涵 5 中齐全度按 K5 定等取中值，最后综合平均计条目分。
说明	四年制的学校查两个学年，二年制的学校查一个学年。

指标条目编号及名称	Z5-2　教研组工作
内涵及标准	1. 保证隔周 2~4 小时教研活动。 2. 有计划、有总结、有记录。 3. 教学研究内容丰富、充实,有利于提高教学质量。 4. 教学文件、资料、教具完整,有专人负责保管。
测量评等标准	A:好。 B:较好。 C:一般。 D:较差。
评价计分标准	按表 21 综合平均计分
说明	1. 以每一教研组为个体,分别由校领导、教务科长、各专业科长、教师按以上四项内涵评等。取中值分,再以群体组合计算方法综合评分,平均计条目分。 2. 教研组活动内容包括定期开展教材研讨、教学方法探讨、集体备课、互相听课、检查教学进程、学习教育理论、研究教书育人以及教学调查与分析、实验室建设、实践教学研讨和培养新教师等。 3. 计划、总结及记录,四年制的查两个学年,二年制查一个学年。

指标条目编号及名称	Z5-3　班主任工作
内涵及标准	1. 能主动关心学生的德、智、体、美、劳全面发展; 2. 能及时做好思想教育工作,方法得当,后进生转化工作做得好; 3. 能充分发挥班级干部和学生的积极性,注意培养学生的工作能力; 4. 注意培养良好的班风; 5. 能与任课教师、学生家长经常联系; 6. 师生关系好,工作有成效。
测量评等标准	A:好。 B:较好。 C:一般。 D:较差。
评价计分标准	评等取中值,综合平均计分。
说明	以每个班主任为个体,按表 22 六项内容分别由领导、任课教师、学生科、学生测评结果综合平均计条目分。 学生测评不少于 10 人(其中学生干部不超过 30%)。

指标条目编号及名称	Z5－4　规章制度
内涵及标准	1. 职工岗位责任制、教师工作规范齐全、合理,执行严格,工作质量有考核; 2. 教职工考勤有制度、有记录; 3. 各种馆、室、场、堂管理制度齐全、落实; 4. 人事、消防、保卫、财务、总务、档案等管理制度齐全、落实。
测量评等标准	A:好。 B:较好。 C:一般。 D:较差。
评价计分标准	评等取中值,综合平均计条目分。
说明	以现行制度为准,考勤记录查一学年。

指标条目编号及名称	Z5－5　现代化管理手段
内涵及标准	学校在教学、学生、财务、图书馆、行政档案等方面推行计算机网络化管理,管理效果好。
测量评等标准	A:学校在教学、学生、财务、图书馆、行政档案等方面全面推行计算机管理,实现网络化,效果好,局部网络化 A 等中值,全部网络化为 A 等上限; B:学校在教学管理等四个以上方面推行了计算机管理,效果较好; C:学校在教学管理等三个方面推行了计算机管理,效果一般; D:学校只在非教学管理项目上推行了计算机管理。
评价计分标准	综合定等取中值计条目分。
说明	

指标条目编号及名称	Z5－6　实验管理(工、卫、农)
内涵及标准	1. (X1)通过各种途径开出大纲所规定的实验项目占应开出实验项目的百分率(k1),以 90% 为合格标准。 2. (X2)有完整的实验指导书,质量好。 3. (X3)有严格的考核,能单独计算成绩,有严格的考核,四年制四学年内要有 4 门实验课单独考核,成绩列入学生成绩册。(二年制参照执行)。 4. (X4)实验室管理制度齐全,落实。
测量评等标准	内涵1　A:100%;B:95% ≤ K < 100%;C:90≤K1 <95%;D:85%≤K1 <90%。 内涵2　A:指导书完整,质量好;B:指导书完整,质量较好;C:指导书完整,质量一般;D:指导书不完整,质量较差。 内涵3　A:3～4 门;B:2 门;C:1 门;D:有考核,不记入学生成绩册。 内涵4　A:齐全落实;B:较齐全落实;C:情况一般;D:较差。
评价计分标准	测评方法同 Z5－1。
说明	财经政法类学校参照执行;有严格考核能单独计算成绩,含(1);单独设课或(2);实验单独考核计成绩,按比例列入课程成绩册。

指标条目编号及名称	Z5-7　实习管理
内涵及标准	（1）通过各种途径开出的实习项目占教学计划规定的实习项目的百分比（k1）以90%为合格。 （2）各种实习大纲齐全,编写合理,认真执行。 （3）校内实习能按规定时间充分动手,独立操作(k3)。 （4）校外实习(卫生类的临订实习)组织安排、指导落实。 （5）考核严格,单独记成绩。 （6）实习管理制度齐全,执行严肃。
测量评等标准	k1　　　　　　　　　k3 A：　　k1＝100%　　　　　90%≤k3＜100% B：　　95%≤k1＜100%　　80%≤k3＜90% C：　　90%≤k1＜95%　　　70%≤k3＜80% D：　　85%≤k1＜90%　　　50%≤k3＜70%
评价计分标准	内涵(1)(3)以定量标准插入法计分; 内涵(2)(4)(5)(6)按定性评价法定等计分,最后综合平均计条目分。
说明	动手时间比(k2)中: 1. 动手时间比。 $$K_2 = \frac{\text{实习动手时间总和}}{\text{大纲规定的实习动手时间}} \times 100\%$$ $$\left(\frac{\text{实际实习天数} \times \text{每天实际操作的时间}}{\text{大纲规定的实习周数} \times 5(\text{天}) \times 6(\text{小时})} \times 100\% \right)$$ 2. 按每一实习工种统计计算,然后综合平均。 3. 考核主干专业。

指标条目编号及名称	Z5-8　校外实习基地建设
内涵及标准	（1）利用联合、合作等各种方式,建成了结合生产的校外实习基地,能完成校内不能完成的实习任务。 （2）在基地能实现教学与生产实践相结合的特点,形成了教学、实习、社会服务相结合的机制。 （3）校、企双方有合同,双方责任明确。 （4）在完成实习任务和技术服务方面有实效。
测量评等标准	A:优;B:良;C:合格;D:不合格
评价计分标准	按内涵分别定等计分,综合平均计条目分。
说明	学校准备必要的说明,证明材料。 考核主干专业。

指标条目编号及名称	Z5-9　课程设计及综合实践管理
内涵及标准	(1) 课程设计、综合实践等有明确的任务书、指导书,编写合理,执行严格。 (2) 考核严格,单独记成绩。 (3) 内容密切联系实际,符合大纲要求。 (4) 管理制度齐全,执行严肃。
测量评等标准	A:优;B:良;C:合格;D:不合格
评价计分标准	按内涵(1)(2)(3)(4)分别评等计分,综合平均计条目分。
说明	按主干专业进行统计评价。

指标条目编号及名称	Z5-10　《学校体育工作条例》执行情况
内涵及标准	根据国家教委令1990年(第8号)、国家体委令1990年(第11号)《学校体育工作条例》的执行情况评价。 (1) 按教学计划设体育课,且均为考试课。 (2) 学生做课间操,除体育课、劳动课当天外,其余天每天应有1小时活动。 (3) 每学年组织一次田径运动会,每学年参加全市中专田径运动会及2次校际以上体育竞赛。 (4) 体育教师待遇,女体育教师比例,体育经费符合《条例》要求。 (5) 有组织领导机构及年度工作计划。
测量评等标准	A:优秀;B:良好;C:合格;D:较差
评价计分标准	五项内涵分别定等取中值,再综合平均计条目分。
说明	查四年。

北京市普通中等专业学校综合评估指标体系表5

指标条目编号及名称	Z6-1　专业建设
内涵及标准	(1) 适应社会发展和经济建设需求进行专业设置和改造,有创新。 (2) 专业覆盖面宽,社会需求广,学生就业率高。 (3) 具有新设和改造老专业的办学条件。
测量评等标准	A:(1) 适应社会发展和经济建设需求,在充分调查论证基础上进行新专业设置和老专业改造,有创新。 (2) 专业面宽窄适度,社会需求广,学生就业率 K≥95%。 (3) 办学条件齐备。 B:(1) 适应社会发展和经济建设需求,在充分调查论证的基础上进行专业设置和改造。 (2) 专业面宽窄适度,有一定的社会需求,学生就业率达到 95%＞k≥85%。 (3) 办学条件较齐备。

指标条目编号及名称	Z6-1 专业建设
测量评等标准	C:(1) 对新专业设置和老专业改造缺乏调查。 (2) 专业面窄,不灵活。学生就业率 85% > k ≥ 75%。 (3) 办学条件不够齐备。 D:(1) 老专业在五年之内无变化。 (2) 学生就业率 K < 75%。 (3) 缺乏应有的办学条件。
评价计分标准	(1) 按内涵定性定等取中值。 (2) 两项内涵综合平均计条目分。
说明	(1) 按学校所设全部专业评价,主干专业平均计分,权重占 70%,非主干专业平均计分,权重占 30%。 (2) 专业设置和改造,指对专业培养目标、教学内容、方法、手段进行改革、提高。 (3) 调查论证时应有用人部门参与,且有相应的组织机构和形式。

指标条目编号及名称	Z6-2 课程结构优化
内涵及标准	(1) 主干专业课程设置完整、有特色,能适应时代要求,有较多新知识、技能体现。 (2) 专业课程结构组合合理,保证培养规格,教学模式适应市场需求。
测量评等标准	A:(1) 主干专业知识、能力体系设置完整,有特色,能适应时代要求,有较多新知识、技能体现。 (2) 专业课程结构组合合理,保证培养规格,教学模式能适应市场多变需求。 两个主干专有阶段成果。 B:(1) 主干专业有知识、能力体系设置,但特色不突出,有新知识、技能体现。 (2)专业课程结构组合基本合理,但适应性较差。 一个主干专业有阶段成果。 C:(1) 主干专业课程结构对知识能力有要求,无新知识、技能体现。 (2) 专业课程结构组合基本合理,但无优化和改革之处。 成果总结不完善。 D:(1) 主干专业无知识、能力方面的要求体现,内容传统、陈旧、一般化。 (2) 专业课程结构组合不够合理,影响培养规格和目标实现。无成果。
评价计分标准	(1) 按内涵分别定性定等取中值。 (2) 两项内涵综合平均计条目分。
说明	(1)主要考察各校的主干专业。 (2) 应有课程结构优化的有关资料,要有阶段成果。

指标条目编号及名称	Z6-3 课程大纲、教材建设
内涵及标准	(1) 适应专业教学计划要求的教学大纲、教材完整配套,有改革。 (2) 主干专业教材建设有特色。
测量评等标准	A:(1) 有适应专业教学计划要求的全部课程大纲、科学完整,教材完整配套,有改革内容。 (2) 主干专业教材建设有特色。 B:(1) 全部课程大纲科学完整,教材配套,但缺乏改革。 (2) 主干专业选用教材适应需求。 C:(1) 课程大纲建设不够完整,有20%左右不够科学,质量不高。 (2)主干专业选用的教材尚可满足需要。 D:(1) 课程内容、大纲建设落后,不适应专业教学计划要求。 (2) 主干专业选用教材欠妥。
评价计分标准	按内涵要求分别定等取中值再综合平均为条目分。
说明	(1) 按学校所设全部专业评价,重点检查主干专业。 (2) 主干专业平均分值占全部评价的70%,其他专业占30%。

指标条目编号及名称	Z6-4 教学方法、手段改革
内涵及标准	(1) 专业教室建设好,有特色。 (2) 多数课程开展以学生为主体进行教学,能培养创新精神。教学方法、手段改革有成效,能使用新教育技术。
测量评等标准	A:(1) 专业教室建设有特色,有经验推广,在主干专业中有40%以上专业课能在专业教室中上课。 (2) 多数课程开展以学生为主体的教学或训练,培养创新精神较突出。教学方法、手段改革效果好,能充分使用新教育技术。 B:(1) 有专业教室,尚未取得经验。在主干专业中有30%以上专业课在专业教室中上课。 (2) 以学生为主体的教学或训练不够普遍,只在少数课程中体现,培养创新精神有一定效果。教学方法、手段改革不够普遍,只限少数课程。 C:(1) 专业教室数量少,在主干专业中只有20%左右专业课在专业教室上课,效果一般。 (2) 对学生的动脑、动手的教学或训练缺乏,只停留于验证式,创新精神培养效果不大。教学方法、手段基本无改革。 D:(1) 无专业教室。 (2) 基本无以学生为主体的训练,无创新精神的培养。教学方法、手段无改革。
评价计分标准	按内涵分别定等取中值,再综合平均为条目分。
说明	(1) 学校自查全部课程,评估级按主干与非主干专业抽查部分课程,再综合平均。 (2) 主干专业平均计分,权重占70%,非主干专业平均占30%。 (3) 对学生动脑、动手的要求视不同课程各有特色,主要以培养能力为主。 (4) 内涵1考核主干专业,内涵2考核全部课程。

北京市普通中等专业学校综合评估指标体系表6

指标条目编号及名称	Z7－1　学校规模
内涵及标准	1. 规模(x1)以评估当年在校生总数 k1,本校生人数 k2 及全日制普通中专生人数 k3 多少进行评定。在校生总数 >1 500,本校生人数 >1 200,全日制本校普通中专业生人数 >960 为合格标准。 2. 质量控制(x2)主要考核校本部师生比(k4),以 K4≤1:47 为合格标准。
测量评等标准	(1) 在校生总数(y1)　本校生人数(y2)　全日制本校普通中专生人数(y3) A k1≥2 500　　　　k2≥2 000　　　　k3≥1 500 B k1≥2 000　　　　k2≥1 500　　　　k3≥1 200 C k1≥1 500　　　　k2≥1 200　　　　k3≥960 D k1<1 500　　　　k2<1 200　　　　k3<960 (2)专任教师:本校生　A:1:16≥K4≥1:22 　　　　　　　　　1:13＞K4≥1:16　B:1:22＞K4≥1:22 　　　　　　　　　1:10＞K4≥1:13　C:1:26＞K4≥1:29 　　　　　　　　　K4＞1:10　　　　D K4<1:29
评价计分标准	定等取中值计内涵分　　X1 = (y1 + y2 + y3) ÷ 3 　　　　　　　　　　　X = (x1 + x2) ÷ 2
说明	1. 在校生总数 = 在校全日制普通中专生人数 + 在校非全日制普通中专生折算人数; 2. 全日制普通中专生含国家指令招生、委托代培生、定向招生及自费生; 3. 非全日制普通中专生人数折算办法:凡全日制不足一年的短训班以 X/10 折算(X 为学习月份),凡非全日制以 X/5 折算(X 为每周来校学习天数),高中毕业二年制及大专类班(含高职)学生以 3/2 折算,技工类班学生以 3/4 折算; 4. 以评估当时一学年统计; 5. 艺术、体育类在校生统计计算按国家有关标准执行。

指标条目编号及名称	Z7－2　人员效率
内涵及标准	按国家教委、劳动人事部(85)教职字 008 号文件规定的指标为依据,主要考核教师、行政和后勤人员的比例。其中专任教师(X1)占全体教职工比例以 45% >k1≥40% 为合格标准;行政、后勤人员(X2)占全体教职工比例以 40% <k2≤45% 为合格标准。
测量评等标准	专任教师占全体教职工比例 k1　　行政后勤人员占全体教职工比例 k2 A　k1≥50%　　　　　　　　　　　k2≤35% B　50% >k1≥45%　　　　　　　　35% <k2≤40% C　45% >k1≥40%　　　　　　　　40% <k2≤45% D　k1<40%　　　　　　　　　　　k2>45%
评价计分标准	B、C 等用插入法,A、D 定等取中值分计 X1 和 X2 分值,综合平均计条目分。
说明	1. 学校提供评估当年度全校各类人员统计情况表。 2. 教师指专任教师。行政、后勤人员中应除去不占校内编制,自负盈亏的校办企业人员。

指标条目编号及名称	Z7－3　毕业环节质量
内涵及标准	1. 毕业环节组织工作：学校教学领导重视，组织完善，计划落实，安排合理； 2. 课题符合中专生培养目标及专业要求，体现以毕业生能力的综合训练，密切联系生产实际，有新技术、新工艺及新手段的应用； 3. 对学生要求和考核严格，标准明确，工作量饱满； 4. 教师指导：编写针对性强的指导书，有利于学生独立思考；因材施教进行指导。
测量评等标准	A:好　B:较好　C:一般　D:较差
评价计分标准	详见《北京市中专学校毕业环节（设计、论文、报告等）评估指标体系》（附件）测评计分方法。
说明	1. 各内涵的具体要求和标准详见《北京市中专学校毕业环节（设计、论文、报告等）评估指标体系》（附件）； 2. 评估时必须选一个以上校外毕业班参评，校内班权重为0.8，校外班权重为0.2； 3. 学校对评估当年或前一年毕业班进行自评，评估组在学校自评的基础上认定或复查。

指标条目编号及名称	Z7－4　各项水平测试成绩
内涵及标准	以在校生各项水平测试参试率及合格率进行评估。
测量评等标准	合格率　相当合格率 A>80%　相当合格率＝合格率×指定年级学生参试率 B>70% C>60% D<60%
评价计分标准	按合格率或相当合格率定等取中值加权（校内班权重为0.8，校外班权重为0.2），计每项分，各项综合平均计条目分。
说明	1. 在校生含校外班学生。 2. 指定考试年级学生参试率应为100%，若不是100%时，按相当合格率计算。 3. 查两学年，学校自制统计表。 4. 如全市水平测试平均合格率低于60%，则以平均合格率定为C等、B等、A等合格率依次提高10个百分点。 5. 复评时进校抽测修正。

指标条目编号及名称	Z7－5　多种证书取得
内涵及标准	以各类专业中专毕业生取得必备的证书为主要内容进行评价。
测量评等标准	A:取得证书学生占毕业生总数的60%以上; B:取得证书学生占毕业生总数的50%～60%; C:取得证书的学生占毕业生总数的30%～50%; D:取得证书的学生占毕业生总数的10%～30%; 　<10%时计零分。
评价计分标准	按以上标准评定,取中值计条目分。
说明	1. 证书指与学校专业有关,与社会接轨的各种专技术证书、等级证书; 2. 统计测评评估前两届毕业生的情况。

指标条目编号及名称	Z7－6　毕业生质量评价
内涵及标准	1. 以对主干专业毕业生跟踪调查情况及用人单位对毕业生评价情况综合评定。 2. 以毕业生无违法行为,能胜任本职工作为合格标准。
测量评等标准	按以下标准对毕业生个体定等: A:曾经受奖或晋升,无违法违纪行为,能胜任工作者。 B:无违法违纪行为,能胜任工作者。 C:无违法行为,能胜任工作者。 D:有违法行为,或不能胜任工作者。
评价计分标准	毕业生按个体定等取中值分,综合平均计条目分。
说明	1. 按表28,由学校选择一至两个主干专业进行调查,每年一次,专业可更换。 2. 采样方法:由学校选择3～10个用人单位,对近五年内该单位的全部毕业生进行调查,被调查总人数不少于100人,人数达不到要求时,可另选单位补充,但仍应调查该单位近五年内全部毕业生。 3. 用人单位未提供受奖晋升证明的,A等统计无效。 4. 学校平时的跟踪调查,行业、社会的相关调查,可作为复评的重要参考材料。 5. 评估组在学校调查统计的基础上,选择其中部分用人单位抽查核实。

指标条目编号及名称	Z7－7　教学成果与技术成果
内涵及标准	以近十年中获得各级评选奖励的教学成果与技术成果的项数进行评估。
测量评等标准	A:10 项及 10 项以上。 B:7 ~ 9 项。 C:4 ~ 6 项。 D:4 项以下。
评价计分标准	评等取中值计条目分。 如成果中无技术成果项目,则取该等下限计条目分。
说明	1. 教学成果与技术成果包括现在校及离退休教职工完成的获奖教研科研项目、通过教研科研解决教学、生产实际问题的项目、被采用的专利项目、经专家评议鉴定的技术服务项目、省(部)级统编或获奖教材、获奖的专著与译著等。 2. 以获得局级三等奖为基准 1 项,局级二等奖为 1.5 项,局级一等奖为 2 项,省(部)级乘以 1.5 系数;全国级乘以 2 系数;校级乘以 0.1 系数。 3. 教学成果与技术成果凡参与者,均可计入项目,但每项多人参与不重复计入。教材、专著与译著以副主编以上者计入,其余参与者按 0.2 系数计入。

指标条目编号及名称	Z7－8　体质与健康
内涵及标准	1. 体质以体育锻炼达标率衡量,体育锻炼达标率($X1$)以及格率、良好率和优秀率之和 $K1 \geqslant 80\%$ 为合格标准。 2. 健康以发病率、因病休退学和死亡率衡量。发病率($X2$)以 $K2 \leqslant 5\%$ 为合格标准;因病休学、退学和死亡率($X3$)以 $K3 \leqslant 2\%$ 为合格标准。
测量评等标准	A:　　　　B:　　　　C:　　　　D: $K1 \geqslant 95\%$　$K1 \geqslant 85\%$　$K1 \geqslant 80\%$　$K1 < 80\%$ $K2 \leqslant 1\%$　$K2 \leqslant 3\%$　$K2 \leqslant 5\%$　$K2 > 5\%$ $K3 \leqslant 0.5\%$　$K3 \leqslant 1\%$　$K3 \leqslant 2\%$　$K3 > 2\%$
评价计分标准	1. 以 $X1$、$X2$、$X3$ 以 $K1$、$K2$、$K3$ 定等取中值分。 2. $X = 0.6X1 + 0.2X2 + 0.2X3$。
说明	1. 体育锻炼达标率以评估的上一学年成绩评定,需经上级体委检测,出具证明作依据。 2. 由学校提供评估的上一学年学生健康状况统计,休学、退学和死亡学生名单及病因。 3. 疾病范围界定为:a. 肝炎 b. 肺结核 c. 心脏病 d. 肾炎 e. 痢疾 f. 食物中毒。 4. 复评时对体育锻炼达标率作必要的抽测。

北京市普通中等专业学校综合评估指标体系表7

指标条目编号及名称	Z8－1　机构
内涵及标准	(1) 教育研究、督导机构健全 (2) 工作计划和总结齐全,定期检查,工作落实,有成效。
测量评等标准	A:(1) 教育研究、督导机构健全。 (2) 工作计划和总结齐全,定期检查,工作落实,成效显著。 B:(1) 教育研究、督导机构健全。 (2) 工作计划和总结齐全,不定期检查,工作有成效。 C:(1) 有机构,但不够健全。 (2) 工作计划和总结不齐全,研究工作不经常,工作基本落实,成效一般。 D:(1) 无机构。 (2) 工作计划和总结不齐全,工作不够落实,成效较差。
评价计分标准	内涵(1)和内涵(2)分别定性定等取中值分,再综合计条目分。
说明	1. 机构健全,指有专兼职人员 3 人以上(至少有专职 2 人),专兼职成员中有高级职称 2 人以上。 2. 机构不够健全,指只有一名专职人员或兼职人员,且不是高级职称,只组织教研信息交流工作。 3. 无机构,指无专人负责。

指标条目编号及名称	Z8－2　效果
内涵及标准	(1) 在教学人员中组织学习教育理论,普及率高,有成效。 (2) 在全国及省市级报纸杂志发表学术性论文人数多,以 5% 为合格。 (3) 组织教研活动和信息交流有效果。 (4) 教研督导工作有特色,有推广的经验。
测量评等标准	内涵 1:A:在教学人员中组织学习各种教育理论不间断,普及率 100%,成效显著。 B:组织学习各种教育理论有间断,普及率 90%,有收获但不显著。 C:一般性组织学习,不够经常,收获不大。 D:未组织学习。 内涵 2:A:在全国及省市级报纸杂志发表各种学术性论文人数分别占教师总数的 5% 和 10%。 B:分别占 3% 和 8%。 C:无论文在全国刊物上发表,在省市级报纸杂志上发表学术性论文人数占教师总数 5%。

357

指标条目编号及名称	Z8-2 效果
测量评等标准	D:在省市有发表的占总数比例<5%。 内涵3:A:组织教研活动和信息交流效果显著。 B:有一定效果。 C:效果一般。 D:效果较差。 内涵4:A:教研督导工作有特色,有可推广的经验。 B:有成效,有经验。 C:成效不明显。 D:工作开展得不好。
评价计分标准	内涵(1)、(2)、(3)、(4)分别定性定等取中值分,再综合计条目分。
说明	1. 论文含各类研究成果,调研报告等。 2. 论文统计年限为近五年。 3. 教师限专任教师。

来源:http://www.bjedu.gov.cn;北京市教育委员会、北京市人民政府教育督导室制定(1997年11月)。

广东省重点中等职业学校标准(修订)

第一条　为提高我省中等职业学校的办学水平,促进中等职业教育的改革和发展,特制订本标准。

第二条　学校全面贯彻党和国家的教育方针,以就业为导向,以技能为核心,以素质为根本,在教育教学改革、校企合作、联合办学、工学结合、半工半读、职业培训及为当地经济建设和社会发展服务等方面成绩较显著,教育质量和办学效益高,毕业生获取双证率和初次就业率较高,在省内享有较好的声誉,在本地区、本行业的中等职业学校中起骨干示范作用。

第三条　学校领导班子成员热爱职业教育事业,职教理念新,创新意识强,团结协作好,有较强的政治素质和行政管理能力,学历、职称结构合理。

第四条　有与学校规模相适应的专兼结合的师资队伍,专任教师有 80 人以上,其中本科以上学历教师达 90% 以上(不含实习指导教师),专业教师中"双师型"达 40% 以上,实习指导教师中有高级职业资格证的达 40% 以上,有切实可行的教师培训制度和计划。

第五条　学校中职学历教育在校生规模 2 000 人以上,近两年职业教育培训均达 500 人次以上;有相对稳定的、与当地经济发展紧密结合的主干专业。

第六条　有与学校规模、专业设置相适应的校园校舍。校园占地面积 4 万平方米(约 60 亩)以上,建筑面积 2.5 万平方米以上。

第七条　有满足各专业教学需要的各类教室、实训室和设施设备,有相对稳定的校外实习基地;能按教学计划和教学大纲的要求开设实训(实习)教学,实验实训(实习)开出率达 85% 以上。

有设施完备的多媒体合班教室、主干专业教室、语音室和独立网站,能实行信息技术管理,学校信息化程度较高。

第八条　有图书馆和阅览室。学校藏书 4 万册以上(不含电子读物),报刊 80 种以上;教师阅览室座位数 16 座以上,学生阅览室座位数 120 座以上,电子阅览室座位数 20 座以上。

有与学校规模相适应的体育运动场地。校内有 200 米以上的环形跑道,有满足体育教学和体育活动需要的设施和器材。

第九条　学校实行校长负责制,有健全的职业学校管理机构和各项规章制度,有切实可行的学校发展规划和具体实施方案,重视办学模式创新、德育工作创新、管理工作改革和创新、教学改革和创新,各项管理比较规范,重视安全教育,近两年无违法犯罪和严重安全事故,校纪、校风、校貌好。

第十条　广东省重点中等职业学校评估总分达83分以上。

广东省教育厅制定。

广东省重点中等职业学校评估指标体系

一级指标	二级指标		分值	一级指标	二级指标		分值
M1 办学方向	M1 – 1	办学思想	1.0	M6 教学管理	M6 – 4	教研组工作	2.0
	M1 – 2	专业培养目标	1.0		M6 – 5	师资管理	2.0
M2 学生规模	M2 – 1	学历教育人数	5.0		M6 – 6	教科研成果	2.0
	M2 – 2	职业培训人数	2.0	M7 学生管理	M7 – 1	德育工作	2.0
M3 领导与 师资	M3 – 1	学校领导	3.0		M7 – 2	学生管理	2.0
	M3 – 2	师资配备	5.0		M7 – 3	班主任工作	2.0
	M3 – 3	学历结构	3.0		M7 – 4	校园文化与安全教育	2.0
	M3 – 4	专业职务结构	4.0		M7 – 5	就业指导服务	1.0
M4 校园校舍	M4 – 1	占地面积	4.0	M8 行政管理	M8 – 1	管理制度	1.0
	M4 – 2	校舍建筑面积	4.0		M8 – 2	职责与考核	1.0
	M4 – 3	体育运动场地	2.0		M8 – 3	民主管理	1.0
	M4 – 4	体育工作与体育 器材	1.0		M8 – 4	后勤工作	1.0
					M8 – 5	卫生与环境	1.0
M5 教学设备	M5 – 1	校内实训设备	6.0	M9 改革创新	M9 – 1	办学模式改革	2.0
	M5 – 2	网络建设	2.0		M9 – 2	内部管理体制改革	2.0
	M5 – 3	教学用计算机	3.0		M9 – 3	弹性学制	1.0
	M5 – 4	多媒体教室	2.0		M9 – 4	专业建设	2.0
	M5 – 5	图书管理	2.0		M9 – 5	课程改革	2.0
	M5 – 6	阅览室	2.0		M9 – 6	教学方法改革	1.0
M6 教学管理	M6 – 1	教学常规管理	5.0	M10 质量与 效益	M10 – 1	示范作用	3.0
	M6 – 2	教学文件管理	3.0		M10 – 2	毕业生质量	2.0
	M6 – 3	实践教学管理	3.0		M10 – 3	学校荣誉	2.0

指标条目编号及名称	M1-1　办学思想	分值	1.0
指标内涵	办学指导思想端正,办学思路清晰,发展规划目标明确,措施落实,效果好。		
评等标准	A. 办学指导思想端正,办学思路清晰,近期、远期发展规划目标明确、可行,措施得力,效果显著。 B. 办学指导思想端正,办学思路比较清晰,有近期、远期发展规划,措施比较得力,效果好。 C. 办学指导思想较端正,办学思路比较清晰,有近期发展规划,有措施,有效果。		
评分标准	A:1.0　　B:0.85　　C:0.7		
说明	办学思想端正:全面贯彻落实科学发展观,认真贯彻执行党和国家的教育方针,坚持以服务为宗旨,以就业为导向,以技能为核心,以素质教育为根本的职业教育办学思想,强化以诚信、敬业、协作为核心内容的职业道德教育,加强职业技能培训、文化素质教育和身心健康教育,注重培养受教育者的敬业精神、创新精神和创业能力。 办学思路清晰:面向社会,面向市场,以当地经济社会发展要求和就业需求为导向设置和调整专业,明确办学定位和发展方向。		
必备材料	1. 学校发展规划。 2. 近两年学校的工作计划和总结。 3. 反映学校办学思想的专题材料。		

指标条目编号及名称	M1-2　专业培养目标	分值	1.0
指标内涵	专业培养目标定位准确,岗位指向明确,措施落实,着力培养综合素质高,职业能力强,在生产、技术、管理、服务一线工作的高素质的劳动者和中初级技能型人才。		
评等标准	A. 培养目标定位准确,岗位指向明确,描述具体,措施落实,效果显著。 B. 培养目标定位准确,岗位指向较明确,描述较具体,措施落实,效果好。 C. 培养目标定位准确,岗位指向较明确,描述欠具体,有措施,效果较好。		
评分标准	A:1.0　　B:0.85　　C:0.7		
说明	查主干专业。各主干专业应紧紧围绕培养高素质的劳动者和中初级技能型人才确定培养目标,岗位(群)要明确,文字描述要具体。"以服务为宗旨,以就业为导向"要体现在培养目标、教学计划、教学内容、职业道德教育、就业指导以及处理好毕业生就业与升学的关系等方面。 主干专业:指连续三年以上招生并有毕业生的专业。		
必备材料	1. 各主干专业教学计划。 2. 近两年的课程表。 3. 毕业生就业情况一览表(包括姓名、性别、专业、毕业时间、就业时间、初次就业单位及岗位)。		

362

指标条目编号及名称	M 2－1　学历教育人数	分值	5.0
指标内涵	中等职业学历教育在校生达 2 000 人（艺：600 人；体：450 人）以上。		
评等标准	A. 学生数达 3 000 人（艺：900 人；体：600 人）以上。 B. 学生数达 2 500 人（艺：750 人；体：540 人）以上。 C. 学生数达 2 000 人（艺：600 人；体：450 人）以上。		
评分标准	A：5.0　　B：4.25　　C：3.5		
说明	1. 评估当时中等职业学历教育在校生人数。 2. 合作办学的中职层次学历教育的本校学籍学生数可计入统计范围。 3. 艺：指艺术类学校；体：指体育运动学校。下同。		
必备材料	1. 中等职业学历教育人数统计表。 2. 省、市招生部门审批的新生录取表。 3. 各专业各班级学生花名册。		

指标条目编号及名称	M 2－2　职业培训人数	分值	2.0
指标内涵	近三年面向社会职业培训数年均达 500 人次（艺、体：100 人）以上。		
评等标准	A. 职业培训人数达 1 500 人次（艺、体：200 人）以上。 B. 职业培训人数达 1 000 人次（艺、体：150 人）以上。 C. 职业培训人数达 500 人次（艺、体：100 人）以上。		
评分标准	A：2.0　　B：1.7　　C：1.4		
说明	查近三年的职业培训人次数（不含本校学生）。		
必备材料	1. 职业培训招生简章、广告、通知或协议等。 2. 职业培训招生报名表、学员花名册。 3. 职业培训计划、课程表。		

指标条目编号及名称	M 3 - 1　学校领导	分值	3.0
指标内涵	学校领导班子热爱职业教育事业,职教理念新,创新意识强,有较高的政治素质和较强的管理能力,团结协作好,学历、职称结构合理。		
评等标准	A. 学校领导班子有较高的思想政治素质和较强的管理能力,团结协作,开拓创新,成绩显著,曾获省级以上荣誉称号或奖励,领导班子群众威信高;校长、教学副校长具有本科以上学历和高级职称。 B. 学校领导班子有较高的思想政治素质和较强的管理能力,团结协作,开拓创新,成绩较好,曾获地市级以上荣誉称号或奖励,领导班子群众威信高;校长、教学副校长具有本科以上学历,教学副校长有高级职称。 C. 学校领导班子有较高的思想政治素质和较强的管理能力,团结协作,开拓创新,领导班子群众威信较高;校长、教学副校长具有本科以上学历和中级以上职称。		
评分标准	A:3.0　　B:2.55　　C:2.1		
说明	1. 学历以国家承认的国民教育系列的学历证书为准。 2. 近五年从政府机关调入学校的领导成员,职称不作评价。 3. 学校领导班子指校级领导成员。		
必备材料	1. 校级领导成员概况表。 2. 校级领导成员个人简历、学历、职称证书复印件(原件备查)。 3. 校级领导成员任命或聘任书,近两年述职、考核材料。 4. 校级领导成员的各种荣誉、奖励、进修、教科研成果证书等业绩材料。		

指标条目编号及名称	M 3 - 2　师资配备	分值	5.0
指标内涵	有与学校办学规模相适应、专兼职相结合的师资队伍,专任教师65人以上。		
评等标准	A. 专任教师100人(艺80人,体60人)以上,专业教师占教师总数50%以上,每个专业有2名以上中级以上职称的专业教师,每个主干专业有1名以上高级职称的专业教师。 B. 专任教师90人(艺70人,体50人)以上,专业教师占教师总数50%以上,每个专业有2名以上中级以上职称的专业教师,每个主干专业有1名以上高级职称的专业教师。 C. 专任教师80人(艺60人,体45人)以上,专业教师占教师总数50%以上,每个专业有2名以上中级以上职称的专业教师。		
评分标准	A:5.0　　B:4.3　　C:3.5		
说明	专任教师:指本校从事文化课、专业课和生产实习教学的专职人员(含体育学校的教练员),近两年均任课的学校行政兼课教师和连续任教一年以上的外聘专职教师也可计入。		
必备材料	1. 专任教师基本情况表(按现任文化课、专业课、实习指导教师分类列表,包括:姓名、性别、年龄、学历、毕业学校、主修专业、来校时间、职称、任教课程、"双师型"专业教师的专业职称或高级技能证等)。 2. 近两学年专任教师任课情况表、总课表。 3. 外聘专职教师合同书和聘书。		

指标条目编号及名称	M 3-3　学历结构	分值	3.0
指标内涵	有本科学历的专任教师(不含实习指导教师)达90%以上。		
评等标准	A. 有本科以上学历的专任教师比例达100%(艺、体80%)。 B. 有本科以上学历的专任教师比例达95%(艺、体75%)以上。 C. 有本科以上学历的专任教师比例达90%(艺、体70%)以上。		
评分标准	A:3.0　　B:2.55　　C:2.1		
说明	1. 本条目仅统计文化课和专业课专任教师。不含校内行政兼课教师和实习指导教师。 2. 教师学历以国家承认的国民教育系列的毕业证书为准。		
必备材料	1. 专任教师学历证书复印件(原件备查)。 2. 研究生学位证书复印件(原件备查)。		

指标条目编号及名称	M 3-4　专业职务结构	分值	4.0
指标内涵	专任教师有高级职称的达10%以上,中级职称的达35%以上;"双师型"专业教师占专业教师总数的40%以上;实习指导教师有高级职业资格证书的达40%以上。		
评等标准	A. 专任教师有高级职称的达30%以上,中级职称的达45%以上;"双师型"专业教师占专业教师总数的60%以上;实习指导教师有高级技能证书的达60%以上。 B. 专任教师有高级职称的达20%以上,中级职称的达40%以上;"双师型"专业教师占专业教师总数的50%以上;实习指导教师有高级技能证书的达50%以上。 C. 专任教师有高级职称的达10%以上,中级职称的达35%以上;"双师型"专业教师占专业教师总数的40%以上;实习指导教师有高级技能证书的达40%以上。		
评分标准	A:4.0　　B:3.4　　C:2.8		
说明	1. 本条目统计专任教师职称仅指文化课和专业课教师。 2. 实习指导教师指实训(实习)专职指导教师。 3. "双师型"专业教师:指具有教师资格和非教师系列专业职称或高级职业资格证的专业教师。		
必备材料	1. "双师型"教师基本情况表。 2. 实习指导教师基本情况表。 3. 专任教师的高、中级职称证书复印件(原件备查)。 4. 专业教师和实习指导教师的非教师系列的专业技术职称证、职业资格证或技能等级证书复印件(原件备查)。		

指标条目编号及名称	M4-1　占地面积	分值	4.0
指标内涵	学校校园占地面积 40 000 米²（艺:20 000 米²;体:33 000 米²）以上。		
评等标准	A. 学校占地面积达 54 000 米²（艺:47 000 米²;体:60 000 米²）以上。 B. 学校占地面积达 47 000 米²（艺:33 000 米²;体:47 000 米²）以上。 C. 学校占地面积达 40 000 米²（艺:20 000 米²;体:33 000 米²）以上。		
评分标准	A:4.0　　B:3.4　　C:2.8		
说明	1. 学校占地面积以土地使用证等有效证件确认的面积为准。 2. 学校占地面积不包括校外教职工宿舍区等非教学用地,租用土地面积不计(民办职业学校另行要求)。 3. 一校多址,合并计算,校本部占地面积 45 亩以上。 4. 新征土地或建新校区,有政府的正式批文,并已起用可计算在内。 5. 复评时对一校多址的实地考查;对新征土地要从严从实检查核实。		
必备材料	1. 学校土地使用证(新征土地的文件)等有效证件 2. 学校校园平面示意图。 3. 多校区或多块土地面积的统计表。		

指标条目编号及名称	M4-2　校舍建筑面积	分值	4.0
指标内涵	学校校舍建筑面积达 25 000 米²（艺、体:20 000 米²）以上,且各类用房搭配合理,利用率高。		
评等标准	A. 学校校舍建筑面积达 35 000 米²（艺、体:30 000 米²）以上。 B. 学校校舍建筑面积达 30 000 米²（艺、体:25 000 米²）以上。 C. 学校校舍建筑面积达 25 000 米²（艺、体:20 000 米²）以上。		
评分标准	A:4.0　　B:3.4　　C:2.8		
说明	1. 校舍建筑面积以房产证等有效证件所确定的面积为准。 2. 建筑面积不包括教职工家属宿舍等非教学用房,单身教工公寓可计入。 3. 一校多址,合并计算,复评时要实地考查。 4. 学校租用教学用建筑物已使用三年以上的可以计算在内,但本校自有建筑面积 2 万米² 以上。 5. 新建校舍的建设许可证和建筑施工证等相关批文齐备,已开始施工的可以计算在内,但要从严检查核实。		
必备材料	1. 各类用房建筑面积统计表。 2. 建筑物权属证。 3. 建筑图纸(备查)。 4. 校园平面图。 5. 在建的校舍相关证明材料。 6. 租用建筑物的合同或协议。		

指标条目编号及名称	M4-3 体育运动场地	分值	2.0
指标内涵	学校有 200 米及以上环行跑道的田径运动场;有供学生上体育课,做操,进行课外体育活动的运动场地。		
评等标准	A. 有 400 米环形跑道,运动场地面积达 2 万米² 以上。 B. 有 300 米环形跑道,运动场地面积达 1.5 万米² 以上。 C. 有 200 米环形跑道,运动场地面积达 1 万米² 以上。		
评分标准	A:2.0　　B:1.7　　C:1.4		
说明	1. 学校田径运动场及跑道是自有的供教学、训练用的场地,符合要求且不少于 4 道的跑道。 2. 运动场地包括田径场、篮、排、足、乒乓、羽毛球场和体操房等,标准篮球场不少于 4 个。 3. 租用的运动地场不可计入。 4. 复评时实地查看,并参考《学校体育工作条例》评价。		
必备材料	1. 学校运动场地统计表。 2. 标明学校运动场地的校园平面图。		

指标条目编号及名称	M4-4 体育工作与体育器材	分值	1.0
指标内涵	学校重视体育工作,体育教师配备合理,体育活动开展好;体育器材能满足教学大纲基本教学内容 80% 以上的要求,且器材数量与学校全日制在校生数相适应。		
评等标准	A. 体育教师配备合理,体育活动开展好;体育器材满足教学大纲体育教学内容要求,数量达 100%。 B. 体育教师配备合理,体育活动开展好;体育器材满足教学大纲体育教学内容要求,数量达 90% 以上。 C. 体育教师配备合理,体育活动开展较好;体育器材基本满足教学大纲体育教学内容要求,数量达 80% 以上。		
评分标准	A:1.0　　B:0.85　　C:0.7		

1. 体育器材基本要求:

器材	数量	器材	数量	器材	数量
(1) 双杠(副)	4	(5) 跳高架(副)	2	(9) 铅球 3kg	30
(2) 单杠(副)	4	(6) 起跑器(副)	8	(10) 标枪(支)	30
(3) 海绵垫(张)	6	(7) 铅球 5 kg	16	(11) 乒乓球台	10
(4) 栏架(个)	60	(8) 铅球 4 kg	16	(12) 各类球	一批

2. 以项目为个体计算现有器材占应有器材的百分比,再综合计算学校体育器材平均占有率。

3. 体育课教师配备参考数:班级总数 ×5/6÷6

4. 复评时到现场查对,并参考《学校体育工作条例》评价。

必备材料
1. 学校体育工作计划。
2. 体育教师情况一览表。
3. 近三年全校性体育活动情况一览表及有关资料。
4. 近两届学校田径体育运动会、体育运动队资料。
5. 学校体育器材统计表或登记本。

指标条目编号及名称	M 5-1　校内实训设备	分值	6.0
指标内涵	校内实验实训设备满足实施性专业教学计划要求或专业设置标准要求;以第二产业专业为主的学校设备总值达800万元以上,第一、三产业专业为主的学校设备总值达400万元以上;实验实训项目的开出率达85%以上。		
评等标准	A. 校内实验实训开出率达100%;以第二产业专业为主的学校设备总值达1 000万元以上,第一、三产业专业为主的学校设备总值达600万元以上;有独立的实训楼。 B. 校内实验实训开出率达95%;以第二产业专业为主的学校设备总值达900万元以上,第一、三产业专业为主的学校设备总值达500万元以上。 C. 校内实验实训开出率达85%;以第二产业专业为主的学校设备总值达800万元以上,第一、三产业专业为主的学校设备总值达400万元以上。		
评分标准	A:6.0　　B:5.1　　C:4.2		
说明	1. 实训(实习)开出率=利用校内外设备开出的实训(实习)项目总数÷专业教学计划或教学大纲规定应开实训(实习)项目总数×100%。 2. 实训设备指本校现有供学生进行实践性教学(包括实验、实习等)的设备。 3. 实训设备参照教育部、广东省中职学校重点专业设置标准认定。 4. 实训开出率应分各专业各门课程统计(按近一学年统计,课程不要重复)。 5. 实训项目应以部颁或按规范程序审批的科学合理的本校专业实施性教学计划、教学大纲或实训大纲为准。 6. 已有完备的设备购置手续,暂未到校的设备可认定。 7. 复评要现场查验并参照《广东省中职学校教学管理规范》有关规定进行。		
必备材料	1. 学校实训开出率统计表。 2. 专业实训项目一览表。 3. 专业实训设备一览表及设备账册。 4. 相关专业实施性教学计划、教学大纲、实训(实习)大纲、实验指导书。		

指标条目编号及名称	M 5-2　网络建设	分值	2.0
指标内涵	学校拥有独立的校园网,对外与互联网联通,对内覆盖教学、管理等各部门,逐步实现学校管理现代化。		
评等标准	A. 学校有独立的域名、网站、服务器,校园网覆盖全部教学场所和管理部门,校内信息点达200个以上,主干网传输速度达1 000 M/S,运转正常。 B. 学校校园网覆盖主要的教学场所和管理部门,有独立的网站,校内信息点150个以上,主干网传输速度达100 M/S,运转正常。 C. 学校已开通校园网,有独立的网站,校内信息点达100个,接入因特网,运转正常。		
评分标准	A:2.0　　B:1.7　　C:1.4		
说明	1. 独立的服务器是指学校拥有自己的服务器,而非租用虚拟服务器和服务器托管。 2. 复评时实地查看,上网验证。		
必备材料	1. 网络拓扑结构图和校园网设计说明书。 2. 网络系统配置清单。 3. 有关账册、规章制度、使用记录。		

指标条目编号及名称	M 5-3 教学用计算机	分值	3.0
指标内涵	学校拥有教学用的计算机达 300 台以上。		
评等标准	A. 学校拥有教学用的计算机达 500 台(艺、体:300 台)以上。 B. 学校拥有教学用的计算机达 400 台(艺、体:240 台)以上。 C. 学校拥有教学用的计算机达 300 台(艺、体:150 台)以上。		
评分标准	A:3.0 B:2.55 C:2.1		
说明	1. 教学用计算机包括:计算机实训室、多媒体教室、阅览室、教研室(组)及行政管理部门用的计算机。 2. 计算机的配置应能满足教学的基本要求。 3. 学校若有计算机类专业,按每 1 个班增加 10 台提高标准。 4. 计算机专业的学生自带机,由学校集中管理的计算机可以计入。		
必备材料	1. 计算机型号、台数统计表,按各部门、各室统计。 2. 设备台账。 3. 计算机专业班级一览表。		

指标条目编号及名称	M 5-4 多媒体教室	分值	2.0
指标内涵	学校拥有配置标准较高的多媒体教室 2 个(艺、体:1 个)为合格。		
评等标准	A. 学校拥有多媒体教室达 4 个(艺、体:3 个),主干专业均有专业教室。 B. 学校拥有多媒体教室达 3 个(艺、体:2 个),主干专业部分有专业教室。 C. 学校拥有多媒体教室达 2 个(艺、体:1 个),重点专业有专业教室。		
评分标准	A:2.0 B:1.7 C:1.4		
说明	1. 多媒体教室指能容纳两个以上班级学生上课,配有完善的多媒体教学平台设备,各专业学生可以共用的教室。 2. 专业教室指本专业的专用教室,配有完善的多媒体教学平台设备,既有教学区又有实训、演示区。 3. 多媒体教室的基本配置为:计算机、数字投影仪、音响(扩音设备)、视频播放设备、视频实物展示仪等。 4. 若校内有 50% 的普通教室配备有多媒体教学平台设备,并有两个以上多媒体合班教室可评 A 等。		
必备材料	1.各多媒体教室的多媒体设备型号、台数统计表,设备台账。 2.多媒体教室使用登记表。		

指标条目编号及名称	M 5-5　图书管理	分值	2.0
指标内涵	学校图书馆藏有印刷图书 4 万册以上,管理规范,借阅率高。		
评等标准	A. 学校图书馆藏有印刷图书 6 万册(艺、体 4 万册)以上;管理规范,已采用信息技术管理,借阅率高。 B. 学校图书馆藏有印刷图书 5 万册(艺、体 3 万册)以上,管理规范,借阅率高。 C. 学校图书馆藏有印刷图书 4 万册(艺、体 2 万册)以上;管理规范,借阅率较高。		
评分标准	A:2.0　　B:1.7　　C:1.4		
说明	1. 藏书量包括图书馆的各类印刷图书、报刊合订本。 2. 采购手续完备(有付款凭证,交货清单)暂未到校的新书可认定。 3. 复评时实地查阅。		
必备材料	1. 藏书量统计表。 2. 图书流水账、分类账及注销账册。 3. 新购图书目录清单。 4. 图书馆管理制度、工作计划、总结。 5. 图书借阅记录本。 6. 采用信息技术管理的相关资料。		

指标条目编号及名称	M 5-6　阅览室	分值	2.0
指标内涵	学校有学生阅览室、教师阅览室和电子阅览室。阅览室订阅报刊达 80 种(艺、体 60 种)以上;教师阅览室座位数达 16 座,学生阅览室座位数达 120 座(艺、体 30 座),电子阅览室座位数达 20 座,有相适应的电子读物,能上网阅览。		
评等标准	A. 学校教师阅览室座位数达 24 座,学生阅览室座位数达 160 座(艺、体 60 座),报刊 120 种(艺、体 80 种),电子阅览室座位数达 30 座。 B. 学校教师阅览室座位数达 20 座,学生阅览室座位数达 140 座(艺、体 50 座),报刊 100 种(艺、体 70 种),电子阅览室座位数达 24 座。 C. 学校教师阅览室座位数达 16 座,学生阅览室座位数达 120 座(艺、体 30 座),报刊 80 种(艺、体 60 种),电子阅览室座位数达 20 座。		
评分标准	A:2.0　　B:1.7　　C:1.4		
说明	1. 学生阅览室必须有桌椅、书报、期刊,每座使用面积为 1.2 米^2 以上。 2. 教师阅览室必须有桌椅、书报、期刊、参考资料,每座使用面积为 3.2 米^2 以上。 3. 教师阅览室与学生阅览室共用一室者,则按各自座位数分别计算。 4. 实地核查。		
必备材料	1. 各阅览室面积及座位数统计表。 2. 报纸、期刊、资料登记册。 3. 阅览室设备台账,借阅记录。 4. 电子阅览室设备型号、台数统计表,设备台账。		

指标条目编号及名称	M6-1 教学常规管理	分值	5.0
指标内涵	1. 教学管理规章制度齐全、规范,教务管理工作有计划、有安排、有总结。 2. 教学用表齐全、格式统一规范。 3. 教学管理严格,教学秩序稳定,有教学检查,教学质量评价和督导。 4. 考试管理严格,成绩管理规范,有成绩分析。 5. 教材选用符合大纲要求,相对稳定,供应及时。		
评等标准	A. 各项指标完全符合要求,资料齐全、规范。 B. 有一项基本符合要求,其他各项均符合要求,资料较齐全、较规范。 C. 有两项基本符合要求,其他各项均符合要求,资料较齐全。		
评分标准	A:5.0 B:4.25 C:3.5		
说明	1. 三年制查近两学年,二年制查一学年。 2. 体育学校含训练常规管理、选才管理工作。 3. 实地考察教学秩序管理现状。 4. 随机听课并抽查任课教师学期授课计划和教案。		
必备材料	1. 各种教学管理规章制度。 2. 各学期教务工作计划、安排、总结。 3. 教学用表包括校历、教学进程表、总课表、教师教学任务分配表、教室日志、调(代)课登记表、巡教记录。 4. 教学质量检查(含日常和期中检查)的有关记录,统计材料,学生座谈会记录,检查听课记录,教学质量测评,教师业务考核等材料。 5. 各学期考试及成绩管理材料(包括考试规定、考试安排表、考场记录、各班成绩登记本、成绩统计表、成绩分析报告等,近两学期期末考试卷备查)。 6. 教材管理材料(包括教材选、订购、发放管理制度,征订、审批计划,教材发放、库存登记本等)。		

指标条目编号及名称	M 6-2 教学文件管理	分值	3.0
指标内涵	指导性教学计划、实施性教学计划、教学大纲、教师学期授课计划、教案等文件齐全、规范、审批手续完备,执行严格。		
评等标准	A. 各项文件完整、规范,实施性教学计划、自编教学大纲、授课计划等审批手续完备,执行严格。 B. 有一项文件较完整、较规范,实施性教学计划、自编教学大纲、授课计划等审批手续完备。 C. 有两项文件较完整、较规范,实施性教学计划、自编教学大纲、授课计划等审批手续较完备。		
评分标准	A:3.0　　B:2.55　　C:2.1		
说明	1. 各专业各年级实施性教学计划、教师学期授课计划、教案查近一学年。 2. 实施性教学计划由各校根据指导性教学计划自主制订。 3. 各门课程教学大纲可选用统颁(部颁、省颁)的,也可以由学校自编,但要规范、科学合理,审批手续完备。		
必备材料	1. 各专业指导性教学计划和实施性教学计划。 2. 各门课程教学大纲。 3. 教师学期授课计划、教案。 4. 随机听课并抽查任课教师学期授课计划和教案。		

指标条目编号及名称	M 6-3 实践教学管理	分值	3.0
指标内涵	各项实践教学组织有计划,有安排,有检查,有记录,有考核,有总结,实训大纲或指导书齐全、规范,考核标准明确,成绩评定规范、严格。		
评等标准	A. 各项实践教学组织完善,实训大纲或指导书齐全、规范,管理严格,考核标准明确,成绩评定规范、严格。 B. 各项实践教学组织有计划,有安排,有检查,有考核,实训大纲或指导书齐全,考核标准明确,成绩评定较严格。 C. 各项实践教学组织有计划,有安排,有考核,实训大纲或指导书齐全,考核标准较明确,成绩评定较严格。		
评分标准	A:3.0　　B:2.55　　C:2.1		
说明	实地考察学生校内实验实训(实习)情况。		
必备材料	1. 各项实践教学管理制度。 2. 各项实验实训大纲或指导书。 3. 近一学年校内各专业实训(实习)安排表。 4. 各项实训(实习)工作原始记录、考核标准、考核办法、考核成绩。 5. 近一学年学生的实验实训(实习)报告,大型作业等。 6. 校外实习基地协议书和校外实习(含顶岗实习、毕业综合实习)计划、总结和学生实习鉴定。		

指标条目编号及名称	M6-4 教研组工作	分值	2.0
指标内涵	各教研组(室、部)工作有计划、有总结;每学期定期开展教研组活动,教研内容丰富,教研活动有记录;有专题教研成果。		
评等标准	A. 教研活动每学期8次以上,工作计划、总结、教研活动记录完整,教研内容丰富,有专题教研成果。 B. 教研活动每学期8次以上,工作有计划、总结和教研活动有记录,教研活动较丰富。 C. 教研活动每学期6次以上,工作有计划、总结和教研活动有记录。		
评分标准	A:2.0 B:1.7 C:1.4		
说明	1. 教研组活动内容包括定期开展教材和教学方法研讨、组织公开课、集体备课、教师相互听课、课题研究和业务学习等。 2. 计划、总结和记录查两学年。		
必备材料	1. 教研组工作计划、总结和教研活动记录。 2. 教师听课记录(听课意见表),组内教学检查记录,考核考勤记录。 3. 教学研究成果资料。		

指标条目编号及名称	M6-5 师资管理	分值	2.0
指标内涵	1. 师资队伍建设有五年规划,有年度安排,有健全的教师培训制度和经费保障。 2. 有计划地开展各类培训,制定有本校专业教师轮流到企业实践的实施方案,严格执行教师培训登记制度。 3. 有健全的教师考核制度,有明确的考核标准并严格执行。 4. 教师业务档案齐全、规范、管理好。		
评等标准	A. 各项指标完全符合要求。 B. 有三项完全符合要求,其他基本符合要求。 C. 有两项完全符合要求,其他基本符合要求。		
评分标准	A:2.0 B:1.7 C:1.4		
说明	1. 教师考核指每学年教师教学工作质量考核。 2. 教师业务档案的项目:(1)简历,(2)学历、职称证书,(3)工作量登记,(4)考核记录,(5)继续教育登记及证书,(6)职称变更记录,(7)教科研成果证书,(8)奖惩记录及证书,(9)其他有关资料。		
必备材料	1. 师资队伍建设五年规划和每年的具体安排。 2. 教师继续教育制度和登记本(近五年),继续教育证书。 3. 学历进修、专业培训、社会实践、教学水平提高等各类培训资料。 4. 教师考核制度、考核标准及考核材料。 5. 教师业务档案(一人一档)。		

指标条目编号及名称	M 6-6　教科研成果	分值	2.0

指标内涵	教师编写教材、论文和科研成果的评分系数： 　1. 教材：主编、主审——公开发行教材（75），内部教材、校本教材（50）；参编——公开发行教材（50）、内部教材、校本教材（25）。 　2. 论文：国际学术交流论文（75）、公开发表（有国内统一刊号）论文和省级以上专业学会评选的获奖论文（25）、内刊发表论文和市级以上专业学会评选的获奖论文（15）。 　3. 科研成果：国家级（100）、省级（75）、厅级及专利项目（50）、地市（25）。
评等标准	A. 专任教师撰写教材、论文、科研成果人均得分 50 分以上，撰写教材、论文的教师人数多。 　B. 专任教师撰写教材、论文、科研成果人均得分 40 分以上，撰写教材、论文的教师人数较多。 　C. 专任教师撰写教材、论文、科研成果人均得分 30 分以上。
评分标准	A：2.0　　B：1.7　　C：1.4
说明	1. 统计年限为评估前 10 年。 　2. 教材、论文和教科研成果统计对象为本校专任教师（外聘教师不计）。 　3. 科研成果包括专任教师的科研项目、专利项目、技术服务项目等。如学校是该项目的主持者，则该项系数满分，如学校是参与者，则该项系数折半。 　4. 评分计算：教材、论文、科研成果得分（K）。 　K = $\sum$ [教材、论文、科研成果 × 各自系数] ÷ 专任教师数（外聘教师不计） 　5. 公开发行的教材应有书号，内部教材指本地区、本行业内部发行的教材，校本教材指本校自编自用正规印刷的教材，校内使用的讲义、教学参考资料不计。
必备材料	1. 按编写教材、撰写论文、科研成果分类列统计表。 　2. 获奖论文、科研成果证书（原件或复印件）。 　3. 公开出版的教材和发表论文刊物的样本。 　4. 专任教师基本情况表。

指标条目编号及名称	M 7-1 德育工作	分值	2.0
指标内涵	1. 学校重视德育工作,设立了德育工作领导机构,制定有德育工作方案(体系);学校德育工作有计划,有定期研究和总结;有德育工作的岗位责任制及考核办法,明确各部门的育人责任,并落实在工作的各个环节中,渗透在学校的各项教育教学过程中,形成教书育人、管理育人、服务育人的全面、全程、全员育人的局面。 2. 学校坚持对学生进行爱国主义教育、法制教育、心理健康教育、职业道德教育和行为规范教育,有措施、有成效。 3. 适应职业教育培养目标和人才培养模式的多样化,改革德育课教学方法和考核办法,切实增强德育课教学的针对性、实效性和时代感。 4. 学校制定有具体的学生品德测评办法,每学年组织一次测评工作,学生操行评定合格率达 90% 以上。		
评等标准	A. 各项指标完全符合要求,学生操行评定合格率达 98% 以上,资料齐全。 B. 有三项指标完全符合要求,其他指标基本符合要求,学生操行评定合格率达95% 以上,资料较齐全。 C. 有两项指标完全符合要求,其他指标基本符合要求,学生操行评定合格 90% 以上,资料较齐全。		
评分标准	A:2.0 B:1.7 C:1.4		
必备材料	1. 学校德育工作领导机构和德育机构工作人员。 2. 学校德育工作实施方案(或体系)、德育大纲,近两年实施该方案的工作计划、总结和定期研究记录。 3. 学校进行爱国主义教育、心理健康教育、法制教育、职业道德教育和行为规范教育材料。 4. 德育课教学大纲、教材、学期授课计划、教案及教学研究材料。 5. 德育工作经验交流和培训的资料,发表的论文、课题研究、获奖证书,受表彰的德育工作先进个人事迹材料。 6. 学生品德测评办法及操行评定结果统计表。		

指标条目编号及名称	M7-2 学生管理	分值	2.0

指标 内涵	1. 学生管理岗位职责明确,学生管理工作制度健全,每学期工作有计划、有安排、有总结。 2. 定期组织全校各项检查评比,有方案、有措施、有记录、有成效。 3. 对班主任工作有指导和考核,管理严格。 4. 学校逐步建立职教助学制度,将不少于5%的学费用于设立奖助学金和减免部分贫困家庭学生学费,优先组织贫困家庭学生勤工俭学。 5. 对学籍进行动态管理,学生档案齐全,管理规范。 6. 共青团、学生会组织健全,发挥作用好。
评等 标准	A. 各项指标完全符合要求,资料齐全。 B. 有四项指标完全符合要求,其他指标基本符合要求,资料较齐全。 C. 有三项指标完全符合要求,其他指标基本符合要求,资料较齐全。
评分 标准	A:2.0 B:1.7 C:1.4
说明	1. 学生管理制度指本校制定的学籍管理制度、学生行为规范、思想品德考核制度、班主任考核制度和班级管理、宿舍管理、考勤、奖惩、职教助学等制度。 2. 学籍管理指有学籍管理的实施办法,对学生入学、注册、毕业、学籍变更有完善的程序和手续,严格执行上级颁发的学籍管理制度。 3. 学生档案管理指分人建档,及时收集整理,内容齐备;按时填写学生学籍卡,评估时抽查若干份学生档案,核对教学考核成绩和有关处理记录。 4. 实地考察校风、校纪现状。 5. 随机抽取学生进行座谈或问卷调查。
必备 材料	1. 学校有关学生管理的各项制度,学生管理部门工作计划、总结。 2. 文明班级评比等各项检查评比记录、总结。 3. 班主任考核办法及考核结果。 4. 学生奖惩材料。 5. 有关实施贫困助学的材料。 6. 学生手册、学籍簿、学生注册登记、毕业证审批表。 7. 共青团、学生会组织机构材料,工作计划、总结,各项工作和活动记录。 8. 在籍学生档案(备查)。

指标条目编号及名称	M7-3　班主任工作	分值	2.0
指标内涵	1. 班主任工作深入细致,认真负责,能结合学生实际和专业特点,遵循教育规律,以人为本,有计划地实施目标管理,工作有计划、有记录、有总结。 2. 深入班级指导班委会、团支部工作,培养学生干部,建立班级学生自主管理机制和班规,搞好班集体建设。 3. 组织开展形式多样、生动活泼的教育活动,办好主题班会,注重心理辅导,有针对性地做好学生的思想教育工作。 4. 协调师生关系,建立民主、平等的师生关系,关爱每一个学生,营造健康和谐的班级氛围,形成良好的班风,创建优秀班集体。 5. 学生对班主任工作的满意度较高。		
评等标准	A. 各项指标完全符合要求,资料齐全,学生对班主任工作的满意度达95%以上。 B. 有四项指标完全符合要求,其他指标基本符合要求,资料较齐全,学生对班主任工作的满意度达85%以上。 C. 有三项指标完全符合要求,其他指标基本符合要求,资料较齐全,学生对班主任工作的满意度达75%以上。		
评分标准	A:2.0　　B:1.7　　C:1.4		
说明	1. 结合与学生座谈或问卷,了解班主任工作实况。 2. 随机抽查班级上课、自习的情况		
必备材料	1. 班主任工作手册。 2. 班主任学期工作计划、总结。 3. 文明班级评比结果。 4. 学校近两年对班主任日常检查考核原始材料,评选优秀班主任材料。 5. 学生对班主任工作的测评结果材料。		

指标条目编号及名称	M7-4　校园文化与安全教育	分值	2.0
指标内涵	1. 校园文化建设有规划,有计划安排,有总结。 2. 经常组织学生开展全校性的校园文化艺术节、大型文艺、体育活动。 3. 开展丰富多彩的校园文化活动和科技创新活动,学生社团活动有计划,有记录,有活动成果展示。 4. 学校重视安全工作和安全教育,机构健全,制度完善,措施得力,无安全事故,学生无犯罪记录。 5. 有体现本校特色的校训、校规、校风、教风和学风,育人气氛浓;校园环境绿化美化好,环境布置、标识文明整洁,文化氛围浓。		
评等标准	A. 各项指标完全符合要求,资料齐全。 B. 有三项指标完全符合要求,其他指标基本符合要求,资料较齐全。 C. 有两项指标完全符合要求,其他指标基本符合要求,资料较齐全。		

指标条目编号及名称	M 7 – 4　校园文化与安全教育	分值	2.0

评分标准	A:2.0　　B:1.7　　C:1.4

说明	1. 现场考察学生开展校园文化活动和校园环境。 2. 结合学生座谈会或问卷调查,了解校风、教风和学风状况。 3. 近年内学校发生严重人身财产安全事故和学生违法犯罪事件,该指标评 0 分。

必备材料	1. 学校校园文化建设的规划、计划安排、总结。 2. 各项活动小组、社团的计划、记录和总结。 3. 全校性各项文艺、体育活动的安排、记录等资料。 4. 近三年有关安全检查制度、记录,安全会议记录、安全教育材料,表彰及处分决定,典型事例材料,安全机构,公安部门(派出所)出具证明学校安全情况的材料。 5. 校训、校规,文明校园,绿色学校等材料。

指标条目编号及名称	M 7 – 5　就业指导服务	分值	1.0

指标内涵	1. 学校有职业指导和就业服务机构,切实做到人员、办公室、设备、经费"四到位",制度完善,工作有计划、总结,措施得力。 2. 把职业道德与职业指导课列入教学计划,作为必修课开设。 3. 举办就业指导与创业教育讲座、召开优秀毕业生报告会、组织社会实践等,以多种形式对学生进行职业理想、就业观、创业意识教育,传授职业知识,进行就业指导。 4. 积极与用人单位联系,及时提供就业信息、咨询服务;采取多种形式实施推荐就业,重视高质量就业,近三届毕业生就业率高。 5. 对毕业生实施跟踪服务和调查,每年至少一次。

评等标准	A. 各项指标完全符合要求,资料齐全。 B. 有四项指标完全符合要求,其他指标基本符合要求,资料较齐全。 C. 有三项指标完全符合要求,其他指标基本符合要求,资料较齐全。

评分标准	A:2.0　　B:1.7　　C:1.4

说明	就业指导的主要任务:引导学生树立正确的职业理想和就业观念,培养学生良好的职业道德,提高学生职业素质和就业能力,为学生就业、创业和对口升高职提供必要的指导和帮助。 就业指导的主要途径:充分发挥职业道德与职业指导课程的主渠道作用,全面渗透在学校各项教育教学活动中;实施就业指导、咨询服务,提供就业信息;组织供需见面会,推荐就业;组织开展创业实践活动。

必备材料	1. 学生就业指导机构材料。 2. 职业指导工作制度、计划、总结。 3. 职业指导工作记录,职业道德与职业指导课授课计划、教案,职业指导讲座材料,面试表,就业信息资料,就业证明材料,开展推荐就业活动影像材料等。 4. 近两届毕业生就业情况登记及就业率统计表。 5. 近两届毕业生跟踪调查材料。

指标条目编号及名称	M 8-1　管理制度	分值	1.0
指标内涵	学校各项管理规章制度齐全、规范,与职业技术教育改革和发展相适应,认真执行,实施信息技术管理。		
评等标准	A. 学校各项管理规章制度齐全、规范,与职业技术教育改革和发展相适应,认真执行,基本实施信息技术管理。 　B. 学校各项管理规章制度齐全、规范,与职业技术教育改革和发展相适应,认真执行,初步实施信息技术管理。 　C. 学校各项管理规章制度较齐全,与职业技术教育改革和发展相适应,认真执行。		
评分标准	A:1.0　B:0.85　C:0.7		
说明	1. 学校各项规章制度主要包括:行政管理、教学管理、学生管理、后勤管理、会议制度、文书档案、人事、财务、基建、设施设备、安全、保卫等制度。 　2. 结合与教职工交谈或问卷调查,了解学校各项规章制度执行情况。		
必备材料	1. 学校各项规章制度汇编。 2. 学校近期发展规划、各学期工作计划、安排、总结。 3. 校务会议记录。 4. 实施信息技术管理资料。		

指标条目编号及名称	M 8-2　职责与考核	分值	1.0
指标内涵	1. 学校管理机构设置与职业教育改革和发展相适应,岗位职责明确,考核制度健全,执行严格。 　2. 中层干部队伍人员精干,干部素质较高,管理能力较强,年龄结构合理,教务科长(主任)有高级职称。		
评等标准	A. 管理机构设置合理,岗位职责明确,考核制度健全,执行严格;中层干部队伍人员精干,干部素质较高,管理能力较强,年龄结构合理,教务科长(主任)有高级职称。 　B. 管理机构设置合理,岗位职责明确,考核制度健全,执行较严格;中层干部队伍比较精干,较结构合理,教务科长(教务主任)有高级职称。 　C. 管理机构设置较合理,岗位职责明确,考核制度较健全,认真执行;中层干部队伍年龄结构合理。		
评分标准	A:1.0　　B:0.85　　C:0.7		

指标条目编号及名称	M 8-2 职责与考核	分值	1.0

说明	1. 管理机构设置合理指符合职业学校管理要求,比如有教务、学生、行政后勤管理部门,有实训管理、就业指导机构等。 2. 考核制度指教职工年终工作质量考核。 3. 结合与教职工交谈或问卷调查,了解学校岗位责任制执行情况。 4. 中层干部指各中层行政管理部门的正、副主任(或科长)。
必备材料	1. 学校机构设置表。 2. 中层干部基本情况一览表。 3. 各部门职责范围和岗位责任制。 4. 教职工考核制度、考勤、考核记录及结果。 5. 中层干部个人业绩,学历、职称及各种荣誉证书复印件。

指标条目编号及名称	M 8-3 民主管理	分值	1.0

指标内涵	1. 坚持定期召开教职工代表大会,积极发挥其职能作用。 2. 定期进行校务公开,多渠道实施民主管理。 3. 工会组织健全、工作开展好。
评等标准	A. 长期坚持教职工代表大会制度,发挥其参与管理和监督作用。定期进行校务公开,多渠道实施民主管理,资料齐全。工会组织健全,工作开展好,群众满意度高。 B. 坚持教职工代表大会制度,发挥其参与管理和监督作用。进行校务公开,实施民主管理,资料较齐全。工会组织健全,工作开展较好,群众比较满意。 C. 初次建立教职工代表大会制度,实施民主管理,工会工作开展好,资料较齐全,群众比较满意。
评分标准	A:1.0 B:0.85 C:0.7
说明	结合与教职工座谈或问卷调查,了解民主管理实施情况,听取群众对工会工作的评价意见。
必备材料	1. 近两届教职工代表大会的议程、报告、提案、民主评议记录、决议等。 2. 实施校务公开资料。 3. 民主管理的各项措施及效果资料。 4. 工会组织及工会工作计划、总结,各项工作活动记录等材料。

指标条目编号及名称	M8-4　后勤工作	分值	1.0
指标内涵	1. 后勤工作各项管理制度齐全,工作有计划、有总结。 2. 上级主管部门重视、支持学校改革和发展,经费来源渠道多,稳中有升,近几年办学条件有较大改善。 3. 认真执行国家财经制度,财务审计无违法违纪行为,财会工作制度健全,主动为教学服务。 4. 校产管理制度、账册齐全,购置、发放物品管理完善。 5. 校舍、场地、设施设备、水电等有维修制度,维修及时、有记录。 6. 食堂管理较规范,食品供应及时,符合卫生条例规定,有监督、检查措施,无食物中毒事件发生,为师生服务,群众满意。		
评等标准	A. 各项指标完全符合要求,资料齐全,师生满意程度高。 B. 有四项指标完全符合要求,其他指标基本符合要求,资料较齐全,师生满意程度较高。 C. 有三项指标完全符合要求,其他指标基本符合要求,资料较齐全,师生满意程度较高。		
评分标准	A:1.0　　B:0.85　　C:0.7		
说明	1. 结合与师生交谈或问卷调查,了解学校后勤工作情况及满意程度。 2. 现场考察学校后勤供应、维修保养和服务实况。		
必备材料	1. 近两年后勤工作计划和总结。 2. 后勤工作各项管理制度,资产管理制度及账册,物资采购、发放制度及记录,维修制度及各种维修记录。 3. 财会工作制度和审计报告,近三年经费来源汇总表,改善办学条件经费使用汇总表。 4. 食堂管理制度,监督检查记录,卫生许可证。		

指标条目编号及名称	M8-5　卫生与环境	分值	1.0
指标内涵	1. 学校有卫生管理机构、医务室及专职医务人员。 2. 卫生保健工作有制度、有计划、有总结。 3. 卫生工作有检查、有评比,重视健康教育宣传工作,资料齐全。		
评等标准	A. 各项指标完全符合要求,资料齐全,校园环境整洁。 B. 有两项指标完全符合要求,其他指标基本符合要求,资料齐全,校园环境整洁。 C. 有两项指标完全符合要求,其他指标基本符合要求,资料较齐全,校园环境整洁。		
评分标准	A:1.0　　B:0.85　　C:0.7		
说明	现场考察校园环境、卫生情况、学校医务室设施及工作情况。		
必备材料	1. 学校卫生管理机构材料,卫生、保健工作制度,计划、总结。 2. 学校医务室成员名单及分工,医务室工作制度、工作记录,设施设备账本。 3. 学校各项卫生评比检查材料。 4. 对常规病和传染病防治,健康教育宣传资料。 5. 学生健康卡片。		

指标条目编号及名称	M9-1　办学模式改革	分值	2.0
指标内涵	学校适应区域经济建设发展需要,积极推行办学模式改革,争取企事业单位和社会有关部门的支持,开展校企联合办学,实施订单培养,推行工学结合、半工半读;创新职业教育人才培养模式。		
评等标准	A. 积极探索、研究办学模式改革,开展校企联合办学早,实施订单式培养,推行工学结合、半工半读,安排毕业生顶岗实习,管理规范,合作成效显著。 B. 近两年开始探索、研究办学模式改革,开展校企联合办学,实施订单式培养,推行工学结合、半工半读、安排毕业生顶岗实习,管理规范,合作初见成效。 C. 近一年探索、研究办学模式改革,开展校企联合办学,实施订单式培养,安排毕业生顶岗实习,管理较规范,合作初见成效。		
评分标准	A:2.0　　B:1.7　　C:1.4		
说明	校企联合办学指企业与学校合作办学,实行"订单式"培养或短期"订单式"培训;企业为学校提供实训实习场地和设备,提供兼职实习指导教师,接纳毕业生顶岗实习;接纳学校专业教师对口生产实践;接纳学生半工半读,并付给学生应得的劳动报酬。		
必备材料	1. 学校研讨办学模式改革材料。 2. 校企联合办学组织机构、管理制度、计划安排、决议、顶岗实习计划、教师实践计划等资料。 3. 校企联合办学协议。 4. 校企合作、联合办学取得成效的专题总结材料。		

指标条目编号及名称	M9-2　内部管理体制改革	分值	2.0
指标内涵	1. 实施内部管理体制改革。实行校长负责制、全员聘任制和岗位管理制度,逐步引入竞争机制。 2. 改革分配制度,充分发挥工资和岗位津贴的导向作用,形成有效的激励和约束机制。 3. 积极探索后勤社会化改革。		
评等标准	A. 实施内部管理体制改革。实行校长负责制、全员聘任制和岗位管理制度,引入竞争机制。改革分配制度,积极探索部分后勤社会化改革,成效好。 B. 实施内部管理体制改革。实行校长负责制、全员聘任制和岗位管理制度。改革分配制度,积极探索部分后勤社会化改革,有一定成效。 C. 实施内部管理体制改革。实行校长负责制、全员聘任制和岗位管理制度,改革分配制度,有一定成效。		
评分标准	A:2.0　　B:1.7　　C:1.4		
说明	1. 引入竞争机制主要指实施干部竞争上岗,逐步推行全员聘用制。 2. 后勤管理社会化指食堂、宿舍、水电维修、医疗、卫生、绿化等方面。		
必备材料	1. 人事制度改革方案。 2. 校长负责制任期目标,全员聘任制实施办法和聘书。 3. 引入竞争机制材料。 4. 分配制度改革方案等材料。 5. 后勤管理改革和部分后勤社会化服务等方面的材料。		

指标条目编号及名称	M9-3 弹性学制	分值	1.0
指标内涵	学校领导重视推行弹性学制和学分制管理工作,积极组织研讨,制定相应管理制度并已开始实行。		
评等标准	A. 学校领导重视推行弹性学制和学分制的研究,制定了相应管理制度和教学文件资料,实施软件管理,已推行学分制三年以上并有毕业生,有总结,有成效。 B. 学校领导重视推行弹性学制和学分制的研究,制定了相应管理制度和教学文件资料,已推行学分制两年以上,初见成效。 C. 学校领导较重视推行弹性学制和学分制的研究,制定了相应管理制度和教学文件资料,已开始试行学分制。		
评分标准	A:1.0 B:0.85 C:0.7		
说明	学分制:指在中职学历教育中实行学年学分制或完全学分制。		
必备材料	1. 学校组织有关学分制的调研、论证、研讨资料。 2. 推行学分制的决定及方案等文件。 3. 推行学分制管理的教学计划、选课、学分登记、考勤等材料。 4. 实行学分制的成效总结材料。		

指标条目编号及名称	M9-4 专业建设	分值	2.0
指标内涵	学校为适应经济结构调整和劳动力市场变化,及时调整专业设置,积极开发新兴专业;对老专业都进行过多次调查、论证,并对教学计划进行了调整,增强专业的适应性;重视相关的专业师资队伍建设和实训基地建设,成效较显著。		
评等标准	A. 适应经济结构调整和劳动力市场变化,各专业都进行过调查、论证,及时调整专业设置,长线与短线专业结合,以短补长,近五年内开发2个以上新专业,办好3个以上主干专业,已建设1个以上省级重点专业(点);对老专业进行改造,及时调整教学计划,成效显著。 B. 适应经济结构调整和劳动力市场变化,各专业都进行过调查、论证,及时调整专业设置,长线与短线专业结合,以短补长,近五年内开发1个以上新专业;办好3个以上主干专业,对老专业进行改造,及时调整教学计划,成效较显著。 C. 适应经济结构调整和劳动力市场变化,对部分专业进行过调查、论证,及时调整专业设置,长线与短线专业结合,以短补长,办好3个以上主干专业,对老专业进行改造,及时调整教学计划,成效较显著。		
评分标准	A:2.0 B:1.7 C:1.4		
说明	1. 长线专业、老专业指连续三年以上招生的专业。 2. 主干专业指本校开设历史长,连年招生,学生规模较大,师资和设备条件较好,起骨干辐射作用的专业。 3. 成效指从招生规模、毕业生就业、用人单位反映等方面评价。		
必备材料	1. 学校近五年专业设置情况一览表。 2. 新建专业或老专业改造调研、论证报告,调整后的教学计划。 3. 省级以上重点专业建设(点)正式批文及有关申报材料。 4. 反映学校专业建设的相关材料。		

指标条目编号及名称	M9-5 课程改革	分值	2.0

指标内涵	重视专业课程体系及课程内容改革,有调研、有方案、有总结。按照企业的实际工作岗位(岗位群)及人才多样化的需求,探索构建开放性的新型专业课程体系,采用灵活的模块式课程结构,把握核心教学课程和关键职业能力的要求,设置符合培养技能型人才要求的课程,开发综合性课程或模块式课程和校本教材。
评等标准	A. 重视专业课程体系及课程内容的改革,有调研、有方案、有总结。主干专业建立了新的课程体系,采用灵活的模块式课程结构;开发了部分综合课程和新课程,课程内容改革有成效,有校本教材。 B. 重视专业课程体系及课程内容的改革,有调研、有方案。部分主干专业建立了新的课程体系,采用灵活的模块式课程结构;部分课程内容改革有成效,有校本教材。 C. 较重视专业课程体系及课程内容的改革,有调研、有方案。部分主干专业建立了新的课程体系,采用灵活的模块式课程结构;部分课程内容改革有成效。
评分标准	A:2.0　　B:1.7　　C:1.4
说明	校本教材要有主编、主审,由学校正规印刷内部发行。
必备材料	1. 专业课程体系改革调研报告、方案、总结材料。 2. 主干专业新课程体系的教学计划。 3. 开发新课程或原课程内容改革的调研报告及相关校本教材。

指标条目编号及名称	M9-6 教学方法改革	分值	1.0

指标内涵	学校组织教学方法改革有研讨,有措施、有教研活动记录,有总结,教师运用现代教育技术教学,对提高教学质量有成效。
评等标准	A. 学校组织教学方法、考核方法的改革有研讨,有措施、有教研活动记录、有总结,有新的教学方法,全体教师都能运用现代教育技术教学,对提高教学质量成效显著,在校内推广。 B. 学校教师自发性进行教学方法、考核方法改革,有措施、有总结,探索有新的教学方法,大部分教师能运用现代教育技术教学,对提高教学质量有成效,在教研组内推广。 C. 学校教师自发性进行教学方法、考核方法改革,有措施、有总结,教师能运用现代教育技术教学,对提高教学质量有成效。
评分标准	A:1.0　　B:0.85　　C:0.7
说明	1. 教学方法包括课堂(实践)教学、教学手段、考核方法三方面。 2. 教学方法改革要体现以学生为中心,重个性、重实践、重现场教学;考核方法改革由选拔考试向达标考试转变,由重结果向重过程转变。 3. 结合现场听课,了解教师运用现代教育技术情况。
必备材料	1. 教学方法改革文件、方案,有关研讨活动记录、经验总结和公开课教学录像等。 2. 考核方法改革方案,有关研讨活动记录、经验总结。 3. 校内推广的有关文件。 4. 教师独立制作、运用课件情况资料。 5. 学校自制或购置课件统计表及课件。

指标条目编号及名称	M 10 - 1　示范作用	分值	3.0
指标内涵	学校在本地区、本行业提供有价值的办学、管理和教学等经验,有市级以上示范专业或紧缺人才培养培训基地,积极参加省市职教学会、行业协会组织的活动,并担任有关职务和承担一些任务,发挥骨干示范作用。		
评等标准	A. 学校在本省、本地区、本行业提供有价值的办学、管理和教学等经验,有省级以上示范专业或紧缺人才培养培训基地,在省市职教学会、协会担任主要职务,在全国、省市发挥骨干示范作用。 B. 学校在本地区、本行业提供有价值的办学、管理和教学等经验,有市级以上示范专业,在省市职教学会、协会担任职务,在省市发挥骨干示范作用。 C. 学校在本地区提供有价值的办学、管理和教学等经验,有市级以上示范专业,在当地起骨干示范作用。		
评分标准	A:3.0　　B:2.55　　C:2.1		
说明	1. 有价值的经验指各级政府或主管部门发文推广、专题介绍推广,或省、地市级以上有关会议或现场介绍或材料交流的经验。 2. 经验包括各项改革有成效的经验,办学、思想工作及各项管理工作经验。 3. 各级各类学会、协会担任主要职务指常务理事会、秘书处、专业指导委员会等正、副职,以及省、部级以上课程组正、副组长等。		
必备材料	1. 各种经验材料、有关会议文件通知。 2. 各级各类学会、协会任职名单、聘书或文件、通知以及承担活动任务的资料。 3. 各级实训中心、示范专业(含重点专业建设点)、紧缺人才培养培训基地正式批文及有关资料。		

指标条目编号及名称	M 10 - 2　毕业生质量	分值	2.0
指标内涵	学校培养的毕业生要适应社会主义现代化建设要求,具有良好的职业道德和较强的综合职业能力。近三届毕业生"双证"率平均达 70% 以上(艺、体 60% 以上),初次就业率平均达 85% 以上。		
评等标准	A. 学校培养的毕业生要适应社会主义现代化建设要求,具有良好的职业道德和较强的综合职业能力。近三年毕业生"双证"率平均达 80% 以上(艺、体 70%),初次就业率平均达 95% 以上。艺、体类学校全国性比赛获奖多,体育学校近四年一个周期输送率 25% 以上。 B. 学校培养的毕业生要适应社会主义现代化建设要求,具有良好的职业道德,较强的综合职业能力。近三年毕业生"双证"率平均达 75% 以上(艺、体 65%),毕业生初次就业率平均达 90% 以上。艺、体类学校全省性比赛获奖多,体育学校近四年一个周期输送率 20% 以上。 C. 学校培养的毕业生要适应社会主义现代化建设要求,具有良好的职业道德,较强的综合职业能力。近三年毕业生"双证"率平均达 70% 以上(艺、体 60%),初次就业率平均达 85% 以上。艺、体类学校市级以上比赛获奖多,体育学校近四年一个周期输送率 15% 以上。		
评分标准	A:2.0　　B:1.7　　C:1.4		

指标条目编号及名称	M 10－2　毕业生质量	分值	2.0
说明	1. 毕业生质量评价主要包括职业道德、职业技能、毕业生就业率等方面。 2. 双证书主要指本专业相关的技能等级证和毕业证。如某专业无本专业技能等级证书，则该专业不计"双证书"率。通用的外语、计算机等级证书不计在内。一人获多个技能等级证，只按一个人计算。 3. 有确定工作岗位和相对稳定经济收入即为就业，中职学校毕业生对口升入高职院校、成人大专(或高校的体、艺专业)可计入就业率，以直接面向社会就业为主。 4. 艺、体类各项比赛获奖，按近五年统计。		
必备材料	1. 毕业生质量情况汇报材料。 2. 技能等级考核通过率统计表和技能鉴定中心发证审批表。 3. 毕业生就业情况一览表和就业率统计表。 4. 艺、体类学校参赛获奖统计表及证书。		

指标条目编号及名称	M 10－3　学校荣誉	分值	2.0
指标内涵	学校社会声誉好，在本地区、本行业有较大影响，获县区级以上表彰；每年招生人数超过招生计划数，逐年增长。		
评等标准	A. 学校社会声誉好，在本行业、省内有较大影响，获得省级以上表彰；每年招生人数超过招生计划数，逐年增长。 B. 学校社会声誉好，在本行业、本地区有较大影响，获得地市级表彰，每年招生人数超过招生计划数，逐年增长。 C. 学校社会声誉好，在本行业、本地区有较大影响，获得县区级以上表彰；每年招生均完成招生计划数。		
评分标准	A:2.0　　B:1.7　　C:1.4		
说明	1. 表彰指单位集体、教职工个人获政府或有关部、委、厅、局的综合性表彰、奖励。单项表彰、奖励(如论文、科研课题、文体比赛等)不计在内。 2. 重点学校、示范学校、示范专业均不计入表彰之列。		
必备材料	1. 近三年学校集体、教职工个人获表彰统计表。 2. 学校集体获各项综合性表彰的证书及典型材料。 3. 教职工个人获各项综合性表彰的证书及典型材料。 4. 每年学校招生计划和报名学生数统计表。		

广东省教育厅制定。

浙江省等级重点中等职业学校评定标准(修订稿)

评估内容	序号	级别	达 标 要 求	备注
一、办学方向	1	一级	办学指导思想端正,办学目标明确。全面贯彻教育方针,模范执行教育法律、法规和政策,办学行为规范。树立以素质教育为基础、以能力为本位的教育观念,重视学生的职业道德和行为规范教育,注重培养学生的创新精神和实践能力、立志创业能力。充分体现职业教育特色,主动适应社会主义市场经济,为社会经济发展服务。	
		二级	办学指导思想端正,办学目标明确。全面贯彻教育方针,模范执行教育法律、法规和政策,办学行为规范。树立以素质教育为基础、以能力为本位的教育观念,重视学生的职业道德和行为规范教育,注重培养学生的创新精神和实践能力、立志创业能力。充分体现职业教育特色,主动适应社会主义市场经济,为社会经济发展服务。	
		三级	办学指导思想端正,办学目标明确。全面贯彻教育方针,模范执行教育法律、法规和政策,办学行为规范。树立以素质教育为基础、以能力为本位的教育观念,重视学生的职业道德和行为规范教育,注重培养学生的创新精神和实践能力、立志创业能力。充分体现职业教育特色,主动适应社会主义市场经济,为社会经济发展服务。	
二、办学规模	2	一级	学校全日制学历教育学生在 1 500 人以上。面向社会每年各种层次、类型的培训数量达到 1 000 人次。	
		二级	学校全日制学历教育学生在 1 200 人以上。积极面向社会开展形式多样的教育培训。	
		三级	学校全日制学历教育学生在 1 000 人以上。积极面向社会开展形式多样的教育培训。	
三、师资队伍	3	一级	形成与教育教学工作相适应、结构合理、专兼职结合的高素质师资队伍,专任教师与全日制学历教育在校学生的比例为1:15左右。学校教职工队伍高效精干,非教学人员控制在专任教师总数的16%以内。专任教师具有大学本科以上学历的比例达到85%以上。专兼职教师中中级职称以上的比例达到60%以上,高级职称的教师占20%以	

评估内容	序号	级别	达 标 要 求	备注
三、师资队伍	3	一级	上。专业课教师占专任教师总数不少于50%,每门课程均有中级以上职称教师。配有能满足教学需要的实验、实训、实习指导教师。每个专业至少配有2名以上中高级职称的专业课专任教师;每个骨干专业至少有1名具有高级职称或研究生学历、3名具有中级以上职称的专业课专任教师。	
		二级	形成与教育教学工作相适应、结构合理、专兼职结合的高素质师资队伍,专任教师与全日制学历教育在校学生的比例为1:15左右。学校教职工队伍高效精干,非教学人员控制在专任教师总数的16%以内。专任教师具有大学本科以上学历的比例达到80%以上。专兼职教师中级职称以上的比例达到50%以上,高级职称的教师占15%以上。专业课教师占专任教师总数不少于50%,每门课程均有中级以上职称教师。配有能满足教学需要的实验、实训、实习指导教师。每个专业配有中高级职称的专业课专任教师;每个骨干专业至少有1名具有高级职称或研究生学历、若干名具有中级职称的专业课专任教师。	
		三级	形成与教育教学工作相适应、结构合理、专兼职结合的高素质师资队伍,专任教师与全日制学历教育在校学生的比例为1:15左右。学校教职工队伍高效精干,非教学人员控制在专任教师总数的16%以内。专任教师具有大学本科以上学历的比例达到80%以上。专兼职教师中级职称以上的比例达到50%以上,高级职称的教师占10%以上。专业课教师占专任教师总数不少于50%,每门课程均有中级以上职称教师。配有能满足教学需要的实验、实训、实习指导教师。每个专业配有中高级职称的专业课专任教师;每个骨干专业有2名以上具有中、高级职称的专业课专任教师。	
	4	一级	注重教师培养培训和知识更新。教师培训有计划,年参加培训与继续教育人数达到专任教师总数20%。专业课教师中"双师型"比例不低于40%,兼职教师不低于10%。	
		二级	注重教师培养培训和知识更新。教师培训有计划,年参加培训与继续教育人数达到专任教师总数15%。专业课教师中"双师型"比例不低于30%,兼职教师不低于10%。	
		三级	注重教师培养培训和知识更新。教师培训有计划,年参加培训与继续教育人数达到专任教师总数15%。专业课教师中"双师型"比例不低于20%,兼职教师不低于10%。	

评估 内容	序号	级别	达 标 要 求	备注
四、办学条件	5	一级	生均校园面积不少于 30 m²，生均校舍建筑面积不少于 15 m²，有住校生的按生均增加校园面积 5 m² 和校舍建筑面积 4 m²。校园布局合理，设施齐全，美化有特色，具有现代气息，注重环境育人。	
		二级	生均校园面积不少于 30 m²，生均校舍建筑面积不少于 15 m²，有住校生的按生均增加校园面积 5 m² 和校舍建筑面积 4 m²。校园布局合理，设施齐全，注重环境育人。	
		三级	生均校园面积不少于 30 m²，生均校舍建筑面积不少于 15 m²，有住校生的按生均增加校园面积 5 m² 和校舍建筑面积 4 m²。校园布局合理，设施齐全，注重环境育人。	
	6	一级	有较完备的实验、实训设施。文化课按国家规定的 Ⅰ 类标准配备教学仪器和电教设备。有符合标准与教学要求相适应的文化课实验室、职业技能实验实训教室和多媒体语音教室。学校配有较先进的闭路电视系统，摄、录、编系统，多媒体课件制作系统。教学使用的计算机达每 8 人一台标准。实验实训设备总价值达 500 万元以上。建立完整的校园网系统。	
		二级	有较完备的实验、实训设施。文化课按国家规定的 Ⅰ 类标准配备教学仪器和电教设备。有符合标准与教学要求相适应的文化课实验室、职业技能实验实训教室和多媒体语音教室。教学使用的计算机达每 10 人一台标准。实验实训设备总价值达 400 万元以上。建立完整的校园网系统。	
		三级	有较完备的实验、实训设施。文化课按国家规定的 Ⅰ 类标准配备教学仪器和电教设备。有符合标准与教学要求相适应的文化课实验室、职业技能实验实训教室和多媒体语音教室。教学使用的计算机达每 10 人一台标准。实验实训设备总价值达 300 万元以上。初步建立校园网系统。	
	7	一级	有 1 200 m² 以上的图书馆，内设多媒体电子阅览室。教师资料室和学生阅览室的座位分别占教师总数的 40% 和学生总数的 20% 以上。图书生均 30 册以上，报纸杂志达 100 种以上，电子教学参考书和期刊以及其他教学资料 10 G 以上，并可上网查询资料。有专职图书管理人员，管理手段现代化、规范化。	

评估内容	序号	级别	达 标 要 求	备注
四、办学条件	7	二级	有1 000 m²以上的图书馆,内设多媒体电子阅览室。教师资料室和学生阅览室的座位分别占教师总数的30%和学生总数的15%以上。图书生均30册以上,报纸杂志达80种以上,电子教学参考书和期刊以及其他教学资料10 G以上,并可上网查询资料。有专职图书管理人员,管理手段初步实现现代化、规范化。	
		三级	有1 000 m²以上的图书馆,内设多媒体电子阅览室。教师资料室和学生阅览室的座位分别占教师总数的30%和学生总数的15%以上。图书生均30册以上,报纸杂志达50种以上,电子教学参考书和期刊以及其他教学资料10 G以上,并可上网查询资料。有专职图书管理人员,管理手段初步实现现代化、规范化。	
	8	一级	有300 m以上环形跑道田径场和1 000 m²以上体育馆或风雨操场,配有6个以上篮、排球场。	
		二级	有300 m以上环形跑道田径场,配有篮、排球场。	
		三级	有250 m以上环形跑道田径场,配有篮、排球场。	
五、专业与实践教学	9	一级	专业设置主动适应社会经济发展要求。学校常设专业一般不少于4个,有2个以上的骨干专业。	
		二级	专业设置主动适应社会经济发展要求。学校常设专业一般不少于3个,并有骨干专业。	
		三级	专业设置主动适应社会经济发展要求。学校常设专业一般不少于3个,并有骨干专业。	
	10	一级	按照教学大纲要求,实验开出率:文化课不低于95%,专业课不低于90%。	
		二级	按照教学大纲要求,实验开出率:文化课不低于95%,专业课不低于90%。	
		三级	按照教学大纲要求,实验开出率:文化课不低于95%,专业课不低于90%。	
	11	一级	有较稳定的校外专业实习基地和实践活动场所,其配置符合现有企事业单位实际运作水平。	

评估内容	序号	级别	达 标 要 求	备注
五、专业与实践教学	11	二级	有较稳定的校外专业实习基地和实践活动场所,其配置符合现有企事业单位实际运作水平。	
		三级	有较稳定的校外专业实习基地和实践活动场所,其配置符合现有企事业单位实际运作水平。	
六、办学水平	12	一级	学校毕业生升学就业顺畅。近三年,毕业生的初级职业技能证书考取率达100%,中级职业技能证书考取率平均达到40%以上;除升学外毕业生平均一次就业率在90%以上;在省、市职业技能竞赛中取得优异成绩。	
		二级	学校毕业生升学就业顺畅。近三年,毕业生的初级职业技能证书考取率达100%,中级职业技能证书考取率平均达到35%以上;除升学外毕业生平均一次就业率在70%以上;在省、市职业技能竞赛中成绩突出。	
		三级	学校毕业生升学就业顺畅。近三年,毕业生的初级职业技能证书考取率达100%,中级职业技能证书考取率平均达到30%以上;除升学外毕业生平均一次就业率较高;在省、市职业技能竞赛中成绩突出。	
	13	一级	注重教育教学研究,其教育科研成果曾获得省级以上奖励,在同类学校中成绩突出。	
		二级	注重教育教学研究,其教育科研成果曾获得市级以上奖励,在同类学校中成绩突出。	
		三级	注重教育教学研究,其教育科研成果曾获得市级以上奖励,在同类学校中成绩突出。	
	14	一级	学校声誉好,示范作用强。积极开展教育教学改革,重视学生个性发展和综合职业能力的培养;积极面向社会、面向企业开放办学,服务当地经济,取得较好的社会效益和经济效益,在本地区、本行业乃至全省范围内有较大影响,在同类学校中起到示范带头作用。	
		二级	学校声誉较好,能起示范作用。积极开展教育教学改革,重视学生个性发展和综合职业能力的培养;积极面向社会、面向企业开放办学,服务当地经济,取得较好的社会效益和经济效益,在本地区、本行业乃至全省范围内有一定影响,在同类学校中起到示范带头作用。	
		三级	学校声誉好,能起示范作用。积极开展教育教学改革,重视学生个性发展和综合职业能力的培养;积极面向社会、面向企业开放办学,服务当地经济,取得较好的社会效益和经济效益,在本地区有一定影响,在同类学校中起到示范带头作用。	

评估内容	序号	级别	达 标 要 求	备注
七、教育教学管理	15	一级	有符合要求、结构合理、精干高效的领导班子。校长任职符合任职资格要求。学校领导班子结构合理,具有大学本科以上学历或具有中级以上职称,熟悉中等职业教育教学业务和学校管理业务,具有较高的政策水平和较强的管理能力,有一定的科研能力,遵纪守法,廉洁奉公,勇于开拓。	
		二级	有符合要求、结构合理、精干高效的领导班子。校长任职符合任职资格要求。学校领导班子结构合理,具有大学本科以上学历或具有中级以上职称,熟悉中等职业教育教学业务和学校管理业务,具有较高的政策水平和较强的管理能力,有一定的科研能力,遵纪守法,廉洁奉公,勇于开拓。	
		三级	有符合要求、结构合理、精干高效的领导班子。校长任职符合任职资格要求。学校领导班子结构合理,具有大学本科以上学历或具有中级以上职称,熟悉中等职业教育教学业务和学校管理业务,具有较高的政策水平和较强的管理能力,有一定的科研能力,遵纪守法,廉洁奉公,勇于开拓。	
	16	一级	有健全的思想政治工作、教学和行政等管理机构和一支政治素质好、业务能力强的管理队伍。	
		二级	有健全的思想政治工作、教学和行政等管理机构和一支政治素质好、业务能力强的管理队伍。	
		三级	有健全的思想政治工作、教学和行政等管理机构和一支政治素质好、业务能力强的管理队伍。	
	17	一级	教学管理规范。教学文件及资料齐全、规范,并有相应的管理制度。有职能部门进行教学质量监控反馈,定期进行教学质量分析。有严格的教师及管理干部考核制度。	
		二级	教学管理规范。教学文件及资料齐全、规范,并有相应的管理制度。有职能部门进行教学质量监控反馈,定期进行教学质量分析。有严格的教师及管理干部考核制度。	
		三级	教学管理规范。教学文件及资料齐全、规范,并有相应的管理制度。有职能部门进行教学质量监控反馈,定期进行教学质量分析。有严格的教师及管理干部考核制度。	

评估内容	序号	级别	达 标 要 求	备注
七、教育教学管理	18	一级	具有良好的校园文化。近三年来,学校无重大安全责任事故和教学责任事故。	
		二级	具有良好的校园文化。近三年来,学校无重大安全责任事故和教学责任事故。	
		三级	具有良好的校园文化。近三年来,学校无重大安全责任事故和教学责任事故。	
八、教育经费	19	一级	有稳定的教育经费来源,学校基本建设、大型设备添置纳入举办者的预算。年生均经费高于当地普通高中生均经费,并逐年提高。学校已形成多渠道筹措经费的机制。	
		二级	有稳定的教育经费来源,学校基本建设、大型设备添置纳入举办者的预算。年生均经费高于当地普通高中生均经费,并逐年提高。学校已形成多渠道筹措经费的机制。	
		三级	有稳定的教育经费来源,学校基本建设、大型设备添置纳入举办者的预算。年生均经费高于当地普通高中生均经费,并逐年提高。学校已形成多渠道筹措经费的机制。	

来源:《浙江省教育厅关于印发〈浙江省等级重点中等职业学校评定标准(修订稿)〉的通知》(浙教督〔2002〕198号)。

浙江省中等职业学校合格评估指标体系

类别及权重	子项权重	标　　准	档次
一　教育教学管理（1）	0.3	中等职业学校要有学校章程和必要的学籍管理、人事管理等管理制度,要依法办学	A.好; B.较好; C.一般
	0.4	学校须配备有较高思想政治素质和较强管理能力,熟悉职业教育的学校领导。校长应具有从事三年以上教育教学工作的经历,校长及教学副校长须具有本科以上学历和高级职称,其他校级领导应具有本科以上学历和中级以上职称	
	0.3	建立必要的管理学生德育、教务、招生、实习实训和就业指导等职能的教育教学和管理等工作机构	
二　办学规模（1.6）	1.6	学历教育在校生公办学校1 200人以上,民办学校1 000人以上	A
		学历教育在校生公办学校960人以上,民办学校600人以上	B
		学历教育在校生公办学校600人（艺、体等专业性强的学校400人）以上,民办学校300人（艺、体等专业性强的学校200人）以上	C
三　师资队伍（1.8）	0.6	专任教师与学生比在1:17以内	A
		专任教师与学生比在1:20以内	B
		专任教师与学生比在1:24以内	C
	0.6	专业课教师占本校专任教师数的50%以上	A
		专业课教师占本校专任教师数的40%以上	B
		专业课教师占本校专任教师数的30%以上	C
	0.6	每个专业有2名以上相关专业中级以上专业技术职务的专任教师	A
		每个专业有2名以上相关专业的专任教师	B
		每个专业有1名以上相关专业的专任教师	C

类别及权重		子项权重	标　　准	档次
四	校园面积（1）	1	公办学校生均 25 m² 以上，民办学校生均 22 m² 以上	A
			公办学校生均 22 m² 以上，民办学校生均 18 m² 以上	B
			公办学校生均 18 m² 以上，民办学校生均 10 m² 以上	C
五	校舍面积（1）	1	公办学校生均 17 m² 以上，民办学校生均 14 m² 以上	A
			公办学校生均 14 m² 以上，民办学校生均 10 m² 以上	B
			公办学校生均 10 m² 以上，民办学校生均 7 m² 以上	C
六	图书资料（0.8）	0.8	纸质图书生均 30 册以上	A
			纸质图书生均 20 册以上	B
			纸质图书生均 10 册以上	C
七	实验实训设施（1）	1	生均实验实训配备值在 1 500 元以上	A
			生均实验实训配备值在 1 200 元以上	B
			生均实验实训配备值在 1 000 元以上	C
八	体育卫生设施（0.8）	0.8	有 300 m 以上环形跑道田径场，体育、生活设施能满足需要并符合卫生、安全要求	A
			有 200 m 以上环形跑道田径场，体育、生活设施能满足需要并符合卫生、安全要求	B
			体育、生活设施能基本满足需要并符合卫生、安全要求	C
九	教育经费（1）	1	学校所需基本建设投资、教师工资和正常教学等各项工作所需经费，有稳定、可靠的来源和切实保证	A. 好 B. 较好 C. 一般

说明：A 档得 10 分，B 档得 8 分，C 档得 6 分。各类累计得分 60 分以上，视为合格学校。

来源：《浙江省教育厅关于开展中等职业学校合格评估工作的通知》（浙教职成〔2004〕91 号）。

福建省省级重点中等职业技术学校评估标准(试行)

A级	B级	C级指标:评估要点	权重	说　明	材料
A₁ 办学指导思想、形式、规模 28分	B₁ 办学指导思想、办学形式(5)	C₁ 办学指导思想 A. 认真贯彻"以服务为宗旨,以就业为导向"的方针,办学指导思想明确、主动做好"四个服务";办学中体现"三个转变"、加强"两个加强"、落实"两个工程",正确处理毕业生就业与升学的关系。近期、远期发展规划目标明确、可行;培养目标定位准确、岗位指向明确。 C. 认真贯彻"以服务为宗旨,以就业为导向"的方针,办学指导思想较明确、端正,能积极做好"四个服务";办学思路较清晰,有近期发展规划;培养目标定位准确,岗位指向较明确,描述欠具体。	3 1	四个服务:为经济结构调整和技术进步服务,为促进就业和再就业服务,为农业、农村、农民服务,为推进西部大开发服务。 三个转变:要转变办学思想、办学模式和办学机制。 两个加强:加强职业道德教育、加强职业技能教育。 两个工程:实训基地建设和师资队伍建设。 查主干专业。各主干专业应紧紧围绕培养高素质的劳动者(技能型人才)确定培养目标,针对的岗位群要明确,文字描述要具体。 "以服务为宗旨,以就业为导向":体现在培养目标、教学计划、教学内容、教学方法、职业指导以及处理好毕业生就业与升学的关系等方面。毕业生升入非对口高职,不计入就业率(艺术、体育专业除外)。	学校近、远期发展规划,近三年学校工作总结,主干专业教学计划、课程表、毕业生就业情况一览表(姓名、性别、专业、毕业与就业时间、第一就业单位及岗位、何时变更单位、工作)。

A级	B级	C级指标:评估要点	权重	说　明	材料
A₁ 办学指导思想、形式、规模 28 分	B₁ 办学指导思想、办学形式（5）	C₂ 办学形式（城乡、校企联合）。 　A. 重视办学模式创新。学校办学形式灵活，充分发挥学历教育和职业培训的功能，积极与农村（或城市）、西部联合办学；与行业、企业联合办学，成绩显著。 　B. 注意办学模式创新。学校办学形式较灵活，发挥学历教育和职业培训的功能，与农村（或城市）、西部联合办学；与行业、企业联合办学，成效好。	2 1	城乡联合或西部联合（有一方面即可）：可互派学生（采用 1 + 2、2 + 1、1 + 1 + 1 等形式均可）、互派教师、重点支援。 　行业、企业：指和学校培养目标相关的一线生产、经营、设计、管理、服务、演出等能接受毕业生的单位。 　联合办学：指双方共建、双赢；建立董事会、连锁式、集团式等形式；对方参与学校决策，为学校提供实践场所或是校外实训基地，接纳一定数量的毕业生；有"订单式"培养或培训，有从该单位长期聘用（相对稳定）的有实践经验的教师。	有关协议、方案、聘书、培养名单、工作记录、学生花名册等。 　复评时要根据学校专业性质、所处位置具体分析。
	B₂ 办学规模（9）	C₃ 学历教育（三年年均）：接受中等职业教育的全日制学历教育（含五年专）人数 　A. 中等职业教育 1 500 人（艺综:500 人、体 450 人；艺单 400 人）。 　在校生达 1 500 人后每增加 100 人加 0.5 分。 　综合高中教育人数按每 150 人以下扣 1 分，综合高中教育每增加 150 人段，增扣 1 分（如 151 人扣 2 分）。	6	近三年年均学历教育在校生人数 =（2002 年在校生人数 + 2003 年在校生人数 + 2004 年在校生人数）÷3。 　学历教育:指各级各类职业教育、成人教育（高等教育、普通高中教育人数不计在内）。 　普通高中学生转入职业学校的（或 2 + 1 等形式的学生），按实际就读年限计。 　括号内:艺,指艺术类学校；体,指体育类学校。下同。艺综,指综合性艺术学校；艺单,指单科艺术学校，包括高等艺术学院附中。下同。	近三年:教学计划、在校学生名册、新生录取名册、分班（分专业）花名册。

A级	B级	C级指标:评估要点	权重	说 明	材料
A₁ 办学指导思想、形式、规模 28分	B₂ 办学规模 (9)	C₄ 非学历培训人数（三年平均） A. 1 000 人次以上、其中面向社会培训 500 人次以上。 B. 800 人次以上、其中面向社会培训 450 人次以上。 C. 600 人次以上、其中面向社会培训 350 人次以上。	3 2 1	近三年的在读人数。全天上课连续满 2 周的，按在册人数计，即按 1:1 计。培训时间不足 2 周或每天上课不足 6 学时的，按以下公式折算 = 在册人数 × 总学时 ÷6。 每年培训人数 =（2002 年培训人数 + 2003 年培训人数 + 2004 年培训人数）÷3 艺、体类非学历培训人数测评等级，按一般学校的 10% 计。	非学历培训招生简章、招生报表、培训计划、课程表、学员名册。 （抽查培训基地、同部分学员见面）
	B₃ 毕业生质量 (6)	C₅ 毕业生"双证书"（学历证书、职业资格证书或技术等级证书） A. 学校已经建立技能鉴定站，积极开展技能培训和技能鉴定工作，近三年毕业生"双证书"率 80% 以上。 C. 学校正筹建技能鉴定站，目前学校只设有技能考点，有开展技能培训和技能考核工作，近三年毕业生"双证书"率 70%。 省重点专业必须 95%（市级 90%）取得职业资格证书或技术等级证书。	3 1	"双证书"率：毕业生毕业时取得与所学专业相关、社会或行业认可的某项专业技术（或技能）证书者按有职业资格证书统计。一人取得多个技能证书，按一个人统计。通用的计算机等级证书、外语等级证书不计在内。 一年专业对口率 = 专业对口数 ÷ 已就业人数 平均专业对口率 =（2002 届对口率 + 2003 届对口率）÷2	毕业生就业情况一览表、职业资格证书或技术等级证书证明材料。 （随机抽 1~2 专业详查）

398

A级	B级	C级指标：评估要点	权重	说　明	材料
A₁ 办学指导思想、形式、规模 28分	B₃ 毕业生质量（6）	C₆ 毕业生就业率 A. 近三年毕业生就业率平均不低于80%，主干专业对口率不低于50%，就业稳定率不低于60%。 B. 近三年毕业生就业率平均不低于80%，主干专业对口率不低于40%，就业稳定率不低于50%。 C. 近三年毕业生就业率平均不低于80%，主干专业对口率不低于30%，就业稳定率不低于40%。	3 2 1	查近三年毕业生就业年平均率。不论是学校推荐还是自谋职业，凡是有相对稳定的工作岗位和经济收入的即为就业。中职学校毕业生升入对口高职院校（或专业）的可计入就业率，升入非对口高职的，不计入就业率（艺术、体育专业除外）。 当年就业率＝当年毕业生就业人数÷当年毕业生总数。平均就业率＝（2002年就业人数＋2003年就业人数＋2004年就业人数）÷3 专业对口率：查毕业生毕业后两年内专业对口情况，中间换过单位但专业未换者仍按"对口"统计，只查2002年、2003年两届。 就业稳定率：只查前两年（不查评估当年）毕业生在第一就业岗位稳定情况，换岗位但没离开该单位，按稳定计。一年就业稳定率＝稳定学生数÷已就业人数 平均就业稳定率＝（2003年稳定率＋2004年稳定率）÷2	查近3年毕业生就业情况一览表（包括姓名、性别、专业、毕业时间、第一就业单位及岗位、何时变更何单位何工作）、有关说明、证明（抽查1~2个专业或班级详查）。
	B₄ 骨干示范作用（8）	C₇ 骨干作用 A. 学校在全国、省部门职教学会、专业研究会、课程组等机构中骨干作用突出，在全省职教界影响较大，教科研成果多。 C. 学校在省部门职教学会、专业研究会、课程组等机构中骨干作用较突出，在本地区职教界有一定影响，教科研成果较多。	3 1	学校骨干作用：在职教类学会、专业研究会、课程组中担任的职务、具体承担的任务和承担教科研活动情况；在会议或媒体上推介本校经验（广告类文章、资料不属于经验介绍）。 教（科）研成果：本校领导、专任教师、职工撰写的专著、著作、译著、有水平的论文；组织编写教材，取得的科研成果等。 职教界影响大：同专业示范作用强、窗口骨干作用突出。	查有关任职证书、文件、成果原件。

A级	B级	C级指标:评估要点	权重	说　　明	材料
A₁ 办学指导思想、形式、规模 28 分		C₈ 专业建设与紧缺人才培养 　A. 专业设置适应社会经济发展需求,有省级以上骨干示范性专业,或省级以上紧缺人才培训基地。 　B. 专业设置适应社会经济发展需求,有市级以上骨干示范性专业,或市级以上紧缺人才培训基地。	3 2	骨干示范专业(重点专业):指教育行政部门正式行文命名的(适应区域性经济建设和社会发展需要,年招生规模 2 个班以上,毕业生就业率 90% 以上,具有先进的专业实验室和实习场所,专业教师素质高的专业)。 紧缺人才培训基地:指由政府或教育行政部门命名的。	查有关文件、证书。("紧缺人才培训")工作要实地检查。
A₂ 基础条件合理利用与管理 36 分	B₄ 骨干示范作用(8)	C₉ 学校荣誉: 　A. 近三年学校获得省级以上表彰的教育先进单位、职业教育先进单位,或有省级以上表彰的先进个人、劳模、拔尖人才,学校办学社会声誉好。 　B. 近三年学校获得市级教育行政部门表彰教育先进单位,或评为市级以上文明单位(文明学校),或市级以上先进个人、劳模、拔尖人才。	2 1	表彰(单位、个人有一项即可):主要统计政府的表彰,有关部、委、厅、局的综合性表彰,奖励,降一级计。 先进个人:优秀党员、"五一"劳动奖章获得者、"三八"红旗手、优秀教师、优秀班主任、优秀教育工作者、职业教育先进个人等。 单项表彰、奖励(例如论文评选、演讲比赛、文艺比赛、体育比赛、卫生先进、绿化先进等)不计在内。 重点学校、示范学校、示范专业、示范培训基地等不计入表彰、获奖内。	有关文件、证书、奖牌、奖章。("表彰"证书要核对颁证单位)

A级	B级	C级指标:评估要点	权重	说　明	材料
A₂基础条件合理利用与管理 36 分	B₅校园(5)	C_{10}占地面积 　A. 达 4 万平方米(农 5 万平方米),布局结构合理,利用率高。 　B. 达 3 万平方米(农 4 万平方米),布局结构较合理,利用率高。 　C. 达 2.7 万平方米(农 3 万平方米),布局结构不够合理,利用率一般。	3 2 1	学校占地面积不包括教工宿舍区等非教学用区域。括号内"农",指农村学校,即校址位于县级市、县及以下级别政府所在地的学校。下同 　一校两址,合并计算(租用已满 3 年的,可计算在内,但公办学校本身的占地不得少于总量的 3/2)。民办学校租赁十年(有效证明)可以计算在内。(建筑面积下同) 　校园布局:各类房舍(食堂、学生宿舍)、场地、绿地的布局情况。 　带初中部的应扣除每生 26 平方米占地面积。	查土地证、租赁合同、新征地批文、平面图。(实地核查一校两址、租赁土地)
		C_{11}校舍建筑总面积 　A. 达 3 万平方米(农 2.5 万平方米);各类用房搭配比例恰当,利用率高。 　B. 达 2 万平方米(农 1.5 万平方米);各类用房搭配尚可,利用率一般。	2 1	建筑面积,不包括教工宿舍等非教学用房。一校两址,可合并计算(租用已满 3 年,可以计算在内,但公办学校本身建筑面积不得少于总量的 3/2)。 　各类用房搭配:指理论教学、实践教学、实验、图书、活动、运动、就餐、办公、宿舍等用房搭配是否合理。 　带初中部的应扣除每生 6 平方米建筑面积。	查建筑物权属证、平面图、各类用房建筑面积统计表。

A级	B级	C级指标:评估要点	权重	说　　明	材料
A₂ 基础条件合理利用与管理 36分	B₆ 专任教师(6)	C₁₂专任教师 　A．专任教师80人以上（艺:70人;体:50人）且结构、比例合理。 　B．专任教师60人以上（艺:50人;体:40人）且结构、比例不够合理。	2 1	专任教师:指属于学校编制的,专职从事理论教学和实践教学的人员,包括教务科长、专业科长、教育研究室主任、教研组长,不包括校长、书记等主要从事行政管理的兼课人员,也不包括校外的兼职教师。人事制度改革后,正式聘用已3年以上的从事专任教师工作的非本校在编人员按专任教师统计(聘用教师与本校在编人员比例要合理)。一般情况下,实习指导教师应控制在专任教师数的15%以内。既是理论课教师又是实习指导教师的按其中之一统计。 　教师名册:按基础课教师、专业课教师、实习指导教师顺序统计。	人事档案、合同、专任教师花名册(姓名、性别、年龄、学历、毕业学校、专业、来校时间、职称、任课名称、制作课件水平、实践证书等)。
		C₁₃专任教师学历 　A．理论课教师均达专科以上,本科占85%以上（农、艺、体本科占80%以上）;实习指导教师均达专科以上。 　B．理论课教师均达专科以上,本科占70%以上（农、艺、体本科占65%以上）;实习指导教师均达中等教育以上。	2 1	理论课教师:这里指基础课教师和专业课教师。既从事理论教学又从事实习指导的教师按其中之一统计。	有关专任教师花名册、毕业证、学位证、职称证、聘书、专业资格证书、专业技术(或技能)证书。各种

续表

A级	B级	C级指标:评估要点	权重	说　明	材料
A₂ 基础条件合理利用与管理 36分	B₆ 专任教师（6）	C₁₄专任教师职称 A. 基础课、专业课教师职称结构基本合理，其中高级职称达15%以上，双师型教师占专业课教师的40%以上。 B. 基础课、专业课教师职称结构基本合理，其中高级职称达10%以上，双师型教师占专业课教师的25%以上。	2 1	教师学历以国家承认其学历的院校所颁发的毕业证书为准。研究生未取得学位者不计。专任教师具有其他系列高级职称也计在内。双职称只计1次，有资格未聘的不计在内，专任教师具有其他系列高级职称也计在内。 双师型教师:（1）具有扎实的基础知识，较高的专业理论教学水平;（2）具有规范的专业技能指导能力，掌握专业理论知识和操作技能的联系与规律;（3）具有与自己所授课程相应的中级以上职业资格、专业（或技能）证书。	需核对的证件排序应和教师名册顺序一致。 对艺术、体育等特殊专业教师的学历、职称要作具体分析。
	B₇ 实验、实训（9）	C₁₅实验实习开出率 A. 实验、实习（实训）开出率均达90%以上。 C. 实验、实习（实训）开出率均达80%以上。 C₁₆实验实习设备 A. 至少三个市级以上骨干专业，每个骨干专业均需设有专用专业实验室，每个实验室要配置50个以上工位;且设备、设施先进程度高。 B. 两个以上校级骨干专业，每个骨干专业均需设有专用专业实验室，每个实验室要配置50个以上工位，且设备、设施先进程度较高。	3 1 4 2	开出率:实验开出率指自开率;实习（实训）指开出率，即校内、校外开出合并计算。实验开出率均以教学大纲（或实验、实习大纲）规定的个数计算。 实验开出率 = 实际实验开出个数÷应开个数 实习（实训）开出率 =（校内开出个数 + 校外开出个数）÷应开个数 骨干专业:评估当年招生两个班以上，专业教师强。 实验、实习（实训）共用的设备按其中之一统计。 设备、设施先进程度高:能适应经济建设和社会发展对专业技能的要求，能为专业提供新知识、新技术、新工艺、新方法的实验、实训。	教学计划、大纲、实验指导书，实习（实训）大纲、实验实习记录。

A级	B级	C级指标:评估要点	权重	说 明	材料
A₂ 基础条件合理利用与管理 36分	B₇ 实验、实训(9)	C_{17}校外实习(实训)基地 　　A. 早设立稳定的校外实习(实训)基地,与企业有长期协议,双方联系密切、基地设备充足,效果好。 　　B. 较早设立实习(实训)基地,与企业有短期协议,双方联系较密切、设备较充足,效果较好。	2 1	校外实习基地的协议:学校与行业、企业联合办学,行业、企业参与学校决策,为学校提供校外实践场地(设备、设施)、提供兼职教师(含实习指导教师)、接纳部分毕业生就业等。 　　查看设备视专业具体情况。	有关设备财务价值清单资料和账册。 　　签订校外实习基地的协议、近三年校外实习计划、实习记录、统计资料。 　　提供主要专业必须完成的实验实习项目表(备查)。
	B₈ 信息化建设(9)	C_{18}建有校园网 　　A. 重视校园网络建设,校园网覆盖全部教学场所和管理科室、部门;接入互联网,网络运转正常;实现与上级主管部门网络沟通、实现学籍电子管理。 　　B. 校园网覆盖大部分教学场所和管理科室、部门;接入互联网,实现与上级主管部门网络沟通与学籍电子管理。	2 1	校园网建成时间、覆盖面、联网情况及网络运行情况。 　　教学用机:计算机配置、数量、生均台数、投入经费(计算机房、多媒体教室、阅览室、专业科、教研组及行政部门的计算机)。 　　学校若有计算机专业,按每班增加5台提高标准。 　　计算机配置:486以上,其中配置新、性能好的分别占50%、40%以上。	查网络系统配置清单,多媒体教室设备清单,有关账册,规章制度,使用记录。

A级	B级	C级指标：评估要点	权重	说　　明	材料
A₂基础条件合理利用与管理 36分	B₈信息化建设（9）	C₁₉教学用计算机、多媒体教室 　A. 计算机达300台以上、多媒体教室3间（农、艺、体：200台，多媒体教室2间）。 　C. 计算机达200台以上、多媒体教室2间（农、艺、体：150台，多媒体教室1间）。	3 1	多媒体教室配置：液晶投影、实物投影、主控台、相关的影像资料、音响设备等。	
		C₂₀信息化水平 　A. 50%的教师能够熟练使用计算机、多媒体或网络资源，并应用于教研与教学。 　B. 40%的教师能够熟练使用计算机、多媒体或网络资源，并应用于教学。	2 1	教师信息化水平：多媒体教室、课件制作室的设施、设备配置；教师制作的课件、多媒体教室使用记录；随机抽查听课；教师运用现代教学技术开展教研活动情况。	查阅课件、统计资料、教师获计算机证资料、教师运用现代教学技术开展教研活动材料。
		C₂₁图书杂志 　A. 图书馆藏书量在6万册以上（农、艺、体4万册），报纸杂志在130种以上；图书借用率高、有电子阅览室、现代化管理程度高。 　B. 图书馆藏书量在5万册以上（农、艺、体3万册），报纸杂志在100种以上；图书借用率较高，有电子阅览室、现代化管理程度较高。	2 1	图书馆藏书：包括印刷图书和电子图书，其中印刷图书为主体。印刷图书指满足借阅条件（登录、编目、上架、能检索）的图书及满足借阅条件的报刊合订本。学生用教材除样本外不计在内。内容更新很快的专业正式印刷的专业小册子按1:1计算在内。 　电子读物按所含册数、部数统计：图书馆应设有可阅读电子读物的电子阅览室及设备，供电子阅览计算机数A级为50台、B级为40台以上。 　图书现代化管理：指图书登录、编目、检索、借阅等全部实现电脑管理。	查图书账册、借阅记录。 　杂志：要有所开设专业的杂志。 　建校不满10年的可适当降低要求。

A 级	B 级	C 级指标:评估要点	权重	说　明	材料
A₂ 基础条件合理利用与管理 36分	B₉ 体育卫生设施 (4)	C₂₂体育场地设施 　　A. 体育教师配备合理，体育场地较充足，体育设施、器材较齐全。规范的250米以上环形跑道（艺200米），体育活动开展好。 　　B. 体育教师配备较合理，有体育场地，有主要体育设施、器材。规范的200米以上环形跑道（艺100米直道），体育活动开展较好。	2 1	环形跑道:要基本符合常规要求,一般不少于4道。非体育类学校有200米塑胶跑道按A级计。 　　体育场地:各种球类场所、开展体育活动的场所及相应的设备设施。 　　体育学校有田径馆、房、廊。体育教师配备较合理,有体育场地,有主要体育设施、器材。	查学校平面图或有关图纸、体育器材账册、运动会秩序表、各种体育活动记录。
		C₂₃卫生设施及饮食安全 　　A. 学校教学、生活、运动设施符合卫生要求,有卫生机构及专职人员,定期为学生体检;食堂条件好,设备设施全,学校长期无食物中毒事故。 　　B. 学校教学、生活、运动设施基本符合卫生要求,有卫生机构及专职人员,定期为学生体检;食堂条件较好,学校近三年内无食物中毒事故。	2 1	卫生机构要求:1. 卫生室使用面积大约40平方米,2. 有必备的常用药物,3. 有专职医务人员(应提供职务证明),4. 开展卫生宣传、督查、服务工作。	查《学校卫生工作条例》、《食堂卫生许可证》、卫生保健人员名单、学生健康档案、食堂卫生设备设施、执行制度检查记录。
A₃ 规范管理与改革创新 36分	B₁₀ 经费来源与使用 (3)	C₂₄经费 　　A. 政府或主管部门重视支持学校发展,按政策规定每年有稳定投入(含专项补助经费),确保教育经费全额返还学校;学校经费筹措渠道多;公用经费占学校教育事业费的35%以上,学校使用经费合理,效益高。 　　C. 学校经费来源渠道较稳定,基本满足办学需要,教育经费部分返还学校,办学条件改善不大。	3 1	经费:指日常与专项经费来源渠道、数量、办学条件改善情况。 　　有专项经费以外的学校近五年经费增长率统计。 　　年度经费来源汇总表:财政拨款、专项经费、学费收入、引入外资、社会捐赠等。 　　学校近五年改善办学条件分类汇总表:时间、项目、金额、使用情况等。	查有关文件、协议、分类统计表、账册。 近三年年度经费表、近五年改善办学条件材料。

406

A 级	B 级	C 级指标:评估要点	权重	说　　明	材料
A₃ 规范管理与改革创新 36 分	B₁₁ 队伍建设 (6)	C_{25}领导班子 A. 校长和教学副校长具有本科以上学历,中级以上职称,且有 3 年以上从事教育教学经历;领导班子结构合理、团结协调好,中层管理队伍结构合理,人员精干。 B. 校长和教学副校长具有本科以上学历,中级以上职称,有从事教育教学经历;领导班子结构较合理、中层管理队伍结构较合理,人员较精干。	2 1	从事教育、教学的经历:包括在学校或在政府机关的教育管理岗位上的经历。 管理队伍建设:包括积极参加全国、全省有关校长、中层干部的培训。 结构合理:主要指年龄、学历、职称、专业。 现任校领导、中层干部一览表(职务、姓名、性别、年龄、学历、毕业学校、专业、参加工作时间、职称、任现职时间、任现职前职务及时间)。 办学特色:表现一所学校(校风、教风、学风)的独特风貌、独特风格,体现独特价值;设置的专业、人才培养的质量适应市场需求,取得突出成绩。 职教界影响:指在同其他同类学校或同类专业中示范作用强,窗口骨干作用突出。	学历证书,有关事迹证明。 要结合学校校园文化、校风校纪、毕业生质量等综合评价。
		C_{26}校长 A. 校长办学理念新,有开拓创新精神,在群众中威望高,学校特色突出,学校的办学经验在全省职教界影响较大。 B. 校长办学理念较新,在群众中威望较高,学校办学有特色,办学经验在本区域职教界内有一定影响作用。	2 1		

A级	B级	C级指标:评估要点	权重	说　　明	材料
A₃ 规范管理与改革创新 36分	B₁₁ 队伍建设 (6)	C₂₇ 师资队伍建设 A. 重视师资队伍建设,积极开展以骨干教师为重点的全员培训;对教师的继续教育,有相关规定、措施;有专业课教师定期参加一线生产实践的制度;开展有特色的校本培训,教师综合素质提高快,师资教学水平和专业带头人水平高。 B. 重视师资队伍建设,对教师的继续教育,有相关规定、措施,有专业课教师定期参加一线生产实践的制度,但成效一般。	2 1	师资队伍建设:学校重视教师观念的转变,重视提高教师的综合素质(职业道德、教师学历、实践能力、教学水平、现代教育技术应用能力等)。 开展教师培训:有长远规划、年度安排,有措施和经费保证。 学校对专业课教师定期参加一线生产实践的应有明确的专业要求(含教师实践记录与成果)。 提供教师参加生产实践单位的有效证明。	查近三年有关规划、规定、师资培训名单、专业带头人情况简介,培训经费开支情况。
	B₁₂ 德育工作 (8)	C₂₈ 德育教学 A. 重视德育课教学,按照教育行政部门要求开设德育课程,突出德育课的针对性、时效性,德育教学渗透于各课教学之中,使职业学校的德育教育充分体现职业内涵和企业文化。 B. 重视德育课教学,按照教育部要求开设德育课程,使职业学校的德育教育能体现职业内涵和企业文化。	2 1	德育课教学要突出针对性、时效性,要坚持对学生进行思想品德教育(爱国主义教育、职业理想、职业道德、职业生涯、创业教育、行为规范教育、心理健康教育和法制教育等)。	查机构、人员名单,有关工作计划、总结、音像资料。

A级	B级	C级指标:评估要点	权重	说　明	材料
A₃ 规范管理与改革创新 36分	B₁₂ 德育工作 (8)	C₂₉德育工作 　A. 认真贯彻"中央八号文件",重视学校德育队伍建设,建立学校德育工作机构,配备相对稳定且热爱学生思想政治工作的人员;学校德育工作制度健全,职责明确;积极开展各种德育活动,坚持对学生进行思想品德教育,成效明显。 　B. 认真贯彻"中央八号文件",重视学校德育队伍建设,建立学校德育工作机构,配备热爱学生思想政治工作的人员;有组织开展各种德育活动的措施,坚持对学生进行思想品德教育活动。	2 1	德育队伍建设:分管德育工作校领导、德育处(政教处)、共青团和学生会、班主任、"生管组"等。 　德育工作制度:学校德育工作计划、定期开展德育研究和总结工作。 　德育设施:升旗台、升旗杆、世界地图墙、中国地图墙、宣传栏、评比栏、时事走廊、校训、名人名话、校园网中有德育窗口。 　德育工作成效:充分发挥德育队伍教书育人作用、发挥社会和联办单位德育功能作用,形成"学校、家庭、社会"齐抓共管的思想政治工作体系和局面;学生精神面貌好(学生身心愉悦、心理健康)。	
		C₃₀校园文化建设 　A. 重视校园文化建设、学校环境优美;德育设施完善;全员育人气氛浓,第二课堂内容多样;校风、校纪和学生精神面貌好,学生无犯罪记录,学校无安全事故。 　B. 育人环境好,第二课堂内容多样、校风、校纪较好,学生无犯罪记录,学校无安全事故。	2 1	第二课堂:指供学生能根据自己兴趣爱好自由选择的各种选修课或各种兴趣小组活动;开设讲座、开展各种艺术体育活动、组织学生参加公益活动等。 　学生无犯罪记录:应提供当地派出所相关证明。	查近三年有关方案、活动安排表、表彰及处分决定、典型事例。

A级	B级	C级指标:评估要点	权重	说　　明	材料
A₃ 规范管理与改革创新 36分	B₁₂ 德育工作 (8)	C₃₁职业指导 　A.重视职业指导和创业教育,工作有规划、有制度、有机构,全员参与职业指导,积极为毕业生提供就业服务,效果显著。 　B.职业指导和就业服务有一定的计划,工作有制度、有机构,能为毕业生提供就业服务,效果一般。	2 1	职业指导:明确任务(教育引导学生树立正确的职业理想和职业观念,全面提高学生职业素质和职业能力;为学生就业、创业提供必要的指导和帮助,使其在适应社会、融入社会的同时得到发展)、主要内容(加强职业意识、职业理想和职业道德教育,提供就业指导和帮助;开展创业教育)、主要途径(充分发挥《职业道德与职业指导》课程的主渠道作用,全面渗透在学校各项教育教学活动中,提供就业咨询服务,组织供需见面会,组织开展创业实践活动)。 　就业服务:要加强教育、扩展渠道、实施帮助。	查近三年的有关计划、机构、教材、总结、音像资料。
	B₁₃ 教学改革 (14)	C₃₂弹性学制 　A.学校重视弹性学制的研讨,在硬件、软件上准备充分,并已开始实践探索、实施学分成效显著。 　C.学校重视弹性学制的研讨,在硬件、软件上有所准备,准备推行学分制。	3 1	实行弹性学制的准备工作: 　1.硬件:与弹性学制相适应的教学资源(设备、场所、师资等)。 　2.软件:更新观念、制订实施性教学计划(建立以社会需求为导向、以岗位综合能力为本位、按能力培养的需要设置课程),完善评价机制、确立自主选课机制、建立工学交替等系列适应弹性学制的方案。 　学分制:实行完全学分制或学年学分制均可。	近三年的有关调研、论证、规划、方案、总结,实施学分制的教学计划。

A级	B级	C级指标:评估要点	权重	说　　明	材料
A₃ 规范管理与改革创新36分	B₁₃ 教学改革(14)	C₃₃专业建设(近三年): A. 大部分专业进行调查、论证,其中有1/2以上专业,进行过2次调查、论证,对教学计划进行慎重的滚动修改,在建新专业和改造老专业上成效显著。 C. 对部分专业进行过调查、论证,并对教学计划进行了调整,在建新专业和改造老专业上有成效。	3 1	专业建设成效:要适应经济结构调整,技术进步和劳动力市场变化;及时调研、论证、调控专业设置,积极发展面向新兴产业、制造业和现代服务业的专业;专业设置要体现本地经济支柱产业,要有地方产业的特色;体现长线短线结合,主干辐射贯通,滚动发展;学历与培训互补,多元结合;宽口径窄口径并存,以宽为主。	查有关调查报告、论证报告、教学计划、新建专业申请报告。
		C₃₄课程体系和内容改革(近三年) A. 重视课程体系和课程内容改革:不断研讨课程综合化、构建教学模块等方式,多数专业建立了新的市场经济和技术进步的课程体系,教学内容改革成效显著,使其适应新的人才培养模式。 C. 较重视课程体系和课程内容改革:开展了课程体系和课程内容改革实践探索,少数专业建立了新的市场经济和技术进步的课程体系;教学内容改革有一定成效。	3 1	课程改革要体现现代职业教育课程的能力观、基础观、过程观,体现现代职业教育课程的研究性、综合性、分层性、开放性、开发性、灵活性等发展趋势,要有校本课程。 新的人才培养模式:培养技能型人才。 这里指的教学方法包括课堂(含实践)教学、教学手段、考核方法三方面。	查有关调研报告,主干专业课程体系和教学内容改革的资料
		C₃₅教学方法改革(近三年) A. 不断进行教学方法、考核方法改革的研讨,有措施,对提高教学质量效果显著。 C. 进行了一定教学方法、考核方法改革,成效一般。	3 1	教学方法改革:要体现由教师中心向学生中心转变、由重共性向重个性转变、由重理论向重实践转变、由重教室向重现场转变。 教学手段:体现因材施教、分层教学。 考核方法改革:体现由选拔考试向达标考试转变、考记住什么向考会做什么转变、由重结果向重过程转变。	查有关文件、活动记录、经验总结、教学录像,近两年主要的教研活动记录

411

A级	B级	C级指标:评估要点	权重	说　　明	材料
A₃ 规范管理与改革创新 36分	B₁₃ 教学改革 (14)	C₃₆教材选用与管理 　A. 重视教材选用与编写,制定并严格执行教材选用规章制度,主要使用国家规划教材,积极组织编写适用的校本教材。 　B. 制定并执行教材选用规章制度,使用经国家或地方审定通过的教材。	2 1	教材管理规范、严格,推荐、选用高质量教材;教材供应渠道正规、及时,保证教育教学规格和质量。 　校本教材必须经市级以上职业教育教学业务部门审定确认后使用。	查有关教材征订资料、各专业各班教材分发清单。
	B₁₄ 管理工作 (8)	C₃₇制度建设与运行机制 　A. 重视管理工作和制度建设,有全面、规范、切实可行的规章制度,机构设置合理,运行机制与市场经济相适应,监督机制健全、有效,管理手段现代化,管理水平高。 　C. 较重视制度建设,有较全面的规章制度,机构设置、运行机制和监督机制比较健全,管理水平较高。	3 1	管理机制改革:引入竞争激励机制,形成科学、合理的用人机制和有效的激励机制,提高管理水平。	查有关文件、规章制度、会议记录、机构设置名单、监督机构运行方案(名单、工作记录、考核记录)。
		C₃₈后勤管理 　A. 积极推行学校后勤管理改革,实行校务公开制度;财务制度健全,按省有关规定收费,不向学生乱收费。 　B. 有推行学校后勤管理改革,实行校务公开制度;财务制度健全,按省有关规定收费,不向学生乱收费。	2 1	后勤管理:后勤管理改革意见(方案)、规章制度、校务公开栏、各项收费规定和收费发票。 　捐资助学的材料。 　学生座谈会了解情况。	查有关文件、资料。

412

A级	B级	C级指标:评估要点	权重	说　　明	材料
A₃ 规范管理与改革创新 36分	B₁₄ 管理工作 (8)	C₃₉教学管理改革(教学文件) A. 教学常规管理规范、严格,并突出创新;重视教研、科研工作;教学计划、教学大纲等教学文件完备齐全,符合教育行政部门要求,教学督导机制切实有效,教风学风正,教学质量高。 C. 教学常规管理较规范、严格,有所创新,有教学计划、教学大纲等教学文件,符合教育行政部门要求注意教研、科研工作,有教学督导机制,教学质量较高。	3 1	教学管理规范:教学计划、教学大纲等教学文件齐全,格式符合要求,内容有新意;教学日历、教学进度表、任课教师表、课程表及排课、调课、实验实训等常规管理制度完善;教学研究工作有计划、有措施、有成果;听课、教学检查等教学督导监控机制健全;学生学习质量、考核成绩管理严格;教师业务档案完备,教师工作量记录准确。 教学质量管理:有教学质量管理组织、工作记录、考试与教学质量监控机制并开展有效工作等。	查教学管理制度、教学计划、教学用表、督导资料、教师业务档案。

福建省教育厅职业教育与成人教育处制定(2005)。

江苏省中等职业学校星级评估标准

一级指标	二级指标	评 估 标 准	
		三星级中等职业学校	四星级中等职业学校
学校总体概况（Ⅰ）	领导班子（Ⅰ-1）	1. 办学思想端正,依法治校,办学行为规范。 2. 学校发展目标明确,思路清晰。 3. 校级领导成员团结协作、开拓创新、求真务实、群众拥护,所学专业与学校办学要求相适应;1/2 以上有高级职称。	具有先进的职业教育理念,熟悉职业教育规律,积极探索创新中国特色职业教育,有一定的研究成果、丰富的实践经验、较强的管理能力。
	校园（Ⅰ-2）	1. 校园布局科学,环境整洁。 2. 校园占地面积不少于 80 亩,建筑总面积不少于 3 万平方米。 3. 校园各项安全措施落实。	校园占地面积不少于 150 亩,建筑面积不少于 5 万平方米。
	校企合作（Ⅰ-3）	1. 积极探索实践多种校企合作办学模式,校企合作办学管理机构落实,管理人员落实,管理制度落实。 2. 学校各专业均有若干个长期、稳定、实质性的行业企业合作伙伴,在学生实习、教师实践、员工培训、共建实训实习基地和技术合作方面发挥较好作用。	产教结合、校企合作成为学校重要的办学模式和特色,校企合作思路明晰,成效明显。
	办学特色与社会声誉（Ⅰ-4）	1. 具有本校特点和风格的校训、校风。 2. 主干专业具有自身的特色。 3. 学校在相关行业和职业界具有较好声誉。	1. 学校整体和主干专业均具有明显特色,在省内外同类学校和专业建设中形成品牌效应。 2. 学校在相关行业和职业界具有较高声誉和影响,发挥示范辐射作用。 3. 创新、创业、创优等工作成效明显。 4. 凝炼具有职教特色和本校特点的学校文化。

一级指标	二级指标	评 估 标 准	
		三星级中等职业学校	四星级中等职业学校
师资队伍（Ⅱ）	专任教师（Ⅱ－1）	1. 教职工与学生比 1∶11，师生比 1∶18—22。 2. 专任教师具有本科及以上学历者达 90% 以上。 3. 专业教师占专任教师 60% 以上，满足技能性、实践性教学要求；"双师型"教师达到专任专业教师的 60% 以上。 4. 专任教师和兼职教师具有良好的师德，素质较高。 5. 专任教师中具有中级以上职称者占 50% 以上。	1. 师生比 1∶16—20。 2. 专任教师学历全部达标，研究生学历（学位）的教师占 5%。 3. "双师型"教师占专任专业教师的 70% 以上。 4. 实践教学指导教师 50% 以上具有国家职业资格二级以上证书或中级以上专业技术职务。 5. 主干专业具有在省级以上职业技能大赛、创新大赛、创意论坛中获奖的教师或团队。 6. 具有若干名在省内外同专业领域有一定影响的专业带头人或若干个在省内外同专业领域有一定影响的教师团队。
	兼职教师（Ⅱ－2）	1. 聘任社会专业技术人员或高技能人才任兼职教师，占专任专业教师的 20%～30%。 2. 兼职教师具有中级及以上专业技术职称，或国家职业资格三级以上证书。	外聘实习指导教师 60% 以上具有国家职业资格二级以上证书。
	培养培训（Ⅱ－3）	1. 具有专门的教师队伍建设及其培养培训规划，每年用于教师培养培训的经费占学校教师工资总额 6% 以上。 2. 每年有 20% 以上专任教师参加各类培训，参加省级以上培训的达 5% 以上。 3. 所有专业课教师每两年到企、事业单位专业实践达 2 个月以上。	1. 具有国家或省的教学名师。 2. 每年有 30% 以上专任教师参加各类培训，参加省级以上培训的达 10% 以上，有教师参加出国培训。 3. 建立名师工作室，有省领军人才培养培训人员。 4. 每年用于教师培养培训的经费占学校教师工资总额 8% 以上。
	教科研（Ⅱ－4）	1. 积极开展教科研活动，具有经常性教科研制度，教师全员参与教科研活动。 2. 近三年 20% 以上教师的职业教育教科研论文在市级以上会议交流并获奖，或在刊物上发表。	1. 近三年 20% 以上教师的职业教育教科研论文在省级以上会议交流并获奖，或在刊物上发表。 2. 有一定数量的教师成为省、市中心教研组成员。

415

一级指标	二级指标	评 估 标 准	
		三星级中等职业学校	四星级中等职业学校
专业与课程（Ⅲ）	专业设置与开发（Ⅲ-1）	紧密围绕经济社会发展需求设置和调整专业，专业开发充分反映行业、企业发展要求和职业岗位变化趋势。	具有能引领行业发展和职业变化的新兴专业。
	专业建设（Ⅲ-2）	1. 建立由行业、企业、职业界人士参加的专业建设指导委员会，在专业建设全过程中充分发挥作用。 2. 专业建设有规划、有目标、有方案、有措施、有特色，明确专业建设标准、人才培养方案和技能要求，专业建设条件保障落实。 3. 主干专业不少于专业总数的1/3，有1/2以上主干专业形成相关专业群，逐步延伸形成专业链。 4. 市级以上示范专业在3个以上，其中至少2个新一轮省级示范专业； 5. 营造较好的专业文化环境。	1. 主干专业及其相关专业群不少于专业总数的1/2，所有主干专业均形成专业群或专业链。 2. 主干专业均成为市级以上示范专业，新一轮省级示范专业在3个以上。 3. 专业文化建设有特色、有影响、有深度，有示范作用。
	课程及改革（Ⅲ-3）	1. 德育课程建设符合国家和省要求，文化课程体现基础性、应用性和发展性。 2. 形成和不断完善以能力为本位的、以职业实践为主线、以项目课程为主体的模块化专业课程体系。 3. 课程内容反映新知识、新技术、新工艺、新方法，开发具有本校特色的选修课程。 4. 理论教学与实践教学有机融合，实践性课程教学时数占50%以上。 5. 实验—实训—实习等实践教学环节统筹安排、协调衔接，有利于提高学生动手能力和操作水平。 6. 积极推进课程改革及相应的教学模式、教学方法、教学手段改革，教学改革取得较好成效；至少有1个省级课改实验点，形成并实施3门以上体现专业特色的项目课程。	1. 形成有机融合、配套完善的理论教学与实践教学体系。 2. 实施5门以上体现专业特色的项目课程。 3. 具有特色明显的校本课程与教材。 4. 教学模式、教学方法和教学手段改革取得有推广价值的重要成果。

一级指标	二级指标	评 估 标 准	
		三星级中等职业学校	四星级中等职业学校
专业与课程（Ⅲ）	技能竞赛（Ⅲ-4）	1. 各专业大类形成并实施经常性、规范性和广泛参与性的师生技能竞赛制度及其管理办法。 2. 参加各级技能竞赛。 3. 学生普遍参加职业技能鉴定。	1. 师生参加技能竞赛,获得省级以上奖项。 2. 师生参加技术创新竞赛,获得省级以上奖项。 3. 建有职业技能鉴定站(所),设有技术创新活动室。
实训实习基地（Ⅳ）	校内实训基地建设（Ⅳ-1）	1. 各专业大类均建有体现专业特点的实训基地;实训基地场地、设施较先进,满足教学计划规定的学生实训要求,实训开出率不低于95%。 2. 实训基地具备学生实训、员工培训、职业技能竞赛、职业技能鉴定等基本功能。 3. 有1个省级以上实训基地。	1. 实训基地设施先进,除具备教学功能外,还具有技术研发、技术服务和生产性功能。 2. 有2个省级以上实训基地。
	校外实训实习基地建设（Ⅳ-2）	1. 所有专业均有对口、稳定、符合学生实习需要的校外实习基地。 2. 学生到校外实习基地实习率达70%以上。	
	经费投入（Ⅳ-3）	学校经费不被违规抽调挪用,对省级以上财政支持项目的配套及时、足额到位。	主管部门对学校经费投入保障到位,根据需要每年都安排专项经费用于实训基地建设。
	实训实习基地管理运行（Ⅳ-4）	1. 实训基地管理维护人员配备到位,管理制度健全。 2. 实训基地布局安排合理,流程设计科学,设施配备齐全,性能先进适用且环保安全,实训工位充足,环境整洁有序。	管理维护人员具有较高的管理维护水平,管理制度完善,具有优美的专业文化环境和职业环境,人才培养和社会服务成效显著。

一级指标	二级指标	评 估 标 准	
		三星级中等职业学校	四星级中等职业学校
设施条件（V）	图书音像资料（V-1）	1. 建有图书馆,纸质图书生均30册,电子图书生均10册;专业图书不低于50%。图书资料借阅实行计算机管理。 2. 有与课程相配套的多媒体音像资料。 3. 阅览室座位不少于学生数的1/12,建有50座位以上的电子阅览室。	1. 馆藏图书10万册,其中专业图书不低于50%。 2. 有100座位以上的电子阅览室。
	仪器设备（V-2）	1. 生均仪器设备值:一产类专业2 500元,二产类专业4 000元,三产类专业3 000元。 2. 设备完好率达90%以上。	生均仪器设备值:一产类专业3 000元,二产类专业5 000元,三产类专业3 500元。
	信息化建设（V-3）	1. 建有覆盖学校主要教育场所的100 M主干校园网,供学生使用的计算机数量不少于1台/8人,供教师使用的计算机数量不少于2台/3人。 2. 建有学校网站。 3. 30%以上教室具有多媒体教学功能。 4. 70%以上教师能运用、制作和开发多媒体课件。	1. 推行电子校务,创建数字化校园,建有计算机网络系统、多媒体教学系统、视频点播系统、校园一卡通系统和校园通信系统。 2. 教师人均一台计算机,并能运用、制作和开发多媒体课件。
	体卫艺食宿设施（V-4）	1. 有田径运动场,4个以上标准篮球场、1个排球场;有符合教学要求的体育设施,体育器材充足。 2. 教学、实训、生活、活动场所卫生设施齐全、方便。 3. 艺术教育设施能满足教学与活动需要。 4. 食堂整洁卫生,设施良好,饭厅座位不少于就餐学生数的50%。 5. 生均宿舍建筑面积不少于4.5平方米。	1. 有多功能学生活动中心。 2. 学生生活设施条件较好,环境优美。

一级指标	二级指标	评 估 标 准	
		三星级中等职业学校	四星级中等职业学校
学校管理（Ⅵ）	学生管理（Ⅵ-1）	贯彻落实《江苏省职业学校学生管理规范》，管理制度健全，实施情况好。	学生管理、教学管理、后勤管理、实习管理规范，成效显著。
	教学管理（Ⅵ-2）	贯彻落实《江苏省职业学校教学管理规范》，本校的教学计划、教学大纲和教材管理、教学行政管理、教学过程管理、教学研究管理、教学质量管理等方面的管理制度健全，实施情况好。	
	后勤管理（Ⅵ-3）	贯彻落实《江苏省职业学校后勤管理规范》，本校的校园管理、资产管理、膳食管理、财务管理、基建工程管理等方面管理制度健全，实施情况好。	
	实习管理（Ⅵ-4）	贯彻落实教育部、财政部《中等职业学校学生实习管理办法》和省、市有关学生实习管理规定，学生实习指导教师和管理人员数量足够、素质较高；实习管理制度健全。	
学生培养（Ⅶ）	全日制在校生人数（Ⅶ-1）	全日制学历教育在校生2 000人以上。	全日制学历教育在校生3 500人以上。
	学生素养教育（Ⅶ-2）	1. 认真贯彻党的教育方针，促进学生全面发展；坚持德育为先，育人为本，德育工作有地位、教学有要求、人员有保证、活动有载体、经费有保障。 2. 学生文明礼仪、职业道德、就业创业、理想信念、遵纪守法和心理健康教育要求明确，措施落实，制度规范，成效明显。 3. 积极开展音体美卫教育，学生社团活动丰富。	1. 学校普遍开展职业生涯教育与指导。 2. 学生职业行为规范。 3. 学生就业率和就业质量高。

一级指标	二级指标	评 估 标 准	
		三星级中等职业学校	四星级中等职业学校
学生培养（Ⅶ）	双证率（Ⅶ-3）	1. 近三年毕业生取得本专业或相关专业国家职业资格4级以上证书或有关行业执业资格证书（无相应国家职业资格证书的专业）达90%以上。 2. 80%的学生顶岗实习前获得相应专业的国家职业资格4级以上证书或执业证书。	1. 近三年毕业生取得本专业或相关专业国家职业资格4级以上证书或有关行业执业资格证书（无相应国家职业资格证书的专业）达95%以上。 2. 10%的毕业生取得本专业及相关专业国家职业资格3级证书或两个以上4级证书。
	"三创"能力（Ⅶ-4）	学生"三创"能力培养有计划、有方案、有活动、有效果。	有校内创业基地，在校学生创业有典型。
社会服务（Ⅷ）	社会培训（Ⅷ-1）	坚持学历教育与培训并重，培训功能不断增强，培训管理规范。	具有本校培训的品牌、特色项目。
	技术服务（Ⅷ-2）	发挥本校专业优势，积极参与企业技术研发、改造和产品生产。	开展产学研合作，承担企业技术研发、改造和产品生产；参加社会主义新农村建设、科教下乡有品牌特色项目。

说明：1. 本评估标准适用于全日制中等职业学校（普通中专、职业中专、职业高中、技工学校）；

2. 二星级学校标准即教育部《中等职业学校设置标准》（教职成〔2001〕8号）；

3. 四星级学校在达到三星级学校标准的基础上评定。

江苏省教育厅制定（2008年）。

江西省省级重点中等职业学校评估指标体系

一级指标	二级指标	三 级 指 标	
1 办学思想与质量效益	1-1 办学思想	1-1-1	指导思想与办学思路
		1-1-2	培养目标与就业导向
		1-1-3	职业指导与就业和创业服务
	1-2 办学规模	1-2-1	学历教育人数
		1-2-2	培训教育人数
	1-3 毕业生质量	1-3-1	就业率与稳定率
		1-3-2	"双证书"率与专业对口率
	1-4 示范作用	1-4-1	骨干作用与教研成果
		1-4-2	示范专业与紧缺人才培养
		1-4-3	学校荣誉与社会声誉
2 基础条件与合理利用	2-1 校园	2-1-1	占地面积与校园布局
		2-1-2	建筑面积与合理利用
	2-2 专任教师	2-2-1	教师数与师生比
		2-2-2	学历与职称结构
		2-2-3	双师素质与教学能力
	2-3 实践教学条件	2-3-1	校内设备及开出率
		2-3-2	校外实习(实训)基地及利用
	2-4 信息化建设	2-4-1	网络建设与利用
		2-4-2	教学用计算机
		2-4-3	多媒体教室
		2-4-4	图书资料与借阅使用
	2-5 体育、卫生	2-5-1	体育设施及体育工作
		2-5-2	卫生设施及饮食安全
	2-6 经费	2-6-1	经费来源与使用

一级指标	二级指标	三 级 指 标
3　规范管理与改革创新	3－1　办学体制改革与创新	3－1－1　工学结合与产教结合
		3－1－2　合作办学
		3－1－3　助学制度
		3－1－4　弹性学制与学分制
	3－2　内部管理体制改革	3－2－1　人事制度改革
		3－2－2　分配制度改革
	3－3　队伍建设	3－3－1　管理队伍建设
		3－3－2　师资队伍建设
	3－4　素质教育	3－4－1　德育工作与德育课
		3－4－2　校园文化与环境育人
		3－4－3　党团组织建设
	3－5　教学改革	3－5－1　专业建设
		3－5－2　课程体系及内容改革
		3－5－3　教学方法与手段改革
		3－5－4　教材建设
		3－5－5　教学质量控制

三级条目编号、名称	1-1-1　指导思想与办学思路

内涵及标准	A. 办学指导思想明确、端正,坚持"以服务为宗旨、以就业为导向"的职业教育办学方针,坚持面社会、面向市场办学,主动做好"四个服务";办学思路清晰,体现"三个转变",落实"四个工程",近期、远期发展规划目标明确、可行。 C. 办学指导思想较明确、端正,能积极做好"四个服务";办学思路较清晰,有近期发展规划。
说明	"四个服务":为我国走新型工业化道路,调整经济结构和转变增长方式服务,为农村劳动力转移服务,为建设社会主义新农村服务,为提高劳动者素质,特别是职业能力服务。 "三个转变":从计划培养向市场驱动转变,从政府直接管理向宏观引导转变,从传统的升学导向向就业导向转变。 "四个工程":国家技能型人才培训工程,国家农村劳动力转移培训工程,农村实用人才培训工程,以提高职业技能为重点的成人继续教育和再就业培训工程。
必备材料	学校近期、远期发展规划,近三年学校工作计划和总结,有关办学的文件和论文。
操作建议	复评时结合学校各项工作总体评价。

三级条目编号、名称	1-1-2　培养目标与就业导向

内涵及标准	A. 培养目标定位准确,岗位指向明确,描述具体,措施落实;认真贯彻"以服务为宗旨、以就业为导向"的方针,正确处理毕业生就业与升学的关系。 C. 培养目标定位准确,岗位指向较明确,描述较具体;较好地贯彻"以服务为宗旨、以就业为导向"的方针。
说明	各主干专业应紧紧围绕培养高素质的劳动者(技能型人才)确定培养目标,针对的岗位群要明确,文字描述要具体。"以服务为宗旨、以就业为导向"要体现在培养目标、教学计划、教学内容、教学方法、职业指导以及处理好毕业生就业与升学的关系等方面。
必备材料	各主干专业教学计划、近三年的课程表、毕业生就业情况一览表(包括姓名、性别、专业、毕业时间、就业时间、第一就业单位及岗位、何时变更何单位何项工作)。
操作建议	复评时要结合毕业生的其他条目评价。

三级条目编号、名称	1-1-3　职业指导与就业和创业服务
内涵及标准	A. 重视职业指导与就业和创业服务,有机构,有制度,有规划,有计划,有专职人员并全员参与,毕业生就业情况公示制度健全,为学生就业和创业服务效果显著。 C. 职业指导与就业和创业服务有机构,有计划,建立了毕业生就业情况公示制度,效果较好。
说明	职业学校教育教学要与生产实践、技术推广、社会服务紧密结合,积极开展订单培养,加强职业指导与就业和创业教育,引导学生树立正确的职业理想和职业观念,提高职业素质和职业能力,健全毕业生就业和创业服务体系,为学生就业和创业提供指导和帮助。
必备材料	近三年的有关规划、计划、制度、机构、教材、总结、音像资料。
操作建议	

三级条目编号、名称	1-2-1　学历教育人数
内涵及标准	学历教育在校生数,三年年平均: A. 达3 000人(艺综:800人;艺单:480人;体:430人)。 C. 达1 500人(艺综:560人;艺单:320人;体:260人)。
说明	学历教育在校生数按最近三年的在读人数计算,其公式是: 学历教育人数 = (2003年在读人数 + 2004年在读人数 + 2005年在读人数) ÷ 3 学历教育,指各级、各类职业教育、成人教育,普通高等教育、普通高中教育、综合高中教育人数不计在内。 括号内:"艺综"指综合性艺术学校;"艺单"指单科艺术学校,包括高等艺术学院的附中;"体"指体育类学校。下同。
必备材料	有关招生计划、新生录取名单、在校生花名册。
操作建议	

三级条目编号、名称	1-2-2 培训教育人数
内涵及标准	培训教育人数,三年年平均: A. 达1 600人(艺:160人;体:160人)。 C. 达800人(艺:80人;体:80人)。
说明	培训人数按最近三年参加培训的人数计算,其公式是: 培训人数 = (2003年培训人数 + 2004年培训人数 + 2005年培训人数) ÷ 3. 全天上课连续满2周的,按在册人数计,即按1:1计。 培训时间不足2周或每天上课不足6学时的,按下列公式折算: 折算人数 = 在册人数 × 总学时 ÷ 6
必备材料	有关招生简章、招生报表、有关培训的文件、培训计划、课程表、学员花名册。
操作建议	复评时抽查培训场地,同部分学员见面。

三级条目编号、名称	1-3-1 就业率与稳定率
内涵及标准	近三年毕业生中: A. 平均就业率达90%,平均就业稳定率达70%。 C. 平均就业率达80%,平均就业稳定率达50%。
说明	就业统计范围的认定标准按省教育厅《关于建立中等职业学校毕业生就业情况公示制度的通知》(赣教职成字〔2005〕67号)规定执行。 考核毕业生近三年的平均就业率,其公式是: 年就业率 = 当年毕业生就业人数 ÷ 当年毕业生总数 平均就业率 = (2003年就业率 + 2004年就业率 + 2005年就业率) ÷ 3 就业稳定率只考核前两年(不考核评估当年)毕业生在第一就业岗位稳定情况,换岗位但没离开该单位,按稳定计,其公式是: 年就业稳定率 = 稳定就业学生数 ÷ 当年已就业人数 平均就业稳定率 = (2004年稳定率 + 2005年稳定率) ÷ 2
必备材料	毕业生就业情况一览表(见1-1-2)、有关说明、证明。
操作建议	复评时随机抽1~2个专业或班级详查。

三级条目编号、名称	1-3-2 "双证书"率与专业对口率
内涵 及 标准	近三届学历教育毕业生中： A. 平均"双证书"率达90%，平均专业对口率达70%。 C. 平均"双证书"率达80%，平均专业对口率达50%。

说明	"双证书"是指学生毕业考试合格后，同时获得学历证书和相应的职业资格证书。计算"双证书"率时，毕业生毕业时取得与所学专业相关、社会或行业认可的某项专业技术(或技能)证书者按有职业资格证书统计。一人取得多个技能证书，也按一个人统计。通用的计算机等级证书、外语等级证书不计在内。
	  专业对口率考核毕业生毕业后两年内专业对口情况，中间换过单位但专业未换者仍按"对口"统计。只考核2003年、2004年两届。
	  当届专业对口率 = 当届专业对口数 ÷ 当届已就业人数
	  平均专业对口率 = (2003届对口率 + 2004届对口率) ÷ 2

必备 材料	毕业生就业情况一览表(见1-1-2)、有关说明、证明。
操作 建议	复评时随机抽1~2个专业详查。

三级条目编号、名称	1-4-1 骨干作用与教研成果
内涵 及 标准	近三年： A. 在全国、全省职教界影响大，骨干作用突出；教(科)研成果多。 C. 在当地职教界影响大，骨干作用突出；教(科)研成果较多。
说明	学校骨干作用可从两方面看：一是在职教类学会、专业研究会、课程组中承担的职务、任务；二是在会议或媒体上推介本校经验(广告类文章、资料不属于经验介绍)。 教(科)研成果：本校专任教师、职工的专著、著作、译著、教材、科研成果、有水平的论文等。
必备 材料	有关任职证书、文件、成果原件。
操作 建议	

三级条目编号、名称	1-4-2 示范专业与紧缺人才培养
内涵 及 标准	近三年内： A. 有全国、省级示范专业，或是省级以上紧缺人才培训基地。 C. 有市级示范专业，或是市级以上紧缺人才培训基地。
说明	示范专业是指教育行政部门正式行文命名的。 紧缺人才培训基地是指由政府或教育行政部门命名的。
必备 材料	有关文件、证书。
操作 建议	复评时对"紧缺人才培训"工作要实地检查。

三级条目编号、名称	1-4-3 学校荣誉与社会声誉
内涵 及 标准	A. 学校声誉好：近三年内获得过省级以上表彰，近五年招生人数逐年大幅度增长。 C. 学校声誉较好：近三年内获得过市级表彰，近五年招生人数逐年增长。
说明	表彰：主要统计政府及有关部、委、厅、局的综合性表彰、奖励。单项表彰、奖励（例如论文评选、演讲比赛、文艺比赛、体育比赛、卫生先进、绿化先进等）不计在内。单位、个人有一项即可。 重点学校、示范学校、示范专业、示范培训基地等不计入表彰、奖励内。
必备 材料	有关文件、证书、奖牌、奖章，招生报名登记表及录取新生简明登记表。
操作 建议	复评时对表彰、奖励文件、证书要核对颁证单位和奖项名称。

三级条目编号、名称	2-1-1　占地面积与校园布局
内涵及标准	A. 学校占地面积达 67 000 米^2(农:93 000 米^2;艺:47 000 米^2;体:60 000 米^2);布局结构合理,利用率高。 C. 学校占地面积达 40 000 米^2(农:67 000 米^2;艺:20 000 米^2;体:33 000 米^2);布局结构较合理,利用率较高。
说明	学校占地面积不包括教工宿舍区等非教学用区域。 "农"指农村学校,即校址位于县级市、县及以下级别政府所在地的学校。下同。 一校两址,合并计算。租用已满一年的,可以计算在内,但本身的占地不得少于15 000 米^2。 校园布局是指各类房舍、场地、绿地的布局情况。若学历在校生生均占地面积不足20 米^2,降一等级标准评定。
必备材料	规划用地图(红线图)、土地证、租赁合同、新征地批文、平面图。
操作建议	复评时对一校两址和租用土地的要实地核查。

三级条目编号、名称	2-1-2　建筑面积与合理利用
内涵及标准	A. 建筑面积达 33 000 米^2(农:28 000 米^2;艺:20 000 米^2;体:20 000 米^2);各类用房搭配比例恰当,利用率高。 C. 建筑面积达 26 000 米^2(农:20 000 米^2;艺:15 000 米^2;体:15 000 米^2);各类用房搭配较好,利用率较高。
说明	建筑面积,不包括教工宿舍等非教学用房。一校两址,合并计算。租用已满一年,可以计算在内,但本身建筑面积不得少于10 000 米^2。 各类用房搭配是指理论教学、实践教学、图书、活动、就餐、办公、宿舍等用房搭配是否合理。若学历在校生生均建筑面积不足15 米^2,降一等级标准评定。
必备材料	建筑物权属证、校园平面图、各类用房建筑面积统计表。
操作建议	同 2-1-1。

三级条目编号、名称	2-2-1 教师数与师生比
内涵及标准	A. 专任教师 80 人（艺：70 人；体：50 人）。师生比在 1：18 到 1：23（艺：1：6 到 1：8；体：1：6 到 1：10）之间。 C. 专任教师 60 人（农：50；艺：50；体：30）。师生比在 1：15 到 1：17 或在 1：24 到 1：29 之间（艺：1：6，或 1：10 左右；体：1：6 或 1：10 左右）。
说明	专任教师：指属于学校编制的，专职从事理论教学和实践教学的人员（含体育学校的教练员），包括专业科长、教育研究室主任、教研组长，不包括校长、书记、教务科长等主要从事行政管理的兼课人员，也不包括校外的兼职教师。 人事制度改革后，正式聘用已 2 年以上的从事专任教师工作的非本校在编人员按专任教师统计。每周兼职以 4～6 节的校领导和教务科长及每周兼课 6 节以上的向社会聘用的工程技术人员、高技能人才可以计入专任教师数。 一般情况下，实习指导教师应控制在专任教师数的 15% 以内。既担任专业课教师又担任实习指导教师的按一头统计。 师生比：指专任教师与学历在校生之比。 专业课教师数低于本校专任教师数的 50%，降一等级标准评定。
必备材料	有关人事档案、合同、专任教师花名册（按基础课教师、专业课教师、实习指导教师顺序统计，内容包括：姓名、性别、年龄、学历、毕业学校、专业、来校时间、职称、任课名称、制作课件水平、有无实践证书等）。
操作建议	判断师生比要根据专业特点、班次多少、学校位置等具体分析。

三级条目编号、名称	2-2-2 学历与职称结构
内涵及标准	A. 理论课教师均达本科（农、艺、体：均达专科，本科占 80% 以上），且有研究生；实习指导教师均达专科。理论课教师高级职称达 20%。 C. 理论课教师均达专科，本科占 80% 以上（农、艺、体：60% 以上）；实习指导教师均达中职以上。理论课教师高级职称达 15%。
说明	理论课教师是指基础课教师和专业课教师。 教师学历以国家承认其学历的院校所颁发的毕业证书为准。 研究生未取得学位者不计。 专任教师具有其他系列高级职称也计在内。双职称只计 1 次。有资格未聘的不计在内。
必备材料	有关毕业证、学位证、职称证、聘书、专任教师花名册（见 2-2-1）。
操作建议	复评时对艺术、体育等特殊专业教师的学历、职称要作具体分析。

三级条目编号、名称	2-2-3　双师素质与教学能力
内涵及标准	A. 专业课教师中具有"双师型"的达50%以上。专任教师中独立制作、运用课件的达50%以上。 C. 专业课教师中具有"双师型"的达35%以上。专任教师中独立制作、运用课件的达35%以上。
说明	教师有和自己所授课程相关的职业资格证、职称证或技能证,按"双师型"教师统计。
必备材料	有关证书、证明、专任教师花名册(见2-2-1)、多媒体课件及登记表。
操作建议	复评时要随机抽查。

三级条目编号、名称	2-3-1　校内设备及开出率
内涵及标准	A. 本校实验、实习(实训)设备、设施先进程度高,工位足,各主干专业开出率均达95%(农:90%)。 C. 本校实验、实习(实训)设备、设施较先进,各主干专业开出率均达85%(农:80%)。
说明	实验、实习(实训)共用的设备按一头统计。 实验考核自开率;实习(实训)考核开出率,即校内、校外开出率合并计算,均以现有专业的教学大纲(或实验、实习大纲)规定的个数为基数计算,其公式是: 实验自开率=校内开出个数÷应开个数 实习(实训)开出率=(校内开出个数+校外开出个数)÷应开个数
必备材料	有关教学计划、教学大纲、实验指导书、实习(实训)大纲、设备账册、设备使用记录及学生实验、实习(实训)报告等资料。
操作建议	复评时实地查看。专业性质决定不做实验或实习(实训)校内无法进行的,不查看校内设备。

三级条目编号、名称	2-3-2 校外实习(实训)基地及利用
内涵及标准	校外实习(实训)基地: A. 设立早,有长期协议,联系密切,设备充足,利用效果好。 C. 有短期协议,每年均能安排实习(实训),设备较充足,效果较好。
说明	
必备材料	实习(实训)基地建设规划、双方协议,近三年校外实习(实训)计划、总结、统计资料和学生实习(实训)报告。
操作建议	复评时视情况抽查。

三级条目编号、名称	2-4-1 网络建设与利用
内涵及标准	A. 重视网络建设和利用,校园网覆盖学校各部门,并实现与国家管理系统网络沟通,在学校发展中起很大作用。 C. 校园网运转正常;虽然覆盖学校各部门但未与国家管理系统网络沟通,或虽未覆盖学校各部门但已与国家管理系统网络沟通。
说明	
必备材料	网络系统配置清单,有关账册、规章制度、使用记录。
操作建议	复评时实地查看。

三级条目编号、名称	2-4-2　教学用计算机

内涵及标准	学校教学用计算机： A. 达 400 台（艺、体、农：200 台）。 C. 达 260 台（艺、体、农：160 台）。
说明	教学用计算机：包括计算机房、多媒体教室、阅览室、专业科、教育研究室、教研组内的计算机及行政管理部门用的计算机。 本校若有计算机类专业，按每班增加 5 台提高标准。 若学历在校生生均计算机不足 0.12 台（艺、体、农不足 0.10 台），降一等级标准评定。
必备材料	有关账册、计算机辅助教学的计划和成果。
操作建议	复评时实地查看，结合设备数量、档次、使用情况具体分析。

三级条目编号、名称	2-4-3　多媒体教室

内涵及标准	学校多媒体教室： A. 有 4 个（农、艺、体：2 个），正常使用。 C. 有 3 个（农、艺、体：1 个），正常使用。
说明	多媒体教室应配有齐全的专用教学设施、设备。
必备材料	多媒体教室设备清单、有关账册、使用记录。
操作建议	复评时实地查看。

三级条目编号、名称	2-4-4　图书资料与借阅使用
内涵及标准	A. 图书馆藏书达6万册（农、艺、体：达5万册）；报刊达100种（农：60种；艺：80种；体：60种）。满足需要，借阅率高，为学校提供文献信息多。管理规范，有电子阅览室，现代化管理程度高。 　C. 图书馆藏书4万册（农、艺、体：达2.6万册）；报刊100种（农：60种；艺：65种；体：50种）。基本满足使用需要，管理有序，借阅率较高。
说明	图书馆藏书包括印刷图书和电子图书，其中印刷图书为主体。印刷图书指满足借阅条件（登录、编目、上架、能检索）的图书和报刊合订本。学生用教材除样本外不计在内。内容更新很快的专业正式印刷的专业小册子按1∶1计算在内。电子读物按所含册数统计。图书馆应设有可阅读电子读物的电子阅览室及设备。 　生均图书少于30册，降一等级标准评定。
必备材料	图书账册、借阅记录。
操作建议	复评时实地查看，对建校不满10年的可适当降低要求。

三级条目编号、名称	2-5-1　体育设施及体育工作
内涵及标准	A. 体育教师配备合理，体育场地充足，有400米环形跑道（艺：300米），各类体育设施、器材齐全，体育活动开展好。 　C. 体育教师配备较合理，有200米环形跑道（艺：100米直道），体育设施、器材较齐全，体育活动开展较好。
说明	环形跑道：要基本符合常规要求，一般不少于4道。非体育类学校有300米塑胶跑道按等级A计。 　体育学校有田径馆、房、廊（长110米，宽10米），非田径专业的跑道不少于200米，即为C等级。
必备材料	学校平面图（见2-1-2）、体育器材账册、运动会秩序册、各种体育活动记录。各类运动场地一览表（表明场地名称、位置、面积）。
操作建议	复评时实地查看，结合《学校体育工作条例》评价。

三级条目编号、名称	2-5-2 卫生设施及饮食安全
内涵及标准	A. 学校教学、生活、运动设施符合卫生要求,有卫生机构及专职人员,食堂条件好,学校长期无食物中毒事故。 C. 学校教学、生活、运动设施基本符合卫生要求,有卫生机构及专职人员,食堂条件较好,学校近三年内无食物中毒事故。
说明	
必备材料	学校卫生保健人员名单、设备明细表、食堂卫生制度及检查记录。
操作建议	复评时实地查看,注意教室、宿舍及活动场所的通风、采光、保暖、安全、防火情况,结合《学校卫生工作条例》具体评价。

三级条目编号、名称	2-6-1 经费来源与使用
内涵及标准	A. 上级主管部门重视、支持,学校改革发展的外部环境好;经费来源渠道多,稳中有升,能充分满足学校办学和发展的需要;学校建设发展快,教学条件好。 C. 上级主管部门重视、支持;学校经费来源渠道稳定,基本满足办学需要;学校办学条件近几年改善较大。
说明	要考核专项经费以外的学校近五年经费增长率。
必备材料	学校近五年分年度经费来源汇总表(包括财政拨款、专项经费、学费收入、引入外资、社会捐赠等),学校近五年用于改善办学条件的经费分类汇总表(包括时间、项目、金额、使用情况等),有关账册、预决算表、协议、文件。
操作建议	复评时要结合学校发展规划具体分析。

三级条目编号、名称	3-1-1 工学结合与产教结合
内涵及标准	A. 学校重视工学结合与产教结合,主干专业都有对应的工学结合与产教结合机构,开展活动早,成效显著。学生最后一年到企业等用人单位顶岗实习或开展了半工半读。 C. 部分专业实行工学结合与产教结合,有成效;顶岗实习已有计划和协议。
说明	产教结合一般指校内,工学结合包括校外、校内。机构包括领导机构和实施机构。 工学结合与产教结合成效,可根据学校和企业的重视程度,学生顶岗生产实习和社会实践的效果,企业对实习学生的安排,学校主干专业教学与科研(生产)结合的情况,专业教师技术支持的情况,实施机构的技术人员、管理人员参与教学的情况,吸引社会上先进技术、技能的情况,为社会创造财富的情况,特别是学生德、智、体、美受益的情况进行综合分析、评价。
必备材料	近三年有关文件、协议、方案、聘书、证件、规章制度、人员名单、工作计划和总结及主要成果资料。
操作建议	虽然主干专业对应工学结合与产教结合机构少,但某一专业工学结合与产教结合很有特色,成效特别显著,可按等级A处理。

三级条目编号、名称	3-1-2 合作办学
内涵及标准	A. 学校积极开展合作办学,行动早,项目多,效果好。 C. 学校已开展合作办学,有协议、有项目,初见成效。
说明	合作办学指城乡之间、区域之间、国(境)内外之间等有中等职业学校参加的合作办学。合作办学可以有多种形式,可互派学生(采用1+2、2+1、1+1+1等形式均可)、互派教师、资源共享,相互支援。 学校要积极进行资源整合和重组,探索规模化、集团化、连锁化办学路子。
必备材料	有关协议、工作记录、学生花名册等。
操作建议	复评时要根据学校专业性质、所处位置具体分析。

435

三级条目编号、名称	3-1-3 助学制度
内涵及标准	A. 建立助学制度早,受助学生多,效果好。 B. 已建立助学制度,受助学生较多,效果较好。
说明	助学制度是指学校组织学生参加勤工俭学或半工半读,安排助学金、奖学金、贷学金和实行学费减免及生活费补贴,资助接受中等职业教育的农村贫困家庭和城镇低收入家庭子女的制度。
必备材料	近三年有关文件、规章制度、费用发放和减免清单等。
操作建议	

三级条目编号、名称	3-1-4 弹性学制与学分制
内涵及标准	A. 学校重视弹性学制的研究,在硬件、软件上准备充分,并已开始探索;推行学分制已有3年,且成效显著。 C. 已试行学分制,有成效。
说明	实行弹性学制、学分制的准备主要有:更新观念、相应的教学文件、有关制度、教学资源补充、课程调整等。 学分制是指在学历教育中使用、实行完全学分制或学年学分制均可。
必备材料	近三年的有关调研、论证、规划、方案、总结。
操作建议	

436

三级条目编号、名称	3-2-1 人事制度改革
内涵 及 标准	校内人事制度改革： A．起步早,成效好。 C．刚起步,有成效。
说明	人事制度改革包括校长负责制和聘任制,目标责任制,教职工全员聘用制和岗位管理制度,吸引人才、稳定人才、合理流动的制度等一系列配套改革。
必备 材料	有关方案、条例、文件、名单、工作记录、考核记录。
操作 建议	

三级条目编号、名称	3-2-2 分配制度改革
内涵 及 标准	校内收入分配制度改革： A．起步早,成效好。 C．刚起步,有成效。
说明	深化内部收入分配改革,将教职工收入与学校发展、所聘岗位及个人贡献挂钩,调动教职工积极性。
必备 材料	有关方案、文件、近三年工资、资金等发放记录。
操作 建议	复评时要结合 3-2-1 条目评价。

三级条目编号、名称	3-3-1 管理队伍建设
内涵及标准	A. 校长、教学副校长具有本科以上学历和高级职称,且在任现职前有3年以上从事教育、教学的经历;学校领导班子有开拓创新精神,在群众中威望高;中层干部队伍人员精干、结构合理,绝大多数具有本科以上学历,开拓进取精神强;制度健全,管理规范。 C. 校长、教学副校长有本科以上学历和高级职称;学校领导班子在群众中威信较高;中层干部队伍结构合理,均有专科以上学历,其中本科以上学历占多数,有开拓进取精神;制度较健全,管理较规范。
说明	从事教育、教学的经历是指包括在学校或在政府机关的教育管理岗位上的经历。 管理队伍建设包括积极参加全国、全省有关校长、中层干部的培训。
必备材料	现任校领导、中层干部一览表(职务、姓名、性别、年龄、学历、毕业学校、专业、参加工作时间、职称、任现职时间、任现职前职务及时间),学历证书,近三年的工作计划与总结、考核情况和教代会评议资料,开拓创新情况及有关事迹证明等。
操作建议	复评时要结合学校发展、校园文化、校风校纪、毕业生质量等综合评价。

三级条目编号、名称	3-3-2 师资队伍建设
内涵及标准	A. 重视师资队伍建设,积极开展以骨干教师为重点的全员培训,有长远规划,有年度安排,有制度,有措施,有经费保证,教师素质提高快,专业带头人水平高。 C. 较重视师资队伍建设,有年度安排,有制度并有一定措施和成效。
说明	师资队伍建设:学校要重视教师观念的转变,重视提高教师的职业道德、学历、实践能力、教学水平、现代教育技术应用能力、综合素质。要开展有校本特色的培训,要建立健全教师到企业实践制度,专业教师每两年必须有两个月到企业或生产服务一线实践,制定和完善兼职教师聘用制度。
必备材料	近三年有关规划、计划、总结、规定、师资培训名单、主干专业带头人简介。
操作建议	复评时要注意有无市级以上教育行政部门或省级以上职教学会表彰的优秀教师或专业带头人。

438

三级条目编号、名称	3-4-1　德育工作与德育课
内涵 及 标准	A. 重视德育工作和德育课教学,建立了德育工作基地,选聘了德育辅导员,注意改进工作方法和教学方法,成效显著。 　　C. 德育工作和德育课教学有改进,选聘了德育辅导员,工作有成效。
说明	要把德育工作放在首位,全面推进素质教育。德育课教学要突出针对性、时效性,要坚持育人为本,突出以诚信、敬业为重点的职业道德教育;要坚持对学生进行爱国主义教育、行为规范教育、心理健康教育和法制教育。
必备 材料	近三年有关文件、教案、音像资料、基地和辅导员名单及开展活动资料。
操作 建议	复评时对 3-4-1、3-4-2、3-4-3 综合考察,评价时各有侧重。

三级条目编号、名称	3-4-2　校园文化与环境育人
内涵 及 标准	A. 重视校园文化建设和安全教育工作;学校环境美,育人气氛浓;第二课堂内容丰富,形式多样;大型文体活动安排得当;开展心理咨询指导工作;校风校纪好,学生无犯罪记录,学校无安全事故。 　　C. 育人环境好;第二课堂和文体活动内容丰富;校风校纪较好;学生无犯罪记录,学校无大的安全事故。
说明	要发挥学校教育、家庭教育和社会教育的作用,为学生健康成长创造良好育人环境。要有组织地开展课内外科技、文化、体育和社会实践活动。
必备 材料	近三年的有关制度、方案、活动安排表、表彰及处分决定、典型事例材料。
操作 建议	同 3-4-1。

三级条目编号、名称	3-4-3 党团组织建设
内涵及标准	A. 学校建有学生党支部,班级建有团支部;党团组织活动多,学生党团员带头作用发挥好。 B. 学校发展了学生党员,班级建有团支部;组织活动正常,学生党团员带头作用发挥较好。
说明	学校要加强党团组织建设,积极发展学生党团员,重视发挥学生党团员带头作用。
必备材料	学生党团组织机构、花名册、活动资料。
操作建议	

三级条目编号、名称	3-5-1 专业建设
内涵及标准	近三年: A. 各专业都进行过调查、论证,其中有 1/2 以上专业进行过 2 次调研,对教学计划进行慎重的滚动修改,在建设新专业和改造老专业上成效显著。 C. 对部分专业进行调查、论证,并对教学计划进行了调整,在建设新专业和改造老专业上有成效。
说明	中职学校要根据市场和社会需要,合理调整专业结构,大力发展面向新兴产业和现代服务业的专业,大力推进精品专业建设,增强专业适应性,骨干专业特色突出。要重视紧缺人才培训和相关的师资队伍建设、实训基地建设。 专业建设要体现:长线和短线结合,以短补长;主干与辐射贯通,滚动发展;学历与培训互补,多元结合;宽口径与窄口径并存,以宽为主。
必备材料	有关调研报告、论证报告、教学计划、新建专业申请报告。
操作建议	复评时要结合 3-5-2 综合分析。

三级条目编号、名称	3-5-2 课程体系及内容改革
内涵及标准	近三年： A. 重视课程体系和课程内容改革，不断研讨，采用课程综合化、构建教学模块等方式，多数专业建立了新的适应市场经济和技术进步的课程体系；教学内容改革成效显著。 C. 较重视课程体系、教学内容改革，有实践，有一定成效。
说明	课程改革要体现现代职业教育课程的能力观、基础观、过程观，体现现代职业教育课程的研究性、综合性、分层性、开放性、开发性、灵活性等发展趋势，要大力推进精品课程建设，要有校本课程。
必备材料	有关调研报告、主干专业课程体系和教学内容改革的资料。
操作建议	复评时要结合3-5-1综合分析。

三级条目编号、名称	3-5-3 教学方法与手段改革
内涵及标准	近三年内： A. 不断进行教学方法、考核方法与手段改革研讨，有措施，对提高教学质量效果显著。 C. 进行了一定的教学方法、考核方法改革，有一定成效。
说明	这里指的教学方法与手段包括课堂（含实践）教学方法、考核方法、教学手段三方面。 教学方法改革，要体现由教师中心向学生中心转变，由重共性向重个性转变，由重理论向重实践转变，由重教室向重现场转变。考核方法改革要体现由选拔考试向达标考试转变，由考记住什么向考会做什么转变，由重结果向重过程转变。要积极推广多媒体教学，加强职业教育信息化建设，推进现代教育技术在教育教学中的应用。
必备材料	有关文件、活动记录、经验总结、教学录像、近三年主要的教研活动记录。
操作建议	复评时结合3-5-2综合分析。

三级条目编号、名称	3-5-4 教材建设
内涵及标准	A. 重视教材选用与编写,有机构,有制度;主要使用国家规划教材;有校本教材。 C. 制定并执行教材选用规章制度,使用经国家或地方审定通过的教材。
说明	教材管理规范、严格,选用高质量教材,供应渠道正规、及时,保证教育教学规格和质量。不用盗版教材。
必备材料	近三年教材预订单存底、各专业各班教材分发清单。
操作建议	

三级条目编号、名称	3-5-5 教学质量控制
内涵及标准	A. 教学管理规章制度严谨,执行严格,有专门机构,工作规范,有监控体系,观念新,方案好,措施得力,手段先进,注意总结、推广本校经验,成效显著。 C. 教学管理规章制度健全,有专门工作机构,有监控体系,注重教学质量控制,执行认真,效果较好。
说明	要逐步建立有别于普通教育的,具有职业教育特点的人才培养、选拔与评价的标准和制度。
必备材料	有关方案、标准、制度、记录、计划、总结。
操作建议	

江西省教育厅制定(2006年)。

辽宁省中等职业学校选优评估指标体系

编 制 说 明

本《指标体系》以教育部职业教育与成人教育司 2003 年印发的《国家级重点中等职业学校条件》和辽教发〔2003〕108 号文件中的《省级示范中等职业学校条件》为依据,按照导向性、整体性、客观性、可测性和简易性原则,选取最能反映中等职业学校办学水平和特色的主要项目并结合我省实际情况编制而成,既有基础条件的要求,又有改革创新和质量效益方面的内容,是一个比较完整的指标体系。本《指标体系》供我省 2007 年推荐"国家级重点中等职业学校"(备选)评估认定使用。

本《指标体系》设有三个一级指标,编号为:1,2,3;设有 15 个二级指标,编号为 1 - 1,1 - 2……3 - 5;设有 39 个三级指标,编号为 1 - 1 - 1,1 - 1 - 2, 1 - 2 - 1……3 - 5 - 5。

在 39 个三级指标中,有定量指标、定性指标和定量定性结合的指标。每个三级指标设 A、B、C、D、E 五个等级,测评时,以百分制作定量计算,以描述及定等制(分 A、B、C、D、E 五个等级)作定性评价。二者在百分制中互相沟通,即在百分制中将 100 分分成五段对应定等制中的五个等级;在定等制中以五个等级每段分数的中值作定值置换,使定性评价条目实现百分制计分。所有条目皆以百分制计分表达其水平。

$90 \leqslant A \leqslant 100, 80 \leqslant B < 90, 70 \leqslant C < 80, 60 \leqslant D < 70, 0 \leqslant E < 60$。

各等级中值分为:

A——95,B——85,C——75,D——65,E——30。

《指标体系》的第三级指标为实测指标。具体计算方法,有定量、定性、定量与定性结合三种:

1. 定量计算方法:这类指标一般都有各自的定量计分评等标准。首先要根据内涵要求计算其客观量即测量值 K,再以 K 值与测量评等标准对照定等,然后按线性插入法计算条目得分 X(根据得分定条目等级)。计算公式如下:

$$X = X_{下} + \frac{K - K_{下}}{K_{上} - K_{下}}(X_{上} - X_{下}) ;或 X = X_{上} - \frac{K_{上} - K}{K_{上} - K_{下}}(X_{上} - X_{下})$$

其中,$K_{下} \leqslant K < K_{上}$ (见下图)

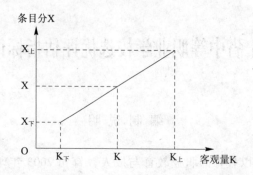

2. 定性计算方法：这类指标一般都有各自的定性描述要求。首先要根据定性描述的实际情况对照测量评等标准评定其等级,再以该等的中值分计条目得分(根据得分定条目等级)。

3. 定量与定性结合计算方法：这类指标既有定量标准的内涵又有定性标准的内涵。计算时分别用上述两种方法计算出各自的分值,再用算术平均或加权平均计算条目得分(根据得分定条目等级)。

辽宁省中等职业学校选优评估指标体系总表

一级指标	二级指标	三级指标	三级指标满分分值
1 办学方向与质量效益 (24)	1-1 办学方向 (4)	1-1-1 指导思想与办学思路	2.0
		1-1-2 培养目标与就业导向	2.0
	1-2 办学规模 (7)	1-2-1 学历教育人数	4.0
		1-2-2 培训教育人数	3.0
	1-3 毕业生质量 (6)	1-3-1 就业率与稳定率	3.0
		1-3-2 "双证书"率与专业对口率	3.0
	1-4 示范作用 (7)	1-4-1 骨干作用与教研成果	3.0
		1-4-2 示范专业与紧缺人才培养	2.0
		1-4-3 学校荣誉与社会声誉	2.0

一级指标	二级指标	三级指标		三级指标满分分值
2 基础条件 (40)	2-1 校园(10)	2-1-1	占地面积与校园布局	4.0
		2-1-2	建筑面积与合理利用	6.0
	2-2 专任教师 (6)	2-2-1	教师数与师生比	1.5
		2-2-2	学历与职称	3.0
		2-2-3	实践能力与信息化水平	1.5
	2-3 实验、实训 (10)	2-3-1	校内设备及开出率	8.0
		2-3-2	校外实习(实训)基地及利用	2.0
	2-4 信息化建设(8)	2-4-1	网络建设与利用	3.0
		2-4-2	教学用计算机	2.0
		2-4-3	多媒体教室	1.0
		2-4-4	图书资料及借阅使用	2.0
	2-5 体育卫生 (3)	2-5-1	体育设施及体育工作	1.5
		2-5-2	卫生设施及饮食安全	1.5
	2-6 经费(3)	2-6-1	经费来源与使用	3.0
3 规范管理与改革创新 (36)	3-1 办学模式 (7)	3-1-1	校企联合办学	2.0
		3-1-2	城乡联合办学	2.0
		3-1-3	产教结合	2.0
		3-1-4	弹性学制与学分制	1.0
	3-2 办学机制 (4)	3-2-1	内部激励机制	2.0
		3-2-2	与国外合作办学	2.0
	3-3 队伍建设 (6)	3-3-1	管理队伍建设	3.0
		3-3-2	师资队伍建设	3.0
	3-4 德育工作 (6)	3-4-1	德育工作与德育课	2.0
		3-4-2	校园文化与安全教育	2.0
		3-4-3	职业指导与就业服务	2.0
	3-5 教学改革 (13)	3-5-1	专业建设	2.0
		3-5-2	课程体系及内容改革	2.0
		3-5-3	教学方法改革	2.0
		3-5-4	教材选用与管理	2.0
		3-5-5	教学质量监控	5.0
总　计				100

注:各条目分值即为权重。

三级条目编号名称	1-1-1 指导思想与办学思路	分值:2.0
内涵及 标准	内涵: ① 办学指导思想明确、端正,主动做好"四个服务",有成效; ② 办学思路清晰,体现"三个转变"、落实"二个工程",近期、远期发展规划目标明确、可行,有成效。 标准: A:指导思想端正、效果特别显著;B:指导思想端正、效果显著; C:指导思想较端正、效果好;D:指导思想基本端正、效果较好;E:一般。	
评等计分 方法	$90 \leqslant A \leqslant 100, 80 \leqslant B < 90, 70 \leqslant C < 80, 60 \leqslant D < 70, 0 \leqslant E < 60$。 根据内涵标准要求定等取中值分。	
说 明	职业学校在办学指导思想上,努力实践"三个代表"重要思想,坚决贯彻党的教育方针,全面实施素质教育。 四个服务:为经济结构调整和技术进步服务,为促进就业和再就业服务,为农业、农村、农民服务,为推进西部大开发服务。 三个转变:要转变办学思想、办学模式和办学机制。 二个工程:实训基地建设和师资队伍建设。	
必备材料	近三年学校有关的文件、调研报告;学校近期、长远发展规划、改革方案,工作计划和总结等。	
备用材料		
操作建议	参照相关条目和整体情况综合评价。	

三级条目编号名称	1-1-2 培养目标与就业导向	分值:2.0
内涵及 标准	内涵: ① 培养目标定位准确,岗位指向明确,描述具体,措施落实,有成效; ② 认真贯彻"以服务为宗旨,以就业为导向"的方针,正确处理就业和升学的关系,起到示范作用。 标准:A:效果、示范作用特别突出;B:效果、示范作用突出; C:效果、示范作用较突出;D:效果较好、有一定的示范作用;E:一般。	
评等计分 方法	$90 \leqslant A \leqslant 100, 80 \leqslant B < 90, 70 \leqslant C < 80, 60 \leqslant D < 70, 0 \leqslant E < 60$。 根据内涵标准分别定等取中值分,然后再综合平均。	
说 明	各主干专业应紧紧围绕培养高素质的劳动者(技能型人才)确定培养目标,针对的岗位群要明确,文字描述要具体。"以服务为宗旨,以就业为导向"要体现在培养目标、教学计划、教学内容、教学方法、职业指导以及处理好毕业生就业与升学的关系等方面,绝不能瞄准升学去制订专业的培养目标和教学计划。	
必备材料	各专业指导性教学计划(方案)及实施性教学计划、专业调研论证报告等。	
备用材料	近三年学校的课程总表、教学计划实施过程记录等资料。	
操作建议	结合毕业生和教学改革等有关条目评价。	

三级条目编号名称	1-2-1　学历教育人数	分值:4.0
内涵及标准	学历教育在校人数,年平均人数(K): 　A. K≥3 200 人(艺综:1 000 人;艺单:600 人;体:540 人); 　B. K≥2 600 人(艺综:850 人;艺单:500 人;体:450 人); 　C. K≥2 000 人(艺综:700 人;艺单:400 人;体:360 人); 　D. K≥1 280 人(艺综:550 人;艺单:300 人;体:270 人); 　E. K<1 280 人(艺综:550 人;艺单:300 人;体:270 人)。	
测量评等标准	A:3 200≤K<4 000;B:2 600≤K<3 200;C:2 000≤K<2 600;D:1 280≤K<2 000;E:720≤K<1 280。	
评等计分方法	90≤A≤100,80≤B<90,70≤C<80,60≤D<70,0≤E<60。 以 K 值,用线性插入法计算条目分。	
说明	查最近三年在读的年平均人数。 学历教育,指各级、各类全日制职业教育、成人教育。 括号内:艺,指艺术类学校,其中,艺综,指综合性艺术学校;艺单,指单科艺术学校(包括附中);体,指体育类学校。下同。	
必备材料	有关招生计划、新生录取名册、在校学生花名册,附表 1-2。	
备用材料	学籍档案材料。	
操作建议		

三级条目编号名称	1-2-2　培训教育人数	分值:3.0
内涵及标准	培训教育人数,年平均人数(K): 　A. K≥2 000 人(艺:200 人;体:200 人); 　B. K≥1 600 人(艺:160 人;体:160 人); 　C. K≥1 000 人(艺:120 人;体:120 人); 　D. K≥800 人(艺:80 人;体:80 人); 　E. K<800 人(艺:80 人;体:80 人)。	
测量评等标准	A:2 000≤K<2 400;B:1 600≤K<2 000;C:1 000≤K<1 600;D:800≤K<1 200;E:0≤K<800。	
评等计分方法	90≤A≤100,80≤B<90,70≤C<80,60≤D<70,0≤E<60。 以 K 值,用线性插入法计算条目分。	
说明	查最近三年的在读人数。全天上课满 2 周的按在册人数计,即(在校就读的各个层次、各种形式的业余班、长训班、短训班的在册人数)按 1:1 计。培训时间不足 2 周或每天不足 6 学时的,按每 6 学时计 1 天、每 10 天计 2 周(即 60 学时)折算,公式是:折算人数 = 在册人数 × 总课时 ÷ 60。	
必备材料	有关招生简章、招生报表、培训计划及执行记录、课程表、学员花名册,附表 1-2。	
备用材料		
操作建议		

三级条目编号名称	1－3－1　就业率与稳定率	分值:3.0
内涵及标准	内涵①:近三年毕业生中当年平均就业率(K_1)(X_1): A:$K_1 \geqslant 90\%$;B:$K_1 \geqslant 80\%$;C:$K_1 \geqslant 70\%$;D:$K_1 \geqslant 60\%$;E:$K_1 < 60\%$。 内涵②:近两年毕业生中平均就业稳定率(K_2)(X_2): A:$K_2 \geqslant 70\%$;B:$K_2 \geqslant 60\%$;C:$K_2 \geqslant 50\%$;D:$K_2 \geqslant 40\%$;E:$K_2 < 40\%$。	
测量评等标准	A:$90\% \leqslant K_1 < 100\%$;$70\% \leqslant K_2 < 100\%$;B:$80\% \leqslant K_1 < 90\%$;$60\% \leqslant K_2 < 70\%$; C:$70\% \leqslant K_1 < 80\%$;$50\% \leqslant K_2 < 60\%$;D:$60\% \leqslant K_1 < 70\%$;$40\% \leqslant K_2 < 50\%$; E:$40 \leqslant K_1 < 60\%$;$20\% \leqslant K_2 < 40\%$。	
评等计分方法	$90 \leqslant A \leqslant 100,80 \leqslant B < 90,70 \leqslant C < 80,60 \leqslant D < 70,0 \leqslant E < 60$。 X_1、X_2 分别以 K_1、K_2 值,用线性插入法计算;条目分 $X = 0.6X_1 + 0.4X_2$。	
说明	内涵①:就业,不论是学校推荐还是自谋职业,凡是有相对稳定的工作岗位和经济收入的即为就业。中职学校毕业生升入与所学专业对口高等院校(或专业)的可计入就业率(艺术、体育专业除外)。 内涵②:就业稳定,是指毕业生一年内未离开第一就业岗位(或单位)。只统计前两年(不含评估当年)。	
必备材料	近三年毕业生花名册、毕业去向证明资料、统计资料,附表1－3。	
备用材料		
操作建议		

三级条目编号名称	1－3－2　"双证书"率与专业对口率	分值:3.0
内涵及标准	内涵①:近三年毕业生中平均取得"双证书"比例(K_1)(X_1): A:$K_1 \geqslant 95\%$;B:$K_1 \geqslant 90\%$;C:$K_1 \geqslant 80\%$;D:$K_1 \geqslant 70\%$;E:$K_1 < 70\%$。 内涵②:近两年毕业生中平均专业对口率(K_2)(X_2): A:$K_2 \geqslant 60\%$;B:$K_2 \geqslant 55\%$;C:$K_2 \geqslant 50\%$;D:$K_2 \geqslant 45\%$;E:$K_2 < 45\%$。	
测量评等标准	A:$95\% \leqslant K_1 < 100\%$;$60\% \leqslant K_2 < 100\%$;B:$90\% \leqslant K_1 < 95\%$;$55\% \leqslant K_2 < 60\%$; C:$80\% \leqslant K_1 < 90\%$;$50\% \leqslant K_2 < 55\%$;D:$70\% \leqslant K_1 < 80\%$;$45\% \leqslant K_2 < 50\%$; E:$50\% \leqslant K_1 < 70\%$;$35\% \leqslant K_2 < 45\%$。	
评等计分方法	$90 \leqslant A \leqslant 100,80 \leqslant B < 90,70 \leqslant C < 80,60 \leqslant D < 70,0 \leqslant E < 60$。 X_1、X_2 分别以 K_1、K_2 值,用线性插入法计算;条目分 $X = 0.6X_1 + 0.4X_2$。	
说明	"双证书":是指毕业生毕业同时又取得与所学专业相关、社会或行业认可的某项专业技术(或技能)证书。一人取得多个技能证书,也按一个统计。通用的计算机等级证书、外语等级证书不计在内。 专业对口,是指毕业生从事与所学专业对口的工作。只统计前两年(不含评估当年)。	
必备材料	有关颁发证书的批件、证明和统计资料,附表1－3。	
备用材料		
操作建议		

三级条目编号名称		1－4－1　骨干作用与教研成果	分值:3.0
内涵及标准		内涵: ① 在全国、全省骨干作用突出,提供经验多,有影响力; ② 教(科)研成果多,有成效。 标准: A:骨干作用和影响力、效果特别突出;B:骨干作用和影响力、效果突出; C:骨干作用和影响力、效果较突出;D:有骨干作用和影响力、效果好; E:一般。	
评等计分方法		90≤A≤100,80≤B<90,70≤C<80,60≤D<70,0≤E<60。 根据内涵标准要求分别定等取中值分,然后再综合平均。	
说明		内涵①:从两方面评价:一是在省级以上职教类学会、专业研究会、课程组等机构中承担的任务、职务及发挥作用的情况;二是在相关业务工作的公开场合或媒体上推介的经验(广告类文章、资料不属于经验介绍)等情况; 内涵②:教(科)研成果是指本校专任教师、职工的专著、著作、译著、教材、教科研成果及有水平的论文等。	
必备材料		近三年来有关任职证书、文件、资料;有关成果原件等,附表1－4－1。	
备用材料			
操作建议			

三级条目编号名称		1－4－2　示范专业与紧缺人才培养	分值:2.0
内涵及标准		内涵: 近三年内学校有市级以上示范专业(点),或是市级以上紧缺人才培训基地,并取得成效。 标准: A. 国家、省级以上,成效显著;B. 省级或市级以上,成效显著; C. 市级以上,成效好;D. 市级以上,成效较好;E. 无。	
评等计分方法		90≤A≤100,80≤B<90,70≤C<80,60≤D<70,0≤E<60。 根据内涵标准要求定等取中值分。	
说明		示范专业(点),是指教育行政部门正式行文命名的; 紧缺人才培训基地,是指政府或教育行政部门命名的; 成效,是要通过对学校示范专业建设及紧缺人才培训基地的实绩进行评价认定。	
必备材料		有关文件、证书和示范专业(点)建设及紧缺人才培训基地的实绩材料、说明等,附表1－4－2。	
备用材料			
操作建议			

三级条目编号名称	1-4-3　学校荣誉与社会声誉	分值:2.0

内涵及标准	内涵:近三年学校声誉好: ① 获得过市级以上表彰; ② 每年招生报名人数超过招生计划数。 标准:A:获得过国家级表彰,2 倍以上;B:获得过省级以上表彰,1.5 倍以上, C:获得过市级以上表彰,超过招生计划数; D:获得过市级表彰,达到招生计划数;E:不达标。
评等计分方法	$90 \leqslant A \leqslant 100, 80 \leqslant B < 90, 70 \leqslant C < 80, 60 \leqslant D < 70, 0 \leqslant E < 60$。 根据内涵标准要求分别定等取中值分,然后再综合平均。
说明	表彰,主要统计政府(或同级教育行政部门)的综合性表彰。中央其他各部委、各省级厅局表彰的降等计算。综合表彰包括单位和个人。 重点学校、示范学校、示范专业、示范培训基地等不属于统计范围。
必备材料	近三年来有关文件、证书、奖牌、奖章等原件,有关招生报名表、录取新生简明登记表、相关证明材料等,附表 1-4-3。
备用材料	
操作建议	

三级条目编号名称	2-1-1　占地面积与校园布局	分值:4.0

内涵及标准	内涵①:以学校实际使用的土地面积(K)为评价标准(X_1)。 A. $K \geqslant 67\,000$ 米^2(农:93 000 米^2;艺:47 000 米^2;体:60 000 米^2); B. $K \geqslant 53\,000$ 米^2(农:80 000 米^2;艺:33 000 米^2;体:47 000 米^2); C. $K \geqslant 40\,000$ 米^2(农:67 000 米^2;艺:20 000 米^2;体:33 000 米^2); D. $K \geqslant 27\,000$ 米^2(农:54 000 米^2;艺:10 000 米^2;体:23 000 米^2); E. $K < 27\,000$ 米^2(农:54 000 米^2;艺:10 000 米^2;体:23 000 米^2)。 内涵②:校园布局结构合理、利用率高,效果好(X_2)。 标准:A. 效果特别好;B. 效果好;C. 效果较好;D. 有一定效果;E. 一般。
测量评等标准	内涵①:A:67 000 米$^2 \leqslant K < 80\,000$ 米^2;B:53 000 米$^2 \leqslant K < 67\,000$ 米^2; C:40 000 米$^2 \leqslant K < 53\,000$ 米^2;D:27 000 米$^2 \leqslant K < 40\,000$ 米^2; E:0 $\leqslant K < 27\,000$ 米^2。
评等计分方法	$90 \leqslant A \leqslant 100, 80 \leqslant B < 90, 70 \leqslant C < 80, 60 \leqslant D < 70, 0 \leqslant E < 60$。 X_1,以 K 值用线性插入法计算;X_2,定等取中值分,条目分 $X = 0.8X_1 + 0.2X_2$。
说明	学校占地面积不包括教工宿舍区等非教学用地。括号内:农,指农村学校,即校址位于县级市、县及以下级别政府所在地的学校。下同。对一校两址、租用土地的,要根据租赁协议和实际使用情况进行认定。一般租用已满三年的,可以统计在内,但学校占地不得少于 20 000 米^2,否则该条目为 E 等; 校园布局包括各类房舍、场地、绿地的分布情况,安全情况。
必备材料	土地证、校园平面图、有关的租赁合同,新征地批文等。
备用材料	
操作建议	

三级条目编号名称	2-1-2　建筑面积与合理利用	分值:6.0
内涵及 标准	内涵①:以学校实际使用的建筑面积(K)为评价标准(X_1)。 A. K≥50 000 米^2(农:45 000 米^2;艺:40 000 米^2;体:40 000 米^2); B. K≥40 000 米^2(农:35 000 米^2;艺:30 000 米^2;体:30 000 米^2); C. K≥30 000 米^2(农:25 000 米^2;艺:20 000 米^2;体:20 000 米^2); D. K≥25 000 米^2(农:20 000 米^2;艺:15 000 米^2;体:15 000 米^2); E. K<25 000 米^2(农:20 000 米^2;艺:15 000 米^2;体:15 000 米^2)。 内涵②:各类用房搭配比例恰当,利用率高,效果好(X_2)。 标准:A. 效果特别好;B. 效果好;C. 效果较好;D. 有一定效果;E. 一般。	
测量评等 标准	内涵①:A:50 000 米^2≤K<60 000 米^2;B:40 000 米^2≤K<50 000 米^2; C:30 000 米^2≤K<40 000 米^2;D:25 000 米^2≤K<30 000 米^2; E:0≤K<25 000 米^2。	
评等计分 方法	90≤A≤100,80≤B<90,70≤C<80,60≤D<70,0≤E<60。 X_1,以 K 值用线性插入法计算;X_2,定等取中值分,条目分 $X=0.8X_1+0.2X_2$。	
说明	学校建筑面积不包括教工宿舍区等非教学用房,其他同 2-1-1。已开工的在建项目,有批准文件,有资金来源的,可计入总面积。对一校两址、租用校舍的,要根据租赁协议和实际使用情况进行认定。一般租用已满三年的,可以统计在内,但学校产权的建筑面积不得少于 10 000 米^2,否则该条目为 E 等; 　各类用房搭配,是指理论教学、实践教学、实验、图书、活动、就餐、办公、宿舍等用房搭配是否合理;生均建筑面积是否科学。 　艺术类学校应有相应的画室、琴房、排练厅等;体育类学校应有相应的训练场馆。	
必备材料	建筑物权属证、平面图,各类用房建筑面积统计表,附表 2-1-2。	
备用材料		
操作建议		

三级条目编号名称	2-2-1　教师数与师生比	分值:1.5
内涵及 标准	以专任教师人数(K)为评价标准(X_1)。若师生比不在1:16~1:20(艺:1:7~1:9;体:1:7~1:9;专门音乐学校:1:5 左右)范围内的,则降等取中值分: A. K≥120 人(艺:95 人;体:75 人);B. K≥100 人(艺:80 人;体:60 人); C. K≥80 人(艺:70 人;体:50 人);D. K≥60 人(艺:50 人;体:40 人); E. K<60 人(艺:50 人;体:40 人)。	
测量评等 标准	A:120 人≤K<160 人;B:100 人≤K<120 人;C:80 人≤K<100 人; D:60 人≤K<80 人;E:30≤K<60 人。	
评等计分 方法	90≤A≤100,80≤B<90,70≤C<80,60≤D<70,0≤E<60。 以 K 值,用线性插入法计算条目分	
说明	专任教师,指属于学校编制的,专职从事理论教学或实践教学的人员(含体育学校的教练员);不包括校内主要从事行政管理的兼课人员和校外的兼职教师;人事制度改革后,正式聘用满 2 年以上的从事专任教师工作的非本校在编人员可按专任教师统计,但统计此类专任教师累计不得超过学校专任教师总数的 30%,余者不再统计之列。一般情况下,实习指导教师应控制在专任教师数的 15% 以内。理论课教师与实习指导教师不能重复统计。 　师生比,是指专任教师与学历教育在校生数之比。要结合学校特点具体分析和评价。	
必备材料	有关人事档案、合同、专任教师花名册,附表 2-2。	
备用材料	教师业务档案、教学任务分配表、教学任务书、课程表、教师日志等。	
操作建议		

三级条目编号名称	2-2-2 学历与职称	分值:3.0

内涵及标准	内涵①:以理论课教师本科学历所占比例(K_1)为评价标准(X_1)。 A. 均本科以上(农、艺、体:均达专科,本科占90%以上),研究生占一定比例; B. 均专科以上,本科占95%以上(农、艺、体:85%以上),研究生占一定比例; C. 均专科以上,本科占90%以上(农、艺:80%以上),且有研究生; D. 均专科以上,本科占80%以上(农、艺:70%以上),且有研究生; E. 本科占80%以下(农、艺:60%以下)。 内涵②:以实习指导教师专科或中专学历所占比例(K_2)为评价标准(X_2)。 A. 均专科学历以上;B. 均中专学历以上,专科占50%以上; C. 均中专学历以上;D. 中专占80%以上;E. 中专占80%以下。 内涵③:以理论课教师高级职称所占比例(K_3)为评价标准(X_3)。 A. 30%以上;B. 25%以上;C. 20%;D. 15%以上;E. 15%以下。
测量评等标准	A:$K_1 = 100\%$;$K_2 = 100\%$;$30\% \leqslant K_3 < 50\%$;B:$95\% \leqslant K_1 < 100\%$;$50\% \leqslant K_2 < 100\%$;$25\% \leqslant K_3 < 30\%$;C:$90\% \leqslant K_1 < 95\%$;$K_{2中} = 100\%$;$20\% \leqslant K_3 < 25\%$;D:$80\% \leqslant K_1 < 90\%$;$80\% \leqslant K_{2中} < 100\%$;$15\% \leqslant K_3 < 20\%$;E:$50\% \leqslant K_1 < 80\%$;$50\% \leqslant K_{2中} < 80\%$;$5\% \leqslant K_3 < 15\%$。
评等计分方法	$90 \leqslant A \leqslant 100, 80 \leqslant B < 90, 70 \leqslant C < 80, 60 \leqslant D < 70, 0 \leqslant E < 60$。 以 K_1、K_2、K_3 值,用线性插入法分别计算 X_1、X_2、X_3,条目分 $X = 0.6X_1 + 0.2X_2 + 0.2X_3$。
说明	理论课教师,是指基础课教师和专业课教师。既从事理论课教学又从事实习指导的教师,不能重复统计;此条目只统计属于学校编制的专任教师;学历以国家承认其学历的院校所颁发的毕业证书为准。研究生需有毕业证书或学位证书。 专任教师具有其他系列高级职称的也可统计在内。双职称的只统计一次。有资格未聘的不计在内。
必备材料	专任教师毕业证书、学位证书、职称证、聘书,附表2-2。
备用材料	专任教师花名册。上级批准职称的文件,教师业务档案。
操作建议	

三级条目编号名称	2-2-3 实践能力与信息化水平	分值:1.5

内涵及标准	以专业理论课教师中"双师型"教师所占比例(K_1)和专任课教师中独立制作、运用课件教师所占比例(K_2)为评价标准: A. K_1、$K_2 \geqslant 60\%$;B. K_1、$K_2 \geqslant 50\%$;C. K_1、$K_2 \geqslant 40\%$;D. K_1、$K_2 \geqslant 30\%$; E. K_1、$K_2 \geqslant 20\%$。
测量评等标准	A:K_1、$K_2 \geqslant 60\%$;B:$50\% \leqslant K_1$、$K_2 < 60\%$;C:$40\% \leqslant K_1$、$K_2 < 50\%$;D:$30\% \leqslant K_1$、$K_2 < 40\%$;E:$20\% \leqslant K_1$、$K_2 < 30\%$。
评等计分方法	$90 \leqslant A \leqslant 100, 80 \leqslant B < 90, 70 \leqslant C < 80, 60 \leqslant D < 70, 0 \leqslant E < 60$。 分别以 K_1、K_2 值,用插入法计算 X_1、X_2;条目得分 $X = 0.7X_1 + 0.3X_2$。
说明	此条目只统计属学校编制的专任教师;教师有和自己所授课程相关的职业资格、专业技术(或技能)证书,按双师型教师统计。
必备材料	有关资格证书、专业技术(或技能)证书,制作、运用课件情况统计表,附表2-2。
备用材料	专任教师花名册、上级批准职称的文件,教师业务档案。
操作建议	

三级条目编号名称	2－3－1　校内设备及开出率	分值:8.0

内涵及标准	内涵:① 实验、实习(实训)设备、设施先进;管理水平高;数量与办学规模相适应,工位足:(X_1)。 A:三项均突出;B:三项较突出;C:二项较突出;D:一项较突出;E:一般。 ② 实验自开率(K_2):(X_2)。 A:$K_2 = 100\%$(农:$K_2 \geqslant 98\%$);B:$K_2 \geqslant 98\%$(农:$K_2 \geqslant 95\%$);C:$K_2 \geqslant 95\%$(农:$K_2 \geqslant 90\%$);D:$K_2 \geqslant 90\%$(农:$K_2 \geqslant 85\%$);E:$K_2 < 90\%$(农:$K_2 < 85\%$)。 ③ 实习(实训)开出率(K_3):(X_3)。 A:$K_3 = 100\%$;B:$K_3 \geqslant 98\%$;C:$K_3 \geqslant 95\%$;D:$K_3 \geqslant 90\%$;E:$K_3 < 90\%$。
测量评等标准	① A:三项均突出;B:三项较突出;C:二项较突出;D:一项较突出;E:一般。 ② A:$K_2 = 100\%$;B:$98\% \leqslant K_2 < 100\%$;C:$95\% \leqslant K_2 < 98\%$;D:$90\% \leqslant K_2 < 95\%$;E:$75\% \leqslant K_2 < 90\%$。 ③ A:$K_3 = 100\%$;B:$98\% \leqslant K_3 < 100\%$;C:$95\% \leqslant K_3 < 98\%$;D:$90\% \leqslant K_3 < 95\%$;E:$75\% \leqslant K_3 < 90\%$。
评等计分方法	$90 \leqslant A \leqslant 100, 80 \leqslant B < 90, 70 \leqslant C < 80, 60 \leqslant D < 70, 0 \leqslant E < 60$。 X_1,定等取中值分;X_2,、X_3线性插入法,条目分 $X = 0.2X_1 + 0.4X_2 + 0.4X_3$。
说明	1. 自开率均以现有专业的教学大纲为依据计算;实习(实训)开出率,即校内、校外开出合并计算。均以现有专业的教学大纲、实习大纲规定的个数为依据计算。 2. 实验自开率以课程为个体统计,再群体组合平均计算,即 $$K_2 = \frac{各门课程实际自开率之和}{应开实验课程门数之和}$$ 3. 实习开出率以专业为个体统计,再群体组合平均计算,即 $$K_3 = \frac{各专业实习开出率之和}{专业个数}$$ 4. 无考核规范及标准或考核不严的,本条目降等取上限分。
必备材料	教学计划、教学大纲、实习计划、实习大纲、实习指导书、实验实习考核制度、考核规范及标准、实际实验、实习开出项目统计汇总表、实验教学进程表(计划表)、有关设备账册等,附表 2－3－1。
备用材料	实验指导书、实验报告、实验成绩单、实验教学情况记录表(或实验室日记)、实习报告(总结)、实习成绩单、校外实习的有关证明。
操作建议	实地查看。结合教学改革、教学管理相关条目评价。

三级条目编号名称	2-3-2 校外实习(实训)基地及利用	分值:2.0

内涵及 标准	内涵: 　　有稳定的、满足实习(实训)大纲要求的校外实习(实训)基地;设立早,有长期协议,合作密切,设备充足,利用效果好。 标准: 　　A:效果特别突出;B:效果突出;C:效果较突出;D:有一定效果;E:一般。
评等计分 方法	$90 \leqslant A \leqslant 100, 80 \leqslant B < 90, 70 \leqslant C < 80, 60 \leqslant D < 70, 0 \leqslant E < 60$。 根据内涵标准要求定等取中值分。
说明	1. 校外实习(实训)基地的生产经营业务应与学校开设的主干专业对口,且每年都接纳学生的实习(教学实习、生产实习、毕业综合实习及半工半读、产教结合等); 　　2. 若校外实习(实训)基地一年内未接纳学生实习的,则本条目降等取中值分。
必备材料	学校实习(实训)基地建设规划,双方协议,近三年校外实习(实训)计划、总结、执行情况记录及说明材料、统计资料;附表2-3-2。
备用材料	
操作建议	

三级条目编号名称	2-4-1 网络建设与利用	分值:3.0

内涵及 标准	内涵:学校建立了校园网,并实现与国家管理系统网络沟通。 ① 学校重视网络建设和利用,校园网络系统配置先进程度高,覆盖面广; ② 在学校发展、教育教学及管理中发挥作用,效果好。 标准: A. 先进,全覆盖,效果特别突出;B. 较先进,全覆盖,效果突出; C. 较先进,覆盖主要部分,效果较突出;D. 覆盖主要部分,有一定效果; E. 尚未建立校园网。
评等计分 方法	$90 \leqslant A \leqslant 100, 80 \leqslant B < 90, 70 \leqslant C < 80, 60 \leqslant D < 70, 0 \leqslant E < 60$。 根据内涵标准分别定等取中值分,然后再综合平均。
说明	全覆盖,是指全校所有管理科室(部门)及教研组和教师办公室。
必备材料	网络系统配置清单,有关账册、规章制度、运行记录、使用效果说明,附表2-4-1。
备用材料	
操作建议	实地查看。

三级条目编号名称	2-4-2 教学用计算机	分值:2.0
内涵及标准	以学校教学用计算机数量(K)为评价标准,若生均台数少于0.20台,则本条目降等取中值分。 A. K≥500台(农、艺、体:300台)。 B. K≥400台(农、艺、体:240台)。 C. K≥300台(农、艺、体:150台)。 D. K≥200台(农、艺、体:100台)。 E. K<200台(农、艺、体:100台)。	
测量评等标准	A:500台≤K<600台;B:400台≤K<500台;C:300台≤K<400台; D:200台≤K<300台;E:0≤K<200台。	
评等计分方法	90≤A≤100,80≤B<90,70≤C<80,60≤D<70,0≤E<60。 以K值,用线性插入法计算条目分。	
说明	教学用计算机包括教师使用及用于办公和管理的计算机。 学校若有计算机类专业,按每10人增加1台计算机提高标准计算。	
必备材料	有关账册、计算机设备统计表、设备使用及运行情况的原始资料,计算机辅助教学的计划和成果,附表2-4-2。	
备用材料		
操作建议	实地查看。	

三级条目编号名称	2-4-3 多媒体教室	分值:1.0
内涵及标准	以学校拥有多媒体教室数量为评价标准,若生均座位数少于0.08个,则本条目降等取中值分。 A. 有4个(农、艺、体:3个),正常使用; B. 有3个(农、艺、体:2个),正常使用; C. 有2个(农、艺、体:1个),正常使用; D. 有1个,正常使用;E. 无。	
评等计分方法	90≤A≤100,80≤B<90,70≤C<80,60≤D<70,0≤E<60。 根据内涵标准要求定等取中值分。	
说明	多媒体教室应配有齐全的专用设施、设备,主要包括专用的电脑、多媒体投影仪、多媒体资料播放器(实物视频展台)、VCD(放像机)、音响等设备;不能正常使用的多媒体教室不统计。	
必备材料	多媒体教室设备清单、有关账册、使用计划、运行记录,附表2-4-3。	
操作建议	实地查看。	

三级条目编号名称	2 - 4 - 4　图书资料及借阅使用	分值:2.0
内涵及 标准	学校重视图书资料建设,满足教学需要,借阅率高,管理规范。 　　以学校图书馆藏书总量(K)为评价标准。若生均图书册数少于30的,则降等取中值分;若报刊种类不达标的,则取等下限分。 　　A. K≥10万册(农、艺、体:K≥6万册);报刊达150种(农:80种;艺:100种;体:80种),为学校教学和研究提供切实有效的文献信息;现代化管理程度高; 　　B. K≥8万册(农、艺、体:K≥5万册);报刊达120种(农:70种;艺:90种;体:70种),能为学校教学和研究提供文献信息;采用现代化管理手段; 　　C. K≥6万册(农、艺、体:K≥4万册);报刊达100种(农:60种;艺:80种;体:60种),为学校提供一定的文献信息;有现代化管理手段; 　　D. K≥5万册(农、艺、体:K≥3万册);报刊达80种(农:50种;艺:70种;体:50种); 　　E. K<5万册(农、艺、体:K<3万册);报刊达80种(农:50种;艺:70种;体:50种)。	
测量评等 标准	A:10万册≤K<12万册;B:8万册≤K<10万册;C:6万册≤K<8万册; D:5万册≤K<6万册;E:0≤K<5万册。	
评等计分 方法	$90≤A≤100,80≤B<90,70≤C<80,60≤D<70,0≤E<60$。 以K值,用线性插入法计算条目分。	
说明	图书馆藏书包括印刷图书和电子图书,其中电子图书折算总数不超过藏书总量的30%。印刷图书指满足借阅条件(登录、编目、上架、能检索)的图书及满足借阅条件的报刊合订本。学生用教材除样书外不计在内。电子读物按1种(册、部)计1册书统计。学校应设有可阅读电子读物的电子阅览室及设备,电子阅览室接入因特网的,每台可上网的计算机折算300册书。	
必备材料	图书藏量表、图书账册(流水账、分类账、注销账)、借阅记录,附表2-4-5。	
备用材料		
操作建议	实地查看。	

三级条目编号名称	2 - 5 - 1　体育设施及体育工作	分值:1.5
内涵及 标准	内涵: ① 体育场地充足,有200米环形跑道(艺:100米),体育设施、器材较齐全; 标准:A. 400米环形跑道(艺:300米);B. 300米环形跑道(艺:200米)。 C. 200米环形跑道(4道以上)(艺:100米直跑道);D. 200米环形跑道(3道)。 E. 不足200米环形跑道。 ② 体育教师配备合理,体育活动开展好,有成效。 标准:A:成效特别突出;B:成效很突出;C:成效突出;D:成效较突出;E:一般。	
评等计分 方法	$90≤A≤100,80≤B<90,70≤C<80,60≤D<70,0≤E<60$。 根据内涵标准分别定等取中值分,然后加权平均。条目分 $X=0.8X_1+0.2X_2$。	
说明	D等以上均在达到《学校体育工作条例》基本要求的基础上进行评价。 　　环行跑道要符合常规要求,一般不少于4道。非体育类学校有塑胶跑道的按上浮一档计分。	
必备材料	学校平面图、体育器材账册,体育教师花名册、近三年校运动会秩序册、各种体育活动计划、方案、记录、总结等,附表2-5-1。	
备用材料		
操作建议	实地查看。	

三级条目编号名称	2-5-2　卫生设施及饮食安全	分值:1.5
内涵及标准	内涵: ① 学校教学、生活、运动设施符合卫生要求,食堂条件好,近三年无食物中毒事故; ② 卫生保健机构健全,有专职工作人员,卫生工作有成效。 标准:A:二项特别突出;B:二项突出;C:二项较突出;D:一项突出;E:一般。	
评等计分方法	$90 \leqslant A \leqslant 100,80 \leqslant B < 90,70 \leqslant C < 80,60 \leqslant D < 70,0 \leqslant E < 60$。 根据内涵标准等取中值分。	
说明	D 等以上均在达到《学校卫生工作条例》基本要求的基础上进行评价。 设施符合卫生要求,是指教室、宿舍及活动场所的通风、采光、保暖、安全、防火等方面符合《学校卫生工作条例》基本要求。	
必备材料	卫生保健人员名单、设备明细表、食堂卫生制度及检查记录、卫生保健工作总结,相关说明、证明材料等。	
备用材料		
操作建议	实地查看。	

三级条目编号名称	2-6-1　经费来源与使用	分值:3.0
内涵及标准	内涵: ① 上级主管部门重视、支持,学校改革发展的外部环境较好; ② 经费来源渠道多,稳中有升,能够满足学校办学和发展的需要; ③ 学校建设发展快,教学条件好,经费支出合理,教学投入有保障。 标准: A:三项特别突出;B:三项突出;C:三项较突出;D:二项突出;E:一般。	
评等计分方法	$90 \leqslant A \leqslant 100,80 \leqslant B < 90,70 \leqslant C < 80,60 \leqslant D < 70,0 \leqslant E < 60$。 根据内涵标准定等取中值分。	
说明	自我发展能力是指学校的生产经营、技术开发、社会服务、办学等方面的收入。	
必备材料	近三年学校分年度经费来源汇总表(包括财政拨款、专项经费、学费收入、引入外资、社会捐赠等),近五年改善办学条件分类汇总表,年终决算报表、有关账册、文件、协议等,附表 2-6。	
备用材料	有关账册。	
操作建议		

三级条目编号名称	3-1-1　校企联合办学	分值:2.0
内涵及标准	内涵: 学校与行业、企业(用人单位)联合办学早,有协议,有"订单式"培养,有从该单位长期聘用(相对稳定)的有实践经验的教师,有成效。 标准: A:成效特别突出;B:成效突出;C:成效较突出;D:有一定成效;E:一般。	
评等计分方法	$90 \leqslant A \leqslant 100, 80 \leqslant B < 90, 70 \leqslant C < 80, 60 \leqslant D < 70, 0 \leqslant E < 60$。 根据内涵标准要求定等取中值分。	
说明	行业、企业,是指和学校培养目标、开设专业相关的生产、经营、设计、管理、服务、演出等接受毕业生的单位; 联合办学,是指双方共建、双赢,可采取董事会、连锁式、集团式等形式,对方参与学校决策,为学校提供实践场所或是校外实训基地,提供一定数量的兼职教师,接纳一定数量的毕业生,委托学校"订单式"培养或培训。	
必备材料	近三年有关协议、文件、方案、总结、聘书及合作企业用人名单、委托名单,合作协议执行情况、联合办学的成果材料等。	
备用材料		
操作建议		

三级条目编号名称	3-1-2　城乡联合办学	分值:2.0
内涵及标准	内涵: 学校积极开展与农村(或城市)、西部(或东部)联合办学,行动早,有成效。 标准: A:成效特别突出;B:成效突出;C:成效较突出;D:有一定成效;E:一般。	
评等计分方法	$90 \leqslant A \leqslant 100, 80 \leqslant B < 90, 70 \leqslant C < 80, 60 \leqslant D < 70, 0 \leqslant E < 60$。 根据内涵标准要求定等取中值分。	
说明	城乡联合或东西部联合有一方面即可。 联合,是指合作双方可互派学生、合作办班(采取1+2、2+1、1+1+1等形式)、互派教师、重点支持。	
必备材料	有关协议、函件、工作记录、互派学生及教师名单、联合办学成效等资料。	
备用材料		
操作建议		

458

三级条目编号名称	3-1-3　产教结合	分值:2.0
内涵及标准	内涵: 学校重视产教结合,认识正确,主干专业都有对应的产教结合机构,有成效。 标准: A:成效特别突出;B:成效突出;C:成效较突出;D:有一定成效;E:一般。	
评等计分方法	90≤A≤100,80≤B<90,70≤C<80,60≤D<70,0≤E<60。 根据内涵标准要求定等取中值分。	
说明	产教结合,一般指校内的;产教结合机构包括领导机构和实施机构; 产教结合成效,可根据学校主干专业教学与科研(生产)结合的情况,专业教师技术服务、支持的情况,产教结合实施机构的技术人员、管理人员参与教学的情况,吸引社会上先进技术、技能的情况,为社会创造财富的情况,特别是学生德、智、体、美受益的情况等综合分析、评价。	
必备材料	近三年的有关文件、证件、规章制度、人员名单、工作总结、有关成效资料等。	
备用材料	账册、典型事例。	
操作建议		

三级条目编号名称	3-1-4　弹性学制与学分制	分值:1.0
内涵及标准	内涵: ① 学校重视弹性学制的探索,调研论证及硬件、软件上准备充分,实验早,有成效; ② 学校重视学分制的研究和实践,准备充分,实行早,有成效。 标准: A:成效特别显著;B:成效显著;C:成效较显著;D:有一定成效;E:一般。	
评等计分方法	90≤A≤100,80≤B<90,70≤C<80,60≤D<70,0≤E<60。 根据内涵标准要求分别定等取中值分,然后再综合平均。	
说明	实行弹性学制、学分制的准备主要包括:更新观念、相应的教学文件、有关制度、教学资源补充、课程调整等。 学分制,指在学历教育中推行,实行完全学分制和学年学分制均可。 实行早,是指一般应在三年以上。	
必备材料	近三年的有关调研论证报告、规划、方案、总结及相应的成果资料等。	
备用材料		
操作建议		

三级条目编号名称	3-2-1 内部激励机制	分值:2.0

内涵及标准	内涵: 学校重视人事制度、分配制度改革,方案完善、制度健全、考核评价体系配套,起步早,有成效。 标准: A:成效特别显著;B:成效显著;C:成效较显著;D:有一定成效;E:一般。
评等计分方法	$90 \leqslant A \leqslant 100,80 \leqslant B < 90,70 \leqslant C < 80,60 \leqslant D < 70,0 \leqslant E < 60$。 根据内涵标准要求定等取中值分。
说明	人事、分配制度改革,包括校长负责制、目标责任制、全员聘任制、工资及分配制度、考评制度、奖惩制度等一系列配套改革。
必备材料	有关的方案、执行情况记录、工作记录、考核记录、奖惩记录、总结等。
备用材料	近一年工资、奖金发放记录等。
操作建议	

三级条目编号名称	3-2-2 与国外合作办学	分值:2.0

内涵及标准	内涵: 学校积极与国外合作办学,起步早,有协议,有较多教师或学生交流,有成效。 标准: A:成效特别突出;B:成效突出;C:成效较突出;D:有一定成效;E:一般。
评等计分方法	$90 \leqslant A \leqslant 100,80 \leqslant B < 90,70 \leqslant C < 80,60 \leqslant D < 70,0 \leqslant E < 60$。 根据内涵标准要求定等取中值分。
说明	与国外合作办学,主要目的是利用国外优质教育资源;引进或吸收国外先进的职业教育经验;为学生开辟新的渠道,参与国际劳动力市场竞争;使职业教育与国际接轨,不断提升学校的办学水平。
必备材料	有关协议、方案、函件、记录、总结、互派学生及教师名单、合作办学成效等资料。
操作建议	

三级条目编号名称	3-3-1　管理队伍建设	分值:3.0
内涵及标准	校长、教学副校长具有本科以上学历,高级职称。 ① 校长、教学副校长在任现职前有3年以上从事教育、教学经历(X_1)。 A:均8年以上;B:均5年以上;C:均3年以上;D:均2年以上;E:不足2年。 ② 学校领导班子、团结协作、开拓创新,在群众中威望较高(X_2)。 A:威望特别高;B:威望很高;C:威望高;D:威望较高;E:一般。 ③ 学校重视干部队伍建设,中层干部队伍人员精干、结构合理,素质较高,业绩较突出(X_3)。 A:特别突出;B:突出;C:较突出;D:业绩较好;E:一般。	
评等计分方法	$90 \leq A \leq 100, 80 \leq B < 90, 70 \leq C < 80, 60 \leq D < 70, 0 \leq E < 60$。 根据内涵标准要求分别定等取中值分,然后再加权平均。 条目得分 $X = 0.3X_1 + 0.4X_2 + 0.3X_3$。	
说明	从事教育教学经历,包括在学校和在政府机关的教育管理岗位上的经历。从政府机关的教育管理岗位上调入学校不满五年的,可不查职称;校长、教学副校长学历、职称不达标的内涵① 定为E等(若属于35岁以下的,有中级职称,则视为职称达标)。 管理队伍建设,包括学校建立了干部选拔、培养、竞争和聘用及考核等长效机制,积极参加全国、全省有关校长、中层干部的培训。	
必备材料	现任校领导、中层干部花名册、学历证书、职称聘任证书、上级主管部门对学校领导班子的考核材料、中层干部培养、考核等材料,有关业绩、成果等资料,附表3-3-1。	
备用材料		
操作建议	结合学校校园文化、校风校纪、毕业生质量、学校发展等情况,并实地查看,综合评价。	

三级条目编号名称	3-3-2　师资队伍建设	分值:3.0
内涵及标准	内涵: ① 学校重视师资队伍建设,积极开展以骨干教师为重点的全员培训,有长远规划和年度安排,有措施,有成效; ② 教师培训有经费保证,有成效; ③ 教师综合素质提高快,专业带头人水平高,有成效; ④ 考核激励机制健全完善,执行严格,有成效。 标准: A:特别突出;B:突出;C:较突出;D:成效较好;E:一般。	
评等计分方法	$90 \leq A \leq 100, 80 \leq B < 90, 70 \leq C < 80, 60 \leq D < 70, 0 \leq E < 60$。 根据内涵标准要求分别定等取中值分,然后再综合平均。	
说明	师资队伍建设:学校建立了教师队伍建设的长效机制,重视教师观念的转变,坚持对教师进行继续教育,重视提高教师的职业道德、学历、实践能力、教学水平、现代教育技术应用能力、综合素质,开展有校本特色的培训,注重专业带头人的培养。并形成了完善的考核激励机制。	
必备材料	近三年有关规划、规定、师资培训计划及执行情况说明材料,师资培训名单、专业带头人情况简介。教师考核制度及反映成效的材料,附表3-3-2。	
备用材料		
操作建议		

三级条目编号名称	3-4-1 德育工作与德育课	分值:2.0
内涵及标准	内涵: ① 重视德育工作,不断创新德育方法和形式,形成了完善的德育工作机制,有成效; ② 重视德育课教学,教学方法有创新,教学质量高,有成效; ③ 学籍管理规范、制度健全,管理手段现代化,学生管理教育及班主任工作有效。 标准:A:效果特别显著;B:效果显著;C:效果较显著;D:效果较好;E:一般。	
评等计分方法	$90 \leqslant A \leqslant 100, 80 \leqslant B < 90, 70 \leqslant C < 80, 60 \leqslant D < 70, 0 \leqslant E < 60$。 根据内涵标准要求分别定等取中值分,然后再综合平均。	
说明	完善的德育工作机制,是指学校形成了"全员、全程、全方位"育人机制。 德育课教学要突出针对性、时效性,要坚持对学生进行爱国主义教育、职业道德和行为规范教育、心理健康教育和法制教育。	
必备材料	近三年有关文件、音像资料、工作及活动计划和总结、组织机构及人员名单、表彰激励先进及学生教育的有关资料;德育课改革成果材料;学生管理与考核制度、执行检查记录、学生学籍管理文件及有关资料。附表3-4-1。	
备用材料	德育课授课计划、教案等,班主任工作纪实材料。	
操作建议	对本条目及3-3-2、3-3-3各条目要综合考虑,评价时各有侧重。	

三级条目编号名称	3-4-2 校园文化与安全教育	分值:2.0
内涵及标准	内涵: ① 重视校园文化建设,学校环境美,育人气氛浓; ② 第二课堂内容丰富,形式多样; ③ 大型艺术、体育活动安排适当; ④ 校风、校纪好,学生无犯罪记录; ⑤ 学校重视安全教育工作,无安全责任事故发生。 标准: A:效果特别显著;B:效果显著;C:效果较显著;D:效果较好;E:一般。	
评等计分方法	$90 \leqslant A \leqslant 100, 80 \leqslant B < 90, 70 \leqslant C < 80, 60 \leqslant D < 70, 0 \leqslant E < 60$。 根据内涵标准要求分别定等取中值分,然后再综合平均。	
说明	校园文化建设应有总体规划(方案),应有利于学生综合素质提高和学生个性发展。 校园安全工作建立了相应的保障制度和机制。	
必备材料	近三年有关校园文化建设规划、活动方案、活动安排表及开展情况统计表、表彰及处分决定、有关各类活动成效的说明材料。学校安全保障制度、检查记录、安全教育、活动等记录。	
备用材料	典型事例、第二课堂活动的原始材料。	
操作建议	实地观察,综合分析。	

三级条目编号名称	3-4-3　职业指导与就业服务	分值:2.0
内涵及标准	内涵: 重视职业指导和就业服务,有机构,有制度,有规划,形成了完善的全员参与职业指导、就业服务的工作体系和工作机制,并建立了相对稳定的就业基地,有成效。 标准: A:成效特别显著;B:成效显著;C:成效较显著;D:有一定成效;E:一般。	
评等计分方法	$90 \leqslant A \leqslant 100, 80 \leqslant B < 90, 70 \leqslant C < 80, 60 \leqslant D < 70, 0 \leqslant E < 60$。 根据内涵标准要求定等取中值分。	
说明	职业指导的主要任务:教育引导学生树立正确的职业理想和职业观念,全面提高学生职业素质和职业能力;为学生就业、创业和升学提供必要的指导和帮助,使其在适应社会、融入社会的同时得到发展。主要内容:加强职业意识、职业理想和职业道德教育;提供就业指导和援助;开展创业教育。主要途径:充分发挥《职业道德与职业指导》课程的主渠道作用,全面渗透在学校各项教育教学活动中。 就业服务的主要任务:提供就业咨询服务,组织供需见面会,组织开展创业实践活动。就业服务要加强教育、扩展渠道、实施帮助。	
必备材料	近三年的有关计划、机构、教材、总结、音像资料、就业服务的相关材料。	
备用材料		
操作建议		

三级条目编号名称	3-5-1　专业建设	分值:2.0
内涵及标准	内涵:近三年内, ① 各专业都进行过调查、论证,调研次数多、范围广,有成效; ② 定期通过调查、论证,对教学计划进行慎重的滚动修改,在建设新专业和改造老专业上有成效。 标准:A:成效特别显著;B:成效显著;C:成效较显著;D:有一定成效;E:一般。	
评等计分方法	$90 \leqslant A \leqslant 100, 80 \leqslant B < 90, 70 \leqslant C < 80, 60 \leqslant D < 70, 0 \leqslant E < 60$。 根据内涵标准要求分别定等取中值分,然后再综合平均。	
说明	中职学校要适应经济结构调整、技术进步和劳动力市场变化,及时调整专业设置,积极发展面向新兴产业、制造业和现代服务业的专业,增强专业适应性,骨干专业特色突出。要重视紧缺人才培训和相关的师资队伍建设、实训基地建设。 专业建设要体现:长线和短线结合,以短补长;主干与辐射贯通,滚动发展;学历与培训互补,多元结合;宽口径与窄口径并存,以宽为主。	
必备材料	有关调查报告、论证报告、教学计划、新建专业批准文件及有关专业建设成果材料。	
备用材料		
操作建议	从整体指导思想、实施效果上,并结合3-5-2进行综合分析和评价。	

三级条目编号名称	3-5-2 课程体系及内容改革	分值:2.0
内涵及标准	内涵:近三年内: ① 课程体系改革:不断创新,采用课程综合化、构建教学模块(教学项目)等方式,建立了新的适应市场经济和技术进步以及适合于学生全面素质提高和个性发展的课程体系,有成效。 ② 教学内容改革:不断开发新课程(或校本课程),教学内容及时反映新知识、新技术、新工艺和新方法,注重岗位核心能力的培养,有成效。 标准:A:成效特别显著;B:成效显著;C:成效较显著;D:有一定成效;E:一般。	
评等计分方法	$90 \leqslant A \leqslant 100,80 \leqslant B < 90,70 \leqslant C < 80,60 \leqslant D < 70,0 \leqslant E < 60$。 根据内涵标准要求分别定等取中值分,然后再综合平均。	
说明	课程改革要体现现代职业教育课程的能力观、基础观、过程观,体现现代职业教育的研究性、综合性、分层性、开放性、开发性、灵活性等发展趋势,要有校本课程。	
必备材料	有关调研报告、教学计划、主干专业课程体系和教学内容改革的资料。	
备用材料		
操作建议	从整体指导思想、实施效果上,并结合3-5-1进行综合分析和评价。	

三级条目编号名称	3-5-3 教学方法改革	分值:2.0
内涵及标准	内涵:近三年内不断进行教学方法、考核方法、教学手段改革的研讨和实践,有措施、有创新,在提高教学质量上,有成效。 标准: A:成效特别显著;B:成效显著;C:成效较显著;D:有一定成效;E:一般。	
评等计分方法	$90 \leqslant A \leqslant 100,80 \leqslant B < 90,70 \leqslant C < 80,60 \leqslant D < 70,0 \leqslant E < 60$。 根据内涵标准要求定等取中值分。	
说明	教学方法,这里包括课堂(实践)教学、教学手段、考核方法三方面内容。 教学方法改革,要体现由教师中心向学生中心转变,由重共性向重个性转变,由重理论向重实践转变,由重教室向重现场转变。考核方法改革,要体现由选拔考试向达标考试转变,由考记住什么向考会做什么转变,由重结果向重过程转变。 教学方法改革要有组织、有指导地进行,要重点突出、目标明确、思路清晰。	
必备材料	有关文件、活动记录、经验总结、教学录像、近两年主要的教研活动记录、教学方法改革成果材料。	
备用材料		
操作建议	从整体指导思想、实施效果上,并结合3-5-2进行综合分析和评价。	

三级条目编号名称	3-5-4　教材选用与管理	分值:2.0
内涵及标准	① 重视教材选用与编写工作,有机构,有制度,校本教材开发建设有规划,有方案,管理规范,有成效。 标准: A:成效特别显著;B:成效显著;C:成效较显著;D:有一定成效;E:一般。 ② 严格执行教材选用规章制度,主要使用国家规划或国家(地方)审定通过的教材。 标准: A:主要使用国家规划教材;B:主要使用国家规划(或审定)教材; C:主要使用国家审定或省级规划教材;D:主要使用省级(地方)审定通过的教材;E:其他。	
评等计分方法	$90 \leqslant A \leqslant 100, 80 \leqslant B < 90, 70 \leqslant C < 80, 60 \leqslant D < 70, 0 \leqslant E < 60$。 根据内涵标准要求分别定等取中值分,然后再综合平均。	
说明	教材管理应规范、严格,主动选用高质量教材,供应渠道正规、及时,保证教育教学规格和质量,不用盗版教材。	
必备材料	教材选用与管理规章制度、规划、有关方案,近三年教材预订单、各专业、各班级教材发放清单和记录,校本教材开发建设及使用情况。附表3-5-4。	
备用材料		
操作建议		

三级条目编号名称	3-5-5　教学质量监控	分值:5
内涵及标准	① 教学管理观念新,制度完善、健全,管理规范、严格并有创新。 ② 严格进行教学质量检查和分析,形成了教学督导机制,监督调控措施得当,教学质量考核、评价体系科学合理,符合职业教育发展规律和趋势,能形成有效的运行机制。 ③ 教学秩序稳定。严格执行教学进程表、课程表和作息时间表。 ④ 注意总结经验,积极推广,在同类学校中有较大影响力。 ⑤ 教学管理手段先进,信息化程度较高。 标准:A:成效特别突出;B:成效突出;C:成效较突出;D:有一定成效;E:一般。	
评等计分方法	$90 \leqslant A \leqslant 100, 80 \leqslant B < 90, 70 \leqslant C < 80, 60 \leqslant D < 70, 0 \leqslant E < 60$。 根据内涵标准要求分别定等取中值分,然后再综合平均。	
说明	教学管理规范:根据省级以上教育行政部门的有关规定,制定出学校的教学管理细则或实施办法,教学计划、教学大纲、学期授课计划等教学文件齐全,格式符合要求,内容有新意;教学日历、教学进程表、教学任务分配表、教学任务书(任课教师表)、课程表及排课、调课、实验、实习(实训)等常规管理制度完善、齐全;听课、教学检查等教学督导监控机制健全;学生学习质量、考核成绩管理严格;教师业务档案完备,教师工作量考核、记录准确等。 教学质量监控:有专门机构,制度健全,管理规范,在促进教学改革、提高教学质量中发挥重要作用。	
必备材料	教学管理制度、教学计划、近两年的教学进程表,课程表、学期授课计划、教师日志、教学管理资料及各种用表、教学质量检查、分析的有关资料,附表3-5-5。	
备用材料	教师业务档案、近两年的教案。	
操作建议	实地查看教学管理现代化设施。	

辽宁省教育厅制定。

465

广东省中小学(中等职业学校)安全文明校园创建评估指标体系

一级指标	二级指标	评估指标	评估说明	分值			自评分	市评分	省评分
				好	一般	差			
组织领导 20分	领导责任 6分	将安全文明校园创建工作列入学校重要议事日程,成立学校安全文明校园创建工作领导小组,统筹协调创建工作	以听取汇报和查阅有关资料为准	2	1	0			
		每学期至少召开一次领导小组工作会议,研究解决创建工作中突出问题,组织推动创建工作	以听取汇报和查阅有关文件及会议记录为准	1	0.5	0			
		主动与当地有关部门加强联系和协调,建立共建机制	以听取汇报和查阅资料为准	1	0.5	0			
		师生员工对创建活动的知晓率和参与率在90%以上	以现场查问和问卷为准	2	1	0			
	部门责任 6分	将创建工作职责、任务、要求分解到岗位和个人,配备专职管理干部	以查阅相关制度文件为准	2	1	0			
		学校各部门职责明确,各司其职,密切配合,沟通渠道畅通,工作形成联动	以查阅相关文件和现场访谈为准	2	1	0			
		各部门各班级认真组织师生员工参与创建活动	以听取汇报和现场访谈为准	2	1	0			

一级指标	二级指标	评 估 指 标	评估说明	分值			自评分	市评分	省评分
				好	一般	差			
组织领导 20 分	创建保障 8 分	制定安全文明校园创建规划、实施方案和考核办法	以文本出现为准	2	1	0			
		创建工作所需各保障条件,尤其是经费落实	以查阅文件资料和汇报为准	2	1	0			
		建立创建工作的指导、排查、督查机制,做到各项工作有计划、有布置、有检查、有反馈	以听取汇报、查阅文件材料和现场访谈为准	2	1	0			
		建立创建项目档案材料,创建工作各类文件、档案等资料齐全	以文本出现为准	2	1	0			
安全保卫 40 分	治安防控 14 分	建立集人防、物防、技防于一体的校园治安防控体系,学校建立完善校园报警点	以现场检查、听取汇报及查阅有关文字资料为准	2	1	0			
		寄宿制学校严格落实 24 小时校园治安巡逻、巡查制度,巡查日志和工作记录翔实	以查阅文件资料和现场检查为准	2	1	0			
		建立学校与公安机关、社区治安联防工作机制	以听取汇报、查阅资料为准	2	1	0			
		有一支专兼结合、适应工作需要的安全保卫队伍	以听取汇报、现场检查为准	2	1	0			
		严格执行门卫登记验证等制度,门卫无刑事犯罪史、无精神病史、无传染病	以查阅文件资料和现场检查为准	2	1	0			
		重点、要害部位安全保卫工作措施落实,无治安案件	以现场检查为准	2	1	0			
		师生对学校安全满意率在 90%以上	以现场抽样访谈或问卷为准	2	1	0			

一级指标	二级指标	评估指标	评估说明	分值			自评分	市评分	省评分
				好	一般	差			
安全保卫 40分	安全管理 13分	严格执行消防法规和制度,岗位责任落实,按照规定配备消防器材并保持完好有效,定期进行消防检查,及时整改消防隐患	以现场检查、听取汇报、查阅有关文字材料为准	2	1	0			
		易燃、易爆危险品管理规范	以现场检查为准	2	1	0			
		规范用电及火源管理,无违章用电行为,无火灾事故发生	以现场检查和访谈为准	2	1	0			
		食堂建设和管理规范,符合法律法规及卫生防疫部门的要求,食品采购、员工体检、操作程序、卫生清扫等制度健全落实	以现场检查、听取汇报和查阅有关制度文件为准	2	1	0			
		校内交通规划合理,交通设施和标识完备清楚醒目;运送师生的交通工具安全可靠,无交通安全事故发生;每学期对校车、驾驶员资格等情况进行一次全面检查	以现场检查和查阅检查记录为准	2	1	0			
		建立校舍定期检查、维护维修、改造验收制度并认真落实,校舍无安全隐患	以查阅文件材料和现场检查为准	2	1	0			
		严格执行大型活动报告审批制度,活动的安全保卫工作预案和措施,必须完备和落实	以听取汇报和现场访谈为准	1	0.5	0			
	设备设施 5分	设施设备必须符合国家有关安全质量标准,相关安全标识清楚醒目	以现场检查为准	2	1	0			
		设备设施管理制度健全、责任落实、使用效果好	以查阅文件、现场访谈为准	2	1	0			
		设备设施有定期检查、维护维修制度,无安全隐患	以查阅文件、现场检查为准	1	0.5	0			

一级指标	二级指标	评 估 指 标	评估说明	分值			自评分	市评分	省评分
				好	一般	差			
安全保卫 40分	突发事件预防与处置 8分	建立和落实突发事件和安全事故及时处理、及时报告制度，重大紧急情况不迟报、漏报、瞒报	以查阅文件、现场访谈为准	2	1	0			
		建立不稳定因素和矛盾纠纷的排查、分析机制，及时调处、化解学校各类矛盾	以查阅文件资料、听取汇报和现场访谈为准	2	1	0			
		建立各类突发事件处置工作预警预案，加强应急工作队伍的培训和演练，完善快速反应机制，增强预案的实效性	以查阅文件资料、现场访谈为准	2	1	0			
		无突发性群体事件，校园安定有序	以听取汇报、现场访谈为准	2	1	0			
学校及周边治安综合治理 10分	校园治理 6分	禁止校园场地出租用于停放社会车辆，从事易燃、易爆、有毒、有害等危险品生产、经营活动，以及其他可能危及师生安全的活动	以现场检查和听取汇报为准	2	1	0			
		校内房屋出租管理规范，无违规租房行为，校园内无违章建筑	以现场检查为准	2	1	0			
		校内经批准设立的服务师生的经营性场所管理有序，文明服务	以现场检查、访谈为准	2	1	0			
	周边治理 4分	校园周边秩序良好，无歌舞厅、网吧、酒吧、游戏机室、桌球室，无非法经营的小商档	以现场检查为准	2	1	0			
		发现校园周边违法经营现象，及时向有关部门反映，争取有关部门积极整治	以听取汇报、现场访谈为准	2	1	0			

一级指标	二级指标	评 估 指 标	评估说明	分值			自评分	市评分	省评分
				好	一般	差			
校园文明 30分	校风校纪 10分	以爱国主义为核心的民族精神教育深入开展,重视开展主题教育活动,定期组织参观爱国主义教育基地,坚持升降旗制度,每周举行国旗下讲话	以现场访谈、听取汇报为准	2	1	0			
		开展诚信教育,多种形式宣扬诚信,师生形成"人人知诚信"的良好氛围,积极开展"公民道德宣传日"活动	以现场访谈、听取汇报为准	2	1	0			
		校园文化活动活跃,学生道德实践、团队活动、科技、艺术、体育活动主题鲜明,学生参与度高。校园文化底蕴深厚,文明风尚明显	以现场检查、访谈,听取汇报为准	2	1	0			
		教师师德活动开展正常,敬业精神好,有良好师表形象,无违法违纪、体罚或变相体罚学生现象,教师年终考核称职率在95%以上	以查阅有关文字记录和现场访谈为准	2	1	0			
		学生自觉遵守《中小学生守则》和《中(小)学生日常行为规范》有良好的卫生习惯和文明举止,无打架斗殴、赌博、酗酒等不良行为	以现场检查、访谈为准	2	1	0			
	校容校貌 9分	校园规划科学、布局合理、环境优美,校园绿化覆盖率达到60%以上,树木、草地、花丛有保护措施	以现场检查为准	2	1	0			
		有符合规定的升旗台及场地,课室、办公室规范悬挂国旗,校风、校训及中小学生守则、中小学生日常行为规范悬挂在校园显著位置,校园雕塑倡导真善美	以现场检查为准	3	1.5	0			

一级指标	二级指标	评估指标	评估说明	分值			自评分	市评分	省评分
				好	一般	差			
校园文明 30分	校容校貌 9分	无残标、乱写、乱画、乱张贴现象，校园整洁卫生，垃圾日产日清	以现场检查为准	2	1	0			
		道路平整，有自行车、汽车停放区域，且停放整齐；家属区管理有序、无乱堆乱放现象	以现场检查为准	2	1	0			
	安全教育 11分	安全教育纳入教学计划，时间、用书、师资落实到位，渗透到教学活动中去	以查阅文字材料、现场访谈和听取汇报为准	2	1	0			
		安全教育日主题活动有特色，组织学生自救自护能力训练有要求、有成效，学生初步掌握安全自救自护基本知识	以现场访谈了解、听取汇报为准	2	1	0			
		注重学生的心理健康教育，有心理健康教育专兼职教师，有心理辅导室，心理危机干预机制健全	以现场检查、访谈为准	2	1	0			
		完善法制副校长或法制辅导员制度，经常性地开展法制教育活动，对行为不良学生的帮教措施落实	以查阅有关文字材料、听取汇报为准	2	1	0			
		无非正常死亡责任事件；出现死亡事件后，学校能全力做好善后及死者家属的安抚工作，无引发其他相关不稳定因素	以现场访谈和听取汇报为准	2	1	0			
		学校购买"校园方责任险"的情况	以查阅有关资料，听取汇报为主	1	0.5	0			

来源：广东省教育工委、省教育厅《关于组织评选广东省安全文明校园的通知》（粤教保〔2008〕21号）。

广西壮族自治区示范性中等职业学校标准(试行)

为了贯彻落实《广西壮族自治区人民政府办公厅关于转发自治区教育厅等部门广西壮族自治区振兴职业教育九大工程规划的通知》(桂政办发〔2005〕142号)和国务院《关于大力发展职业教育的决定》(国发〔2005〕32号)精神,为做大做强我区的中等职业教育,现制定广西壮族自治区示范性中等职业学校标准。

第一条 广西壮族自治区示范性中等职业学校必须是国家级、自治区级重点中等职业学校。

第二条 全面贯彻国家教育方针,坚持以服务为宗旨,以就业为导向的办学思想。以能力为本位,培养目标定位适当,面向社会,面向市场。

第三条 专业设置适应市场需要。有2个以上国家级或自治区级重点建设专业(点),有3个以上连续办5年的主干专业,积极开发适应我区经济社会发展需要的新专业。

第四条 师资队伍

1. 学校师资队伍稳定,专兼职教师比例合理。有专任教师100人以上,其中具有本科以上学历教师占95%以上,具有研究生学历以上教师占10%以上,专业教师占专任教师人数的60%以上。

2. 专任教师具有高级技术职务教师占30%左右,专业教师中"双师型"教师占60%以上;实习指导教师具有高级技能等级证书;教师具有运用现代化教育技术和制作多媒体课件能力;从企事业单位专业技术人员中聘请的兼职教师占专业课教师一定比例。

第五条 办学条件

(一)校园、校舍面积

1. 校园占地面积(不含教职工宿舍及非教学用房),城市学校一般不少于5万平方米,农村学校不少于7万平方米。

2. 校舍建设面积(不含教职工宿舍及非教学用房),城市学校一般不少于4万平方米,农村学校一般不少于3万平方米,学校有较大的发展空间。

(二)实验、实训基地建设

1. 建成1个以上自治区示范性职业教育实训基地或教育部紧缺技能人才建设基地;

2. 建成3个以上具有标志性设备的实验室,其他实验室设备能达到行业颁布的配备要求,基本满足专业教育需要;

472

3. 建成 1 个以上具有标志性的实训基地,其他实训设备设施能满足教学需要。

第六条 信息化程度高,建有功能齐全、覆盖面广的校园网及多媒体教学设施设备,拥有配置较高的教学用计算机 500 台以上,图书馆藏书 10 万册以上(其中纸质图书占 60% 以上)。

第七条 学校办学规模及毕业生就业

1. 全日制学历教育在校生规模 3 500 人以上,自 2006 年起年招生 1 500 人以上,年短期培训 3 000 人次以上;

2. 毕业生质量好,同时获得毕业证书和职业资格证书的比例达 90% 以上,一次推荐就业率 95% 以上。

3. 学校有稳定的校企合作、工学结合制度及实施性措施。

4. 学校实行学分制。

第八条 校园环境和学校管理

1. 学校育人环境好,校园职业教育文化建设、精神文明建设好氛围浓,形成了良好的学风和校风,多年获得德育工作奖励;

2. 学校管理工作规范,近两年无因管理不到位发生恶性事故情况。

来源:《关于印发〈广西壮族自治区示范性中等职业学校标准(试行)〉的通知》(桂教职成〔2006〕41 号)。

广西壮族自治区中等职业学校教学水平评估指标体系（试行）

一级指标	二级指标	权重	主要观测点	等级标准 A	等级标准 C	评估等级 A	B	C	D
1.教学条件和师资队伍（5）	1.1 教学文件	1	专业实施性教学方案、各专业的课程标准、弹性学习制度	按桂教职成〔2006〕74号文件、示范性教学方案和《广西壮族自治区中等职业学校教学工作规范》（以下简称《规范》）的要求制定出专业实施性教学方案，制定程序清晰，文本规范，可操作性和实效性好；所开专业各门课程的课程标准齐全（达90%以上），体现专业面对岗位群的能力要求。按有关文件要求实行弹性学习制度，实行情况好。	按桂教职成〔2006〕74号文件、示范性教学方案和《规范》的要求制定出专业实施性教学方案，制定程序基本符合要求，文本较为清楚，有可操作性和实效性；所开专业各门课程的课程标准较齐全（达70%以上），基本符合人才培养要求。按文件要求实行学分管理。				
	1.2 教材	1	教材管理制度及执行情况	建立了完善的教材管理制度，教材的使用和选用符合教育行政部门的规定；90%教材的订购和采备工作在开课前课前完成。无盗版和复（翻）印教材。 评估备查材料：1.各专业实施性教学方案；2.各专业所开设课程标准；3.教育行政部门核准实行弹性学习制度的批文，学校弹性学习实施细则及相关执行文件和材料。	建立了教材管理制度，教材的选用和订购基本符合教育行政部门的规定；80%教材的采备工作开课前完成。无盗版和复（翻）印教材。				

一级指标	二级指标	权重	主要观测点	等级标准		评估等级			
				A	C	A	B	C	D
1.教学条件和师资队伍（5）	1.2 教材	1	教材管理制度及执行情况	评估备查材料：1. 学校教材管理（订购）制度；2. 各专业开设课程使用教材的清单（二年内）及样本（当年）；3. 各专业规划教材、国家规划定教材、自编教材、其他教材。	评估备查材料：1. 学校教材管理（订购）制度；2. 各专业教材订购、发放记录及依据（二年内），并注明教材类型（教育厅指定教材、国家规划教材、自编教材、其他教材）。				
	1.3 教学经费投入	1	教学经费	教学经费（不含师资培养培训经费）占学费收入的30%以上（其中实验实训设备购置费不低于50%）；经费使用科学合理，满足教学需要。	教学经费（不含师资培养培训经费）占学费收入15%（其中实验实训设备购置费不低于50%），经费实习设备购置使用比较合理，基本满足教学需要。				
	1.4 教学设施设备	1	教学设施设备配备、管理制度及执行情况	设备设施符合现代教学需要，达到《规范》和桂教职成〔2007〕1号文件（文内涉及的28个专业）的要求；有标志性教学设施、各项教学设备设施使用和管理的规章制度，执行制度好，有完整的台账和使用记录。	设备设施达到《规范》和桂教职成〔2007〕1号文件（文内涉及的28个专业），建立了各项教学设备设施的使用和管理的规章制度，能执行制度，有台账和使用记录。				

一级指标	二级指标	权重	主要观测点	等级标准			评估等级			
				A		C	A	B	C	D
1.教学条件和师资队伍（5）	1.4教学设施设备	1	教学设施设备配备、管理制度执行情况	评估备查材料：1.各专业教学设备设施统计表；2.各专业教学设备台账和使用记录；3.各专业实训基地建设规划；4.学校教学设备、多媒体、专业教室管理制度及设备；5.各专业实训基地建设规划的资料，文学、其他类型统计；6.体育读物统计表；7.电子阅览室的管理制度，使用维护制度和记录；8.体育设施统计表。		评估备查材料：1.各专业教学设备设施统计表；2.学校教学设备设施使用和管理的规章制度；3.学校教学设备、多媒体、专业教室管理制度及设备配备；4.图书资料分类统计表（按各专业及人员配备）；5.各专业实训基地建设规划；6.图书馆管理制度及设备，图书资料类型统计；7.电子阅览情况分析报告，图书阅览室管理制度及设备配备；8.图书借阅情况统计、使用维护制度和记录。				
	1.5师资队伍	1	师资队伍建设规划及执行情况	制定了师资队伍建设规划；教师培养计划适应教学需要，措施得力，并按期有效完成，师资培训经费占教师工资总额的2.5%以上；90%以上专业教师每两年有两个月的时间到企业或生产第一线进行实践；"双师型"教师人数比例占专业教师总数的50%以上；制定和落实了教师聘用制度；教师工作任务完成情况达到到《规范》的要求。		制定了师资队伍建设规划；教师培养计划基本适应教学需要，并按期完成，师资培训经费占教师工资总额的1.5%以上；50%以上专业教师每两年有两个月的时间到企业或生产服务第一线进行实践；"双师型"教师人数占专业教师总数的40%以上；制定和落实了教师聘用制度；教师工作任务完成情况达到《规范》的要求。				
				评估备查材料：1.师资队伍建设规划、教师培养计划；2.师资培训经费投入、教师工资总额（2年内）；3.师资培训经费投入、教师工资总额（2年内）；4.专业课教师到企业实践的计划和记录（2年内）；5.师资业务培训计划、记录和总结（2年内）；6.新教师上岗培训计划、记录和总结（2年内）；7.继续教育登记表和统计表（2年内）；8."双师型"教师的比例及证书；9.教师聘用制度、聘用情况记录和统计（2年内）；10.教师工作任务完成情况记录和统计（2年内）。		评估备查材料：1.教师花名册、学历、职称、技术等级等证；2.专业课教师到企业实践的计划和记录（2年内）；3.师资培训经费投入、教师工资总额（2年内）；4.专业课教师到企业实践的计划和总结（2年内）；5.新教师上岗培训计划、记录和总结（2年内）；6."双师型"教师人数与专业教师的比例及证书；7.教师聘用制度，聘用情况记录和统计（2年内）；8."双师型"教师人数的比例证书；9.教师聘用制度和激励机制（2年内）；10.教师工作任务完成情况记录和统计（2年内）。				

一级指标	二级指标	权重	主要观测点	等级标准 A	等级标准 C	评估等级 A	B	C	D
2. 教学组织与教学管理（4）	2.1 教学组织	1	教学管理机构、职责及运行情况	教学管理机构健全，设立教务、就业、教学指导、教学督导和教学研究等教学管理部门以及教学研究基层组织，结构合理，职责清晰；管理队伍有改革创新意识及举措，积极推行教学管理体制改革，成效显著。	教学管理机构较健全，设立教务、就业、教学指导，教研机构，各部门工作职责明确，能保证正常教学和教学研究需要。				
	2.2 教务管理	2	教务常规管理情况	评估备查材料：1. 全校及各教学部门门一学期教学工作计划及总结（2年内）；2. 校历、学期教学进程表、课程表、教学任务书、规范（2年内）；3. 学期授课计划，教学日志齐全、规范（2年内）；5. 执行日志和检查日志记录。6. 教务常规管理总结。	有学期教学工作计划、校历、学期教学进程表、课程表、教学任务书、学期授课计划，建立排课、调课、代课及停课等制度；教务规范管理正常。				
	2.3 教学档案	1	教学档案管理情况	评估备查材料：1. 教学管理档案，2. 教学业务档案，3. 教学管理档案，4. 教师业务档案，5. 学生档案。有专人管理教学档案、教学管理档案、学生档案，教学业务档案、教师业务档案按《规范》收集齐全，及时归档，教学档案管理制度化、规范化、信息化。	有专人管理教学档案、教学管理档案、学生档案，教学业务档案收集基本齐全，人员配备，教学档案管理制度化。				

477

一级指标	二级指标	权重	主要观测点	等级标准 A	等级标准 C	评估等级 A	B	C	D
3.教学实施与教学监控（10）	3.1 教学内容	1	教学内容与培养目标符合情况	专业对应的岗位（群）应知应会、岗位职责，及时更新，教学内容体现相关行业的新知识、新技术、新工艺、新方法；文化基础课和专业核心课程及核心技能项目课时开齐开足，比例合理。	有专业对应的岗位（群）应知应会、岗位职责，工作程序与方法的调研报告；文化基础课和专业核心课程及核心技能项目课开齐开，比例较合理。				
	3.2 实践教学	2	各专业实习实训安排、方案的制定及实施情况	评估备查材料：1.各专业教学调研分析报告（含各专业面向岗位群的应知应会、岗位职责、工作程序与方法等），2.近三年内各专业课程表，3.教师授课任务表。各专业的实验实训实习计划、指导书、操作规程、活动记录和总结完整齐全；实验实训实习开出率双证率达到90%以上；各专业学生平均双证率达到90%以上；开展"半工半读"、"以工助学"的严〔2006〕95号文件的严格执行，开展顶岗实习生产"实习"的严格按照《规范》要求执行。评估备查材料：1.各专业实习实训实习计划、记录和总结（2年内），2.各专业顶岗生产岗位实习方案及实施记录（2年内），3.各专业顶岗生产岗位实习方案及实施记录（2年内），4.各专业实验实验实习开出情况统计表及证书样本（2年内），5.各专业毕业顶岗实习"双证"情况统计表（2年内），6.相关专业开展"半工半读"的计划、记录和总结（2年内）。	各专业的实验实训、活动记录和总结基本完整；实验实训实习开出率达到80%以上；各专业学生平均双证率达到85%以上；开展"半工半读"、"以工助学"的教职成〔2006〕95号文件执行，开展顶岗生产"实习"的严格按照《规范》要求执行。				

478

一级指标	二级指标	权重	主要观测点	等级标准 A	等级标准 C	评估等级 A	B	C	D
3.教学实施与教学监控（10）	3.3 德育法制教育	1	社会学课程开设、德育专题、法制教育活动情况	德育与法制教育贯穿于教学工作全过程。开齐开足社会学课程；有德育与法制教育计划，有完整的德育与法制教育活动记录及总结；德育与法制教育成效显著。评估备查材料：德育与法制教育工作计划、记录及总结（2年内）。	德育与法制教育贯穿于教学工作全过程。开齐社会学课程；有较完整的德育与法制教育计划、记录及总结；德育与法制教育效果良好。				
	3.4 体育健康教育	1	体育及健康课程开设、活动情况	晨练、课间操、体育竞赛形成制度并付诸实施；体育健康课程开齐开足；学生体育合格率90%以上；有完整的预防艾滋病、禁毒等专项宣传教育活动的记录及总结，无吸毒学生。评估备查材料：1.体育健康课程开设有关资料及体育合格率统计表及有关资料（2年内）；3.体育合格率及总结（2年内）；3.预防艾滋病、禁毒等活动的记录及总结（2年内）。	晨练、课间操、体育竞赛形成制度；学生体育诸活动开齐；体育健康课程开齐；体育合格率较高；有预防艾滋病、禁毒等专项宣传教育活动的记录及总结，无吸毒学生。				
	3.5 就业指导教育	1	机构设置、实施措施及效果	就业指导机构独立设置，运作规范；就业信息发布及时；提供的就业岗位数量占毕业生人数90%以上；有完整的就业去向信息（就业单位、待遇等）记录；毕业生就业跟踪反馈制度执行好。评估备查材料：1.就业指导工作制度及机构配置，就业信息发布记录（2年内）；2.提供的就业岗位数量统计表（2年内）；3.毕业生就业去向信息登记表（2年内）；4.毕业生就业联系电话、名称及毕业生跟踪反馈情况（2年内）。	有就业指导机构，能发布就业信息；提供的就业岗位数量占毕业生人数70%以上；有毕业生去向信息（就业单位、就业岗位、联系电话、待遇等）记录；建立了毕业生就业跟踪反馈制度。2.相关企业（就业单位），注明就业单位就业去向及执行情况（2年内）。				

479

一级指标	二级指标	权重	主要观测点	等级标准 A	等级标准 C	评估等级 A	B	C	D
3.教学实施与教学监控（10）	3.6 教学方法与手段	1	教学方法与手段	所有专业都开展了校企合作；专业模拟、案例等教学法，或实施理论实践一体化教学；校园网及电化教学设备设施完备，有完整的使用记录；课件开发，收集和使用情况好。评估备查材料：1. 各专业校企合作协议及执行情况，2. 课程教学方法改革情况记录和课件年，3. 网及电化教学设备台账，使用记录，4. 课件开发，收集和使用情况记录年。	所有专业开展了校企合作；专业课程50%以上采用行动导向、情境模拟、案例30%以上采用教学法，或实施理论实践一体化教学；有校园网及电化教学设施；能进行课件开发和使用。1. 课程教学方法改革情况报告，2. 课程教学方法改革情况记录和使用情况记录车。3. 校园				
	3.7 教学过程规范	2	备课、授课、考核制度及实施情况	备课、授课、实施效果好。考核符合《规范》第十九条要求，评估备查材料：1. 教案及成绩表，成绩分析报告。试原始资料，成绩表，	备课、授课、实施效果较好。考核符合《规范》第十九条要求，1. 教案及教案检查记录，2. 考试（包括监考）制度，技术等级考试制度，3. 考				
	3.8 教学监控	1	教学监控措施及执行情况	教学监控措施按照《规范》第二十条要求执行，执行情况良好；近两年学校没有较大的教学事故。评估备查材料：1. 听评课制度，计划，记录和总结，2. 教学工作会议记录，4. 教学事故较大的教学事故。3.	教学监控措施按照《规范》第二十条要求，执行情况较好；近两年学校没有发生重大的教学事故。制度，技术等级考试（实习）、考核的质量标准，备课、授课情况较好。3. 教学事故认定办法与处理。				

一级指标	二级指标	权重	主要观测点	等级标准		评估等级			
				A	C	A	B	C	D
4. 教学研究与教学改革（4）	4.1 教学研究	2	组织机构、制度建设、教学研究活动情况、经费保障	教学研究机构健全；激励机制完善；教研活动丰富、有成效，教师参加教研活动时间平均每周不低于3学时，记录和总结齐全。 评估备查材料：1. 教学工作激励机制（或文件）。2. 教师教学业务学习制度。3. 教研工作计划、记录和总结（2年内）。4. 各专业教师示范课、公开课、听课评课记录（2年内）。5. 学生、教师专业技能比赛情况记录。6. 各类论文获奖情况记录。7. 教研活动经费投入情况（2年内）。	有教学研究机构；有激励机制；能开展教研活动，教研活动时间2学时/周，有记录和总结。				
	4.2 教学改革	2	教学改革措施实施及效果	积极开展教学改革，近三年来自治区级6项及以上教育科研课题或教改立项6项以上；或地市级教育科研课题或教改立项6项以上，成果奖3项以上。教学改革投入大，总结推广教育教学改革经验和成果的情况良好，参与教改人数占专任教师比例30%以上。	积极开展教学改革，近三年来自治区级立项2项以上教育科研课题或教改1项以上；或地市级教育科研课题或教改立项2项以上，成果奖1项以上。参与教学改革人数占专任教师比例30%以上，促进教学效果较好。				
			评估备查材料：1. 教学改革工作计划、记录和总结（3年内）。2. 教学研究和教学改革成果系统计表、获奖证书（或文件）、实施效果（3年内）。3. 参与教改工作的教师人数统计表（3年内）。						

一级指标	二级指标	权重	主要观测点	等级标准 A	等级标准 C	评估等级 A	B	C	D
5.教学质量与教学效益（5）	5.1 教学质量	2	教师工作、学生学习质量评价制度及执行情况	教师教学工作考核制度科学合理并严格执行，效果显著；学生学习质量考评制度科学合理；对考评结果进行了研究分析，资料齐全。评估备查材料：1.教师教学工作考核记录、结果、总结（2年内），2.学生学习质量考评制度、记录和分析总结（2年内），3.学生学习质量考评制度、记录和分析总结（2年内）。	有教师教学工作考核制度并能够执行，有效果；有学生学习考评制度；对考评结果进行了研究分析，有资料。校级考核委员会组成。				
	5.2 教学效益	3	毕业生就业情况及学生流失情况	（1）教学效益评价与反馈制度完善，社会用人单位对近两年毕业生质量评价高。（2）毕业生就业质量好，当年就业率90%以上，专业对口率80%以上，就业稳定率70%以上。（3）新生第一学期内流失率5%以下，学制内流失率10%以下。（以上三项各计1）	（1）有教学效益评价与反馈制度，社会用人单位对近两年毕业生质量评价一般，当年就业率80%以上，专业对口率60%以上，就业稳定率60%以上。（3）新生第一学期内流失率15%以下，学制内流失率20%以下。（以上三项各计1）				

3. 毕业生就业率、就业稳定率、专业对口率、合格率。4. 新生及学制内学生流失情况统计表。

评估备查材料：1.教学效益评价与反馈制度，2.社会及用人单位对本校毕业生质量评价资料，大于和等于中间值的

本评估标准二级指标共20项，权重系数合计为28。评估标准中，小于中间值的为C级），低于C级的为D级。评估结给出28。评估标准论分为优秀、良好、合格、不合格四种，其标准如下：

为B级，小于中间值的为C级），低于C级的为D级。

1. 优秀：全部评估指标中，A≥22，C≤3，D＝0。
2. 良好：全部评估指标中，A＋B≥22，A≥11，D＝0。
3. 合格：国家级重点学校：D＝0；自治区级重点学校：D≤2；其他学校：D≤4。
4. 不合格：未达到合格等级标准。

广西壮族自治区教育厅制定。

河南中等职业学校重点专业点评估指标体系
（工业与民用建筑专业）

一级指标	二级指标	三级指标		分值
M1 专业办学方向（50分）	M1-1 专业建设规划与管理（40分）	M1-1-1	专业设置的依据	10
		M1-1-2	重点专业建设方案	20
		M1-1-3	重点专业建设领导及管理机构	10
	M1-2 培养目标（10分）	M1-2-1	培养目标	10
M2 师资队伍（250分）	M2-1 师资状况（160分）	M2-1-1	教师配备	20
		M2-1-2	学历结构	30
		M2-1-3	职称结构	20
		M2-1-4	教师实践年限	10
		M2-1-5	实验教师	10
		M2-1-6	实习教师	10
		M2-1-7	双师型教师	20
		M2-1-8	学科带头人和骨干教师	20
		M2-1-9	师资培养	20
	M2-2 师资水平（90分）	M2-2-1	理论教学水平	30
		M2-2-2	实践教学水平	30
		M2-2-3	教研科研成果	30
M3 专业设施与经费（300分）	M3-1 专业设备与图书资料（240分）	M3-1-1	仪器设备总量	60
		M3-1-2	实验设施	50
		M3-1-3	实习设施	50
		M3-1-4	电教设施	30
		M3-1-5	专业图书与资料	50
	M3-2 专业经费（60分）	M3-2-1	专业经费	60

一级指标	二级指标	三级指标	分值
M4 专业教学工作（240分）	M4-1　教学管理（90分）	M4-1-1　教学计划	10
		M4-1-2　教学大纲	10
		M4-1-3　教材	10
		M4-1-4　教学管理制度	20
		M4-1-5　教学文件	20
		M4-1-6　教研活动	20
	M4-2　实践教学（100分）	M4-2-1　实践教学管理	20
		M4-2-2　实验开出率	40
		M4-2-3　实习开出率	40
	M4-3　教学改革（50分）	M4-3-1　专业改革	20
		M4-3-2　教法改革	20
		M4-3-3　考核方法改革	10
M5 质量与效益（160分）	M5-1　学生质量（100分）	M5-1-1　思想教育	10
		M5-1-2　学习成绩	20
		M5-1-3　实践能力	20
		M5-1-4　毕业生质量	30
		M5-1-5　毕业生双证率	20
	M5-2　综合效益（60分）	M5-2-1　规模效益	30
		M5-2-2　专业教师工作量	10
		M5-2-3　生产研究服务	20

三级指标编号及名称	内涵及标准	分值	说明	备查资料
M1－1－1　专业设置的依据（10分）	A:开办本专业的论证材料,请示、批复齐全。 B:只有开办本专业的请示与批复。 C:只有开办本专业的论证材料请示或只有批复。 D:只有开办本专业的请示或只有论证材料。	10 8 6 2	论证材料应是原始材料。请示、批复必须是当时的文件。1990年以前开办且连续开办的专业按满分计。	当年申报该专业时的请示、论证报告和批复。
M1－1－2　重点专业建设方案（20分）	内涵: 1. 制定重点专业建设规划与方案。 2. 专业建设为经济建设和社会发展服务,适应人才劳务市场需要。 标准: A:有适应经济建设和市场要的专业建设规划与方案,规划全面,方案科学具体可行,已取得显著成效。 B:有适应经济建设和市场需要的专业建设规划与方案,规划较全面,方案具体可行;已取得好成效。 C:有适应经济建设和市场需要的专业建设规划与方案,规划较全面,方案可行,已取得一定成效。 D:有专业建设规划与方案。	20 16 12 8	查看重点专业建设方案及实施情况。	重点专业建设规划与方案。
M1－1－3　重点专业建设领导及管理机构（10分）	重点专业建设及管理机构人员,分工情况。 A:领导重视,管理机构健全,分工明确。 B:领导较重视,管理机构健全,分工较明确。 C:领导较重视,管理机构基本健全,有分工。 D:有机构,但人员配备不齐全,分工不明确。	10 8 6 4	查看有关文件,并与机构负责人、专管人员座谈。	重点专业建设领导及管理机构人员分工名单。

485

三级指标编号及名称	内涵及标准	分值	说明	备查资料
M1－2－1 培养目标（10分）	内涵： 结合专业实际，全面贯彻落实中央关于素质教育的要求。 1. 德育、文化基础知识教育。 2. 专业技术知识和操作技能教育。 3. 就业与创业教育。 标准： A:培养目标明确，措施得力，效果显著。 B:培养目标明确，措施比较得力，效果好。 C:培养目标明确，有措施，措施较好。 D:培养目标基本明确，措施不力，效果一般。	10 8 6 4	了解学校采取的各项措施，看其是否为实现培养目标服务。	1. 全面实施素质教育的有关文件资料。 2. 评估前三年有关德育、文化基础知识教育资料。 3. 有关知识和操作技能教育资料。 4. 学生就业与创业教育资料。
M2－1－1 教师配备（20分）	专业基础课、专业课教师配备率： $P = (校内教师实有人数/应有教师人数) \times 100\%$ A:P≥90%。 B:70%≤P<90%。 C:60%≤P<70%。 D:P<60%。	20 15 10 0	1. 专业基础课、专业课以部颁教学计划中的相关专业课为准。 2. 应有人数：必修课每门有2名教师，选修课每门有1名教师。 3. 本校兼任行政或其他工作的教师可按专职人员计算。	1. 校内专职专业教师人员表。 2. 近三年本专业有关课程表。 3. 外聘教师聘约及登记表。 4. 在校生人数及重点专业人数统计表。

三级指标编号及名称	内涵及标准	分值	说明	备查资料
M2－1－2 结构(30分)	1. 专任教师： K＝硕士以上学历（各门课程）教师数/各课专任教师总数×100% A：K≥10%。 B：5%≤K＜10%。 C：0%＜K＜5%。 D：K＝0。 2. 理论课教师： K＝本科以上学历（各门课程）教师数/（各课专任教师总数）×100% A：K＞100%。 B：80≤K＜100%。 C：70≤K＜80%。 D：K＜70%。 3. 实训课教师： K＝专科以上学历（各门课程教师数）/（各课专任教师数）100% A：K＝100%。 B：80%≤K＜100%。 C：70≤K＜80%。 D：K＜70%。	10 8 6 0 10 8 6 2 10 8 6 2	1. 教师学历应是校内专职教师学历且专业对口（相关专业）。 2. 专业不对口的教师应提供本专业正规学习证明材料,计算时应乘以0.6的折减系数。 3. 专任教师：指完成该专业部颁教学计划所必需的各门课程教师。 4. 专任教师总数：按必修课每门2名教师,选修课每门1名教师计算。	1. 国家教委认可的毕业证书,正规学习的进修证明。 2. 专业技术人员档案。 3. 专业教师业务档案。 4. 重点专业任课教师（含理论课教师、实训课教师）基本情况表。

三级指标编号及名称	内涵及标准	分值	说明	备查资料
M2-1-3 职称结构（20分）	高级职称占有率： K_1 = 高级职称（各门课程）教师数/（各门课程）教师总数 ×100%。 A：$K_1 \geq 25\%$。 B：$20\% \leq K_1 < 25\%$。 C：$15 < K_1 < 20\%$。 D：$K_1 < 15\%$。	 10 8 6 4	1. 教师指校内在职教师，外聘教师不计算。 2. 职称指对口专业职称，非对口职称不计算。 3. 高级率与中级以上职称占有率两项之和即为本项目分值。	1. 专业技术职务聘书。 2. 学校关于专任专业技术职称文件。 3. 专业技术人员档案。
	中级以上职称占有率 K_2 = 中级以上（各门课程）教师数/（各门课程）教师总数 ×100%。 A：$K_2 \geq 70\%$。 B：$60\% \leq K_2 < 70\%$。 C：$50 \leq K_2 < 60\%$。 D：$K_2 < 50\%$。	10 8 6 2		
M2-1-4 教师实践年限（10分）	教师平均实践年限： K = 教师实践年限总数/（专业基础＋专业课教师数） A：$K \geq 3$。 B：$2 \leq K < 3$。 C：$1 \leq K < 2$。 D：$K < 1$。	 10 8 6 4	教师实践工作必须是在企业单位从事有关专业的工作时间，按整月累计，不包括指导学生实习的时间。在校办企业单位实践可按实际时间的50%计算，脱产企事业按产100%计算。	有关材料。企事业单位证明材料。
M2-1-5 实验教师（10分）	指校内建材、测量、力学、土工、电工实验室配有符合要求的专职实验人员。 A：实验室齐全并有符合要求的专职实验教师。 B：只有其中3~4个实验室实验人员配备符合要求。 C：实验人员配备不符合要求或只有1~2个实验室。 D：无实验室或无专职实验人员。	 10 8 4 0	1. 实验人员配备要求有大专以上学历或中级以上实验系列职称，3年以上工作实践。 2. 专职教师兼实验人员的应乘以0.8的系数。	有关专业技术人员档案、聘书。

三级指标编号及名称	内涵及标准	分值	说明	备查资料
M2-1-6 实习教师（10分）	A：校内外均配有足够的专兼职实习指导教师且符合配备要求。	10	实习教师指生产实习、毕业实习指导教师。配备有大专以上学历或中级以上技术等级，有3年以上实际工作经验。	1.专兼职实习指导教师均应有应有指导教师聘书。 2.有关业务档案和资料。
	B：校内外均配有足够的专兼职实习指导教师且大部分符合配备要求。	8		
	C：校内配有足够的实习指导教师，且符合配备要求。	6		
	D：校内实习指导教师数量不够或不完全符合要求。	4		
M2-1-7 双师型教师（20分）	"双师型"教师比例： $K = （双师型教师总数/专业教师总数）\times 100\%$。 $K \geq 30\%$计满分，每少1%减1分。	20	双师型教师指除具有教师系列技术职称外还具有从事专业的其他专业技术证书（工程师、建筑师、职业技能鉴定证书等）的教师。	1.专业技术人员档案。 2.教师业务档案。 3.毕业证、职称证书、岗位证书原件。
M2-1-8 学科带头人和骨干教师（20分）	内涵1：本专业有学科带头人2名以上，每少一名减3分。 内涵2：每门课程都有骨干教师计8分，每少一名减0.5分。 内涵3：该专业有教学骨干是省级以上兼职教研、科研机构成员，2名以上计6分，减少一名减3分。	6 8 6	学科带头人、骨干教师指具有本科以上学历，高级职称或中级职称且从事本专业10年以上，由当地主管部门审批认定的教师。	1.专业教师档案。 2.毕业证、职称证书。

三级指标编号及名称	内涵及标准	分值	说明	备查资料
M2-1-9 师资培养(20分)	专业教师培养措施落实、有实效，教师业务档案资料齐全；注重教师实践动手能力培养，注重教师知识更新，措施有效。 A：每年专业教师进修培训人数占本专业教师的30%以上。 B：每年专业教师进修培训人数占本专业教师的20%以上。 C：每年专业教师进修培训人数占本专业教师的10%以上。 D：每年专业教师进修培训人数占本专业教师的10%以下。	20 16 12 8	按近五年情况检查评定。	1. 各种计划、总结。 2. 外出进修培训人员成绩单、证书。 3. 有关实践活动记录、成果。 4. 教师进修计划情况表。
M2-2-1 理论教学水平(30分)	专业教师课堂教学水平测评。$K=$抽测教师课堂教学水平得分总和/抽测教师数。$K=100$分为满分，$K=50$分为0分，其余用插入法取整数。	30	1. 测评对象为主干专业课程教师，总人数不得少于本专业教师数的20%。 2. 测评表由评估组自定。	1. 评估组抽测及打分记录。 2. 评估组抽测的教师业务档案及资料。 3. 评估组的听课记录。
M2-2-2 实践教学水平(30分)	实践教学水平测评包括实验、实习、设计等项目。$K=$抽测教师实践教学水平得分总和/抽测教师数。$K=100$分为满分，$K=50$分为0分，其余用插入法计算取整数。	30	1. 测评项目按部颁教学计划及大纲确定，各抽测教学数不少于50%，每项实践教师的抽检教师不少于2人。 2. 测评表由评估组自定。	1. 评估组抽测及打分记录。 2. 评估组抽测的教师业务档案及资料。 3. 评估组的听课记录。

三级指标编号及名称	内涵及标准	分值	说明	备查资料
M2-2-3 教研科研成果(30分)	内涵:人均编写公开发行教材和在各级学术刊物上发表的论文数 K1,人均科研技术成果系数 K2。 K1 = ∑[教材数(论文数)×各自对应的系数]/各门课程教师总数其中:教材、论文、译著系数: (1) 主编公开发行的教材、论文、译著(100)。 (2) 参编公开发行的教材、论文、译著、专业省指导委员会获奖论文(75)。 (3) 编写校内讲义、内部发行刊物的论文(25)。 K2 = ∑(成果数×系数)/专业教师总数 其中技术成果系数: (1) 国家级水平(100)。 (2) 省部级水平(75)。 (3) 地、市级水平(50)。 (4) 校级水平(10)。	30	1. 以现职重点专业各门课程教师为统计对象。 2. (K1+K2)≥40 计满分,每少 2 减 1 分。 3. 教材、讲义按本计算。 4. 技术成果包括教学研究成果和制订省部级教学文件。	各种材料原件及统计表。
M3-1-1 仪器设备总量(60分)	教学、实验、实习设备先进、实用、齐全。专业仪器设备总价值达到规定要求。 A:K≥300 万元,仪器、设备数量、种类、状况完全满足教学、实训需要。 B:250≤K<300 万元,仪器、设备数量、种类、状况基本满足教学、实训需要。 C:200≤K<250 万元,仪器、设备数量、种类、状况能满足教学、实训需要。 D:K<200 万元,仪器、设备数量、种类、状况不能满足教学、实训需要。	60 48 36 24	查阅专业仪器设备清单及购置单据。查看仪器设备实际状况。已报废和不能使用的仪器设备不能计算在内。	专业仪器清单、购置单据或拨付手续。

三级指标编号及名称	内涵及标准	分值	说明	备查资料
M3-1-2 实验设施（50分）	A：校内实验室齐全，每个实验室能同时容纳40人以上进行实验。	50	实验室齐全是指有力学、建材、测量、电工、土工实验室。	1. 主要实验设备清单。 2. 校外实验应提供可靠的资料。
	B：校内实验室齐全，每个实验室能同时容纳20人以上进行实验。	40		
	C：校内实验室不齐全，部分实验室能容纳20人以上进行实验，其余实验可在校外进行。	30		
	D：校内实验室不符合要求，但可在校外进行实验。	20		
M3-1-3 实习设施（50分）	A：校内实习基地能保证所有应实习学生同时进行技能实习。	50	1. 校内实习基地指校内实习基地。 2. 校外实习基地指学校与企业合作，能按教学要求给学校提供实习条件和场所。	主要实习设备清单、校企实习合同。
	B：校内实习基地能容纳90%以上应实习学生进行技能实习。	40		
	C：校内外实习基地能容纳90%以上应实习学生技能实习。	30		
	D：校内外实习基地能容纳80%以上应实习学生进行技能实习。	20		

三级指标编号及名称	内涵及标准	分值	说明	备查资料
M3－1－4 电教设施（30分）	内涵1：有幻灯投影、录放像设备、语音室、多媒体教室 A：设备齐全，能正常使用。 B：有其中3项能正常使用。 C：有其中2项能正常使用。 D：无任何辅助教学手段。	10 8 5 0	1. 由评估组定性评分。 2. 计算机至少于300台，具有必需的辅助软件和必要的辅助设备，机型能满足本专业的应用需要。	1. 使用记录。 2. 设备目录。 3. 专业课教学影像、光盘、电脑软件、自制教具统计表。
	内涵2：有用于重点专业的计算机 A：计算机总量≥300台，其中586以上机型≥200台。 B：计算机总量≥250台，其中586以上机型≥150台。 C：计算机总量≥200台，其中586以上机型≥100台。 D：计算机总量≥100台，其中586以上机型≥50台。	10 8 5 2		
	内涵3：校园网建设 A：有校园网，且与Internet连接。 B：有校园网，未入社会网。 C：无校园网。	10 5 0		
M3－1－5 专业图书与资料（50分）	1. 专业图书量：与土建有关的图书资料不少于400种，生均≥80册，计20分，藏书量每少10%或每少50种减2分。	20	1. 总分按4项分值求和。 2. 专业图书与资料均应与专业设计、毕业设计等有关。	1. 专业图书、教学辅助资料，配套电教统计表。 2. 图书登记册、配套电教及辅助软件实物。 3. 电子读物统计表。
	2. 现行建筑规范、技术标准、施工定额齐全，专业期（报）刊不少于20种，计10分。每少10%减1分。	10		
	3. 有专业教学课件、教具、挂图、电教图片，计算机辅助教学软件等，并能满足使用要求，计10分。种类不全的每少一种减2分。	10		
	4. 电子读物不少于图书资料总数的20%即80种，有相应的阅读设备计10分；电子读物每少2%扣1分，无阅读设备扣4分。	10		

三级指标编号及名称	内涵及标准	分值	说明	备查资料
M3-2-1 专业经费（60分）	A：有充足稳定的开办经费，该专业生均公用经费达到全省同类学校标准2倍以上。 B：有较充足的开办经费，该专业生均公用经费达到全省同类学校标准1.5倍以上。 C：有稳定的开办经费，该专业生均公用经费达到全省同类学校标准1倍以上。 D：无稳定开办经费，该专业生均公用经费少于全省同类学校标准。	60 48 36 24	1. 公用经费指专业经费中除去工资基建费之外的部分。 2. 现阶段普通中专生均公用经费为1 750元，成人中专（职高、职专）为600元，技校可参照普通中专标准。	1. 专业公用经费一览表及相应账册、单据。 2. 本专业在校学生统计表。
M4-1-1 教学计划（10分）	A：认真执行规范齐全的指导性和实施性教学计划。 B：执行规范齐全的指导性和实施性教学计划较认真。 C：有指导性计划、实施性教学计划基本符合要求，执行一般。 D：有指导性计划、实施性教学计划不符合要求。	10 8 6 2	1. 指导性教学计划指部、省颁布的近三年教学计划。 2. 实施性教学计划是学校依据指导性教学计划和本地实际制订近三年来的计划。	1. 本专业指导性教学计划。 2. 本校制订的实施性教学计划。
M4-1-2 教学大纲（10分）	A：各门课程均有规范的教学大纲，执行认真。 B：各门课程均有教学大纲，执行较认真。 C：教学大纲不全，但在90%以上，执行一般。 D：教学大纲不足90%。	10 8 6 2	1. 教学大纲是指依据实施性教学计划及部颁教学大纲实际编制的实施性教学大纲。 2. 教学计划中规定设置的课程。	1. 指导性教学大纲。 2. 实施性教学大纲。

三级指标编号及名称	内涵及标准	分值	说明	备查资料
M4－1－3 教材（10分）	A：各门课程均有质量较高的教材（符合大纲要求）。 B：各门课程均有教材，质量基本符合要求。 C：各门课程均有教材，但部分教材与大纲要求相差较大。 D：教材供应不全，配套率小于90%。	10 8 6 2	教材含统编教材和自编教材。自编教材指自行组织编写出版或编写、印刷规范的教材。教材质量指符合专业层次、教学大纲、现行规范等要求。开课2个月后供不上教材者，按无教材计。	按教学计划规定的门数准备每门课的教材各一种。
M4－1－4 教学管理制度（20分）	A：教学管理规章制度规范、齐全，教学环节执行认真，检查有力。 B：教学管理规章制度规范、齐全，教学环节执行较认真，检查较有力。 C：教学管理制度不规范，缺项较多，教学环节执行一般，检查一般。 D：无教学管理规章制度，教学秩序混乱。	20 15 10 0	1．教学管理规章制度指与本专业有关的学籍、考试、排课、调课教学检查等制度。 2．教学环节指理论教学、课程设计、大型作业、课程设计、考试、综合实习、生产实习入学及毕业教育等。	1．教学管理有关制度。 2．近三年的教学进度表、课程表。 3．近三年的执行及检查制度。
M4－1－5 教学文件（20分）	A：各任课教师均有学期授课计划，教案规范，符合教学计划、大纲要求，执行认真、严肃。 B：各任课教师授课计划、教案数只有应有数的95%，基本符合教学计划、大纲要求，执行较认真。 C：各任课教师授课计划、教案数只有应有数的90%，执行一般。 D：授课计划、教案数不足应有数的90%。	20 15 10 5	1．查阅教师管理文件及资料，随机抽查教师教案。 2．授课计划、教案应以2课时为单位编写。 3．本项应结合M4－1－1、M4－1－2条目进行评定。	近两年的教师教案、授课计划、课程表。

续表

三级指标编号及名称	内涵及标准	分值	说明	备查资料
M4-1-6 教研活动(20分)	检查专业教研室(教学科)开展教学研究工作情况。要求每学期有计划,活动记录(每周活动时间不少于2小时),总结,集体备课,相互听课,开展教学研究等。每缺一项减4分。	20		只查专业课教研室近两年的活动记录等原始资料。
M4-2-1 实践教学管理(20分)	检查实习指导书,大型作业,课程设计和毕业设计任务书,指导书等完备率,质量和执行情况。完备率 K=(实有实践教学文件数/应有实践教学文件数)×100% 完备率 K=100%计20分,小于50%计0分,其余用插入法取整数。	20	1. 检查近两学年各种教学文件的完备情况和执行情况。 2. 应开出的实践教学课按部颁教学文件确定。 3. 实习包括:认识实习,生产实习,毕业实习,指导实习等。	实习任务书,大型作业,导书,课程设计和毕业设计任务书,指导书等。
M4-2-2 实验开出率(40分)	实验开出率 K=(实验自开率 $K1$+实验实开率 $K2$)/2 $K1$=(校内开出的实验项目/应开出实验项目)×100% $K2$=(实际开出的实验项目/应开出实验项目)×100% K=100%计满分。 90%≤K<100%计30分。 K≤60%计0分,其余在0~30分用插入法计算取整数。	40	应开出实验项目按部颁教学计划和教学大纲确定,有力学、建材、测量、电工、土工。	1. 实验报告。 2. 仪器设备目录。 3. 外出做实验的应提供可靠的资料。

三级指标编号及名称	内涵及标准	分值	说明	备查资料
M4－2－3　实习开出率（40 分）	K＝（实际开出的实习数/应开开的实习数）×100% K＝100%计满分，K＝60%计 0 分，其余用插入法计算取整数。 实习有创造性改革可加分，但总分＜40 分。	40	应开实习项目以部颁教学计划和教学大纲所确定的项目为准。	各项实习指导书、任务书。 各项实习的学生实习报告。 指导性、实施性实习计划。 实习情况表。
M4－3－1　专业改革（20 分）	1. 有优化的实施专业培养方案，特色突出。 2. 专业课程改革，培养质量高。 3. 有突出技能培养的改革方案，教学效果显著。 4. 有适应改革的配套的教学大纲和教材。 5. 教学内容适应本行业新技术发展要求。 定性评分：每一项满分数 4 分，改革不符合上述要求每项减少 4 分。	20	1. 专业改革重点是突破专业范围狭窄、服务方向单一、重理论轻实践技能的模式，提高人才培养的适应性。 2. 教材改革的要求是精选内容，深浅适度，为专业改革服务。	有关专业改革资料。
M4－3－2　教法改革（20 分）	1. 专业教室建设与专业教学结合，有特色。 2. 充分利用现代化教学手段，体现先进性。 3. 突破传统的模式，教法灵活，科学，效果好 4. 教学以学生为主体，因材施教效果好 定性评分：每一项满分 5 分，改革不符合上述要求每项减 5 分	20	1. 现代化教学手段主要指电化教学手段和计算机辅助教学手段等。 2. 教法改革应试行模拟教学、案例教学等多种教学方式。	有关教法改革的教学资料、教案和相关教学设施等。

497

三级指标编号及名称	内涵及标准	分值	说明	备查资料
M4-3-3 考核方法改革(10分)	1. 专业课考试方法改革,教考分离,改革力度大。2. 实践能力考核改革,体现与生产实际相结合。定性评分:每项满分5分,不符合要求的每项减5分。	10	1. 专业课考试方法改革是指考、教分离及其他先进考核手段。2. 实践能力考核改革是指考核能结合现场进行,客观公正评价。	考试、考查的试卷及资料。
M5-1-1 思想教育(10分)	根据学生管理制度执行情况及在校生的思想品德、敬业精神和行为表现定性评分,满分10分。	10	包括学生管理的各种制度,包括在校生的思想品德、学习风气、生活纪律、文明礼貌、环境卫生等。	学生管理的各种资料。
M5-1-2 学习成绩(20分)	考核在校生的专业基础、专业课成绩。A:考试成绩基本呈正态分布。B:考试成绩基本呈正态分布。C:考试成绩不呈正态分布。D:多数学生不及格。	20 15 10 5	以平时考试成绩单为参考,以随机抽查为主。	代表班考试、考查成绩单。
M5-1-3 实践能力(20分)	考核在校生从事实验、实习、设计的能力。A:考核成绩基本呈正态分布,均值在良以上。B:考核成绩基本呈正态分布,均值在及格以上。C:考核成绩不呈正态分布。D:多数学生不及格。	20 15 10 5	以原始考核记录为参考,随机抽查本学年毕业学生。	代表班学生实验、实习考核成绩单。

三级指标编号及名称	内涵及标准	分值	说明	备查资料
M5-1-4 毕业生质量（30分）	考查毕业生的就业率、工作表现、业务能力、创新意识、就业证明、营业执照等。毕业生就业率主要考核查毕业生就业情况登记表、用工手续、证明、营业执照或业务主管部门对毕业生进行评价、学校提供调查资料，由评估组根据表现好的学生占被查学生的比例定性评分。 A：毕业生当年就业率达95%以上，质量高。 B：毕业生当年就业率达80%以上，质量较高。 C：毕业生当年就业率达60%以上，质量一般。 D：毕业生当年就业率达60%以下，质量差。	30 25 20 10	1. 毕业生对口升学、参军计入就业人数。 2. 调查本专业近三年的毕业生人数约30%。	毕业生就业情况统计表、学证明材料。 用人单位加盖公章的调查问卷。 毕业生对口升学录取材料、参军入伍手续。
M5-1-5 毕业生双证率（20分）	考查学生近三年获相关证书（指计算机等级证书、外语等级证书、专业技能等级证书）情况。 A：双证率≥50%。 B：30%≤双证率<50%。 C：10%≤双证率<30%。 D：5%≤双证率<10%。	20 15 10 5	以原始考核记录、劳动部门鉴定、专业考核成绩单或批准表为准。	劳动部门鉴定成绩单（加公章）。

三级指标编号及名称	内涵及标准	分值	说明	备查资料
M5-2-1 规模效益（30分）	内涵1：学校在校生总数。 A：总数≥2 400人。 B：2 000人≤总数＜2 400人。 C：1 500人≤总数＜2 000人。 D：总数＜1 500人。 内涵2：本专业在校生人数。 A：人数＞600人。 B：450人≤人数＜600人。 C：300人≤人数＜450人。 D：人数＜300人。	10 8 6 4 20 16 12 8	1. 在校生总人数指学校包括重点专业在内的全部学生人数。 2. 内涵各项所指学生数量包括： （1）全日制学生数。（2）各种培训折算人数 K＝成人培训人数×实际培训月份数/8（人）。 （3）同专业的函授班学员按0.4折算。	1. 每学年在校生名单。 2. 新生入学登记表。
M5-2-2 专业教师工作量（10分）	专业教师平均周学时数： K＝（近两年专业课学时总数/2×专业教师人数）÷38周 人均周学时≥14～20满分，不足或超过以上学时，每相差1学时扣1分。	10	1. 指导毕业设计15人以上，周学时按16学时计算。 2. 指导专业实习20人以上按每天2学时，依实际天数计算工作量。	学期授课计划。
M5-2-3 生产研究服务（20分）	本专业主动为企业生产经营、科研设计服务方面的情况： 1. 有经省级有关专业部门认定的具有二级以上资质等级的工程实验室，计10分。 2. 有校办企业，计10分。 无上述两项计0分。	10 10	要根据专业特点，实事求是地评价。	1. 有关技术服务成果。 2. 校办企业经营许可证。 3. 资质认证证书、营业执照。

河南省教育厅制定。

江苏省中等职业学校重点专业评估指标体系

一、为贯彻落实《中共中央国务院关于深化教育改革全面推进素质教育的决定》的精神，教育部制定了《中等职业学校专业目录》（教职成〔2000〕8号），在目录中确定了83个专业为中等职业学校重点建设专业，并组织力量开发了《重点建设专业教学指导方案》，分批下发。

《重点建设专业教学指导方案》体现了全面推进素质教育、深化职业教育教学改革的精神，明确了专业培养目标、业务范围、课程设置和教学要求，是实施学历教育的各类中等职业学校加强专业和课程建设、安排和组织教学活动的指导性教学文件。它侧重于对不同专业的具体要求。为了加强重点专业建设，特制定《江苏省中等职业学校重点专业评估指标体系》（以下简称《指标体系》）。《指标体系》依据教育部的有关文件，结合我省的实际情况，针对重点专业建设中的一些共性要求而制定，是今后对我省各中等职业学校重点专业全面评估的依据。《指标体系》与《重点建设专业教学指导方案》相配套，将对我省各类中等职业学校的专业建设起指导作用。

二、《指标体系》力求体现导向性、科学性、可操作性等原则，它适用于中等职业学校重点专业的评估，而不是对中等职业学校的全面评估。所列指标除"基础设施"等少数条目外，大多限于被评估的专业。本《指标体系》评估的专业以教育部制定的《中等职业学校专业目录》为申报依据，以连续举办5年为必要条件。

三、《指标体系》为三级指标结构，采用直接定等得分法。一级指标共5个，包括专业设置、专业师资、教学设施、教学管理与改革和质量效益。下设16个二级指标与52个三级指标。整个指标体系按100分计算，每个条目分A、B、C三等，根据所列的分值定等得分。以得分多少体现权重的大小。定为A等的条目得满分，定为B等的条目按满分的60%计，定为C等一般不得分。少数C等条目酌情给分（在评分说明中已注明），未达到C等不得分。

四、《指标体系》适用于第一、二、三产业各类中等职业学校的重点专业。个别专业的特殊性与条目所列的要求差别太大时，可在评估时由专家组依据有关的三级指标作适当调整。

五、除条目中有明确时效说明外，评估时效一律为评估前三学年。

六、本《指标体系》的解释权在江苏省教育厅职业教育与社会教育处。

一级指标	二级指标	三级指标	
M1 专业设置 （10分）	M1－1 专业开发（3分）	M1－1－1	社会调研与论证
		M1－1－2	社会参与
	M1－2 教学计划（3分）	M1－2－1	教学计划结构
		M1－2－2	教学计划内容
	M1－3 专业建设规划（2分）	M1－3－1	规划制订
		M1－3－2	规划实施
	M1－4 学生规模（2分）	M1－4－1	在校生数
		M1－4－2	毕业生数
M2 专业师资 （28分）	M2－1 师资结构（14分）	M2－1－1	专业师生比
		M2－1－2	学历结构
		M2－1－3	职称结构
		M2－1－4	"双师型"教师比例
		M2－1－5	专业负责人
		M2－1－6	实习指导教师
		M2－1－7	外聘教师
	M2－2 教师业务水平（10分）	M2－2－1	教学水平
		M2－2－2	计算机应用能力
		M2－2－3	外语能力
		M2－2－4	教科研能力
	M2－3 师资培训（4分）	M2－3－1	培训计划、措施
		M2－3－2	培训效果
M3 教学设施 （26分）	M3－1 基础设施（8分）	M3－1－1	校园网
		M3－1－2	计算机
		M3－1－3	语音室
		M3－1－4	多媒体教室
		M3－1－5	电子阅览室
	M3－2 实验室及设备（4分）	M3－2－1	实验室的配备
		M3－2－2	实验自开率

502

一级指标	二级指标	三级指标	
M3 教学设施 (26分)	M3-3 实习(实训)基地 (8分)	M3-3-1	校内实训基地
		M3-3-2	校内实训设备的先进性
		M3-3-3	校外实习基地
	M3-4 经费投入(2分)	M3-4-1	设备总值
	M3-5 图书资料(4分)	M3-5-1	专业藏书
		M3-5-2	专业期刊
M4 教学管理 与改革 (18分)	M4-1 教务管理(8分)	M4-1-1	教学文件
		M4-1-2	常规管理
		M4-1-3	教学检查和质量监控
		M4-1-4	教学管理现代化
	M4-2 教学改革(10分)	M4-2-1	教学管理制度改革
		M4-2-2	教学模式改革
		M4-2-3	教学方法和教学手段改革
		M4-2-4	课程结构与教学内容改革
		M4-2-5	考试考核改革
M5 质量效益 (18分)	M5-1 学生质量(12分)	M5-1-1	日常行为
		M5-1-2	专业技能证书
		M5-1-3	计算机、外语证书
		M5-1-4	社会评价
		M5-1-5	就业率
		M5-1-6	成才典型
	M5-2 专业示范辐射作用(6分)	M5-2-1	经验推广
		M5-2-2	产教结合成果
		M5-2-3	对外培训与服务

江苏省教育厅职业教育与社会教育处制定。

湖北省中等职业学校重点专业评估指标体系(试行)

(一) 湖北省中等职业学校重点专业评估指标体系目录、权重

一级指标 及权重	二级指标及权重	三级指标及权重		备 注
M1 专业设置 (0.12)	M1-1 专业条件(0.08)	M1-1-1 学校办学条件等级	(0.04)	
		M1-1-2 专业设置基本条件	(0.03)	
		M1-1-3 社会参与	(0.01)	
	M1-2 专业建设规划与 经费投入(0.04)	M1-2-1 专业建设规划	(0.01)	
		M1-2-2 经费投入	(0.03)	
M2 专业师资 (0.26)	M2-1 师资结构(0.14)	M2-1-1 专业师生比	(0.02)	
		M2-1-2 学历结构	(0.02)	
		M2-1-3 职称结构	(0.02)	
		M2-1-4 "双师型"教师比例	(0.02)	
		M2-1-5 专业带头人	(0.03)	
		M2-1-6 实习指导教师	(0.02)	
		M2-1-7 外聘教师	(0.01)	
	M2-2 教师业务水平 (0.09)	M2-2-1 教学水平	(0.03)	
		M2-2-2 教科研能力	(0.03)	
		M2-2-3 计算机应用能力	(0.03)	
	M2-3 师资培训(0.03)	M2-3-1 培训计划、措施、效果	(0.03)	
M3 教学设施 (0.22)	M3-1 基础设施(0.06)	M3-1-1 校园网	(0.01)	
		M3-1-2 计算机	(0.02)	
		M3-1-3 语音室	(0.01)	
		M3-1-4 多媒体教室	(0.01)	
		M3-1-5 电子阅览室	(0.01)	

一级指标及权重	二级指标及权重	三级指标及权重		备注
M3 教学设施 (0.22)	M3－2 实验室(0.06)	M3－2－1 实验室的配备	(0.03)	
		M3－2－2 实验自开率	(0.03)	
	M3－3 实习、训基地 (0.06)	M3－3－1 校内实训基地	(0.02)	
		M3－3－2 校内实训设备的先进性	(0.02)	
		M3－3－3 校外实习基地	(0.02)	
	M3－4 图书资料(0.04)	M3－4－1 专业藏书	(0.02)	
		M3－4－2 专业期刊	(0.02)	
M4 教学管理 与改革 (0.21)	M4－1 教务管理(0.11)	M4－1－1 教学计划结构与内容	(0.03)	
		M4－1－2 教学大纲与教材	(0.02)	
		M4－1－3 常规管理	(0.02)	
		M4－1－4 教学检查与质量控制	(0.02)	
		M4－1－5 教学管理现代化	(0.02)	
	M4－2 教学改革(0.10)	M4－2－1 教学管理制度改革	(0.02)	
		M4－2－2 教学模式改革	(0.02)	
		M4－2－3 教学方法、教学手段改革	(0.02)	
		M4－2－4 教学内容改革	(0.02)	
		M4－2－5 考试考核改革	(0.02)	
M5 质量效益 (0.19)	M5－1 学生质量效益 (0.13)	M5－1－1 在校学生数	(0.02)	
		M5－1－2 日常行为	(0.02)	
		M5－1－3 技能证书	(0.02)	
		M5－1－4 毕业生合格率	(0.02)	
		M5－1－5 就业率	(0.03)	
		M5－1－6 成才典型	(0.02)	
	M5－2 专业示范辐射作用(0.06)	M5－2－1 经验推广	(0.02)	
		M5－2－2 产教结合成效	(0.02)	
		M5－2－3 对外培训与服务	(0.02)	

（二）湖北省中等职业学校重点专业评估指标体系基本条目

指标条目编号及名称	M1-1-1　学校办学条件等级　（0.04）	
内涵	学校办学条件的评估结果。	
评分标准	A:学校为国家级重点学校；	（0.04）
	B:学校为省部级重点学校；	（0.02）
	C:学校为办学水平 A 级学校。	（0.01）
评分说明	由专家组核实学校提供材料认定。	
资料要求	教育部、省教育厅公布的评估结果文件。	

指标条目编号及名称	M1-1-2　专业设置基本条件　（0.03）	
内涵	（1）专业设置及调整经过社会调研与论证,适应地方经济建设和社会发展需求；（2）专业培养目标体现职业教育特征;（3）专业名称规范；（4）开办时间三年及以上。	
评分标准	A:完全符合内涵要求；	（0.03）
	B:有一条不符合内涵要求；	（0.02）
	C:有两条不符合内涵要求。	（0）
评分说明	专业名称符合教育部颁发的专业目录（教职成〔2000〕8 号）要求。	
资料要求	1. 开办该专业的论证报告； 2. 社会调研与论证的有关资料； 3. 学校重点专业开设与招生经主管部门的审批的文件。	

指标条目编号及名称	M1-1-3　社会参与　（0.01）	
内涵	所设专业与社会相关部门、团体、企业有着广泛的联系与合作,社会参与有一定的形式(如专业指导委员会或专业咨询委员会等),并在专业的开发与建设中发挥了积极作用。	
评分标准	A:完全符合内涵要求,积极发挥作用；	（0.01）
	B:基本符合内涵要求,能发挥作用；	（0.008）
	C:不符合上述评分标准,难以发挥作用。	（0.004）
评分说明	由专家组查三年来社会参与的有关资料认定。	
资料要求	1. 与社会相关部门、团体、企业等合作的有关资料； 2. 社会相关部门、团体、企业等在专业开发与建设中发挥作用的有关资料。	

506

指标条目编号及名称	M1－2－1 专业建设规划 （0.01）	
内涵	根据地方经济建设和社会发展需要,结合学校实际情况制定专业建设发展规划和年度实施计划,措施有力,成效突出。	
评分标准	A:发展规划经主管部门认可,年度实施计划落实,成效显著; B:有发展规划,年度实施计划大部分落实,有成效; C:有发展规划,年度实施计划大部分不能落实,成效一般。	（0.01） （0.008） （0.004）
评分说明	1. 专业建设规划应紧贴市场对人才的需求,围绕培养目标的实现,从教学设施建设、师资队伍建设、教材建设、教学管理和改革诸方面提出总体规划和具体的年度实施计划; 2. 检查近五年来专业建设的落实情况。	
资料要求	专业建设规划和年度实施计划有关资料。	

指标条目编号及名称	M1－2－2 经费投入 （0.03）	
内涵	该专业有稳定的经费投入,并且在学校专业建设总投入中占有较大比例,满足教学要求。	
评分标准	A:完全符合内涵要求,效果好; B:基本符合内涵要求,效果较好; C:有投入,所占比例小。	（0.03） （0.02） （0.01）
评分说明	1. 由专家组查近三年来专业建设的投入情况(包括教学设备、教材的添置、更新,教师培训的支出,科研费用等); 2. 与其他专业共用的专业实验、实习设备的建设费用包括在内,但非计算机专业公共机房的计算机不计算在内。	
资料要求	学校近三年来,学校专业建设的总投入情况、该专业的投入情况及设备、资料价值清单。	

指标条目编号及名称	M2－1－1 专业师生比 （0.02）	
内涵	本专业专业教师数与本专业在校学生数的比例。	
评分标准	A:1:25～1:30; B:1:31～1:35 或 1:20～1:24; C:高于 1:35;低于 1:20。	（0.02） （0.015） （0.01）

指标条目编号及名称	M2-1-1 专业师生比 （0.02）
评分说明	本专业专业教师是指属于教师编制的、在校专职从事专业基础课、专业课教学工作的教师（不包括实习指导教师）。
资料要求	1. 本专业专任专业教师名册； 2. 本专业在校学生人数统计表。

指标条目编号及名称	M2-1-2 学历结构 （0.02）
内涵	本专业专任教师学历符合国家规定学历的比例。
评分标准	A：本专业专任教师学历达标率90%以上（含），其中有2名教师获研究生学历； （0.02） B：本专业专任教师学历达标率85%以上（含），其中有1名教师获研究生学历； （0.015） C：本专业专任教师学历达标率85%以下，无获研究生学历教师。 （0.01）
评分说明	1. 中等职业学校专业课教师的合格学历为大学本科，学历以国家承认的学历为准； 2. 通过全国统一入学考试的在读研究生、本科生分别可视为研究生、本科学历计入； 3. 各等级标准中有一项不达标，相应降低一个等级评分。
资料要求	1. 学校教师人事档案； 2. 教师基本情况登记表； 3. 毕业证书复印件； 4. 专业教师名册； 5. 在读本科生相关资料。

指标条目编号及名称	M2-1-3 职称结构 （0.02）
内涵	本专业专任教师中高级职称人数与中级职称人数分别占本专业专任教师数的比例。
评分标准	A：中高级职称人数达70%以上（含），其中高级职称人数达25%以上（含）； （0.02） B：中高级职称人数达65%以上（含），其中高级职称人数达20%以上（含）； （0.015） C：中高级职称人数60%以上，其中高级职称人数15%以上。 （0.01）

指标条目编号及名称	M2－1－3　职称结构　（0.02）
评分说明	1．按评估时专任专业教师的职称数和总数计算。 2．各等级标准中有一项不达标，相应降低一个等级评分。
资料要求	专任专业教师职称资格批准文件或专业教师职称证书。

指标条目编号及名称	M2－1－4　"双师型"教师比例　（0.02）
内涵	专任专业教师中"双师型"教师的比例。
评分标准	A：专业教师平均实践年限5年以上，其中"双师型"的比例达20%以上(含)； （0.02） B：专业教师平均实践年限3年以上，其中"双师型"的比例达15%以上(含)； （0.015） C：专业教师平均实践年限低于3年，其中"双师型"比例低于15%。　（0.01）
评分说明	1．"双师型"教师是指具有中级及以上教师职称的教师，同时符合下列条件之一者：(1) 具有其他系列本专业或相关专业技术职称；(2) 具有中级工及以上技能证书；(3) 主持本校专业实践项目的研究开发工作并有相应的研究成果。 2．专业教师实践年限不满半年按半年计算，超过半年按1年计算。 3．各等级标准中有一项不达标，相应降低一个等级评分。
资料要求	1．专业教师专业技术职务及教师实践年限统计表和相关证书； 2．实践项目研究开发工作和成果的相关材料。

指标条目编号及名称	M2－1－5　专业带头人　（0.03）
内涵	专业带头人具有： 1．本科及以上学历，胜任该专业2门及以上主干课程教学； 2．高级职称； 3．"双师型"教师； 4．具有一定数量的教学科研成果，并获得市级及以上奖励； 5．在本专业领域中具有一定的社会影响。
评分标准	A：上述五项全部达到要求；　　　　　　　　　　　　　（0.03） B：上述五项有四项达到要求；　　　　　　　　　　　　（0.02） C：上述五项有三项达到要求。　　　　　　　　　　　　（0.01）

指标条目编号及名称	M2-1-5　专业带头人　（0.03）
评分说明	学校可在分管专业教学的校级领导、中层领导或专业教研组长中确定一位作为专业带头人，由专家组根据其条件进行评估。
资料要求	专业带头人的毕业证书、职称证书、技能证书、近五年来公开发表的论文、论著、科研成果证明材料、荣誉证书等相关材料。

指标条目编号及名称	M2-1-6　实习指导教师　（0.02）
内涵	1. 本专业实习指导教师数量满足实习教学要求［每教学班实习时有 2 个以上（含）实习指导教师指导］； 2. 本专业实习指导教师结构合理（全部具有中等职业学校毕业及以上相关专业学历，其中中级技术职称或高级工的人员占 60% 以上）。
评分标准	A：满足实习教学要求，结构合理，中级技术职称或高级工的人员占 60% 以上； （0.02） B：满足实习教学要求，结构基本合理，中级技术职称或高级工的占 50% 以上； （0.015） C：中级技术职称或高级工的人员在 50% 以下。　　　　　（0.01）
评分说明	1. 本条目评估该专业实习指导教师； 2. 财经类专业承担实习指导的教师可视为专职实习指导教师。
资料要求	1. 实习指导教师统计表； 2. 实习指导教师学历证书、职称证书、技能等级证书。

指标条目编号及名称	M2-1-7　外聘教师　（0.01）
内涵	专业教学有一支相对稳定、数量适宜、教学水平较高的外聘教师队伍。
评分标准	A：从企业、科研院所、学校和相关行业聘请的、教学水平较高且实践经验丰富的外聘教师占专任教师数 15%～25%，其中 1/2 以上连续聘任 2 年以上（含）；（0.01） B：从企业、科研院所、学校和相关行业聘请的、教学水平较高且实践经验丰富的外聘教师占专任教师数 10%～15% 或 25%～30%，其中 1/2 以上连续聘任 2 年以上（含）；　　　　　　　　　　　　　　　　　　　　　（0.008） C：外聘教师占专任教师数低于 10%，高于 30%，其中 1/2 以上未连续聘任 2 年以上。　　　　　　　　　　　　　　　　　　　　（0.004）

指标条目编号及名称	M2-1-7 外聘教师 (0.01)
评分说明	1. 外聘教师必须具有中级以上职称； 2. 外聘教师须办理聘用手续、且在校授课年工作量大于50学时方可计入外聘教师人数； 3. 以3年的资料进行统计。
资料要求	1. 外聘教师名册及聘任资料； 2. 近三年外聘教师参与教学的相关资料； 3. 近三年的课表。

指标条目编号及名称	M2-2-1 教学水平 (0.03)
内涵	专业理论课教学和实践课教学水平。
评分说明	A:专业理论教学和实践教学水平高；　　　　　　　(0.03) B:专业理论教学和实践教学水平较高；　　　　　　(0.02) C:专业理论教学和实践教学水平一般。　　　　　　(0.01)
评分说明	专家组听4名本专业教师的课(含实践课),其中:学校推荐2名教师、专家组随机抽测2名教师;听课后专家组与这些教师交谈,根据情况综合评分。
资料要求	本学期课表、被抽测教师的教案等资料。

指标条目编号及名称	M2-2-2 教科研能力 (0.03)
内涵	1. 教科研组织健全、有市级或以上立项课题且有研究成果； 2. 本专业教师承担主编、主审(或参编达1/3以上)部、省级规划教材； 3. 本专业教师积极进行教材开发和发明创造,自编教材、小发明、小制作,并为同类专业使用。 4. 本专业教师撰写的教育教学论文在公开刊物上发表,平均每年3篇以上(含)。
评分标准	A. 上述四项中有3项达到标准；　　　　　　　　　　(0.03) B. 上述四项中有2项达到标准；　　　　　　　　　　(0.02) C. 上述四项中有2项达到标准。　　　　　　　　　　(0.01)
评分说明	1. 查近三年来的资料； 2. 本专业教师参编的部、省级规划教材须参编字数达全书1/3以上(含)方可计入。
资料要求	1. 市级或市级以上立项课题材料； 2. 本专业教师主编、主审(或参编达1/3以上)的部、省级规划教材。

指标条目编号及名称	M2－2－3　计算机应用能力　（0.03）
内涵	1.专业教师在教学、科研中能比较熟练运用计算机； 2.运用多媒体课件教学的教师不少于50%； 3.45岁以下的专业教师至少掌握一种与教学相关的应用软件。
评分 标准	A:符合上述3项要求,教师计算机及多媒体课件教学运用能力强；　　（0.03） B:基本符合上述3项要求,教师计算机及多媒体课件教学运用能力较强； 　　　　　　　　　　　　　　　　　　　　　　　　　　　　（0.02） C:符合上述两项要求,教师计算机及多媒体课件教学运用能力一般。　（0.01）
评分 说明	1.专家组根据学校提供的材料综合评价； 2.查近三年来的资料。
资料 要求	1.专业教师计算机能力的等级证书； 2.专业教师教学课件开发和使用情况。

指标条目编号及名称	M2－3－1　培训计划、措施、效果　（0.03）
内涵	专业教师的业务培训有计划、有措施、有效果。
评分 标准	A.制订了中长期培训计划,措施得力,专业教师参加培训三年内人均学时达80学时及以上,培训效果好。　　　　　　　　　　　　　　　　　　　　　（0.03） B.有计划、有措施,专业教师参加培训三年内人均学时达60学时及以上,培训效果较好。　　　　　　　　　　　　　　　　　　　　　　　　　　（0.02） C.有计划,措施一般,专业教师参加培训三年内人均学时达40学时及以上,效果一般。　　　　　　　　　　　　　　　　　　　　　　　　　　　　（0.01）
评分 说明	1.教师的学历进修提高； 2.为达到"双师型"标准到生产、实践第一线的在岗培训,培训时间须满2个月； 3.参加教育行政部门或行业组织的新知识、新技术、新工艺、新方法培训,出国培训； 4.学校组织的其他培训,培训时间为40学时及以上方可计入。
资料 要求	该专业的教师培训计划和近三年来的实际培训资料(包括毕业证书、结业证书、学年成绩证明、培训证明等)。

指标条目编号及名称	M3-1-1　校园网　(0.01)
内涵	建立校园网,有水平较高的计算机管理系统,接入 Internet 网,有域名和主页。
评分标准	A:建有校园网,主干为千兆,宽带接入 Internet 网,有域名和主页;　　　　(0.01) B:学校建有校园网,接入 Internet 网,运转正常;　　　　　　　　　　　(0.005) C:学校建有校园网,接入 Internet 网,开始运转。　　　　　　　　　　　(0.003)
评分说明	考察学校的校园网,要求网络信息点通到全校各科室。
资料要求	学校校园网建设的有关资料(管理规章制度、账册、计划、工作记录等)和网络化管理及主要功能的介绍。

指标条目编号及名称	M3-1-2　计算机　(0.02)
内涵	学校拥有的教学用计算机总数与在校学生数相适应,满足教学需要。
评分标准	学校拥有的教学用计算机总数与在校学生之比为: A:1:7 以上(含),其中奔腾型号占 80% 以上(含);　　　　　　　　　　(0.02) B:1:9 以上(含),其中奔腾型号占 70% 以上(含);　　　　　　　　　　(0.015) C:1:15 以上(含),其中奔腾型号占 50% 以上(含)。　　　　　　　　　(0.01)
评分说明	1. 计算机台数的统计: (1) 学校行政管理、教师办公室等使用的计算机不计在内; (2) 电子阅览室的计算机可计入; (3) 计算机的型号须为 386 及以上方可计入。 2. 本栏在校生数是指全校在校生数。
资料要求	学校固定资产登记表(计算机部分)和在校学生统计表。

指标条目编号及名称	M3-1-3　语音室　(0.01)
内涵	学校语音室拥有的总座位数与在校学生数相适应,满足教学要求。
评分标准	学校语音室拥有的总座位数与在校学生之比为: A:1:20 以上(含);　　　　　　　　　　　　　　　　　　　　　　　　(0.01) B:1:24 以上(含);　　　　　　　　　　　　　　　　　　　　　　　　(0.008) C:1:30 以上(含)。　　　　　　　　　　　　　　　　　　　　　　　　(0.004)

指标条目编号及名称	M3-1-3 语音室 (0.01)
评分说明	检查学校语音室和固定资产登记表。
资料要求	学校固定资产登记表(语音室部分)和在校学生统计表。

指标条目编号及名称	M3-1-4 多媒体教室 (0.01)
内涵	充分利用多媒体教室,开展计算机辅助教学,改善教学手段。
评分标准	A:学校拥有 3 个以上多媒体教室(含); (0.01) B:学校拥有 2 个多媒体教室; (0.005) C:学校拥有 1 个多媒体教室。 (0.003)
评分说明	1. 多媒体教室是指设有视频展台、多媒体投影仪、多媒体计算机及音响设备的教室,具有双重功能的多媒体语音教室也可计入; 2. 考查学校多媒体教室和固定资产登记表(多媒体教室部分);
资料要求	学校固定资产登记表(多媒体教室部分)。

指标条目编号及名称	M3-1-5 电子阅览室 (0.01)
内涵	电子阅览室设施满足教学需要。
评分标准	A:电子阅览室设备 48 套以上,并与 Internet 网相联; (0.01) B:电子阅览室设备 24 套以上; (0.008) C:电子阅览室设备 16 套以上。 (0.004)
评分说明	1. 考查电子阅览室和固定资产登记表(电子阅览室部分); 2. 如未与 Internet 网相连,则必须有相适应的电子读物,数量不少于阅读设备套数的 10 倍,否则降等;
资料要求	1. 电子阅览室设施一览表; 2. 电子读物统计表; 3. 电子阅读设备台账及设备卡。

指标条目编号及名称	M3－2－1　实验室的配备　（0.03）
内涵	该专业的专业实验室(专用模拟室)的数量、质量,满足专业教学需要。
评分标准	A. 有满足专业需要且符合安全、卫生、照明要求的专业实验室(专用模拟室);实验室面积定额符合国家有关规定,排布合理;实验室仪器设备符合国家有关配备方案,有先进性。　（0.03） 　B. 有基本满足专业教学需要且符合安全、卫生、照明要求的专业实验室(专用模拟室);实验室面积定额基本符合国家有关规定,排布合理;实验室仪器设备符合国家有关配备方案;　（0.02） 　C. 实验室(专用模拟室)不够规范,仪器设备尚能满足教学需要,不完全符合国家有关配备方案。　（0.01）
评分说明	1. 是否满足专业教学需要,实验设备是否具有先进性等由专家组认定; 　2. 实验室建设标准参照《全日制普通中等专业学校校舍规划面积定额(试行)》[(87)教基字008号]确定。 　3. 考查专业实验室和专业教学的有关资料。
资料要求	1. 教育部颁发的该专业的教学指导方案; 　2. 专业主干课程教学大纲; 　3. 专业实验室设备清单; 　4. 先进设备、设施的资料介绍。

指标条目编号及名称	M3－2－2　实验自开率　（0.03）
内涵	该专业实验设备满足教学大纲要求。
评分标准	A:自开率95%以上(含),开出率100%;　（0.03） B:自开率85%以上(含),开出率95%以上(含);　（0.02） C:自开率80%以上(含),开出率90%以上(含)。　（0.01）
评分说明	1. 实验设备指学校自有学生实验用的设备; 　2. 实验自开率指校内实验室开出的实验项目数占大纲要求实验项目数的比例;实验开出率是指利用校内外实验设备开出的实验项目数占大纲要求实验项目数的比例; 　3. 实验设备拥有量必须保证实验总数80%以上的实验,能在合理分组(一般1~2人)的前提下完成,否则该条目降等; 　4. 财经类专业实验自开率含单项技能教学的自开率。

指标条目编号及名称	M3-2-2　实验自开率　（0.03）
资料要求	1. 各课程教学大纲,授课计划; 2. 各实验室主要设备清单; 3. 教学实验情况记录表; 4. 能反映实验自开情况及设备使用情况的原始资料; 5. 实验开出情况统计表。

指标条目编号及名称	M3-3-1　校内实训基地　（0.02）
内涵	校内专业实训基地的建设能够满足教学需要。
评分标准	A:能较好满足教学需要。　　　　　　　　　　　　　　　（0.02） B:能基本满足教学需要。　　　　　　　　　　　　　　（0.015） C:不能完全满足教学需要。　　　　　　　　　　　　　（0.01）
评分说明	1. 专家组结合专业教学计划中列出的能力结构和分阶段能力培养方案,现场查看学校专业实训场所; 2. 以培养职业素质和能力为宗旨,满足岗位训练要求的校内实训基地由专家组认定;宾馆服务和餐饮类专业对外服务的附属机构可视为岗位训练要求的校内实训基地。
资料要求	1. 专业教学计划; 2. 实训基地说明材料。

指标条目编号及名称	M3-3-2　校内实训设备的先进性　（0.02）
内涵	校内实训设备先进。
评分标准	A:专业主干课程的主要实训设备先进,与生产一线基本同步;　（0.02） B:专业主干课程的主要实训设备比较先进;　　　　　　　（0.015） C:专业主干课程的主要实训设备一般。　　　　　　　　　（0.01）
评分说明	1. 专业主干课程由专家组根据有关教学文件认定。 2. 实训设备的先进程度由专家组现场评价。
资料要求	技能训练方案和先进设备、设施的资料介绍。

516

指标条目编号及名称	M3－3－3　校外实习基地　（0.02）		
内涵	有稳定的满足教学要求的校外实习基地。		
评分 标准	A:基地稳定,签有协议,满 5 年;设备充足,满足生产实习要求,有专人负责指导; （0.02） B:基地稳定,签有协议,满 3 年;设备充足,基本满足生产实习要求,有专人负责 指导;　　　　　　　　　　　　　　　　　　　　　　　　　　　　　（0.015） C:有基地,有协议,不满 3 年,有专人负责指导。　　　　　　　　　（0.01）		
评分 说明	1. 实习基地稳定指学校与实习基地签有协议或主管部门下达了有关文件; 2. 设备充足是指实习单位生产设施和条件能保证学生都动手,能够满足实习大 纲要求; 3. 有专人负责指导是指与学校签有协议的一方人员。		
资料 要求	有关实习基地的协议(合同)或主管部门下达的文件。		

指标条目编号及名称	M3－4－1　专业藏书　（0.02）		
内涵	专业藏书满足专业教学的需要。		
评分 标准	A:该专业的专业藏书量是在 6 000 册以上(含);　　　　　　　　　（0.02） B:该专业的专业藏书是在 4 000 册以上(含);　　　　　　　　　　（0.015） C:该专业的专业藏书在 4 000 册以下。　　　　　　　　　　　　　（0.01）		
评分 说明	专业藏书指与该专业直接相关的专业书籍,以在账、上架、出借的数量计算。每种 书籍复本不超过 30 册;藏书量包括录像带和光盘,录像带按册书计,光盘按实际容 纳册数计。		
资料 要求	专业图书账册。		

指标条目编号及名称	M3－4－2　专业期刊　（0.02）		
内涵	专业期刊满足教学的需要。		
评分 标准	A:专业期刊每年 10 种以上(含);　　　　　　　　　　　　　　　　（0.02） B:专业期刊每年 7 种以上(含);　　　　　　　　　　　　　　　　（0.015） C:专业期刊每年 7 种以下(含)。　　　　　　　　　　　　　　　　（0.01）		

指标条目编号及名称	M3－4－2　专业期刊　（0.02）
评分说明	1. 专业期刊必须与该专业直接相关； 2. 电子期刊由专家组认定。
资料要求	近三年专业期刊目录及统计表。

指标条目编号及名称	M4－1－1　教学计划结构与内容　（0.03）
内涵	按照教育部教职成〔2000〕1 号、教职成〔2000〕2 号文和教育部《中等职业学校专业目录》、《重点建设专业教学指导方案》要求编制规范性的教学计划；专业培养目标明确，合理构建课程体系，突出理论教学和实践教学的有机结合与综合职业能力培养，具有适用性、针对性和前瞻性。
评分标准	A:符合内涵要求,规范;　　　　　　　　　　　　　　　　　　（0.03） B:基本符合内涵要求,比较规范;　　　　　　　　　　　　　（0.02） C:离内涵要求有差距,欠规范。　　　　　　　　　　　　　　（0.01）
评分说明	1. 专家组重点测评内容:培养目标定位和规格质量明确,课程设置合理,体现素质教育,突出技能培养,课程教学目标明确。 2. 实行学分制的年级,教学计划应作适当调整,以适应学分制的要求。
资料要求	提供实施性教学计划和教学计划表。

指标条目编号及名称	M4－1－2　教学大纲与教材　（0.02）
内涵	教学大纲齐全、规范,执行严格。
评分标准	A:完全符合内涵要求,规范,执行严格;　　　　　　　　　　（0.02） B:基本符合内涵要求,较规范,执行较严格;　　　　　　　（0.015） C:与内涵要求有差距,欠规范,执行一般。　　　　　　　　（0.01）
评分说明	1. 大纲与教材包括各课程教学大纲、实验大纲、实习大纲、实习任务与实习指导书、教材等资料; 2. 执行情况由专家组认定。
资料要求	该专业的各课程教学大纲、实验大纲、实习大纲、实习任务与指导书、教材等相应文件及执行情况的说明材料。

指标条目编号及名称	M4-1-3　常规管理　(0.02)
内涵	严格执行省教育厅颁布的教学管理规范(鄂教职成〔2001〕16号),制度健全,执行严格。
评分标准	A:完全符合内涵要求,制度健全,执行严格,效果好;　　　　　　　(0.02) B:基本符合内涵要求,制度健全,执行严格,效果较好;　　　　　　(0.015) C:有制度,有执行,效果一般。　　　　　　　　　　　　　　　(0.01)
评分说明	查该专业教学管理规范和有关规章制度及其执行情况。
资料要求	该专业的各类规章制度,反映执行情况的原始资料。

指标条目编号及名称	M4-1-4　教学检查与质量监控　(0.02)
内涵	教学检查和质量监控制度化,教学信息完整,反馈及时,措施得力,效果好。
评分标准	A:完全符合内涵要求,效果好;　　　　　　　　　　　　　　　(0.02) B:基本符合内涵要求,效果较好;　　　　　　　　　　　　　　(0.015) C:有制度,有措施,效果一般。　　　　　　　　　　　　　　　(0.01)
评分说明	查该专业开办以来教学检查和质量监控的情况。
资料要求	反映该专业教学检查和质量监控的原始资料。

指标条目编号及名称	M4-1-5　教学管理现代化　(0.02)
内涵	教学计划、学生学籍、教学课表、考试命题等四方面全面实行计算机管理,效果好。
评分标准	A:完全符合内涵要求;　　　　　　　　　　　　　　　　　　(0.02) B:有一个方面不符合内涵要求;　　　　　　　　　　　　　　(0.015) C:有两个方面不符合内涵要求。　　　　　　　　　　　　　　(0.01)
评分说明	查看有关软件、资料和现场测试。
资料要求	教学管理现代化的情况介绍。

指标条目编号及名称	M4－2－1　教学管理制度改革　（0.02）	
内涵	实行以学分制为主要内容的教学管理制度改革,成效突出。	
评分标准	A:积极推行以学分制为主要内容的教学管理制度改革,效果好;	（0.02）
	B:推行以学分制为主要内容的教学管理制度改革,效果较好;	（0.015）
	C:推行以学分制为主要内容的教学管理制度改革,效果一般。	（0.01）
评分说明	查学分制实施方案及实施过程的有关资料,由专家组认定其实施效果。	
资料要求	学分制实施方案及实施过程的有关资料。	

指标条目编号及名称	M4－2－2　教学模式改革　（0.02）	
内涵	适应市场需要,遵循职业教育规律,积极探索教学模式改革,成效突出。	
评分标准	A:积极探索教学模式改革,效果好;	（0.02）
	B:探索教学模式改革,效果较好;	（0.015）
	C:探索教学模式改革,效果一般。	（0.01）
评分说明	查该专业教学模式改革的有关资料。由专家组认定其实施效果。	
资料要求	教学模式改革的方案、总结性材料等。	

指标条目编号及名称	M4－2－3　教学方法、教学手段改革　（0.02）	
内涵	专业教师积极进行教学方法改革,熟练运用各种现代教育技术,教学效果好。	
评分标准	A:专业教师积极进行教学方法改革,熟练运用各种现代教育技术,教学效果好;	（0.02）
	B:专业教师能进行教学方法改革,运用现代教育技术,教学效果较好;	（0.015）
	C:专业教师能进行教学方法改革,运用现代化教育技术,教学效果一般。	（0.01）
评分说明	现代教育技术包括远程教学技术、计算机辅助教学技术、多媒体技术等;由学校提供教学方法和教学手段改革有关资料,专家组现场测评定等。	
资料要求	专业教师进行教学方法和教学手段改革的资料。	

指标条目编号及名称	M4－2－4　教学内容改革　（0.02）		
内涵	专业教学不断更新教学内容,及时补充反映新技术、新产品、新设备、新工艺的内容。		
评分 标准	A:积极进行教学内容改革,逐步调整课程结构,教学内容先进,教学效果好; B:积极进行教学内容改革,逐步调整课程结构,教学效果较好; C:能进行教学内容改革,逐步调整课程结构,教学效果一般。		（0.02） （0.015） （0.01）
评分 说明	专家组通过看资料、听汇报、听课等,对专业教学在教学内容方面的改革进行综合评价。		
资料 要求	教学内容改革方面的有关资料,如课程结构改革方案、更新教学内容的自编教材等。		

指标条目编号及名称	M4－2－5　考试考核改革　（0.02）		
内涵	积极进行专业教学考试、考核方法与手段考核改革,逐步建立和完善培养学生全面素质和综合职业能力的教学质量评价体系。		
评分 标准	A:符合内涵要求,效果好; B:基本符合内涵要求,效果较好; C:离内涵要求有差距,效果一般。		（0.02） （0.015） （0.01）
评分 说明	学校提供近三年的有关材料,由专家组评定。		
资料 要求	专业教学考试考核改革的方案及实施资料,总结性材料等。		

指标条目编号及名称	M5－1－1　在校学生数　（0.02）		
内涵	该专业在校学生总数。		
评分 标准	A:该专业在校学生总数 240 人以上(含); B:该专业在校学生总数 180 人以上(含); C:该专业在校学生总数 180 人以下,120 人以上。		（0.02） （0.015） （0.01）

指标条目编号及名称	M5－1－1　在校学生数　（0.02）
评分说明	1. 在校学生数是指全日制学历教育人数。 2. 上述指标数是针对三年制学制制定的。如该专业为四年制，评分标准的各项学生数须分别按 1/3 的比例递增；如学校一年级新生不分专业，则按二、三年级在校学生数统计，评分标准的各项学生数须分别按 1/3 的比例递减。
资料要求	本专业在校学生名册。

指标条目编号及名称	M5－1－2　日常行为　（0.02）
内涵	学校严格执行学生日常行为规范，有良好的校风校纪，无重大事故，获上级部门表彰多。
评分标准	A：学校风气好，学生守纪律，受省、市级表彰的学生多。　　　　　　　　（0.02） B：学校风气较好，学生能守纪律，受省、市级表彰的学生较多。　　　　（0.015） C：学校风气一般，学生基本上能守纪律，受省、市表彰的学生较少。　　（0.01）
评分说明	1. 受表彰的学生包括个人优秀或团体优秀； 2. 专家组可实地考察，了解校风校纪、行为习惯等情况； 3. 近三年内有学生被刑事拘留及以上者，或因责任事故造成学生非正常死亡，记为 0 分。
资料要求	1. 优秀学生和学生集体获奖统计表及奖励证书； 2. 学生严重违纪材料及处分文件。

指标条目编号及名称	M5－1－3　技能证书　（0.02）
内涵	该专业毕业生在校期间获得相关技能证书的比例。
评分标准	A：获相关技能证书毕业生数占毕业生总数比例，近三年均达 90%；　　　（0.02） B：获相关技能证书毕业生数占毕业生总数比例，近三年均达 80%；　　（0.015） C：获相关毕业生总数比例，近三年均达 70%。　　　　　　　　　　　　（0.01）
评分说明	1. "证书"指由有关部门统一颁发的社会认可的证书； 2. 相关技能证书指"上岗证"、"职业资格证"、"技能等级证"等。 3. 毕业生一人获多项证书的，按一项证书计算。
资料要求	1. 近两年该专业毕业生名单及在校期间获本专业相关技能证书统计表； 2. 各类证书的复印件或其他证明材料。

指标条目编号及名称	M5－1－4　毕业生合格率　（0.02）	
内涵	该专业近三年来毕业生合格率。	
评分 标准	A：该专业近三年来毕业生合格率在95%以上（含）；	（0.02）
	B：该专业近三年来毕业生合格率在90%以上（含）；	（0.015）
	C：该专业近三年来毕业生合格率在85%以上（含）。	（0.01）
评分 说明	1. 毕业生合格率指颁发毕业证书的毕业生占当年毕业生的比例； 2. 毕业生合格率分年度计算。	
资料 要求	近三年来毕业证书验印记录。	

指标条目编号及名称	M5－1－5　就业率　（0.03）	
内涵	该专业毕业生适需对路,学校重视就业与创业指导教育,毕业生当年就业率高。	
评分 标准	A：学校重视就业与创业指导,该专业近两年毕业生当年就业率均达90%以上（含）,对口就业率占60%以上（含）；	（0.03）
	B：学校较重视就业与创业指导,该专业近两年毕业生当年就业率均达80%以上（含）,对口就业率占50%以上（含）；	（0.02）
	C：学校能重视就业与创业指导,该专业近两年毕业生当年就业率达70%以上（含）,对口就业率占40%以上（含）。	（0.01）
评分 说明	1. "就业"包括与用人单位签订协议（合同）或以诚实劳动、合法经营、自主创业、有稳定收入、自谋职业者,升入高一级学校者计入对口就业人数； 2. 学校必须开设《就业与创业指导》课； 3. 专家组对学校提供的材料进行核实计算。	
资料 要求	1. 近三年该专业毕业生名单及就业情况统计表； 2. 就业情况证明材料（协议、合同或个体营业执照复印件）； 3. 反映开设《就业与创业指导》课的材料。	

指标条目编号及名称	M5－1－6　成才典型　（0.02）	
内涵	该专业毕业生综合职业能力强,素质好,在岗位上已取得一定成绩。	
评分 标准	A：该专业毕业生成才典型多,事例突出；	（0.02）
	B：该专业毕业生成才典型较多,有较好的事例；	（0.015）
	C：该专业毕业生成才典型与事例一般。	（0.01）

指标条目编号及名称	M5-1-6　成才典型　（0.02）
评分说明	1. 成才典型指获得劳动模范、先进工作者、"三八"红旗手、劳动奖章、优秀党员、技术标兵等称号，或有发明创造、英雄事迹的人员，或自主创业成功的典型； 2. 列入成才典型的毕业生毕业时间应在十年以内； 3. 由专家组根据学校提供的材料评定。
资料要求	1. 该专业毕业生成才典型统计表； 2. 该专业毕业生成才典型事例简介； 3. 获奖证书或复印件。

指标条目编号及名称	M5-2-1　经验推广　（0.02）
内涵	该专业对校内和校外的专业建设提供有价值的经验，起到了示范、指导作用。
评分标准	A：符合内涵要求，效果好；　　　　　　　　　　　　　　　　　　（0.02） B：基本符合内涵要求，效果较好；　　　　　　　　　　　　　　（0.015） C：有经验，效果一般。　　　　　　　　　　　　　　　　　　　（0.01）
评分说明	1. 经验既可以是该专业的教育教学经验，也可以是学校整体方面的经验，但必须与该专业的教育教学相关； 2. 经验须在市、州及以上有关教育、行业行政部门召开的会议，或面向社会公开发行、有一定知名度的杂志、报纸上作过介绍。
资料要求	反映经验推广的相关资料，如系学校整体经验则须将与该专业直接相关的部分注明。

指标条目编号及名称	M5-2-2　产教结合成效　（0.02）
内涵	依托专业产教结合成效突出，有教学效益、社会效益、经济效益。
评分标准	A：符合内涵要求，效果好，效益高；　　　　　　　　　　　　　（0.02） B：基本符合内涵要求，效果较好，效益较高；　　　　　　　　　（0.015） C：效果一般，效益一般。　　　　　　　　　　　　　　　　　　（0.01）
评分说明	1. 由专家组根据学校依托该专业的优势进行新产品或新技术推广、技术咨询、技术服务等方面的效益，综合评分。 2. 新产品、新技术、新工艺等成果须提供有关部门的鉴定材料。
资料要求	1. 产教结合的工作计划，总结材料。 2. 反映产教结合效益的证明材料（合同、账册、技术推广证明，论文、成果及在教学中的应用等）。

指标条目编号及名称	M5-2-3　对外培训与服务　（0.02）		
内涵	该专业对外进行再就业培训和在职培训人次多,利用专业教学资源积极开展社会服务。		
评分标准	A:培训人次多,社会服务效果好;		（0.02）
	B:培训人数较多,社会服务效果较好;		（0.015）
	C:有培训,有社会服务,效果一般。		（0.01）
评分说明	专家组从规模、质量、效益三方面综合评价本专业近三年来为社会进行职业培训和社会服务的情况		
资料要求	1. 培训计划; 2. 培训班学员名册; 3. 其他有关证明材料。		

来源:《湖北省教育厅关于在全省中等职业学校开展省级重点专业评估工作的通知》(2002 年 6 月)。

广东省中等职业学校重点专业评价指标体系

编 制 说 明

一、为贯彻落实《国务院关于大力发展职业教育的决定》，深化职业教育教学改革，依据教育部有关文件精神，加强重点专业建设，现结合我省实际情况制定《广东省中等职业学校重点专业评价指标体系》，对各中等职业学校重点专业建设进行评价和指导。

二、《指标体系》遵循导向性、科学性、可操作性的原则，作为今后我省各中等职业学校重点专业评价和评审的主要依据。对体育、艺术等特殊行业的重点专业可依据有关规定作适当调整。评价指标限于对本专业的要求，适用于第一、二、三产业的各类中职学校。

三、《指标体系》为二级指标结构，一级指标有 5 项，二级指标为 22 项，二级指标分为 A、B、C 三等。采用百分制计分法，即各指标得分为该指标满分值乘以等级系数（A——1.0，B——0.8，C——0.6），未达到 C 等为 0 分，各指标得分取小数后1 位，结论取整数。

四、评价时限：除指标中有明确时限要求外，定性指标的时限一般为近两学年，定量指标以当时现状为准。

五、评价结论：优秀（90~100 分）、良好（80~89 分）、合格（60~79 分）。

六、重点专业审定：优秀为达标，良好为基本达标，合格者要整改（一年内），不合格者要撤销。

广东省中等职业学校重点专业评价指标

一级指标	二级指标	分值	一级指标	二级指标	分值
M1 专业师资	M1-1 专业教师配备	3	M1 专业师资	M1-3 专业带头人	2
	M1-2 师资结构	6		M1-4 实习指导教师	4

一级指标	二级指标	分值	一级指标	二级指标	分值
M1 专业师资	M1－5 教学水平	5	M3 教学管理	M3－4 专业教研组管理	4
	M1－6 教科研能力	4	M4 教学改革	M4－1 专业建设	4
	M1－7 师资队伍建设	3		M4－2 专业课程体系改革	4
M2 实训设备	M2－1 专业实训室配置	7		M4－3 教学内容改革与 教材建设	4
	M2－2 设备总值	7	M5 质量效益	M5－1 专业规模	6
	M2－3 实验、实训开出率	7		M5－2 专业课成绩	4
M3 教学管理	M3－1 教务管理	5		M5－3 专业技能证书	4
	M3－2 教学质量监控	5		M5－4 就业率	4
	M3－3 实践教学管理	4		M5－5 对外培训	4

指标编号及名称	M1-1 专业教师配备(3分)
评等标准	A. 本专业主干专业课程均有本校专业教师任教,专业教师周课时数平均为12~14节,本校在职教师达80%以上,有外聘生产一线专业技术人员兼职任教达10%以上。 B. 本专业主干专业课程均有本校教师任教,专业教师周课时数平均为14~16节,本校在职教师达70%以上,有外聘生产一线专业技术人员兼职任教。 C. 本专业主干专业课程均有本校教师任教,专业教师周课时数平均为16节以上,本校在职教师达60%以上。
说明	专任专业教师指在职专业教师和行政兼课教师、外聘专职教师。
资料要求	1. 专业教师基本情况表 4. 专业教师任课情况表(含外聘专业技术人员) 2. 外聘专职教师基本情况表 5. 近两学年总课程表 3. 聘用教师合同、聘书 6. 行政兼课教师周课时数平均为4~6节

指标编号及名称	M1-2 师资结构(6分)
评等标准	A. 本专业教师有本科以上学历达100%,中、高级职称专业教师达60%以上,其中有高级职称专业教师2人以上,双师型专业教师达50%以上。 B. 本专业教师有本科以上学历达90%,中、高级职称专业教师达50%以上,其中有高级职称专业教师,双师型专业教师达40%以上。 C. 本专业教师有本科以上学历达80%,中、高级职称专业教师达40%以上,双师型专业教师达30%以上。
说明	双师型教师指学历达标、具有教师资格和教师系列之外的专业技术职称或中级以上(含中级)专业技能职业资格的专业课教师。(专业课程包括专业基础课、专业课、教学实习和综合实习)
资料要求	1. 双师型教师基本情况表 2. 学历、职称、职业资格证书

指标编号及名称	M1-3　专业带头人(2分)

评等标准	A．本专业带头人是具有本科以上学历的专业教师,所学专业对口,有高级职称和高级职业资格证,有较强的教科研能力,胜任该专业两门以上专业课程教学。 B．本专业带头人是具有本科以上学历的专业教师,有高级职称和中级职业资格证,胜任该专业两门以上专业课程教学。 C．本专业带头人是具有本科以上学历的专业教师,有中级职称和中级职业资格证,胜任该专业一门以上主干专业课程教学。
说明	
资料要求	1．专业带头人的学历、职称、职业资格证书 2．教科研成果证书及资料 3．任课表

指标编号及名称	M1-4　实习指导教师(4分)

评等标准	A．本专业专职实习指导教师数满足教学要求(每个教学班实训时有2名实习指导教师),实习指导教师学历全部达到有关规定,有中、高级职业资格证的教师占80％以上。 B．本专业专职实习指导教师数基本满足教学要求(每个教学班实训时有1名实习指导教师),实习指导教师学历90％达到有关规定,有中、高级职业资格证的教师占60％以上。 C．本专业专职实习指导教师数基本满足教学要求(每个教学班实训时有1名实习指导教师),实习指导教师学历80％达到有关规定,有中、高级职业资格证的教师占40％以上。
说明	第三产业的专业教师承担实习指导可计入专职实习指导教师。 实习指导教师职业资格证含技能等级证或本专业职称证。
资料要求	1．实习指导教师基本情况表 2．学历、职称、职业资格证书

指标编号及名称	M1－5　教学水平(5分)
评等标准	A. 本专业教师理论教学水平测评优秀率高,专业实践平均每两年达 2 个月以上,参加专业实践的教师达 100%,全部能运用现代教育技术教学。 B. 本专业教师理论教学水平测评优秀率较高,专业实践平均每两年达 1 个月以上,参加专业实践的教师达 80% 以上,大部分能运用现代教育技术教学。 C. 本专业教师理论教学水平测评优秀率较高,专业实践平均每两年达 1 个月以上,参加专业实践的教师达 60% 以上,少部分能运用现代教育技术教学。
说明	
资料要求	1. 近两学年专业教师教学水平测评资料 2. 专业教师到企业专业实践的有关材料

指标编号及名称	M1－6　教科研能力(4分)
评等标准	A. 有本专业教师完成的部、省级以上教育教学课题研究成果;有本专业教师参编部、省级规划统编教材;撰写公开发表的专业教学论文或省级以上学术性研讨会评审一、二等奖的论文,近三年平均每年 3 篇以上。 B. 有本专业教师完成的市级以上教育教学课题研究成果;有本专业教师参编省、市级公开出版的教材;撰写公开发表的专业教学论文或省级以上学术性研讨会评审一、二等奖的论文,近三年平均每年 2 篇以上。 C. 有本专业教师完成的市级以上教育教学课题研究成果或有本专业教师参编省、市级公开出版的教材;撰写公开发表的专业教学论文或市级以上学术性研讨会评审一、二等奖的论文,近三年平均每年 2 篇以上。
说明	
资料要求	1. 教育教学课题研究成果材料 2. 主编、主审、参编的教材 3. 公开发表论文的刊物或获奖论文证书

指标编号及名称	M1-7 师资队伍建设(3分)
评等标准	A. 本专业师资队伍建设有三年计划,目标任务明确,有制度保证;有新教师培养计划,有教师进修、专业培训、外出参观学习、社会实践的计划安排;继续教育措施落实,成效显著。 B. 本专业师资队伍建设有三年计划,目标任务明确;有新教师培养计划,有教师进修、专业培训、外出参观学习、社会实践的计划安排;继续教育措施基本落实,成效较显著。 C. 本专业师资队伍建设有三年计划,目标任务明确;有新教师培养计划,有教师进修、专业培训、社会实践的计划安排;继续教育措施基本落实,成效一般。
说明	
资料要求	1. 师资队伍建设三年规划 2. 教师培训制度 3. 教师培养培训计划安排、总结及有关培养培训资料

指标编号及名称	M2-1 专业实训室配置(7分)
评等标准	A. 有满足本专业教学要求的专业教室和实训室,室内布局合理,面积和主要实验、实训设备符合教育部重点建设专业设置标准的要求,有能容纳两个班学生同时演练的设施设备,并达到省内学校同类专业先进水平。 B. 有满足本专业教学要求的专业教室和实训室,室内布局合理,面积和主要实验、实训设备符合教育部重点建设专业设置标准的要求,有能容纳一个班学生同时演练的设施设备,并达到省内学校同类专业先进水平。 C. 有满足本专业教学要求的专业教室和实训室,室内布局较合理,面积和主要实验、实训设备符合教育部重点建设专业设置标准的要求,有能容纳一个班学生同时演练的设施设备。
说明	实地考察专业教室和实训室。

指标编号及名称	M2－2　设备总值(7分)
评等标准	A. 学校重视本专业教学设备的投入,现有专业教学设备总值按第一、二、三产业分类标准为:第一、三产业 100 万元,第二产业 200 万元。 　　B. 学校重视本专业教学设备的投入,现有专业教学设备总值按第一、二、三产业分类标准为:第一、三产业 80 万元,第二产业 160 万元。 　　C. 学校重视本专业教学设备的投入,现有专业教学设备总值按第一、二、三产业分类标准为:第一、三产业 60 万元,第二产业 100 万元。
说明	计算机专业限统计本专业教学用计算机。 暂缺的实验实训设备有逐年的添置计划。
资料要求	1. 实验实训设备价值清单或账本 2. 经费投入计划,资金落实情况材料

指标编号及名称	M2－3　实验、实训开出率(7分)
评等标准	A. 本专业实验、实训教学符合大纲要求,实验、实训开出率达 100%。 B. 本专业实验、实训教学符合大纲要求,实验、实训开出率达 90%。 C. 本专业实验、实训教学符合大纲要求,实验、实训开出率达 80%。
说明	实验实训开出率指利用校内外设备实际开出的项目数占教学大纲、实训大纲规定的项目总数的比例。
资料要求	1. 实验实训开出率统计表 2. 教学大纲和实训大纲 3. 部分学生作业

指标编号及名称	M3-1 教务管理(5分)
评等标准	A. 本专业实施性教学计划、教学大纲、实训大纲、实验指导书、教师学期授课计划、实习实训计划等教学文件资料完备率100%,编制规范,审批手续完备,各项教学管理制度完善,管理手段先进。 B. 本专业实施性教学计划、教学大纲、实训大纲、实验指导书、教师学期授课计划、实习实训计划等教学文件资料完备率90%,编制规范,审批手续完备,各项教学管理制度完善。 C. 本专业实施性教学计划、教学大纲、实训大纲、实验指导书、教师学期授课计划、实习实训计划等教学文件资料完备率70%,编制较规范,审批手续完备,各项教学管理制度较完善。
说明	
资料要求	1. 各种教学文件资料 2. 各项教学管理制度

指标编号及名称	M3-2 教学质量监控(5分)
评等标准	A. 本专业教学检查和质量监控措施得力、制度化、规范化,执行教学计划严格,有质量分析,效果好。 B. 本专业教学检查和质量监控措施得力、制度化、规范化,执行教学计划较严格,有质量分析,效果较好。 C. 本专业教学检查和质量监控措施得力、制度化,执行教学计划较严格,有质量分析,效果一般。
说明	教学检查包括日常检查和期中教学检查。质量监控措施包括教学质量测评、考核、综合评价。
资料要求	1. 教学检查制度、记录 2. 教学质量测评、考核、综合评价、质量分析资料

指标编号及名称	M3 – 3　实践教学管理(4分)
评等标准	A. 实践教学管理严格,有组织,有计划,有安排,有检查,考核有标准;实验实训设备管理制度健全,设备账、卡齐全,有使用记录;有稳定的校外实习基地。 　B. 实践教学管理较严格,有计划,有组织,有安排,有检查,考核有标准;实验实训设备管理制度较健全,设备账、卡较齐全,有使用记录;有稳定的校外实习基地。 　C. 实践教学管理较严格,有组织,有计划,有安排;实验实训设备管理制度较健全,设备账、卡较齐全,有部分使用记录;有稳定的校外实习基地。
说明	
资料要求	1. 实践教学管理机构,计划安排、考核标准、检查记录 2. 实验实训设备管理制度,设备账、卡,使用记录 3. 校外实习基地协议

指标编号及名称	M3 – 4　专业教研组管理(4分)
评等标准	A. 专业教研组(室)经常性开展教学研究活动,有计划、有记录、有总结,教研组(室)认真进行各项教学检查,组织相互听课,各项教学管理资料齐全。 　B. 专业教研组(室)较好地开展教学研究活动,有计划、有记录、有总结,教研组(室)认真进行各项教学检查,组织相互听课,各项教学管理资料较齐全。 　C. 专业教研组(室)较好地开展教学研究活动,有部分计划、记录、总结以及各项教学管理资料。
说明	
资料要求	1. 专业教研组(室)工作计划,教学研究活动记录、总结。 2. 专业教研组(室)各项教学管理文件资料。 3. 专业教研组(室)各项教学检查资料,听课记录。

534

指标编号及名称	M4-1　专业建设(4分)

评 等 等 标 准	A. 本专业设置和建设有充分的社会调查与论证,专业培养目标明确,课程设置合理,突出技能培养;专业建设有规划、有措施,有专业指导机构,有企业参与。 B. 本专业设置和建设有充分的社会调查与论证,专业培养目标明确,课程设置较合理,突出技能培养;专业建设有规划、有措施。 C. 本专业设置和建设有社会调查与论证,专业培养目标明确;专业建设有规划、有措施。
说 明	专业设置符合教育部《关于中等职业学校专业设置管理的原则意见》。 课程设置符合教育部《关于制定中等职业学校教学计划的原则意见》。
资 料 要 求	1. 专业设置和建设的社会调查与论证报告、方案 2. 专业建设有规划 3. 专业指导机构、企业参与工作记录

指标编号及名称	M4-2　专业课程体系改革(4分)

评 等 等 标 准	A. 积极探索本专业课程体系改革,开设有与企业需求同步的新课程,采用课程综合化,构建教学模块等方式;已建立新的专业课程体系;逐步实行一体化教学等新的教学模式,改革效果好。 B. 积极探索本专业课程体系改革,开设有与企业需求同步的新课程,采用课程综合化,构建教学模块等方式;初步建立新的专业课程体系;逐步实行一体化教学等新的教学模式,改革效果较好。 C. 积极探索本专业课程体系改革,采用课程综合化,构建教学模块等方式;尝试新的教学模式,改革效果较好。
说 明	
资 料 要 求	1. 新的专业课程体系方案 2. 有关实行新的教学模式的资料

指标编号及名称	M4-3 教学内容改革与教材建设(4分)
评等标准	A. 积极开展本专业课程教学内容改革,改革力度大,及时更新教学内容,补充新知识、新技术、新工艺、新设备等内容;教材的选用与管理规范,积极组织编写适用于本专业的校本教材。 B. 积极开展本专业课程教学内容改革,改革力度大,更新教学内容,补充新知识、新技术、新工艺、新设备等内容;教材的选用与管理规范。 C. 积极开展本专业课程教学内容改革;更新教学内容,补充新知识、新技术、新工艺、新设备等内容;教材的选用与管理较规范。
说明	
资料要求	1. 本专业各门课程教学内容改革材料(方案、总结、论文等) 2. 教材选用与管理制度 3. 校本教材(样本)

指标编号及名称	M5-1 专业规模(6分)
评等标准	A. 本专业近两学年中职学历教育在校生总数平均达400人以上。 B. 本专业近两学年中职学历教育在校生总数平均达300人以上。 C. 本专业近两学年中职学历教育在校生总数平均达200人以上。
说明	本指标按三年制专业而定,如学校一年级不分专业,则按二、三年级在校生统计,评等标准可按比例减少,如该专业为四年制,评等标准按比例增加。
资料要求	1. 本专业中职学历教育在校生数统计表 2. 本专业中职学历教育在校生花名册

指标编号及名称	M5-2 专业课成绩(4分)
评等标准	A. 本专业学生近两学期各门专业课程考核成绩合格率平均达 100% 以上。 B. 本专业学生近两学期各门专业课程考核成绩合格率平均达 90% 以上。 C. 本专业学生近两学期各门专业课程考核成绩合格率平均达 80% 以上。
说明	
资料要求	1. 本专业学生近两学期各门专业课程考核成绩统计表 2. 考试卷备查

指标编号及名称	M5-3 专业技能证书(4分)
评等标准	A. 本专业近两届毕业生在校期间获本专业相关技能证书的人数比例平均达 90%以上(第一、三产业平均达 60%)。 B. 本专业近两届毕业生在校期间获本专业相关技能证书的人数比例平均达 80%以上(第一、三产业平均达 50%)。 C. 本专业近两届毕业生在校期间获本专业相关技能证书的人数比例平均达 70%以上(第一、三产业平均达 40%)。
说明	
资料要求	1. 本专业近两届毕业生在校期间获本专业相关技能证书统计表 2. 获本专业相关技能证书审批表 3. 本专业近两届毕业生花名册

指标编号及名称	M5－4　就业率(4分)
评等标准	A. 学校重视就业指导工作,有机构、有专人负责,有计划、有安排,措施得力;本专业近两届毕业生一次就业率平均达100%。 B. 学校重视就业指导工作,有机构、有专人负责,有计划、有安排,措施得力;本专业近两届毕业生一次就业率平均达95%。 C. 学校重视就业指导工作,有机构、有专人负责,有计划、有安排,措施比较得力;本专业近两届毕业生一次就业率平均达85%。
说明	
资料要求	1. 学校就业指导机构,工作计划安排 2. 本专业近两届毕业生一次就业率统计表 3. 就业情况有关佐证材料

指标编号及名称	M5－5　对外培训(4分)
评等标准	A. 每年本专业面向社会及本行业在职培训和就业培训,有机构,有计划安排,有记录,培训人次多。 B. 每年本专业面向社会及本行业在职培训和就业培训,有机构,有计划安排,有记录,培训人次较多。 C. 每年本专业有开展面向社会及本行业在职培训和就业培训,有计划安排,有记录。
说明	
资料要求	1. 培训机构、计划、安排、记录 2. 每年本专业面向社会及本行业在职培训和就业培训的教学安排、教材等资料 3. 培训人数统计表、学员名册

广东省教育厅职业与成人教育处制定。

江西省中等职业教育省级重点建设专业评估指标体系

一级指标	二级指标
1 专业设置	1－1 专业办学历史和专业发展规划
	1－2 专业地位和规模
2 专业师资	2－1 专业师资结构
	2－2 专业师资培训
3 专业教学条件	3－1 学校整体办学条件
	3－2 专业设施条件
	3－3 专业实践基地
4 专业教学管理与改革	4－1 专业教学管理
	4－2 专业培养模式改革
	4－3 专业教学改革
5 专业教育教学质量效益	5－1 专业毕业生质量
	5－2 专业特色和示范作用

二级条目编号、名称	1－1 专业办学历史和发展规划
内涵及标准	A. 学校具有十年以上举办本专业教育的历史;学校制定了切实可行的专业教育发展规划,并落实到位。 C. 学校一般应具有连续五年以上举办本专业教育的历史;学校有专业教育发展规划,并落实较好。
说明	
必备材料	1. 学校设置本专业的批文; 2. 学校历年招收本专业学生的统计表及相关材料; 3. 学校制定的专业教育发展规划; 4. 落实专业教育发展规划的措施、效果等相关材料。
操作建议	

二级条目编号、名称	1-2 专业地位和规模
内涵及标准	A. 学校高度重视本专业教育工作,本专业教育在学校的优先地位得到切实落实;本专业的师资配备和经费投入均优于其他专业;本专业每年招收3个班以上的学生,在校生近三年年平均360人以上。 C. 学校比较重视本专业教育工作,本专业教育在学校的地位较高;本专业的师资配备和经费投入不少于其他专业;本专业每年招收2个班以上的学生,在校生近三年年平均240人以上。
说明	在校生是指本专业学历教育在册学生人数,其指标数是针对三年制专业而定的,如学制变化,则按比例增减。 对行业部门举办的特殊专业,办学历史在十年以上,招生数和在校生数可放宽要求。
必备材料	1. 近三年学校工作计划和总结; 2. 近三年本专业工作计划和总结; 3. 学校近三年分专业的教师和学生人数统计表。 4. 学校近三年分专业的教学经费统计表; 5. 学校近三年给本专业的教育事业费、专项资金拨款文件或凭证; 6. 近三年学校制定的向本专业倾斜的有关文件; 7. 有关本专业招生计划、录取名单和在校生花名册。
操作建议	要结合条目1-1进行分析。

二级条目编号、名称	2-1 专业师资结构
内涵及标准	A. 本专业的专任教师师生比≤1:16;专任专业教师师生比≤1:26;专业教师应有专业实践经验、对口专科以上学历,具有本科学历或中级职称的不低于90%,教师的学科专业结构合理,具有高级职称的不少于2人,"双师型"教师的比例不低于70%。每门主要专业课有1名以上本科以上学历或中级以上职称的教师。 C. 本专业的专任教师师生比≤1:26,专任专业教师师生比≤1:34;专业教师应有专业实践经验、对口专科以上学历,具有本科学历或中级职称的不低于70%,教师的学科专业结构合理,具有高级职称的不少于1人,"双师型"教师的比例不低于50%。每门主要专业课有1名以上本科以上学历或中级以上职称的教师。
说明	专任教师指属于学校编制的,专职从事理论教学和实践教学的人员。人事制度改革后,正式聘用已2年以上的从事专任教师工作的非本校在编人员按专任教师统计。向社会聘用的工程技术人员、高技能人才可以计入专任教师数。专业教师是指专业基础课和专业课的教师。师生比:指专任教师与学历在校生之比。教师有和自己所授课程相关的职业资格证、职称证或技能证,按"双师型"教师统计。

二级条目编号、名称	2-1　专业师资结构
必备材料	1. 本专业的专任教师、专业教师和学生人数统计表； 2. 本专业的教师一览表（应标明姓名、性别、年龄、职称、学历、学位、毕业学校、专业、所任教课程）和在校生花名册。
操作建议	既担任专业课教师又担任实习指导教师的按一头统计。

二级条目编号、名称	2-2　专业师资培训
内涵及标准	A. 本专业的专任教师积极参加以骨干教师为重点的全员培训,有长远规划,有年度安排,有制度,有措施,有经费保证,专业教师素质提高快,专业负责人或专业带头人水平高。 C. 本专业的专任教师认真参加以骨干教师为重点的全员培训,有年度安排,有制度,有措施,有经费保证,专业教师素质提高较快,专业负责人或专业带头人水平较高。
说明	要开展有校本特色的培训,要建立健全教师到企业实践制度,专业教师每两年必须有两个月到企业或生产服务一线实践。要制定和完善兼职教师聘用和培训制度。
必备材料	1. 近三年有关师资培训规划、规定、计划、总结等资料； 2. 专业负责人或专业带头人简介； 3. 本专业的教师参加师资培训（含业务培训、进修、学位提升、实践锻炼等）情况一览表。
操作建议	

二级条目编号、名称	3-1　学校整体办学条件
内涵及标准	A. 学校的师资、校园占地面积、校舍建筑面积、仪器设备、图书资料、运动场地等六项主要指标均达到《江西省省级重点中等职业学校条件》。 C. 六项主要指标达到教育部规定的《中等职业学校设置标准（试行）》。
说明	《江西省省级重点中等职业学校条件》见赣教职成字〔2006〕27号文。 《中等职业学校设置标准（试行）》见教职成〔2001〕8号文。
必备材料	1. 学校参加教育主管部门组织的评估结论及相关材料； 2. 学校近三年的报表； 3. 学校六项主要指标统计表和相关资料。

二级条目编号、名称	3－2　专业设施条件
内涵及标准	A．本专业实验室及教学仪器设备设施能满足教学要求，实验、实习（实训）开出率达95%；专业图书生均册数≥50册，专业期刊15种以上，并建立了功能较全的校园网络，学生上网方便；专业教学经费有保障。 　　C．本专业实验室及教学仪器设备设施基本能满足教学要求，实验、实习（实训）开出率达80%；专业图书生均册数≥30册，专业期刊5种以上，学校有校园网络，学生可以上网；专业教学经费有保障。
说明	图书馆藏书包括印刷图书和电子图书，其中印刷图书为主体。印刷图书指满足借阅条件（登录、编目、上架、能检索）的图书和报刊合订本。学生用教材除样本外不计在内。电子读物按所含册数统计。图书馆应设有可阅读电子读物的电子阅览室及设备。
必备材料	1．本专业实验室及设备清单； 2．与其他专业共用的设备清单； 3．本专业图书、专业期刊统计表； 4．校园网络的配置情况； 5．近三年本专业教学经费统计表。
操作建议	要结合条目3－3进行评价。

二级条目编号、名称	3－3　专业实践基地
内涵及标准	A．校内有一定数量的专用教室和校内实习（实训）基地，校外有一批稳定的实习基地，能满足学生实习（实训）的需要。 　　C．学校有专用教室和实习（实训）基地，校外有较为稳定的实习基地，基本能满足学生实习（实训）的需要。
说明	
必备材料	1．专用教室和校内实习（实训）基地一览表； 2．校外实习基地一览表； 3．学校与实习基地单位的协议； 4．实习（实训）计划和总结； 5．学生实习（实训）报告。
操作建议	复评时视情况进行抽查。

二级条目编号、名称	4-1　专业教学管理
内涵及标准	A. 本专业教学文件齐全,管理制度健全,并执行严格,效果显著;教学质量监控体系科学、完善,监控及时、到位,运行有效;培养方案适应经济发展和社会进步的需要,符合现代职业教育要求,体现德、智、体、美全面发展,能够严格按照培养方案的要求组织实施教育教学工作。 C. 专业教学文件基本齐全,专业管理制度基本健全,并执行比较严格,效果较好;教学质量监控体系比较科学、完善,监控工作正常;培养方案适应经济发展和社会进步的需要,符合现代职业教育要求,体现德、智、体、美全面发展,能按照培养方案组织实施教育教学工作。
说明	
必备材料	1. 本专业教学文件和管理制度汇编及执行情况的材料; 2. 本专业的现行培养方案、教学计划和教学大纲及执行情况与效果的相关材料; 3. 近三年对本专业需求情况及毕业生跟踪调查的材料; 4. 近三年本专业教学督导评估(含老师评学、学生评教)的年度计划和总结及相关文件的资料; 5. 本专业教学督导组组成人员一览表(含姓名、性别、年龄、学历、职称、专业、曾任教课程、管理和督导工作经历)。
操作建议	

二级条目编号、名称	4-2　专业培养模式改革
内涵及标准	A. 学校在本专业大力推进校企合作、工学结合的培养模式,有机构,有活动,有特色,成效显著;学生最后一年到企业等用人单位顶岗实习或开展了半工半读。 C. 学校在本专业推进校企合作、工学结合的培养模式,有机构,有活动,有成效;学生顶岗实习已有计划和协议。
说明	工学结合包括校外、校内。机构包括领导机构和实施机构。 校企合作、工学结合成效,可根据学校和企业的重视程度,学生顶岗生产实习和社会实践的效果,企业对实习学生的安排,专业教学与科研(生产)结合的情况,专业教师技术支持的情况,实施机构的技术人员、管理人员参与教学的情况,吸引社会上先进技术、技能的情况,为社会创造财富的情况,特别是学生德、智、体、美受益的情况进行综合分析、评价。

二级条目编号、名称	4-2 专业培养模式改革
必备材料	1. 近三年本专业的有关校企合作、工学结合的方案、规划、文件、协议、聘书、证件、规章制度; 2. 近三年本专业校企合作、工学结合机构人员名单、工作计划和总结及主要成果资料。
操作建议	要结合条目5-1进行分析。

二级条目编号、名称	4-3 专业教学改革
内涵及标准	A. 本专业教学改革的思路清晰,积极开展课程体系和课程内容及教学方法、教学手段的改革,措施有力,效果显著。 C. 本专业教学改革的思路比较清晰,能开展课程体系和课程内容及教学方法、教学手段的改革,措施比较有力,效果比较明显。
说明	要不断进行研讨,采用课程综合化、构建教学模块等方式,建立新的适应市场需求的课程体系和课程内容。 这里指的教学方法与手段包括课堂(含实践)教学方法、考核方法、教学手段三方面。 要在本专业教育教学中积极推广多媒体教学,加强职业教育信息化建设,推进现代教育技术的应用。
必备材料	1. 本专业教学改革试点方案、实施计划、执行情况和效果的相关材料; 2. 近三年开展本专业课程体系和教学内容改革的相关材料; 3. 近三年开展本专业教学方法、教学手段、考试方式改革的相关材料; 4. 选修课开设情况一览表(包括名称、学时、选修人数及专业、年级); 5. 近三年本专业主要的教研活动记录; 6. 近三年本专业教学改革的有关文件、经验总结、教学录像等材料。
操作建议	

二级条目编号、名称	5－1　专业毕业生质量

内涵及标准	A. 近三届学历教育毕业生中,平均就业率达90%;平均专业对口率不低于60%;毕(结)业生质量好,获用人单位好评。 C. 近三届学历教育毕业生中,平均就业率达80%;平均专业对口率不低于50%;毕(结)业生质量好,受用人单位欢迎。
说明	就业,不论是学校推荐还是自谋职业,凡是有相对稳定的工作岗位和经济收入的即为就业。中职学校毕业生升入对口专业高职院校的可计入就业率,升入非对口专业高职院校的,不计入就业率(艺术、体育专业除外)。 考核毕业生近三年的平均就业率,其公式是: 年就业率＝当年毕业生就业人数÷当年毕业生总数 平均就业率＝(2003年就业率＋2004年就业率＋2005年就业率)÷3 专业对口率考核毕业生毕业后两年内专业对口情况,中间换过单位但专业未换者仍按"对口"统计。只考核2003年、2004年两届。 届专业对口率＝当届专业对口数÷当届已就业人数 平均专业对口率＝(2003届对口率＋2004届对口率)÷2 "双证书"是指学生毕业考试合格后,同时获得学历证书和相应的职业资格证书。计算"双证书"率时,毕业生毕业时取得与所学专业相关、社会或行业认可的某项专业技术(或技能)证书者按有职业资格证书统计。一人取得多个技能证书,也按一个人统计。通用的计算机等级证书、外语等级证书不计在内。
必备材料	1. 近三年本专业毕业生就业情况一览表(包括姓名、性别、毕业时间、就业时间、就业单位及岗位、获证名称)和有关说明、证明; 2. 近三年本专业毕业生就业单位一览表; 3. 近三年学校各专业毕业生就业率排名情况表; 4. 用人单位对毕业生的评价等材料。
操作建议	复评时随机抽1~2个班级详查。

二级条目编号、名称	5－2　专业特色和示范作用

内涵及标准	A. 本专业近三年在本系统、行业或本地区乃至全国职教界影响大,获得过省级以上表彰,专业办学经验丰富,教(科)研成果多,积极参加社会培训等服务活动,骨干示范作用突出;专业特色鲜明,有良好的声誉,社会形象好。 C. 本专业近三年在本系统、行业或本地区职教界影响较大,获得过学校以上表彰,具有一定的专业办学经验,教(科)研成果较多,参加社会培训等服务活动,骨干示范作用较突出;专业有一定特色,社会声誉好。

二级条目编号、名称	5－2　专业特色和示范作用
说明	要注重改革创新,注重总结本专业建设和管理等方面创造和积累的经验,教(科)研成果多,对同类专业有借鉴和示范作用,推动了地区职业教育发展。 　　骨干示范作用可从两方面看:一是在专业研究会、课程组中承担的职务、任务,二是在会议或媒体上推介本专业办学经验(广告类文章、资料不属于经验介绍)。 　　教(科)研成果:本校本专业专任教师、职工的专著、著作、译著、教材、科研成果、有水平的论文等。 　　表彰:主要统计政府及有关部、委、厅、局和学校的综合性或专业性表彰、奖励。集体、个人有一项即可。
必备材料	1. 本专业办学经验材料; 2. 本专业参加社会服务活动资料; 3. 本专业教(科)研成果; 4. 有关本专业的文件、证书、奖牌、奖章; 5. 本专业的专业特色材料。
操作建议	复评时对表彰和奖励的文件、证书要核对颁证单位和奖项名称。 要结合专业各项工作进行总体评价。

　　编制说明:本"指标体系"是根据《国务院关于大力发展职业教育的决定》和《江西省人民政府贯彻国务院关于大力发展职业教育决定的实施意见》的精神,结合江西实际,针对重点建设专业建设中的一些共性要求制定的。今后我省中等职业教育省级重点建设专业建设和评审认定工作,将执行本"指标体系"。这将对进一步推进重点建设 100 个精品专业,加强我省职业教育重点建设专业建设,提高教学质量和办学水平,增强职业教育服务经济发展和社会进步的能力起指导作用。

　　本"指标体系"适用于江西省中等职业教育中的省级重点建设专业的评审。评审的专业以教育部制定的《中等职业学校专业目录》为申报依据。个别专业的特殊性与条目所列的要求差别太大时,可在评审时由专家组依据有关的二级指标作适当调整。

　　本"指标体系"设有 5 个一级指标,12 个二级指标,是一个比较完整的指标体系。每个二级指标设 A、B、C、D 四档。"内涵及标准"中给出了 A 档和 C 档要求(若一档中有两个或两个以上条件时,均须达到;若用"或"字的,只要一方面达到即可),A 档为优秀要求,C 档为合格要求,A 档与 C 档之间为 B 档(良好),不达 C 档为 D 档(不合格)。

　　自评时由学校按本"指标体系"要求填写"申报表",整理有关佐证材料(按二级指标条目装档案袋,并附目录和本条目自评结果概述),以备复评和抽查用。

江西省教育厅制定。

广东省中等职业教育实训中心检查评价方案(试行)

条目名称	（一）骨干示范作用
指标内涵	1. 已被认定为国家级或省级重点中等职业学校； 2. 有主干专业被认定为国家级或省级重点建设专业； 3. 向同类专业的其他职业学校、部门提供实训、技能鉴定,实现了资源共享； 4. 面向社会开展技能培训、技能鉴定、农村劳动力转移和进城务工人员培训； 5. 在产教研结合、校企合作、订单培养等方面成效显著。
主要成效和问题	
评价意见	□好　　　　□一般　　　　□差

条目名称	（二）基础条件
指标内涵	1. 有相对独立的实训大楼（或基地），建筑面积 2 500 m^2 以上（农林类实训基地达 100 亩以上）； 2. 有设备完善的专业教室，实验实训设备总值 300 万元以上； 3. 主干专业教学设施和主要设备齐全，达到教育部有关重点建设专业设置标准； 4. 有能够满足对外培训需要的配套的生活设施设备。
主要成效和问题	
评定等级	□好　　　　□一般　　　　□差

条目名称	（三）师资队伍
指标内涵	1. 有一支专兼职结合的师资队伍,师生比达 1∶16～18,其中专任教师占 70% 以上; 2. 主干专业教师具有高级职称的比例达 25% 以上; 3. 专业教师和实习指导教师具有中级以上专业技术等级证书或非教师系列的本专业技术职务证书的比例分别达 80% 以上和 100%; 4. 专业带头人科研能力和技能水平高,教研成果显著。
主要成效和问题	
评价意见	□好　　　　　□一般　　　　　□差

条目名称	（四）管理与建设
指标内涵	1. 有近期建设规划和长远目标,落实情况好; 2. 有管理机构和管理人员; 3. 师资、实验实训、设备等各项管理制度齐全,有年度工作计划和总结; 4. 各实验实训室布局合理,管理规范,设备账、卡齐全。
主要成效和问题	
评价意见	□好　　　　□一般　　　　□差

条目名称	（五）经费来源与使用
指标内涵	1．多渠道筹措实训中心的建设经费,包括省专项补助款,当地政府及主管部门配套拨款,社会企业、行业捐资及学校自筹的经费; 2．当地政府及主管部门有加强实训中心建设的政策、措施和办法; 3．省专项补助款专款专用; 4．其他渠道筹措的经费用于实训中心建设安排合理。
主要成效和问题	
评价意见	□好　　　　　□一般　　　　　□差
检查组成员签名	组长：　　　　副组长： 成员： 年　月　日

广东省教育厅制定。

551

广西中等职业学校专业实训基地建设评估标准(试行)

一、广西中等职业学校专业实训基地建设评估标准(试行)目录及权重

一级指标及权重	二级指标及权重	
1 办学方向(5)	1-1	服务对象(1)
	1-2	人才需求(1)
	1-3	就业导向(1.5)
	1-4	合作办学(1.5)
2 学校基本情况(5)	2-1	校园面积(1.5)
	2-2	校舍面积(1.5)
	2-3	办学规模(2)
3 专业基本情况(12)	3-1	专业设置情况(2)
	3-2	示范专业建设(3)
	3-3	学历教育及培训(2)
	3-4	师资配备(2)
	3-5	师资结构与水平(3)
4 教学改革情况(10)	4-1	教学模式与课程改革(2)
	4-2	教材建设(2)
	4-3	教学制度改革(2)
	4-4	职业资格鉴定(2)
	4-5	国际、国内合作与交流(2)
5 校企合作产教结合(5)	5-1	企业参与(2)
	5-2	"订单"培养(2)
	5-3	社会服务(1)
6 学校改革管理水平(4)	6-1	人事制度改革(2)
	6-2	实训基地管理(2)
7 政府、学校的重视程度和投入情况(4)	7-1	政策支持(2)
	7-2	经费支持(2)
8 资源共享与示范作用(5)	8-1	资源共享(2)
	8-2	示范作用(3)
9 实训场地和设备(50)	9-1	实训建筑面积(15)
	9-2	实训设备(35)

二、广西中等职业学校专业实训基地建设评估细则

二级指标	1-1　服务对象	分值
		1
内涵及标准	以招收初(高)中毕业生为主要对象的学历教育为主; 面向下岗失业人员开展转岗培训; 面向进城务工人员和农村富余劳动力进行职业培训; 面向企业在职职工开展岗位培训。	A:1 B:0.8 C:0.5
说明	四项内容均达到为 A 等,每缺 1 项内容降一档次。	
必备材料	学校有关文件、协议、在校学生和培训班花名册。	

二级指标	1-2　人才需求	分值
		1
内涵及标准	学校开展对本地区本专业技能型人才需求预测调研;有分析本专业人才需求的调研报告。 按上一年度毕业生情况及调研预测,未来三年内本专业人才需求总量达到 2 000 人以上为 A 等,1 500 人为 B 等,1 000 人为 C 等。	A:1 B:0.8 C:0.5
说明	第一项没有开展的本条目计 0 分。	
必备材料	能说明内涵的调研报告、有关材料和数据。	

二级指标	1-3　就业导向	分值
		1.5
内涵及标准	本专业毕业生一次就业率(含升入高一级学校,下同)及对口就业率分别为: A:就业率达 95%,对口就业率达 80%; B:就业率达 90%,对口就业率达 75%; C:就业率达 85%,对口就业率达 70%。	A:1.5 B:1 C:0.5
说明	就业:指通过学校推荐、中介介绍就业和自谋职业,有相对稳定的工作岗位和经济收入的即为就业。中职学校毕业生升入与所学专业对口高等院校(或专业)的可计入就业率	
必备材料	该专业近两年毕业生花名册、毕业去向证明料、统计资料。	

二级指标	1-4　合作办学	分值
		1.5
内涵及标准	学校积极与区外教育机构、企业、职业学校开展形式多样的联合招生合作办学;积极开展与区内教育机构、企业、职业学校开展形式多样的联合招生合作办学;学校积极开展城市与农村职业学校联合招生合作办学,面向农村扩大招生。	A:1.5 B:1 C:0.5
说明	三项内容均达到为 A 等,每缺 1 项内容降一档次。	
必备材料	合作办学协议书、校际交流资料、图片、照片等。	

二级指标	2-1　校园面积	分值
		1.5
内涵及标准	A:校园占地面积不少于 3 万平方米; B:校园占地面积不少于 2.5 万平方米; C:校园占地面积不少于 2 万平方米。	A:1.5 B:1 C:0.5
说明	教职工宿舍和相对独立的附属机构不能计入校园占地面积。	
必备材料	土地证、校园平面图、校园面积统计汇总表。	

二级指标	2-2　校舍面积	分值
		1.5
内涵及标准	A:校舍建筑面积不少于 2.5 万平方米; B:校舍建筑面积不少于 2 万平方米; C:校舍建筑面积不少于 1.5 万平方米。	A:1.5 B:1 C:0.5
说明	教职工宿舍和相对独立的附属机构建筑物面积不能计入校舍面积。	
必备材料	建筑物平面图、建筑物统计汇总表。	

二级指标	2-3　办学规模	分值
		2
内涵及标准	A:在校生规模 3 000 人以上; B:在校生规模 2 000 人以上; C:在校生规模 1 500 人以上。	A:2 B:1.5 C:1
说明		
必备材料	在校生花名册。	

554

二级指标	3-1　专业设置情况	分值
		2
内涵及标准	A:本专业开办三年以上,且连续招生,毕业生人数累计达800人以上; B:本专业开办三年以上,且连续招生,毕业生人数累计达500人以上; C:本专业开办三年以上,且连续招生,毕业生人数累计达300人以上。	A:2 B:1.5 C:1
说明	
必备材料	专业开办批复文件、本专业招生审批表、毕业生名册。

二级指标	3-2　示范专业建设	分值
		3
内涵及标准	该专业是: A:国家级示范专业(点); B:自治区级示范专业(点); C:市级示范专业(点)。	A:3 B:2 C:1
说明	
必备材料	本专业认定为示范专业的有关文件。

二级指标	3-3　学历教育及培训	分值
		2
内涵及标准	该专业: A:学历教育在校生600人以上,其中每年级学生不少于200人,年培训800人次以上; B:学历教育在校生450人以上,其中每年级学生不少于150人,年培训600人次以上; C:学历教育在校生400人以上,其中每年级学生不少于100人,年培训400人次以上。	A:2 B:1.5 C:1
说明	
必备材料	本专业招生审批表、在校生花名册、培训资料和名册。

二级指标	3-4　师资配备	分值
		2
内涵及标准	本专业教师(含兼职教师和实习实验指导教师)人数： A:25人以上(农村学校20人以上)； B:20人以上(农村学校15人以上)； C:15人以上(农村学校10人以上)。	A:2 B:1.5 C:1
说明	1.专业教师,是指专业基础、专业课教师和实习指导教师,不包括文化课教师。 2.兼职教师包括校内兼职教师和外聘教师。外聘教师必须具有规范的聘用合同,且在评估最近两年年均授课不低于100课时且正式聘用达2年以上。	
必备材料	1.专业教师名单、专业教师业务档案、学历及学位证书复印件； 2.近一学年专业教师任课课程表、外聘教师聘用合同。	

二级指标	3-5　师资结构与水平	分值
		3
内涵及标准	该专业： A:理论课教师本科学历100%以上,具有高级技术职务教师占本专业教师人数25%以上,双师型教师占专业课教师比例50%以上,实习指导教师中高级工占一定比例,兼职教师占本专业教师的比例不超过20%。 B:理论课教师本科学历100%以上,具有高级技术职务教师占本专业教师人数20%以上,双师型教师占专业课教师比例40%以上,实习指导教师中高级工占一定比例,兼职教师占本专业教师的比例不超过20%。 C:理论课教师本科学历100%以上,具有高级技术职务教师占本专业教师人数15%以上,双师型教师占专业课教师比例40%以上,兼职教师占本专业教师的比例不超过20%。	A:3 B:2 C:1
说明	专业理论课教师应具有高等师范院校或其他大学本科毕业及其以上学历,实习指导教师应具有中等职业学校毕业及其以上学历。学历以国民教育系列院校颁发的毕业证书为准。	
必备材料	1.专业教师名单、学历证书、职称证书、职业资格证书复印件； 2.近一学年专业教师任课课程表、外聘教师聘用合同。	
备用材料		

二级指标	4-1　教学模式与课程改革	分值
		2
内涵及标准	具有先进的职业教育理念,以学生为本位、以能力为核心,突出职业道德培养和职业技能训练;定期深入用人单位调研,每学年根据用人单位意见修订教学计划;课程内容符合职业岗位要求,体现新知识、新技术、新工艺、新方法,教师采用先进手段进行教学。	A:2 B:1.5 C:1
说明	三项内容,每缺一项(或没达到要求的)降一档次。	
必备材料	企业调研报告、制订教学计划原始记录、教师采用先进手段进行教学的原始资料。	

二级指标	4-2　教材建设	分值
		2
内涵及标准	A:使用教育部或行业部门组织编写的适用于学历教育的教材,并开发有校本辅助教材(含讲义); 　　B:使用教育部或行业部门组织编写的适用于学历教育的教材,有校本辅助讲义; 　　C:使用教育部或行业部门组织编写的适用于学历教育的教材。	A:2 B:1.5 C:1
说明	使用非学历教育使用的培训教材,该项计"0"分。	
必备材料	有关教材建设制度、近两年教材征订单、学校开发的校本教材样件、讲义样件。	

二级指标	4-3　教学制度改革	分值
		2
内涵及标准	A:专业教学管理制度健全,管理手段先进,建立弹性学习制度,积极探索学分制管理; 　　B:专业教学管理制度健全,管理手段先进,积极探索学分制管理; 　　C:专业教学管理制度健全。	A:2 B:1.5 C:1
说明		
必备材料	有关弹性学习方案、管理制度、与弹性学习方案相配套的学分制教学计划、实施总结等。	

二级指标	4-4　职业资格鉴定	分值
		2
内涵及标准	A:学校设有职业资格鉴定站(点),本专业毕业生获取职业资格证书率达95%以上;鉴定站年鉴定本专业和相关专业600人次以上。 B:学校设有职业资格鉴定站(点),本专业毕业生获取职业资格证书率达90%以上;鉴定站年鉴定本专业和相关专业500人次以上。 C:学校设有职业资格鉴定站(点),毕业生获取职业资格证书或其他证书率达80%以上;鉴定站年鉴定本专业和相关专业400人次以上。	A:2 B:1.5 C:1
说明	未设有职业资格鉴定站(点)的,该项不得分。	
必备材料	学校设立职业资格鉴定站(点)的批文,学生职业资格鉴定情况和获证学生花名册。	
备用材料	统计表按职业资格证的类别进行统计。	

二级指标	4-5　国际、国内合作与交流	分值
		2
内涵及标准	A:学校积极开展国内外职业教育经验交流,与国内外教育机构有合作办学或专业建设项目; B:学校积极开展国内外职业教育经验交流,与自治区外教育机构有合作办学或专业建设项目; C:学校积极开展国内职业教育经验交流,与区内教育机构、企业有合作办学或专业建设项目。	A:2 B:1.5 C:1
说明		
必备材料	学校开展国内外职业教育经验交流材料、照片、原始记录、汇报材料和专业建设项目协议书等。	

二级指标	5-1 企业参与	分值
		2
内涵及标准	A:学校建立由行业、企业专家和学校有关人员共同组成的专业教学指导委员会,并形成有效的工作机制;依托企业建立有稳定的校外实习基地;与企业签订有接纳专业教师参加实践活动协议并认真执行。 B:学校建立由行业、企业专家和学校有关人员共同组成的专业教学指导委员会,并形成有效的工作机制;依托企业建立有校外实习基地。 C:学校建立由行业、企业专家和学校有关人员共同组成的专业教学指导委员会;依托企业建立有校外实习基地。	A:2 B:1.5 C:1
说明	行业、企业:指和学校培养目标相关的一线生产、经营、设计、管理、服务等企事业单位;形成有效机制:指有开展活动的计划、工作记录、工作总结。	
必备材料	该专业近三年的有关协议、函件、培训或对方接纳人员名单、音像资料等。	

二级指标	5-2 "订单"培养	分值
		2
内涵及标准	学校该专业与用人单位签有订单培养协议,近两年来该专业毕业生通过"订单"培养就业率:A:90%;B:80%;C:60%。	A:2 B:1.5 C:1
说明		
必备材料	订单培养协议、近两年该专业毕业生就业花名册。	

二级指标	5-3 社会服务	分值
		1
内涵及标准	A:学校利用实训基地积极为企业提供技术服务,为企业在岗职工开展培训,开展下岗职工再就业培训、农村劳动力转移培训; B:学校利用实训基地积极为企业提供技术服务,为企业在岗职工开展培训,开展下岗职工再就业培训; C:学校利用实训基地积极为企业提供技术服务。	A:1 B:0.5 C:0.3
说明		
必备材料	有关协议、职工培训名册,其他能说明内涵的材料。	

二级指标	6-1　人事制度改革	分值
		2
内涵及标准	A:学校专业实训基地管理体制建立了聘用、分配激励机制,运行效果好; B:学校专业实训基地管理体制建立了聘用、分配激励机制,运行效果比较好; C:学校专业实训基地管理体制建立了聘用、分配激励机制,运行效果一般。	A:2; B:1.5 C:1
说明		
必备材料	学校专业实训基地管理体制建立的有关材料。	

二级指标	6-2　实训基地管理	分值
		2
内涵及标准	A:实训基地设有专门机构,有专人负责管理;规章制度健全;实训基地相对进行独立成本核算,讲求效益; B:实训基地设有专门机构,有专人负责管理;规章制度健全; C:实训基地设有专门机构,规章制度健全。	A:2; B:1.5 C:1
说明		
必备材料	实训基地管理规章制度、机构设置文件、台账、报表,其他能说明内涵的材料。	

二级指标	7-1　政策支持	分值
		2
内涵及标准	A:当地政府(区直学校办学主管部门)把发展职业教育纳入经济发展和人才开发规划,政府有明确的支持和扶持计划; B:当地政府(区直学校办学主管部门)把发展职业教育纳入经济发展和人才开发规划,政府有明确支持职业教育发展的具体政策措施。 C:当地政府(区直学校办学主管部门)把发展职业教育纳入经济发展和人才开发规划。	A:2; B:1.5 C:1
说明		
必备材料	当地政府教育事业发展"十一五"规划,教育行政部门发展高中阶段教育及职业教育发展规划,其他能说明内涵的材料。	

二级指标	7-2　经费支持	分值
		2
内涵及标准	A：当地政府（区直学校办学主管部门）根据财力状况逐年加大对职业教育的投入达10%以上，设立专项经费并切实拨付； B：当地政府（区直学校办学主管部门）根据财力状况逐年加大对职业教育的投入达5%以上，设立专项经费并切实拨付； C：当地政府（区直学校办学主管部门）根据财力状况逐年加大对职业教育的投入（5%以下），设立专项经费并切实拨付。	A：2 B：1.5 C：1
说明		
必备材料	近年来政府（区直学校办学主管部门）对职业教育对学校实训基地建设资金投入有关材料，能说明内涵的其他材料。	

二级指标	8-1　资源共享	分值
		2
内涵及标准	A：实训基地面向社会开放，利用富余资源为周边学校提供专业实训服务以及为企业提供服务，并建立形成良好的运行机制。 B：实训基地利用富余资源为周边学校提供专业实训服务以及为企业提供服务，并建立形成良好的运行机制。 C：实训基地利用富余资源为周边学校提供专业实训服务并建立形成良好的运行机制。	A：2 B：1.5 C：1
说明		
必备材料	能说明内涵的有关材料。	

二级指标	8-2　示范作用	分值
		3
内涵及标准	A：该专业教师参加教育部、行业部门专业指导委员会，或在全国性会议提供该专业建设经验、国家级职业教育刊物上发表专业建设论文； B：该专业教师参加广西职业教育专业指导委员会或该专业教师获自治区教改成果奖； C：该专业教师在全区性会议提供该专业建设经验，或在自治区级职业教育刊物上发表专业建设论文。	A：3 B：2.5 C：1
说明	提供能说明内涵的材料。	
必备材料	有关任职证书、文件、论文、教材、教科研成果。	

二级指标	9－1　实训建筑面积	分值
		15
内涵及标准	根据具体专业要求,标准另发。	
说明		
必备材料	实训基地建筑物平面图、建筑物统计汇总表。	

二级指标	9－2　实训设备	分值
		35
内涵及标准	根据具体专业要求,标准另发。	
说明	实训基地设备配置另见各专业设备配置要求。	
必备材料	实验室和设备配置清单。	

广西壮族自治区教育厅制定。

562

北京市示范性社区教育中心评估指标体系

一级指标	二级指标	三级指标	分值	得分
1. 组织与管理（20分）	1.1 街道或乡镇将街道社区教育中心建设纳入社区建设总体规划，并提出明确的建设目标和实施要求。		10分	
	1.2 街道或乡镇成立社区教育中心管理委员会或领导小组。每年至少召开一次专门会议研究社区教育中心建设问题。		5分	
	1.3 街道或乡镇有一名副主任或副书记主管社区教育中心工作，明确一个科室或部门分管社区教育中心工作。		5分	
2. 基础设施建设（30分）	2.1 街道或乡镇每年投入一定的资金进行社区教育中心基础性建设，近三年内累计投入资金超过100万元；能保证社区教育中心开展各项教育活动的经常性费用支出。		10分	
	2.2 社区教育中心建筑面积达到2 000平方米以上。有较完备的教育设施及设备，且切实用于社区教育工作。鼓励引导区县在进行学校布局结构调整的同时，调整部分教育资源用于社区教育中心建设。（10分，每小项2.5分）	2.2.1 社区教育中心专用教室不少于6个。	2分	
		2.2.2 建有计算机教室，计算机不少于30台。	2分	
		2.2.3 建有图书馆、电子阅览室，图书不少于1万册（含电子出版物或通过互联网与首都图书馆等单位联办）。	4分	
		2.2.4 有投影仪等用于教学工作的电教设备。	2分	

一级指标	二级指标	三级指标	分值	得分
2. 基础设施建设（30分）	2.3 注意运用网络化、信息化手段开展社区教育培训，提供教育服务。		5分	
	2.4 社区教育中心有一支专兼结合、具有一定教学水平的师资队伍。其中，专职教师不少于5人。		5分	
3. 实施与成效（50分）	3.1 制定有社区教育中心章程，建立并完善各项规章制度。年初应制订工作计划，每年进行工作总结。		5分	
	3.2 社区教育中心建设及各项教育活动有文字记载，并逐年形成规范的档案资料。		5分	
	3.3 社区教育中心能从本社区实际出发，开展有较强针对性和实效性的教育培训活动，每年参与社区教育中心活动的人数不少于本社区常住人口的30%。（30分，每小项3分）	3.3.1 坚持开展法律、社会公德和公民道德教育。	3分	
		3.3.2 为迎奥运开办市民学外语培训班。	3分	
		3.3.3 为普及计算机知识开办计算机培训班。	3分	
		3.3.4 开展丰富多彩的青少年校外教育活动。	3分	
		3.3.5 配合街道、乡镇开展职业技术培训。	3分	
		3.3.6 对本社区外来务工经商人员进行教育培训。	3分	
		3.3.7 积极开展学习型小区、学习型家庭的试点及普及工作。	3分	

一级指标	二级指标	三级指标	分值	得分
3. 实施与成效（50分）	3.3 社区教育中心能从本社区实际出发,开展有较强针对性和实效性的教育培训活动,每年参与社区教育中心活动的人数不少于本社区常住人口的30%。(30分,每小项3分)	3.3.8 开展科普教育、文明生活教育、心理和健康教育活动。	3分	
		3.3.9 开展社区老年教育活动。	3分	
		3.3.10 开展其他教育培训活动。	3分	
	3.4 社区教育中心能及时、有效地开展各类教育咨询活动。		2分	
	3.5 社区教育中心每年至少召开一次社区居民学习经验交流会或建立学习型小区、家庭研讨会。		2分	
	3.6 能及时总结社区教育工作经验,积极开展社区教育科研活动。每年在有关刊物上发表关于社区教育研究的文章不少于3篇。		3分	
	3.7 社区教育中心开展的各项教育活动得到社区居民的认可和好评,并产生良好的社会影响。每年区县级以上媒体对社区教育中心活动的报道不少于5次(篇)。		3分	
4. 特色与创新（10分）	4.1 社区教育工作在某方面有明显的特色,成效显著。		5分	
	4.2 社区教育工作在某方面有创新,成效显著。		5分	

注:本指标体系分值为110分,其中前3项一级指标为100分,第4项"特色与创新"10分为附加分。北京市示范性社区教育中心的合格评估分数为85分。

北京市教育委员会制定。

新疆维吾尔自治区依法治校示范校评估指标体系(试行)

说　　明

一、制定指标体系的主要依据是《教育部关于加强依法治校工作的若干意见》(新教法〔2004〕1号印发)、《自治区依法治校示范校创建活动方案》(新教法〔2004〕1号印发)、《新疆维吾尔自治区教育系统法制宣传教育第四个五年规划》(新教法〔2002〕3号)、《自治区教育厅关于进一步加强学校法制宣传教育工作的通知》(新教法〔2003〕7号)。

二、指标体系分为两级,一级指标和二级指标都是计算指标,每个二级指标由若干评估要素组成。评估要素得分、所有指标得分和评估总分都以百分制计分表示,即满分为100分。

三、指标体系由 M_1 组织领导、M_2 法制宣传教育、M_3 管理制度、M_4 管理体制、M_5 民主管理机制、M_6 办学活动、M_7 教师权益保护、M_8 学生权益保护8个一级指标组成。评估总分等于每个一级指标得分乘以其权重的和。一级指标编号及权重见下表:

编号	M_1	M_2	M_3	M_4	M_5	M_6	M_7	M_8
权重	0.10	0.14	0.12	0.12	0.13	0.13	0.13	0.13

四、在一级指标下,有 M_{11}—M_{12}、M_{21}—M_{24}、M_{31}—M_{32}、M_{41}—M_{43}、M_{51}—M_{53}、M_{61}—M_{63}、M_{71}—M_{73}、M_{81}—M_{83} 共23个二级指标。一级指标得分等于它的每个二级指标得分乘以其权重的和。

五、在指标体系中,二级指标的评估要素是具体评估内容,共有77项评估要素。二级指标得分等于它的每个评估要素得分乘以其权重的和。对评估要素的描述是定性的,首先确定评估要素的等级,然后置换为百分制中对应的分值。

在百分制中,将100分分成5段,对应等级制中的5个等级:$100 \geqslant A$(优秀)$\geqslant 90$;$90 > B$(良好)$\geqslant 75$;$75 > C$(合格)$\geqslant 60$;$60 > D$(较差)$\geqslant 30$;$30 > E$(差)$\geqslant 0$。

在等级制中,每一等级对应的百分制中的分值为:

等级	A^+	A	A^-	B^+	B	B^-	C^+	C	C^-	D^+	D	D^-	E^+	E	E^-
分值	100	95	90	89	83	75	74	68	60	59	45	30	29	15	0

六、评估采取听取汇报、查阅资料、实地查看、召开座谈会等方式进行。评估程序一般为:听取学校领导的简要汇报;专家组集体考察校园及周边环境,重点查看有关设施;专家按照分工查阅有关文件、原始资料和书面汇报材料;分别召开教职工和学生座谈会。

七、最后,根据评估总分确定等级,达到良好才能申报自治区依法治校示范校。

指标编号、名称及权重		评估要素及权重		评估说明	等级及得分
M_1 组织领导	0.10				
M_{11} 领导与机构	0.40	1. 学校领导班子将依法治校工作纳入重要议事日程和领导岗位责任制,定期研究、部署和检查;	0.50	查阅会议记录和有关资料	
		2. 学校建立了依法治校领导机构,有负责依法治校工作的职能部门,形成了一支依法治校工作队伍。	0.50	查阅有关资料	
M_{12} 计划与总结	0.60	1. 制定了依法治校工作规划和年度计划;	0.30	查阅规划和计划	
		2. 依法治校工作任务明确,责任到人;	0.30	查阅有关资料	
		3. 按要求完成依法治校工作任务,年终有总结。	0.40	查阅有关资料和工作总结	
M_2 法制宣传教育	0.14				
M_{21} "四五"普法	0.30	1. 有普法工作机构和工作人员;	0.25	查阅有关资料	
		2. 普法工作有计划、有部署、有检查、有总结;	0.25	查阅有关资料	

指标编号、名称及权重		评估要素及权重		评估说明	等级及得分	
M₂₁"四五"普法	0.30	3. 普法经费、教材、时间落实；	0.25	查阅有关资料,召开座谈会		
		4. 按要求完成全民普法任务。	0.25	查阅普法工作总结和有关资料		
M₂₂教师法制教育	0.25	1. 建立并坚持领导干部法律学习制度,领导干部带头学法用法；	0.30	查阅有关制度和资料		
		2. 将教育法律知识纳入教师岗位培训和继续教育内容,并予以落实；	0.35	查阅岗位培训和继续教育计划及工作记录		
		3. 按要求开展教师法制教育专题培训活动,并组织考核。	0.35	查阅培训计划、工作记录、考试试卷和成绩统计表等		
M₂₃学生法制教育	0.25	1. 把法律知识作为学生的必修课内容,按要求开设法制教育课程；	0.30	查阅课程表和教学大纲		
		2. 法制教育做到教学有计划,学习有教材,上课有教师,课时有保证；	0.40	查阅教学计划、教材、教案和课程表		
		3. 有专职法制教育教师,并具备相应的教学能力和水平。	0.30	查阅教师档案		
M₂₄法制教育活动	0.20	1. 聘请法制副校长或辅导员,并按计划开展工作；	0.25	查看聘书和工作记录		
		2. 设置法制宣传栏,经常更换内容；	0.25	查看法制宣传栏和内容		
		3. 定期开展法制宣传教育活动,举办法制讲座；	0.25	查阅有关资料		
		4. 组织生动活泼、形式多样的法制教育实践活动。	0.25	查阅活动方案和有关资料		

568

指标编号、名称及权重		评估要素及权重		评估说明	等级及得分	
M₃ 管理制度	0.12					
M₃₁章程	0.40	1. 依法制定和修改章程；	0.25	查阅章程及有关资料		
		2. 章程经教职工代表大会讨论通过；	0.25	查阅会议记录		
		3. 章程报教育行政部门审定或者备案；	0.25	查阅上报和批复文件		
		4. 章程印发全体教职工,并向社会公告。	0.25	查阅有关资料		
M₃₂其他管理制度	0.60	1. 制定了教学、教师、学生、人事、财务、后勤等各项管理制度；	0.40	查阅各项管理制度		
		2. 管理制度内容合法,符合章程要求；	0.30	查阅各项管理制度		
		3. 管理制度印发相关人员,并可公开查阅。	0.30	查阅印发资料,召开座谈会		
M₄ 管理体制	0.12					
M₄₁党组织	0.40			民办学校依法建立相应决策机构		
		1. 学校认真实行党组织领导下的校长负责制；	0.30	查阅有关制度和资料		
		2. 党组织职责明确,工作制度健全,议事规则完善；	0.35	查阅有关制度和资料		
		3. 学校重大事项由集体研究决定。	0.35	查阅有关会议记录		

指标编号、名称及权重		评估要素及权重		评估说明	等级及得分
M_{42}校长	0.30	1. 校长具备规定的任职条件;	0.30	查阅校长档案	
		2. 校长依法按章程履行学校管理职责;	0.40	查阅汇报材料,召开座谈会	
		3. 校长主动接受党组织的领导和监督。	0.30	查阅汇报材料	
M_{43}内部机构	0.30	1. 机构设置符合规定,职责分工和工作要求明确;	0.30	查阅有关资料	
		2. 人员配备合理,负责人具备规定的任职条件;	0.30	查阅有关资料和负责人档案	
		3. 建立了岗位责任制,考核制度健全。	0.40	查阅有关制度	
M_5民主管理机制	0.13				
M_{51}教职工代表大会	0.35	1. 依法建立教职工代表大会,并定期召开会议;	0.30	查阅有关资料和会议记录	
		2. 教职工代表大会工作制度健全;	0.30	查阅有关制度	
		3. 教职工代表大会充分行使民主决策、管理和监督的权利。	0.40	召开座谈会	
M_{52}校务公开	0.35	1. 建立校务公开制度,明确向教职工、学生和家长及社会公开的项目;	0.30	查阅有关制度和资料	

指标编号、名称及权重		评估要素及权重		评估说明	等级及得分	
M_{52}校务公开	0.35	2. 在合适的地方设置校务公开设施;	0.30	查看校务公开设施		
		3. 按照校务公开制度的要求开展工作。	0.40	查看校务公开内容,召开座谈会		
M_{53}社会参与	0.30	1. 建立学校与社区联系制度;	0.30	查阅有关制度		
		2. 建立学校与家长联系制度;	0.30	查阅有关制度		
		3. 定期听取社区、家长对学校的意见和建议。	0.40	查阅有关资料		
M_6 办学活动	0.13					
M_{61}依法办学	0.30	1.依法开展办学活动,自觉接受教育行政部门的监督和检查,无违法办学行为;	0.35	查阅汇报材料		
		2. 建立重大决策法律审查制度,明确需要进行法律审查的项目;	0.35	查阅有关制度和资料		
		3. 依法维护学校的合法权益,正确运用法律手段同侵犯学校权益的行为作斗争。	0.30	有关资料		
M_{62}按章程管理	0.30	1. 教职工了解章程主要内容,按章办事成为共识;	0.30	召开座谈会		
		2. 章程成为指导和规范学校工作的纲领性文件;	0.30	查阅汇报材料,召开座谈会		
		3. 制定违章处理程序,违章行为及时得到纠正。	0.40	查阅有关资料		

指标编号、名称及权重		评估要素及权重		评估说明	等级及得分	
M_{63} 各项管理制度执行情况	0.40	1.教学管理制度	0.20	查阅汇报材料,召开座谈会		
		2.教师管理制度	0.15	同上,查阅教师考评资料		
		3.学生管理制度	0.20	同上,查阅学籍管理资料		
		4.人事管理制度	0.15	同上		
		5.财务管理制度	0.15	同上,查阅财务检查和审计资料		
		6.后勤管理制度	0.15	同上		
M_7 教师权益保护	0.13					
M_{71} 工会	0.30	1.依法建立工会;	0.30	查阅有关资料		
		2.工会定期组织活动;	0.30	查阅工作记录,召开座谈会		
		3.工会充分发挥保障教职工合法权益的作用。	0.40	查阅有关资料,召开座谈会		
M_{72} 教师权益	0.35	1.依法聘用教师,并提供相应的工作条件;	0.20	查阅有关资料,召开座谈会		
		2.按照规定评聘教师职务,并保证相应的工资及福利待遇;	0.30	查阅有关资料,召开座谈会		
		3.保障教师开展教育教学活动、科学研究和参加进修培训等权利;	0.20	查阅有关资料,召开座谈会		
		4.保障教师参与民主管理和监督的权利,以及对学校重大决策事项的知情权和参与权。	0.30	查阅有关资料,召开座谈会		

指标编号、名称及权重		评估要素及权重		评估说明	等级及得分	
M_{73}校内教师申诉制度	0.35	1. 成立申诉机构;	0.30	查阅有关资料		
		2. 制定申诉办法,明确受理程序;	0.30	查阅有关资料		
		3. 依法及时处理各种纠纷,无越级上访、申诉现象。	0.40	查阅汇报材料,召开座谈会		
M_8学生权益保护	0.13					
M_{81}学生权益	0.35	1. 依法维护学生的受教育权,无违规拒收、开除和劝退学生行为,无擅自停课、放假现象;	0.25	查阅汇报材料,召开学生座谈会		
		2. 全面贯彻党的教育方针,保障学生参加教学计划和教学大纲安排的各项活动;	0.25	查阅汇报材料		
		3. 尊重学生人格及其他人身和财产权利,无侮辱、歧视和体罚学生现象;	0.25	召开学生座谈会		
		4. 按照规定向学生收取费用,无向学生及家长摊派和乱收费现象。	0.25	查阅收费资料,召开学生座谈会		
M_{82}学生伤害事故预防与处理	0.35	1. 建立学校安全工作责任制,定期进行安全检查,学校设施符合安全标准;	0.25	查阅有关资料,查看学校设施		
		2. 建立安全教育制度,学生具有较强的安全意识和自我保护能力;	0.25	查阅汇报材料,召开学生座谈会		

指标编号、名称及权重		评估要素及权重		评估说明	等级及得分
M$_{82}$学生伤害事故预防与处理	0.35	3. 校园秩序及周边环境良好,无重大责任事故,师生无犯罪行为;	0.25	查阅汇报材料,召开学生座谈会	
		4. 制定紧急情况处理预案,建立学生伤害事故报告制度,依法妥善处理学生伤害事故。	0.25	查阅有关资料	
M$_{83}$校内学生申诉制度	0.30	1. 建立学生违纪处理事先告知与申辩制度;	0.30	查阅有关制度	
		2. 成立申诉机构,制定申诉办法,明确受理程序;	0.30	查阅有关资料	
		3. 依法及时处理学生申诉,无越级上访、申诉现象。	0.40	召开学生座谈会	

新疆维吾尔自治区教育厅制定(2004年)。

山东民办中等职业学校设置标准

项 目		标准	现状	差距
校长	任现职前从事教育工作年限	3 年		
	学历	本科		
	专业技术职务	高级		
教学副校长	学历	本科		
	专业技术职务	高级		
其他校级领导	学历	本科		
	专业技术职务	中级		
必要的教育教学和管理等机构		有		
教务科（教导处）负责人	学历	本科		
	专业技术职务	高级		
学历教育在校生人数		960 人（600 人）		
专任教师	人数	60 人（40 人）		
	中级以上专业技术职务人数占	50%		
	基础课专业课教师 — 高级专业技术职务人数占	15%		
	基础课专业课教师 — 专业课教师占	50%		
	基础课专业课教师 — 各专业中有相关专业中级以上专业技术职务者	2 人		
	实习指导教师 — 学历	中职		
	实习指导教师 — 相关工种技能等级	中等		
校内兼课教师学历		本科		

项　　目	标准	现状	差距
各主要干专业中由校外聘请的兼课人员	1 人		
教师数与学生数比	1:16		
学校占地(租用无效)(不含非教学用面积)	2 万米² (3.3 万米²)		
建筑面积(租用无效)	1.5 万米² (1 万米²)		
跑道	环形 200 米		
篮球场	1 个		
排球场	1 个		
其他场地、设施和器材	满足教学需要		
印刷图书	3 万册(2 万册)		
报刊种类	100 种(60 种)		
学生阅览室座位数是学历教育学生在校生数的	10%		
教工阅览室座位数是教职工数的	20%		
电子阅览室	1 个		
语音室	1 个		
多媒体教室	1 个		
教学用计算机数是学历教育在校生数的	30%		
校内实习(实训)室及设备	齐全		
校外实习(实训)基地	相对稳定		
校园网	15 万		
学校章程	规范		
行政管理制度	齐全		
教学管理制度	齐全		
学生管理制度	齐全		
启动资金	80 万元		

注:括号内数字是对校址位于县级市、县及以下级别政府所在地的学校的要求。

山东省教育厅制定。

河南省职业教育强县(市)评估指标体系(试行)

一、政府重视与统筹协调(15分)

1. 县(市)政府把加强职业教育纳入县(市)国民经济和社会发展"十一五"规划,制定有县(市)"十一五"职业教育发展规划。(3分)
2. 县(市)政府建立有县(市)职业教育联席会议制度,形成了教育、发改委、财政、人事、劳动、农业、扶贫办等七部门分工协作、齐抓共管职业教育的格局。(3分)
3. 县(市)政府把职业教育纳入目标管理,作为对主要领导干部进行政绩考核的重要目标;接受人大、政协的检查和指导。(3分)
4. 县(市)政府建立职业教育工作定期巡视检查制度,把职业教育督导作为教育督导的重要内容,加强对职业教育的评估检查。(3分)
5. 县(市)政府召开过一次以上全县(市)职业教育工作会议;县(市)教育局每年召开一次职业教育工作会议,制发有支持职业教育发展和促进职业教育为建设社会主义新农村服务的政策措施。(3分)

说明:查看有关文件、会议记录及佐证材料。

二、职业教育经费投入(20分)

6. 县(市)政府对职业教育经费投入力度逐年加大,县级财政设立有职业教育专项经费并逐年递增;县(市)政府对职业教育有重大经费投入举措。(7分)
7. 县(市)政府应将城市教育费附加的30%用于职业教育并合理使用,每减少5%扣1分,低于(含)10%不得分。(4分)
8. 县(市)政府将扶贫资金的10%作为农村劳动力转移培训经费,减少5%扣1分,低于(含)5%不得分。(2分)
9. 县(市)政府将农村科学技术开发、技术推广费的20%用于职业教育,减少10%扣1分,低于(含)5%不得分。(2分)
10. 县(市)政府建立有学生资助管理机构,并按照国家和省有关政策落实中职学生资助配套资金,确保中职学生资助资金按时足额发放到学生手中。(3分)
11. 县(市)所辖职业学校按规定收取的学费,实行收支两条线管理,并且全额用于职业教育,不冲抵财政拨款。(2分)

说明:查看县(市)政府财政拨款账目及学校对相关经费使用情况的佐证材料。

三、职业教育规模与学校建设（22分）

12. 中等职业教育与普通高中教育协调发展，中等职业学校与普通高中招生人数、在校生人数比例大体相当。（10分）

13. 县（市）政府注重整合县级教育资源，重点建设 1～2 所骨干职业学校，建有一个以上国家级重点中等职业学校且学历教育在校生规模达 3 000 人以上。（4分）

14. 建有 1～2 个省级职业教育重点专业点。（2分）

15. 建有职业教育实验实训基地。（2分）

16. 建有一所以上省级示范性乡（镇）成人文化技术学校。（2分）

17. 本县 80% 以上行政村建有农民文化技术学校，每减少 10% 扣 1 分，低于（含）50% 不得分。（2分）

说明：抽查中等职业学校招生录取审批表及学生花名册，查阅有关文件。抽查农民文化技术学校办学情况。

四、职业技术培训（15分）

18. 县、乡、村三级培训网络健全。能充分利用和拓展县级职教中心（技工学校）、现有政府网、党员远程教育网、农业科研网和中小学"校校通"等网络功能，完成教育、劳动、农业和扶贫等部门每年下达的农村实用技术培训和农村劳动力转移培训任务。（7分）

19. 近三年初中毕业生凡未升入普通高中和中等职业学校的以及近三年高中毕业生未升入大学和中等职业学校的，应有 90% 以上的人参加连续三个月以上的各种技能培训。（3～8分）

说明：第 19 项指标中达到 90%（三年平均值）的为 3 分，每增加一个百分点增加 1 分，最高为 8 分。

考察办法：查看各类职业技术培训人员花名册，实地考察乡（镇）成人文化技术学校和村农民文化技术学校。

五、师资队伍建设（10分）

20. 专任教师学历达标率在 80% 以上。（2分）

21. 专任教师职称结构合理，高级职称人数占专任教师人数的 20% 以上，不足 15% 的不得分。（2分）

22. "双师型"教师占专任教师人数的 30% 以上。（2分）

23. 农村职业学校校长全员参加培训，严格实行校长持证上岗制度；完成每年各级教育行政部门下达的专业教师培训任务。（2分）

24. 有省级以上认定的职业教育教学专家或学科带头人。（2分）

说明：查看职业学校专任教师和兼职教师的学历证书、专业技术资格证书、职业资格证书和教师资格证书原件。

六、就业指导工作(10分)

25. 县(市)重视职业教育毕业生就业工作,就业指导工作做到了机构、人员、经费、设备"四落实"。(3分)

26. 毕业生就业率近三年均达95%以上;国家和省级重点中等职业学校建有职业技能鉴定站,在校生"双证率"(学历证书和职业资格证书)达到85%以上。(5分)

27. 县(市)政府及有关部门根据国家有关规定,制定和完善就业准入制度,并能够严格执行。(2分)

说明:实地考察就业指导工作"四落实"情况,查看技能鉴定站工作情况,毕业生就业情况登记表及有关规章制度。

七、办学体制与学校人事制度改革(8分)

28. 根据区域经济社会发展和教育发展的需要,积极推动职业教育集团化办学模式,依托国家级重点中等职业学校,组建有行业企业、职业学校参加的区域性职业教育集团或所属职业学校为省级职教集团成员单位。(3分)

29. 公办职业学校积极吸纳民间资本和境外资金,探索公办民助等新的多元化办学模式。(2分)

30. 县(市)政府把民办职业教育纳入职业教育发展总体规划,制定有促进民办职业教育发展的政策措施。(2分)

31. 深化职业学校人事制度改革,制定有教职工聘任制度,优化教师队伍。(1分)

说明:查看职业教育集团有关文件及开展活动的相关资料。查看学校财务账册及有关文件,考察民办职业学校发展情况。

说明:

1. 《河南省职业教育强县(市)评估指标体系(试行)》是依据《河南省人民政府贯彻国务院〈关于大力发展职业教育的决定〉的实施意见》和《河南省中等职业示范学校评估指标体系(试行)》,并结合我省农村职业教育发展实际制定的,力求体现导向性、科学性、可操作性原则。

2. 该标准按100分计算,设置了七个大条目和31条指标,各指标对所涉及的评估内容都作了具体要求,达到标准者,得应得分;低于规定标准者不得分。

3. 该指标体系所涉及的内容,除特别说明外,凡涉及有关年限问题,均以2005年以来为准;凡涉及截止日期者,均以2007年12月31日为准。

4. 国家级重点中等职业学校包含劳动和社会保障部认定的国家级重点技工学校。

5. 本指标体系由河南省教育厅负责解释。

河南省教育厅制定。

其他

上海市高校优秀青年教师培养工作综合评估检查指标体系

一级指标	二级指标	等级说明		评价等级			
		A	C				
1. 学校培养情况	1.1 培养计划	根据学校、学院(系或所)需要和教师特点制订切实可行的"优青"培养、考核计划,并认真贯彻落实	学校有"优青"培养、考核计划,基本落实	A	B	C	D
	1.2 配备导师	导师积极提供教学和科研方面的指导,成绩显著	有导师指导,有成效	A	B	C	D
	1.3 进修学习	支持"优青"进修学习,并积极创造条件和机会	鼓励"优青"进修学习	A	B	C	D
	1.4 编入科研梯队	切实编入科研团队,并安排一定的科研任务	编入科研团队	A	B	C	D
	1.5 培养特色	学校在"优青"培养方面有成功经验,特色鲜明	学校在"优青"培养方面有一些好的做法	A	B	C	D
	1.6 改进措施	对存在的问题和薄弱环节有着清醒的认识,并提出了具有针对性的改进措施	能够针对存在问题采取一定的改进措施	A	B	C	D
2. "优青"科研情况	2.1 原定目标的实现情况	多数"优青"出色地实现了原定目标	多数"优青"基本实现了原定目标	A	B	C	D
	2.2 参与或主持其他科研项目的情况	多数"优青"两年来参与或主持其他科研项目较多,并且做出重要贡献	"优青"两年来参与或主持其他一些科研项目	A	B	C	D

582

一级指标	二级指标	等级 说 明		评价等级			
		A	C				
2."优青"科研情况	2.3 研究成果	"优青"有新的重大研究突破或者发明专利,或获得省部级等重大奖项	"优青"的研究成果具有一定的学术水准,或在实践中得到推广和应用	A	B	C	D
	2.4 发展方向	多数"优青"能够立足学科发展前沿,科研选题紧扣经济和社会发展需要	多数"优青"的科研选题能够联系经济和社会发展需要	A	B	C	D
3.经费使用情况	3.1 配套经费到位	配套经费及时、足额,由"优青"自主支配	配套经费到位,"优青"能够支配	A	B	C	D
	3.2 经费管理规定	有比较全面的经费管理规定,严格做到专款专用	有经费管理规定,基本做到专款专用	A	B	C	D
	3.3 违规行为	无不合理或违规使用经费的现象	极少数教师不合理或违规使用经费	A	B	C	D
综合评价等级				A	B	C	D

来源:《中共上海市科技教育工作委员会、上海市教育委员会关于"上海市高校选拔培养优秀青年教师科研专项基金"的实施办法的通知》(沪教委人〔2005〕80号)。

"上海高校优秀青年教师后备人选"综合评估检查指标体系

一级指标	二级指标	等级说明 A	等级说明 C	评价等级			
政治思想总体评价		政治上积极要求上进,表现良好		是		否	
		治学和科研态度严谨、能在各方面严格要求自己,具有较高的职业道德水平		是		否	
1. 资助项目完成情况	1.1 项目完成情况	出色地实现了原定目标	基本实现了原定目标	A	B	C	D
	1.2 研究成果的创新性	研究成果具有明显创新性	研究过程中运用各类技术和方法,成果创新性不明显	A	B	C	D
	1.3 研究成果的理论意义	研究中运用先进的技术和方法,具有重大理论意义	研究中运用一定的技术和方法,研究具有前瞻性	A	B	C	D
	1.4 研究成果的实际价值	研究成果实际应用价值巨大,且能服务于国家、地方的社会经济发展	研究成果具有一定实际应用价值,但与国家、地方的社会经济发展趋势有差距	A	B	C	D
2. 教育教学能力	2.1 教学工作	认真负责,积极主动承担各项教学工作,并圆满完成	能完成各项教学工作	A	B	C	D
	2.2 教学改革	积极探索各类教学方法,且效果显著	运用新的教学方法,取得一定效果	A	B	C	D
3. 科研能力	3.1 研究成果	研究成果形式多样,内容丰富,在业界获得较高评价或科研论文发表于核心期刊	取得一定研究成果,并以书面形式公开发表论文	A	B	C	D

一级指标	二级指标	等级 说 明		评价等级			
		A	C				
3. 科研能力	3.2 承担其他科研项目	"优青"平台效应显著,主持或参与国家级科研项目	除承担"优青"科研项目外,参与其他科研项目	A	B	C	D
	3.3 发展潜力	发展迅速,潜力巨大	目标明确,具有一定发展潜力	A	B	C	D
4. 经费使用	4.1 经费使用范围	经费使用与教学和科研紧密相关,支出比例合理	仅部分经费使用与教学和科研有关,支出比例不合理	A	B	C	D
	4.2 经费使用有效性	充分运用经费,效果明显	经费用途单一,经费效用不明显	A	B	C	D
	4.3 支出细目	经费使用有详细规划,经费用途明细有序	经费使用缺乏规划,支出无明细	A	B	C	D
综合评价等级				A	B	C	D

来源:《中共上海市科技教育工作委员会、上海市教育委员会关于"上海市高校选拔培养优秀青年教师科研专项基金"的实施办法的通知》(沪教委人〔2005〕80号)。

上海市语言文字规范化示范校创建标准及其实施细则(试行)

创建标准	分值	实 施 细 则	测查办法
A 组织管理	20		
A1 学校语言文字工作管理有效,机构健全,人员落实	5		听取、阅研自评报告
A1.1 分管领导有较高的语言文字政策水平和依法管理能力	2	1. 分管领导熟悉国家语言文字方针政策,具有科学的语言(文字)规范观和发展观,科学架构符合教育各发展和社会发展需求学校语言文字工作的专题研究论文,加1分;撰写、发表关于语言文字规范化或学校语言文字工作的专题研究论文,加1分 2. 分管领导妥善处理校园语言文字应用中出现的问题,没有出现过政策把握上的偏颇,1分	听取、阅研自评报告,召开师生座谈会
A1.2 学校语言文字工作纳入日常化轨道,机构网络高效运转	3	1. 设立学校语言文字工作专管人员,职责明确,考核落实,1分;计入工作量,加1分 2. 学校语言文字工作网络覆盖全校内各条线,深入各教学班,1分 3. 各条线积极、主动配合专管员开展工作,1分	查阅人事档案或相关资料 查阅网络名单 召开师生座谈会
A2 学校语言文字工作制度健全,措施得力	5		

586

创建标准	分值	实施细则	测查办法
A2.1 按照国家、上海和所在本区县语言文字工作目标要求部署和开展工作	2	1. 每学期召开校级专题会议,研究、部署语言文字工作,1分 2. 将语言文字工作纳入学校中长期和学期工作计划,每学期有专项工作计划和专项工作总结,1分	查阅有关档案资料 查阅有关档案资料
A2.2 学校语言文字工作制度健全,形成体系、程序规范	3	1. 有对校园用语用字进行监督监测以及督促整改的制度,有关记录完整,1分 2. 有语言文字工作专项总结表彰制度,1分 3. 创建示范校期间的语言文字工作档案完整,分门别类妥善保存,1分	查阅有关档案资料 查阅有关档案资料 查阅有关档案资料
A3 将语言文字规范化要求纳入学校管理常规	10		
A3.1 将语言文字规范化要求纳入学校综合管理内容	2	将语言文字规范化要求纳入学校精神文明建设和校园文化建设的内容,有推进措施,1分	查阅有关档案资料
A3.2 将教学用语用字规范纳入教学管理常规	3	1. 对"教师在课堂教学和日常教育中使用普通话,在板书、批改作业等中写规范字"提出明确要求,有检查落实措施,并作为教师奖惩的重要指标之一,1分 2. 听课、评课等教研活动中将用语用字规范作为考察指标之一,并积极落实,1分 3. 加强对各类自编教材、教辅读物、讲义、试卷等用语用字以及汉语拼音使用规范的审核,把关,1分	查阅检查记录,教师奖惩记录 查阅有关档案资料 查阅有关档案资料或听取汇报

创建标准	分值	实施细则	测查办法
A3.3 将语言文字规范意识和应用能力纳入师资管理要求	3	1. 将普通话和规范汉字使用能力纳入教师业务考核、职务晋级、评优评先等的基本内容和条件,并积极落实,1分	查阅有关档案资料
		2. 将普通话和规范汉字使用能力纳入教师业务学习、职后培训、教学基本功训练的基本内容,1分	查阅有关档案资料
		3. 按照国家标准,实行教师持普通话等级证书上岗制度,1分	查阅有关档案资料
A3.4 将语言文字规范意识和应用能力纳入学生管理要求	2	1. 将"在必要场合自觉讲普通话、写规范字"纳入学生行为规范的基本要求,并检查落实,1分	查阅有关档案资料
		2. 将语言文字规范意识、语文综合能力纳入各类学生评优评先活动的基本条件,1分	查阅有关档案资料
B 教育教学	40		
B1 将语言文字规范化教育纳入德育内容	15		
B1.1 纳入学校培养目标	2	在学校培养目标中,有关于培养学生语言文字规范意识和能力的明确规定或表述,2分	查阅有关档案资料
B1.2 校园内有良好的语言文字规范化宣传、育人环境	7	1. 有永久性固定宣传牌不少于3处,2分	实地查看校园宣传环境
		2. 有固定宣传栏,2分	实地查看校园宣传环境
		3. 每学期校广播、电视等2次以上进行专题宣传,1分	查阅有关档案资料
		4. 每学期班级黑板报2次以上进行专题宣传,1分	查阅有关档案、声像资料
		5. 在学校网站上有关于语言文字规范的专门频道或栏目,1分;建立专门网站,加1分	查看学校网站情况

创建标准	分值	实施细则	测查办法
B1.3 渗透到德育和社会实践活动中	6	1. 每学年在校园内组织语言文字规范化专题宣传教育活动不少于3次(推普周活动除外),2分 2. 认真组织开展每年一次的推普周活动,2分 3. 积极组织师生参与社会语言文字工作(推普周活动、啄木鸟活动、社会用字监测等),1分 4. 学校师生在各类社会实践活动中做到自觉使用普通话和规范字,1分	查阅有关档案、声像资料 查阅有关档案、声像资料 查阅有关档案、声像资料 抽查各类社会实践活动档案、声像资料
B2 充分发挥语文课的主渠道作用,加强对学生语言文字应用能力的培养	**20**	(幼儿园:结合办园实际,针对幼儿的年龄特点,切实加强对幼儿的语言训练,有效激发幼儿学习语言的兴趣,培养幼儿讲普通话的意识和习惯,20分) **其他各级各类学校按以下指标进行测查:**	
B2.1 语文教学中切实加强对学生听说读写能力的教学和培训	7	1. 分年级制定符合学校实际的学生语言文字能力培训要求,并认真落实,3分 2. 在语文课堂教学中,纳入听说读写能力的训练,4分	查阅有关档案资料 查阅有关档案资料、听取汇报、听公开课
B2.2 学校开设关于语言文字应用能力的专门课程	6	结合学校办学实际,积极开设关于汉语拼音和语言文字使用能力的专门课程(或拓展性、研究性课程),6分;定期开设有关讲座,3分;偶尔开办有关讲座,1分	查阅有关档案资料
B2.3 将语言文字应用能力纳入学生毕业的基本内容	7	1. 中小学开设《少儿口语交际》课程,参与率不低于80%,3分;中等职业学校、高校、中等职业学校学生参加普通话培训测试,参与率不低于80%,3分;参与率60%,2分;60%以下,1分。师范类学生参加普通话培训测试率80%不得评为示范校。切实开展汉语拼音与写字教学与训练,加强考核,2分。**将其纳入毕业必备条件的,加1分** 2. 切实开展汉语拼音教学与训练,并加强考核,2分 3. 积极开展写字教学与训练,2分	查阅有关档案资料 查阅有关档案资料

创建标准	分值	实 施 细 则	测查办法
B3 将语言文字规范教育渗透进各科教学	**5**		
B3.1 将语言文字应用能力纳入学生素质教育体系	1	学校素质教育实施体系中有关于培养学生语言文字能力的要求,1分	查看相关档案资料
B3.2 日常各科教学有机渗透语言文字规范化教育	2	1. 学校教学管理中对"各科教学都应注重加强对学生语言文字能力的培养"提出明确要求和实施重点,1分 2. 各科教师在日常教学中能进行语言文字规范化教育,有相关教育实例,1分;有相关论文或专著,加1分	查看相关档案资料
B3.3 学校教学管理中正确处理好语文教学与其他各科教学的关系	2	教学管理中正确把握语文教学内部及其与其他各科教学的关系,如语文课程改革中激发学生语文学习兴趣、提高学生语文能力与夯实学生语文基础之间的关系,英语教学与双语(母语)教学之间的关系,有相关论文,2分	查看相关档案资料,召开师生座谈会
C 校园用语用字环境	**10**		
C1 用语规范	**5**		
C1.1 教学用语规范	1	发现教学用语有不使用普通话的现象,不得评为示范校	随机抽查
C1.2 宣传用语规范	1	学校广播、电视台播音、告示、各类演出用语规范,发现有不规范现象,0分	随机抽查,未检查到的项目不扣分
C1.3 集体活动用语规范	1	各类集会、大型活动的主持、发言用语规范,发现有不规范现象,0分	随机抽查

590

创建标准	分值	实施细则	测查办法
C1.4 学校工作用语规范	3	1. 教师教育用语规范,1分;发现有不规范现象,0分	随机抽查,未检查到不扣分
		2. 各类会议主持、发言用语规范,1分;发现有不规范现象,0分	随机抽查,未检查到不扣分
		3. 电话总机、接待等用语规范,1分;有方言,0.5分;方言较多,0分	随机抽查,未检查到不扣分
C2 用字规范	**5**		
C2.1 教学用字规范	2	教师板书、试卷、自编教材、教辅读物、教学课件等用字规范,2分;有不规范字或汉语拼音使用不规范现象,每1处扣0.2分,扣完为止	逐项检查
C2.2 各类标牌用字规范	1	1. 校牌用字符合规范要求(不符合规范要求,不得评为示范校)	专项检查
		2. 各类标志、指示牌用字规范,1分;有不规范字或汉语拼音使用不规范现象,每1处扣0.1分,扣完为止	实地查看
C2.3 宣传用字规范	2	1. 校训用字符合规范要求,1分;不符合规范要求,0分	实地查看,未检查到不扣分
		2. 板报、宣传栏、告示栏等其他各类栏目用字规范,告示等用字规范,1分;有不规范字或汉语拼音使用不规范现象,每1处扣0.1分,扣完为止	随机查看
D 师生语言文字规范意识和能力	**20**		
D1 教师具有较强的规范意识和能力	**10**		

创建标准	分值	实施细则	测查办法
D1.1 干部、教师了解国家语言文字法律法规、方针政策、规范标准,规范运用汉字和汉语语音的能力	6	学校领导和教师了解了国家语言文字法律法规、方针政策、规范标准,具有正确运用规范汉字能力,并能熟练使用汉语拼音,6分	随机书面抽测,人数为教师总数的20%。其中校级干部占20%、中层干部20%、教师60%。总体合格率每下降5%扣1分,扣完为止
D1.2 教师和行政人员普通话水平达到规定规定等级	4	1. 教师普通话水平达到国家规定的等级:100%达标,3分;95%及以上达标,2分;90%及以上达标,1分;90%以下达标,0分。城区学校达标率低于90%、郊区(县)学校低于80%,不得评为示范校 2. 行政人员普通话水平达到国家规定的等级:100%达标,1分;90%及以上达标,0.5分,90%以下达标,0分。城区学校达标率低于90%、郊区(县)学校低于80%,不得评为示范校	查阅有关档案资料
D2 学生规范意识和能力	10		
D2.1 学生了解国家语言文字法律法规、方针政策、规范标准,能正确辨别、书写规范汉字,并能熟练使用汉语拼音	6	学生了解国家语言文字法律法规、方针政策、规范标准,能正确辨别、书写规范汉字,并能熟练使用汉语拼音,6分(幼儿园此项不记分)	随机书面抽测全体学生。每一年级一教学班全体学生。总体合格率每下降5%扣1分,扣完为止
D2.2 学生能说比较标准的普通话	4	学生能说比较标准的普通话(二级乙等及以上),4分	随机抽测毕业前一年级学生20名,总体合格率每下降10%扣1分,扣完为止
E 教科研工作	10		
E1 积极开展课题研究工作	5	每学期至少开展1个关于语言文字规范入素质教育的课题研究,5分;课题数1个以上,加2分;承担国家级、市级课题,加2分	查阅有关档案资料

创建标准	分值	实施细则	测查办法
E2 积极探索加强学校语言文字工作的途径和方法	5	学校领导和教师每年发表关于学校语言文字工作的论文不少于1篇，5分；3篇以上，加2分	查阅有关档案资料
F 其他加分项目	+10		
F1 学校语言文字工作特色明显	5	结合本校办学特色和实际，创出学校语言文字工作特色，酌情加分，最多不超过5分	学校申报，阅研自评报告及查阅相关档案资料，评估组合议
F2 语言文字工作方面获奖	5	1. 师生个人获市级及以上语言文字各类评优、竞赛活动奖项的，有1人次，加1分；获区（县）级语言文字各类评优、竞赛活动奖项的，有1人次，加0.5分。最多不超过2分。 2. 集体获市级语言文字各类评优、竞赛活动奖项的，有1次，加2分；获区（县）级语言文字各类评优、竞赛活动奖项的，有1次，加1分。最多不超过3分。	学校申报，查阅相关档案资料

说明：1. 根据本标准测查得分率在80%以上，可以认定为区（县）级语言文字规范化示范校；申报市级语言文字规范化示范校的，得分率不得低于90%。

2. 本标准同时适用于各级各类学校及校外教育机构申报语言文字规范化示范校的创建和评定。

3. 区县对新申报的学校在进行评定时，可以根据本区县实际，对"实施细则"中的有关项目及其达标要求进行微调，同时，还要将新纳入的3项活动情况进行评审认定，申报市级示范校的，按"实施细则"的要求及新纳入的3项活动一并进行认定。

4. 对教师、学生语言文字政策法规、应用能力的测查，由区县语委办命题（题库公布在"上海语言文字网"实用信息下载专栏中）。

5. 高校干部、教师的抽测人数，由评估专家组根据学校规模和教师总数决定。抽测人员构成比例为：校级干部10%，中层干部30%，教师60%。

来源：上海市教育委员会、上海市语言文字委员会关于印发《上海市语言文字规范化示范校创建标准及其实施细则（试行）》的通知（沪教委语〔2005〕1号）。

领军人才分类标准

领军人才按照各自学科特点,明确分类标准。按自然科学和技术类、哲学社会科学类、文化艺术类和经营管理类分类提出选拔标准:

1. 自然科学和技术类选拔标准

(1) 具有本学科扎实的专业知识、深厚的学术造诣、前瞻的学术视野和较强的研发能力。熟悉掌握本学科、本行业国际或国内前沿的研究状况和研究方法。

(2) 近五年,在本学科、本领域做出具有国际水平或国内领先的研究成果,并对国家和上海经济社会发展作出突出贡献者。一般应具有以下条件之一:

① 作为主要完成人推动本领域关键技术的发展和应用,对本学科、专业以及相关领域发展有较大影响,被国内外同行公认有创新性成果或业绩;获得国家发明专利授权,对本产业的发展产生积极的支撑和推动作用,并通过成果转化产生良好的经济或社会效益。

② 作为项目主要完成人,获得省部级二等奖以上科学技术奖。

③ 作为第一作者或通讯作者在国际顶尖学术刊物上发表高水平论文。

(3) 具有较强的科研管理能力和团队组织协调能力,领衔国家和本市重大科技或工程项目攻关、重点学科建设或担任重要科研机构学术技术负责人。一般应具备以下条件之一:

① 担任国家"973"、"863"等重大重点项目的首席科学家或主要负责人,或获得国家自然科学基金、国家杰出青年基金等的资助,或入选中科院"百人计划",或担任省部级重大科技项目负责人、重大工程技术项目负责人等。

② 担任国家和本市重点实验室、工程研究中心负责人或者学术技术带头人、企业技术中心负责人或技术带头人,或担任上海市高新技术企业、科技小巨人企业研发部门负责人或技术带头人。

③ 担任长江学者奖励计划特聘教授,或担任国家重点学科带头人、入选上海市优秀学科带头人计划等。

④ 在国际知名学术机构或国际权威杂志中担任重要职务。

⑤ 能够作为核心人物凝聚一支结构合理、素质过硬、攻关能力强的科研队伍。在团队建设中发现优秀人才,在科研发展中培养造就年轻人才。

2. 哲学社会科学类选拔标准

(1) 具有深厚的学术造诣和突出的专业能力,熟悉并掌握本学科、本行业国际国内前沿的研究状况和研究方法。学术思想与观点在学术界有较大影响;或取得公认的有重大创新或重大价值的科研成果,并已产生显著的经济或社会效益。

（2）对所在学科、行业领域贡献显著,承担的研究项目或研究成果,有重要的社会影响。一般应具备以下条件之一:

① 承担并完成过国家社科基金项目或国家自然科学基金项目、省部级人文社会科学重大科研项目。

② 专著或作为主要完成者的成果获得过国家哲学社会科学基金项目优秀成果奖三等奖以上奖励,或获得过全国高校人文社会科学研究优秀成果奖二等奖以上奖励等。

③ 以主要完成人正式出版过高质量、高水平学术论著,成为所在学科领域公认的代表著作。发表过一批重要的学术论文,被国际科学检索系统 SSCI 或 A&HCI 收录,或发表在国内 CSSCI 刊物,论文具有独到的学术观点,创新性强,被广泛引用,成为所在科学领域公认的代表性论文。

④ 学术思想和学术论著对政府决策、政策制定、社会实践等产生重要影响,对社会进步产生积极的推动作用。

（3）有较强的学术号召力与组织力。作为核心人物,凝聚一支相对稳定的学术团队。在本领域拥有较高的知名度和影响力,能够跨地区、跨单位发起同行学者讨论前沿学术问题,充分体现出其在学术界的重要地位和学术交流中的引领地位。

3．文化艺术类选拔标准

（1）有深厚的文化艺术修养,学术能力和艺术水准得到同行和业内专家认可。从事的文化和艺术活动能在继承中不断创新发展,对所在领域的发展作出重要贡献。

（2）能够用扎实的专业知识和高超的专业技能,开展本领域的前沿研究,完成高水平的专业实践,创作、编排或主演过重要的文化艺术作品,有业界公认的代表性作品或成果,业绩和能力在国内得到广泛认可。一般应具备以下条件之一:

① 在国际重要比赛中获优秀奖项,或获得"五个一工程奖"、文华奖、群星奖及中宣部、文化部及其他省部级单位颁发的具有较大影响的奖项,或在经省部级以上文化行政主管部门批准的比赛中获得最高级奖项。

② 在省部级以上科研课题和项目中担任负责人。

（3）具有较强的领导、协调和组织管理能力,能带领一支优秀的团队,实现自身和团队的可持续发展,或者在促进文化事业繁荣和文化产业发展中发挥科学、专业带头人作用,在文化创新能力等方面具有重要的引领作用,在社会上或同行中有较高的知名度和影响力。

4．经营管理类选拔标准

（1）具有扎实的现代企业管理理论基础和创新的经营管理理念,能够结合企业的实际,不断吸收国际国内先进的管理经验,形成独到的经营管理思想和成功的经营管理模式。在优化企业体制方面有重大改革创新,并经市场检验,对推动生产力发展和技术创新有突出贡献。

（2）具有较强的决策力、驾驭力和运作力,对企业的发展有清晰的思路和宏观战略把握能力,市场敏感性、机遇把握能力强,在业内得到同行和专家的认可,得到市场和出资人的认同,并应具备下列条件:

① 注重实施企业品牌战略,推进质量管理体系认证,能够创立和维护具有较高知名度的品牌。企业市场开发能力强,产品在市场占有一定的份额并在同行业居于国内领先水平。

② 所领导的企业创新活力和研发能力强,注重强化企业和产品的科技含量,能够围绕市场需求促进企业科技创新和产学研合作,有效提升企业的核心竞争力和可持续发展能力。

③ 所领导的企业年度利润总额、净资产收益率、国有资产保值增值率等连续三年保持较快增长,在同行业中名列前茅。

④ 所领导企业能够科学经营,诚信经营,依法经营,履行应尽的社会责任,在实现企业战略目标的同时取得良好社会效益。

（3）重视经营团队建设,能够作为核心人物凝聚一支稳定的经营管理和科研生产团队,形成独特的企业文化。注重经营管理人才的发现和培养,在实践中培养出年龄、知识、能力等方面结构较为合理的经营管理梯队。

来源:《关于开展 2008 年上海领军人才选拔工作的通知》(沪人〔2008〕87号）。

上海市中等职业学校校长职级评估指标体系

评估框架 一级指标	二级指标	三级指标		评　估　标　准
				三级指标打分点和评分标准
1 办学 思想	1 指导 思想	1	法制 观念	熟悉法律法规和相关政策,依法治校,依法治教,全面贯彻国家教育方针。本人无违法违纪行为。
		2	掌握规则	熟悉和掌握相关行业的市场运行规则、法律法规和相关政策。培养学生法制意识和规则意识。
	2 办学 风格	3	职教 理念	在大职业教育观和终身教育理念指导下,以就业为中心,服务为宗旨,培养技能型创新人才。
		4	供需匹配	关注市场需求,扎根生产实践。实施工学交替,校企合作办学。
	3 形态 格局	5	布局形态	专业分布,办学总体布局形态合理。职前职后教育比例恰当。
		6	规模质量	办学达到一定规模,办学质量有保障。学校达到一定规格。
	4 发展 思路	7	发展规划	研究拟定学校中长期发展规划。落实人力、物力、财力保障规划实施。
		8	品牌特色	形成鲜明办学特色。具有品牌专业、品牌课程。

评估框架			评 估 标 准	
一级指标	二级指标	三级指标		三级指标打分点和评分标准
2 学校管理	3 校园管理	5 制度建设	9 建章立制	建立学校章程、日常管理、民主决策、资产运营等各项制度,设计合理,执行有效。校务公开。
			10 组织分工	管理机构功能健全、设置合理、运行高效。岗位职责明确,分工合理,权责统一、运行规范。
		6 班子建设	11 党政配合	实行校长负责制,保证党组织政治核心作用,党、政、工、团、职代会各方面配合协调,作用明显。
			12 民主集中	有明确的管理决策流程,职责明确,考核到位;有内部制衡机制,流程监管有章可循;管理高效。
	4 资产运营	7 资产管理	13 产权明晰	学校与校办企业等关联企业之间产权明晰,权责恰当。无不良债务纠纷。物资保管完好。
			14 管理规范	学校对运用现代企业制度对关联企业实施管理。学校与关联企业之间的权责关系有章可循。
		8 财务运营	15 财务健康	学校和关联企业的财务状况健康。资产负债率、利润率、现金流量等指标合理。财务信誉等级良好。
			16 资产效益	实现资产保值增值。学校与关联企业之间建立产教结合关系。关联企业效益用于学校发展。

续表

评估框架					评估标准
一级指标	二级指标	三级指标			三级指标打分点和评分标准
3 教育教学	5 道德规范	9 职业道德	公民道德教育	17	贯彻落实国家和本市关于德育工作的政策文件要求，实施公民道德和价值观教育。
			职业道德教育	18	结合职业岗位特点，开展学生的职业道德教育。
		10 行为规范	校园行为规范	19	强化学生的校园行为规范，制定明确的校园行为规范要求和规定。
			岗位行为规范	20	强化学生的岗位行为规范，制定明确的岗位行为规范标准和规定。
	6 工学结合	11 专业建设	需求特色与信息技术	21	根据市场需求进行专业建设。强调专业建设的学校特色，实现校际错位竞争。重视信息技术在教育教学领域的应用。
			流程建设与质量管理	22	根据标准进行专业设置和课程开发，建立健全教育教学质量管理制度，形成具有特色的校本教材。
		12 实践实训	管理与实施	23	建立健全学生实践实训的管理制度，制定突发事件处理预案。生产性实践和顶岗实习达到一定比例。
			设施与设备	24	拥有较为先进的实训设备和场地。重视信息技术在实践实训环节和图书馆建设中的应用。

评估框架				评估标准	
一级指标	二级指标	三级指标		三级指标打分点和评分标准	
4 师资建设	7 队伍建设	13 队伍结构	25 双师结构	积极引进行业企业专家和高技能人才担任专职或兼职教师，优化双师型师资结构。	
			26 梯队结构	优化教师队伍的年龄结构、专业结构。	
		14 教师培训	27 骨干教师培养	建立健全教师继续教育和培训制度，建立骨干教师培养计划。	
			28 青年教师培养	倡导骨干教师定期学习制度，鼓励青年教师去行业企业挂职锻炼。	
	8 团队合作	15 文化建设	29 校园文化	倡导构建学习型教师团队，形成健康向上富有特色的校园文化。	
			30 师德教育	加强教师师德教育和教师行为规范教育，做到赏罚有据，奖惩分明。	
		16 团队和谐	31 考评机制	建立全教职员工考评机制。	
			32 合作氛围	重视领导班子和管理队伍团结，带头维护集体利益。	
5 个人素养	9 个人修养	17 思想品质	33 道德修养	品行端正，为人师表。	
			34 政治修养	坚持原则，立场坚定。	
		18 基本素养	35 学术修养	谦虚好学，知行合一。	
			36 人文修养	严于律己，宽以待人。	
	10 领导能力	19 工作作风	37 勤勉敬业	勤奋务实，开拓进取。	
			38 以身作则	身先士卒，率先垂范。	
		20 协调整合	39 公共关系	与业界、学界、政府、其他学校保持良好关系，各界评价评价良好。（行业荣誉证书、奖状）	
			40 资源整合	善于整合各种社会资源，积极探索"产、学、研"一体化办学经验。	

续表

评估框架				评 估 标 准	
一级指标	二级指标	三级指标			三级指标打分点和评分标准
6 办学成效	11 外界评价	21 市场认可	41	毕业生就业率	学校就业率、就业稳定率保持较高水平，学校招生就业"进出两旺"。
			42	职后培训业务	积极开展职后培训，服务行业和社会需求。
		22 社会认可	43	社会地位声誉	学校和校长热心公益事业，在社会公益团体担任要职等。
			44	专业学术成就	校长在专业领域和学术领域具有一定造诣，参与和主持市级以上科研项目，有个人科研成果。
	12 业界评价	23 行业认可	45	技能比武成绩	在"星光计划"或市级、国家级行业技能比赛中取得好成绩。
			46	行业影响地位	行业专业标准制定，行业技能鉴定站所，其他行业专业影响力。
		24 业内认可	47	课程教材改革	积极参加课程教材改革，推进学校教育教学改革。
			48	实训中心建设	保证实训中心建设质量，保障配套经费落实，完善实训中心运营机制。

上海市教委人事处委托上海市教育评估院组织专家研究制定。

上海市中等职业学校党委（总支或支部）书记对应校长职级标准评估指标体系

评估指标框架					评估标准
一级指标	二级指标	三级指标			三级指标打分点和评分标准
1 政治核心	1 把握方向	1 法制观念	1	知法守法	熟悉法律法规和相关政策，依法治校，全面贯彻国家教育方针。本人无违法违纪行为。
			2	掌握规则	熟悉和掌握相关行业的市场运行规则、法律法规和相关政策。培养学生法制意识和规则意识。
		2 政治方向	3	政治坚定	坚持以党的思想、理论为指导，坚决拥护和贯彻落实党的路线、方针与政策。
			4	参与决策	积极参与学校重大问题的决策，并在决策过程中把握政治方向，支持和保障校长依法行使职权。
	2 监督保障	3 建章立制	5	机构设置	建立健全学校的工会、团、教（职）代会等组织机构，设立民主管理监督小组。
			6	制度建设	建立健全学校管理的制度框架，并形成监督考核的具体规章制度。
		4 流程监督	7	程序清晰	学校日常管理流程清晰明确，有章可循。
			8	监管有效	对学校管理中的发生的问题，有明确的监管机制和相应罚则。

评估指标框架					评估标准
一级指标	二级指标	三级指标			三级指标打分点和评估分标准
2 队伍建设	3 班子建设	5 党政配合	9	团结高效	实行校长负责制，保证党组织政治核心作用，党、政、工、团、职代会各方面配合协调、作用明显。
		6 民主集中	10	分工合理	班子成员有明确分工，分工合理，责任到位，考核有据。
			11	校务公开	制度公开，程序透明，运行规范，涉及职工切身利益的重大问题须经教（职）代会通过。
			12	决策规范	重大决策须经班子集体讨论，有明确议事决策流程。
	4 干部培养	7 管理有效	13	考评科学	建立健全干部的岗位责任制。党管干部落在实处，有章可循，赏识分明。
			14	结构合理	重视年轻干部培养，优化干部队伍的年龄结构、性别结构、知识结构。
		8 教育有力	15	制定规划	制定干部培养的中长期规划，并落实到年度计划。
			16	掌握动态	掌握干部思想动态，联系党员干部的实际情况，把干部教育落到实处。
3 党建工作	5 思想作风建设	9 思想建设	17	理论学习	以党员先进性教育为抓手，加强理论学习。
			18	永葆先进	建立健全保持共产党员先进性教育的长效机制。
		10 作风建设	19	党风廉政	加强党风廉政建设，教育干部队伍廉政勤政。
			20	群众路线	教育党员党员密切联系群众，依靠群众，关心群众。
	6 组织建设	11 组织工作	21	组织生活	坚持"三会一课"制度，抓好党的组织生活，民主生活和党员评议表彰工作。
			22	责任落实	建立健全党组织和党员目标管理责任制，党组织战斗堡垒作用明显。
		12 发展工作	23	发展有序	认真做好积极分子培养，做到有计划，有措施，有成效。党员发展工作开展正常。
			24	党群关系	共产党员先锋模范作用明显，党群关系融洽。

评估指标框架				评 估 标 准
一级指标	二级指标	三级指标		三级指标打分点和评分标准
4 精神文明	7 德育工作	13 教师德育	25 师德教育	以岗位责任为抓手，开展教师的职业道德教育和师德教育。
			26 团队精神	以专业建设为抓手，强化教师队伍团队合作精神。
		14 学生德育	27 价值观念	以"八荣八耻"教育为抓手，培养学生设立正确价值观、人生观、世界观。
			28 行为规范	以"七不规范"教育为抓手，培养学生养成良好的日常行为规范和校园行为规范。
	8 创建文明	15 校园和谐	29 校园文化	以树立学校师生核心价值观为抓手，形成健康向上富有特色的校园文化。
			30 和谐氛围	以教风、学风建设为抓手，创建和谐校园，文明单位。
		16 社会公益	31 责任意识	以公民道德教育和专业道德教育为抓手，培养学生的公民责任意识和岗位责任意识。
			32 服务社会	以参加公益活动为抓手，培养学生服务社会的意识。
5 个人素养	9 个人修养	17 思想品质	33 道德修养	品行端正，为人师表。
			34 政治品质	坚持原则，立场坚定。
		18 基本素养	35 学术修养	谦虚好学，知行合一。
			36 人文修养	严于律己，宽以待人。
	10 领导能力	19 工作作风	37 勤勉敬业	勤奋务实，开拓进取。
			38 以身作则	身先士卒，率先垂范。
		20 协调沟通	39 班子协调	班子团结，步调一致，配合默契，氛围和谐。
			40 干群沟通	党群、干群关系融洽，沟通渠道顺畅。

评估指标框架			评 估 标 准	
一级指标	二级指标	三级指标		三级指标打分点和评分标准
6 工作实绩	11 基层评价	21 党员认可	41 党员干部认可	党员干部对领导班子和书记认可度高。
			42 校内党员认可	校内党员对领导班子和书记认可度高。
		22 群众认可	43 校内群众认可	校内群众对领导班子和书记认可度高。
			44 校外社区认可	学校和书记与社区关系融洽,能为社区提供必要服务。
	12 外界评价	23 组织认可	45 先进集体称号	学校(部门)党、工、团,归等组织获得上级部门颁发的先进集体荣誉称号。
			46 先进个人称号	书记或学校教职员工获得上级部门颁发的先进个人荣誉称号。
		24 业内认可	47 社会地位声誉	学校和书记热心公益事业,在社会公益团体担任要职等。
			48 专业学术成就	在专业领域和学术领域具有一定造诣,参与和主持市级以上科研项目,有个人科研成果。

本指标体系由上海市教委人事处委托上海市教育评估院组织专家研究制定。

上海市教育系统政府投资项目预算绩效评价指标体系

项目评价内容		评估项数	三级指标	参考分值	观察点	评分标准	实际得分	说明
一级指标	二级指标							
1. 实施内容（18分）	1.1 工程项目管理（4分）	1	1.1.1 项目审批的合规性	2分	1. 政府审批程序、工程概算、扩初批复，2. 管理机构和制度，3. 勘察设计程序，4. 资金筹措方案\招标手续			
		2	1.1.2 项目管理的科学性	2分	1. 开工手续，2. 合同管理，3. 造价、质量、进度动态控制措施，4. 资金使用与管理，5. 验收程序与手续，6. 使用管理的机构和制度			
	1.2 概算完成情况（6分）	3	1.2.1 预算建筑面积完成率	3分	填报数据。计算公式：建筑面积完成率＝实际建筑面积/扩初批复面积	完成扩初 3 分，工程决算面积超扩初根据政策与实际情况赋分		查看有关政策规定
		4	1.2.2 投资完成率	3分	填报数据。计算公式：投资完成率＝实际投资/经批准的项目总投资			

项目评价内容		评估项数	三级指标	参考分值	观察点	评分标准	实际得分	说明
一级指标	二级指标							
1. 实施内容（18分）	1.3 项目建设工期（2分）	5	1.3.1 项目建设工期	2分	填报数据：国家规定/工程合同工期与实际工期	延误60天以内2分；延误60~90天1分；延误90天以上0分		
	1.4 项目质量（3分）	6	1.4.1 工程质量合格率	1分	填报数据：单体质量合格率、综合项目质量合格率			
		7	1.4.2 施工安全	2分	填报数据：有无事故	无安全事故2分，发生小事故1分，有重大事故0分		
		8	1.4.3 获奖情况（加2分）		设计奖、施工奖（单项与综合）	国家级2分，市、区级1分		
	1.5 廉洁公正（3分）	9	1.5.1 廉政建设	3分	1. 制度程序，2. 至评估为止无被查处的与项目相关违违纪违规事件	观察点1占1分，2占2分		
		10	2.1.1 校园规划科学合理	3分	1. 系统规划，2. 论证，3. 评审程序	观察点各占1分		
2. 使用功能（20分）	2.1 项目适用性（5分）	11	2.1.2 功能设施人性化、设置布局合理	2分	1. 使用便捷（方便师生，配合随机访谈或问卷调查），2. 各类标识清晰，采取防滑、防噪音等措施，3. 设置饮水设施，无障碍通道及设施	观察点1占1分，2、3各占0.5分		

607

项目评价内容 一级指标	二级指标	评估项数	三级指标	参考分值	观察点	评分标准	实际得分	说明
2.使用功能(20分)	2.2 科技先进性(5分)	12	2.2.1 信息化、数字化程度	3分	1.多媒体教室比例(填报数据),2.校园网络端覆盖面,3.校园周边技防措施	观察点1,2,3各占1分		
		13	2.2.2 采用先进技术情况	2分	1.建筑设计和材料选型,2.设备设施的前瞻性配置	建筑设计和选材考虑新技术、节能、节材、技术先进性得1分,配置设备设施具有前瞻性论证得1分		
	2.3 办学条件改善(10分)	14	2.3.1 达标改善度	2分	填报数据:1.项目从建成投资使用之日起达到设计招生能力所经历的时间是否与计划吻合,2.参照92指标,相应用房指标缺额的改善比例			
		15	2.3.2 用房总数	4分	填报数据:教室面积、实验用房面积、体育场馆、宿舍和食堂面积,图书馆等与国家相关标准特别是项目落成前学校自身标准相比较(总面积增长量,增长率)			参照92指标

项目评价内容		评估项数	三级指标	参考分值	观察点	评分标准	实际得分	说明
一级指标	二级指标							
2. 使用功能（20分）	2.3 办学条件改善（10分）	16	2.3.3 生均使用面积	4分	填报数据：分别按照现有学生规模和招生规模定额下的不同数据计算各项房用使用面积			
3. 财务管理（22分）	3.1 实施阶段财务管理（6分）	17	3.1.1 项目实施阶段财务管理	3分	1. 基建资金专户储存和核算，2. 财务监理的聘请并有专职财务管理人员；3. 内部监督机制（基建、财务、审计、监察四个部门）	察看手续是否完备，观察点各占1分		
		18	3.1.2 实施阶段资金管理	3分	1. 填报数据：资金到位（财政资金、自筹资金、银行贷款各占比例），2. 资金支付的规范性（优先保证施工工人工资），3. 项目财务审批制度和程序齐全	察看手续是否完备，观察点各占1分		
	3.2 费用管理（6分）	19	3.2.1 成本管理	3分	1. 授权签证制度，2. 重大变更财审制度和财务监理的预审制度，3. 财务成本定期分析	察看手续是否完备，观察点各占1分		
		20	3.2.2 建筑工程费用及基础设备购置费用金额及其比率	1分	填报数据：实际土建、设备、综合成本与扩初预算的比例			

项目评价内容 一级指标	二级指标	评估项数	三级指标	参考分值	观察点	评分标准	实际得分	说明
3. 财务管理 (22分)	3.2 费用管理 (6分)	21	3.2.3 项目管理费用(甲方管理费用)	2分	填报数据:甲方费用占造价的比例	参考财政部门关于"建设单位管理费总额控制数费率表"		
	3.3 竣工过程的财务管理 (6分)	22	3.3.1 固定资产增加情况	2分	填报数据:1. 基础设施投资增加率,2. 固定资产增加率	综合全市数据,确定赋分比例		
		23	3.3.2 交付使用后财务管理	2分	1. 与使用单位、财务、资产部门移交手续,2. 填报数据:工程结算,造价审计,财务决算,3. 填报数据:资产移交中固定资产交付率	移交手续完备得1分,观察点2,3需要综合全市的数据,确定赋分比例		
		24	3.3.3 预算执行情况	2分	1. 预算调整(未调整或调整手续)2. 质量保证金的处理	察看手续是否完备,观察点各占1分		
	3.4 项目运行的财务管理 (4分)	25	3.4.1 项目运行费用	2分	项目运行费用占当年度经费的比例			
		26	3.4.2 学校持续发展能力	2分	项目运行期间贷款还本付息的能力			

项目评价内容		评估项数	三级指标	参考分值	观察点	评分标准	实际得分	说明
一级指标	二级指标							
4. 经济指标(12分)	4.1 土地使用(4分)	27	4.1.1 容积率	2分	填报数据:建筑面积与建筑占地面积比率			
		28	4.1.2 土地使用与预留面积	2分	填报数据			
	4.2 单方造价(8分)	29	4.2.1 教学用房单方造价	3分	填报数据			
		30	4.2.2 办公用房单方造价	3分	填报数据			
		31	4.2.3 生活用房(学生宿舍、食堂、活动中心)单方造价	2分	填报数据			自管用房参考单方造价
5. 公共效益(28分)	5.1 培养能力(6分)	32	5.1.1 招生能力增强/毕业人数增加	3分	填报数据	与项目前比较,有所增加即得分		
		33	5.1.2 教学环境改善	3分	问卷或者抽查调研师生对工作环境改善的满意度	优3分,良2分,中1分,差0分		

611

项目评价内容		评估项数	三级指标	参考分值	观察点	评分标准	实际得分	说明
一级指标	二级指标							
5. 公共效益（28分）	5.2 环境保护与能耗管理（6分）	34	5.2.1 环境安全措施	2分	1.废水/气/渣、粉尘、垃圾，以及噪声的处理，2.化学与危险品仓库，3.电磁辐射屏障设施，4.化学或生物废弃物处理	观察点各占0.5分		
		35	5.2.2 节约型校园建设	4分	1.节能、节水设备，2.资源的循环使用，3.能耗管理的制度与措施，4.建筑设计与材料节能	察看节能、节水设备等是否合理，是否有资源循环使用的措施，设计及材料使用是否节能与环保		
	5.3 文化功能（4分）	36	5.3.1 创新文化与成果	4分	1.科研与教学创新的创新活动开展及其成果，2.学生创新成果，3.促进校园文化氛围形成，4.提升大学创新文化形象，5.对民族文化风俗习惯和宗教信仰的尊重，6.与当地风景、文物、古迹、旅游区和与校园现有建筑风格和文化氛围协调，7.与校园现有建筑风格和文化氛围协调	考察项目落成以来的有关展现创新文化和尊重民俗文化的获奖荣誉、重大荣誉文字记录证书、照片或文字记录等，1—4项观察点2分，5—7项观察点2分		
	5.4 社会贡献度（6分）	37	5.4.1 促进城市发展、提升服务功能	3分	1.改善区域文化氛围，2.促进区域发展，3.填报数据：增加就业岗位数	考察点各占1分；凡是有促进就得分		

项目评价内容		评估项数	三级指标	参考分值	观察点	评分标准	实际得分	说明
一级指标	二级指标							
5. 公共效益 (28分)	5.4 社会贡献度 (6分)	38	5.4.2 三区联动的实施情况	3分	1. 校际合作共建、资源共享，3. 社区公益教育和文体活动；2. 高科技成果产业化	考察点各占1分；考察展现学校三区联动活动的原始照片、科技成果产业化记录		
	5.5 国内外交流与合作 (6分)	39	5.5.1 国内交流与合作	3分	1. 接待上级、外省市调查、访问学习团组增加率，2. 举办国内学术会议/体育比赛等的增加率，3. 为本市及外省市培养专业人才	考察点各占1分，考察有关协议书、照片、文件等，凡有所增加即得分		
		40	5.5.2 国际交流与合作	3分	1. 接待境外国际来访团组增加率，2. 举办国际学术会议/体育比赛等的增加率，3. 与境外教育机构联合培养师资和学生项目的增加率	考察点各占1分，考察有关协议书、照片、文件等，凡有所增加即加分		

备注：1. 有下画线的观测点为重点观测点，赋分权重高于同项指标中的其他观测点。

2. 各项观测点都需要向评估组出示原始组书面材料、照片、影像等记录。

3. 需要填报数据附表的指标，请参照附表中的填报指南填报。

4. "综合全市数据"是指将全部的同类学校申报后排队申报排队或平均；"确定赋分比例"是指根据申报排队或平均结果，确定评分办法。

上海市财政局、上海市教委、上海市申教公司委托上海市教育评估院组织专家研究制定。

613

上海市中学教师申报高级职务教科研成果鉴定意见表

编 号	区 县	姓 名	申报学科

工作单位	

教科研成果名称：

等级标准：A 级：30～27 分　 B 级：26.9～22.5 分　 C 级：22.4～18 分　 D 级：17.9 分以下

内容	标　准	分值	得分
先进性	提出的观点、结论在该研究领域有一定的先进性和创造性	1～10	
科学性	收集资料完整、可靠,理论依据正确,分析、推论符合逻辑,表述清晰,结论科学	1～10	
实践性	研究源于实践,用于实际,具有可推广性	1～10	

鉴定意见：

评价分值：＿＿＿＿＿分　 评价等级：＿＿＿＿＿级

评价者签字：＿＿＿＿＿

日　　期：＿＿＿＿＿

本表由上海市教育委员会制定。

上海市中学高级教师学校教师职务聘任委员会评价表

申报者_____ 所在学校_____ 学科_____

等级标准：A 级:40~36 分　B 级:35.9~28 分　C 级:27.9~20 分　D 级:20分以下

一、师德修养与工作业绩

内容	标　准	分值	得分
事业心与职业道德	认真贯彻国家教育方针,热爱教育事业,敬业爱岗,注重教书育人,积极参与各项素质教育实践。	1~10	
个人修养	严于律己,为人师表,有良好的团队合作精神,尊重学生人格,关爱学生,师生关系良好。	1~10	
工作量	完成或超额完成规定的工作量,同时能做好班主任、年级组长、教研组长或其他兼职工作。	1~10	
工作态度与成效	工作积极、主动、认真、负责,进取性强,所任教育教学工作方面有显著成绩。	1~10	

评价分值:_____分　评价等级:_____级

二、教育教学能力(教师适用于 1、2、3、4 评价内容,其他教育工作者适用于 1、2、5、6 评价内容)

内容	标　准	分值	得分
1. 学科专业知识	对任教学科具有系统、坚实的基础理论和专业知识; 了解课程教材教法改革的发展趋势,掌握任教学科的课程标准,掌握学科教学规律,在学科教学中体现先进的教育教学理念。	1~10	
2. 课堂教学能力	有较强的教案设计能力,内容充实,能在课堂内准确把握教学目标,突出重点、突破难点; 教学过程合理,能引导学生主动学习,教学形式、方法使用得当; 组织教学有方法,调控应变能力强,教态亲切,语言规范,板书有特色,现代教学技术使用恰当、熟练; 教学有效,既有即时效果,又关注学生的发展。	1~10	

内容	标　　准	分值	得分
3．教育能力	重视教书育人,熟悉学生心理和生理发展及特点,善于做学生思想工作; 师生关系融洽,尊重学生人格,关爱学生; 如担任班主任工作,能做好班集体建设工作,班风良好。	1～10	
4．教育教学效果	所教学生具有健康的人格和文明的行为规范; 所教学生具有良好的学习习惯,浓厚的学习兴趣、积极主动的学习态度,科学的学习方法; 所教学生的综合素质在原有基础上有显著提高。	1～10	
5．教育管理能力	能认真组织所从事工作的各项活动,有计划、有措施,实施有效,对德研、教研科研或教师教育教学的指导评价正确,受到教师和有关人员的欢迎。	1～10	
6．工作实绩	所从事的工作在理论与实践上有显著成绩。	1～10	

评价分值:＿＿＿＿分　　评价等级:＿＿＿＿级

评价者签字:＿＿＿＿＿＿

日　　期:＿＿＿＿＿＿

本表由上海市教育委员会制定。

上海市中学高级教师学校教师职务聘任委员会随堂听课评价表

教师姓名_____ 所在学校_____
听课时间_____ 听课班级_____ 学科_____
内容：
课堂轶事、教学特色记录

等级标准：A 级：40～36 分　B 级：35.9～28 分　C 级：27.9～20 分　D 级：20 分以下

内容	标　准	分值	得分
教案设计	目标适切、内容充实、有所创新	1～10	
教学过程	讲授正确、过程合理、注重引导	1～10	
教学方法	使用适当、操作熟练、基本功好	1～10	
教学效果	学生既有知识、技能、方法的掌握，又有在情感、态度、价值观方面的发展	1～10	

评价分值：_____分　　评价等级_____级

评价者签字：_____
日　　期：_____

本表由上海市教育委员会制定。

上海市中学高级教师学校教师职务聘任委员会学科评议组评价表

申报者_____ 所在学校_____ 学科_____

等级标准:A级:40~36分 B级:35.9~28分 C级:27.9~20分 D级:20分以下

一、师德修养与工作业绩(以学校师德修养与工作业绩评价结果为基础,上下可调整一个等级)

评价分值:_____分 评价等级:_____级

二、教育教学能力(教师按1、2、3、4点评价,其他教育工作者按1、2、5、6点评价)

内容	标 准	分值	得分
1. 学科专业知识	对任教学科具有系统、坚实的基础理论和专业知识; 了解课程教材教法改革的发展趋势,掌握任教学科的课程标准,掌握学科教学规律,在学科教学中体现先进的教育教学理念。	1~10	
2. 课堂教学能力	有较强的教案设计能力,内容充实,能在课堂内准确把握教学目标,突出重点、突破难点; 教学过程合理,能引导学生主动学习,教学形式、方法使用得当; 组织教学有方法,调控应变能力强,教态亲切,语言规范,板书有特色,现代教学技术使用恰当、熟练; 教学效果好,既有即时效果,又关注学生的发展。	1~10	
3. 教育能力	重视教书育人,熟悉学生心理和生理发展及特点,善于做学生思想工作; 师生关系融洽,尊重学生人格,关爱学生; 如担任班主任工作,能做好班集体建设工作,班风良好。	1~10	
4. 教育教学效果	所教学生具有健康的人格和文明的行为规范; 所教学生具有良好的学习习惯,浓厚的学习兴趣、积极主动的学习态度,科学的学习方法; 所教学生的综合素质在原有基础上的显著提高。	1~10	

618

内容	标　准	分值	得分
5. 教育管理能力	能认真组织所从事工作的各项活动,有计划、有措施,实施有效,对德研、教研科研或教师教育教学的指导评价正确,受到教师和有关人员的欢迎。	1～10	
6. 工作实绩	所从事的工作在理论与实践上有显著成绩。	1～10	

评价分值:_____分　评价等级:_____级

三、教育教学研究水平

等级标准:A 级:30～27 分　B 级:26.9～22.5 分　C 级:22.4～18 分　D 级:17.9 分以下

内容	标　准	分值	得分
先进性	提出的观点、结论在该研究领域具有一定的先进性和创造性。	1～10	
科学性	收集资料完整、可靠,理论依据正确,分析、推论符合逻辑,表述清晰,结论科学。	1～10	
实践性	研究源于实践,用于实际,具有可推广性。	1～10	

评价分值:_____分　评价等级:_____级

评价者签字:_____

日　　期:_____

本表由上海市教育委员会制定。

上海市中学高级教师学校教师职务聘任委员会
学科评议组随堂听课评价表

教师姓名_____   所在学校_____

听课时间_____   听课班级_____   学科_____

内容：

课堂轶事、教学特色记录

等级标准：

A 级：40～36 分   B 级：35.9～28 分   C 级：27.9～20 分   D 级：20 分以下

内容	标　　准	分值	得分
教案设计	目标适切、内容充实、有所创新	1～10	
教学过程	讲授正确、过程合理、注重引导	1～10	
教学方法	使用适当、操作熟练、基本功好	1～10	
教学效果	学生既有知识、技能、方法的掌握，又有在情感、态度、价值观方面的发展	1～10	

评价分值：_____分   评价等级_____级

评价者签字：_____

日　　期：_____

本表由上海市教育委员会制定。

上海市中等专业(技工)学校教师申报高级职务学科评议学校教师职务聘任委员会评价表

申报者_____ 所在学校_____ 学科_____

等级标准:A级:40~36分　B级:35.9~28分　C级:27.9~20分　D级:20分以下

一、师德修养与工作业绩

内容	标　　准	分值	得分
事业心与职业道德	认真贯彻国家教育方针,热爱教育事业,敬业爱岗,注重教书育人,积极参与各项素质教育实践。	1~10	
个人修养	严于律己,为人师表,有良好的团队合作精神,尊重学生人格,关爱学生,师生关系良好。	1~10	
工作量	完成或超额完成规定的工作量,同时能做好班主任或其他兼职工作。	1~10	
工作态度与成效	工作积极、主动、认真、负责,进取性强,所任教育教学工作方面有显著成绩。	1~10	

评价分值:_____分　　评价等级:_____级

二、教育教学能力

内容	标　　准	分值	得分
学科专业知识	对任教学科具有系统、坚实的基础理论和专业知识;了解课程教材教法改革的发展趋势,掌握任教学科的课程标准,掌握学科教学规律,在学科教学中体现先进的教育教学理念。	1~10	
课堂教学能力	有较强的教案设计能力,内容充实,能在课堂内准确把握教学目标,突出重点、突破难点; 教学过程合理,能引导学生主动学习,教学形式方法使用得当; 组织教学有方法,调控应变能力强,教态亲切,语言规范,板书有特色,现代教学技术使用恰当、熟练; 教学有效,既有即时效果,又关注学生的发展。	1~10	

内容	标　　准	分值	得分
教育能力	重视教书育人,熟悉学生心理和生理发展及特点,善于做学生思想工作; 　　师生关系融洽,尊重学生人格,关爱学生;如担任班主任工作,能做好班集体建设工作,班风良好。	1～10	
教育教学效果	所教学生具有健康的人格和文明的行为规范; 　　所教学生具有良好的学习习惯,浓厚的学习兴趣、积极主动的学习态度,科学的学习方法; 　　所教学生的综合素质在原有基础上有显著提高。	1～10	

评价分值:_____分　　评价等级:_____级

评价者签字:_____

日　　期:_____

本表由上海市教育委员会制定。

上海市中专(技校)教师高级专业技术职务任职资格评审学校教师职务聘任委员会随堂听课评价表

教师姓名＿＿＿＿＿＿＿　　所在学校＿＿＿＿＿＿＿

听课时间＿＿＿＿＿＿＿　　听课班级＿＿＿＿＿＿＿　　学科＿＿＿＿＿＿

内容：

课堂轶事、教学特色记录

等级标准：A级:40~36分　B级:35.9~28分　C级:27.9~20　D级:20分以下

内容	标　　准	分值	得分
教案设计	目标适切、内容充实、有所创新	1~10	
教学过程	讲授正确、过程合理、注重引导	1~10	
教学方法	使用适当、操作熟练、基本功好	1~10	
教学效果	学生既有知识、技能、方法的掌握,又有在情感、态度、价值观方面的发展	1~10	

评价分值:＿＿＿＿＿分　　评价等级:＿＿＿＿＿级

评价者签字:＿＿＿＿＿＿＿

日　　期:＿＿＿＿＿＿＿

本表由上海市教育委员会制定。

上海市中专(技校)教师高级专业技术职务任职资格评审高评委学科评议组综合评价表(1)

申报教师＿＿＿＿＿＿＿＿ 所在学校＿＿＿＿＿＿＿＿ 学科＿＿＿＿＿＿＿＿

等级标准:A级:40~36分　B级:35.9~28分　C级:27.9~20分　D级:20分以下

师德修养与工作业绩(以学校师德修养与工作业绩评价结果为基础,上下可调整一个等级)

评价分值:＿＿＿＿＿分　评价等级:＿＿＿＿＿级

教育教学能力

等级标准:A级:40~36分　B级:35.9~28分　C级:27.9~20分　D级:20分以下

内容	标准	分值	得分
学科专业知识	对任教学科具有系统、坚实的基础理论和专业知识;了解课程教材教法改革的发展趋势,掌握任教学科的课程标准,掌握学科教学规律,在学科教学中体现先进的教育教学理念。	1~10	
课堂教学能力	有较强的教案设计能力,内容充实,能在课堂内准确把握教学目标,突出重点、突破难点; 教学过程合理,能引导学生主动学习,教学形式方法使用得当; 组织教学有方法,调控应变能力强,教态亲切,语言规范,板书有特色,现代教学技术使用恰当、熟练; 教学有效,既有即时效果,又关注学生的发展。	1~10	
教育能力	重视教书育人,熟悉学生心理和生理发展及特点,善于做学生思想工作; 师生关系融洽,尊重学生人格,关爱学生;如担任班主任工作,能做好班集体建设工作,班风良好。	1~10	
教育教学效果	所教学生具有健康的人格和文明的行为规范; 所教学生具有良好的学习习惯,浓厚的学习兴趣、积极主动的学习态度,科学的学习方法; 所教学生的综合素质在原有基础上有显著提高。	1~10	

评价分值:＿＿＿＿＿分　评价等级:＿＿＿＿＿级

教育教学研究水平

等级标准:A 级:40~36 分   B 级:35.9~28 分   C 级:27.9~20 分   D 级:20 分以下

内容	标　　准	分值	得分
先进性	提出的观点、结论在该研究领域具有一定的先进性和创造性	1~13	
科学性	收集资料完整、可靠,理论依据正确,分析、推论符合逻辑,表述清晰,结论科学	1~13	
实践性	研究源于实践,用于实际,具有可推广性	1~14	

评价分值:_____分　　评价等级:_____级

专家组长(签字):_____

日　　期:_____

本表由上海市教育委员会制定。

上海市中专(技校)教师高级专业技术职务任职资格评审
高评委学科评议组综合评价表(2)

申报教师所在学校:＿＿＿＿＿＿＿ 申报教师姓名:＿＿＿＿＿＿＿ 申报学科:＿＿＿＿＿＿＿

（主要特点,成绩与贡献,存在问题与值得商榷的地方）:

专家组长(签字)＿＿＿＿＿＿＿

日　　期＿＿＿＿＿＿＿

总人数	参加人数	表决结果			备注
		同意人数	不同意人数	弃权人数	

本表由上海市教育委员会制定。

上海市中外合作办学机构（项目）设置专家评议评分表（试行）

合作机构（项目）名称：

合作专业：　　　　　　办学层次：

一级评议指标	二级评议指标	评议指标内容	重要评议（观测）点	评议得分	合计得分	等级
1　法律基础（100分）	1.1（10分）申请文件	材料齐备，内容翔实，形式规范	1. 申请表的填写形式是否规范，表格及附件的内容是否翔实			
	1.2（20分）合作协议	文本内容和形式符合法律规范，中外文本内容一致	1. 中外双方是否在拟办专业领域具有深度的交流，2. 外国教育机构是否有违规办学的不良记录			
	1.3（40分）合作基础	合作双方主体有效，符合国家规定；双方交流时间较长，了解充分，诚信较好	1. 合作协议的法律要件是否齐全（依据"实施办法"第5条），2. 合作协议是否能够体现双方平等协商的主体地位，3. 合作协议是否有符有关的法律规定（含财务制度等）			
	1.4（30分）合作方式	具有实质性合作办学内容、项目管理机构完善，收费项目和标准准合理	1. 能否判明是合作办学而不是学生交流；2. 管理机构双方组成人员及其具体成是否合理；3. 收费项目和标准的确定是否合理			

一级评议指标	二级评议指标	评议指标内容	重要评议（观测）点	评议得分	合计得分	等级
2 学术基础（100分）	2.1 办学思路（20分）	注重吸收国际先进教育理念和运作机制，立足于引进优质教育资源，促进自身能力建设和内涵发展	1. 是否有利于全面推进素质教育和培养创新能力，2. 是否有利加强学科建设和深化教学改革，3. 是否有利于提高教育质量培养各类急需人才，4. 是否能够体现公益性原则			
	2.2 培养目标（10分）	定位清晰明确，符合本市当前经济社会发展需要	1. 未来人才结构预测是否合理，2. 人才培养规格是否切合经济社会发展要求			
	2.3 办学模式（10分）	办学规模适宜，中外双方的办学优势能够充分发挥并目实现互补，有利于培养方案和教学计划执行	1. 是否符合消化吸收利用创新而非单纯留学的目的，2. 是否有利于借鉴先进理念模式达到中外双方的学术要求，3. 是否能够			
	2.4 办学条件（10分）	办学投入和教学设施能够满足人才培养的需要	1. 双方是否具有真正的办学投入（资金、实物、知识产权等），2. 是否仅以收取学费来维持办学资金			
	2.5 教学组织（20分）	学科基础良好，培养方案设计合理，教材先进，重视教学手段方法的改革	1. 引进的课程或专业是否属于紧缺、高端、空白、特色学科，2. 外方专业核心课程是否占有相当比重（1/3以上），3. 外方骨干教师数是否占有相当比例（1/4）			

续表

一级评议指标		二级评议指标	评议指标内容	重要评议（观测）点	评议得分	合计得分	等级
2	学术基础（100分）	2.6（10分）教学管理	师资结构合理，素质良好，招生标准合理，招生标准是否明确，质量监控制度完备	1. 师资结构是否合理，2. 招生标准是否准确是否明确，3. 学籍管理是否健全，4. 是否具有质量监控的具体措施			
		2.7（10分）学科建设	重视师资培养，致力于所引进学科课程本土化进程，促进学术交流	1. 是否具有师资培养的跟进措施，2. 是否具有凝练学科方向的整体设想，3. 是否具有本土化的目标和制度安排			
		2.8（10分）突出特色	在教育模式，运行机制，人才特点等方面具有独特优势和质量	1. 是否具有特色意识和品牌意识，2. 是否注重制度创新和实践			
3	国际基础（100分）	3.1（50分）资信评价	外方机构在国际上和所在国享有良好办学声誉，拟办项目具有较强学术优势，属本市所需优质教育资源	1. 外方机构拟办本土专业的本土招生届数比较优势是否达5届，2. 在拟办专业的比较优势是否鲜明，3. 外方颁发的证书是否与本土一致获目得承认			
		3.2（20分）策略动机	中方机构能够准确洞悉外方机构拟办项目中的策略动机，把握办学主导权	1. 中方是否能够判明和引导外方有的合作动机，2. 中方是否能够守土有方并防范外方的培利和渗透行为			

629

一级评议指标	二级评议指标	评议指标内容	重要评议（观测）点	评议得分	合计得分	等级
3 国际基础（100分）	3.3 项目定位（30分）	拟办项目在国际上具有一定先进性，在本市具有不可或缺性，符合本市教育发展需求	1. 拟办专业是否具有国际先进性， 2. 能否证明拟办专业的不可或缺性， 3. 是否符合本市当前及今后一个时期经济社会教育发展需求			

A 等：100～85 分   B 等：84～70 分   C 等：69～60 分   D 等：59～0 分

综合评价说明：法律基础得分占 30%，学术基础得分占 50%，国际基础得分占 20%。

综合评价结果：分值 _____

上海市中外合作办学机构（项目）设置专家评议组

组长签字：_____

日期：_____

说明：本评议指标由上海市教委国际交流处和上海市教育评估院评估联合制定。该评议指标参照教育部"中外合作办学项目专家评议指标体系"，努力体现国家对中外合作办学的方针政策，力求反映中外合作办学的特点、走势和方向，特别鼓励引进优质教育资源。

上海市高等学校教师职务和其他专业技术职务聘任岗位职责与任职条件

1. 自 2003 年起,高等学校初聘各级职务的教师应当具备规定的学位学历。

(1) 教授,具备博士学位,并担任 5 年以上副教授职务;具有硕士学位,并担任 8 年以上副教授职务;获得研究生班毕业证书、第二学士学位或者具有研究生学历而未获得硕士学位,担任 9 年以上副教授职务;获得学士学位或者本科毕业学历,并担任 11 年以上副教授职务。

(2) 副教授:具备博士学位,并担任 2 年以上讲师职务;具备硕士学位,并担任 5 年以上讲师职务;获得研究生班毕业证书、第二学士学位或者具有研究生学历而未获得硕士学位,担任 7 年以上讲师职务;具备学士学位或者本科毕业学历,并担任 8 年以上讲师职务;博士后出站人员在站进行博士后研究的时间可视同于担任讲师职务的年限。

(3) 讲师:具备博士学位;具备硕士学位,并担任 2 年以上助教职务;获得研究生班毕业证书、第二学士学位或者具有研究生学历而未获得硕士学位,担任 3 年以上助教职务;具备学士学位或者本科毕业学历,担任 5 年以上助教职务,并学习过硕士研究生主要学位课程,考试成绩合格。

(4) 助教:具备学士学位。

(5) 除从事公共基础课(公共马克思主义理论与思想政治教育、公共外语、公共体育、计算机应用基础等),以及艺术等特殊学科教学的教师外,凡 1958 年 1 月 1 日—1962 年 12 月 31 日之间出生的教师受聘教授,应具备硕士学位;凡 1963 年 1 月 1 日以后出生的教师受聘教授,应具备博士学位;凡 1963 年 1 月 1 日以后出生的教师受聘副教授,应具备硕士学位。

2. 高等学校初聘各级职务的教师均应具有相关专业必需的基础理论和专门知识。自 2003 年起,凡 1958 年 1 月 1 日以后出生,非相关专业毕业的教师,受聘高一级职务岗位,应进修完成四门以上相关专业硕士研究生主要课程,且成绩合格;或者由相关单位确认已掌握相关专业硕士研究生主要课程内容。

3. 高等学校教师思想政治表现和职业道德应作为岗位职责与任职条件的重要内容,对思想政治表现差、违背教师职业道德且造成不良影响的教师,实行师德"一票否决制",学校不得聘任其教师职务。

4. 高等学校教师应当完成学校规定的教育教学任务。教授、副教授原则上每年系统承担一门以上本、专科生基础课或专业基础课;教授原则上每五年应指导或者合作指导过一届合格的硕士研究生,或者指导助教、讲师成绩显著。对不能履行教育教学职责,未完成学校额定教育教学任务70%,未达到规定的教育教学质量要求,经教育教学考核不合格的教师,学校不得续聘或者聘任其担任高一级教师职务。经学校批准在国内外进行学术交流或者进修的教师,学术交流或者进修期间的教学工作量可不作要求。

非高等学校教学人员应聘相应教师职务岗位,须经过一年以上高等学校教学实践,按拟聘职务的任职条件和程序,由学校对其教育教学及履行相应教师职务岗位职责的实际能力进行综合考察,并经评议组评议后实施聘任。其教学经历可以不受规定的限制。

5. 高等学校初聘各级职务的教师除应当符合上述思想道德、教育教学要求外,还应当具备规定的学术水平与技术能力。

应聘教授岗位的候选人近年来取得的学术、技术成果,符合下列第(1)款外,原则上还应当符合第(2)—(6)款中的一款。

(1) 学术论文:独立或作为第一作者在国内外重要学术刊物发表高水平学术论文3篇以上。

教学、科技成果:高等职业技术学校、成人高等学校的教师如不具备上述条件,应具有作为主要完成人获得省市级以上奖励(不含提名奖)的教学、科技成果3项以上。

(2) 发明专利:独立或者作为第一完成人获国际或者国家发明专利2项以上。

(3) 教学、科研成果:作为主要完成人(排名前3位)另获得省市级以上奖励的教学、科研成果2项以上;或者作为主要成员(排名前3位)完成省市级以上理论研究或者应用研究项目(课题)3项以上,通过鉴定或者验收,确认达到国内先进水平,并已取得显著的社会效益或者经济效益。

(4) 教材、教学参考书:作为主要编撰人,已公开出版省市统编教材、教学参考书2本以上;或者作为主要编撰人,公开出版教材、教学参考书2本以上,通过鉴定或者验收,确认达到国内领先水平,且已使用两遍以上,效果良好。

(5) 学术论文:独立或作为第一作者在国内外重要学术刊物再发表高水平学术论文2篇以上。

(6) 学术专著:公开出版过学术专著1部以上。

应聘副教授岗位的候选人近年来取得的学术、技术成果,符合下列第(1)款外,原则上还应当符合第(2)—(5)款中的一款:

(1) 学术论文:独立或作为第一作者在国内外重要学术刊物发表高水平学术论文2篇以上。

教学、科技成果:高等职业技术学校、成人高等学校的教师不具备上述条件,应具有作为主要完成人获得省市级以上奖励(不含提名奖)的教学、科技成果2项以上。

（2）发明专利：独立或者作为第一完成人获国际或者国家发明专利1项以上。

（3）教学、科研成果：作为主要完成人（排名前3位）另获得省市级以上奖励的教学、科研成果1项以上；或者作为主要成员（排名前3位）完成省市级以上理论研究或者应用研究项目（课题）2项以上，通过鉴定或者验收，确认达到国内先进水平，并已取得显著的社会效益或者经济效益。

（4）教材、教学参考书：作为主要编撰人，已公开出版省市统编教材、教学参考书1本以上；或者作为主要编撰人，公开出版教材、教学参考书1本以上，通过鉴定或者验收，确认达到国内领先水平，且已使用两遍以上，效果良好。

（5）学术论文：独立或作为第一作者在国内外重要学术刊物再发表高水平学术论文1篇以上。

6. 自2003年起，高等学校初聘各级职务的教师应当具备规定的外语能力。

（1）受聘教授、副教授、讲师应取得大学公共英语六级证书（其他语种应相当水平）；

（2）受聘助教应取得大学公共英语四级证书（其他语种应相当水平）；

（3）《办法》发布前已取得全国或本市专业技术人员外语等级统一考试合格证书的教师，其外语合格证书在有效期内继续使用；

（4）从事体育、艺术等特殊学科教学的教师，或者1965年12月31日前出生的其他教师，按人事部与市职称改革领导小组的文件精神参加全国职称外语等级考试，并取得相应全国或本市专业技术人员外语等级统一考试合格证书，可同等对待。从事外语教学教师的第二外国语考试，按本条款规定执行。

（5）国外取得博士学位的教师以及具有高级职务的访问学者（出国前经教育部出国留学人员集训部培训考试合格公派出国、连续在国外一年以上），可免考外语。

符合上述外语条件之一的教师，学校还可根据需要，通过口试或者笔试测定其运用一门外国语进行专业实践的能力。

7. 自2003年起，高等学校初聘各级职务的教师应当具备规定的计算机能力。计算机能力由中介机构根据学校教师教育教学、科学研究的需要，组织考核或者考试。1953年1月1日以后出生的教师，受聘中高级职务应取得相应的计算机应用能力合格证书。

《办法》发布前已取得本市计算机应用能力统一考试合格证书的教师，其计算机应用能力合格证书在有效期内继续使用。

8. 上述标准主要适用于教学型本科高等学校、高等专科学校、高等职业学校拟聘教师高级职务；对研究型高等学校、教学研究并重的本科高等学校以及国家和市级重点学科任职的教师，应当有更高的标准。

9. 自然科学研究人员、社会科学研究人员、工程技术人员、图书资料专业人员、实验技术人员等职务系列的职务职责和任职条件依据《自然科学研究人员职务试行条例》、《中国社会科学院研究人员职务试行条例》、《工程技术人员职务试行条例》、《图书、资料专业职务试行条例》、《实验技术人员职务试行条例》规定,并参照上述要求执行。

来源:上海市教育委员会关于印发《关于贯彻〈上海市高等学校教师和其他专业技术职务聘任办法〉的实施细则(试行)》的通知(沪教委人〔2002〕46 号)。

上海高校学生思想政治教育教师职务聘任高级职务条件

（一）思想政治素质和职业道德要求

聘任高校学生思想政治教育教师高级职务应具有良好的思想政治素质和职业道德，为人师表，爱岗敬业。对思想政治素质表现差，违背教师职业道德的人员，实行师德"一票否决"制。

（二）从事学生工作基本年限要求

1. 教授：从事学生工作年限累计 8 年以上；但具备思想政治教育相关专业博士学位者，共从事学生工作年限累计 5 年以上；具备其他专业博士学位者，共从事学生工作年限累计 6 年以上。

2. 副教授：从事学生工作年限累计 4 年以上；具备博士学位者，其从事学生工作年限可累计 3 年以上。

（三）学历学位和任职年限要求

1. 教授：具备思想政治教育相关专业博士学位，且担任 3 年以上副教授职务；具备其他专业博士学位，且担任 4 年以上副教授职务；具备硕士学位，且担任 7 年以上副教授职务；获得研究生班毕业证书、第二学士学位或者具有研究生学历而未获得硕士学位、且担任 8 年以上副教授职务；获得学士学位或者本科毕业学历，且担任 10 年以上副教授职务。

2. 副教授：具备博士学位，且担任 2 年以上讲师职务；具备硕士学位，且担任 5 年以上讲师职务；获得研究生班毕业证书、第二学士学位或者具有研究生学历而未获得硕士学位，且担任 7 年以上讲师职务；具备学士学位或者本科毕业学历，且担任 8 年以上讲师职务。

（四）工作实绩要求

详见附件 1。

（五）科研要求

详见附件 2。

（六）教学要求

每年承担一定量的第一或第二课堂教育教学任务。

（七）外语要求

按《上海市教育委员会关于调整本市高等学校教师职务和其他专业技术职务任职条件中对外语要求的通知》(沪教委人〔2006〕57 号)执行。

（八）计算机能力

具备开展思想政治教育工作所需的计算机能力,取得相应的计算机应用能力合格证书。

（九）参加培训要求

1. 专职辅导员应根据《上海高校辅导员培训工作实施意见》的要求,完成相应的年度培训任务。

2. 其他应聘人员在任现职以来参加省市级以上教育主管等部门组织的相关培训 1 次以上,并取得相应证书。

（十）考核要求

任现职以来,年度考核均为"合格"以上。

（十一）破格要求

在学生思想政治教育工作方面有突出贡献者,可破格聘任。

以上十一项要求是聘任高校学生思想政治教育教师高级职务的具备要求。对研究型高校、教学研究并重的本科高校,有关要求应适当提高。

附件 1　工作实绩要求
附件 2　科研要求

来源:《上海高校学生思想政治教育教师职务聘任办法（试行）》（沪教委人〔2007〕3 号）

附件 1　工作实绩要求

教授	具有丰富的从事学生思想政治教育工作的专业知识和实践经验,在学生思想政治教育工作中成绩突出。任现职以来,具备下列条件之一: 　　1. 个人或所带学生团体累计获得省市级以上教育主管等部门颁发的荣誉称号 2 次以上; 　　2. 个人或所带学生团体累计获得校级荣誉称号 4 次以上（荣誉称号的认定以证书签章是否为校级行政或者党委的签章为准）; 　　3. 个人累计获得校内年度考核"优秀"3 次以上。
副教授	具有丰富的从事学生思想政治教育工作的专业知识和实践经验,在学生思想政治教育工作中取得显著成绩。任现职以来,具备下列条件之一: 　　1. 个人或所带学生团体累计获得省市级以上教育主管等部门颁发的荣誉称号 1 次以上; 　　2. 个人或所带学生团体累计获得校级荣誉称号 2 次以上（荣誉称号的认定以证书签章是否为校级行政或者党委的签章为准）; 　　3. 个人累计获得校内年度考核"优秀"2 次以上。

附件2 科研要求

<table>
<tr>
<td>教授</td>
<td>从事学生思想政治教育的学术水平和研究成果在本领域中有一定影响,任现职以来,独立或作为第一作者在重要学术刊物上发表大学生思想政治教育方面的研究论文3篇以上,同时具备下列条件之一:

1. 作为主要成员(排名前3位)完成省市级以上教育主管等部门组织的大学生思想政治教育方面研究课题3项以上,研究成果经鉴定或已组织实施;

2. 作为主要编撰人已公开出版大学生思想政治教育方面的学术专著1部以上或教材、教学参考书2本以上;

3. 作为主要成员(排名前3位)获得省市级以上教育主管等部门思想政治教育方面科研奖励2次以上;

4. 独立或第一作者在重要学术刊物上发表大学生思想政治教育方面的研究论文2篇以上。</td>
</tr>
<tr>
<td>副教授</td>
<td>任现职以来,独立或作为第一作者在重要学术刊物上发表大学生思想政治教育方面的研究论文2篇以上。

任现职以来在重要学术刊物上独立发表大学生思想政治教育方面的研究论文1篇,同时具备下列条件之一:

1. 作为主要成员(排名前3位)完成省市级以上教育主管等部门组织的大学生思想政治教育方面研究课题1项以上,研究成果提供鉴定或已组织实施;

2. 作为主要编撰人已公开出版大学生思想政治教育方面的学术著作或教材、教学参考书1本以上;

3. 作为主要成员(排名前3位)获得省市级以上教育主管等部门思想政治教育方面科研奖励1次以上。</td>
</tr>
</table>

上海市外籍人员子女学校办学状况综合评估标准（2007—2008）

一级指标	二级指标	主要观测点	指标内涵及评估标准	判断				评定方法
				优	良	中	差	不适用
A1 常规管理	B1 运行机制	C1 组织结构	建立与本学校职能定位和主要任务相适应的决策和日常运作的组织机构，依法运作，并规范、有序、高效。					【查看】学校章程、组织结构图、发展规划、董事会会议记录、有关规章制度以及有关应急预案。 【访谈】就规章制度实施情况，访谈董事会代表、校长、有关负责人和教师。
		C2 决策机制	学校依法制定章程，建立重大问题民主协商和科学决策制度。					
		C3 规章制度	各项规章制度健全，有明确的规范要求，分工明确、责任到位，做到各项工作有章可循，执行良好。					
		C4 发展规划	学校发展规划具有前瞻性和可行性，并且有配套的分部门、分年度的实施计划。					
		C5 监控机制	学校各项工作有明确的质量标准，决策、执行、评价、信息反馈与控制等系统相互衔接，运行良好。					
		C6 应急预案	学校有应对各种教育教学、安全防范、饮食卫生等突发事件的应急预案，明确相关责任人，并有条件地进行部分演练。					

638

续表

一级指标	二级指标	主要观测点	指标内涵及评估标准	判断 优	良	中	差	不适用	评定方法
A1 常规管理	B2 教学管理	C7 教学计划	有完整的教学大纲，教学目标明确，教学活动进度安排科学合理。						【抽查】有关教学计划、课程表、教材和有关资料。【访谈】教务负责人和有关教学计划，了解教学评价等。
		C8 师资配备	师资队伍数量充足，结构合理，资质优良，能确保教育教学任务的完成。						
		C9 课程设置	学校按照学生的个性发展和社会化教育的需要设置课程，并积极开设中国文化课程。						
		C10 教材使用	学校依据课程设置自主选用或编排教材，但教材内容能够尊重中国的民族文化和民族感情，同时兼顾到上海的风俗习惯。						
		C11 教学评价	学校开展多样化的教学评价，确保教学目标的有效达成，着力于改进教学和促进教师专业发展。						
	B3 聘用管理	C12 人员聘用	学校制定了公平、合理的教职人员聘任政策，与所有的教职人员签订了聘任合同或协议，提供合理的工资、福利和工作条件以及发展机会。						【查看】学校有关人事制度、考核的规定和实施记录。【抽查】部分教师的聘用合同或协议。【访谈】教师，了解人事制度和待遇对学校的看法。
		C13 职责考核	积极进行人事制度改革，定期对各类人员履行职责、工作表现、工作实绩等进行考核，形成公正的激励和约束机制，能充分调动大家的积极性。						

一级指标	二级指标	主要观测点	指标内涵及评估标准	判断 优	良	中	差	不适用	评定方法
A1 常规管理	B4 档案管理	C14 管理情况	学校各类档案由专人负责，管理规范，资料齐全，分类合理，符合档案管理要求。						[抽查]有关档案资料。
A2 财务运作	B5 财务来源	C15 稳定性	学校的资金来源比较充裕、稳定，能够确保学校的长期发展。						
		C16 保险性	学校的保险项目很完善，并定期就风险、债务和义务进行审查。						
		C17 足额到位	有关投入资金能够足额到位。						
	B6 财务管理	C18 财务制度	学校有健全的财务、会计和审计制度。						[查看]学校的财务制度、报告，近三年审计报告和预决算报告，审计记录等材料。[访谈]访谈董事会代表、校长和学校财务负责人。
		C19 人员资质	学校专职财务人员的资质符合要求。						
		C20 具体运作	学校每年都进行会计核算和委托独立的财务审计公司对其审计，并在适当的范围内公布财务报告和审计结果。						

| 一级指标 | 二级指标 | 主要观测点 | 指标内涵及评估标准 | 判断 | | | | 评定方法 |
				优	良	中	差	不适用	
A3 硬件建设	B7 校舍设施	C21 设施面积	学校的占地面积和建筑面积不低于《上海市中小学和幼儿园设置标准》的要求,能够满足教学的需要。						【查看】土地、校舍使用证明或租赁合同,校舍建筑平面图,校园校貌和各类教室以及安全防范设施。
		C22 专业教室	专业教室按照先进性和实用性原则建设,做到够用、适用。						
		C23 安全设施	学校有配备有数量充足、性能良好的红外线摄像头、警报器,灭火器以及其他安全防范设施。						
		C24 校园环境	有独立、完整的校园,布局合理、交通方便、环境美观、整洁。						
		C25 租赁合同	学校租赁或合用的校舍设施,需要有书面合同或协议,并能够保证正常使用。						
	B8 使用与管理	C26 制度措施	学校制定有办学设施的购置、使用、保管和维修等的相关制度,并得到贯彻执行。						【查看】办学设施的管理制度和日常管理、维护记录。
		C27 妥善管理	学校的校舍设施得到妥善管理,正常运转,达到有关健康与安全标准,能够确保全体师生的健康与安全舒适。						

一级指标	二级指标	主要观测点	指标内涵及评估标准	判断					评定方法
				优	良	中	差	不适用	
A3 硬件建设	B9 图书信息中心	C28 规模适当	图书信息中心的图书和信息资料的种类和数量能够满足教育教学活动的需要,并逐年得到一定年的更新。						[查看]报刊征订,图书信息资料购置、更新,借阅等记录,图书管理制度文本,使用记录。
		C29 服务高效	图书信息资料的采编、借还管理规范,能够为学生和教职人员提供高效服务,使用率高,有相关档案记录。						
	B10 招生及宣传	C30 招生政策	学校有一整套完整的招生政策,明确招生范围,招生标准和程序,收费项目标准以及退费办法。						[查看]学校的招生政策和近三年的招生宣传材料。[访谈]学生或学生家长。
		C31 招生宣传	学校招生简章等宣传材料的信息真实、客观。						
		C32 评价反馈	学校采用适当而且多样的方法对学生的学习和在校表现进行评价,并把结果作为改进教育教学的基本依据。						
A4 学生服务	B11 学习服务	C33 特殊需要教育	学校能采用有效的方法认识并满足那些学习困难或能力出众学生的特殊需要。						[查看]学生评价记录材料和学籍材料。[访谈]教师和学生或学生家长。
		C34 学籍保管	学生的学籍材料得到妥善保管,防火、防盗并未经允许不准任何人使用。						
		C35 升学指导	学校能指导学生为升入更高一级学校做好必要的准备。						

一级指标	二级指标	主要观测点	指标内涵及评估标准	判断 优	良	中	差	不适用	评定方法
A4学生服务	B12生活服务	C36 校园文化	学校积极创造良好的校园文化,指导学生开展各种健康有益的课内外活动。						【观察】学校的校园文化、交通、饮食、保安、保健或者其他服务。
		C37 交通服务	学校提供或委托提供的校车管理规范,不存在安全隐患;司机资质合格,没有违章记录或重大事故。						【查看】有关服务的委托协议、有关服务人员的资质证明和告知书、有关服务人员的书面材料等。
		C38 饮食服务	学校提供或委托提供的饮食营养搭配合理、卫生达标,服务规范。						
		C39 保安服务	学校聘用或委托服务的保安经过适当的培训,数量充足,爱岗敬业,尽职尽责。						【访谈】学校后勤负责人、学生或学生家长。
		C40 保健服务	学校设有医护室,提供适当的保健服务,能有效预防学生常见疾病,进行应急救护,以及为学生保留全面的保健档案。						
	B13 引导服务	C41 信息告知	学校能以书面形式向学生家长和为学生服务的人员提供有关学生服务的规定和指导原则。						
		C42 行为准则	学校制定了学生在校行为准则,包括违规处罚条例等,并以书面形式告知学生或学生家长。						【查看】学生手册或违规行为准则以及处理记录、学生处理记录。
		C43 方式方法	学校注重以理代管,积极引导学生形成良好的行为习惯。						【访谈】学生或学生家长。
		C44 表意渠道	学校建立有学生或学生家长表达意愿的渠道,保障信息的畅通,并能给予及时反馈。						

本标准由上海市教育评估院制定,上海市教委国际交流处审定。

643

上海市"十一五"期间上海市区县教师进修院校建设水平评估指标

一级指标	二级指标	三级指标	主要观测点	指标内涵及评估标准	优	良	中	差	评定方法	备注
A1 组织领导 0.18	B1 政府职责（关键指标） 0.50	C1 政策保障 0.30	执行法规 0.10	区县政府、教育行政部门认真贯彻落实中小学教师继续教育的法律、法规和政策,将加强教师进修院校建设,列为基础教育发展改革和中小学教师队伍建设重要举措之一。					[查看]区县发展规划中,与院校相关的条目、区县中小学教师队伍建设规划以及相关的政策、制度文本。[访谈]有关领导。	
			配套措施 0.20	按照机构的功能定位,理顺行政管理体制和业务管理体制,制定相关配套政策,并在组织、制度等方面采取具体有效措施予以保障。						
		C2 管理体制 0.20	行政管理 0.10	区县政府、教育行政部门认识到位,工作重视,明确教师进修院校的性质、任务,落实其独立法人地位。					[查看]院校法人资格证明文件、有关院校与其他单位合作的文件。[访谈]有关领导。	
			业务协调 0.10	能按照"小实体、多功能、大服务"原则,协调教研、科研、电教等部门以及高等院校、社会各界培训力量的资源整合,建立有效的协调机制。						

一级指标	二级指标	三级指标	主要观测点	指标内涵及评估标准	判断				评定方法	备注
					优	良	中	差		
A1 组织领导 0.18	B1 政府职责（关键指标） 0.50	C3 经费保障 0.50	办学经费 0.20	区县政府财政能够保证办学经费，包括机构建设经费、经常性经费、业务工作经费等，并建立以财政拨款为主、多渠道筹措建设经费的保障机制。					[查看]近三年各类经费使用账册、财务会计年报、审计报告，教育投入、改善办学情况。	
			培训经费 0.20	政府财政保证年教师培训基本经费（不低于本地教职工工资总额的1.5%），在教师培训经费中财政投入占60%以上，并设有骨干教师培训等专项经费。						
			人员经费 0.10	人员经费做到按人、按时足额拨付，教师待遇不低于本地区同等公务员、重点中学教师的水平。						
	B2 机构定位（关键指标） 0.30	C4 建设规划 0.30	规划制定 0.10	根据中小学教师继续教育政策和教育行政部门要求，结合本地区实际，制定教师进修院校建设的发展规划，并具有时代性、前瞻性、可行性。					[查看]近三年院校建设发展规划、年度实施计划、专题办公会议记录，有关过程监控的文本资料。	
			规划实施 0.20	围绕建设规划每年都有具体实施计划，定期召开专题办公会议研究解决问题的问题，对付诸实施过程有经常性的督导、检查、评估点奖励。						

一级指标	二级指标	三级指标	主要观测点	指标内涵及评估标准	判断				评定方法	备注
					优	良	中	差		
A1 组织领导 0.18	B2 机构定位（关键指标） 0.30	C5 功能任务 0.30	基本功能 0.10	具有与教师继续教育工作相关的培训、研究、管理、服务等职能，成为本地区中小学教师培训、教学研究、改革实验的基地和教师继续教育的资源开发、统筹管理、咨询服务的中心。					[查看]院校发展规划中、有关性质，功能定位的表述，组织机构及职能分工。近三年的年度工作总结。[访谈]院校及主要部门领导。	
			主要任务 0.20	1. 配合教育行政部门实施本地区基础教育（包括幼儿园教师）教师培训及培训管理工作。 2. 积极参加和推动中小学开展教学研究活动和教改实验，为本地区中小学开展教师校本研修提供指导和服务，促进教师专业发展。 3. 配合教育行政部门实施中小学教师资格证书制度。 4. 帮助本地区中小学教师利用现代远程教育设施开展自主学习，为本地区中小学现代远程教育提供支持和服务。 5. 研究上海基础教育改革发展的要求，掌握本地区中小学教师队伍发展的规律，熟悉本地区中小学教师专业发展情况，为教育行政部门提供有关政策咨询服务。						

一级指标	二级指标	三级指标	主要观测点	指标内涵及评估标准	优	良	中	差	评定方法	备注
A1 组织领导 0.18	B2 机构定位（关键指标） 0.30	C6 资源整合 0.40	机构联合 0.20	在区县政府、教育行政部门的领导下，明确教师进修院校与相关部门之间的职能分工，统筹协调本地区各类研究与培训活动，形成一体化的教师继续教育工作管理系统和实施网络。					[查看]与相关部门联合、合作、沟通的协议等证明资料。[访谈]有关院校领导。	
			资源共享 0.20	1. 进行教师教育相关的资源整合，优化资源配置，形成有效促进教师专业发展的良性运行机制；2. 建立与有关高等院校联合合作的办学机制；3. 建立与中小学联系和沟通的有效工作机制。						
	B3 领导班子（重点指标） 0.20	C7 选拔任用 0.20	选拔机制 0.10	教师进修院校领导班子主要成员熟悉教师教育工作，具有一定的教育管理、教育科研经历，选拔采取竞争上岗制度。					[查看]领导班子工作经历，近三年的述职报告和领导选拔考核记录、领导考核制度。[访谈]部分教师。	
			任用考核 0.10	领导班子成员实行任期目标责任制，每年都进行述职和工作考核。						

一级指标	二级指标	三级指标	主要观测点	指标内涵及评估标准	判断			评定方法	备注
					优	良	中	差		
A1 组织领导 0.18	B3 领导班子(重点指标) 0.20	C8 整体结构 0.40	年龄结构 0.20	领导班子配备注重老、中、青相结合,成员平均年龄不超过50岁。					[查看]领导班子基本信息。	
			学历结构 0.20	领导班子成员均具有大学本科及以上学历和高级专业技术职务。其中,具有硕士(同等学历包括相关研究生课程班)及以上学位者占25%以上。						
		C9 业务能力 0.40	业务水平 0.20	领导班子成员懂得基础教育和教育管理规律、熟悉中小学教师继续教育工作,管理水平、业务素质,工作作风良好。					[访谈]领导班子。	
			管理能力 0.20	领导班子具有较高的政策理论水平和组织管理能力,富有改革创新精神。					[访谈]部分教师。	
A2 基础条件 0.17	B4 校舍设施(关键指标) 0.50	C10 设施面积 0.55	占地面积 0.20	具有与承担任务相适应的办学场地,符合成人和教师教育特点的独立校区)不低于10亩(人口超过50万的区县,下限按2亩/10万人口计算)。					[查看]土地、校舍使用证明和校舍建工规划图、校舍建筑平面图。	
			建筑面积 0.35	校舍能同时承担500人以上的培训,建筑面积(包括分校区)不低于5 000平方米(人口超过50万的区县,下限按1 000平方米/10万人口计算)。						

一级指标	二级指标	三级指标	主要观测点	指标内涵及评估标准	判断			评定方法	备注
					优	良	中	差		
A2 基础条件 0.17	B4 校舍设施（关键指标） 0.50	C11 专业教室 0.35	教室种类 0.15	具备能适用于各学科教师培训的普通教室、多媒体教室、微格实验室、综合实验室、专用语音室、电子阅览室、学术报告厅、教育心理专用教室等专业教室。					[查看]普通教室与专用教室登记使用记录。[实地查看]各类专用教室。	
			教室数量 0.20	专业教室按照先进性和实用性原则建设，做到够用、适用。						
		C12 校园环境 0.10	教学环境 0.05	突出教师专业特点，达到当地先进水平，终身学习、继续教育文化氛围浓厚。					[实地查看]校园概况。[访谈]部分教师。	
			校园校貌 0.05	有独立、完整的校园，布局合理、交通方便，环境美观、整洁。					[访谈]学员。	
	B5 教育技术（重点指标） 0.20	C13 教学设备 0.40	多媒体设备 0.25	现代教育技术设备能满足课堂教学需要，多媒体教室设备齐全、先进。					[实地查看]多媒体教室、实验室的仪器设备及使用记录。	
			实验仪器 0.15	有满足学科教学和教研活动所必需的演示实验和分组实验的仪器设备。						
		C14 远程设施 0.60	卫星电视 0.10	建设卫星电视接收系统，能与互联网相接的高效实用并与所辖区域内中小学相连通的计算机网络系统；卫星电视向视频教学系统与"校校通"相接，开通双向视频教学系统，实现网上教学。						

649

一级指标	二级指标	三级指标	主要观测点	指标内涵及评估标准	判断				评定方法	备注
					优	良	中	差		
A2 基础条件 0.17	B5 教育技术（重点指标）0.20	C14 远程设施 0.60	教学网站 0.30	1. 具有百兆以上局域网，带宽不低于100 M,10 M交换到桌面，与CHINANET或CERNET等国家公用的传输网络连接，网络出口带宽不低于512 K；配备浏览、资源存储等功能的专用的服务器及保证其正常运行的UPS电源，实现局域网上存储和共享教学信息。 2. 具备符合远程教学要求的多媒体网络教室。配备不少于80台，最低配置为CPU PⅢ450/128 M内存、20 G硬盘的能联网的多媒体计算机、视频投影机或大屏幕视频投影仪、双向视频教学系统，不间断电源等设备。					[实地查看]卫星电视接收系统、视频教学系统等远程教育设施，局域网和多媒体网络教室配置。 [查看]专职管理人员、服务人员和技术人员名单，日常管理维护记录。	
			服务与维护 0.20	1. 向学员及时提供优质教师教育资源及相关信息，有效支持中小学通过远程教育手段开展校本研修，支持教师通过远程教育手段实现自主学习；对学员学习过程和教师教学过程进行监控与管理。 2. 具有教学服务设施齐备并较为集中、环境优良、相对独立的学习场所。 3. 具有符合远程教育支持服务要求的专职管理人员、服务人员和技术人员，保证远程教育支持设施的正常运转。						

一级指标	二级指标	三级指标	主要观测点	指标内涵及评估标准	优	良	中	差	评定方法	备注
A2 基础条件 0.17	B6 信息资源 0.15	C15 文本资料 0.70	报刊种类 0.20	各类报刊不少于100种,图书资料3万册以上,音像资料不少于1 500小时。					[查看]报刊征订,图书音像资料购买统计记录,图书购置、更新,借阅等管理制度文本,使用记录。	
			藏书更新 0.30	每年都能保证必要的图书资料添置经费,图书、音像资料三年内补充更新率15%以上。						
			管理与使用 0.20	图书采编、借还管理规范,藏书资料各类条件符合要求,图书、音像资料等各类资源使用率高(流通量达1/3),有相关档案记载。						
		C16 电子资料 0.30	音像素材 0.10	图书音像资料内容针对性强,利用率较高,有数据档案记载。					[查看]电子资料使用数据档案,课件开发数量。	
			课件开发 0.20	按照资源联盟的原则要求,结合教师教育和培训教学,积极开发图文并茂、形象生动的多媒体课件,并通过信息平台实现共建共享。					[抽查]部分多媒体课件。	
	B7 实训阵地 0.15	C17 实验学校 0.50	教研活动 0.50	能与中小学校建立密切的伙伴关系,坚持理论与实践、科研与教学相结合,培植课程教材改革试验学校,并在培训活动中发挥示范、辐射作用。					[查看]对实验学校开展的教科研、培训活动记录。	

一级指标	二级指标	三级指标	主要观测点	指标内涵及评估标准	判断优	判断良	判断中	判断差	评定方法	备注
A2 基础条件 0.17	B7 实训阵地 0.15	C18 开放基地 0.50	培训活动 0.50	树立一批在课改、教改方面取得显著成效的考察和见习实习学校，构建开放、多元的培训机制，努力提高教师进修院校的综合实力。					[查看]在开放基地学校中所开展的培训活动记录。	
		C19 师资管理 0.60	建设规划 0.25	建设一支熟悉基础教育、专兼职相结合合的师资队伍。具有明确的师资队伍建设目标和规划，措施落实，执行良好。					[查看]师资队伍建设规划和实施记录，有关师资管理规定。	
			管理机制 0.35	专职教师管理纳入中小学教师管理体系，实行动态管理，制定专任教师到中小学定期蹲点，挂职制度，并认真落实。					[访谈]学院领导和一些教师。	
A3 师资队伍 0.15	B8 队伍建设（重点指标）0.30	C20 人员构成 0.40	教职工比例 0.25	机构人员包括专职教师，管理人员、勤服务人员。专职教师及专职业务人员占教职工总数比例不低于70%。					[查看]教师名单。[统计]有关信息。	
			专兼比例 0.15	兼职教师人数与专职教师的比例不低于1:1。结构合理，人员精干。						

652

一级指标	二级指标	三级指标	主要观测点	指标内涵及评估标准	判断 优	良	中	差	评定方法	备注
A3 师资队伍 0.15	B9 专职教师（关键指标）0.50	C21 师资力量 0.40	教师数量 0.20	专职教师（包括培训、教科研、电教等部门教师）总人数达到 50 人左右（不低于所在地区中小学专任教师总数的 5‰ 左右）。						
			教师资质 0.10	专职教师具有从事中小学教育 3 年以上工作经历，掌握现代教育理论，了解本学科发展趋势，具备一定的学术水平，较强的实践能力、创新能力和教育教学研究能力。					[查看] 教师业务档案。[访谈] 有关教师。	
			知名教师 0.10	在专职教师中，具有特级教师称号或在市内外有一定影响的知名教师至少名教师至少 4 人以上。						
		C22 教师素质 0.30	学历状况 0.10	大学本科及以上学历占 95% 以上（音、体、美、劳技等小学专科教师视具体情况可适当降低学历要求），硕士（同等学历包括相关的研究生课程进修班）及以上学位者的比例达 30% 以上。						
			职称比例 0.10	中、高级职称比例占教师总数的 80% 以上，其中高级教师占 40% 以上。					[查看] 教师业务档案。[访谈] 有关教师和所在区县的中小学教师和校长等。	
			业务水平 0.10	1. 熟悉中小学教师继续教育的特点、规律，善于开展和组织教育，能够深入中小学课堂，参与和指导中小学教师进行教学改革和研究。 2. 熟悉基础教育，能够深入中小学课堂，参与和指导中小学教师进行教学改革和研究。						

一级指标	二级指标	三级指标	主要观测点	指标内涵及评估标准	判断				评定方法	备注
					优	良	中	差		
A3 师资队伍 0.15	B9 专职教师（关键指标）0.50	C23 专业发展 0.30	培训者培训 0.15	承担新课程培训教学任务的教师，必须参加过改革试验或接受过"培训者培训"，并积极投身到校本培训的专业支持和服务中去。					[查看]教师参加"培训者培训"的记录和教师个人发展计划。[访谈]部分教师。	
			业务进修 0.15	所有教师都有进修规划，学校有效组织教职工专业学习与提高，并在经费、时间等方面给予大力支持。						
	B10 兼职教师 0.20	C24 教师聘用 0.40	教师来源 0.20	广泛聘请有关高等院校、科研单位专家学者，社会各行业专业人才以及优秀中小学教师作为兼职教师，队伍结构合理。					[查看]兼职教师的信息资料、聘用合同以及有关管理规定。	
			聘用管理 0.20	有一支相对稳定的兼职教师队伍，管理规范化、制度化，签有聘用合同，实行动态管理。						
		C25 教师素质 0.60	业务水平 0.40	在国内和当地有较高的知名度，并具有较强的培训能力和丰富的实践经验，能满足培训教学的需要。					[查看]兼职教师的信息资料、聘用合同。[访谈]部分兼职教师。	
			工作内容 0.20	兼职教师具有明确的工作任务和内容，参加机构组织的活动每人每年不低于30学时，发挥了应有的作用，工作成绩显著。						

一级指标	二级指标	三级指标	主要观测点	指标内涵及评估标准	判断			评定方法	备注
					优	良	中	差	
A4 功能发挥 0.15	**B11 培训工作（重点指标）** 0.25	**C26 方案设计** 0.50	整体性 0.10	能将培训工作纳入本市中小学教师队伍建设规划之中，并与教师专业发展的目标相吻合。					[查看] 培训工作规划、培训方案和实施记录。[访谈] 有关学员了解培训效果。	
			针对性 0.20	能根据培训对象和培训层次的定位，结合课程教材改革对各类人员的要求，清楚地陈述培训活动的具体目标，并作为衡量培训成效的重要依据。						
			适切性 0.20	能针对不同培训对象提出不同的培训要求，并突出新的课程理念、教学方面规能力等方面培训目标。						
		C27 培训模式 0.50	研训一体 0.30	坚持研训一体化，把教师专业发展与课改有机融合，积极推行参与式培训，采用专题研讨、教学反思、临床诊断、导师指导等多样化教学形式，努力提高培训工作的实效性。					[访谈] 学院教务负责人和有关学员及合作单位代表。	
			校际合作 0.20	坚持集中培训与校本培训相结合，充分利用社会各方面的培训力量，多层次、多渠道、多形式地开展教师继续教育，构建开放的可持续发展的教师培训机制。						

655

一级指标	二级指标	三级指标	主要观测点	指标内涵及评估标准	判断				评定方法	备注
					优	良	中	差		
A4 功能发挥 0.15	B12 教研活动(重点指标) 0.30	C28 教研组织 0.35	组织形式 0.15	成立本地区"学科中心教研组","坚持教学与教研、科研相结合,边研边教,以研促教",营造有利于教师成长的校本教研氛围。					[查看]有关指导教研活动记录。[访谈]有关教研负责人。	
			教研制度 0.20	有明确的、初实可行的教研制度和岗位职责,按计划、分学科定期进行教研活动,效果良好。						
		C29 活动形式 0.65	改革实验 0.30	在教学活动中重研讨、重反思、重互助,以课堂教学为突破口,率先垂范转变教学观念和改变教学方式,能够深入中小学兼课、评课和上示范课,参与和指导中小学的教学改革。					[听课]推荐与随机相结合。[访谈]有关学校教师。	
			校本研修 0.35	区县95%以上的中小学建立了校本研修制度。对区域内中小学开展校本教师的师资与资源支持、指导和帮助。提供有效的师资与资源的帮助。						
	B13 业务指导 0.25	C30 教学指导 0.60	教学技能 0.30	根据课程改革新理念,指导中小学教师改革教学模式,方法和手段。制订教师培训计划,五年内培训率达95%以上。					[访谈]有关指导员了解指导的情况和效果。	
			结对指导 0.30	以名师工作室或导师带教的形式,积极开展"以老带新,以高带低,以名带优"的指导帮助。专职教师平均每人每学年深入中小学校不少于40个工作日。						

一级指标	二级指标	三级指标	主要观测点	指标内涵及评估标准	判断 优	良	中	差	评定方法	备注
A4 功能发挥 0.15	B13 业务指导 0.25	C31 专业发展 0.40	校本培训 0.25	积极构建以校为本的教研机制，以参与者、合作者、研究者的角色与中小学教师一起，对新课程、新教材的实施进行研究与分析、诊断与评价，把新的教育理念真正变为教师的教学行为。					[查看]教师到中小学指导和提供本校研修服务活动的记录。[访谈]有关中小学教师了解实施效果。	
			咨询服务 0.15	积极做好中小学教师职业生涯规划和参加继续教育培训咨询服务工作，指导他们根据个人专业发展和学习条件合理选修课程。						
	B14 资源集聚（关键指标）0.20	C32 资源整合 0.35	"上下"联动 0.20	根据资源联盟指导意见，按照资源整合、优势互补的原则要求，形成本地上挂高等学校，下联中小学校的现代教师学习与资源中心。					[查看]学院与有关高等学校和中小学签订的合作协议和共同开展的活动。[访谈]有关人员了解"三网"协调的情况。	
			"三网"合一 0.15	在政府的统筹协调和大力支持下，以教育信息化为突破口，实现本地"三网"相沟通，并与全国"教师网网联"相衔接，搭建跨时空、多样化、开放性的信息服务平台。						

一级指标	二级指标	三级指标	主要观测点	指标内涵及评估标准	判断				评定方法	备注
					优	良	中	差		
A4 功能发挥 0.15	B14 资源集聚（关键指标）0.20	C33 信息平台 0.65	门户网站 0.25	依托"三网"合一的技术支持,面向本地区教师教育公共网门户网站,社区学校、社区和家庭建立公共服务体系,形成开放、多样、便捷的高标准、高质量的学习与交流平台,推进校外学习中心建设。					[登录]学院的网站,[查看]与培训工作相关的内容;[访谈]院长和具体负责人,[了解]课程资源开发情况;[查看]教师培训档案和有关管理规定。	
			课程资源 0.25	采取院校协作、强强联合的形式,积极研究开发具有针对性、实用性和多样性的课程资源,并积极支持社会力量参与培训资源开发,促进各种教师教育资源的优化整合。						
			用户管理 0.15	进一步理顺教师培训的管理体制,建立教师培训的管理制度和学分管理制度,构建教师学历培训和非学历培训有关课程、学分互认机制。						
A5 常规管理 0.10	B15 行政管理 0.25	C34 制度建设 0.40	规章制度 0.20	各项规章制度健全,有明确的规范要求,分工明确,责任到位,做到各项工作有章可循,执行良好。					[查看]学院有关规章制度。[访谈]有关负责人和教职人员。	
			工作规程 0.20	有一整套行之有效的各项工作规程,有明确的工作要求和各项考核标准,确保教学秩序和各项活动井然有序。					[查看]学院有关规章制度,就实施情况,[访谈]有关负责人和教职人员。	

续表

一级指标	二级指标	三级指标	主要观测点	指标内涵及评估标准	判断				评定方法	备注
					优	良	中	差		
A5 常规管理 0.10	B15 行政管理 0.25	C35 运行机制 0.60	组织结构 0.25	建立与本单位职能定位和主要任务相适应的组织机构，中层干部能胜任本部门的工作。党、群组织完善，各司其职，团结协作。					[查看]学院图和组织结构考核记录。[访谈]一些部门负责人人和有关教师，了解他们对人事制度的看法。	
			职责考核 0.35	积极进行人事制度改革，定期对各类人员履行职责、工作表现、工作实绩等进行考核，形成奖惩公正的激励机制和约束机制。						
	B16 培训管理（关键指标）0.35	C36 教学管理 0.65	教学计划 0.20	各类培训都有培训方案或教学大纲，培训目标明确，教学活动进度安排科学合理。					[抽查]培训方案或教学大纲。	
			师资配备 0.25	配备胜任培训内容教学的专家、学者和教师，并满足培训对象所要求的专业指导和服务。					[访谈]中小学教师，了解有关培训教师的情况。	
			学员考核 0.20	有负责培训活动组织、管理的专职人员，考勤和学籍管理制度齐全，根据培训内容、质量标准进行考核，考核从理论与实践两方面进行与培训目标和要求相一致，严肃、严格学分管理。					[查看]学院考核的规定和实施记录。[访谈]学员，了解学员的意见和看法。	

一级指标	二级指标	三级指标	主要观测点	指标内涵及评估标准	判断 优	良	中	差	评定方法	备注
A5 常规管理 0.10	B16 培训管理（关键指标）0.35	C37 档案管理 0.35	档案建立 0.15	建立本地区中小学教师、校长培训和本校教师业务进修档案，实行档案信息化管理。各类档案管理规范，资料齐全，分类合理，符合上级档案管理要求。					[抽查]档案资料、学分登记情况。	
			学分管理 0.20	建立中小学教师和校长培训学分登记管理制度。学分登记率100%，培训活动登记及时、规范、无差错，不弄虚作假。						
	B17 质量保障（重点指标）0.40	C38 保障体系 0.40	体系构建 0.20	建立内部质量保证体系，各项工作有明确的质量标准、决策、评价、执行，评价、信息反馈与控制等系统相互衔接，运行良好。					[查看]学院有关管理的文件中对质量管理和教师培训质量的监控制度。	
			监控机制 0.20	建立健全教师培训质量监控、检查、评估制度，保证各类教师培训规范有序。					[访谈]有关人员了解质量保证制度的实施情况。	
		C39 过程监控 0.60	教学评价 0.35	建立日常的听课和同行评价制度，开展多样化的教学评价，确保教学目标和促进教师专业发展。					[访谈]教务负责人和有关教师，了解有关教师评价的情况。	
			信息反馈 0.25	开展学员评教活动，经常征求学员的意见和建议，及时反馈给相关部门，制定改进措施，提高工作质量。					[查看]教务负责人对处理意见的处理记录，了解学员的意见。[查看]学员对学员评教参与意见。	

一级指标	二级指标	三级指标	主要观测点	指标内涵及评估标准	判断				评定方法	备注
					优	良	中	差		
A6 工作实绩 0.20	B18 培训实绩（关键指标）0.45	C40 常规培训 0.50	岗前培训 0.10	对新上岗教师注重师德、教育理念，教学方法、评价技术等职业道德与专业技能的培训，覆盖面达100%。					[抽查]各类教师培训方案和实施记录。[访谈]有关学员，了解培训效果。	
			全员培训 0.10	认真落实有关教师继续教育的政策，有组织地实施"240"、"540"培训计划，覆盖面达100%。						
			骨干培训 0.15	有骨干教师培训计划，95%以上骨干教师能够按计划接受各种层次培训。						
			校长培训 0.15	制定本区域校长及教育管理人员的培训规划，通过多种途径组织中小学校长及教育管理人员的培训，培训率达到95%以上。						
		C41 新课程培训 0.50	通识培训 0.10	通过多种途径，有效组织和支持新课程岗前培训，培训率达到95%以上。					[抽查]各类新课程培训方案和实施记录。[访谈]有关学员，了解培训效果。	
			专题培训 0.20	分层次、按岗位，采取多种形式，有效组织新课程的专题研修活动，提高教师实施新课程的能力。						
			实践培训 0.20	用不少于1/3的培训时间，通过教学观摩、课例分析、交流研讨、跟踪诊断等形式进行培训，给予教师实践和体验。						

一级指标	二级指标	三级指标	主要观测点	指标内涵及评估标准	判断				评定方法	备注
					优	良	中	差		
A6 工作实绩 0.20	B19 教研实绩（重点指标） 0.35	C42 课题研究 0.40	课题立项 0.15	1. 近三年内，参与市级以上课题研究 5 项以上，其中取得市级以上课题立项资格不少于 2 项。 2. 每年至少组织 2 次本地区教师的教科研成果交流活动。					[查看]参与课题列表和学院所承担的部分。 [查看]课题立项通知书和课题阶段成果。	
			研究成果 0.25	1. 近三年内，专职教师在省级以上发表的教科研成果数量达到在省级刊物上发表成果，人均达到 3 项。 2. 有效指导和组织本区域教师开展教育科学研究和试验，成果显著。					[查看]学院所组织的教科研交流活动记录。 [访谈]本区域中小学教师或校长。	
		C43 课程开发 0.60	培训课程 0.35	根据教师专业化发展的需要，组织专家按标准、分层次系统地进行模块化课程设计。发挥本单位在教师教育和培训方面的优势和特色，自主或合作开发培训课程，重点建设精品课程。					[查看]学院所开发的培训课程，着重关注精品课程。	
			校本课程 0.25	充分挖掘可利用的课程资源，积极参与学校课程的开发。通过专业引领、同伴交流、集体备课、指导中小学探索学科整合，编制校本教材。					[访谈]教师和领导，了解学院课程资源的开发和实施情况。	

续表

一级指标	二级指标	三级指标	主要观测点	指标内涵及评估标准	判断				评定方法	备注
					优	良	中	差		
A6 工作实绩 0.20	B20 社会声誉 0.20	C44 "客户"评价 0.40	学员收获 0.25	学员能将先进的教育理念转化为教育行为,在教学设计中领会课程标准和新教材,学员本人满意度高,学员所在学校感到培训成效好。					[查看]学员反馈意见及原始材料。[了解]学员对培训组织和培训内容、培训效果以及本校教研和教学指导等方面的看法。	
			学校反馈 0.15	能有效地达成培训目标,按期完成培训任务。所在区域中小学校对培训工作、校本教研、教学指导等比较满意,对实际成效具有较高的评价。						
		C45 同行评价 0.35	同行认可 0.20	办学特色,办学水平等得到同类院校的一致好评,并在社会上形成良好的声誉。					[查看]学院所获取的荣誉。	
			辐射作用 0.15	教师继续教育工作得到有关教育行政部门的表彰,有关工作经验在市内外同类机构中进行交流和推广。					[查看]学院有关工作得到推广和交流的记录。	
		C46 社会影响 0.25	决策咨询 0.15	1. 为教育行政部门及时提供教师教育、教师管理方面的政策咨询建议和咨询报告,每年不少于12项。 2. 教育行政部门采用率不少于8项。					[查看]学院所提供的决策咨询建议以及采用报告以及采用率的记录。	
			社区服务 0.10	在确保完成主业的前提下,面向社区开放教育资源并提供服务,得到学生家长和社会舆论、新闻媒体等各方面的好评。					[访谈]了解领导,了解有关教育资源开放的政策和实施情况。	

一级指标	二级指标	主要观测点	指标内涵及评估标准	判断: 优	良	中	差	评定方法	备注
A7 特色创新 0.05	B21 办学优势(重点指标) 0.30	自报 优势领域 0.15 / 具体表现 0.15						[查看]自评报告。	
	B22 特色项目(关键指标) 0.50	自报 认可程度 0.20 / 实际成效 0.30	同类院校参照。同行专家认定。					[查看]自评报告。	
	B23 工作创新(重点指标) 0.20	自报 创新之处 0.10 / 突出成果 0.10						[查看]自评报告。	

评估实测说明:1. 评估活动分两个阶段:初评定于 2006 年 10 月全市统一进行;验收或复评的具体时间安排根据初评的整改建议而定。

2. 评估实测时,专家组中各位专家以指标内涵及评估标准为基准,按三级指标的主要观测点逐一强调点独立逐一作出优、良、中、差四个等级的评判。如果要进行量化统计,可将优、良、中、差分别赋值 100、90、80、70,然后对 B 级指标加权处理和量化处理,再按照得分高低确定二级指标的优(≥91)、良(≥81)、中(≥71)、差(≥61)等级;最终确定整体评估等级,并按得分高低排序。

3. 在 23 个二级指标中共设 B1、B2、B4、B9、B14、B16、B18、B22 等 8 个"关键指标",其中只要有 1 个达不到"优"等,则不具备参与教育部认定"示范性县级教师培训机构"的遴选资格;若其中有 7 个"优"等,1 个"良"等,而且在 B3、B5、B8、B11、B12、B17、B19、B21、B23 等 9 个"重点指标"中,有 6 个"优"等,3 个"良"等,其他指标中有 5 个"良"等,1 个"中"等,则具备了市级"示范性教师进修院校"的遴选资格。

4. 在 23 个二级指标中,只要有 2 个以上"差"等或 6 个以上"中"等,则该院校视为"不达标",其余均视为"达标"。

上海市教育评估院制定。

2007年上海市举办建设类培训项目的培训机构办学能力评估指标体系

一级指标	二级指标	内涵及标准	实测要求	权重	评 分	
					自评	复评
A1 45% 开设培训项目的条件	B1 14% 设施设备及场地	1. 标准教室,光线明亮,条件好;教学环境洁净,教学氛围浓厚	校园卫生、教学环境、教室布置	2		
		2. 全部培训项目的设施设备完全符合课程设置标准(含协议使用的)	教学大纲、固定资产账册等相关资料并实地考察	6		
		3. 根据大纲,全部培训项目的实训、实验场地完全能满足教学需要(含协议使用)	教学大纲、场地证明、使用记录并实地考察	6		
	B2 12% 教学管理人员	4. 有专职的、三年及以上教育教学管理经历的、副高级职称及以上的领导分管教学	职称复印件及相关证明材料	5		
		5. 每个项目均有相应专业的副高级职称及以上的项目负责人把关	职称复印件及相关证明材料	3		
		6. 主要的教学教务管理人员(含班主任)均有教学教务管理经历,均有相关专业大专及以上学历	教学教务管理人员名册、学历证、职称证,开学员座谈会	4		
	B3 19% 师资队伍	7. 有一支相对稳定以专职为主能满足教学需要的师资队伍,专职教师的人数是教师总量的3/5及以上	专兼职教师名册	5		
		8. 教师的学历均在本科及以上,且有教师资格证书、职称证书和继续教育证明	专、兼职教师的学历证、教师资格证、职称证和继续教育证明	4		

续表

一级指标	二级指标	内涵及标准	实测要求	权重	评分 自评	复评
A1 45% 开设培训项目的条件	B3 19% 师资队伍	9. 授专业技术管理层培训课程的教师,高级职称占80%及以上;授生产操作层培训课程的教师,中高级职称占80%及以上	课表、教师职称证	5		
		10. 师资队伍中具有三年及以上企业工作经历的双师型教师占35%及以上	教师技能证书	5		
A2 33% 培训项目的教学工作	B4 3% 教研工作	11. 有教研机构,教研人员三人及以上	教研人员名单	1		
		12. 有教研制度,并切实加以落实	教研制度和教研活动记录	2		
	B5 9% 教学活动	13. 课堂教学结合成人特点,采用多媒体课件,重视案例教学	音像资料、有关教案	4		
		14. 重视实验、实训教学环节,完全按大纲完成实践教学任务	教学资料、实验、实训活动记录、师生座谈会	5		
	B6 21% 教学管理	15. 培训项目均经相关的政府部门核准或备案	核准或备案的有关材料	2		
		16. 培训项目均有齐全、完整、规范的教学大纲和计划,使用规范的教材	教学大纲、计划和教材	5		
		17. 每个项目均有教学日历进度表、教案规范	进度表和部分教案	3		
		18. 有完善的教学质量监控制度(听课、评课、教学质量分析、信息反馈等)并有责任人	有关教学资料,师生座谈会	4		
		19. 学籍资料完整、齐全,及时归档	学籍资料、学员名册、考勤表、成绩登记册等	4		
		20. 教学管理档案齐全、规范,有专人负责	教学档案,与责任人交流	3		

666

一级指标	二级指标	内涵及标准	实测要求	权重	评 分	
					自评	复评
A3 22% 质量与规模	B7 14% 培训质量	21. 建设类培训考试合格率初级 80% 及以上;中级 80% 及以上;高级 75% 及以上	考试成绩	8		
		22. 培训内容与企业需求结合紧密,开设的项目与企业对人才的需求对接,行业、企业对培训的质量认可度高	召开行业、企业有关人员座谈会	6		
	B8 8% 培训规模	23. 有连续稳定开班能力,年培训量折合人数在 800 人及以上	学员报名表等相关资料	8		
总　分				100		

评分说明:

1. 指标的每一项标准,满分均为 100 分,实际得分 = 自评(复评)分 × 权重。

2. 本指标体系中量化指标达成度 90% 及以上为优秀档次,分值为 90 ≤ 优秀 ≤ 100;指标达成度 80% 及以上为良好档次,分值为 80 ≤ 良好 ≤ 89;指标达成度 70% 及以上为合格档次,分值为 70 ≤ 合格 ≤ 79;指标达成度 60% 及以上为整改档次,分值为 60 ≤ 整改 ≤ 69;以此类推。

3. 第 23 项的指标折合人数的计算方法:

$$折合人数 = \frac{实际人次 \times 课时数}{240\ 课时}$$

来源:《上海市建设交通委关于开展承担建设类培训项目培训机构办学能力评估工作的通知》。

上海市建设和交通委员会(2007 年 4 月)。

2008 年上海市民办职业培训机构诚信等级评定标准

项　目			等级评定标准	标准内涵	评估方法
一、依法诚信办学 8分	1	依法办学（一票否决制） A	1. 有办学资质和开设专业的资质； 2. 民非年检及年度网络化检查合格； 3. 法定代表人无刑事犯罪记录，培训机构无严重违规记录。	有办学许可和法人证件（含教学点和专业审批文件）。	查阅资料
	2	诚信办学 8分	**A** **8分** 1. 办学诚信规范，社会信誉度高； 2. 招生广告及招生简章备案及时，内容真实、准确； 3. 鉴定申报信息真实、准确； 4. 收费规范、公开、及时备案，无任何违规乱收费现象。	办学章程、岗位职责，行政、教学、财务等制度齐全；广告等承诺都能兑现，收费规范，严格执行相关文件要求。 　"办学诚信规范"指认真按照培训要求、教学计划等开展培训，并做好各项报备。"招生广告"是指通过报刊、广播电台、电视台、网络等新闻媒体或其他形式发布的各级各类职业技能培训招生广告。	1. 查阅资料 2. 访谈
			B **6分** 1. 办学规范，无查实的违规记录； 2. 招生广告及招生简章备案及时，内容基本真实、准确； 3. 鉴定申报信息基本真实、准确； 4. 收费基本规范、公开、及时备案，近三年无违规乱收费现象。		
			C **2分** 达不到 B 等标准。		
二、管理队伍 8分	3	校长 2分	**A** **2分** 1. 本科学历或高级专业技术职务任职资格（或一级职业资格）； 2. 校长为专职，有教师资格证及校长岗位培训证书； 3. 职业培训管理经验 5 年及以上，或任教经验 5 年及以上。	学历应是国民教育系列；	1. 查阅资料

项	目		等级评定标准	标准内涵	评估方法
3	校长 2分	B 1分	1. 大专学历或中级专业技术职务任职资格(或二级职业资格); 2. 有专职校级领导,有校长岗位培训证书; 3. 职业培训管理经验3年及以上,或任教经验3年及以上。	"专职"指以校长岗位为唯一职业。"校长"指培训中心或培训学校的负责人,可以是正校长或主持日常工作的副校长。	2. 教职工访谈
		C 0分	达不到B等标准。		
二、管理队伍 8分	4	教务长 2分	A 2分	1. 有教师资格证并具备5年及以上任教经历; 2. 本科学历或高级专业技术职务任职资格(或一级职业资格); 3. 5年及以上职业培训经历或3年及以上职业培训教学管理经验; 4. 教务长为专职,有教务长岗位培训证书。	学历应是国民教育系列; "专职"指与培训学校签订聘用合同并由培训学校为其缴纳社会保险费,或退休后回聘的全日制工作人员(65岁以下)。	1. 查阅资料 2. 教职工访谈
			B 1分	1. 有教师资格证或具备3年及以上任教经历; 2. 大专学历或中级专业技术职务任职资格(或二级职业资格); 3. 3年及以上职业培训经历或1年及以上职业培训教学管理经验; 4. 教务长为专任,有教务长岗位培训证书。		
			C 0分	达不到B等标准。		

项　目			等级评定标准	标准内涵	评估方法
二、管理队伍 8分	5	财务管理 4分	A 4分	1. 有专（兼职）会计、出纳，均持上岗证； 2. 账册齐全，能提供评估期限各年度的财务审计报告，账册书写、管理规范； 3. 遵守审计规定，资产明晰，财务信誉等级A； 4. 公开收费项目、标准和退费办法，并严格执行。	"账册齐全"指银行日记账、现金日记账，总账，明细账和财产账齐全，并做到账账、账表、账证、账物相符。	查阅资料
			B 3分	1. 有专（兼职）会计、出纳，均持上岗证； 2. 账册齐全，能提供评估期限各年度的财务审计报告，账册书写、管理规范； 3. 遵守审计规定，资产较明晰，财务信誉等级B； 4. 公开收费项目、标准和退费办法，并能执行。		
			C 1分	达不到B等标准。		
三、师资队伍 16分	6	任职资格 10分	A 10分	1. 原则上100%持职业培训机构教师上岗资格证书，任教职业（工种）与职业资格证书基本对口； 2. "公共基础课"教师应具有与任教课程相关的本科及以上学历； 3. "专业理论课"教师应具有本科及以上学历，同时具有相关职业（工种）初级及以上职业资格证书或专业技术职称，或是其他特殊技能人员； 4. "专业实训课"教师应具有大专及以上学历，同时具有相关职业（工种）高级及以上职业资格证书或中级及以上专业技术职称，并至少比培养目标高一个技术等级，或是其他特殊技能人员； 5. 专职教师占教师总数25%及以上，每个职业至少配备一名专职教师； 6. 一体化教师比例不少于80%。	学历应是国民教育系列。 "一体化教师"指同时施教应知、应会课程的老师，学历应至少是大专以上学历，技能应具备高级以上职业技能水平。	查阅资料

670

项　　目			等级评定标准	标准内涵	评估方法
三、师资队伍16分	6	任职资格10分	B 8分	1. 70%教师能满足 A 档 1、2、3、4 的要求； 　　2. 专职教师占教师总数 20% 及以上； 　　3. 一体化教师比例不少于50%。	"教师上岗资格证书"指劳动和教育部门核发的教师上岗证或教师资格证。	说明：当年度推出的新职业的实习指导教师可以是相关专业本科学历或相关专业中级专业技术职务任职资格。
			C 5分	达不到 B 等标准。		
	7	师资管理6分	A 6分	1. 均有规范的聘用合同； 　　2. 业务档案规范、齐全、翔实； 　　3. 积极组织参加市区各级的师资培训、教研活动及其他继续教育； 　　4. 有经常化考核、激励制约措施。	合同内容应完整、具体、规范，教师均应有业务档案，内容应完整，有考核记录。	1. 查阅资料 2. 访谈
			B 5分	1. 均有聘用合同； 　　2. 业务档案较规范、齐全； 　　3. 组织参加市区各级的师资培训、教研活动及其他继续教育； 　　4. 有考核、激励制约措施。		
			C 3分	有聘用合同和业务档案，参加教研活动。		

项　　目			等级评定标准	标准内涵	评估方法
四、场地设施设备条件 25分	8	教室 10分	A 10分	1．教室完全自有，教学场地完全符合安全、消防、卫生等有关规定； 2．理论教室总面积500平方米以上，充分满足教学需要； 3．教学设施先进，教学环境良好。		1．实地查看 2．查阅资料
			B 8分	1．教室可以租赁（能提供有法律效力的租赁合同），教学场地符合安全、消防、卫生等有关规定； 2．理论教室总面积400平方米以上，基本满足教学需要； 3．教学设施较为先进，教学环境良好。		
			C 5分	具备配置较齐全的标准教室（专用教室计入），教室基本能满足教学需要。		
	9	实训设施设备 15分	A 15分	1．实训场地和实训设备自有； 2．专业（工种）的实训场地宽敞，环境良好，实训工位充足； 3．设备先进并为自有，完全符合专业设置标准。		1．实地查看 2．查阅资料
			B 10分	1．实训场地可以租赁（能提供有法律效力的租赁合同）； 2．有与培训规模相适应的实训场地，教学环境尚可，符合专业设置标准； 3．主要设备自有。	"主要设备"是指各专业80%以上的设备。	
			C 7分	主要设备自有，与专业设置标准略有差距。		

项	目		等级评定标准	标准内涵	评估方法
五、教学管理 15分	10 教学文件 5分	A 5分	1. 教学文件齐全、有特色，并及时归档； 2. 教学管理表式内容完整、翔实； 3. 能根据教学实际完善、充实管理表式； 4. 使用正版教材。	教学文件可以电子或书面形式归档，或经校长（教务长）认定。	查阅资料"教学管理表式"指学员报名表、班级教学管理册、授课计划、教案、听课评议表、学员评议表、教师业务档案等材料。
		B 4分	1. 教学文件较齐全，并及时归档； 2. 教学管理表式内容较为完整； 3. 使用经上级有关部门规定和认可的相关教材。		
		C 2分	1. 教学文件较齐全，但未归档； 2. 教育管理表式内容填写不完整。		
	11 质量监控 6分	A 6分	1. 有健全的教学质量监控制度，对内部教学管理监控全面、到位，完全落实执行并有完整记录及总结； 2. 根据区县督导评估的结果做好整改、总结，完善管理手段。	授课计划、上课、备课、听课、评课、考试、质量分析等各个环节有措施、有检查、有记录，严格按照授课计划、大纲开展培训。	1. 查阅资料 2. 教师访谈 3. 学员访谈
		B 5分	1. 有较完善的教学质量监控制度，对内部教学管理监控全面，基本落实执行并做好记录； 2. 根据区县督导评估的结果做好整改。		
		C 3分	有教学质量监控制度，一般能执行，记录不全。		
	12 网络管理 4分	A 4分	1. 入上海市职业培训管理业务系统； 2. 网上信息齐全、变更处理及时、到位； 3. 培训、鉴定信息更新、维护及时、准确。	"基本及时"是指培训开班二周内将开班信息和学员注册信息输入网络。	1. 查阅资料 2. 查看网上资料 3. 访谈
		B 3分	1. 入上海市职业培训管理业务系统； 2. 网上信息基本齐全，变更处理基本及时、到位； 3. 培训、鉴定信息更新、维护基本及时、到位。		
		C 2分	入上海市职业培训管理业务系统，做好培训、鉴定信息维护及处理。		

项　　目			等级评定标准		标准内涵	评估方法
六、学员管理 6分	13	班主任工作 2分	A 2分	1. 班主任工作职责明确,制度健全,能定期召开工作例会; 2. 懂教育管理,协调能力强,工作认真、效果好,班级情况记录具体,主动配合任课教师完成教学任务。		"班级情况记录具体"指班级教学管理册填写完整,内容翔实。 各班均应配备班主任。	1. 查阅资料 2. 教师学员访谈 3. 学员问卷
			B 1分	1. 班主任工作职责明确,制度较健全,经常召开工作会议; 2. 懂教育管理,工作较认真、班级情况记录较具体。		
			C 0分	达不到B等标准。		
	14	就业推荐信息跟踪 4分	A 4分	1. 配备就业推荐工作人员,工作认真、有效; 2. 每年开展结业学员就业情况、职业能力情况跟踪,专业(工种)覆盖面广;分析认真,对策有效。		"认真"指有政府补贴记录、调查(记录)和分析资料等。	1. 查阅资料 2. 向有关单位了解情况 3. 访问学员
			B 3分	1. 配备就业推荐工作人员,工作较认真; 2. 每年基本开展就业情况跟踪,有分析。		
			C 2分	1. 配备有就业推荐工作人员; 2. 每年基本开展就业情况跟踪。		
七、培训规模与质量 22分	15	培训人数 5分	A 5分	标准人数	800人及以上(年均),培训规模呈发展态势。	标准人表示按0.5:1:1.5:2:2.5比例,将初级、中级、高级、技师、高级技师培训自然人数折算,"发展态势"指培训量逐年提升。	查阅资料"标准人数"或"自然人数"任选
					自然人数	1 000人及以上(年均),培训规模呈发展态势。	
			B 4分		450人及以上,培训层次有提高。	600人及以上	
			C 2分		150人及以上	200人及以上	

674

项 目			等级评定标准		标准内涵	评估方法
七、培训规模与质量 22分	16 培训层次 6分	A 6分	1. 高级及以上年均培训人数占总培训量的15%及以上(自然人数);　2. 中级及以上年均培训人数占年总培训量65%及以上(自然人数)。			1. 查阅资料　2. 访谈
		B 4分	中级及以上培训人数占年总培训量的55%及以上(自然人数)。			
		C 3分	中级及以上年培训人数占年总培训量的45%及以上(自然人数)。			
	17 鉴定考核人数 5分	A 5分	标准人数	700人及以上(年均)	自然人数	800人及以上(年均)	标准人表示按0.5:1:1.5:2:2.5比例,将初级、中级、高级、技师、高级技师培训自然人数折算。	查阅资料"标准人数"或"自然人数"任选
		B 4分		360人及以上		480人及以上		
		C 2分		120人及以上		160人及以上		
	18 鉴定合格率 6分	A 6分	初级85%,中级80%,高级及以上70%,或职业资格鉴定排行榜前20%。		有职业资格鉴定排行榜的以排行榜为主。　鉴定合格率是指一次鉴定合格率。	查阅资料 注:无某等级则不对其考核
		B 4分	初级75%,中级70%,高级及以上65%,或职业资格鉴定排行榜前40%。			
		C 3分	初级65%,中级60%,高级及以上55%,或职业资格鉴定排行榜前80%。			

说明:

1. 本市民办职业培训机构诚信等级分为A(诚信优秀)、B(诚信良好)、C(诚信达标)三个等级。诚信等级采取分项累计百分制评定办法,按评定总分确定诚信等级。各等级评分范围是:$90 \leqslant A \leqslant 100$;$76 \leqslant B < 90$;$60 \leqslant C < 76$。

对各目各等级的评定标准,需同时满足方可达到该档要求。

2. A级诚信机构必要条件:

第一项"依法诚信办学"、第三项"师资队伍"、第四项"场地设施设备条件"达到A等。

3."自然人"表示业务系统培训数量。"标准人"表示按 0.5:1:1.5:2:2.5 比例,将初级、中级、高级、技师、高级技师培训自然人数折算。

来源:《上海市职业培训指导中心关于 2008 年在本市民办职业培训机构中开展诚信等级申报评定工作的通知》(沪职培中心〔2008〕11 号)。

郑 重 声 明

高等教育出版社依法对本书享有专有出版权。任何未经许可的复制、销售行为均违反《中华人民共和国著作权法》，其行为人将承担相应的民事责任和行政责任，构成犯罪的，将被依法追究刑事责任。为了维护市场秩序，保护读者的合法权益，避免读者误用盗版书造成不良后果，我社将配合行政执法部门和司法机关对违法犯罪的单位和个人给予严厉打击。社会各界人士如发现上述侵权行为，希望及时举报，本社将奖励举报有功人员。

反盗版举报电话：(010) 58581897/58581896/58581879

反盗版举报传真：(010) 82086060

E - mail：dd@ hep. com. cn

通信地址：北京市西城区德外大街 4 号

高等教育出版社打击盗版办公室

邮　　编：100120

购书请拨打电话：(010)58581118